불굴의 용기
UNDAUNTED COURAGE

UNDAUNTED COURAGE by Stephen E. Ambrose
Copyright ⓒ 1996 by Ambrose Tubbs Inc.
All rights reserved.
This Korean edition was published by Danielstone Publishing Co. in 2009 by arrangement with Ambrose & Ambrose Inc. Helena, MT through KCC(Korea Copyright Center Inc.), Seoul.

이 책의 한국어판 저작권은 (주)한국저작권센터(KCC)를 통한 저작권자와의 독점계약으로 뜨인돌에 있습니다. 저작권법에 의해 한국 내에서 보호를 받는 저작물이므로 무단전재와 복제를 금합니다.

불굴의 용기

지은이 스티븐 E. 앰브로스 | 옮긴이 박중서
초판 1쇄 발행 2009년 1월 5일 | 초판 1쇄 발행 2009년 1월 20일

펴낸곳 뜨인돌출판사 | 펴낸이 고영은
마케팅책임 김완중 | 책임편집 이재두
기획편집팀 이준희, 이진규 | 디자인팀 박정화
마케팅팀 이학수, 오상욱, 엄경자, 최인수 | 총무팀 김용만, 고은정

필름출력 푸른서울 | 인쇄 예림 | 제책 성문

신고번호 제1-2155호 | 신고년월일 1994년 10월 11일
주소 121-840 서울시 마포구 서교동 396-46(마포구 솔내 1길 18-8)
대표전화 (02)337-5252 · 편집직통 (02)337-8809 · 팩스 (02)337-5868
뜨인돌 홈페이지 www.ddstone.com

책값은 뒤표지에 있습니다. | ISBN 978-89-5807-247-8 03990

불굴의 용기
UNDAUNTED COURAGE

스티븐 앰브로스 지음 | 박중서 옮김
STEPHEN E. AMBROSE

뜨인돌

초강대국 미국의 기틀을 만들어낸, 역사상 가장 놀라운 모험담

스물일곱 번째 맞는 독립기념일인 1803년 7월 4일, 토머스 제퍼슨Thomas Jefferson 대통령은 워싱턴 D.C.의 《내셔널인텔리전서National Intelligencer》를 통해 미국이 막 나폴레옹으로부터 루이지애나를 구입했음을 공표했다. 그곳은 뉴올리언스New Orleans뿐 아니라 미시시피강 서쪽에 위치한 모든 땅, 특히 미주리강 유역까지 포함하는 지역이었다. 면적이 무려 82만 5,000제곱마일로 미국은 약 1,500만 달러에 국토 면적을 두 배로 늘린 셈이었다. 그때까지만 해도 역사상 최대의 토지매매였다.

같은 날, 제퍼슨은 태평양 원정을 위해 필요한 경우 세계 어디에 위치한 미국 정부의 산하기관에서든 물자를 징발할 수 있는 권한을 명시한 신용장을 메리웨더 루이스Meriwether Lewis에게 내주었다. 이것은 미국 역사상 대통령이 발행한 그 어떤 신용장보다 막강한 권한을 부여한 것이었다. 이튿날, 루이스는 대륙의 3분의 2에 달하는 서부를 연결하는 완전수로를 찾아내는 것은 물론 제퍼슨이 나폴레옹으로부터 구입한 영토가 어떤 것인지 알아내고 기록하기 위해 출발했다.

1976년에 미국은 건국 200주년을 맞았지만, 미시시피강 서부가 미국 영토의 일부가 된 것은 루이지애나 구입 및 루이스와 클라크의 원정이 이루어진 다음이므로 진정한 미국 건국 200주년은 2003년 7월 4일이라고 할 수 있다.

루이지애나 구입으로 미국은 미시시피강 서부와 대륙분수계Continental Divide 동부의 모든 지역을 차지하게 됐으며 이는 오늘날의 루이지애나Louisiana · 아칸소Arkansas · 텍사스Texas 북동부 중 일부, 오클라호마Oklahoma · 콜로라도Colorado 동부, 미네소타Minnesota주 등을 포함한다. 원정대가 기록한 지역에는 그밖에도 미주리Missouri, 캔자스Kansas, 아이오와Iowa, 네브래스카Nebraska, 노스다코타와 사우스다코타, 몬태나Montana도 있었다. 이 원정 덕분에 미국은 거대한 북서제국Northwest Empire인 아이다호Idaho, 워싱턴Washington, 오리건Oregon주를 획득할 수 있었던 셈이다.

토머스 제퍼슨은 독립선언서, 종교의 자유, 1787년의 북서부 영지법Northwest Ordinance 등 많은 업적을 쌓은 인물로 그중 어떤 것이 가장 위대한 업적이라고 딱 잘라 말하기 어려울 정도이다. 가령 그는 북서부 영지법에서 오하이오, 인디애나, 일리노이, 위스콘신Wisconsin은 충분히 규모가 큰 준주이므로 완전히 평등한 주로써 연방Union에 들어올 수 있음을 분명히 했다. 이는 이들 주에도 처음의 13개 주와 똑같은 수의 상원 및 하원의원은 물론 지사를 선출하는 권리를 부여한다는 것을 의미했다. 이전까지만 해도 미국 내의 제국들empires은 '모국'의 통치를 받았고 왕이 지사를 임명했으며 모국의 수도에 위치한 입법부에서 법률을 제정했다.

제퍼슨이 대통령으로서 세운 업적 중 가장 높이 평가받는 것은 루이지애나 구입이었다. 당시 연방당Federalist Party은 그 일에 반대하면서, 미국 헌법 어디에도 대통령에게 추가로 영토 구입 권한을 부여한 조항은 없으며 더욱이 그 땅은 좁은 반면 값은 너무 비싸다고 주장했다. 이에 대해 제퍼슨은 헌법 어디에도 대통령이 추가로 영토를 구입하지 못하도록 규정한 조항이 없긴 마찬가지라고 응수했다. 결국 대서양에서 태평양에 이르기까지 미국의 국경을 확장시킨 인물은 제퍼슨이라고 할 수 있다.

그 다음으로 제퍼슨의 위대한 업적은 국토 전체를 횡단하는 원정을 계획하고 지시를 내린 것이었다. 원정대가 귀환한 1806년 이래 지금까지 루이지애나 구입이나 루이스와 클라크의 원정으로 이득을 보지 않은 미국인은 거의 없다고 해도 과언이 아니다. 아울러 미국인이 민주주의 사회에서 완전한 종교의 자유를 누리는 것 역시 전적으로 제퍼슨 덕분이다.

사람들은 간혹 내게 묻는다.
"작가로서 그토록 성공을 거둘 수 있었던 비결은 무엇인가요?"
내 대답은 항상 똑같다.
"문학 전공자와 결혼하세요."

저녁식사 전에 나는 아내 모이라Moira에게 그날 쓴 원고를 읽어주는데, 열심히 듣고 난 아내는 잘된 부분과 추가할 부분 혹은 삭제할 부분 등에 대해 얘기해준다. 또한 아내는 자료조사를 도맡아 각지의 도서관을 뒤지며 문헌을 검색한다. 물론 우리는 현지조사를 위해 꽤 여러 곳을 함께 여행하기도 했다. 루이스와 클라크의 행로를 한 발 한 발 되짚어보기도 했고, 1976년에는 비터루트산맥의 롤로 오솔길을 따라 배낭을 메고 걷기도 했다.

내가 작가로서 성공할 수 있었던 두 번째 비결은 뛰어난 편집자를 만났다는 데 있다. 지난 20년간 앨리스 메이휴Alice Mayhew는 내 담당 편집자로 활동하며 많은 책을 펴냈다. 이 바닥에서 꽤나 유명한 그녀는 내가 메리웨더 루이스에 관한 책을 쓰겠다고 했을 때, 토머스 제퍼슨의 얘기를 많이 넣어야 한다고 고집을 부렸다. 지금까지 거의 언제나 그랬듯 그녀의 판단은 옳았다.

이 책의 제목을 뽑아준 사람도 바로 앨리스였다. 나는 원래 이 책의 제목을 '불굴의 용기를 지니고of Courage Undaunted'로 생각했는데, 이는 제퍼슨이 루이스에 관해 쓴 탁월한 한 문장짜리 기록의 맨 첫 구절로서, 대통령이 자신의 가족이나 측근에 대해 가한 찬사 중에서도 최상급이라고 할 수 있었다. 앨리스는 이를 '불굴의 용기Undaunted Courage'로 바꿔놓았다. 이 표현은 루이스뿐 아니라 앨리스에게도 딱 알맞은 표현이라 생각한다. 감히 토머스 제퍼슨이 쓴 문장을 편집할 만한 용기를 가진 세계 유일의 편집자가 분명하니까.

그렇게 앨리스와 옥신각신하던 때가 엊그제 같은데 그로부터 벌써 10년이 훌쩍 지나갔고, 그동안 많은 일이 일어났다. 무엇보다 감격스러웠던 것은 이 책이 나온 이후 수많은 사람들이 미주리강과 컬럼비아강을 따라 카누여행을 하거나, 배낭을 메고 루이스와 클라크의 행로를 따르며 곳곳의 유적지를 돌아보았다는 사실이다. 나는 모든 미국인이 최소한 그 행로 가운데 일부라도 직접 가서 보았으면 하는 마음이다.

남는 것은 오로지 사진과 발자국밖에 없을지라도 원정대가 지나간 길을 따라 노를 젓고 산길을 걸어 보았으면 한다. 그때 루이스와 클라크의 일지를 수록한 책을 한 권 가져가라고 권하고 싶다. 저녁에 캠핑장의 모닥불 옆에서 그 일지를 읽어보라. 모닥불을 피운 장소가 어디든 아마도 그곳은 일찍이 루이스와 클라크가 그날 하루 원정대에 있었던 일을 기록한 그 장소일 것이다.

여러분이 두 지휘관이 쓴 일지를 멋지게 낭독한다면 모닥불 곁에 앉아 귀를 기울이던 여러분의 자녀, 친구, 부모님은 십중팔구 몸을 약간 앞으로 기울인 채 귀를 쫑긋 세울 게 분명하다. 그리고 다음의 내용이 궁금해서 이렇게 물어볼 것이다.

"그래서 다음은 어떻게 되는데?"

2002년 8월, 스티븐 E. 앰브로스

지난 20년간 나는 루이스와 클라크의 원정에 관한 책을 쓰고 싶다는 생각을 해왔다. 특히 루이스에게 흥미가 있었지만 이미 1965년에 리처드 딜런Richard Dillon이 쓴 전기가 있었고, 내 나름대로 이런저런 사정이 있어 쉽게 작업에 뛰어들지 못했다. 그런데 이상하게도 클라크의 전기는 그때까지 나온 것이 없었다.

나는 친구인 몬태나 대학University of Montana 역사학과 교수 해리 프리츠Harry Fritz에게 연락해, 혹시 누가 지금 클라크의 전기를 쓰고 있는지 아느냐고 물어보았다. 해리는 제임스 론다James Ronda가 마침 전기를 쓰는 중이라고 했다. 론다는 오랫동안 루이스와 클라크를 연구해온 사람 중 하나이자 뛰어난 역사학자 겸 저술가였던 터라 나는 그걸로 충분하겠다는 생각을 했다.

사실 1965년 이후 도널드 잭슨Donald Jackson의 역작 『루이스와 클라크 원정대의 서한집Letters of the Lewis and Clark Expedition』의 개정판을 비롯해 루이스에 관한 문헌은 물론 그가 직접 쓴 문헌도 상당수 새로 나왔다. 나아가 루이스와 클라크 원정대의 행로 유적 보존 재단Lewis and Clark Trail Heritage Foundation에서 펴내는 계간 학술지《위 프로시디드 온We Proceeded On》에 발표된 논문 중에도 뛰어난 것이 수십 편 있었다. 그러나 해리는 딜런의 루이스 전기가 나온 지 이미 30년이 지났으므로 새로운 자료를 엮어 넣은 루이스의 최신판 전기를 써보라고 권했다. 나는 그 권고를 흔쾌히 받아들였다.

무엇보다 이 자리에서 나보다 먼저 루이스와 클라크를 연구한 전문 연구가 모두에게 감사의 마음을 전하고 싶다. 특히 알린 라지Arlen Large와 게리 몰턴Gary Moulton은 내 원고를 검토하고 수많은 오류를 바로잡아 주는 한편 매우 소중한 통찰을 제공해주었다. 훌륭한 지휘관이 되기 위해 필요한 것이 무엇인지 알려준 존 하워드John Howard, 한스 폰 루크Hans von Luck, 딕 윈터스Dick Winters에게도 특별히 감사한다.

앨리스 메이휴가 얼마나 뛰어난 편집자인지에 대해서는 달리 표현할 말을 찾고 또 찾다가 결국 포기하고, 그저 감사하다는 말을 전한다. 그녀의 참모장이자 행정관인 엘리자베스 스타인Elizabeth Stein은 효율성과 인내심, 그리고 뛰어난 유머로 우리의 작업에 활력을 불어넣었다. 덕분에 앨리스는 물론 사이먼앤슈스터Simons & Schuster 출판사의 모든 직원이 즐겁게 공동작업을 해낼 수 있었다.

루이스와 클라크의 개성 강한 철자법 솜씨 앞에서는 워드퍼펙트 철자법 검색기조차 속수무책이었다. 다행히 몬태나 대학에서 역사학 석사학위를 받은 내 아들 휴Hugh가 이 책의 인용문을 몰턴판 원정일지와 하나하나 대조하는 작업을 해주었다. 아울러 나는 의문의 여지가 있는 단어 선택에서부터 해석 문제에 이르기까지 아들의 제안을 거의 대부분 이 책에 반영했다.

원정대의 행로를 함께 답사하면서 각자의 도전과 시련, 승리를 이야기해준 모든 분께 감사드린다. 다른 누구보다 여행의 지칠 줄 모르는 동반자가 되어준 아들딸과 손자손녀들에게 깊이 고마움을 전한다. 아이들은 우리 부부의 자랑이자 삶의 보람이다. 크레이지 호스Crazy Horse와 커스터Custer, 그리고 루이스와 클라크의 발자국을 따라 함께 걸었던 그 순간은 우리 생애 최고의 나날이었다. 다시 말해 우리 아이들이 없었다면 나는 결코 책을 한 권도 쓸 수 없었을 것이다.

언젠가는 손자손녀들과 함께 말을 타고 롤로를 넘어보거나, 미주리강을 따라 카누를 타고 독립기념일에 렘히에서 캠핑을 해보고 싶다. 이것은 우리 부부에게 그랬던 것처럼 아이들 각자의 가족을 한데 엮어주는 멋진 경험이 되리라고 확신한다.

차례

서문 초강대국 미국의 기틀을 만들어낸, 역사상 가장 놀라운 모험담 4
감사의 말 9

1. 청년기(1774~1792년) 17
2. 농장주(1792~1794년) 35
3. 군인(1794~1800년) 49
4. 토머스 제퍼슨 시대의 미국(1801년) 70
5. 대통령 비서(1801~1802년) 82
6. 원정의 발단(1750~1802년) 97
7. 원정 준비(1803년 1~6월) 116
8. 워싱턴에서 피츠버그까지(1803년 6~8월) 136
9. 오하이오강을 따라(1803년 9~11월) 160
10. 미시시피강을 따라 겨울 캠프까지(1803년 11월~1804년 3월) 183
11. 출발 준비(1804년 4월~5월 21일) 203
12. 미주리강을 따라 상류로(1804년 5~7월) 215
13. 인디언의 영토에 들어서다(1804년 8월) 233
14. 수족과의 만남(1804년 9월) 255
15. 만단족 마을을 향해(1804년 가을) 273
16. 포트만단의 겨울 캠프(1804년 12월 21일~1805년 3월 21일) 297
17. 포트만단에서의 보고(1805년 3월 22일~4월 6일) 313
18. 포트만단에서 마리아스강까지(1805년 4월 7일~6월 2일) 327
19. 마리아스강에서 그레이트폴스까지(1805년 6월 3일~20일) 354
20. 힘겨운 행군(1805년 6월 16일~7월 14일) 368

21. 쇼쇼니족을 찾아서(1805년 7월 15일~8월 12일) 382
22. 대륙분수계를 넘어(1805년 8월 13일~31일) 408
23. 루이스가 바라본 쇼쇼니족 433
24. 비터루트산맥 통과(1805년 9월 1일~10월 6일) 442
25. 컬럼비아강을 타고 하류로(1805년 10월 8일~12월 7일) 463
26. 포트클랫솝(1805년 12월 8일~1806년 3월 23일) 487
27. 루이스가 바라본 클랫솝족과 치누크족 510
28. 제퍼슨과 미국 서부(1804~1806년) 520
29. 네즈퍼스족 인디언과의 재회(1806년 3월 23일~6월 9일) 540
30. 롤로 오솔길(1806년 6월 10일~7월 2일) 561
31. 마리아스강 탐사(1806년 7월 3일~28일) 577
32. 마지막 구간(1806년 7월 29일~9월 22일) 600
33. 대통령께 드리는 보고(1806년 9월 23일~12월 31일) 618
34. 워싱턴(1807년 1~3월) 643
35. 필라델피아(1807년 4~7월) 659
36. 버지니아(1806년 8월~1807년 3월) 673
37. 세인트루이스(1808년 3~12월) 685
38. 세인트루이스(1809년 1~8월) 712
39. 마지막 여정(1809년 9월 3일~10월 11일) 731
40. 후일담 741

역자후기 759
후주 773
참고문헌 799
찾아보기 804

밥 터브스에게

불굴의 용기를 지니고, 단순히 불가능만 가지고서는 그 방향을 돌리지 않을 만큼 목표에 대한 확고함과 인내심을 소유했으며, 자신이 맡은 부하들에게 아버지만큼 자상하고, 그러면서도 질서와 규율을 유지하는 데 있어 한결같으며, 인디언의 특징이며 풍습이며 원칙에 친숙하고, 사냥꾼으로서의 생활에 익숙하며, 자기가 있는 지방의 식물과 동물에 대한 정확한 관찰을 지침으로 삼는 반면, 이미 아는 대상의 기록에 시간을 허비하지 않으며, 정직하고, 사심 없고, 자유분방하고, 건전한 이해심을 지니고, 진리에 대한 확신이 매우 굳건해서 그가 보고한 내용은 무엇이든지 우리 스스로가 본 것과 마찬가지로 확실하며, 마치 자연에 의해 선택이라도 된 양 이런 모든 자질들을 한 몸 안에 지닌 사람이었기 때문에, 나는 아무런 주저 없이 그 사업을 그에게 맡길 수 있었던 것이다.

토머스 제퍼슨

청년기

1774~1792년

    1774년 8월 18일, 메리웨더 루이스가 태어난 방의 서쪽 창문 밖으로는 록피시Rockfish 골짜기가 보였다. 블루리지산맥에 위치한 그곳은 모험으로 가득 찬 서부의 입구나 마찬가지였다. 물론 1774년의 버지니아주 피드몬트Piedmont에서는 문명화된 농장생활도 이미 한 세대가 지나가고 있었지만, 록피시강에서 골짜기에 이르는 들소 떼의 이동로는 여전히 남아 있었다. 더욱이 사슴이 아주 흔했고 종종 흑곰이 나타나기도 했으며 개울에는 비버, 숲 속에는 칠면조 떼가 돌아다녔다. 가을과 봄이면 오리와 기러기 떼가 강마다 새카맣게 몰려들어 장관을 이뤘다.1

    루이스가 태어난 곳은 한마디로 서부로부터 모험을, 동부로부터 교육과 지식을 얻을 수 있는 지역이었다. 덕분에 그는 사냥을 통해 야외생활의 기술을 익히는 한편 측량과 정치학, 박물학, 지리학까지 배울 수 있었다.

1774년에도 버지니아인의 마음속에는 서부가 크게 자리 잡고 있었다. 비록 그해의 가장 큰 화제는 보스턴 차 사건,* 버지니아 의회**의 매사추세츠 지지 결의안 제출, 식민지 지사 던모어 경Lord Dunmore의 버지니아 의회 해산, 그리고 해산된 버지니아 의회 의원들이 이후 미국 내 식민지들에 대해 전체회의를 요청한 일련의 사건이었지만 말이다. 같은 해 9월에 필라델피아에서 최초의 대륙회의가 개최됐고 동시에 혁명이 본궤도에 접어들었다.

혁명가들로부터 악당으로 낙인찍힌 던모어 경은 결국 버지니아에서 도망쳐 어느 영국 군함으로 피신했다. 하지만 그는 1774년 1월에 의도치 않게 버지니아에 커다란 호의를 베푼 적이 있다. 당시 버지니아인은 쇼니족Shawnee, 오타와족Ottawa, 그리고 다른 인디언 부족들을 상대로 훗날 '던모어 경 전쟁'이라 일컬어진 전쟁을 벌여 승리했다. 이로써 인디언들은 켄터키에서의 사냥권을 버지니아인에게 양도하는 동시에 오하이오강에 대한 무제한적인 접근과 운항을 허락해야 했다. 그로부터 6개월 뒤, 트랜실베이니아 컴퍼니Transylvania Company***는 대니얼 분Daniel Boone을 파견해 컴벌랜드Cumberland 골짜기에서 켄터키의 블루그래스bluegrass지대****에 이르는 길을 개

---

*1773년 12월 16일, 영국의 지나친 세금징수에 반발한 미국 식민지 주민들이 보스턴항에 정박한 배에 실려 있던 차(茶)를 바다에 던져버린 사건으로, 이후 미국 독립전쟁의 원인 중 하나가 되었다(역주).

**1619년, 미국 버지니아 식민지에서 사상 최초로 투표를 통해 수립된 입법기구로 조지 워싱턴, 토머스 제퍼슨, 패트릭 헨리 등이 활동했다. 1769년에 식민지 정부와의 갈등 끝에 해산됐으며 그 조치가 독립전쟁의 여러 요인 중 하나로 작용했다(역주).

***1774년에 오늘날의 켄터키주에 해당하는 트랜실베이니아 식민지를 근거로 설립된 토지 투기 회사. 이듬해 독립전쟁의 영향으로 해체되었다(역주).

****켄터키주의 북부지역을 가리키는 별칭으로 그곳에 블루그래스(세포아풀)가 많이 자란다(역주).

척하게 했다.

이때 영국 정부는 퀘벡 법령Quebec Act을 발령해 오하이오강까지 캐나다 국경을 확장시킴으로써, 결과적으로 산맥을 넘어오는 버지니아인의 진출을 막았다. 이는 버지니아의 서부 영유권을 무시하는 행위로, 조지 워싱턴을 비롯한 수많은 토지 투기꾼의 희망과 계획을 좌절시켰다. 나아가 가톨릭교회에 특전을 베푸는 중앙집권적이며 왕명에 복종하는 정부가 수립된다면 자칫 프로테스탄트인 버지니아인이 아니라 프랑스계 캐나다인이 오하이오강 유역을 통치하게 될지도 모를 일이었다. 물론 이 법령은 결과적으로 혁명에 박차를 가한 여러 불관용 법령Intolerable Acts 중 하나에 불과했다.

메리웨더 루이스는 이처럼 미국인과 영국 정부가 애팔래치아산맥 너머 서부의 지배권을 놓고 갈등을 빚던 무렵에 태어났다. 그의 고향은 산맥을 넘어가는 미국인의 물결을 주도하는 곳인 동시에 탐험가들의 요람이기도 했다. 더욱이 루이스 가문은 시작부터 서부 운동에 깊이 개입되어 있었다. 토머스 제퍼슨은 루이스의 선조들을 가리켜 "버지니아에서도 가장 오래되고 유력한 가문 중 하나"라고 말했다.

미국에 온 최초의 루이스 가문 사람은 로버트 루이스Robert Lewis로 웨일스 출신 영국 육군 장교였다. 그는 1635년 왕으로부터 버지니아의 토지 3만 3,333과 3분의 1에이커를 하사받아 그곳으로 이주했다. 그의 수많은 자손 중에서 (선조와 이름이 똑같은) 로버트 루이스 대령Colonel Robert Lewis은 18세기에 버지니아의 앨버말 카운티Albemarle County에서 놀랄 만한 성공을 거두었다. 사후에 자신의 아홉 자녀에게 훌륭한 농장을 하나씩 물려줄 정도로 부자가 된 것이다.

그의 다섯째 아들 윌리엄 루이스William Lewis는 1,896에이커의 토

메리웨더 루이스. 찰스 윌슨 필의 유화(1807년). (독립기념국립역사공원Independence National Historical Park 소장)

지와 노예들, 그리고 저택인 로커스트힐Locust Hill을 물려받았는데, 오래된 그 통나무집은 매우 쾌적했고 은식기를 비롯해 값나가는 물건이 꽤 많았다. 그곳은 샬럿츠빌Charlottesville에서 서쪽으로 7마일쯤 떨어져 있었다.2

메리웨더 루이스의 아버지의 숙부는 추밀원 위원이었고 필딩 루이스Fielding Lewis는 조지 워싱턴의 여동생과 결혼했다.3 그런가 하면 토머스 루이스Thomas Lewis는 토머스 제퍼슨의 아버지인 피터 제퍼슨Peter Jefferson과 함께 1746년에 포토맥강Potomac River과 래퍼해넉강Rappahannock River 사이의 노던 넥Northern Neck을 탐험하기도 했다. 특히 토머스는 루이스 가문 최초로 탐험일지를 기록한 인물이다. 생생한 묘사에 뛰어난 재능을 보인 그는 추위에 굶주려 죽을 뻔한 일이며 어미 곰 1마리와 새끼 곰 3마리를 잡은 기쁨에 관해서도 썼다. 그중 한 산악지대를 가리켜 "이 힘든 장소에서 간혹 끔찍한 일을 겪어 연옥Purgatory이라 불렀다"라고 적었다. 어떤 강은 어찌나 무시무시했던지 저승의 강 이름을 따서 스틱스Styx라고 불렀는데, 이는 "어떤 인간에게도 공포를 심어주기에 충분할 만큼 무시무시한 장소"였기 때문이라고 했다.4

1769년, 당시 서른한 살이던 윌리엄 루이스는 스물두 살인 사촌 루시 메리웨더Lucy Meriwether와 결혼했다. 웨일스 출신의 부유한 지주인 메리웨더 가문은 1730년 샬럿츠빌 근교에 1만 7,952에이커의 토지를 소유하고 있었다. 훗날 조지아 지사가 된 조지 R. 길머George R. Gilmer는 이 가문에 대해 이렇게 썼다.

"메리웨더 가문의 누군가에게 시선을 던지거나 귀를 기울일 경우, 십중팔구 또다시 시선을 던지거나 귀를 기울이게 만드는 이야기가 흘러나왔다."

제퍼슨은 루시의 아버지인 니콜라스 메리웨더Nicholas Meriwether 대령을 가리켜 "내가 아는 사람 중에서 가장 분별력 있는 인물"이라고 말했다.5 그는 1755년 브래독의 대패* 당시에 버지니아 연대의 사령관으로 재직했다.

루이스와 메리웨더 두 가문은 오랜 세월 가까이 지내며 통혼한 사이였다. 실제로 1725~1774년 동안에 두 집안 사이에 있었던 결혼은

---

*프렌치 인디언 전쟁 당시, 에드워드 브래독Edward Braddock 장군이 이끄는 영국군 원정부대가 프랑스 측의 포트 뒤켄Fort Duquesne을 공격하다 대패한 사건(역주).

11건에 달했다. 1667년에 태어나 1744년에 사망한 니콜라스 메리웨더 2세는 루시 메리웨더의 증조부이자 윌리엄 루이스의 조부이기도 했다. 그런데 루시와 윌리엄의 결혼을 통해 탄생한 혈통은 남다른 체력이란 장점뿐 아니라 몇 가지 약점도 지니고 있었다. 제퍼슨은 "이 가계는 심기증心氣症에 걸리기 쉬웠는데, 직계 혈통에 가까울수록 구조적으로 그런 성향을 지니게 된다"고 말하고 있다.6

제퍼슨이 한때 '침울'이라고 했다가 나중에 '우울'이라고 표현했던 심기증은 윌리엄 루이스에게도 나타났다. 하지만 제퍼슨은 자신의 이웃이자 친구인 루이스를 '훌륭한 분별력, 성실성, 용기, 모험심, 그리고 탁월한 신체적 능력'을 지닌 인물로 묘사했다.7 윌리엄과 루시 부부는 결혼 후 1년 만에 첫딸 제인Jane을 낳았고 1774년에는 메리웨더 루이스, 그로부터 3년 뒤에는 차남 루벤Reuben을 낳았다.

가족과 함께 행복한 나날을 보내던 윌리엄 루이스는 1775년 전쟁이 터지자 조국을 해방시키는 일에 일조하기 위해 모든 것을 떨치고 일어났다.8 그는 워싱턴 장군과 마찬가지로 급여도 없이 군 복무를 했고, 심지어 전쟁 비용을 직접 충당하기까지 했다. 이처럼 윌리엄 루이스가 5년 내내 전쟁터에서 살다시피 하는 바람에 메리웨더 루이스는 아버지의 얼굴을 거의 볼 수 없었다.

1775년 7월, 윌리엄 루이스는 버지니아에서 조직된 최초의 연대 중 한곳의 지휘관으로 육군에 입대했고 9월에는 앨버말 카운티 의용군의 중위가 됐다. 훗날 의용군 부대가 대륙 상비군과 통합된 후에는 정규군 소속 장교가 되었다.

1779년 11월, 루이스 중위는 클로버필즈Cloverfields에 있는 메리웨더가 소유의 농장에서 가족과 함께 짧은 휴가를 보냈다. 이윽고 그는 가족과 작별인사를 하고 말에 올라 마침 홍수로 물이 불어난 러배너 강Rivannar River의 시크리터리스Secretary's 여울목으로 향했다. 그런데 강을 건너는 동안 그의 말이 물에 휩쓸려 그만 죽고 말았다. 루이스는 간신히 강변으로 헤엄쳐 나와 클로버필즈로 돌아갔지만 곧 폐렴에 걸렸고 불과 이틀 뒤에 세상을 떠났다.9

18세기 후반에는 질병이 발생하면 그야말로 속수무책이었다. 전염병, 유행병, 폐렴 혹은 사고 등으로 갑자기 죽을 가능성은 얼마든지 있었다. 이에 따라 편지를 쓸 때도 시작과 끝에 항상 쓰는 사람의 건강을 확인시켜 주고, 받는 사람의 건강을 묻는 것이 일반적이었다. 당시 아버지의 죽음이 메리웨더에게 어떤 영향을 끼쳤는지는 알 길이 없다. 어쨌든 그는 곧바로 자신의 방계가족 사이로 휩쓸려 들어갔고, 윌리엄 루이스의 형인 니콜라스 루이스가 메리웨더의 후견인이 되었다.

니콜라스는 영웅적인 인물로 1776년에는 영국의 지원을 받아 봉기한 체로키족Cherokee 인디언과 맞서 의용군 연대를 지휘해 싸웠다. 토머스 제퍼슨은 그의 용기에 경의를 표하며 이렇게 말했다.

"니콜라스 루이스는 불굴의 용기, 예의바른 성격, 자비로운 마음, 매력적인 겸손과 태도를 지닌 인물로 모두에게 사랑을 받았다. 고향에서는 개인간의 불화가 있을 때마다 양쪽 당사자가 모두 찾아와 그에게 심판관이 되어줄 것을 요청할 정도였다."10

1780년 5월 13일, 메리웨더의 어머니는 존 마크스John Marks 대위와 재혼했다. 아버지가 사망한 지 6개월 만에 어머니가 재혼한 까닭은 당시 버지니아주에서는 미망인이 가급적 빨리 재혼하는 경향이 있었고, 그녀가 마크스를 배우자로 고른 이유는 첫 번째 남편이 죽으면서 유언을 남겼기 때문이라고 한다.11 그녀는 마크스와의 사이에서 1785년에 존 헤이스팅스John Hastings를, 1788년에 메리 갈런드Mary Garland를 낳았다. 강인한 체력으로 두 남편을 먼저 떠나보내고 여든여섯 살까지 살았던 그녀에 대해 제퍼슨은 자애로운 어머니라고 평가했다. 그 가문의 역사에서는 그녀를 외유내강형으로 평하고 있다.

"규율이 엄하던 시대에 스파르타적 사고방식을 지닌 대가족의 웃어른으로 살아가다 보니, 그분에게는 독재자적인 면이 점차 늘어났다. 그래도 그분은 성격이 매우 다정다감했으며 성실한 기독교인으로서 아프거나 곤궁한 사람에게 항상 동정심을 품고 계셨다."

민간요법에 정통했던 그녀는 여러 가지 특별한 약초를 길러 자녀와 노예들에게 나눠주었고, 야생초의 약효에 대해서도 가르쳐주었다. 루이스는 엄격했던 어머니를 무척 사랑했다. 비록 열네 살 이후로는 어머니와 함께했던 시간이 거의 없었지만 아들은 어머니와 성실하게 편지를 주고받았다. 1805년 3월 31일, 아들은 포트만단Fort Mandan에서 어머니에게 편지를 보내 그때까지 겪은 여러 가지 모험을 설명하고, 이제부터 미지의 지역으로 출발할 계획이라고 알렸다.

"이번 여름에 우리가 태평양에 도착하게 될 것이라고 확신합니다."

그 이유에 대해 원정대원 모두가 건강하고 모험심과 전진하고자 하는 열망에다 사기까지 드높기 때문이라고 했다. 그래도 어머니가 아들의 안부를 걱정할까 염려스러워 이렇게 덧붙였다.

"내년 9월 말쯤이면 제가 앨버말로 찾아뵐 수 있을 겁니다. 제 걱정은 하지 마세요. 저는 정말로 잘 지냅니다. 단지 거리상 어머니를 워싱턴에 살 때만큼 자주 찾아뵙지 못할 뿐입니다."12

이처럼 배려할 줄 아는 마음과 사랑을 아들에게 물려준 그 여인은 농장 운영과 돼지 잡는 일을 감독하며 나름대로 또 다른 원정을 이끌어갔다. 하루는 술에 취한 영국군 장교 몇 명이 한밤중에 로커스트힐로 쳐들어오자 그녀는 직접 소총을 꺼내들고 침입자들을 몰아냈다. 또 한번은 로커스트힐과 이웃 농장 사람으로 조직된 사냥꾼들이 사냥을 하다가 사냥개를 놓치고 낙심해 돌아온 적이 있었다. 그때 사냥개들은 수사슴을 로커스트힐의 농장까지 몰고 왔고, 루시는 소총을 꺼내 사슴을 쏴 죽였다. 풀이 죽은 사냥꾼들이 빈손으로 돌아왔을 때, 그녀는 이미 수사슴 고기를 신나게 요리하고 있었다.

주위 사람들로부터 인품이 완벽 그 자체였다는 평가를 받는 그녀에 대해 어떤 사람은 그녀가 70대 중반까지도 세련된 외모, 가냘픈 체구, 도도한 눈빛을 지니고 있었다고 전했다.13 또한 조지아 지사인 조지 길머는 그녀를 이렇게 묘사하고 있다.

"그녀는 성실하고 진실하며 근면하고 무한히 자비로웠다. 메리웨더 루이스는 그 존경스러운 어머니의 정력과 용기, 활기, 탁월한 이해력을 물려받았다."14

메리웨더는 어린시절부터 반영反英 감정을 품고 자랐고 그것은 1781년 배너스터 탈턴Banastre Tarleton 대령이 이끄는 영국군 기습부대가 앨버말을 휩쓸고 지나가는 광경을 목격하면서 더욱 강화됐다. 제퍼슨은 당시의 상황을 세밀하게 기록하고 있다.

"그들은 온갖 약탈을 자행한 다음 농작물이 저장된 창고에 모조리 불을 질렀고 한창 자라고 있던 옥수수와 담배를 모두 망가트렸다. 소와 양, 돼지는 물론 쓸 만한 말은 죄다 끌어갔다. 너무 어려서 쓸모가 없는 말들은 죽였고 농장의 담장에 불을 질러 잿더미로 만들어버렸다. 그리고 노예 30명을 끌고 갔다."15

그뿐 아니라 탈턴은 앨버말 카운티의 법원 공문서를 모두 불태우게 했다. 1932년, 에드거 우즈Edgar Woods 목사는 이 어처구니없는 행동에 대해 솔직하면서도 온당하게 비난을 가했다.

"공문서 파괴는 군대가 저지를 수 있는 그 어떤 만행보다 터무니없고 문명의 진정한 정신에 반하는 행위이며, 군사적으로도 무의미한 짓이 아닐 수 없다."16

메리웨더가 여덟인가 아홉 살 무렵, 그의 계부인 마크스 대위는 여러 버지니아인과 함께 존 매튜스John Matthews 장군이 개척한 조지아주 북동부의 브로드강Broad River 유역으로 이주했다. 이 여정에 관해 자세한 내용은 전해지지 않지만 말, 소, 돼지, 개, 마차, 노예, 그리고 아이들 및 어른들로 이뤄진 기나긴 행렬이 이어지고 밤마다 캠프를 설치한 뒤 사슴과 칠면조, 주머니쥐를 잡아오는 광경에 어린 소년의 눈은 아마도 휘둥그레졌을 것이다. 이들은 노스캐롤라이나와 사우스캐롤라이나주를 통과하고 산맥의 동편을 따라 행군했다. 소년은 그 과정에서 광활한 자연의 기상을 듬뿍 섭취했을 것으로 보인다.

메리웨더는 변경지역인 조지아주에서 3, 4년을 살았고 개척민으로서 여러 가지 기술을 익혔다. 훗날 제퍼슨은 소년 루이스를 구체적으로 묘사하고 있다.

"어린시절부터 모험심이 강했고 대담한 데다 분별력이 뛰어났다. 여덟 살 때부터 한밤중에 혼자 사냥개들을 데리고 숲에서 너구리와 주머니쥐를 사냥할 정도였다. (…) 그는 어떤 난관에도 굴하지 않고 자신의 목표를 이루기 위해 겨울철의 눈보라나 얼어붙은 강물 속으로 뛰어들곤 했다."17

가문의 전설에 따르면, 그 무렵 메리웨더는 몇몇 친구와 함께 사냥을 나갔다가 돌아오던 중에 어느 평원을 지나가게 되었다고 한다. 그 때 느닷없이 들소가 달려들자 친구들이 숨도 못 쉴 정도로 놀라 당황하는 사이, 그는 침착하게 총을 들어 들소를 쏴 죽였다.18

물론 또 다른 전설도 전해 내려온다. 한번은 오두막집 중 하나가 인디언의 습격을 받자 버지니아인이 힘을 합쳐 방어에 나섰다. 하지만 수적인 열세로 적의 공격을 방어할 수 없게 되자 이들은 숲으로 들어가 매복을 했다. 해가 진 다음 배가 고팠던 어느 피난민이 요리를 하려고 불을 피웠다. 불길을 본 인디언은 즉각 공격을 해왔고 총성과 비명으로 아수라장이 되면서 사람들은 공황상태에 빠져들었다. 그 와중에 당시 열 살이던 메리웨더는 침착하게 양동이의 물을 부어 모닥불을 꺼버렸다. 인디언이 불빛에 비친 백인들의 그림자를 못 보게 하려고 했던 것이다.19 그 가문의 한 친구는 이렇게 말했다.

"그는 어린시절부터 대담한 습관과 강건한 체력을 체득했다. 무엇보다 위험 속에서도 고도의 평정을 유지했다."20

아울러 호기심과 탐구열이 강했던 그는 어머니가 묘약으로 사용하는 약초와 야생초에 대해 이것저것 물어보았다. 조지아 공동체의 한 어른으로부터는 읽기와 쓰기, 자연계에 대한 지식을 배웠는데 사물의 이치와 그 이유를 몹시 궁금해했던 그에게 한 가지 일화가 전해진다. 우리 눈에 보이는 것과 달리 태양이 지구 주위를 도는 것이 아니라는 말을 듣자, 그는 힘닿는 데까지 펄쩍 뛰어오른 다음 선생님께 물었다.

"지구가 돌고 있다면 제가 왜 방금 뛰어오른 자리에 도로 떨어진 걸까요?"21

그는 보다 많은 지식을 배우고 싶어 했지만 조지아주에서는 그런 기회를 얻기가 어려웠다. 아버지로부터 2,000에이커의 농장과 현금

520파운드, 노예 24명, 위스키 147갤런을 물려받은 그는 이미 상당한 재산과 책임을 지닌 젊은이로 성장했다. 물론 그때까지는 외할아버지인 니콜라스 메리웨더가 관리하고 있었지만 머지않아 루이스가 맡게 될 터였다.

루이스가 열세 살이 되었을 무렵, 그의 어머니는 아들을 버지니아로 보내 정규교육을 시키기로 결정했다. 물론 18세기의 버지니아에는 공립학교가 없었다. 농장주의 아들들은 교사의 집에서 숙식하며 라틴어, 수학, 자연과학, 영문법을 배웠다. 제퍼슨의 전기 작가인 듀머스 맬런Dumas Malone에 따르면 개인교습에는 장단점이 있었다고 한다. 특히 교사의 자질에 따라 교습의 질에 많은 차이가 있었다.22 대개 전도사나 목사가 교육을 맡았는데, 학생이 너무 많아 이들 교사는 과로하기 일쑤였다.

이는 곧 학생들이 입학할 곳을 찾는 일이 쉽지 않았다는 것을 의미한다. 후견인인 니콜라스 루이스와 아버지의 친구인 토머스 제퍼슨의 도움에도 불구하고, 메리웨더는 정규학생이 되기 위해 1년 가까이 기다려야 했다.

현존하는 그의 편지 가운데 가장 오래된 1878년 5월 12일자의 편지는 그가 '세상에서 가장 사랑하는 어머니께' 보낸 것이다. 당시 그는 아직 입학할 자리를 찾지 못했던 것 같다.

"이렇게 앉아 편지를 쓰다 보니 어머니와 함께하고 싶은 제 안타까움이야 어떤 말로도 표현할 길이 없지만, 그것은 불가능한 일이므로 더 이상 언급하지 않겠습니다."

그는 앨버말에 사는 루이스와 메리웨더 두 가문의 친척 모두가 건강하다는 사실을 기쁘게 보고했다. 곧이어 사촌인 토머스 메리웨더

Thomas Meriwether가 결혼했다는 소문을 전하며 이렇게 마무리했다.

"늘 어머니의 편지를 학수고대하고 있습니다. 그것이 제가 어머니의 안부를 알 수 있는 유일한 수단이니까요. 지금 제가 건강한 것처럼 어머니도 건강하셨으면 좋겠습니다. 영원히 어머니를 사랑하는 아들이."23

그 다음으로 오래된 편지도 어머니에게 보내는 것으로 날짜는 적혀 있지 않지만 가문의 이런저런 소식과 학교에 들어가기 위해 자신이 겪은 일에 관해 여러 가지 불평을 늘어놓고 있다. 1785년에 그의 누나 제인과 결혼한 매형 에드먼드 앤더슨Edmund Anderson은 리치먼드Richmond에서 사업을 시작하기 위해 준비 중이었는데, "그 도시에 천연두가 퍼져 그 불만이 대규모 폭력사태로 번지지만 않았어도 지금쯤 거기에 가 있었겠지만, 그 혼란이 가라앉을 때까지 지금 있는 곳에 그대로 있을 것"이라고 했다(앤더슨 부부는 당시 버지니아주 하노버Hanover에 있었다).

"누나(제인)하고 조카들은 모두 잘 있습니다. 조카들이 많이 자란 것 외에 별다른 일은 없어 보이더군요."

메리웨더는 토머스 제퍼슨의 스승 가운데 1명의 아들인 매튜 모리Matthew Maury 목사에게 배우고 싶어 했지만, 그때까지도 아직 공부를 시작하지 못하고 있었다.

"루벤(그의 남동생은 여전히 조지아에 있었다)도 저랑 같이 학교에 다녔으면 좋겠습니다. 물론 저 역시 아직은 공부를 시작하지 못했지만 말이에요. 로버트 루이스와 저는 앨버말로 오자마자 모리 씨에게 배우고 싶다고 신청했지만, 그분은 이듬해 봄까지는 저희를 받을 도리가 없고 또한 저희가 배우고 싶어 하는 과목은 자신의 라틴어 교습에 방해가 된다며 차라리 저희를 아예 받지 않는 게 낫겠다고 하더군요."

결국 메리웨더는 제임스 워델James Waddell 목사의 문하에 지원했지만 성공 여부는 불확실했다.

"워델 씨한테 갈 수 없다면 여기서 10마일쯤 떨어진 곳에서 가르치는 윌리엄슨Williamson 씨에게 가야 할 듯합니다. 모리 씨와 워델 씨 모두 그분을 강력히 추천하더군요. 지금으로서는 어서 그 3주일이 지나가길 바라는 수밖에 없는 것 같습니다."24

1787년 가을, 루벤은 메리웨더가 있던 클로버필즈에 다녀갔다. 동생은 떠나가면서 형에게 이듬해 가을에는 꼭 조지아에 오라고 신신당부했다. 하지만 1788년 3월 7일, 메리웨더는 가을에 조지아를 방문하지 못할 것 같다고 편지했다.

"네가 떠난 직후부터 모리 목사님께 배우게 되었어. 크리스마스 때까지는 계속할 거야. 너랑 운동도 하고 낚시도 하고 싶었는데 좀 실망스럽긴 하다. 하지만 나는 나 자신을 향상시키기로 마음먹었어. 앞으로 내게 더 큰 이득이 될 것이 분명하다면 그 일을 할 거야."

메리웨더는 교육을 받겠다는 분명한 각오를 보인 것이다.25

1788년 6월, 메리웨더의 후견인은 방세와 식대, 수업료로 7파운드를 지불했고 1789년 1월에는 13파운드를, 그리고 7월에는 2파운드를 더 지불했다. 그해 가을, 루이스는 학우이자 다섯 살 아래였던 사촌 피치 길머Peachy Gilmer와 함께 찰스 에버릿Charles Everitt 박사 밑에서 공부했다. 길머는 에버릿에 대해 매우 혹평을 하고 있다.

"그는 건강이 나빠 고생했고 성마른 데다 격한 성격이었으며 변덕스럽기까지 해서 여러 모로 마음에 들지 않았다. (…) 그는 학생들에게 가할 가혹한 처벌을 고안했다. (…) 그의 교수법 역시 나쁘긴 마찬가지였다. 그가 방해받는 것을 몹시 싫어해 우리는 질문도 제대로 못했고 학력이 향상되기는커녕 태만과 나쁜 습관만 얻었다."

그런데 길머는 메리웨더에 대해서도 그리 좋은 평을 내리지 않고 있다.

"그는 항상 놀라운 인내력을 보여주었지만, 사실 그것은 그 나이 때에 누구나 그렇듯 쓸데없는 일에 완고하게 집착하는 것에 불과했다. (…) 그의 성격은 뻣뻣했고 세련미가 없었으며 매사에 서툴고 딱딱해 유연성이라고는 눈곱만큼도 찾아볼 수 없었다. 안짱다리이긴 했어도 얼굴이 반반해서 대부분 그를 잘 생겼다고 했다."26

메리웨더는 돌아다니기를 좋아했다. 제인과 친척집을 방문하기도 했지만 혼자서 산속을 돌아다니거나 조지아에 다녀오는 경우도 있었다. 그의 어머니는 그의 방랑벽과 웃을 때 보이는 반응은 모두 자신에게서 물려받은 것 같다고 농담처럼 말하기도 했다.27

앨버말 카운티의 기록에는 메리웨더의 후견인이 매우 꼼꼼했음을 보여주는 증거가 많이 남아 있다. 그의 회계장부에는 무릎 죔쇠 1쌍, 조끼 단추 10개, 비단 2묶음, 단검 1개, 용돈 등이 적혀 있다. 그중 눈길을 끄는 것은 '흑인 하녀에게 위스키 1쿼트'라는 항목과 '럼주 1쿼트와 설탕 1파운드'라는 것이다.28 1790년 메리웨더는 제임스 워델 목사 밑으로 학교를 옮겼고, 그는 8월에 어머니에게 쓴 편지에서 그 상황을 알리고 있다.

"앞으로 18개월이나 2년쯤 여기에 머물 것 같습니다. 이곳에서는 정중한 대접을 받고 있으니 아무 걱정 마십시오. 공부를 마치자마자 어머니를 다시 뵐 수 있을 겁니다."29

1791년 10월, 그는 어머니에게 보낸 편지에서 자신이 "토머스 길머

Thomas Gilmer 숙부(피치의 아버지)에게 편지를 받은 덕분에 모두 잘 있다는 것을 알게 되었다"고 썼다. 그는 방금 제인을 방문하고 오는 길인데, 누나가 그해 여름 어머니에게서 받은 편지를 보여주더라고 했다. 그 편지는 마크스 대위가 사망했으며 어머니가 또다시 과부가 되어 루벤과 다른 두 아이를 돌봐야 하는 처지가 되었음을 알리고 있었다. 마크스 부인은 메리웨더가 조지아주로 와서 자신과 가족을 데리고 버지니아주로 가주었으면 하고 바랐다.

"저도 그렇게 하고 싶습니다. 하지만 앞으로 18개월이나 2년은 지나야 할 것 같습니다. 그 이전에는 제 힘으로도 어쩔 도리가 없을 듯합니다. 앞으로는 로커스트힐에서 계속 사실 수 있도록 해드릴게요. 제 힘 닿는 데까지 어머니를 최대한 편하게 해드릴 테니 제 성실성을 믿고 마음 푹 놓으십시오."30

1792년 4월, 메리웨더는 어머니에게 편지를 보내 제인이 어머니에게서 받은 편지를 보니 어머니가 이번 봄에 버지니아로 돌아가기를 애타게 바란다는 것을 알게 되었다고 적었다.

"누나 역시 어머니를 몹시 보고 싶어 하니 결국 제가 학업을 중단하고 곧바로 출발 준비를 하는 것이 나을 것 같습니다."

그는 몬티첼로에 사는 어느 기술자를 고용해 여행용 마차를 만들게 했다. 마차는 5월 1일까지 완성될 예정이었다. 메리웨더는 말도 구입하고 현금도 좀 마련해야 했다.

"곧 들어올 지대地代만으로 충분한 현금을 모으기 어려우면, 시간을 절약하기 위해 담배를 팔아야 할 것 같습니다. 그러면 5월 15일에는 출발할 수 있을 겁니다."31

그해 가을, 그는 조지아로 가서 어머니와 동생들을 데리고 버지니아로 돌아왔으며 이후 로커스트힐에 머물며 농장주이자 가장으로서의 삶을 시작했다. 이로써 메리웨더 루이스의 학생시절은 끝나고 말았다. 그렇다면 그는 과연 무엇을 배웠을까? 라틴어나 다른 외국어는 유창하게 사용할 만큼 배우지 못했고, 철자법도 익숙치 않아 평생 능숙하게 사용한 적이 한 번도 없었다. 하긴 그가 살던 시절에는 철자법이 워낙 자유로워 제퍼슨처럼 책을 많이 읽고 박식한 사람도 일관된 철자법을 지키지 못할 정도였다. 대신 루이스는 기운차고 쾌활하며 유창한 작문 스타일을 발전시켰다.

그의 저술에 인용된 것을 토대로 그가 읽은 책을 유추해보면 고대사 조금, 밀턴Milton과 셰익스피어Shakespeare 약간, 그리고 근대 영국사를 드문드문 읽은 것으로 보인다. 그는 탐험일지류, 특히 제임스 쿡James Cook 선장의 모험에 관한 책을 탐독했다.

무엇보다 그는 수학을 잘했으며 식물학과 박물학의 기초를 튼튼히 쌓는 한편 지리학도 많이 배웠다. 결국 그는 고전, 특히 철학에 관심이 많은 다재다능한 버지니아인의 평균적인 교육 수준에는 도달한 셈이었다. 하지만 농장 일에 대해서는 이제부터 전문가가 되고자 노력해야 하는 입장이었다. 이후 평생에 걸쳐 그가 교육의 가치를 높이 평가했던 것을 보면 당시의 결정에 약간의 후회가 남아 있었던 듯하다.

그는 평생 루벤과 이부동생異父同生인 존 마크스, 메리 마크스를 돌보며 이들의 교육을 위해서라면 어떤 노력과 비용도 아끼지 않았다. 1805년 3월 31일, 미주리강 상류의 포트만단에서 어머니에게 보낸 편지에는 이렇게 적혀 있다.

"어머니께 꼭 부탁드리고 싶은 것은 지금 존 마크스가 받고 있는 교육이 어느 정도 진전을 보여 상급학교에 진학할 만하다고 생각되시

거든, 그 아이를 곧바로 윌리엄스버그에 있는 칼리지에 보내시라는 겁니다. 어머니께서 그 아이의 소질을 확신하지 못하시더라도 교육 기회를 소홀히 하거나 불완전하게 남겨두는 것보다 차라리 그 아이의 재산을 투자해서 그렇게 하는 편이 낫기 때문입니다."32

열여덟 살에 가장이 된 그는 설사 마음 한구석에 공부를 계속하고 싶은 마음이 있었을지라도 그것을 실천하기는 어려운 상황이었다. 이제 그는 어머니와 동생들을 비롯해 로커스트힐의 노예들과 자기 재산을 책임져야 했던 것이다. 한마디로 그는 열여덟 살에 20여 명의 노예와 2,000에이커의 토지로 이뤄진 작은 공동체의 수장이 되었다.

이제부터 그는 경영을 비롯해 토양, 작물, 양조, 목공, 철공, 제화, 직물, 통 제작, 제재에 대한 것은 물론 소와 양의 도살 및 손질, 채소와 고기 저장법, 쟁기·써레·삽·소총 수선법, 말과 개 사육법, 병자 간호법, 그밖에 농장을 운영하기 위해 필요한 무수히 많은 일을 배워야 했다. 메리웨더 앞에 새로운 인생이 놓여 있었던 것이다.

undaunted courage

농장주

1792~1794년

버지니아의 농장주들은 자녀가 태어나도 '아기를 낳았다^{born}'고 하지 않고 말馬처럼 '새끼를 쳤다^{foaled}'고 했다. 그들은 1마일을 가더라도 꼭 말을 탔고, 말을 타기 위해 말을 묶어둔 데까지 5마일을 걸어가는 것도 마다하지 않았다. 어느 학자는 그들의 삶에서 말이 어떤 위치를 차지하고 있는지 진지하게 연구한 적도 있다.

"방대한 개척지가 있고 농장이 서로 멀리 떨어진 지역에서 승마는 단순한 오락이 아니라 일상적으로 필요한 일이었다. 특히 신사계층에서는 뛰어난 승마술을 당연시했다."[1]

실제로 그들은 말의 감정, 먹이, 교배, 그리고 사육에 관한 한 전문가가 되어야만 했다. 메리웨더 루이스는 말에 올라탈 수 있게 된 이후로 뛰어나고 대담한 기수이자 말의 감정과 사육에 전문가가 되었다. 하지만 말을 타게 된 뒤부터 사람들의 몸이 쇠약해졌다고 믿은 제퍼슨은 젊은이들에게 오히려 운동 삼아 걸어 다닐 것을 권유했다. 루이스는 그 충고를 받아들여 맨발로 자주 돌아다녔고 덕분에 하체가 튼튼해졌다. 당시 버지니아에서는 맨발로 다니는 것을 당연하게 여겼다. 제퍼슨의 손자는 열 살이 될 때까지 신발을 신은 적이 없으며, 루이스 역시 어린시절에 눈밭에서 맨발로 사냥을 다녔다고 한다.2

승마와 보행 외에 그들이 당연하게 여겼던 것 중 하나는 춤이었다. 춤은 그 사회의 필수품에 버금갈 정도였고, 어느 여행객의 한마디는 당시의 의식을 잘 대변한다.

"순수 혈통의 버지니아인은 춤을 추지 못한다면 차라리 죽음을 택할 것이다."

제퍼슨과 마찬가지로 루이스는 모리 목사의 학교에서 미뉴에트, 릴, 그리고 컨트리댄스를 배웠다. 루이스가 태어나던 해에 작성된 어느 일기작가의 기록에는 이런 대목이 나온다.

"식민지를 여행하는 젊은 신사라면 누구나 (…) 춤과 권투, 바이올린 연주, 펜싱용 칼, 카드에 정통한 것으로 여겨졌다."3

모든 버지니아 농장주나 그 아들들이 미덕의 귀감이었던 것은 아니다. 겉으로는 고상하고 교양 있는 척했지만 그들에게는 감히 저항할 수 없는 유혹도 많았다. 어린시절에 아버지를 잃은 제퍼슨이 수십 년 뒤 손자에게 보낸 편지에는 다음과 같은 구절이 등장한다.

열네 살 무렵, 내 주위에는 좋은 충고나 조언을 해줄 친척 혹은 친구가 전혀 없었다. 내가 오로지 나 자신밖에 몰랐다는 것과 때로 내가 어울리던 나쁜 친구들을 돌이켜 보면 내가 그들에게 휩쓸려 이 사회에 쓸모없는 인간으로 전락하지 않았다는 사실이 그저 놀랍구나. (…) 내가 누리던 지위 덕분에 나는 종종 경마꾼, 노름꾼, 여우사냥꾼, 과학자, 전문가, 그리고 지체 높은 사람들로 구성된 모임을 많이 접했지. 나는 여우를 잡아 죽이는 신나는 순간에, 내가 좋아하는 말이 승리를 거두는 순간에, 술집이나 국회에서 어떤 논제에 대해 탁월한 언변을 펼친 순간에 종종 이렇게 자문해 보았단다. 이 중에서 내가 정말로 선호하는 평판은 어떤 것일까? 경마 기수일까? 여우사냥꾼일까? 연설가일까? 아니면 내 조국의 권리에 대한 정직한 대변자일까?4

아마도 제퍼슨은 자기 손자에게 써 보낸 이 폴로니어스^{Polonius}*식의 충고를 루이스에게도 해주었을 것이다. 서른한 살의 생일에 루이스는 다음과 같은 유명한 글을 썼다.

"오늘로 나는 서른한 번째 해를 마감했다. 인생 여정의 절반가량을 지나고 있지만 인류의 행복을 진작시킨다거나 후세의 지식을 향상시키는 데 있어 아직까지 내가 한 일은 조금, 아주 조금밖에 없다. 내가 나태하게 보낸 많은 시간을 돌아보면 후회만 남고, 그 시간에 내가 지식을 얻었다면 분별력 있게 사용할 수 있었을 거라 생각하니 아쉬움뿐이다. (…) 그래도 과거를 돌이킬 수는 없으니 우울한 생각을 버리고 미래에는 내 노력을 배가하기로, 최소한 인간 존재의 두 가지 주요 목표를 진작시키기 위해 노력하기로, 자연과 운명이 내게 부여한 재능을 이용해 인류에 도움을 제공하기로 작정했다. 미래에는 인류를

---

*셰익스피어의 『햄릿』에 등장하는 인물. 클로디어스 왕의 신하이자 오필리아의 아버지. 『햄릿』에는 폴로니어스가 프랑스로 떠나는 아들 레어티스에게 "친구는 사귀되 너무 가까워지지는 마라", "돈은 빌리지도 말고 빌려주지도 마라" 등의 조언을 하는 대목이 나온다(역주).

위해 살아야겠다. 지금껏 내가 나 자신을 위해 살아온 것처럼."5

이처럼 기세당당하고 이상주의적인 말투는 훌륭한 매너와 마찬가지로 버지니아 신사계층의 사회적 기준이자 전통이나 마찬가지였다. 이들은 동포에게 예의바르고 여성에게 신사적이며 아랫사람에게 자비로워야 한다는 것을 당연시했다. 공손함의 기준 역시 높았다. 제퍼슨은 공손함이야말로 인위적인 좋은 기질이며 평화와 차분함을 유지하는 유용한 방법이라고 말했다. 물론 계집질과 또 다른 방탕, 폭음, 그리고 이와 유사한 개인적 악덕도 흔히 볼 수 있었지만, 신사계층간의 관계를 저해하지 않는 한 너그러이 용서되었다. 반면 거짓말과 비열한 근성은 결코 용서받지 못할 죄로 여겨졌다.6 인내심 외에 루이스가 지닌 또 다른 자랑거리는 정직이었다. 그가 글을 쓰든 말로 하든 그의 말은 곧 보증수표나 다름없었다.

특히 버지니아 신사계층은 지나치게 폭음을 즐기는 사람을 그다지 존경하지 않았다. 혁명 직후 그 지역을 다녀온 어느 영국인 여행객은 전형적인 앨버말 농장주의 음주에 관해 적고 있다.

"그는 8시에 일어나 큰 유리잔 가득 럼주에 설탕을 탄 음료를 마신 뒤 대개는 말을 타고 자기 농장을 한 바퀴 돌면서 가축과 농작물을 살펴본다. 10시에 돌아온 다음에는 찬 고기나 햄, 옥수수전, 토스트, 사과술로 아침을 먹고 (…) 12시나 1시쯤에 식욕을 돋우기 위해 토디 toddy*를 한 잔 마신다. 그리고 2시 무렵에 정찬을 먹는다. 그는 보통 잠자리에 들 때까지 토디를 마시며 그 시간 내내 술에 취하지도 멀쩡

---

*위스키나 럼주 등에 물과 설탕을 넣어 만든 음료수(역주).

하지도 않은 일종의 마취상태에 놓인다. (…) 법원이나 경마장, 닭싸움장에 갔을 때는 술을 너무 많이 마시기 때문에 그의 아내가 검둥이 2명을 보내 그를 집으로 데려온다."7

이것이 버지니아 농장주의 전형적인 모습인지 아닌지는 잘 모르겠지만, 아쉽게도 당시 10대였던 루이스의 동년배 중에도 그런 인물이 제법 있었다.

농장 운영에는 세부사항에 대한 주의와 날카로운 안목이 필요했고, 이 점에서 루이스는 누구보다 탁월했다. 제퍼슨은 그를 가리켜 "근면하고도 주도면밀한 농장주로 자기가 본 모든 식물과 곤충을 매우 세심하게 관찰한다"고 묘사했다.8 물론 씨를 뿌리거나 추수하는 것은 노예들의 몫이었다. 어느 여행객은 그 모습을 보고 안쓰러움을 드러내기도 했다.

"실제로 고되게 일하는 것은 불쌍한 검둥이들이었다. 그들이 겪는 비참함은 믿을 수 없을 정도였고 그것을 능히 감내할 수 있는 그들의 본성이 오히려 놀라울 지경이었다."9

루이스는 재산을 더욱 늘려갔는데, 이는 버지니아 농장주에게 매우 중요한 일이었다. 그는 로커스트힐 외에도 몽고메리 카운티Montgomery County의 레드강Red River에 위치한 땅 800에이커, 마크스 대위의 소유였던 땅 180에이커, 그리고 클라크 카운티Clarke County의 땅 등을 더 보유하게 되었다. 이처럼 땅을 늘려가는 것이 중요했던 이유는 당시 버지니아의 농업이 믿기 힘들 만큼 소모적이었기 때문이다. 예를 들어 좋지 않은 땅이나 열악한 땅에는 옥수수를 심어 노예나 가축이 소비했다. 반면 기름진 땅에는 담배를 심었다.

당시 좋은 땅은 단단한 나무가 자라는지로 판단했고, 농장주는 노예들을 시켜 큰 나무 주위를 경작하게 한 다음 나무가 말라죽게 내버려두었다. 노예들은 괭이로 담배 농사를 짓기 위한 두덩을 만들뿐 굳이 나무를 없애려 애쓰지 않았다. 그렇게 3년 연속 담배를 심고 나면 그 농지에 1년 정도 밀을 심었다가 그냥 방치하거나 소나무 숲으로 복구했다. 농장주는 가축 떼가 제멋대로 돌아다니도록 방치한 탓에 동물의 배설물을 거름으로 재활용하지 못했고, 이에 따라 지극히 원시적인 윤작을 할 수밖에 없었다. 이러한 농사법을 위해서는 토지와 노예가 풍부해야만 했다.

결국 토지에 대한 열망과 투기열은 끝없이 치솟았다. 담배 농사는 토양을 금세 황폐하게 만들어 땅이 아무리 많아도 늘 부족했기 때문이다. 반면 담배로 인한 소득은 농장주가 미리 토지를 구매할 수 있을 만큼 충분하지 못했다. 따라서 토지에 대한 투기는 현금이 아니라 외상과 약속, 권리증을 통해 이뤄졌고 농장주는 늘 현금 부족에 시달렸다.

혁명 이전에 조지 워싱턴은 버지니아주의 타이드워터^{Tidewater}와 피드몬트에 수만 에이커, 그리고 애팔래치아산맥 너머에 6만 3,000에이커의 토지를 보유하고 있었다. 그럼에도 그는 더 많은 토지를 원했다.10 제퍼슨은 자기 아버지로부터 피드몬트의 토지를 최소 5,000에이커 이상 물려받았음에도 그 역시 더 많은 토지를 원했다. 결혼 후 그는 아내 쪽으로부터 들어온 1만 1,000에이커의 토지를 더 보유하게 되었다. 이 정도만 해도 상당한 지주에 속했으나 버지니아의 기준에서 보자면 가장 부유한 지주는 아니었다.11 그러니 제퍼슨이 제국을 건설하려는 열망에 불탔던 것도 그리 놀랄 일은 아니다.

담배는 인간의 건강은 물론 토지에 대해서도 해악이 많은 작물이었다. 하지만 버지니아의 농장주들, 심지어 창의적인 제퍼슨까지도 당시 이 문제에 대한 대안을 제시하지 못했다. 사실 대안은 코앞에 놓여 있었는데도 말이다.

셰넌도어강Shenandoah River 유역에 사는 독일인 이민자만 해도 이들과 전혀 다른 방식으로 농사를 지었다. 영국 왕이나 지사로부터 넓은 땅을 할양받지 못한 독일인은 각자 땅을 구매해야 했던 터라 소유한 땅이 많지 않았다. 몇 세대, 심지어 몇 세기에 걸쳐 한 농장을 계속 유지하는 전통을 지녔던 그들은 금방 수익을 올리기보다 오래 농사를 지을 수 있도록 농지를 운영했다.

우선 그들은 농지의 모든 나무와 그루터기를 제거했고 깊게 쟁기질을 해서 땅의 침식을 막았으며 가축을 커다란 외양간에 몰아넣어 그 배설물을 거름으로 사용했다. 나아가 체계적인 윤작을 하는 것은 물론 자녀와 이웃의 도움을 받아가며 직접 일했다. 이들의 토지 인근에는 감독관도 소작인도 노예도 없었다. 한마디로 가족 농장을 만드는 일에 관심이 깊은 사람들만 있었던 것이다.12

제퍼슨은 독일인 농부에 관해 아무런 말도 남기지 않았지만, 버지니아 농장주와 그들의 관습을 비교하면서 그들이 농사에 앞서가는 이유를 지적하긴 했다.

"그것은 우리가 마음껏 낭비할 수 있을 만큼 땅을 많이 지녔기 때문이다. 우리는 풍부한 땅과 노동력을 최대한 활용한다."13

혁명 직후, 몬티첼로에서의 생활은 눈과 귀, 혀와 지성 모두가 즐거웠다. 하루는 훌륭한 말을 타고 산과 들을 누비며 여우나 사슴, 곰을 잡고 다음날 저녁에는 토머스 제퍼슨의 집으로 초대를 받았다고 상상해보라. 만찬은 어제 성공을 거둔 사냥꾼들을 위한 축배로 시작된다.

식탁에는 고구마, 콩, 옥수수, 각종 빵, 견과, 메추라기, 햄, 사슴고기, 곰고기, 오리고기, 우유, 맥주 등이 산더미처럼 차려져 있다. 포도주는 프랑스에서 건너온 것으로 미국에서 구할 수 있는 것 중 최상품이며, 그것도 제퍼슨이 직접 고른 것이다. 규모가 큰 파티라면 영어뿐 아니라 프랑스어, 이탈리아어, 독일어로도 대화가 오갈 만큼 다양한 사람들을 만나게 된다. 무엇보다 제퍼슨은 친구는 물론 정적들까지 매료시키고 즐겁게 만들 줄 아는 인물이다.

1785년의 어느 날, 존 퀸시 애덤스John Quincy Adams는 파리에서 쓴 일기의 한 대목에서 제퍼슨과의 한때를 적고 있다.

"제퍼슨과 함께 있으면 즐겁다. 그 양반과 함께 앉아 있으면 한순간도 경탄하지 않을 때가 없다."

1800년의 선거 직전, 애비게일 애덤스Abigail Adams 역시 제퍼슨에 관해 쓰고 있다.

"그는 이 세상에서 특별히 선택받은 사람 중 하나이다."14

제퍼슨의 손님들도 특별히 선택받은 사람들로 하나같이 교육 수준이 높고 강한 호기심을 지녔으며 열혈 독자에 온갖 새로운 지식을 추구했다. 특히 박물학과 지리학에 관심이 많았고 정치적으로도 활동적이었다.

혁명 직후 앨버말 농장에서의 생활은 그야말로 에덴동산이나 다름없었지만, 그 동산에는 뱀도 있었다. 버지니아의 찬란한 사회적, 지적, 경제적, 정치적 생활은 사실 노예들의 등짝에 기대고 있었던 것이다. 그런데 노예제도가 채찍질에 의존했던 탓에 그 등짝은 상처투성이었다. 그렇다고 모든 주인이 노예에게 채찍질을 가했던 것은 아니지만, 필요하다고 판단될 경우에는 언제든지 허락하고 있었다. 보수를 주지 않고 사람을 일하게 하려면 공포와 폭력에 의존할 수밖에 없기 때문이다.

이것은 버지니아 신사계층이 지닌 이중성이었다. 노예제를 승인하지 않은 에드먼드 버크Edmund Burke는 노예를 부리는 농장주들이 사실은 자신의 인권을 주장하는 데 누구보다 앞장섰음을 매섭게 꼬집고 있다.

"버지니아처럼 수많은 노예가 있는 곳에서 자유로운 사람들은 아직까지 자신의 자유에 대해 자부심과 열성을 지니고 있다. (…) 이들에게는 지배의 오만함이 자유의 정신과 결합되어 그것을 더욱 강력하고 무적으로 만들어준다."15

새뮤얼 존슨Samuel Johnson 박사는 다음과 같이 따끔하면서도 치욕적인 질문을 던졌다.

"어째서 우리는 검둥이의 소유주로부터 자유에 관한 가장 우렁찬 목소리를 듣게 된 것인가?"16

특히 토머스 제퍼슨은 누구보다 인간의 자유를 중시한 인물이지만 동시에 그는 노예제로부터 누구보다 막대한 이득을 챙긴 인물이다. 제퍼슨은 버지니아가 노예제로 인해 치러야 할 대가가 어떤 것인지 누구보다 잘 알고 있었다. 그는 『버지니아주에 대한 비망록Notes on the State of Virginia』에서 이렇게 쓰고 있다.

"주인과 노예간의 모든 상거래에는 가장 난폭한 격정, 가장 끈질긴 폭정, 그리고 가장 불명예스러운 굴종이 부단히 드러난다. 우리 아이들은 그걸 보고 또한 그걸 따라하는 법을 배운다. (…) 비록 부모가 자비심이나 이기심에서 비롯된 동기를 지니고 있지 않더라도 노예에게 격정을 분출하지 않도록 자제할 수 있다면, 그 자녀에게는 좋은 모범이 될 것이다. 하지만 대개는 그렇지가 못하다. 부모가 노예를 학대하면 자녀는 그걸 보고 분노의 윤곽을 파악한다. 그리고 그들 역시 노예에게 똑같은 분위기를 형성하고 자신의 가장 나쁜 격정을 분출하며 온갖 좋지 않은 특성을 체득하게 된다. 정말 비범한 사람이 아닌 이상, 그런 환경에서 행실이나 도덕이 타락하지 않을 사람은 아무도 없을 것이다."17

제퍼슨의 말은 진심이었고, 그는 이런 문제를 온전히 극복한 사람을 만나본 적이 없었다.

미국 남부에서 노예제가 번성하게 된 이유는 혁명 이후 수십 년 뒤에 기술이 발전했기 때문이다. 제퍼슨이 대통령으로 취임했을 무렵, 영국에서는 제임스 와트James Watt의 증기기관이 면화의 방적, 직조, 날염 작업에 도입됐고 이로써 원료 수요가 폭등했다. 동시에 엘리 휘트니Eli Whitney의 조면기繰綿機는 키가 작은 고지산 면화에서 씨를 분리할 수 있게 해주었다. 그런데 면화 재배에는 노예와 토지가 필수적이었고 이것은 버지니아 신사계층의 주된 수입원이었다.

비록 노예제에서 이득을 얻긴 했지만 제퍼슨은 노예제를 혐오했다. 그는 이를 버지니아에 내려진 저주로 간주하고 미국 전역에서 노예제가 사라지는 날이 오기를 소망했다. 하지만 자신의 세대에 그런 날을 보고 싶어 한 것은 아니었다. 그는 그 개혁의 책임을 차세대에게 넘기고자 했고 그들이 버지니아를 남부 최초로 노예제를 폐지한 주로 만들어 주리라 확신했다. 그가 차세대 젊은이들에게 기대를 걸었던 이유는 그들이 "자유의 원칙을 마치 어머니의 젖처럼 빨아먹고 자랐기 때문"이었다.18

이것은 제퍼슨의 모순투성이 생애에서도 가장 모순적인 부분이었다. 그는 노예제를 경험하며 자란 루이스와 클라크 세대 중에 타락하지 않은 노예 소유주가 거의 없다시피 한 현실을 알고 있었다. 더욱이 그는 노예해방을 열망하는 자신의 신념을 루이스와 클라크 앞에서 한 번도 드러낸 적이 없었다.

노총각 제퍼슨은 서른이 다 된 나이에 결혼했고 루이스는 평생 결혼하지 않았다. 이 점에 있어서 두 사람은 매우 유별난 편에 속했다. 제퍼슨의 말처럼 신사계층 가운데 스무 살이 넘어서까지 학문을 추구하는 사람은 흔치 않았는데, 그 이유는 대개 젊은 나이에 결혼해 가족을 거느렸기 때문이다. 그들 대다수는 각자의 농장을 운영하느라 정신이 없었다.

18세기에 버지니아의 신사계층은 여성에 대한 태도나 여성과의 관계에 대해 논의하는 일이 매우 드물었다. 세상 거의 모든 것에 관해 글을 쓴 제퍼슨조차 여성에 관한 글은 없다시피 하며 심지어 자기 어머니나 아내에 대한 기록도 남기지 않았다.

예외적으로 제퍼슨은 미국 여성과 파리 여성을 비교한 적이 있다. 그는 미국 여성이 자신이 있어야 할 자리를 잘 안다고 기뻐했는데 그 자리란 바로 가정, 보다 구체적으로 육아실이었다. 쓸데없이 온 동네를 돌아다니거나 유행을 추구하고 정치에 간섭하는 프랑스 여성과 달리, 미국 여성은 '가정생활의 평온함과 안정'에 만족하며 그 고운 머리를 정치에 관한 생각으로 어지럽히지 않는다는 것이다.19

외국인 여행객도 대개는 이에 동의했지만, 일부는 버지니아 여성이 둔감하고 무미건조하다고 생각했다. 정치는 물론 농장 경영에서 아무런 역할도 할 수 없던 여성들은 집안에서 노예들에게 둘러싸여 점점 더 나태와 방종, 욕구 불만, 불행을 느끼게 되었다. 뛰어난 조류학자인 알렉산더 윌슨Alexander Wilson은 1809년에 쓴 어느 편지에서 남부 여행에 관해 다음과 같이 언급했다.

"무엇보다 놀라웠던 것은 가장 유력한 집안에서조차 여성들이 하나같이 냉담하고 침울한 침묵을 유지했다는 것이다. (…) 늙었든 젊었든, 기혼이든 미혼이든 그들은 하나같이 외로운 노처녀에게나 어울릴 법한 둔감하고 냉담한 무미건조함과 침묵을 고수했다. 심지어 자기 집에서조차 낯선 사람의 질문에 '예' 또는 '아니오'로만 말했다."

물론 제퍼슨의 딸들이나 루이스의 어머니처럼 예외적인 여성도 있었다. 그러나 대부분의 버지니아 남성은 여성과의 온전하고 공개적이며 상호존중적인 관계를 받아들이지 않았다. 윌슨에 따르면 농장의 백인 여성과 대조적으로 흑인 하녀들은 모두 기운차고 쾌활했다고 한다.

윈스럽 조던Winthrop Jordan은 『위의 백인: 흑인에 대한 미국인의 태도White Over Black: American Attitudes Toward the Negro』에서 "백인 농장 여성의 둔감한 냉담함은 다른 인종 여성과의 유사성을 철저히 회피해야 하는 필요성에 의해 더욱 강화되었다"고 적고 있다.20 나아가 조던은 "농장에서 성性에 대한 유럽인의 전형적인 이중 기준은 이제 희화적 양극화에 종속되고 말았다. 백인 남성의 더 많은 성적 자유는 곧 백인 여성의 더 적은 성적 자유를 의미했다"라고 기록했다.21

루이스가 여자 노예들과 성적인 관계를 맺었는지에 대해서는 전해지는 자료가 없다. 상당수의 노예 소유주가 그런 관계를 맺었으며, 그로 인한 혼혈아에 관해 풍부한 자료가 전해진다. 제퍼슨에 대해서도 다양한 추측과 주장, 논쟁이 있지만 그것은 모두 극히 적은 증거에만 의존하고 있다.

제퍼슨은 만약 루이스가 계속 고향에 남아 있었더라도 "뛰어난 관찰력 덕분에 훌륭한 농장주로 두각을 나타냈을 것"이라고 썼다.22 물론 루이스는 뛰어난 수완을 발휘했지만 그가 로커스트힐을 운영한 것은 어디까지나 필요에 의해서였을 뿐, 본인의 열의에 의한 것은 아니었다. 그가 정말로 원했던 것은 방랑과 모험이었다.

1792년 5월 11일, 미국의 해군 함장 로버트 그레이Robert Gray는 자신이 탄 배의 이름을 따서 컬럼비아Columbia라고 이름붙인 어느 강의 어귀로 진입해 그 경도와 위도를 파악했다. 독립 이후 두 번이나 대륙횡단 모험을 후원하려 했던 제퍼슨은 필라델피아의 미국 철학회American Philosophical Society에 태평양까지 원정할 여행자를 고용하기 위한 기부금을 모으자고 제안했다. 이때 조지 워싱턴을 비롯해 로버트 모리스Robert Morris와 알렉산더 해밀턴Alexander Hamilton도 기부금을 냈다.

루이스는 이 계획에 관한 소식을 듣자마자 제퍼슨을 찾아왔다. 제퍼슨은 당시 루이스의 행동을 간결하게 묘사하고 있다.

"그는 그 일에 자신을 써달라고 간절히 부탁했다. 나는 그 일을 맡을 인물은 오로지 1명의 동반자만 데려갈 수 있으며, 이는 인디언을 공연히 놀라게 하지 않기 위해서라고 말했다. 그럼에도 그는 단념하지 않았다."23

제퍼슨이 훗날 루이스를 높게 평가한 것은 사실이지만, 그때까지만 해도 그렇지 않았던 모양이다. 결국 그는 10대를 갓 벗어난 애송이 루이스 대신 프랑스의 식물학자 앙드레 미쇼André Michaux를 선택해 1793년 6월에 출발시켰다. 그러나 미쇼가 켄터키에 도착하기도 전에 제퍼슨은 그가 프랑스의 스파이이며, 그의 목적은 미시시피강 너머의 에스파냐 점령지를 공격하기 위한 미국인 의용군을 모집하는 데 있음을 알아냈다. 제퍼슨의 항의로 프랑스 정부는 미쇼를 소환했다.

그때 루이스는 로커스트힐에서 일에 매달려 있었지만 내심 농장주로서의 생활에 불만을 품고 있었다. 더욱이 집안 살림이 어느 정도 안정되자 신천지를 마음껏 모험하고 싶은 열망이 도무지 가라앉지 않았다. 결국 그는 스무 살에 젊음의 열정과 보다 눈부신 뭔가를 추구하기 위해 워싱턴 장군이 소집한 의용군에 자원입대했다. 위스키 폭동 Whiskey Rebellion의 진압에 참여했던 것이다.24

군인

1794~1800년

1794년에 일어난 위스키 폭동은 독립 쟁취에서부터 남북전쟁Civil War 발발에 이르기까지의 기간 중 미국 통일에서 가장 큰 위협이 된 사건이었다. 이에 비하면 훗날 노예제를 놓고 벌어진 남북간의 분열은 아무것도 아니었다. 위스키 폭동은 동서간에 벌어진 다툼으로 그 원인은 새로운 세금에 있었다.

연방정부의 권한을 증대하는 동시에 영향력을 높이고자 했던 재무장관 알렉산더 해밀턴은 위스키에 물품세를 부과해 세금을 더 걷고 싶어 했다. 문제는 위스키가 애팔래치아산맥 너머 지역의 주요 생산품이었다는 점이다. 이 조치에 변경 개척민들은 자신들이 무시당하고 홀대받는다고 생각했다. 더욱이 그곳 사람들은 현금 고갈에 시달렸는데, 해밀턴은 세금을 현금으로 내라고 했다.

사실상 위스키에 부과된 세금은 변경에서 만들고 파는 물건에 대한 세금이지, 변경에서 구입하는 물건에 대한 세금은 아니었다. 이는 건국자들이 혁명 직전에 영국이 식민지에 부과한 '내부' 세금에 항의하던 것과 똑같은 상황이었다. 더욱이 변경 개척민들은 정부가 세금을 걷는 데는 열심인 반면 자신들을 인디언으로부터 보호하는 일에는 소홀하고, 서부에 도로와 운하를 만드는 데 실패했으며, 서부를 개척하려 고생하는 자신들보다 부유한 부동산 투기자들을 감싼다고 불평했다. 하긴 워싱턴 대통령 본인도 대표적인 부동산 투기자였다.

결국 변경의 개척민들은 폭동을 일으켰다. 이들은 세금 납부를 거부했고 세무 공무원에게 총을 쏘거나 폭행을 가했으며 심지어 그들의 집을 불태우기도 했다. 이에 놀란 워싱턴 대통령은 1794년 8월 폭동 진압을 위해 버지니아, 뉴저지, 펜실베이니아, 메릴랜드에서 1만 3,000명의 민병대를 소집했다. 그가 갑자기 민병대를 소집한 이유는 당시 5,424명의 장교 및 사병으로 구성된 정규군이 앤서니 웨인Anthony Wayne 중장의 지휘 아래 오하이오에 가 있었기 때문이다.

오하이오에서 인디언과 전투를 벌인 정규군은 1790년에는 조사이어 하마Josiah Harmar 장군이, 1791년에는 아서 세인트클레어Arthur St. Clair 장군이 연속적으로 굴욕적인 패배를 당한 상태였다. 이는 변경 정착지 전역에서 인디언의 공격을 불러일으켰고 결국 위스키 폭동을 불러오는 데 한몫했다. 동부 연안에서는 모두들 군대에 징집되는 것을 두려워했지만, 서부에서는 오히려 자신들을 보호해줄 한 사람의 군인도 아쉬운 상황이었다.

1794년 8월 20일, 오하이오 북서부의 모미강Maumee River에서 펼쳐진 펄런 팀버스Fallen Timbers 전투에서 웨인이 결정적인 승리를 쟁취함으로써, 정부군이 인디언으로부터 자신들을 보호해주지 못한다는 서부 폭도들의 불만 하나를 해소해주었다. 그런데 그 승전 소식이 펜실베이니아에 도착하기도 전에 워싱턴은 민병대를 소집하고 말았다. 서부인은 당시 존 제이John Jay 연방대법원장이 영국인의 북서부 주둔지 철수 문제를 놓고 협상 중이었다는 사실도 모르고 있었다.

당시 서부에서는 영국인이 인디언을 부추겨 개척민들을 학살시킬 거라는 생각이 퍼져 있던 터라 영국인의 존재는 변경 개척민의 또 다른 불만 요인이었다. 협상의 성공으로 1794년 11월에 런던에서 제이의 협약이 조인될 예정이었지만, 그 소식은 1795년 3월이 되어서야 비로소 미국에 전해졌다.

위스키 폭동에는 한 가지 아이러니가 있었다. 워싱턴과 해밀턴을 비롯해 이 폭동을 진압하는 입장에 선 미국 혁명의 영웅들은 한때 자신이 목숨 걸고 반대했던 정책, 예를 들면 '대표 없는 과세'를 오히려 변경 개척민에게 강요한 셈이었던 것이다. 위스키에 대한 세금부과는 특별히 서부인을 겨냥한 것이었고, 중앙정부가 서부인의 권리를 제대로 대변하지 못한다는 변경 서부인의 불만은 정당했다.

위스키 폭동에서 주장하는 내용은 샘과 존 애덤스Sam & John Adams, 토머스 제퍼슨, 패트릭 헨리Patrick Henry가 미국 혁명 때 주장했던 것과 똑같았다. 그 폭동의 논리는 곧 미국 혁명의 논리나 마찬가지였다. 일찍이 영국과 미국을 갈라놓는 바다를 근거로 두 나라는 별개라고 주장했던 것처럼, 이번에는 동서를 갈라놓는 산맥을 근거로 두 나라가 존재해야 한다고 주장했다.

그런데 서부가 단순한 정치논리로 간주한 것을 동부에서는 폭동이자 소요로 간주했다. 워싱턴은 서부에 있는 자신의 땅 수만 에이커를 결코 잃고 싶지 않았다. 폭도들이 영국과 에스파냐 대표단과 협상을 벌인다는 소문도 워싱턴과 동부의 민족주의자들에게 군대를 동원해야 한다는 생각을 심어주었다. 결국 폭도들을 진압하기로 마음먹은 대통령은 자신의 호소에 응답해 집결한 부대를 사열하러 나갔다.1

그들 중에는 메리웨더 루이스도 있었다. 그의 입대 동기에는 모험에 대한 열망과 방랑벽도 있었지만, 다른 한편으로 자유의 영광스런 대의와 조국을 생각하는 마음도 있었다. 그는 폭도들을 반역자로 간주했으며 "대통령이 그들의 불온하고도 완고한 정신을 박멸하겠다고 굳게 결심했다는 것"에 기뻐했다.2

루이스뿐 아니라 중주Middle States* 출신의 청년 수천 명이 지원 입대했다. 독립전쟁 당시 유년기를 보낸 이들은 10대 시절에 아버지와 삼촌들로부터 전쟁 이야기를 숱하게 들으며 자랐다. 이전 세대의 모험을 부러워했던 이들은 우정을 경험할 기회와 영웅이 될 가능성을 만나자마자 얼른 뛰어든 것이다. 또한 그들은 정부가 독립전쟁 당시의 참전용사에게 서부의 토지를 넉넉히 보상해주었다는 사실을 잘 알고 있었다.

1만 3,000명에 달하는 지원병은 두 갈래로 나뉘어 펜실베이니아로 들어왔다. 뉴저지와 펜실베이니아 출신 부대는 칼라일Carlisle에 집합했고, 버지니아와 메릴랜드 출신 부대는 컴벌랜드Cumberland에서 숙영했다. 군복을 제대로 갖춰 입고 당당하게 말에 올라탄 워싱턴은 각 숙영지에 있는 부대를 사열했으며 베드포드Bedford까지 그들과 함께 행군했다.

그러나 박자를 맞춘 발소리, 번쩍이는 새 군복, 열의가 넘치는 젊

---

*대서양 연안 주Atlantic States라고도 하며 뉴욕, 뉴저지, 펜실베이니아의 3개 주의 별칭이다(역주).

은 애국자들, 선두에 선 워싱턴의 스릴 넘치는 모습은 오로지 그 전투를 그린 화가들의 머릿속에나 존재하는 모습이었다. 워싱턴이 성공을 기원하며 작별을 고하자마자 서부에 대한 침략이 시작됐다. 비와 진흙탕 속에서 산맥을 횡단하는 것은 누구도 예상하지 못했을 만큼 힘든 일이었다.

더욱이 질병, 규율 결여, 부족한 배식, 그리고 계급과 지휘권을 둘러싼 사소한 논쟁 등으로 부대는 자칫 해체될 위기까지 맞았다. 특히 젊은 장교들은 군복의 색깔, 디자인, 장비 등 소소한 문제에서 갈등을 빚으며 시간과 에너지를 소진했다. 역사가인 토머스 슬로터Thomas Slaughter의 말을 빌리자면 "서부로 말을 달리는 휘황찬란한 용기병이나 분통터지게도 뒤에 남아 있던 사람 모두에게 최우선적인 가치는 애국심이 아니라 명예와 야망이었다."3

특히 장교와 사병의 눈에 띄는 차별적 대우는 여러 가지 문제를 낳았다. 장교는 자신의 지위를 반납하고 언제든 떠날 수 있었던 반면, 사병은 전쟁이 끝날 때까지 의무적으로 남아 있어야 했다. 또한 장교는 양과 질적으로 보다 나은 배식을 받았고 대개는 통나무집에서 숙영했지만, 사병들은 천막이나 야외에서 자야 했다. 도박이나 음주에 사병이 개입되면 처벌을 받았고, 장교의 경우에는 묵인되었다. 이로 인해 고위 장교는 아침마다 탈영자를 잡기 위한 수색대를 내보내야 했으며 탈영자가 붙잡히면 채찍질 100대라는 잔혹한 처벌을 가했다.

사병은 의복이나 배식이 모두 부족했던 탓에 출정한 지 한 달이 되도록 상당수가 맨발이었다. 10월 7일, 해밀턴은 이렇게 썼다.

"어디에서나 병력이 보급품보다 많았다. 신발 하나, 모포 하나, 총탄 1온스도 도착하지 않았다."

식량 부족은 약탈로 이어졌고 이는 행군 도중에 만난 민간인과의 관계를 악화시켰으며 적발될 경우에는 가혹한 처벌이 가해졌다. 루이스와 동향인 어느 버지니아 출신의 지원병은 벌통을 훔치다 붙잡혀서 채찍질 100대를 당했다. 그럼에도 굶주림에 지친 사병들은 울타리를 부숴 땔감으로 쓰고 닭과 소, 양 등을 닥치는 대로 훔쳤다. 슬로터의 기록은 그 극명한 대비를 잘 보여준다.

"장교들의 일지는 마치 행군 길에 위치한 술집과 명승지를 설명한 여행안내서 같고, 징집된 사병들의 일지는 굶주림과 추위에 시달린 나날을 기록하고 있다."4

루이스는 비록 이병이긴 했지만 그가 원래 신사계층의 농장주였고, 단지 나이 때문에 계급이 낮다는 것을 알고 있던 버지니아 의용군 장교들의 환대를 받았다. 덕분에 그가 어머니에게 보낸 편지는 슬로터의 지적대로 여행안내서와 비슷했다. 1794년 10월 4일, 버지니아주 윈체스터Winchester의 최초 숙영지에서 루이스는 어머니에게 편지를 썼다. 그는 "이미 2개 연대가 열흘간 학교와 비슷한 이곳에 머물며 제대로 장비를 갖추고 훈련을 받아 제법 군인다운 모습을 갖추게 됐다"고 했다. 또한 이제야 도착한 자신의 중대는 오늘 내로 모든 장비를 갖추고 첫 번째 훈련을 받게 될 예정이라고 썼다.

숙영지에서의 첫경험은 그의 기대를 충분히 만족시켰던 모양이다.

"우리는 산더미 같은 쇠고기와 바닷물 같은 위스키를 먹고 마셨습니다. 어제는 랜돌프Randolph 대위의 중대에 있는 아는 친구들과 식사를 했는데 대위 본인을 제외하고 모두들 잘 있는 것 같습니다."

원기가 충만한 그는 편지를 이런 말로 마무리했다.

"동생들에게 제 안부를 전해주시고 오늘은 부디 저를 위해 축하해

달라고 하세요. 내일이면 제가 무기고에서 제일 무거운 머스킷총과 결혼할 예정이니 말입니다."5

일주일 뒤, 컴벌랜드로 행군하는 도중에 그는 또 편지를 썼다.

"제 동반자인 워커Walker 소위와 함께 숙영지의 분주함과 소란함으로부터 잠시 벗어나 편지를 쓰는 중입니다. (…) 아직도 제게는 영광스런 자유의 대의명분과 조국을 돕기 위한 활력이 충분히 남아 있습니다. (…) 우리 이웃에서 지원한 친구들은 모두 친절합니다. (…) 어머니의 성실한 아들을 믿고 아무 걱정 마시기 바랍니다."6

어쨌든 이들의 활약으로 2명의 반란 주모자가 체포돼 재판을 받았고 반역 혐의가 선고됐지만 워싱턴 대통령은 결국 이들을 사면했다. 이런 우여곡절 끝에 위스키 세금은 한 번도 징수되지 않았고 토지세, 인두세, 수입품에 대한 관세만 징수됐다.

11월 초쯤, 루이스는 버지니아 의용군의 육군 장교로 임명되었다. 의용군이 귀로에 오르자, 그는 대니얼 모건Daniel Morgan 장군의 지휘 아래 펜실베이니아 서부의 순찰 및 경찰 업무를 담당하게 될 소규모 주둔 병력에 합류하겠다고 자원했다. 복무 기간은 6개월이었다. 그가 육군에 남기로 결정한 데는 단순히 군인 생활에 대한 즐거움 이상의 이유가 있었다. 그는 어머니에게 보낸 편지에서 복무기간이 끝나면 행로를 켄터키로 잡아 거기서 토지에 투기할 생각이라고 했다.

그는 또한 어머니가 마크스 대위로부터 물려받은 '권리증상의 토지'에 대한 세금을 낼 계획이었는데, 이는 마크스가 독립전쟁 때 복무한 대가로 받은 그 땅이 버린 것으로 간주돼 몰수되는 것을 방지하기 위함이었다.7 2주일 뒤, 그는 권리증상의 토지에 대한 세금을 내기 위해 어머니에게 돈과 소유권을 증명할 수 있는 문서를 보내달라고 했다.

1794년의 크리스마스이브에 그는 육군 장교가 된 이래 처음으로 불평을 늘어놓았다.

"이곳에서 저는 로커스트힐에 있을 때보다 훨씬 더 권한이 없는 감독관입니다."

그러는 중에도 그는 장교의 주된 책임 중 하나를 배웠는데 그것은 바로 부하들에 대한 배려였다.

"병사들은 8명이 들어갈 수 있는 작은 천막 외에 아무런 은신처도 없이 때마침 찾아온 겨울의 냉혹함 앞에 노출돼 있습니다. 상당수가 아프지만 다행히 사망자는 아직 몇 명 되지 않습니다."

그곳에서 구할 수 있는 최고의 크리스마스 만찬은 쇠고기 스튜 조금뿐이지만, 다행히 운이 좋아 1달러를 주고 럼주를 한 쿼트 샀다고 했다.8 그해 겨울의 언젠가 루벤이 형에게 편지를 보내 어머니가 장남의 오랜 부재에 불안해한다는 소식을 전했다. 1795년 4월 6일, 루이스는 어머니에게 보낸 편지에서 결코 위험한 일은 하지 않을 테니 걱정 마시라고 썼다. 또한 5월 중순에 제대하는 대로 켄터키로 가서 어머니의 땅을 찾아보고 토지매매 시즌을 적극 이용하겠다고 했다. 이어 그는 루벤을 위한 조언을 했다.

"루벤에게 사업에 주의하라고 해주십시오. (…) 이모님과 톰슨 이모부님, 그리고 다른 동생들에게도 안부를 전해주시고 다음 가을에는 제가 루이스 부인이라는 여자 폭도를 한 사람 데려갈 거라고 전해 주십시오."

마지막의 수수께끼 같은 글은 실현되지 않았지만 이는 마크스 부인에게 적잖은 걱정을 야기했거나 어쩌면 아들이 곧 정착하게 되리라는 기대를 하게 만들었을지도 모른다.9 만약 그랬다면 마크스 부인은 실망을 감수해야 했을 것이다. 1795년 5월 1일, 루이스는 애초의 계획과 달리 갑자기 장교가 되어 정규군에 입대했다.

루벤이 형에게 편지를 보내 어머니가 장남이 로커스트힐로 돌아오기를 간절히 바란다고 전하자, 5월 22일자 답장에서 루이스는 놀라우리만치 에둘러 말하고 있다.

"주위 사람들의 바람에 맞춰 돌아가는 것이 어쩐지 거슬려 저는 의도적으로 길을 잘못 들기로 했습니다. 이 자만심에 대해 용서를 구합니다. 이런 돈키호테적인 제 성격을 어떻게 설명해야 할지 모르겠습니다. 이는 다른 어떤 원인에 의해서라기보다 메리웨더가로부터 물려받았기 때문인 것 같습니다. 자비심을 베풀어 저를 이렇게 이끌어가는 제 실수를 용서해주십시오."

한마디로 모든 것이 어머니 탓이라는 얘기다. 그러면서 그는 편지를 이렇게 끝맺었다.

"어머니의 성실하지만 방황하는 아들 드림."10

이후 그는 평생 한 장소에서 두 번 겨울을 맞이하는 일이 없을 정도로 방랑자적 삶을 살아갔다.

위스키 폭동이 막을 내리고 제이의 협약이 비준되어 영국과의 관계가 좋아지는 것은 물론 펄런 팀버스에서 승리를 거둠으로써 1794년에 5,424명이던 육군은 3,359명으로 감소됐다. 루이스가 정규군으로 임관됐을 때는 육군이 인원을 삭감하던 때로 이는 결국 그가 상관들에게 좋은 인상을 주었다는 강력한 방증이다. 물론 그의 상관들은 그의 가계 전반에 대해 알고 있었고 적어도 이는 그에게 불리하게 작용하지 않았다. 그 무렵 육군에는 유력한 가문과 연고가 있는 장교가 많았으며 혁명 당시에는 대륙군이나 의용군 가운데 3분의 1 이상이 아버지가 장교 출신이었다.

당시 육군의 주된 역할은 변경의 경찰노릇이었고, 이들은 약 100명으로 구성된 장교와 사병이 작고 외딴 요새에 분산되어 활동했다. 역사가 윌리엄 스켈턴William Skelton은 『미국의 직업 군인 : 육군 장교단, 1784~1861년An American Profession of Arms: The Army Officer Corps, 1784~1861』에서 애팔래치아산맥 서부의 이 작은 요새를 가리켜 "수천 마일에 걸쳐 작은 섬으로 이뤄진 군도"라고 했다.11

징집된 사병에게는 충격적일 만큼 가혹한 처벌이 가해졌다. 채찍질은 일상적이었고 드물게 낙인형도 처벌 수단으로 사용됐다. 오하이오 북서부의 포트 디파이언스Fort Defiance에서 열린 어느 군사법정에서는 두 사병이 경계근무 중에 소총을 옆에 세워놓고 앉아 있었다는 혐의로 유죄 판결을 받아 채찍질 100대를 받았다. 모포 하나를 훔친 죄에는 채찍질 50대가, 하사관을 때린 죄에는 채찍질 100대가 내려졌다.

가장 큰 문제는 탈영이었다. 사병들은 가혹한 처벌을 견디지 못해 곧잘 몸을 숨겼고, 요새가 작다 보니 2~3명만 줄어들어도 전투의 효율성이 크게 떨어졌기 때문이다. 이에 따라 탈영은 더욱 가혹한 처벌을 받았다.

1795년 가을, 포트 디파이언스에서 이병 1명이 탈영하자 장교들은 쇼니족 인디언 2명에게 탈영병을 생포하면 10달러를, 머리가죽을 가져오면 20달러를 주겠다고 제안했다. 다음날 두 인디언 중 1명이 그 병사의 머리가죽을 갖고 돌아와 보상금을 받고 장교들로부터 치하를 받았다.12

문서상으로는 장교단도 처벌이 엄했다. 무엇보다 장교들은 신성모독적 발언, 지휘관이나 연방 및 주 관리에 대한 불손한 표현, 근무 중 음주와 무단이탈, 그리고 결투 참가 등이 금지되어 있었다. 또한 장교들은 정부情婦를 두는 것이 금지되어 있었는데, 이는 사회규범에 어긋나는 것으로 군 복무에 부담을 주고 늘 불화의 원인이 됐기 때문이다.13

하지만 실제로는 대부분의 장교가 지나친 음주와 엽색으로 대표되는 방종한 생활을 했다. 소위의 연봉은 402달러였고 특수임무에 나서면 추가수당이 지급되었지만, 장교가 개인적으로 구입해야 하는 군복 한 벌만 해도 변방에서는 가격이 끔찍하게 비쌌다. 스켈턴에 따르면 "초급장교는 간신히 중류층으로 인정받을 정도에 불과했다"고 한다.14

이에 따라 상당수의 장교가 토지에 투기를 함으로써 급여를 보충했다. 그들은 주로 혁명 당시에 참전용사에게 상여금으로 나온 토지권리증에 투기를 했다. 스켈턴은 자신의 저서에서 "장교단은 툭하면 자기들끼리 불화를 일으켰다. 군법회의나 결투로 귀결되게 마련인 규율위반 행위 혹은 동료들과의 신랄한 논쟁으로 경력에 흠이 없는 장교가 희귀할 정도였다"라고 적고 있다.15

그 원인 중 하나는 변경 주둔지의 고립과 무료함 때문이었다. 장교단은 다양한 지역적, 종교적, 인종적, 교육적, 사회적 배경을 지닌 사람들이 좁은 울타리 안에 모여 있는 흔치 않은 경우였다. 보다 중요한 원인은 남부 출신 장교에게 만연한 지나친 명예의식 때문인지도 모른다. 당시 장교들은 결투 신청을 하거나 받아들인 경우, 참관인 노릇을 한 경우, 심지어 도전을 거부했다고 해서 비난을 퍼부은 경우조차 즉시 해임의 사유가 되었다. 하지만 현실적으로 이것은 있으나마나한 규정이었다.

앤서니 웨인 장군은 오히려 휘하의 장교들에게 결투를 촉구하며 군법회의니 뭐니 해서 부대 전체를 들쑤시는 대신 차라리 '사적인 논쟁을 해결하는 다른 방법'을 모색하라고 훈시할 정도였다. 이는 제법 솔깃한 논리였다. 군법회의는 사적 불화를 해결하기보다 오히려 지속시키는 경향이 있었지만, 결투는 시도 때도 없이 열리는 군법회의의 비용과 번거로움을 모면하게 해주었던 것이다.16

1795년, 한 육군 장교는 자신이 공개적으로 모욕을 당했다고 주장하며 결투를 통해 피를 보려 하지 않는 것이야말로 모욕당한 쪽을 '힐난과 조소, 더 끔찍하게는 전우들의 경멸에' 노출시키는 것이라고 주장했다.17

1795년 8월 3일, 오하이오지역의 인디언 부족 추장들이 그린빌 조약Treaty of Greenville에 동의한 그날에 제2부군단에 속한 루이스는 웨인의 사령부에서 근무 중이었다. 그해 11월 열병이 숙영지를 휩쓸면서 그린빌 주둔군 가운데 병자가 300~375명에 이르기도 했다. 그때 루이스는 "건강상태는 최고입니다"라고 장담했다.18

당시 제2부군단 소속 장교는 대부분 연방당원이었고 그 무렵의 정치적 논쟁거리는 프랑스 혁명을 바라보는 태도였다. 알렉산더 해밀턴이 이끄는 연방당원은 혁명을 경멸했지만 머지않아 공화당원으로 알려지는 제퍼슨주의자들은 포용했다. 심지어 그들 중 상당수가 프랑스인을 모방해 서로를 '시민'으로 부르기 시작했다. 루이스 역시 그들 중 하나였다. 1795년 5월 22일 어머니에게 쓴 편지의 겉봉에 그는 "버지니아주 앨버말, 시민 루시 마크스 귀하"라고 썼다.

루이스의 이러한 견해는 그의 음주와 어우러져 결국 문제를 야기하고 말았다. 1795년 11월 6일, 그는 웨인의 사령부에서 열린 고등군법회의에 출두했다. 기소 내역은 "전쟁법령 및 규정집 제7조 제1항과 제2항에 대한 직접적이고 공개적이며 모욕적인 위반행위"였다(제1항의 내용은 장교나 사병은 서로를 향해 비난조나 자극조의 언행을 해서는 안 된다는 것이다. 제2항의 내용은 결투 신청을 금지하는 것이다).

재판 기록의 세부 내역은 "지난 9월 24일, 루이스가 술에 취한 채 그(엘리엇Eliott 중위)의 집에 들어가 신사답지 못한 태도로 그를 모욕하고 그의 초대를 받은 다른 장교들의 평온과 화합을 방해한 죄"를 지었다는 것이었다. 이후 정치에 관해 논쟁을 벌이던 끝에 엘리엇이 루이스를 집 밖으로 내쫓은 듯하다. 화가 난 루이스는 엘리엇 중위에게 결투를 신청했다.

기소 내역이 낭독된 직후, 루이스는 자신이 무죄라고 주장했다. 거의 일주일 내내 증언이 청취된 다음 군법회의 장교들은 판결문을 작성했다.

"메리웨더 루이스 소위에게 제기된 혐의는 무죄라는 결론이 났으며 그가 명예롭게 석방될 것을 선고한다."

웨인 장군의 군법회의 보고서는 간단했다.

전기의 선고를 확정하는 동시에 이와 같은 성격의 군법회의가 이 부대에서 소집되는 것은 이것이 처음이자 마지막이 되기를 삼가 기대하는 바이다.

메리웨더 루이스 소위, 체포상태에서 석방.19

웨인 장군은 당시 스물한 살이던 루이스를 정예 소총수 및 저격수 부대인 정선 소총 중대로 발령했다. 그곳 중대장은 샬럿츠빌 출신으로 앨버말에 연고를 갖고 있었으며 루이스보다 네 살 많았다. 그의 이름은 윌리엄 클라크로 혁명 당시 구舊북서부*를 정복한 로저스 클라크Rogers Clark 장군의 동생이었다.

그러나 이미 그 무렵에 육군에 몸담은 지 4년째에 접어든 윌리엄 클라크는 그로부터 6개월 뒤 건강과 가정상의 이유로 사임했다. 루이스와는 고작 6개월밖에 함께하지 못했지만 두 사람은 절친한 친구가 되어 서로를 존경하게 됐다.

석방된 지 2주일 후에 어머니에게 보낸 편지를 보면 장교로서 행동 강령을 지키는 데 어려움을 느낀 루이스가 아예 그것을 자기 식으로 바꿔버렸음을 알 수 있다.

"전체적인 생각은 육군이 방탕의 학교라는 것입니다. 하지만 어머니의 사랑스러운 아들에게는 이곳이야말로 경험과 분별을 배우는 학교임이 증명될 것이라고 분명히 말씀드릴 수 있습니다."

그는 자신의 정치적 신념을 예전보다 덜 표명하는 법을 배운 듯하다. 그 증거로 이번에는 '시민 루시 마크스'가 아닌 '루시 마크스Lucy Markes 여사' 앞으로 편지를 보냈다(그는 평생 마크스Marks의 정확한 철자를 모르고 살았다).20

이후 4년에 걸친 군 생활 동안 그는 자신의 방랑벽을 충분히 만족시킬 만큼 많은 여행을 다녔다. 그는 서부의 방대한 지역을 비롯해

---

*루이지애나 매입 이전의 미국 영토에서 북서부에 해당하는 오대호지역(오하이오, 인디애나, 일리노이, 미시건, 위스콘신주)으로, 오늘날 미국 북서부(오리건, 워싱턴, 아이다호, 몬태나, 와이오밍주)와의 혼동을 피해 '구북서부'로 일컫는다(역주).

윌리엄 클라크. 찰스 윌슨 필의 유화(1810년). (독립기념국립 역사공원 소장)

오하이오강의 북부와 남부를 누볐으며, 1796년 봄에는 오하이오강을 따라 정찰을 시작했다. 10월에는 소수의 호위병만 거느리고 디트로이트에서 피츠버그까지 행군해 급보를 전달했다. 그 과정에서 두 번이나 길을 잃는 바람에 식량이 떨어졌는데, 옛 인디언 거주지에서 버려진 썩은 곰 고기를 찾아냈다. 훗날 그는 그 맛이 매우 독특했다고 말했다.

1796년 11월, 그는 제1미국보병연대로 전보되었다. 그달에 그는 또다시 디트로이트에서 피츠버그까지 행군했지만 이번에는 에노스 쿤Enos Coon이라는 와이언도트족Wyandot 인디언과 동행한 덕분에 길을 잃지 않았다. 루이스는 피츠버그의 여관에 도착해 그에게 급료를 지

불했다.21

 그 여행 직후 그는 휴가를 얻어 고향집 로커스트힐을 방문했다. 이는 1794년 8월, 어머니에게 6개월 후에 돌아오겠다고 약속하고 떠난 뒤 처음으로 귀향한 것이었다. 방문 당시의 일화는 전해지는 것이 없지만 아마도 그는 어머니께 궁금해하시는 얘기를 해드리고 옛 친구들을 만났을 것이다. 또한 그는 앨버말의 메이슨단 제44호 미덕지부의 초청을 받았고 1797년 1월 28일자로 그 단체에 가입했다. 메이슨에서 눈부신 속도로 진급을 거듭한 그는 그해 4월 3일 패스트 마스터 메이슨Past Master Mason 계급을 수여했다(그는 훗날 서부의 강에 필로소피Philosophy(철학), 위즈덤Wisdom(지혜), 필랜트러피Philanthropy(박애)처럼 메이슨 의식에서 따온 이름을 붙였다. 윌리엄 클라크는 1809년에 세인트루이스에서 메이슨에 가입했다.22

 1797년 여름 내내 휴가를 낸 그는 집안 문제를 하나하나 해결했다. 조지아에 남아 있던 어머니의 노예 중 일부를 버지니아로 데려온 다음 추가적인 땅 투기를 위해 켄터키에 다녀왔던 것이다. 그는 에이커당 20센트에 2,600에이커를 구입한 뒤 버지니아 땅 가운데 일부를 루벤에게 매각하고, 어머니로부터 마크스 대위 소유의 땅 중 일부를 구입함으로써 다른 버지니아 농장주와 마찬가지로 스스로를 땅 부자 겸 현금 거지로 만들었다.23

 다른 한편으로 분을 뿌린 가발과 레이스, 주름장식이 유행하던 시대에 그는 멋을 낼 줄 아는 젊은이였다. 1798년 1월 15일, 친구인 퍼디넌드 클레이본Ferdinand Claiborne 중위에게 보낸 편지에서 그는 재단사에 대해 불평하고 있다.

 "그 모든 빌어먹을 물건 중에서도 최악은 내 코트라네. 그 물건이 어찌나 엉망인지 문제를 지적하기 위해서라면 속기로 쓴다 해도 종이 석 장은 너끈히 채울 수 있을 걸세. (…) 레이스도 문제가 있고 (…) 그 거 없이도 지낼 수 있었다면 이미 반품을 해버렸을 걸세."

추신에서 그는 군대 일을 불평했는데 그것은 비슷한 나이의 장교라면 누구나 투덜거릴 만한 내용이었다.

"각 요새에 대한 연료나 건초 배달 및 분배에 관한 의회의 최근 규제는 자네도 분명 받아보았겠지. (…) 꼭 필요한 부분조차 충당하지 못할 정도로 분량이 확 줄어 대체 어떻게 해야 할지 모르겠네. 연료 분배량이 너무 적어 그것으로는 병사들이 도저히 살아갈 수 없을 것 같은데 자네는 어떤 계획을 세웠는지 나한테도 좀 알려주게나."24

1798년 당시의 대통령은 존 애덤스였다. 그 즈음 제이의 협약으로 영국과의 관계는 좋아졌지만 반대로 프랑스와는 관계가 악화됐다. 공해상에서는 암암리에 이미 전쟁이 진행 중이었다. 또한 프랑스의 외무장관 탈레랑Talleyrand이 미국 사절에게 뇌물을 요구한 것이 발각돼 여론이 들끓었고, 그 와중에 정당이 조직되어 그야말로 최악의 당쟁 시기를 빚어냈다. 그 논쟁의 중심에는 육군의 규모 문제가 자리 잡고 있었다.

알렉산더 해밀턴이 이끌던 고연방당원들은 프랑스와의 위기를 이용해 전통적인 유럽 스타일의 상비군을 만들고자 했고, 이는 외국의 침략을 격퇴하기보다 국내의 불평분자들을 탄압하는 데 더욱 적절한 군대였다. 고연방당원이 아닌 워싱턴과 애덤스조차 당시 제퍼슨이 이끄는 공화당이 정부 정책에 대해 제기한 반대가 일면 불법적이며 심지어 반역적이라는 데 동감하고 있었다(이러한 태도는 결국 외국인법 및 보안법*으로 귀결되었다).

    1798년 7월, 연방당원이 다수인 의회는 정규군 1만 명에 의용군 2만 명까지 둘 수 있도록 하는 내용의 대규모 군 증강 안건을 표결에 붙였다.25 애덤스와 다른 연방당원 측 지도자들은 새로운 육군을 국내 소요사태에 투입하려면 그 장교단을 건전한 정치관을 가진 인물로 채우는 것이 시급하다고 생각했다. 이들은 군 증강을 통한 막대한 당파적 등용 가능성까지 계산하고 있었다. 이로써 연방당은 해밀턴의 고연방당원과 애덤스 지지자간의 내부 분열로 권력다툼을 목전에 두고 있었다.

    애덤스는 워싱턴에게 중장 계급을 부여하며 신설 육군의 총사령관을 맡도록 제안했다. 그러나 이미 은퇴생활을 하고 있던 워싱턴은 실제로 전쟁이 벌어지기 전까지는 정치에 복귀할 생각이 없다고 했다. 이 결정은 부사령관이 신설 육군에 대한 실질적인 통제권을 갖게 될 것임을 의미했다. 내각에서 벌어진 일련의 밀담 끝에 애덤스와 워싱턴 간에 해밀턴을 놓고 논쟁이 벌어졌다. 이때 워싱턴은 만약 해밀턴을 부사령관으로 임명하는 데 동의하지 않으면 사임하겠다고 애덤스를 위협했다.

    이 굴욕으로 애덤스는 육군 증강이 과연 바람직한지 재고하게 되었다. 결국 육군은 의회에서 의결된 규모에 한참 미치지 못하는 수치만큼 증가했는데, 장교단은 급속도로 늘어난 반면 사병은 거의 그대로

---

*제2대 대통령 존 애덤스의 재임 중인 1798년에 여당인 연방당 쪽에서 만든 법률로, 외국인이 많이 가담한 공화당의 세력을 약화시키기 위한 의도로 평가된다. 주요 내용은 외국인의 귀화 및 국가 보안에 관한 것으로 인권 침해적 요소가 상당히 많았고, 결국 1800년의 제3대 대통령 선거에서 정권이 공화당의 제퍼슨에게 넘어가는 결과를 낳았다(역주).

였다. 이것은 애덤스가 장교의 임명을 좌우할 수 있었다는 뜻이고, 덕분에 요직은 연방당원들이 차지했다. 워싱턴도 나름대로 선발 기준을 세웠다. 최우선은 혁명 당시의 참전용사였으며 그 다음으로는 좋은 가문 출신으로 교양교육을 받고 명예심이 투철한 젊은 신사였다.

하지만 애덤스는 공화당 동조자로 의심되는 후보자를 철저히 배제했고, 급기야는 해밀턴조차 애덤스의 처사가 지나치다고 생각했다. 해밀턴은 최소한 초급장교 중 일부라도 상대 진영에서 뽑아야 한다고 말했다.

"지나치게 당과 관련해 임명을 하는 것은 바람직하지 않다. 군대에서의 판단 기준은 다른 무엇보다 복무자가 맡은 임무와 대의에 얼마나 열성을 보이느냐 하는 것이다."26

이는 장래가 촉망되는 젊은 공화당원도 임명을 해놓으면 자기편으로 끌어들일 수 있을 것이라는 얘기였다. 애덤스는 해밀턴의 견해를 무시했다. 결국 임관된 장교는 대부분 연방당원이었고, 이에 놀란 공화당원 사이에서는 연방당원의 테러가 임박했다는 헛소문까지 나돌았다.

군대를 정치에 연관시키고 장교단을 당파적 등용의 주된 원천으로 이용한 당시의 풍조는 메리웨더 루이스에게 결정적인 영향을 미쳤다. 1799년 3월 3일, 중위가 된 그는 샬럿츠빌로 전보돼 징집 업무를 담당했는데, 아마도 그의 어머니가 무척 기뻐했을 것이다. 하지만 애덤스가 육군 징집자를 수천 명 규모로 늘릴 수 있는 결의안을 거부하면서 루이스의 징집 업무도 끝나고 말았다. 결국 그는 이듬해에 디트로이트로 전보돼 친구인 클레이본 대위가 지휘하던 중대에 합류했다.

그해의 대통령 선거에서는 애덤스와 제퍼슨이 격돌했다. 루이스는 거센 정치적 논쟁에 가담했고 최소한 한 번 이상 연방당원 장교와 격한 말을 주고받아 상대방을 자신의 공화당원식 논증으로 압도하기도 했다.27

머지않아 그는 육군의 병력 증가에 맞춰 1799년 3월에 의회에서 신설한 연대의 경리담당관이 되었다. 훗날 제퍼슨이 남긴 기록에 따르면 루이스가 그 보직에 임명된 까닭은 그가 "정확성과 성실성이 요구되는 자리에서 항상 주목을 받았기 때문"이었다.28 그것은 두 가지 면에서 루이스에게 이상적인 보직이었다. 첫째, 그는 그 임무 덕분에 여기저기 여행할 수 있었다. 둘째, 그는 서부 전역에 산재한 장교들은 물론이고 그들의 정치관까지도 알게 됐고, 이것은 머지않아 그에게 크나큰 자산이 되었다.

1800년 12월 5일, 루이스는 대위로 승진했고 그달에 각 주에서는 선거인단에 소속될 대표단을 선발했다. 1801년 2월, 그 대표단은 제퍼슨과 그의 러닝메이트인 뉴욕주의 애런 버Aaron Burr에게 각각 73표, 애덤스에게 65표를 던짐으로써 정치적 위기를 만들어냈다. 제퍼슨과 버가 동점을 얻자 선거는 상원에 회부됐고 연방당원 간부회의가 버를 밀기로 작정하는 바람에 거기에서도 교착상태를 거듭했다. 국민의 선택이 분명 제퍼슨이었음에도 연방당원들이 선거 결과를 받아들이지 않았기 때문이다. 당시 연방당원들은 제퍼슨을 몹시 증오했고 제퍼슨만 아니라면 하다못해 애런 버에게라도 기꺼이 나라를 넘길 의향이었던 것이다.

만약 그들이 버를 대통령으로 삼는 데 성공했다면 오늘날의 공화국은 없었을지도 모른다. 다행스럽게도 해밀턴은 버보다 제퍼슨의 됨됨이를 더 인정했다. 무려 36차례의 투표 끝에 1801년 2월 17일, 결국 제퍼슨이 대통령으로 당선되고 버가 부통령으로 당선됐다.

당시 연방당원 중에서도 호들갑을 떠는 사람들은 "무익함과 부정직, 탐욕, 비열함, 무자비함, 불신앙의 전반적 증가"를 두려워했다.29 그런 정서를 의식한 애덤스는 과격한 수단을 동원했다. 3월 3일 밤, 제퍼슨의 취임식을 몇 시간 앞두고 그는 악명 높은 심야발령을 거행해 연방대법원을 연방당원 판사들로 채워버렸다. 공화당원 입장에서 그에 못지않게 황당한 조치로 상비군 6개 연대의 결원을 메울 장교 87명에 대한 임명도 있었다. 그들은 모두 연방당원으로 이는 향후 수년간 대법원과 군대를 연방당원의 안방으로 남게 하려는 의도였다.30 물론 이것은 어디까지나 애덤스의 바람일 뿐이었다.

제퍼슨 대통령은 다른 생각을 하고 있었다. 그는 자신의 의도를 성사시키기 위해 제1보병대의 메리웨더 루이스 대위에게 눈을 돌렸다.

토머스 제퍼슨 시대의 미국

1801년

    1801년 3월 4일, 토머스 제퍼슨은 제3대 미국 대통령으로 취임선서를 했다. 당시 미국의 인구는 530만 8,483명이었다. 그중 약 5분의 1은 흑인 노예가 차지했다. 영토는 대서양에서 미시시피강까지, 그리고 5대호에서 멕시코만에 달했지만(대략 가로세로 1,000마일) 사람이 사는 곳은 일부 지역에 불과했다. 전체 인구의 3분의 2가 해안가에서 50마일 이내에 살고 있었다. 애팔래치아산맥을 넘는 길은 4개에 불과해 필라델피아에서 피츠버그까지, 포토맥강에서 머농거헤일러강까지, 버지니아 남서부에서 테네시주 녹스빌Knoxville까지, 그리고 컴벌랜드 골짜기에서 켄터키까지가 전부였다.

    미국의 잠재 역량은 막대했고 만약 미시시피강 너머의 지역을 영토에 포함시킬 수 있다면 그 역량은 훨씬 더 막강해질 터였다. 그러나 1801년만 해도 서부의 땅을 더 얻는 건 고사하고, 애팔래치아에서 미

토머스 제퍼슨. 찰스 윌슨 필의 유화 원본(1791년).
(독립기념국립역사공원 소장)

시시피강 사이의 기존 영토조차 과연 유지할 수 있을지 의문이었다.

19세기의 유명한 연대기사가 헨리 애덤스Henry Adams의 기록이 이를 뒷받침한다.

"산맥 서부에 거주하는 인구는 자유민과 노예를 합쳐 50만 명에 미치지 못했다. 그들은 부분적으로 딴생각을 품었고 13개 주 중 일부에서도 그들을 독립제국의 병적인 존재로 간주하는 바람에, 그들은 앨러게니산맥을 넘어 해안지대로 나오는 대신 미시시피강을 따라 멕시코만으로 통하는 통로를 개척했다."[1]

분리 위협이 존재했다는 것은 사실이다. 당시 미국은 건국된 지 18년밖에 되지 않은 나라였고 정부 형태를 바꾼 지는 13년에 불과해 정치 상황은 여전히 유동적이었다. 아울러 한 나라가 그 거대한 대륙 전체를 다스린다는 것은 불가능해 보였다. 우선 거리가 너무 멀었다. 적어도 1801년에는 속도가 가장 빠른 존재가 말이었고 동시대 사람들의 생각에는 앞으로도 영원히 그럴 것만 같았다.* 더욱이 경마장 밖을 벗어나면 말조차 그리 빠르지 않았다. 당시의 도로 사정이 최악을 오갔기 때문이다.

그 무렵 가장 좋은 도로는 보스턴에서 뉴욕까지의 길이었다. 소형 역마차의 경우, 승객 및 그들의 짐과 우편물을 싣고 역마다 매번 말을 바꾸면 꼬박 사흘 걸려 175마일을 주파할 수 있었다. 뉴욕에서 필라델피아까지 100마일을 가는 데 이틀이 걸렸고, 새로운 수도 워싱턴 D.C. 남부에는 역마차가 다닐 만한 길조차 없었다. 제퍼슨이 1801년에 쓴 편지는 그 시절의 한 단면을 보여준다.

"몬티첼로와 워싱턴 사이에는 강이 8개나 있다. 그중 5개에는 다리도 배도 없다."

제퍼슨은 몬티첼로에서 필라델피아까지의 225마일을 무려 열흘에 걸쳐 가야만 했다.2

산맥 너머 서부에는 아예 도로라는 것이 없고 그저 오솔길만 있을 뿐이었다. 이에 따라 미시시피강에서 대서양 연안까지 사람이나 우편물이 도착하려면 보통 6주일 이상이 걸렸다. 편지보다 무거운 물건인 경우에는 최소한 2개월 이상이 걸렸다. 가령 곡물 부대나 가죽 꾸러미, 위스키 병, 화약 나무통처럼 부피가 큰 물건은 말이나 소, 노새가

---

*물론 지나친 일반화는 금물이다. 가령 빛이나 소리, 천둥번개도 있고 단거리에서는 말보다 더 빠른 동물도 있으며 총알이나 화살처럼 인간이 만든 물체가 가장 빠른 말보다 더 빠를 수도 있었다. 그렇다고 해서 상황이 크게 변한 건 아니었다(원주).

끄는 수레에 실려 가야 했고 이에 따라 도로가 있는 곳에서조차 운송 능력이 극히 제한적일 수밖에 없었다.

사람들은 이런 상황이 언제까지나 계속될 것이라고 여겼다. 기술의 발전이나 기계에 의한 진보, 근력·수력·풍력을 제외한 다른 동력원의 개념 자체가 당시에는 극도로 낯선 것이었다. 헨리 애덤스의 말은 제퍼슨 취임 당시의 상황을 잘 보여주고 있다.

"미국의 앞길에 놓인 장해물은 물질적인 것도 컸지만, 무엇보다 사람들의 마음속에 놓인 장해물이 가장 컸다. 18세기가 끝날 때까지만 해도 아무런 변화가 일어나지 않았기 때문에, 실용적인 사람들조차 거대한 변화가 오리라고 상상하지 못했다."3

물론 제퍼슨은 예외였다. 그는 경이로운 상상력의 소유자로 몬티첼로에는 그가 직접 발명한 온갖 장치가 잔뜩 쌓여 있었다. 18세기 말까지 유럽과 미국의 농부들은 평평한 보습이 달린 목제 쟁기를 사용했는데, 이는 고대 로마시대 이후 아무런 발전이 없었음을 보여준다. 오늘날처럼 휘어진 보습을 개발한 사람이 바로 제퍼슨이다.4

1793년, 더운 공기를 채운 기구가 위로 올라가는 것을 본 그는 곧바로 실용적인 응용법을 떠올렸다. 그가 딸 마사Martha에게 보낸 편지에는 이런 글이 있다.

"그 물건은 매우 안정적인 것 같다. 그거 하나면 여행을 할 때 집까지 열흘이 아니라 5시간이면 갈 수 있을 것 같더구나."5

제퍼슨은 항공여행에서 무려 한 세대 정도를 앞선 인물이었고, 육상여행에서는 마력 이외에 증기력을 이용해 수레를 움직인다는 발상에 매료되었다. 1802년의 예언이 이를 증명한다.

"수레를 움직일 때 증기처럼 강력한 동력원을 도입하는 것은 인간의 지위에 큰 변화를 만들어낼 것이다."

비록 동력원이 다르긴 하지만 제퍼슨은 무려 100년 앞서 자동차를 생각한 셈이었다. 아쉽게도 그는 기차도 구경하지 못하고 죽었다.*6 수상여행에 대해서만큼은 제퍼슨도 효율을 증대하는 방법을 고안하지 못했다. 19세기 초, 육중하거나 양이 많은 물품은 모조리 배로 운송됐기 때문에 1801년 당시의 미국인은 항상 물에 대해 생각했다. 그들의 머릿속에는 운하를 만든 다음, 갑문을 이용해 상류로 거슬러 올라가거나 급류를 우회하는 방법에 대한 계획이 가득 차 있었다. 제퍼슨은 "우리와 마찬가지로 다른 사람들도 강을 넓히고 운하를 파고 도로를 닦는 일에 정신이 팔려 있다"라고 썼다.7

문명이 탄생한 이래 그때까지 운송 및 교통에는 별다른 변화가 없었다. 미국인은 셰익스피어를 읽고 조지 워싱턴과 토머스 제퍼슨을 배출한 사회에 살고 있었지만, 기술은 사실상 고대 그리스에 비해 그리 발전하지 못했다. 물론 더 우수한 무기, 뛰어난 지리학적 지식, 그리고 다른 몇 가지 면에서 고대인을 능가했으나 육상에서든 수상에서든 화물 및 사람을 운반하는 면에서든 고대보다 더 빠르다고 할 수 없었다. 헨리 애덤스는 당시의 정신적 풍조를 이렇게 묘사했다.

"가령 립 밴 윙클**이 1800년대 들어 오랜 잠에서 깨어날지라도 한때 조지 왕의 초상화가 걸린 자리에 워싱턴 대통령의 초상화가 걸려 있다는 것을 제외하면, 그에게 낯선 것은 거의 없을 것이다. 사람들

---

*유럽에서는 19세기 초반에 증기기관차가 발명됐지만, 제퍼슨이 사망한 1826년까지 미국에는 도입되지 않았다(역주).

**워싱턴 어빙의 『스케치북』(1819~1820)에 나오는 단편소설의 주인공. 식민지 시대의 게으른 공처가 립 밴 윙클이 깊은 산에 나무를 하러 갔다가 이상한 사람들을 만나 술을 한 잔 얻어먹고 낮잠을 잤는데, 집에 돌아와 보니 벌써 20년이 흘러 있었다는 이야기다(역주).

은 경험을 통해 지금까지 그랬던 것처럼 앞으로도 그럴 것이라고 확신했다."8

그러나 그로부터 60년 뒤, 그러니까 에이브러햄 링컨이 미국의 제16대 대통령으로 취임선서를 했을 때 미국인이 막대한 양의 물품을 움직일 수 있는 시간당 거리는 육상(철도의 경우 시속 25마일)에서든 수상(상류행 증기선의 경우 시속 10마일)에서든 1801년에 비해 크게 늘어나 있었다. 운송에서 그토록 짧은 시간에 비약적인 발전이 일어난 것은 그야말로 예기치 못했던 혁명이었다. 제퍼슨 시대에 미시시피강에서 워싱턴 D.C.까지 정보를 전달하려면 무려 6주일이 걸렸으나 링컨의 시대에는 같은 거리임에도 전신을 통해 거의 즉각적으로 전달됐다.

결국 시간과 거리, 산과 강의 의미는 토머스 제퍼슨의 시대와 에이브러햄 링컨의 시대가 전혀 다를 수밖에 없었다. 제퍼슨이 북아메리카를 생각할 때 그의 머릿속을 차지한 것은 강이었다. 가까운 미래에 그는 뉴올리언스를 미국의 영토로 흡수할 계획이었고, 이를 통해 서부가 미국으로부터 이탈하는 것을 막으려 했다. 그 다음에 그는 대륙의 3분의 2나 되는 서부를 통과하는 완전수로를 찾을 계획이었다.

로버트 그레이가 컬럼비아호를 타고 그 배 이름을 따서 붙인 강으로 들어가 위도와 경도를 기록함으로써, 인류는 사상 최초로 그 대륙이 얼마나 멀리까지 펼쳐져 있는지 알게 되었다. 컬럼비아강 하구의 정확한 위치를 확인한 것은 18세기의 과학과 탐험이 이룬 놀라운 성취라고 할 수 있다.

영국의 쿡 선장으로 대표되는 제2차 발견의 시대Second Great Age of

Discovery에는 육분의와 다른 항해 장비가 사용됨으로써 세계 전역의 대륙과 해안, 주요 항구, 강 하구의 위치가 지도 위에 정확히 그려졌고 땅의 형태와 원주민에 대한 기록까지 이뤄졌다. 이로써 지구상에 남은 오지는 아프리카와 오스트레일리아의 내륙, 그리고 미국의 3분의 2를 차지하는 서부지역뿐이었다. 특히 미국의 서부는 유럽인과 미국인 모두에게 무척이나 중요했다.

미시시피강에서 컬럼비아강 하구까지의 거리가 대략 2,000마일이나 된다는 것은 익히 알려져 있었다. 또한 모피가 풍부하게 생산된다는 것도 유명했다. 나아가 석탄, 소금, 철, 금, 은 등이 상당량 매장되어 있을 거라는 추측과 더불어 그곳의 토양과 강우량이 켄터키, 오하이오, 테네시주처럼 농사에 적합할 것이라는 예측도 나오고 있었다.

하지만 당시에 이보다 더 중요하게 생각됐던 것은 외부에 알려지지 않은 빗나간 추측이었다. 도널드 잭슨에 따르면 제퍼슨은 당시 미시피 서부에 관한 지리학, 지도학, 박물학, 민족학에서 어느 누구보다 방대한 자료를 보유하고 있었다고 한다. 그런 그조차 대통령에 취임했을 때 다음과 같은 사실을 믿었다.

"버지니아주의 블루리지산맥은 이 대륙에서 가장 높은 산이다. 미주리강 상류에는 매머드와 큰땅늘보를 비롯해 선사시대 생물들이 존재하고, 대평원 어딘가에는 완전히 소금으로 이뤄진 산이 1마일이나 펼쳐져 있다. 미주리강 상류의 배드랜즈Badlands(불모지)*에서는 아직도 화산이 분출되고 있고 미주리강, 컬럼비아강, 콜로라도강, 리오그란데강은 모두 하나의 분수계에서 시작되어 제각기 여러 바다로 흘러

---

*사우스다코타 남서부와 네브래스카 북서부에 걸쳐 펼쳐진 황무지(역주).

간다. 그중에는 어딘가 산맥을 가로지르는 저지대의 연수육로로 연결돼 결국 태평양까지 이어지는 수로가 있을 것으로 보인다."9

1801년의 루이지애나 매입은 비교적 쉽게 이루어졌다. 경쟁자는 캐나다에서 온 영국, 텍사스와 캘리포니아에서 온 에스파냐, 뉴올리언스에서 미시시피강과 미주리강을 따라 온 프랑스, 북서부에서 내려온 러시아, 동쪽에서 온 미국이었다. 물론 루이지애나에는 이미 토지를 소유하고 있고 앞으로도 계속 거기서 살아갈 정착민들도 있었다. 수십 개의 인디언 부족도 있었지만 이들에게는 효율적인 정치기구는 물론 연합할 능력도 없었으며 총기 입수를 전적으로 백인에게 의존하고 있었다.

인디언과 흑인에 대한 제퍼슨의 태도는 완전히 정반대였다. 그는 인디언이 고결한 야만인이며 문명화를 통해 온전한 시민으로서 국가에 받아들일 수 있다고 보았다. 1785년에 그는 이렇게 썼다.

"나는 인디언이 그 신체나 정신에 있어 백인과 똑같다고 믿어 의심치 않는다."

인디언과 백인 간에 차이가 있다면 종교와 인디언의 야만적인 행동뿐이라는 것이었다. 그는 인디언의 민족학에 깊은 관심을 보였고 인디언의 어휘를 열성적으로 수집했지만, 아프리카인의 민족학이나 어휘에 대해서는 아무런 관심도 기울이지 않았다.10

루이스와 클라크 같은 젊은 버지니아인 역시 인디언을 '문명화된 시민으로 변모할 수 있는 고귀한 야만인'으로 보았다. 하지만 흑인은 인간보다 못한 존재, 심지어 동물에 가까운 존재라고 보았다. 그들은 평생 한 번도 흑인이 온전한 시민이 될 수 있다는 생각을 떠올려본 적이 없었다. 인디언 혼혈 출신 소년을 입양하려 했던 윌리엄 클라크도 흑인 소년을 입양할 생각은 꿈에도 해본 적이 없을 것이다.

에스파냐는 미주리강과 미시시피강 남서쪽 지류가 흐르는 내륙 일부 지역의 소유권을 주장했지만, 남쪽으로는 뉴올리언스부터 북쪽으로는 세인트루이스까지 드문드문 흩어져 있는 허약한 수비대를 제외하면 그들은 이 영토에 대해 아무런 위력도 발휘하지 못했다. 영국은 루이지애나 북부에서 모피 무역의 이권을 갖고 있었고, 오리건지역에서도 로키산맥 서편에 대한 소유권을 주장하고 있었다. 러시아 역시 그 부근과 컬럼비아강 하구의 북부에 이권이 있었다. 프랑스는 한때 루이지애나를 소유했고 그 국민들(프랑스계 캐나다인)이 이미 백인으로는 유일하게 그곳에서 오랜 터전을 닦아온 터라 이제 다시 자신들의 지위를 내세울 태세였다.

그러나 유럽 국가들의 이러한 야심은 그다지 현실적이지 못했다. 왜냐하면 이들은 이미 유럽에서 서로 다투고 있었고 시간, 거리, 산, 강도 이들의 야심을 꺾는 데 한몫했다. 1801년 무렵, 유럽 국가들은 그전까지 무려 3세기 동안 해왔던 것처럼 서부를 정복 및 개척해 이용할 역량을 갖고 있지 못했다. 그것은 미국도 마찬가지였지만 제퍼슨이 등장하면서 크나큰 두 가지 이점을 갖게 됐다. 첫째, 미국 시민들이 애팔래치아산맥을 넘어 미시시피강 동쪽 강변인 오하이오지역에 정착했다. 이로써 미국인은 말로만 떠드는 유럽인과 달리 토지를 소유하기 위해 실력행사라도 불사할 수 있는 채비를 갖추게 되었다. 둘째, 당시의 미국 지도자가 다른 누구도 아닌 토머스 제퍼슨이었다.

제퍼슨의 취임 당시만 해도 서부의 변경 개척민이 생산한 농작물을 시장까지 가져가는 방법은 오하이오-미시시피간의 수로를 이용하는 것밖에 없었다. 따라서 그 지역 정치가 그러한 경제적 현실의 영향을 받는 것은 당연했다. 서부의 미국인은 에스파냐든 프랑스든 영국이든 뉴올리언스를 통치하는 세력 쪽에 무조건 붙거나 아니면 자기들끼리 나라를 만들어 뉴올리언스를 차지할 수도 있었다. 이때 부통령 애런 버의 머릿속에는 서부를 미국으로부터 분리시켜 새로운 국가를 건설하고자 하는 온갖 의도와 계획, 음모가 잔뜩 들어 있었다.

그러나 제퍼슨은 달랐다. 그는 헌법이 채택되기도 전에 "우리의 연방은 남북을 막론하고 온 아메리카가 사람이 거주할 수 있는 둥지로 간주되어야 한다"라고 썼고, 대통령이 된 이후에는 "이 대륙에 정착한 사람들이 똑같은 형태로 말하고 유사한 법률에 의해 통치되는 날을 간절히 고대한다"라고 말했다.11 그의 마음은 대륙 전역을 감싸 안았고 실제로 그 일을 실현시켰다. 그는 북아메리카가 유럽식의 모델을 따라 여러 민족국가로 나뉘어야 한다는 생각을 거부했다.

그는 1787년 북서부 영지법의 주요 입안자 중 1명이었고, 이는 독립선언서 못지않게 혁명적인 내용이었다. 이 조례는 미시시피 동부와 오하이오 북부지역에 대해 3개 내지 5개 주로 재편되어 연방에 가담할 수 있는 자격을 부여한 것으로, 이로써 이 주들은 본래의 13개 주와 동등한 대우를 받게 되었다. 토머스 제퍼슨 덕분에 미국은 식민지 없는 제국, 즉 평등한 제국으로 거듭날 토대를 닦은 것이다.

제퍼슨을 제국주의자로 만든 것은 그의 포용력과 더불어 땅에 대한 욕심이었다. 제퍼슨이나 버지니아의 다른 농장주들은 담배와 노예제로 생활을 영위했고, 그 두 가지 요소는 지속적인 새로운 토지 획득을 요구했다.

제퍼슨이 버지니아 주지사로 있을 당시 그의 행동을 보면 정치에서

서부의 토지가 얼마나 핵심적인 위치를 차지했는지 분명히 알 수 있다. 1779년 제퍼슨은 주지사에 당선됐고 이듬해에 영국이 노스캐롤라이나와 사우스캐롤라이나주를 침공했다. 이때 제퍼슨은 버지니아의 민병대 병력을 이미 조지 로저스 클라크가 이끄는 영국군 주둔지 점령 원정에 투입한 상태라 포위공격을 당하던 남부의 이웃 주들을 지원할 여력이 없었다. 서부의 땅을 완전히 장악하고자 했던 제퍼슨의 열성이 자칫 미국의 독립 자체를 물거품으로 만들 뻔했던 셈이다.

정치인으로서 제퍼슨은 유권자들의 요구와 열망을 누구보다 잘 알아챘다. 그의 지지자들은 서부의 새롭고도 값싼 땅, 특히 산맥 너머의 기름진 처녀지에 눈독을 들이고 있었다. 그때 제퍼슨은 또 다른 꿈을 꾸고 있었다. 그는 미시시피 건너 서부제국이 강 동편에서 옮겨간 인디언을 위한 방대한 보호구역으로 기능할 수 있으리라 생각했다. 그곳에서 인디언은 농사를 배우고 문명화되어 결국 국가의 일원으로 통합될 수 있을 것이었다. 그리고 루이지애나는 미국 동부나 유럽에서 이주한 농부들을 위한 땅이 될 터였다. 헨리 애덤스는 이렇게 썼다.

"제퍼슨은 민족이라는 야심을 뛰어넘는 열망을 품었고, 자신의 관점에서 온 인류의 미래를 포용했다. (…) 그는 새로운 시대를 만들어내고자 소망했다. (…) 1801년에 미국을 다스리는 위치에 섰을 때, 그는 다가올 황금시대를 이미 목도하고 있었다."12

유럽의 다른 나라가 어떤 야심을 갖고 있든 제퍼슨의 마음속에서 루이지애나는 조만간 미국의 일부가 될 것이었다. 대부분의 미국인도 그의 생각에 찬성했다. 헨리 애덤스는 1801년 당시의 미국인을 강인한 모습으로 표현했다.

"미국인은 힘든 일도 결코 마다하지 않았고 온몸의 근육이 탄탄했다. 뇌의 한 조각까지 아낌없이 사용하고 군살은 조금도 찾아볼 수 없던 미국인은 이 세계에 인간의 새로운 질서를 세웠다."13

애덤스는 일반적인 미국인을 가리킨 것이지만, 사실 이것은 메리웨더 루이스의 성품을 나타내는 데도 딱 들어맞는다.

대통령 비서

1801~1802년

1801년 2월 23일, 취임 11일을 앞둔 그날 제퍼슨은 루이스 대위에게 편지를 보냈다.

"비서가 1명 필요하네. 단순히 사적인 문제를 돕는 것뿐 아니라 정부에서 알아야 할 온갖 정보를 제공할 수 있는 인물이어야 하네. 서부 지역이나 군대에 관한 자네의 지식이야말로 매우 바람직하므로 (…) 자네가 그 임무를 맡아주게."

제퍼슨은 그의 계급과 승진 자격을 계속 유지해주겠다고 약속했지만, 고작 연봉 500달러에 불과한 비서의 급여는 루이스가 포기해야 할 육군의 급여와 급식비보다 약간 더 많은 수준이었다. 그러나 대통령의 비서로 일하다 보면 국정에 큰 영향력을 미치는 인물들과 교류하는 한편 그들의 지혜를 터득할 수도 있었다. 특히 비서는 대통령 관저*에서 마치 가족처럼 함께 살아야 했다.

제퍼슨은 비서가 해야 할 일을 꼼꼼히 설명했다.

"그 직위는 단순한 비서라기보다 오히려 전속부관에 가깝다네. 편지 대필은 신경 쓸 것 없네. 아마도 우리 측의 일을 돌보는 것, 간혹 시내에서 특정 임무를 수행하는 것, 의회에 교서를 전달하는 것, 편지로 전하기 곤란한 곳에 찾아가 특정 구성원이나 공직자·거주민과 회동하고 설명하는 것 등이 주요 업무가 될 걸세."1

제퍼슨은 비서의 월급은 물론 그에게 배정될 하인 1명과 말 1필까지 직접 부담할 예정이었다. 덧붙여서 그는 "그 직위를 바라는 사람은 여럿 있지만 자네의 의견을 듣기 전까지는 아무에게도 대답하지 않겠네. 편지를 받는 즉시 회답해주게"라고 썼다.2

제퍼슨의 편지가 피츠버그의 루이스에게 닿은 것은 거의 2주일이 지난 뒤였다. 3월 7일, 루이스는 자기 중대의 사령관이자 같은 천막을 쓰는 퍼디넌드 클레이본 중위에게 쓴 편지에서 큰 기쁨을 표시하고 있다.

"친구, 기쁜 소식이 있네. 새로 미국 대통령에 선출된 토머스 제퍼슨이 정중한 편지를 보내, 내게 개인비서를 맡아달라는 소망을 피력했네. 내가 평소에 늘 존경해오던 최고의 인물에게서 이런 신뢰를 받으니, 솔직히 그 편지는 나를 실제보다 높게 평가한 것이지만 이상하게도 그 일을 내가 꼭 해야겠다는 생각이 드네. 하여간 나는 며칠 안에 워싱턴으로 떠날 예정이라네."

행복에 도취된 그는 편지의 막바지에 정치에 대한 자신의 본능은

---

*펜실베이니아가(街) 1600번지에 있었다. 1812년에 워싱턴을 공격한 영국군이 그곳에 불을 지르자, 이후 새로 칠을 하면서 백악관(하얀 집)이라는 이름이 붙었다(원주).

물론, 대통령 비서가 됨으로써 지니게 된 자부심까지도 언뜻 내비치고 있다.

"우리 정부에서 벌어지는 중요한 정치적 사건 중 내가 마음대로 알려줄 수 있다고 여겨지는 것은 자네에게 알려주도록 하겠네."3

불규칙하고 느려터진 우편 때문에 이 열성적인 청년은 이후 사흘이 지나서야 제퍼슨에게 보내는 편지를 부칠 수 있었다. 3월 10일자 편지에서 루이스는 상황을 설명했다.

"제게 각하의 비서 자리를 제안하신 지난 달 23일자 편지를 지난 금요일에 받아보고 이제야 답장을 드리게 되었습니다."

그는 곧바로 본론으로 들어갔다.

"저는 기꺼이 분부를 따르고 기쁜 마음으로 그 직위를 받아들이겠습니다. (…) 최대한 빠른 방법을 동원해 워싱턴으로 가겠습니다. 쉬지 않고 노력할 터이니 안심하시기 바랍니다. 각하께서 꾸밈없는 확신을 받으시길 기도하며, 사모와 우정의 마음을 담아 각하의 순종적이고 미천한 종 메리웨더 루이스 드림."4

그는 곧바로 출발했지만 때마침 봄비가 내렸고 말이 다리를 다친데다 끔찍한 도로 사정으로 속도는 느릴 수밖에 없었다. 그는 3주일만인 4월 1일 오후에야 목적지에 도착했다. 워싱턴에 도착하자마자 그는 앨버말에 있는 친구 손튼 길머Thornton Gilmer에게 편지를 썼다.

"대통령 각하 댁에서 함께 지내는 것이 무척이나 즐겁다네. 내가 J 선생의 신뢰를 얻게 되리라고는 전혀 기대하지 못했던 일이네. 그분이 먼저 비서직을 제안해주신 것도 마찬가지고. 물론 혁명과 개편으로 정신없는 오늘날에 이 정도는 별로 놀랄 일도 아니지만 말일세."5

그는 개편에 적극적이었다. 제퍼슨은 루이스에게 그 지위를 제안하면서부터 특별한 임무를 내리려 작정했고, 이후 루이스는 대통령의 가장 중요한 계획이자 선거공약이기도 했던 그 일에 핵심 인물로 관여했다. 그 일은 바로 육군의 규모를 축소하는 것이었다.

제퍼슨은 육군 총사령관 제임스 윌킨슨James Wilkinson 장군에게 보낸 1801년 2월 23일자 편지에서 루이스 대위를 현역 근무에서 잠시 면제시키는 대신 계급과 승진 자격은 계속 유지하도록 해달라고 요청했다. 그러면서 자신이 루이스를 선택한 것은 '그가 내 이웃에 살았던 까닭에 개인적으로 아는 사이였기 때문'이라고 설명했다.6

하지만 속으로는 그보다 훨씬 구체적인 생각을 품고 있었다. 그는 루이스가 자신의 이웃이라는 것뿐 아니라 확고한 공화당원이며, 애팔래치아산맥 너머의 여러 주둔지를 광범위하게 돌아다닌 덕분에 장교단에 아는 사람이 많다는 사실을 염두에 두고 있었다. 제퍼슨은 무엇보다 루이스의 도움을 받아 육군 장교단을 장악한 연방당원들의 힘을 약화시키길 원했다. 그는 육군의 규모를 절반으로 줄일 생각이었다.

프랑스와의 전쟁 위협은 이미 끝났고 영국과의 관계도 잠잠해졌다. 장교단은 1798년의 전쟁 위협과 1801년 3월의 심야발령으로 이미 확 늘어난 상태였고, 이들을 줄이는 것만으로도 정부는 돈을 아낄 수 있었다. 제퍼슨은 각자 임관하게 되기까지의 배경에 따라 장교의 수를 어느 정도 줄여야 한다고 생각했다.

하지만 제퍼슨은 평생 한 번도 군복을 입은 적이 없었던 터라 고급장교든 초급장교든 군대에 잘 아는 사람이 없었다. 그는 누가 유능한지, 누가 극렬 연방당원인지 알지 못했다. 하지만 그의 젊은 친구 메리웨더 루이스는 그것을 잘 알았고 제퍼슨은 그의 도움으로 장교단을 매우 공정하게 평가할 수 있었다.

제퍼슨의 비서가 된 직후 루이스는 먼저 육군성의 근무배치표에 이름이 오른 모든 임관 장교를 식별하는 일을 맡았다. 그는 몇 가지 기호(예를 들면 +++, OO, #)를 사용해 육군 소속의 모든 장교를 판정했다. 그 일에 사용된 기호에는 열한 가지가 있었다.

첫 번째 기호는 능력의 우월함과 군 경력으로 미뤄 제1급에 속하는 장교를 나타냈다. 두 번째는 우수한 제2급의 장교였다. 세 번째는 앞서와 마찬가지지만 공화당원을 나타냈다. 네 번째는 루이스도 그 정치적 성향을 확실히 단언할 수 없는 경우였다. 다섯 번째는 정치적 성향이 없는 장교였다. 여섯 번째는 반정부적이지만 그 외에는 우수한 경우였다. 일곱 번째는 훨씬 강도 높게 반정부적인 경우였다. 여덟 번째는 극렬히 반정부적이며 여전히 비방을 일삼는 경우였다. 아홉 번째는 아무런 정치적 신조가 없는 직업군인이었다. 열 번째는 현재의 직위에 부적격한 사람들이었다. 마지막은 성향을 알 수 없는 사람이었다.

제퍼슨은 루이스의 명단에 오른 장교 중에서 연방당원만 겨냥해 칼을 휘두르진 않았다. 해임된 장교의 명단과 루이스의 평가 명단을 비교해보면, 선별 과정에서 각자의 정당 선호도보다 복무 능력을 더 크게 고려했음을 알 수 있다. 연방당원 장교 중에서도 루이스가 탁월하다고 평가한 사람은 직위를 유지했다. 용인할 만하다고 표시한 18명 가운데 7명도 직위를 유지했다. 이것은 훌륭한 정책인 동시에 훌륭한 군사정책이기도 했다. 제퍼슨은 나라를 하나로 합치고 싶어 했을 뿐, 가뜩이나 분열된 나라를 더욱 분열시킬 생각은 없었다. 다른 한편으로는 연방당원 가운데 일부라도 자신의 대의로 돌아서게 하고 싶어 일부 연방당원을 계속 육군에 남겨 두었다. 하지만 극렬히 반정부적

인 것으로 평가된 장교는 단 1명을 빼고 모조리 탈락시켰다.7

이러한 숙청에도 불구하고 장교의 비율은 140 대 38로 여전히 연방당원 쪽이 공화당원 쪽을 압도했다.8 고급장교 중에서 공화당원에 공감했던 인물은 윌킨슨뿐으로 그는 항상 대세에 잘 영합하기로 소문난 사람이었다. 제퍼슨은 자신의 극성 지지자들이 원하는 만큼 지나치게 나아가진 않았다. 육군성 장관 헨리 디어본Henry Dearborn조차 불평할 정도였다.

"우리는 그들(연방당원들)에게 당한 것에 비해 그들을 너무 자유롭게 놓아두었습니다. 앞으로는 그들에게 앙갚음을 해야 한다고 생각합니다."9

제퍼슨은 멋지게 응수했다.

"육군은 현재 간소한 개편 과정에 있소."10

극단적인 당파적 기준보다 훨씬 더 공평한 기준을 도입하도록 도와주었다는 점에서 루이스는 제퍼슨에게 지극히 소중한 존재였다. 이후 루이스는 오랜 시간 책상 앞에 붙어 앉아 이런저런 허드렛일을 했다. 물론 그는 제퍼슨의 교서를 의회에 전하는 일도 했다.11

대통령 관저의 첫 안주인인 애비게일 애덤스는 그곳을 거대한 성이라고 부르며 몹시 싫어했다. 방이 23개나 되는 데다 기본적인 가구도 없고 완공도 안 된 상태였기 때문이다. 애덤스 여사는 그 큰 집을 관리하려면 무려 30명의 하인을 부려야 한다는 사실에 불평했다. 지붕은 빗물이 샜고 벽은 회칠도 되지 않았으며 가장 가까운 마구간은 14번가와 G가의 교차로에 있었다. 그곳에 비치된 말 7필과 마차 2대는 나라의 재산으로 대통령이 용무에 사용할 수 있었다.

워싱턴과 애덤스는 그곳을 마치 왕궁처럼 사용했지만 제퍼슨은 하인 11명만으로도 관저를 잘 관리했다. 그는 프랑스인 주방장을 고용했고 관저에 자신이 직접 고른 프랑스 와인을 보관해두고 있었다. 그의 급여는 연봉 2만 5,000달러로 당시 기준으로는 상당한 액수였지만 지출 역시 상당했다. 1801년에 제퍼슨은 식량 및 식품 구입비로 6,500달러, 하인들의 봉급으로 2,700달러(그중 일부는 제복을 입었다), 루이스의 봉급으로 500달러, 그리고 와인 구입으로 3,000달러를 지출했다. 더욱이 그는 자신의 말도 개인 비용으로 구입해야 했다. 애덤스가 제퍼슨에게 남겨준 말들을 의회가 팔아버리도록 지시했기 때문이다. 그들은 정부가 대통령의 말까지 사주는 것은 터무니없는 일이라고 생각했는데, 이에 굴욕감을 느낀 애덤스는 취임식이 열리기도 전에 수도를 떠나 버렸다.12

제퍼슨은 홀아비였다. 두 딸은 이미 결혼해 각자의 생활이 있었기 때문에 루이스가 그곳에 사는 동안 대통령 관저는 두 독신자의 집이 되었다.13 1801년 5월 28일 제퍼슨은 딸 마사에게 이런 편지를 보냈다.

"루이스 대위와 내 신세는 그야말로 교회 안의 2마리 생쥐 꼴이란다."14

두 사람은 늘 함께했고 덕분에 제퍼슨은 루이스를 누구보다 속속들이 알게 됐다. 훗날 제퍼슨은 루이스가 지닌 성품 중에서 특히 '건전한 이해력과 진리에 대한 성실성'을 칭찬했다. 하지만 그는 이런 글도 남겼다.

"나는 몇 번인가 그의 마음이 눈에 띨 정도로 우울해진 것을 목격했지만 거기에는 체질적 이유가 있음을 알았기에, 그 집안 사람들을 통해서 알게 된 그 결과를 어느 정도 예상하고 있었다."

제퍼슨은 루이스의 아버지에게서도 그런 모습을 목격한 적이 있었기 때문에 그 가계에 흐르는 만성적 질병이라 여긴 것이다. 다시 말해 루이스의 우울증은 대통령을 놀라게 할 정도는 아니었고, 오래 지속되지도 않았다. 하지만 제퍼슨이 미처 모르고 넘어갈 정도까지도 아니었다.15

루이스의 거처는 훗날 동실East Room이라 불린 곳으로 가구도 없었고 외풍이 심했으며 음침한 곳이었다. 그래도 당시 대통령 관저에서의 생활은 루이스에게 신나고 보람 있는 일이었다. 무엇보다 그곳에서는 매일 제퍼슨과 함께 지낼 수 있었다. 제퍼슨은 당시 어떤 미국인보다 탁월한 인물이었고 친구로서나 교사, 안내자, 지도자, 동료로서 그에 필적할 만한 사람은 많지 않았다. 제퍼슨 전기의 저자인 듀머스 맬런은 그를 가리켜 '다재다능하고 지칠 줄 모르는 인물'이라고 평했다.16

어린시절에 아버지를 잃은 루이스에게는 자기보다 서른한 살이나 많은 제퍼슨이 대통령인 동시에 아버지나 마찬가지였다. 루이스는 대통령과 함께 식사했고 일주일에 보통 4~5일간 열리는 저녁 접대에도 거의 항상 함께했다. 저녁 파티에는 보통 2~3명이 참가했고 아무리 많아도 12명을 넘지 않는 조촐한 행사였다. 손님 중 1명이던 말론 디커슨Mahlon Dickerson은 루이스보다 네 살 많은 필라델피아 출신의 변호사로, 훗날 정치에 투신해 뉴저지 주지사와 정부 각료를 역임했다. 그는 어떤 편지에서 제퍼슨에 대해 흥미로운 이야기를 남겼다.

"그가 옷차림이 꾀죄죄하다는 것 때문에 비난을 받고 실제로 그런 점도 있지만, 그는 스스로에 대해 소홀할망정 식탁에는 각별히 신경을 썼다. 어느 누구도 그보다 훌륭한 식탁을 차리진 못할 것이다."

또 어떤 손님은 이렇게 표현했다.

"마시고 싶은 만큼 마시고, 말하고 싶은 만큼 말했다."17

이들이 앉은 식탁은 타원형으로 대화를 나누기에 적격이었다. 대화는 자유롭게 흘러갔고 제퍼슨이 관심 있어 하는 것은 어느 것이든 좋았으므로 사실상 거의 모든 주제가 나왔다고 할 수 있다. 그중에서도 특히 자연과학, 지리학, 자연철학, 인디언 문제, 그리고 정치학이 대표적이었다.

루이스와 디커슨은 절친한 사이가 되었고 루이스는 간혹 필라델피아로 그를 방문하기도 했다. 젊은 독신자로 이미 그곳의 상류사회에 진입한 디커슨의 일기에는 눈에 띄는 대목이 있다.

"1802년 5월 14일 금요일, 날씨 맑음. 루이스 대위, 다른 사람들과 함께 저녁식사. 래니Rannie의 마술을 구경감. 무척 재미있었음."

"5월 19일 수요일, 약간 비. 저녁에 쌀쌀해짐. L 대위와 함께 프리스 양 집에서 저녁을 보냄."

"21일 금요일, 아침에 맑음. 오후에 거센 비. L 대위와 함께 말을 타고 로건 박사 댁에 감. 거기서 식사함. 저녁이 되어 돌아옴."

조지 로건George Logan은 의사인 동시에 상원의원으로 디커슨이 준회원, 제퍼슨이 정회원으로 활동 중인 미국 철학회의 설립자였다.18 제퍼슨은 나이에 상관없이 누구에게나 스스럼없이 다가갔고 덕분에 자신과 전혀 다른 삶을 경험한 사람들이 식탁 위에 쏟아내는 낯선 시각과 정보를 만끽할 수 있었다. 헨리 애덤스는 자신이 관찰한 재미있는 상황을 기록하고 있다.

"백악관에서의 저녁 식탁을 풍성하게 만드는 사람으로 제퍼슨, 제임스 매디슨, 그리고 앨버트 갤러틴Albert Gallatin 이상 가는 인물이 없다. 그들의 나이 차이만 해도 이들의 우정에 특별한 풍미를 더하기에 충분하다."19

1801년 당시 제퍼슨은 쉰여덟 살, 매디슨은 쉰 살, 갤러틴은 마흔 살, 그리고 루이스는 스물일곱 살이었다. 디커슨과의 우정으로 루이스가 만나 본 유명인사의 명단은 점점 늘어났다.

"24일 월요일. 날씨 좋음. L 대위와 함께 말을 타고 윌밍턴Wilmington에 감. 존 디킨슨 방문. 그는 부재중이었음. 크레이그 댁에서 자고 옴."

존 디킨슨John Dickinson은 1768년에 『어느 펜실베이니아 농부의 편지Letters from a Farmer in Pennsylvania』를 쓴 혁명 당시의 팸플릿 저자였다. 그 주에 루이스와 디커슨은 펜실베이니아 주지사이자 대륙회의 일원이며, 독립선언서 서명자 가운데 1명인 토머스 맥킨Thomas McKean과도 저녁을 먹었다. 그로부터 1년 뒤에 필라델피아를 방문한 루이스는 디커슨과 함께 헨리 셰프Henry Sheaff를 만났는데, 그는 미국의 수도가 필라델피아였던 시절에 워싱턴 대통령에게 와인과 잡화를 제공해주던 상인이었다.20

1802년 8월, 제퍼슨은 2개월간의 휴가를 얻어 몬티첼로에 갔다. 대통령을 따라간 루이스도 몬티첼로에서 동쪽으로 3마일쯤 떨어진 어느 주택에 머물렀는데, 그것은 벤저민 프랭클린Benjamin Franklin의 외손자인 윌리엄 배치William Bache의 소유였다. 거기에 머문 덕분에 루이스는 로커스트힐에 있는 어머니와 동생, 누이들을 만나는 한편 몬티첼로에서 열리는 저녁 만찬에도 참석했다.

루이스의 학교 동창이며 앨버말의 농장주인 피치 길머는 제퍼슨의 식탁에 둘러앉은 사람들을 가리켜 "내가 아는 한 버지니아의 그 어떤 모임에 참가한 사람들보다 훨씬 뛰어나고 우아했다. 메리웨더 루이스는 가끔 우리와 어울렸고 이따금 자리를 비웠다"라고 썼다.21

워싱턴에서 루이스는 하루 종일 바삐 움직이며 교서와 초청장을 전달하고 상사를 위해 이런저런 정보를 수집했다. 그는 제퍼슨의 첫 번째 의회연설을 필사하고 대독하는 영예도 누렸다. 이는 직접 연설을 했던 워싱턴과 애덤스의 전례를 깨트린 것이었다. 제퍼슨은 그런 관습이 어딘지 모르게 군주적이라 생각했고 더욱이 그는 공식 석상에서의 연설을 싫어했다.*

1802년 여름은 악담과 중상, 고위 인사의 정보 누설, 입막음조로 오간 돈, 협박 편지, 그리고 제퍼슨의 성도덕과 흑백통혼에 대한 비난처럼 낯 뜨거운 스캔들로 얼룩져 있었다. 루이스 역시 대통령의 보좌관 겸 전령으로서 이들 사건에 관계했다.

스캔들의 기원은 1798년, 제퍼슨이 대외 문제에 관한 어떤 정보를 제임스 톰슨 캘린더James Thomson Callender라는 리치먼드의 언론인에게 누설한 데 있었다. 그리 새롭거나 비밀스러운 정보는 아니었지만 제퍼슨은 내심 그것을 다시 알리는 동시에 자신이 캘린더에게 그 정보를 알려주었다는 사실은 비밀로 하고 싶어 했다. 제퍼슨의 부탁을 받은 캘린더는 정보 제공자를 익명으로 처리했다. 이후 제퍼슨은 캘린더가 1800년도 대통령 선거를 겨냥해 집필 중이던 『우리 앞에 놓인 전망The Prospect Before Us』이라는 책의 교정쇄 가운데 일부를 읽고 자신이 본 내용을 승인했다.

---

*제퍼슨의 선례는 이후 지속되다가 버지니아 출신인 우드로 윌슨Woodrow Wilson 때부터 달라졌다. 교수 출신인 윌슨은 자신을 직접 보고 싶어 하는 청중 앞에 차마 나서기를 거부할 수 없었던 것이다(원주).

하지만 완성된 원고가 지나치게 악의적이고 상스러운 내용으로 가득하자 제퍼슨은 승인을 철회했고, 그 책의 극단적인 어투가 연방당원을 독려하는 한편 공화당원을 격분시키지 않을지 우려했다. 예를 들어 캘린더는 워싱턴을 가리켜 "연방의 경의를 한 몸에 받는 달라이 라마, 마운트버논의 완전무결하신 신"이라고 표현했고, 애덤스를 가리켜 "끔찍스러운 양성인간적 성격을 지닌 까닭에 남자다운 힘과 의지는 물론, 하다못해 여자다운 온화함과 감수성조차 지니지 못했다"고 썼다.22

캘린더는 결국 체포되어 연방대법원에서 재판을 받았으며, 친親연방당 판사인 새뮤얼 체이스Samuel Chase는 1798년의 보안법 위반 혐의에 대해 유죄를 선고하고 벌금 200달러에 징역형을 선고했다. 제퍼슨이 대통령에 취임했을 즈음, 캘린더는 벌금 납부와 9개월간의 복역을 마친 다음이었다. 제퍼슨은 그를 사면했다. 캘린더가 선거에서 제퍼슨을 지지했고 또한 제퍼슨과 그의 당이 버지니아와 켄터키 결의안에서 보안법은 위헌이라고 비난한 적이 있었기 때문이다.*

제퍼슨은 사면과 동시에 벌금을 캘린더에게 환급하도록 지시했지만 일련의 관료주의적 절차로 인해 환급은 계속 지연됐다. 당시 캘린더는 가난을 호소하며 리치먼드의 우체국장 자리를 요구했다. 그러나 자신의 요구가 받아들여지지 않자 그는 제퍼슨이 자꾸 말을 바꾼다며 비난했다. 이렇게 될 줄 알았으면 제퍼슨은 차라리 취임 연설이 시작

---

*1798년에 통과된 연방당 측의 외국인법 및 보안법에 대한 반발로 그해 말에 켄터키와 버지니아주 의회에서는 각각 해당 법률의 위헌성을 지적하는 결의안을 채택했으며, 이는 이듬해인 1800년의 대선에서 정권이 공화당으로 넘어가는 데 결정적인 기여를 한 것으로 평가된다. 이 두 결의안은 각각 토머스 제퍼슨과 존 매디슨이 익명으로 작성한 것이었다(역주).

되기 5분 전에 참수형을 당하는 편이 향후의 평판에 더 유익했을 거라고 폭언도 퍼부었다. 당시 버지니아 주지사였던 제임스 먼로James Monroe는 차라리 개인적으로 200달러를 조달해 캘린더에게 입막음의 대가로 주는 게 낫지 않겠느냐고 제퍼슨에게 제안했다. 제퍼슨은 5월 29일자 답장에서 이후에 일어난 일을 설명했다.

"그가 돈에 쪼들린다는 것을 알고 일단 루이스 대위를 보내 50달러를 주고 그의 벌금이 조만간 환급될 수 있도록 요청하고 있으며, 만약 그가 계속 힘들어지면 내가 대신 돈을 보내주겠다고 말했네."

하지만 캘린더는 하찮은 50달러 대신 우체국장 자리를 원했고, 제퍼슨은 먼로에게 상황을 설명했다.

"그는 이런 경우를 대비해 자신이 이용할 수 있는, 아니 당연히 이용하고도 남을 뭔가를 갖고 있다며 루이스 대위를 협박했네. 자기가 받은 50달러는 호의로서가 아니라 마땅히 받아야 할 돈으로, 다시 말해 입막음조로 받았다면서 말일세. 내가 베푼 호의가 그렇게 오해를 받고 있으니 앞으로는 절대 호의를 베풀지 않을 걸세. (…) 내가 세상에 드러내고 싶지 않은 것에 대해 그는 아무것도 아는 바가 없네."

먼로는 루이스가 그 작자에게 돈을 건네주었다는 사실에 유감을 표시했지만, 루이스가 돈을 건넨 시점이 협박 이전인지 이후인지는 명확하지 않다. 리치먼드로 돌아온 캘린더는 《리코더Recorder》지에 제퍼슨에 관한 상스러운 공격을 써대기 시작했다. 그 내용은 전국 곳곳에서 발간되는 연방당원 계열의 신문에도 수록됐고, 그중에는 해밀턴의 계열인 뉴욕 《이브닝포스트New York Evening Post》도 있었다. 1802년 여름, 분격한 캘린더의 복수 행각은 점차 강도를 더해갔다. 제퍼슨은 크게 상처를 받았는데, 이는 캘린더가 늘어놓은 폭언보다 해밀턴을 비롯해 그가 존경했던 인물들이 그런 비방을 선뜻 사실로 인정했다는 이유 때문이었다.

"공화당으로부터 등을 돌린 거짓말쟁이의 도움으로 연방당원은 이제 온갖 비방의 수문을 활짝 열어젖힌 셈이 되었다."23

제퍼슨에 대한 비난 내용은 이러했다. 첫째, 제퍼슨은 여자 노예를 애인으로 두고 있다. 둘째, 제퍼슨은 어느 백인 남성이 출타 중에 그의 아내에게 접근했다. 셋째, 제퍼슨은 빚을 떼어먹은 적이 있다. 첫 번째 비난은 이후로도 계속해서 떠돌아다녔다. 두 번째 비난은 사실이었고 나중에 제퍼슨도 시인했다. 하지만 세 번째는 거짓이었다. 연방당원은 1804년의 대선에서 이것을 물고 늘어지며 제퍼슨을 낙마시키려 했지만 효과가 없었다.

그로부터 1년이 지나기도 전에 캘린더는 만취한 상태에서 3피트 깊이의 웅덩이에 빠져 죽고 말았다. 그즈음 루이스는 워싱턴을 떠나 원정을 수행하고 있었다.

메리웨더 루이스는 워싱턴에서의 처음 2년간 과연 무엇을 배웠을까? 그는 미국 육군의 정치학을 포함해 현실 정치를 많이 배웠다. 그는 워싱턴에서도 내부자 중의 내부자였으며 대통령의 의중과 계획, 야심, 비밀에까지도 관여하는 인물이었다. 그의 전기를 쓴 리처드 딜런은 "대통령 관저가 루이스에게 이상적인 최고 학부 역할을 했다"고 썼다.24

그는 과학을 공부했고 북아메리카나 세계의 지리 그리고 인디언에 관한 대화에 귀를 기울였다. 또한 그는 미국 동부의 조류와 동물, 식물에 관한 전문가의 이야기, 미시시피강 너머에 관한 추측들을 청취했다. 실용 및 과학 분야뿐 아니라 철학과 문학, 역사 분야에 대한 지식도 크게 넓혔다. 나아가 그는 제퍼슨의 서재에서 방대한 독서를 하는 동시에 제퍼슨으로부터 글 쓰는 법을 배웠다.

실제로 루이스가 1800년 이전에 쓴 글과 1802년 이후에 쓴 글은 누가 봐도 확연하게 차이가 난다. 글의 보조감각이나 타이밍, 어휘 선택, 리듬, 비유법 등이 훨씬 향상되었던 것이다. 그는 자신의 글쓰기 능력을 더욱 갈고 닦았다. 비록 문장이 잔뜩 꼬여 있는 데다 철자법도 엉망이었지만, 그는 개인적인 관찰 및 반응이 촘촘히 박힌 일련의 기록을 남겼고 정확한 순간에 올바른 표현을 했다.

루이스의 글은 무려 2세기가 지난 지금까지도 우리가 한 번도 탐사한 적 없는 1804년부터 1806년 당시의 미주리강, 로키산맥, 오리건의 야생 한가운데로 우리를 데려가 인디언 부족을 만나게 해준다. 또한 그들의 삶에서 경제적, 정치적, 사회적 조건을 잡아냄으로써 머릿속에 그림을 그리도록 해주고 이제까지 누구도 접근하지 못했던 방식으로 그들의 반향, 야만, 믿음, 관습, 태도, 풍습을 보여준다. 그가 작성한 일지는 그 자신에게는 가장 위대한 업적인 동시에 미국인에게는 값을 따질 수 없는 소중한 선물이다. 이는 십중팔구 그와 2년 넘게 한집에 살면서 친숙하게 교제했던 제퍼슨 대통령으로부터 배운 교훈 덕분이었을 것이다.

원정의 발단

1750~1802년

　제퍼슨은 무려 반세기 전부터 미시시피강에서 태평양 사이에 놓인 국토를 탐사하는 것에 관심을 기울였다. 그의 아버지는 당시 왕실로부터 애팔래치아산맥 서부에 80만 에이커의 땅을 하사받은 로열 랜드 컴퍼니Loyal Land Company의 일원이었다. 그 일원 중 1명으로 샬럿츠빌 건설자인 토머스 워커Thomas Walker는 1750년에 소부대를 이끌고 산을 넘어 땅을 정하러 갔다.

　그로부터 3년 뒤, 당시 열 살의 소년 제퍼슨을 가르치던 제임스 모리James Maury 목사는 로열 랜드 컴퍼니를 위해 그보다 멀리 탐사할 계획을 세웠다. 1756년 1월, 모리는 이렇게 썼다.

　"미주리강을 찾아내기 위해 파송될 사람들의 목표는 그 강이 태평양과 연결되는지를 알아내는 것이었다. 만약 그것이 사실이라면 그들은 강을 따라가며 자신들이 통과한 지역, 여행한 거리, 그 강과 호수에서 감당할 만한 선박의 크기 등에 관해 정확히 보고해야 할 것이다."

이번에도 토머스 워커가 원정을 지휘하기로 했지만, 출발하기도 전에 프렌치 인디언 전쟁French-Indian War*이 터져 계획에 차질이 생겼다. 전쟁 후에도 그 계획은 결코 실현되지 못했다.1

독립을 쟁취한 이후 미국은 무려 네 번이나 서부 탐사 계획을 세웠다. 그중 세 번은 제퍼슨이 제안한 것이었다. 독립전쟁이 마무리된 지 수주일 뒤에 제퍼슨은 미국 측에 구북서부를 안겨준 조지 로저스 클라크 장군에게 편지를 써서 다음과 같은 소식을 알렸다.

"몇몇 영국 자본가가 미시시피강에서 캘리포니아에 이르는 지역을 탐사하기 위해 막대한 자금을 동원했다고 합니다. 겉으로는 그 지역에 관한 지식을 향상시키기 위한 것이라고 하지만, 내 생각에는 그들이 그 지역에 식민지 건설을 고려하고 있는 듯합니다. 우리 역시 그 지역의 탐사에 관해 미약하게나마 이야기는 해보았습니다. (…) 귀하께서 원정대를 지휘해보시면 어떻겠습니까?"2

클라크 장군은 긍정적인 답장을 보냈다.

"저 역시 우리가 그 일을 해야 한다고 생각합니다."

하지만 클라크는 제퍼슨의 의도대로 대규모 원정대를 보내는 것은 바람직하지 않다고 지적했다.

"대규모 원정대는 인디언 부족들을 놀라게 할 겁니다. 차라리 그 임무에 적합한 젊은이 3~4명을 보내면 적은 비용으로 귀하의 소원을 이루실 수 있을 것입니다."

---

*1754~1763년까지 영국과 프랑스가 북아메리카에서 벌인 전쟁으로, 당시 여러 인디언 부족이 프랑스와 동맹을 맺고 영국의 식민지를 공격했기 때문에 이런 이름이 붙었다. 전쟁 결과 프랑스는 미시시피강 동부와 캐나다의 자국 영토를 모두 영국에 빼앗겼다(역주).

그는 그 일에 족히 4~5년은 걸릴 것이며 자신은 지금 하는 일 때문에 참여할 수 없어 유감이라고 덧붙였다.3 또다시 아무런 성과도 없었던 셈이다.

그로부터 2년 뒤인 1785년, 프랑스 공사로 파리에 머물던 제퍼슨은 루이 16세가 라 페루즈 백작, 장 프랑수아 드 갈로프Jean-François de Galaup를 지휘관으로 하는 태평양 북서부 원정대를 파견했다는 사실을 알게 됐다. 프랑스 정부는 그 원정의 목표가 오로지 과학적인 것에 있을 뿐이라고 말했지만, 제퍼슨은 라 페루즈가 북서통로Northwest Passage 이상의 것을 찾고 있음을 단박에 알아챘다. 그는 8월 14일에 이렇게 썼다.

"프랑스인은 그 목적이 오로지 지식을 향상시키기 위해서라고 주장한다. (…) 그들의 선적이나 다른 정황으로 미뤄보건대, 뭔가 다른 목적이 있는 듯하다. 미국의 서부 연안을 식민지화하거나 모피 무역을 위해 여러 통로를 설치하기 위한 것인지도 모른다."

그는 프랑스인이 북아메리카에 식민지를 갖고자 하는 열망을 아직도 버리지 못한 것 같다고 덧붙였다. 존 폴 존스John Paul Jones 장군은 프랑스인이 아직 그런 열망을 버리지 못했고, 라 페루즈 원정은 프랑스의 모피 무역을 위한 통로와 북서 연안 식민지를 준비하려는 것이라고 보고했다.4

이듬해인 1786년 여름, 쿡 선장과 함께 항해한 제퍼슨은 미국인으로는 최초로 태평양 북서지역에 발을 디딘 존 레드야드John Ledyard를 만났다. 타고난 방랑자에다 뛰어난 이야기꾼이며 강인하고 활동적이던 레드야드는 자신이 육로를 통해 모스크바에서 시베리아의 극동지역까지 간 다음 거기서 러시아 모피 무역선을 타고 베링해Bering Sea를 건너겠다고 호언장담했다. 이어 그는 북아메리카 대륙을 걸어서 횡단해 자신이 겪은 서부에 관해 보고하겠다고 했다.

제퍼슨은 그를 후원했다. 레드야드는 시베리아까지 가는 데는 성공했지만, 곧이어 예카테리나 대제Empress Catherine the Great의 명령으로 체포돼 폴란드로 압송되었다.5 그러는 중에 라 페루즈는 남아메리카 남단을 돌아 미국 대륙의 북서 해안에 도착한 뒤 그 지역을 관찰하고 교역소 부지를 물색한 다음 귀로에 올랐다. 1788년 1월, 오스트레일리아의 보타니만Botany Bay에 항구를 건설한 그는 보타니를 떠난 이후 실종됐다. 그가 탄 배의 잔해는 그로부터 40년 뒤, 뉴헤브리디스 제도New Hebrides 북부의 한 섬에서 발견되었다.

1790년, 미국의 육군성 장관 헨리 녹스는 미주리강에 대한 비밀 정찰을 시도했다. 그는 '숲에서의 생활에 익숙하고 강과 변경을 완벽하게 묘사할 수 있는 모험심 강한 장교와 하사관 1명씩 그리고 4~5명의 강인한 인디언만 있으면 필요한 정보를 획득하기에 충분하다'고 생각했다. 조사이어 하마 장군은 그 원정대의 지휘관으로 존 암스트롱John Armstrong 중위를 추천하면서 "지나치게 모험적인 계획 같다"며 녹스에게 경고를 잊지 않았다. 북서부 준주의 주지사 아서 세인트클레어도 무뚝뚝한 태도를 보였다.

"각하, 제가 보기에는 아직까지 그 모든 것이 비현실적입니다."

시도에 나선 암스트롱 중위는 미시시피강에 도착했을 즈음, "이것은 계획하기는 쉬워도 실행하기는 힘든 일이다"라고 인정했다. 녹스는 휴대용 나침반과 연필, 종이만 있으면 지도를 작성하고 발견을 기록하는 데 충분하다고 말했지만, 그것이야말로 그가 이 문제에 대해 얼마나 아는 게 없는지를 증명한다. 미시시피강에 도착한 직후, 암스트롱은 종이를 젖지 않게 보관할 수 있는 방수포를 비롯해 보다 적절한 필기구와 측량 기구, 나아가 탐험대가 당연히 보유해야 할 물품의 목록을 적어 보냈다. 그는 자신의 지출 회계장부에 이렇게 적었다.

"본인 및 하인용, 총계 110달러 39센트."6

그는 결국 미시시피강 서부 강둑조차 밟지 못했다. 1792년, 제퍼슨은 서부 탐험을 위한 또 다른 계획을 구상했다. 그해 5월 11일, 미국의 해군 함장 로버트 그레이는 컬럼비아호를 끌고 컬럼비아강 하구로 진입했다. 같은 달 그는 영국 정부를 대신해 태평양 연안을 탐험하고 있던 조지 밴쿠버George Vancouver 함장을 만나 정보를 교환했다. 이로써 서부에 위치한 컬럼비아강의 하구가 경도 124, 위도 46에 있음을 알게 되었다. 사실 제퍼슨은 1780년에 있었던 제임스 쿡의 세 번째 항해 결과로부터, 그 대륙의 넓이에 대해 대략적인 생각을 품고 있었다. 그러다가 그레이와 밴쿠버의 정보를 통해 그 지식이 정확한 것으로 밝혀졌다. 그 대륙은 폭이 무려 3,000마일이나 되었다.

제퍼슨은 그 정보를 듣고 절망한 것이 아니라 오히려 자극을 받았다. 그는 필라델피아의 미국 철학회에 태평양까지 가는 육상 탐험대를 이끌 만한 탐험가를 고용하기 위한 모금 운동을 제안했다. 이때 조지 워싱턴, 로버트 모리스, 알렉산더 해밀턴 같은 기부자가 모금에 참여해 그 성공을 보증했다. 워싱턴은 기부금과 함께 다음과 같은 전갈을 보냈다.

"나는 이 계획에 기꺼이 내 몫을 기부하는 바이며, 이미 모금됐을 상당액의 후원금에 내 것도 넣어주시기를 위탁드리는 바입니다."7

1793년 1월 23일, 미국 철학회는 태평양까지 갔다가 돌아와 자신이 본 것을 보고하는 사람에게 1,000파운드를 상금으로 제공하겠다고 공고했다.

당시 열여덟 살이었던 루이스도 원정대를 이끌겠다고 자원했지만 제퍼슨은 그가 젊고 경험이 부족하다는 이유로 거절했다. 대신 제퍼슨은 프랑스의 식물학자 앙드레 미쇼를 선택했다. 제퍼슨은 미쇼에게 내릴 지시 내역을 작성하고 워싱턴과 함께 그 내용을 검토했다. 1793년 4월 30일에 작성된 지시 내역에는 원정의 최우선 목적은 '온대성 위도 내에서 미국과 태평양간의 가장 짧고도 가장 편리한 교통로를 찾는 것'이라고 기록됐다. 그 무렵 그곳은 미주리강일 것이라는 생각이 지배적이었다.

그 지역은 당시 에스파냐의 영토였기 때문에 미쇼는 세인트루이스에 위치한 에스파냐 요새에서 북쪽으로 멀리 올라간 다음 미시시피강을 건너야 했다. 그 후 서쪽으로 행군해 미주리강까지 가고 그 강을 따라 산맥을 넘은 뒤 컬럼비아강을 타고 태평양까지 가는 행로였다. 제퍼슨은 대륙을 가로지르는 완전수로를 찾는 것 외에도 각 지역의 전반적인 외양, 토양, 강, 산, 동물, 식물, 광물 등을 관찰하고 기록하라고 지시했다. 또한 거주민의 이름, 숫자, 거주지 등의 특징을 파악해 기술하라고 했다.

제퍼슨이 미쇼를 선택한 까닭은 그가 숙련된 과학자였기 때문이다. 그는 식물학, 천문학, 광물학, 민족학 등의 분야를 공부했다. 물론 기부자들이 가장 큰 관심을 기울인 것은 지리였다.

"귀하의 판단력과 열성, 신중함에 대한 확신으로 본 협회는 더 세부적인 지시를 내리지 않을 것이며, 이미 제시한 것에 대한 엄격한 준수를 강요하지도 않을 것입니다. 다만 미주리강 상류와 태평양간의 가장 짧고도 가장 편리한 통행로를 구성하게 될 수로를 찾는 것을 최우선 목표로 삼아야 함을 강조하는 바입니다."8

하지만 이 탐험은 용두사미로 끝나고 말았다. 1793년 6월에 출발한 미쇼가 켄터키에 도착했을 무렵, 제퍼슨은 그가 프랑스공화국의 비밀 요원이며 그의 임무는 미시시피강 너머에 위치한 에스파냐 영토를 공격하기 위해 서부에서 병력을 양성하는 것이었음을 알아냈다. 제퍼슨의 강력한 항의로 프랑스는 미쇼를 소환할 수밖에 없었다.

이후 10년간 제퍼슨은 서부에 대한 말이나 글을 전혀 내놓지 않았다. 한편으로는 그가 몹시 바빴고 다른 한편으로는 연방정부에서 그런 탐사를 지원할 여력이 없었던 탓이다. 더욱이 굳이 서두를 필요가 없었다. 당시 루이지애나는 여전히 에스파냐의 소유였지만, 오하이오강 유역의 개척자들이 뉴올리언스 부두에 속속 도착하고 있었기 때문이다. 에스파냐는 해마다 힘이 약해져간 반면, 미국은 젊고 역동적이었으며 매일 더욱 강해졌다. 미시시피강 유역을 그 발원지에서부터 뉴올리언스까지 농장과 마을로 바꿔놓을 이들은 에스파냐가 아니라 미국에서 온 사람들이었다.

1801년 들어 제퍼슨은 프랑스(나폴레옹)와 에스파냐(나폴레옹의 형) 간의 비밀 협약으로 루이지애나가 에스파냐에서 프랑스로 넘어가게 되었다는 사실을 알게 되었다. 이른바 재할양이었다. 제퍼슨은 크게 놀랐다. 에스파냐가 그곳을 소유하고 있는 동안에는 미국도 그곳에 대한 주권을 주장할 수 있을 때까지 느긋하게 기다릴 수 있었다. 하지만 프랑스라면 얘기가 달랐다. 제퍼슨은 종종 대책 없는 프랑스 애호가로 불렸지만 이 문제에서 만큼은 지극히 현실적이었다.

"프랑스가 뉴올리언스를 소유하게 되는 날은 그 나라를 최악의 상태에 영원히 속박시키는 형이 선고되는 날이 될 것이다. 왜냐하면

바로 그 순간부터 우리는 영국 함대나 그 나라와 화해할 것이기 때문이다."9

그는 프랑스 측에 자신의 결심을 알렸다. 동시에 나폴레옹에게 루이지애나를 미국에 양도함으로써 일찍이 동맹국이었던 두 나라의 전쟁 가능성을 뿌리 뽑자고 제안했다. 만약 전쟁이 일어난다면 제퍼슨은 프랑스를 바다에서 완파하겠다고 장담했으며, 루이지애나에 프랑스군을 상륙시키려는 시도를 한다면 이를 전쟁의 구실로 삼겠다고 단호하게 말했다.10

이 말은 사실에 근거하고 있었기 때문에 더욱 설득력이 있었다. 나폴레옹의 원정부대는 이미 산토도밍고에서 참패를 당하고 있었던* 터라 그 식민지를 재정복할 수 없음은 물론 뉴올리언스로 병력을 보낼 수도 없는 처지였다. 여차 하면 영국과 미국이 연합해 프랑스의 해군과 상선을 격침시킬 것이 뻔했다.

고심하던 나폴레옹은 쉽게 포기하지 않는 그의 천성을 발휘해 그 땅을 비싼 가격에 팔아치울 궁리를 했다. 그 와중에 그때까지 뉴올리언스를 통제하던 에스파냐인은 미국인의 기탁권**을 철회했지만, 그 효과는 미미했고 미국인은 여전히 뗏목이나 평저선을 이용해 선박에서 항구까지 짐을 직접 나르거나 요금을 지불했다. 어쨌든 루이지애나에 대한 결정을 내릴 수 있는 사람은 나폴레옹뿐이었다. 제퍼슨은 파리 주재 미국 공사인 로버트 리빙스턴Robert Livingston에게 지시해 미시시피강 하류에서 항구로 사용할 수 있는 토지를 얻을 수 있도록

---

*프랑스의 식민지였던 아이티에서 18세기 말에 프랑스 혁명으로 본국이 어수선한 틈을 노린 흑인 원주민의 무장봉기가 일어났고 프랑스, 에스파냐, 영국 등의 군대를 연이어 격파하고 1804년에 독립을 선언했다(역주).
**뉴올리언스의 부두에 상품을 하역하고 판매하며 선박에 재선적할 수 있는 권리를 말한다(원주).

했고, 만약 그 일에 실패하면 기탁권을 취소하지 않겠다는 보장이라도 받으라고 지시했다.

제퍼슨은 리빙스턴에게 힘을 실어주기 위해 제임스 먼로를 전권공사로 삼아 파리로 보내며 뉴올리언스를 200만 달러에 구입하라는 구체적인 지시를 내렸다. 공화당 지도자들과 이 문제를 논의하던 제퍼슨은 뉴올리언스를 구입하기 위해 최대 1,000만 달러까지 의회에 승인을 요구할 생각이라고 말했다. 그것은 분명 합헌적인 일이었다. 그것 말고는 통상을 증대시키기 위해 정부가 할 수 있는 일이 거의 없었다. 그때까지만 해도 나폴레옹이 미국에 뉴올리언스뿐 아니라 루이지애나 전체를 팔아치울 의향이 있음은 아무도 모르고 있었다.

제퍼슨이 또다시 서부를 횡단하는 탐사계획을 세우도록 계기를 제공한 것은 프랑스가 아니라 엉뚱하게도 영국이었다. 알렉산더 맥킨지Alexander Mackenzie는 몬트리올 외곽에서 모피 무역을 담당하던 젊은 스코틀랜드인으로 노스웨스트 컴퍼니North West Company를 위해 일하고 있었다. 1787년, 그는 오늘날 앨버타Alberta주의 북부에 속하는 애서배스카Athabaska 호수의 서쪽 끝, 북위 60도 지점에 교역소를 설치했다. 문명의 이기를 넉넉히 도입한 덕분에 그곳 포트 치프위언Fort Chipewyan은 머지않아 '북부의 아테네'로 일컬어졌지만, 그는 과거보다는 오히려 미래에 더 관심을 기울이는 인물이었다.

1789년, 그는 소규모 원정대를 이끌고 그레이트슬레이브Great Slave 호수를 탐사했다. 그리고 훗날 자기 이름을 따서 명명된 강을 따라 바다로 향했다. 강은 계속해서 북쪽으로 굽이쳐 흘렀고 맥킨지는 결국 태평양이 아니라 북극해의 해변에서 밀려오는 바닷물과 맞닥트리게 되었다.

이듬해에 또다시 도전에 나선 그는 노스웨스트 컴퍼니의 최서단 교역소인 피스강Peace River의 포트포크Fort Fork에서 겨울을 났다. 1793년 5월 9일, 그는 그곳을 출발했다. 그 뒤를 역시 스코틀랜드인인 알렉산더 맥케이Alexander Mackay, 6명의 프랑스계 캐나다인 뱃사람, 2명의 인디언, 그리고 1톤 반에 달하는 보급품이 따랐다. 그로부터 한 달이 지나기도 전에 그는 대륙분수계를 넘어 비교적 쉽게 행군했고, 캐나다의 총독에게 다음과 같이 보고했다.

"그 강들을 갈라놓는 고원(넓이가 700야드에 불과한)을 넘었습니다. 강 가운데 하나는 북태평양으로, 또 하나는 서쪽으로 흐릅니다."

그로부터 13일 뒤, 그는 바다에 도착했는데 그곳은 바로 조지아해협의 북부였다. 그날 밤을 깎아지른 듯한 절벽 위의 바위 위에서 보낸 그는 페인트로 바위에 흔적을 남겼다.

"알렉산더 맥킨지, 캐나다에서 육로로 도착. 7월 22일. 1793년."

이로써 영국은 북서제국에 대한 소유권을 주장하게 됐다. 맥킨지는 그 장소의 위도와 경도를 측정했다. 위도는 자신이 갖고 있던 육분의로 지평선 위에 떠오른 태양의 고도를 측정해 알아낼 수 있었다. 경도는 이론상으로는 쉬웠지만 실제 계산은 매우 어려웠다.

지구는 변함없이 24시간마다 360도 회전하며, 이는 시간의 추이를 이용해 임의의 시작점으로부터 거리를 측정할 수 있다는 뜻이다. 1793년, 영국 런던에서 그리니치Greenwich가 경도 0도를 나타내는 협약적인 기준점으로 정해졌고, 지구가 4분 동안 돌 때마다 경도는 1도 움직였다. 따라서 그리니치에서의 정오와 자신이 서 있는 곳의 시간만 정확히 알면, 탐험가가 경도를 계산하는 것은 쉬웠다. 영국인 존

해리슨John Harrison은 이 두 가지 시간을 모두 알려주는 휴대 가능한 시계를 만들었다. 1775년, 제임스 쿡 선장은 태평양에서 그 기계, 즉 해리슨 크로노미터를 사용해 그 우월성을 입증한 바 있다. 하지만 육상여행에서는 그처럼 섬세한 장비를 운반하기가 힘들어 육상 탐험가들은 그 대신 망원경과 천문학에 의지하곤 했다.

맥킨지는 망원경으로 목성을 찾아낸 다음, 그 위성인 이오Io와 가니메데Ganymede가 그 행성 뒤로 사라진 시간을 적어 두었다. 이어 그리니치에서 똑같은 현상이 벌어지는 시간을 나타내는 표를 참고해 서경 128.2도라고 계산해냈는데, 이는 1도(즉 60마일) 정도가 틀린 것으로 밝혀졌다. 그는 자신이 "운 좋게도 (…) 구름 낀 날이 며칠 안 되어 그곳의 경도 계산에 방해받지 않았다"고 썼다. 구름은 언제나 탐험가들의 가장 큰 적이었다.

포트 치프위언으로 돌아온 맥킨지는 자신이 쓴 일지를 출간하려다 그만 좌절하고 말았다. 그의 전기 작가에 따르면 그 탐험의 목적은 태평양으로 통하는 실용적인 상업로를 찾아내는 데 있었고, 그런 의미에서 그 탐험은 실패였다. 태평양에 도착하긴 했지만 자신의 경로를 무역에 사용할 수 없었기 때문이다. 그해에 그는 캐나다를 떠났고 다시는 돌아오지 않았다.11

1801년 맥킨지는 런던에서 『몬트리올로부터의 여정 : 세인트로렌스강에 위치한 몬트리올을 떠나 북아메리카 대륙과 북극해, 태평양에 이르는 여정*Voyages from Montreal, on the River St. Lawrence, Through the Continent of North America, to the Frozen and Pacific Ocean*』을 출간했다. 글쓰기를 충분히 배우지 못했던 그는 아마도 대필에 의존했던 것 같다.12 제퍼슨은 출간 소식을 듣자마자 책을 주문했고 1802년에야 간신히 책을 손에 넣을 수 있었다. 책이 도착하자마자 제퍼슨과 루이스는 게걸스럽게 읽어치웠다.

영국이 태평양으로 향하는 육로를 탐험한다는 소식은 충격적이고 불쾌한 것이었지만, 그래도 낮은 산을 넘어 하루 동안 행군하면 서쪽으로 흐르는 강(비록 배를 띄울 수는 없어도)이 나온다는 증언을 듣게 됐으니 그것만으로도 충격과 불쾌감은 충분히 상쇄되고도 남을 만했다. 당시에 맥킨지는 컬럼비아강에서 북쪽으로 5도 이상이나 올라간 위치에서 해안에 닿은 것이었다. 만약 거기서부터 400마일 남쪽에 있는 산들도 그가 넘은 것과 유사하다면 행군 역시 그와 유사할 터였다.

제퍼슨과 루이스는 로키산맥이 그 높이나 너비에 있어 애팔래치아 산맥과 그리 다를 것이 없으리라는 단순한 생각을 품고 있었다. 그런 잘못된 이미지는 맥킨지의 증언으로 더욱 강화되었다. 지리학자 겸 역사가인 존 로건 앨런John Logan Allen은 『동산을 지나가는 길: 루이스와 클라크, 그리고 미국 북서부의 이미지Passage Through the Garden: Lewis and Clark and the Image of the American Northwest』에서 맥킨지가 사실상 "태평양까지 가는 길은 평탄하고도 쉬웠다"고 주장한 셈이었다고 지적했다. 앨런 교수에 따르면 결국 루이스와 클라크의 원정을 배 낳은 것은 공상의 지리학이었다.13

1802년 여름, 제퍼슨과 루이스는 거의 모든 시간을 맥킨지의 책을 읽고 이야기를 나누는 데 보냈다. 비록 맥킨지가 '길고도 고통스럽고 놀라운 여행'을 했다고 강조했지만, 루이스는 그에 대한 경쟁의식과 함께 자신의 평생 꿈을 실현할 수 있는 기회임을 알아보았다. 그는 영국인이 할 수 있다면, 자신은 더 잘할 수 있다고 생각했다.

맥킨지의 탐사는 단순한 상업적 모험으로 표본 수집도 없었고 특색 묘사나 그 지역의 식물, 동물, 광물, 인디언의 생활상에 대한 갈증을 해소해주지도 못했다. 특히 루이스가 충격을 받은 문장은 "알렉산더 맥킨지, 캐나다에서 육로로 도착"이라는 것이었다. 이것은 만약 미국이 탐사를 하지 않는다면 게임을 하기도 전에 영국에게 서부제국을 잃게 되리라는 경고였다. 제퍼슨에게 충격을 준 문장은 맥킨지의 책의 마지막 장인 '지리적 개관'에 등장한다.

"컬럼비아강은 북부지역에서도 식민화에 가장 적절하며 문명인이 거주하기에 적합하다. 대서양과 태평양간의 교통로를 열고 극지대는 물론 해안과 도서를 따라 내륙을 통한 규칙적인 주거지를 형성함으로써, 위도 48도 위쪽으로 북아메리카의 모피 무역을 완전 장악할 수 있을 것이다. 다만 태평양 쪽에서 러시아의 영토(알래스카)만 제외하고 말이다. 그뿐 아니라 양쪽 바다에서의 어업과 지구 전역에 펼쳐진 시장을 획득하는 것도 빼놓을 수 없다."14

노스웨스트 컴퍼니가 이처럼 큰 일을 생각해내는 맥킨지를 좋아하는 것은 당연했다. 하지만 그가 불을 붙인 대상은 노스웨스트 컴퍼니나 영국 정부가 아니라 오히려 제퍼슨이었다. 영국이 북서지역에 거래소를 설치할 위험이 있다는 소식으로 제퍼슨은 조급해졌고, 이는 하루아침에 루이스의 인생을 바꿔놓았다.

1802년 늦여름, 제퍼슨 대통령은 루이스 대위에게 태평양까지 가는 탐사대의 지휘를 맡도록 지시했다. 아니 어쩌면 루이스가 먼저 제퍼슨에게 지휘권을 달라고 요청했을지도 모른다. 그 내막에 대해서는 전혀 알 도리가 없다. 한 가지 확실한 것은 제퍼슨이 이 문제를 다른 누구와도 상의하지 않았고 루이스 외에 어떤 후보자나 지원자도 만나지 않았다는 점이다. 나중에 제퍼슨은 자신이 왜 숙련된 과학자 대신 루이스를 선택했는지 설명했다.

"식물학과 박물학, 광물학, 천문학 등의 과학에 정통한 사람 중에서는 체질과 성격, 사려가 확고하고 숲 속에서의 생활에 익숙하며 이러한 임무에 필수적인 인디언의 태도 및 성격에 친숙한 인물을 찾기가 불가능했다. 루이스 대위야말로 이 모든 능력을 고루 갖춘 인물이었다."15

그렇다고 루이스가 과학에 무지했던 것은 아니다. 오히려 루이스는 뛰어난 학습능력을 보였고 더욱이 제퍼슨이라는 걸출한 스승이 있었다. 당시 제퍼슨의 서재는 북아메리카 대륙의 지리에 관해 전 세계 어디보다 광범위한 자료를 망라하고 있었다. 따라서 앨런 교수의 다음과 같은 추정은 충분히 공감할 만하다.

"루이스와 제퍼슨은 미시시피 서부지역의 자연, 그리고 태평양까지 통하는 가공의 통행로가 있을 가능성에 관해 오랜 시간 논의했으리라 추정된다."16

루이스가 제임스 쿡 선장의 『태평양 항해기A Voyage to the Pacific Ocean』(런던, 1784년)를 읽은 것은 아마 그즈음이었을 것이다. 그는 앙트완 시모르 르 파즈 뒤 프라츠Antoine Simor Le Page du Pratz의 『루이지애나의 역사, 또는 버지니아와 캐롤라이나의 서부지역에 관하여The History of Louisiana, or of the Western Parts of Virginia and Carolina』(런던, 1763년)도 읽었고 훗날 탐사 때도 이 책을 갖고 다녔다.

또한 그는 몬티첼로와 포토맥 강변을 나란히 걸으며 제퍼슨에게 식물학을 배웠다. 제퍼슨은 식물학이야말로 그 어떤 과학보다 가치 있는 것이라고 평가했다.17 제퍼슨은 루이스에게 린네식의 식물 분류법을 가르쳐주었고 실제로 그 분류법을 사용하는 시범을 보여주었다.

그뿐 아니라 육분의 사용법과 적도 경위의 사용법도 가르쳤다.18

그들은 비밀리에 서신을 주고받을 수 있도록 이미 두 사람만의 비밀 암호까지 만들어 두었다. 그때까지만 해도 그들이 탐사하고자 했던 영토가 에스파냐 소유였기 때문에 만반의 준비를 갖춘 것이다. 두 사람은 미주리강을 따라 흩어져 있는 인디언 부족, 미주리 북부의 영국 교역소에 대한 인디언의 의존도, 그리고 그 인디언 부족을 미국의 영향권 안으로 끌어올 수 있는 가능성을 의논했다. 또한 원정대의 규모를 논의하면서 인원이 많으면 인디언이 놀라 전쟁이 벌어질 수도 있고, 너무 적으면 소총과 보급품을 노린 인디언의 도발을 불러올 수도 있다는 결론을 내렸다. 나아가 두 사람은 정확한 기록과 묘사, 지도를 작성해 돌아와야 한다는 것에 합의했다.

맥킨지의 책이 몬티첼로에 도착한 직후부터 1802년 12월에 이르는 기간에 제퍼슨은 루이스에게 인문학을 비롯해 북아메리카의 지리학, 식물학, 광물학, 천문학, 그리고 민족학 전반에 걸쳐 거의 대학원 수준에 맞먹는 개론을 제공한 셈이었다.

1802년 가을, 대통령 관저로 돌아온 제퍼슨과 루이스는 계속해서 탐사 준비에 여념이 없었다. 루이스가 의회에 지출 요청을 하기 위해 예상비용을 산출하는 동안, 제퍼슨은 이 계획을 보다 많은 사람에게 알리기 시작했다.

이 계획에 처음으로 가담한 외부인은 당시 미국 주재 에스파냐 공사였던 카를로스 마르티네즈 데 이루호Carlos Martínez de Yrujo였다. 그는 펜실베이니아 주지사인 토머스 맥킨의 딸과 결혼했고 제퍼슨과도 절친한 사이였다(대통령의 요리사도 그가 소개했다). 12월 2일, 마르티네즈는 마드리드의 자국 외무장관에게 제퍼슨의 질의 내역을 다음과 같이 보고했다.

"그는 솔직하고도 확신에 찬 어조로 혹시 우리 궁정에서 다음과 같은 일을 나쁘게 받아들일지를 물었습니다. 미국 의회에서는 일군의 여행자로 구성된 소규모 여행대를 구성해 미주리강을 따라 탐사하게 할 예정인데, 그 목적은 그 지역의 지리에 대한 지식을 향상시키는 것뿐이라고 합니다."

마르티네즈의 보고에 따르면, 그러한 내용으로는 의회 측에 지출 승인을 요구할 수 없으므로 제퍼슨이 의회에는 부득이하게 거짓말을 해서 그 탐사가 상업 증진을 목적으로 한다고 보고할 예정이라고 했다. 그것이 헌법에 의해 의회에게 보장된 권한이기 때문이라는 것이었다. 이 대목에서 제퍼슨은 몇 번이나 둘러대려 애를 썼지만, 마르티네즈는 단도직입적으로 그의 말을 끊어버렸다.

"분명히 말하건대 (…) 저는 그러한 성격의 탐사는 십중팔구 우리 정부를 분노하게 만들 거라고 답변했습니다."

제퍼슨은 시치미를 떼고 그저 지도를 작성하기 위한 것뿐이며 지도가 만들어지면 모두에게 이익이 될 것이라고 강변했다. 하지만 그를 믿지 않았던 마르티네즈는 자국 정부에 다음과 같이 보고했다.

"미국 대통령은 문인으로 매우 생각이 깊고 영예를 좋아하는 성격이기 때문에, 언제든 자국 인구나 영향력을 남해(태평양) 연안까지 미치도록 할 수 있는 방법을 (…) 발견한다면, 또한 그것이 (…) 자국 정부에 명성을 줄 수 있는 일이라면 충분히 시도하고도 남을 것입니다."19

마르티네즈는 제퍼슨을 잘 알고 있었다. 그러나 제퍼슨은 마르티네즈의 부정적인 반응(루이스 대위에게 통행증 발급도 거부함)에도 불구하고 다시 한 번 시도했다. 1802년과 1803년으로 이어지는 겨울 동안, 그는 영국 공사와 프랑스 공사를 통해 루이스를 위한 통행증을 얻어 주었다. 동시에 그는 먼로를 통해 나폴레옹으로부터 뉴올리언스를 매입하기 위한 계획을 계속 추진했다.

그 틈에 루이스는 비용 산출을 끝마쳤다. 그는 장교 1명과 병사 10명 내지 12명으로 구성된 부대를 기준으로 삼고 의회 측의 비판을 모면하기 위해 최대한 비용을 낮게 잡았다. 아마도 이것은 그와 제퍼슨 모두가 이상적이라고 생각한 규모였을 것이다. 가장 큰 비중을 차지한 항목은 '인디언 선물 구입비'로 책정된 696달러였고 그 외에도 보급품, 제도장비, 무기, 의약품, 보트 등의 주요 항목을 포함해 정확히 2,500달러였다.20

1802년 12월, 제퍼슨은 의회에 보낼 연두 교서의 초안에 이 금액의 지출을 요구하는 내용을 삽입했다. 이 초안을 본 재무장관 갤러틴은 우리의 영토 바깥에 대한 탐사를 시도하는 것이므로 그 요구는 나중에 별도의 기밀 메시지를 통해 전달하는 게 낫겠다고 제안했다. 이에 동의한 제퍼슨은 1803년 1월 18일 의회에 특별 기밀 메시지를 전달했다. 그때에도 그는 이 요청을 인디언 문제에 관한 논의 중간에 삽입해 마치 상업적 목적인 양 변죽을 울려댔다.

"미주리강과 거기에 살고 있는 인디언, 또한 그 강이 미시시피강이나 우리와 어떤 관계가 있는지에 관해 아직 충분히 알고 있지 못합니다. 다만 그 강을 따라 수많은 부족이 살고 있으며 위도가 더 높은 지역에서는 모피와 생가죽을 막대하게 공급하는데, 그 경로는 연중 상당 기간 얼음이 얼어 있는 무수히 많은 연수육로와 호수라고 합니다."

따라서 그보다 기후가 온화한 지역을 관통하는 미주리강이라면 보다 나은 운송로를, 어쩌면 서쪽 바다까지 갈 수 있는 하나의 연수육로를 제공할 수도 있다는 것이었다. 이 메시지에 귀를 기울이던 의원들은 모두 그 의미를 확실히 깨달았다. 즉, 영국인의 모피 무역을 빼앗아올 수 있다는 얘기였다. 더욱이 비용도 얼마 들지 않았다. 심지어 인디언과 담판을 지어 그들에게 미국인 교역자를 받아들이도록 하고, 교역소 설치에 찬성하게 만들 수도 있다고 했다. 이런 엄청난 일을 겨우 두 해 여름 만에 그것도 헐값으로 할 수 있다는 것이었다. 제퍼슨은 이렇게 결론지었다.

"상업적 이득은 의회의 입헌적 능력과 관심에서 주요 목적을 차지하고 있으며, 또한 이 탐사를 통해 대륙에 관한 우리의 지리적 지식이 증대된다는 것은 추가적인 이득이라고 할 수 있습니다."

그런 다음 그는 미국 외부까지 상업을 확장시키기 위한 목적으로 2,500달러의 지출을 승인해 달라고 의회에 요청했다.21 서부에 관한 일에 돈을 쓰는 것에 항상 반대와 저항을 해왔던 연방당원 측에서 약간의 투덜거림이 있었지만 그 수가 많진 않았다. 결국 의회는 전체 비용을 승인했다.

사실 2,500달러는 그보다 한 주 전에 제퍼슨이 요청한 금액에 비하면 아무것도 아니었다. 그것은 바로 뉴올리언스 매입에 대한 무제한적인(결국 937만 5,000달러까지 치솟은) 지출 승인이었다. 연방당원은 거세게 반대했는데, 그 이유는 돈도 돈이지만 고연방당원 가운데 일부가 프랑스에 대한 전쟁을 주장했기 때문이다. 하지만 공화당원이 팽팽히 맞선 까닭에 의회는 결국 지출을 승인할 수밖에 없었다. 대통령은 먼로를 파리로 보내 리빙스턴과 함께 매입 협상을 하도록 했다.

혹시 제퍼슨은 1월 12일과 18일에 각각 승인된 예산안간의 연관을 일찌감치 눈치 채고 있었던 것은 아닐까? 만약 그랬더라도 그는 루이스 외에는 누구에게도 이야기하지 않은 듯하다.

제퍼슨의 회고에 따르면 서부 탐사에 관한 예산안이 통과되자마자 루이스가 곧바로 그 원정대를 지휘하고 싶다고 재차 간청했다고 한다. 아마 당시까지만 해도 누가 지휘할 것인지의 문제를 완전히 매듭짓지 못했던 모양이다. 아니면 의회가 탐사를 정식으로 승인할 때까지 제퍼슨이 지휘관을 아직 선정하지 못한 척 시치미를 뚝 떼고 있었을지도 모른다.

제퍼슨은 서슴지 않고 루이스를 정식 지휘관으로 임명했다. 이는 제퍼슨이 루이스와 거의 매일 얼굴을 맞대고 지낸 지 2년이 다 된 시점인 데다 최근 4개월간 루이스에게 여러 가지를 가르쳐 준 다음의 일이었다. 제퍼슨은 필라델피아의 벤저민 러시Benjamin Rush 박사에게 루이스를 선택한 이유를 설명해주었다.

"루이스 대위는 용감하고 신중하며 숲에 익숙한 데다 인디언의 태도와 성격에 친숙합니다. 비록 정규교육을 받지는 않았지만 자연의 모든 대상에 관해 방대하면서도 정확한 관찰력을 지니고 있으며, 탐험에서 무엇이든 새로운 것이 보이면 확실히 알아볼 수 있을 것입니다. 그는 행로의 위치를 파악하기 위한 위도 및 경도 관찰 방법을 직접 익히기도 했습니다."22

하지만 루이스는 아직도 배워야 할 것이 많았다. 제퍼슨은 그를 필라델피아로 보내 대학원 과정을 공부시킬 계획이었다. 물론 제퍼슨은 루이스가 지닌 재능과 그의 실행력을 조금도 의심하지 않았다. 그의 조언자 중 일부는 루이스가 과연 적임자인지에 대해 의심했지만 제퍼슨은 자신이 적임자를 골랐다고 확신했다.

undaunted courage

원정 준비

1803년 1~6월

의회가 원정 자금 지출을 승인한 지 일주일 뒤, 제퍼슨은 자신의 과학자 친구들에게 편지를 보내 루이스에게 조언과 지도를 제공해달라는 부탁을 했다. 루이스의 교육은 새해 첫날에 시작되어 3월 중순까지 이뤄졌고, 그러는 동안에도 루이스는 대통령 관저에서 제퍼슨과 오랫동안 의논을 했다. 의논이 끝나고 정원 잔디밭에서 육분의 및 기타 측정기구 사용법을 익히고 나면, 루이스는 제퍼슨이 수집한 지도들을 펼쳐놓고 혼자 공부했다.

그는 또한 열렬한 지도 수집가인 앨버트 갤러틴과도 의논했다. 갤러틴은 루이스를 위해 특별히 제작한 미시시피강에서 태평양까지의 미국 지도를 보여주었는데 그때까지 알려진 미주리강의 그레이트 벤드(거대한 강굽이, 오늘날의 노스다코타주 비즈마크Bismarck)에 위치한 만단족 마을까지는 구체적으로 나와 있었던 반면, 거기서 더 서쪽에 위치한 로키산맥의 모습이나 컬럼비아강의 경로는 거의 상상에 불과한 지경이었다. 서부를 나타낸 지도에서 확실한 위치라고는 세 가지밖에 없었다. 컬럼비아강 하구, 세인트루이스, 그리고 만단족 마을(이는 영국인 모피 무역업자 덕분이었다)의 위도와 경도였다.

공부를 마쳤을 즈음, 이제 루이스에게 남은 일은 미주리강과 그 너머에 무엇이 있는지 직접 알아내는 것뿐이었다. 문제는 만단족 마을 서쪽에서 태평양 연안에 달하는 지역이 말 그대로 '미지의 대륙'이라는 점이었다. 당시 세계 최고의 실력을 자랑하는 과학자조차도 누군가가 그 땅을 직접 걸으며 측량하고 그곳의 식물군과 동물군, 강, 산, 거주민, 그리고 상업이나 무역의 가능성을 구체적으로 묘사해오지 않는 한, 텅 빈 지도를 채울 엄두조차 낼 수 없었다.

그 여행을 하려면 변경 개척민의 전문적인 지식에 그 경로를 보다 편안하고 알차게 만들 수 있는 방법과 기술까지 이해한 사람이 필요했다. 그런 점에서 루이스는 완벽한 적임자였다. 그는 어느 누구보다 구북서부와 인디언 영토를 통과하는 인적 없는 숲길, 사냥 및 낚시, 카누 조종법, 기록법을 잘 알았고 여기에 적절한 계산 능력까지 지녔다. 그뿐 아니라 무려 2년간이나 제퍼슨의 기대와 꿈, 호기심, 지식에 은밀히 관여했다. 제퍼슨은 루이스를 높이 평가했다.

"그는 또한 세 가지 분야*의 주제에 관해 상당히 정확한** 관찰력을 지니고 있습니다. (…) 그리고 적지 않은 시간을 들여 자신의 행로를 파악하기 위한 위도와 경도 관찰법을 몸소 익혔습니다."

---

*동물, 식물, 광물계를 말한다(역주).
**본래 이 대목에서 제퍼슨은 '과학적인scientific'이라는 단어를 사용했지만, 곧 그 단어를 지우고 '정확한 accurate'이라는 단어를 써넣었다(원주).

하지만 그에게는 도움이 필요했고 제퍼슨의 요청을 받은 필라델피아의 로버트 패터슨Robert Patterson과 다른 과학자들은 흔쾌히 그의 요청에 응했다.1

탐험에서는 강의 다음 굽이 또는 언덕 저편에 무엇이 있는지를 예측하기가 거의 불가능하다. 따라서 계획은 원정에 필요한 물리적 사항을 정보에 근거해 예측한다는 점에서 어림짐작이나 다를 바 없었다. 문제는 자칫 사소한 실수를 할 경우 계획 단계에서는 쉽게 수정될 수 있지만, 여정 도중에 그 사실을 깨닫게 된다면 치명적인 손실이 벌어질 수 있다는 점이었다.

원정을 위한 계획은 두 가지 층위에서 진행 중이었다. 제퍼슨은 루이스에게 내릴 자신의 지시 내역 초안을 작성했다. 하지만 어찌나 알고 싶은 것이 많았던지 한 번의 원정으로 그 모든 답변을 구할 수 없을 것 같아 그중에서 취사선택을 해야만 했다. 제퍼슨이 주위에 회람시킨 초안을 보면 금이나 은을 찾아보라는 내용은 없었던 반면, 토양 및 기후상태에 대한 내용은 들어 있었다. 무엇보다 최우선은 교역 가능성이었다.

전체적으로 보자면 그 지시 내역은 과학적, 상업적, 농업적 관심사에 지리적 발견과 국가 건설이라는 목표를 결합시킨 것이었다. 이른바 '유용한 지식'이라는 구절로 요약되는 계몽주의적 사고방식이 그 지시 내역에 담겨 있었다.

제퍼슨이 지시 내역을 작성하는 동안 루이스도 나름대로 계획을 수립 중이었다. 원정 목표를 세울 사람은 제퍼슨이었지만, 실제로 원정을 다녀올 사람은 바로 루이스였다. 가령 원정대의 규모, 미주리강을 거슬러 올라갈 방법, 로키산맥을 넘고 컬럼비아강을 따라 태평양까지 갔다오는 데 필요한 방법 등을 결정하는 것은 그의 몫이었다. 원정대는 이 모든 것을 자급자족으로 해결해야 했다. 일단 원정대가 세인트루이스를 출발하면, 루이스로서는 자신이 계획 과정에서 내린 결정을 고수할 수밖에 없을 것이었다.

루이스와 제퍼슨은 매일 밤 적정 인원, 대원이 지녀야 할 기술, 보트의 크기와 디자인, 소총의 종류, 화약과 탄환의 규모, 취사도구, 연장, 식량, 의약품, 과학 장비, 책, 낚싯바늘, 소금, 담배, 위스키 등의 주제를 놓고 이야기를 나눴다. 제퍼슨은 주물로 만든 옥수수 분쇄기를 가져가 인디언에게 선물하면 좋을 것이라고 했다. 루이스 역시 동감했다.2

두 사람은 서부의 인디언 부족 사이에서 일종의 통화로 사용되는 교역용 구슬을 많이 가져가기로 합의했다. 또한 두 사람은 접을 수 있는 철골 보트를 만들기로 했다. 그렇게 하면 미주리강을 거슬러 오르다 폭포를 만나도 보트를 접어 육로로 운반한 다음, 다시 뼈대를 펼치고 짐승 가죽을 씌워 타고 갈 수 있으리라는 계산이었다.

타이밍도 중요한 논의 대상이었다. 루이스는 봄이 와서 도로상태가 좋아지는 대로 떠나 초여름에는 애팔래치아산맥을 넘고 싶다고 말했다. 그는 일단 사우스웨스트 포스트South West Post(오늘날의 테네시주 동부 킹스턴Kingston 인근)에 위치한 주둔지까지 간 다음, 그곳 요새의 병사들 중에서 대원을 선발할 예정이라고 했다. 그런 뒤에 대원들과 함께 육로로 내슈빌Nashville까지 가서, 미리 주문한 평저선을 타고 컴벌랜드강Cumberland River을 따라 오하이오강과의 합류지점까지 내려오면 오하이오강과 미시시피강의 합류지점도 거기서 멀지 않을 것이었다.

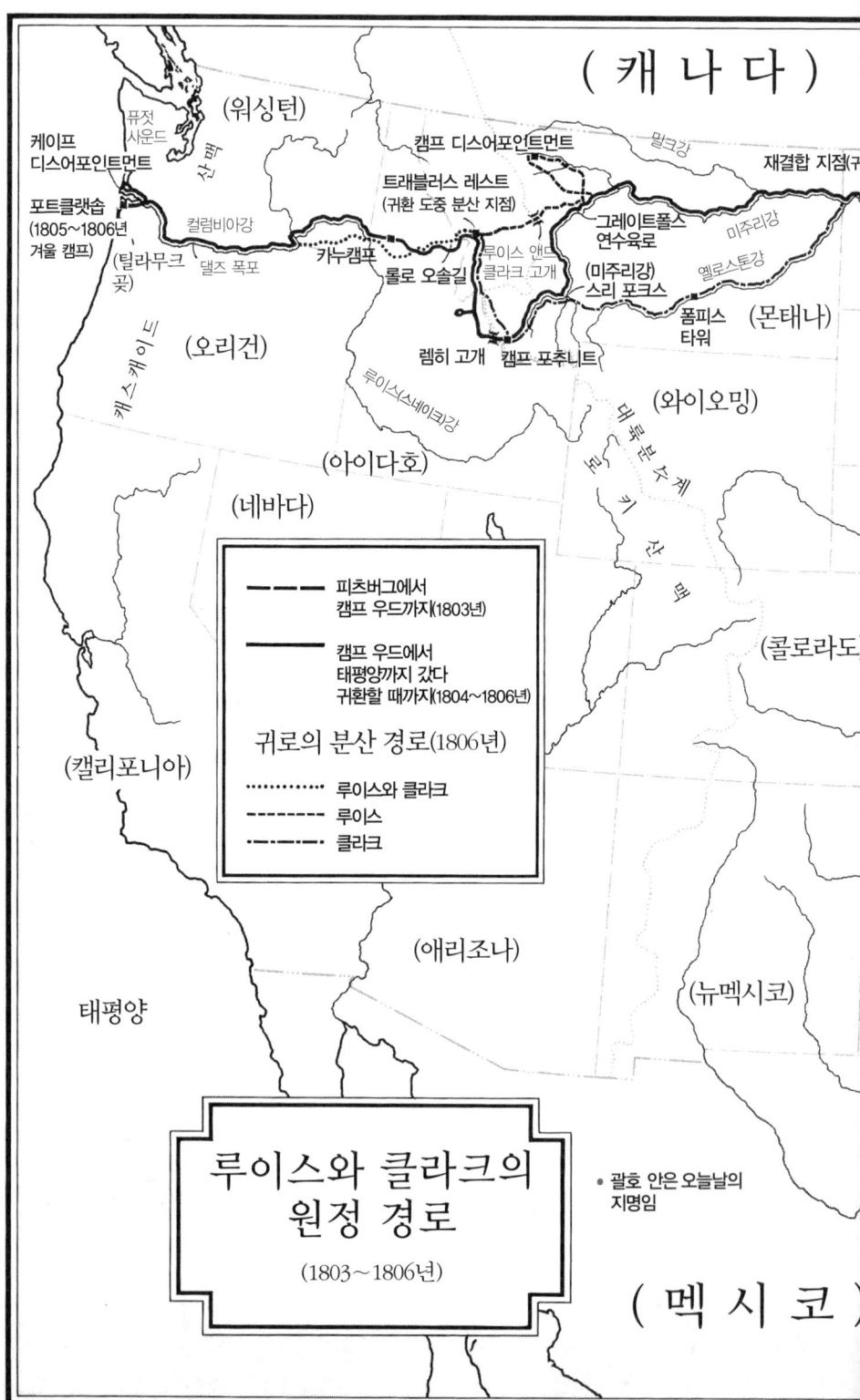

그는 8월 1일에 세인트루이스에 도착하는 것으로 계획했고 겨울 숙영지를 세우기 전에 거기서 미주리강을 제법 멀리까지 거슬러 올라갈 수 있으리라고 생각했다. 1804년이 되면 그는 산맥을 넘어 태평양에 도착한 다음, 귀환길에 올라 다시 겨울이 오기 전에 돌아와 보고를 할 수 있으리라 생각했다.3

루이스와 제퍼슨은 1월과 2월 내내, 그리고 3월까지도 과연 그 원정이 어떠할지 이야기를 주고받았으며, 덕분에 필요한 것이 무엇인지 구체적으로 알 수 있었다. 그러나 계획 수립은 원정 준비에서 겨우 절반에 지나지 않았다. 나머지 절반은 루이스가 앞으로 맡을 과학적 관찰을 위한 준비라고 할 수 있었다. 다시 말해 공부였다. 지독한 시간적 압박 아래 다양한 분야에 관해 어렵고도 집중적인 공부를 해야 했던 것이다.

3월 중순, 루이스는 워싱턴을 떠나 미국 육군 병기창이 위치한 하퍼스 페리Harpers Ferry로 향했다. 원정대가 사용할 무기와 탄약을 확보하는 것이 목적이었다. 육군이 기존에 보유한 무기 중에서 골라도 되고, 이번 원정을 위해 병기창의 제조공에게 특별 주문할 수도 있었다. 그는 육군성 장관 디어본이 병기창 담당관에게 보내는 편지를 가져갔다.

"이 편지의 소지자인 메리웨더 루이스 대위가 요청하는 대로 무기와 철공 업무를 수행하되, 가능한 한 지체 없이 완수하도록 하시오."4

필요로 하는 물품을 확보하는 즉시, 루이스는 그 물품을 배에 실어 피츠버그로 보내고 자신은 추가 교육 및 물품 구입을 위해 필라델피아로 달려갈 예정이었다. 그는 하퍼스 페리에서 15정의 전장-부싯돌식 장총을 확보했는데, 일명 '켄터키Kentucky'로 불린 이 총의 보다 정확한 이름은 펜실베이니아식 소총Pennsylvania rifles이었다. 향후 원정대는 식량 공급과 방어를 모두 이 무기에 의존해야 했다.

1803 모델은 미국 육군을 위해 특별 제작된 것으로 54구경에 총신은 33인치였다. 루이스가 짧은 소총이라 부른 이 총은 약 100미터 거리에서 납 총알을 쏴서 사슴을 죽일 수 있는 성능을 자랑했다. 숙련된 사수는 대략 1분에 2발을 발사할 수 있었다.5 루이스는 또한 담뱃대 겸용 토마호크를 골랐고, 하퍼스 페리의 제조공들에게 똑같은 물건을 30개쯤 더 주문했다. 그밖에도 작살, 칼 등을 추가했다.

하지만 그곳에서 그가 주로 한 일은 철골 보트의 제작을 감독하는 것이었다. 그 일은 매우 중요했기 때문에 그는 애초에 1주일로 잡았던 일정과 달리 무려 1개월이나 그곳에 머물렀다. 그런 탓에 제퍼슨이 지시한 대로 필라델피아에서 보내야 할 시간을 깎아먹고 말았다.

3월 7일 이후로 루이스에게서 아무런 소식이 없어 궁금해 하던 제퍼슨은 4월 22일에 이르러 다른 경로를 통해 루이스가 하퍼스 페리에서 지체하고 있음을 알았다. 루이스가 떠난 뒤, 대통령에게는 비서가 필요했다. 그는 버지니아 출신의 루이스 하비Lewis Harvie를 선택했지만, 이 사실에 대한 공표를 늦추면서 하비에게 그 이유를 "그날그날의 역마차 편에 루이스 대위가 돌아오리라는, 그리고 며칠 내로 다시 미시시피 원정에 나서게 되리라는 기대를 품고" 살아가고 있기 때문이라고 편지로 알렸다.

제퍼슨은 이 편지를 쓰는 것조차 늦추고 있었다. 루이스를 최대한 배려하는 한편 그가 떠나기도 전에 다른 사람을 서둘러 데려오고 싶지 않았기 때문이다. 또한 루이스와 자신이 불화로 인해 헤어졌다는 악의적이고 근거 없는 소문을 없애기 위한 의도도 있었다.6 워싱턴 같으면 그런 소문쯤은 무시해버렸을 테지만, 제퍼슨은 그런 소문에 아주 민감했다. 그 무렵 제퍼슨은 루이스가 지체한다는 사실에 분노했지만 자기감정을 억누르고 최대한 조심스럽게 단어를 사용했다.

"자네가 출발을 위해 최선을 다했을 것임을 믿고 있고 어쩔 수 없는 일이 있을 거라는 것도 알겠네만, 이렇게 한 달을 지체하다간 결국 한 해를 몽땅 놓치게 될 걸세."7

제퍼슨의 이 편지는 루이스가 지연을 해명하는 편지와 엇갈려 도착했다. 다행히 루이스는 자신의 우선순위 설정을 제퍼슨이 이해하고 동감할 것이라 믿었다. 루이스는 사우스웨스트 포스트 지휘관에게도 적합한 지원자를 모집하도록 도와달라고 편지를 보냈다. 그는 일단 그해 여름에 세인트루이스로 떠나기 전까지 대원 선발을 완료하고, 원정 개시 후라도 대원 가운데 약하고 무지하고 통제 불가능한 자를 강하고 실력 있고 열성적인 지원자로 교체해나감으로써 체질을 강화하기로 했다.

또한 그는 테네시주 출신의 의원에게 편지를 보내, 원정을 위한 보트와 카누를 만들 수 있는 내슈빌의 보트 제작자를 물색해 달라고 요청했다. 이런저런 문제는 그가 예상했던 것보다 시일을 더 잡아먹었다. 하지만 그의 시간을 가장 많이 잡아먹은 것은 루이스와 제퍼슨이 고안한 보트의 제작 실험이었다. 자신이 각별히 신경 쓰지 않으면 기술자들이 그 보트의 디자인을 결코 이해하지 못할 것이라 생각한 루이스는 매일 작업장에 나왔다. 그는 2개의 서로 다른 디자인을 가지고 실험을 수행했다. 하나는 만곡형이고 다른 하나는 반원형으로 전자는 보트의 뱃머리와 선미를, 후자는 보트의 몸통을 가리켰다. 그는 보트에 가죽을 덮고 나면 1,770파운드가 나가지만 뼈대의 무게만 따지면 44파운드밖에 나가지 않는다고 제퍼슨에게 자랑스레 보고했다.

"이 실험 결과를 토대로 카누의 철골을 만들도록 지시했습니다."8

이는 그가 최초로 중요한 사안에 대해 독자적인 결정을 내린 경우였다. 자신이 최대한 빨리 필라델피아로 가서 공부했으면 하는 제퍼슨의 바람을 알면서도 3주일이나 더 하퍼스 페리에 머물렀던 것 역시 독자적인 결정이었다.

4월 중순, 루이스는 동쪽으로 출발했다. 그는 우선 프레더릭스타운Frederickstown에 머물며 4월 15일자로 필라델피아에 본부를 둔 군수창고 감독관 윌리엄 어빈William Irvin 장군에게 편지를 보내 몇 가지 필수품을 구해 달라고 부탁했다. 목록의 첫 번째에 오른 것은 즉석수프, 즉 콩과 여러 가지 야채로 만든 수프를 건조시킨 것이었다. 그는 이 제품을 무척 신뢰했다.

"제가 보기에 즉석수프야말로 원정 준비에서 매우 핵심적인 품목 가운데 하나라고 생각합니다. (…) 그 제품 200파운드를 조달해주십사고 장군님께 부탁드리는 바입니다. 제 생각에 그 수프는 파운드당 1달러 정도 되지 않을까 싶습니다. 필요한 양 이상으로 조달이 가능하더라도 250파운드 이상은 넘지 않아야 합니다. 그 이상은 지출이 불가능하기 때문입니다."9

결국 루이스는 289달러 50센트를 주고 즉석수프 193파운드를 구입했고, 이것은 그때까지 구입한 식량 중에서 가장 비싼 금액을 지출한 것이었다. 즉석수프를 구입하는 데 들어간 돈은 그가 애초에 각종 장비와 무기, 탄약을 구입하는 데 배정한 금액에 맞먹을 정도였다.10

4월 19일, 랭카스터Lancaster에 도착한 루이스는 곧바로 미국 최고의 천문학자 겸 수학자인 앤드류 엘리코트Andrew Ellicott의 집으로 향했다. 제퍼슨은 미리 엘리코트에게 편지를 보내 루이스에게 천문 관측법을 가르쳐달라고 요청했고 엘리코트는 요청을 수락하는 답장을 보냈다.

"루이스 씨의 우선 목표는 관측에 필요한 기술을 익히고 실력을 쌓는 것이 되어야 합니다. 이는 오로지 연습을 통해서만 가능합니다."

루이스와 엘리코트에겐 허비할 시간이 조금도 없었다. 4월 20일, 루이스는 제퍼슨에게 다음과 같이 보고했다.

"그분의 지도 아래 장비 사용과 응용 방법을 완벽히 익히기 위한 관측 연습에 돌입했습니다."

그는 엘리코트를 가리켜 이렇게 적었다.

"무척 친절하고 세심하시며 열성을 다해 제게 온갖 도움을 베풀어주고 계십니다. 그분 말씀으로는 제가 앞으로 여기에 열흘에서 열이틀은 머물러야 한다고 하십니다."11

랭카스터에 머무는 동안 루이스는 추가로 소총을 입수했다. 정확히 몇 정인지, 왜 하퍼스 페리에 있을 때 모두 준비하지 않았는지는 알 수 없다. 어쩌면 더욱 개량된 모델을 발견했기 때문일 수도 있는데, 당시 랭카스터는 장총 제조의 중심지였다. 필요 물품이 더욱 늘어나면서 그는 장교가 1명 더 필요하리라는 생각을 떠올렸다. 그가 이 중요한 사안을 제퍼슨과 언제 논의했는지에 대해서는 아무런 증거도 남아 있지 않지만 분명 논의가 없진 않았을 것이다.

랭카스터에서 육분의, 크로노미터, 그리고 다른 장비의 사용법을 익히는 기간은 엘리코트가 예상한 것보다 오래 걸렸다. 그가 필라델피아로 떠날 준비를 마친 것은 5월 7일이 되어서였다. 랭카스터에서 필라델피아까지 가는 길은 1795년에 완공된 미국 최초의 근대식 도로이자, 잡석을 깐 최초의 자갈길이었다. 그 길에서 역마차는 시속 5~7마일의 속도를 냈고12 역마차를 타고 그처럼 빠른 속도로 달리는 것은 루이스에게 새로운 경험이었다.

필라델피아에 도착해 패터슨을 만난 루이스는 그의 조언을 얻어 크로노미터를 구입했다. 시계 제작자인 토머스 파커Thomas Parker에게 구입한 그 물건의 가격은 250달러로, 이제껏 그가 구입한 원정용 물품 가운데 단일 품목으로는 가장 비쌌다. 루이스는 그 장비를 조정하기 위해 엘리코트에게 보내며 다음과 같은 편지를 첨부했다.

"크로노미터를 1대 입수해 보내드립니다. (…) 나사돌리개와 태엽감개도 동봉하며 크로노미터의 내부 케이스는 나사로 고정되어 있습니다. 태엽은 감아둔 상태이고 잘 살펴보시면 돼지털을 끼워 작동하지 못하게 해놓은 것을 발견하실 수 있을 겁니다. 보이트Voit 씨가 깨끗하게 청소했고 관찰해본 바 24시간에 14초 정도 느리게 갑니다."13

제퍼슨은 지시 내역의 최신 초안을 보내며 루이스에게 내용을 첨가하게 했고, 나아가 필라델피아의 여러 석학에게 그 초안을 회람시켜 각자의 첨언과 제안을 부탁하도록 했다. 루이스는 초안 중의 한 대목에서 과학 장비가 이미 준비된 듯 언급되었다는 사실을 놓고 걱정했다. 그는 제퍼슨에게 그 과학 장비의 목록을 보내주면 패터슨, 엘리코트와 상의해서 혹시 빠진 것이 있는지 확인해보겠다고 했다. 나아가 그 두 사람이 모두 경위의經緯儀를 불신한다고 제퍼슨에게 보고했다. 두 전문가는 그것이 섬세한 장비이고 운반이 어려우며 고장나기 쉬운 장비라는 점과 무엇보다 육분의보다 훨씬 더 부정확하다고 지적했다. 그들은 필요불가결한 장비가 무엇인지 의논한 다음 결론을 내렸다.

"육분의 2개, 인공 수평의 1~2개, 아널드 시계* 또는 크로노미터를 좋은 것으로 하나, 원주계는 볼 소켓 연결 장치와 막대사슬이 2개 달린 것으로 하나, 그리고 제도용구 1세트."14

제퍼슨은 오해를 유발해 미안하다는 답장을 보냈다. 루이스가 받은 지시 내역 초안은 그가 출발하는 날을 기준으로 작성 완료될 예정이었고, 따라서 제퍼슨은 그때쯤이면 루이스가 직접 과학 장비의 선정과 구입을 완료했으리라 가정했을 뿐이라고 했다. 경위의에 관한 문제도 패터슨과 엘리코트가 제안하는 대로 따르라고 말했다.15

루이스는 5월의 대부분과 6월 첫 주를 필라델피아에서 보냈다. 그는 자신이 제퍼슨과 함께 작성한 목록을 들고 곳곳을 돌아다니며 물품을 구입했다. 낚시도구, 납 화약통, 의약품, 의류, 담배, 셔츠를 구입하는 데 2,324달러가 들었다. 그가 구입한 물품 중 일부를 살펴보면 먹지 여섯 장, 연필 몇 세트, 크레용, 최상급 소총 화약 200파운드, 탄환 400파운드, 각종 낚싯바늘 4다스, 도끼 25자루, 모직 바지 및 플란넬 30야드를 비롯한 의복류, 부싯돌 100개, 점화용 강철 부시 30개, 큰 바늘 6개와 대형 송곳 60여 개, 소금 3부셸 등이었다.

또한 그는 장비와 일지를 넣을 방수포 가방도 구입했다. 모기장과 야전용 책상, 천막용으로 사용할 가로 8피트 세로 12피트짜리 대형 다용도 방수포, 그리고 야간에도 글을 쓸 수 있도록 초를 구입했다. 방수포의 경우 낮에는 배의 돛으로 사용할 수도 있었다.

---

*최초의 휴대용 크로노미터를 만든 영국의 시계 제작자 존 아널드John Arnold(1736~1799)의 이름을 따서 붙인 크로노미터의 별칭(역주).

인디언에게 줄 선물로는 흰색 유리구슬 5파운드, 붉은색 구슬 20파운드, 소형 싸구려 가위 144개, 일반적인 놋쇠 골무 288개, 각종 재봉실 10파운드, 비단, 물감과 주홍염료, 칼 288자루, 빗, 완장, 귀걸이 등을 준비했다. 루이스는 푸른색 구슬을 되도록 많이 준비해야 한다고 주장했는데, 그 구슬은 흰색 구슬보다 훨씬 가치가 높아 언제나 돈 대용품 구실을 할 수 있기 때문이었다. 비록 선물이라고 지칭하긴 했지만 사실 이런 물건은 교역품이었다. 루이스는 이 물건을 공짜로 나눠 줄 생각이 없었다. 오히려 인디언으로부터 물건이나 용역을 구입할 때 사용할 계획이었다.

루이스와 클라크 전문학자인 폴 러셀 커트라이트Paul Russell Curtright는 이렇게 썼다.

"아직 정확한 규모도 결정되지 않았고 얼마 동안이나 일반적인 보급로 밖에 머물러 있을지도 알 수 없는 원정대를 위해 무기, 식량, 의복, 캠핑용품, 과학 장비, 심지어 인디언에게 줄 선물까지 예견하고 준비한다는 것은 결코 쉬운 일이 아니었다."16

그가 얼마나 잘 준비했는지는 이후 실제 상황을 통해 증명될 것이었다. 여기서 잠깐 이후의 일을 살펴보자. 원정 기간 내내 대원들은 여러 가지 물품(가령 담배, 위스키, 소금, 푸른색 구슬)이 모자라 애를 먹었다. 그렇다고 물품이 완전히 바닥났던 것은 아니다. 화약과 탄환, 소총의 경우에는 원정을 마치고 귀환한 뒤에도 원정을 또 한 번 다녀와도 될 만큼 넉넉했다(루이스는 하퍼스 페리에 머물 때 납 화약통을 만들게 했는데, 그 통을 녹여 만들 수 있는 총알은 원래 들어 있던 화약의 분량에 딱 맞춰 사용할 수 있는 분량이었다).

루이스는 변경 개척민답게 자신의 소총을 신뢰했다. 소총과 탄환,

그리고 화약만 있으면 야생에서 무슨 일을 당하든 걱정할 것이 없었기 때문이다. 루이스는 또한 잉크도 넉넉히 준비해서 원정이 끝난 뒤에도 절반이나 남아 있었다. 물론 잉크는 원정에 필수적인 품목은 아니었지만 발견한 것을 기록함으로써 원정을 성공적인 것으로 만드는 데는 필수적이었다. 루이스는 우선순위가 무엇인지 잘 알고 있었다.

수프 구입비는 심각한 과다 지출이었다. 그가 랭카스터에서 추가로 구입한 소총과 마찬가지로 여기에 들어간 금액은 그가 앞으로 원정대의 규모가 커질 것을 예상했음을 암시한다. 의약품 규모도 그가 15명보다 훨씬 많은 원정대를 구상하고 있었음을 보여준다.

5월 17일, 루이스는 당시 미국에서 가장 유명한 외과 의사였던 벤저민 러시 박사를 방문해 지시 내역 초안을 보여주고 조언을 부탁했다.

"몸이 약간이라도 피곤하면 일이나 행군을 해서 이겨낼 생각은 하지 말게. 차라리 수평 자세로 누워 쉬도록 하게. 열병도 하루나 이틀 정도 굶고 희석한 술을 마시면 십중팔구는 나을 걸세. 이런 예방법에 따뜻한 걸 좀 마시고 충분히 땀을 흘리거나 하제를 한두 알 써서 속을 비워내는 것도 좋네."

그 하제는 러시 박사의 특허품인 러시 알약Rush's pills으로 보통 '벼락치기'라는 별명으로 통했다. 그 약의 주성분은 감홍(수은과 염소를 6대 1로 섞은 것)과 할라파였으며 러시 박사는 그 약이 거의 만병통치약이나 다름없다고 말했다. 러시 박사의 조언이 이어졌다.

"긴 행군이나 다른 이유로 피로가 심해지면 2시간 정도 수평 자세로 누워 있는 편이 다른 자세로 더 오래 누워 있는 것보다 훨씬 기력을 잘 회복시킬 걸세."17

루이스는 제퍼슨에게 다음과 같이 보고했다.

"러시 박사께서는 제게 인디언의 의학사, 의학, 도덕, 종교 같은 몇 가지 항목 아래 여러 가지 추상적인 질문 내역을 적어 주셔서, 제가 그들에게 질문을 할 때 큰 도움이 될 것 같습니다."

러시의 질문 내역은 인디언의 질병과 그 치료법, 생리가 시작되고 끝나는 나이, 결혼하는 나이, 아이들에게 젖을 먹이는 기간, 맥박이 아침 점심 저녁과 식전 식후에 어떻게 다른지 등에 관한 것이었다. 또한 인디언의 기상 시간, 목욕 습관, 살인, 자살을 비롯해 그들이 독주의 대용품 같은 것을 사용하는지, 동물을 제물로 바치는 관습이 있는지, 그들의 종교 의식과 유대인의 종교 의식 사이에 어떤 유사성이 있는지처럼 보다 현실적인 질문도 있었다.

"그들은 시신을 어떻게 처리하며 시신을 매장하면서 어떤 의식을 거행하는가?"[18]

이런 질문은 당시 미국인이 서부에 있는 인디언 부족의 수나 그 성격에 대해 얼마나 아는 것이 없었는지를 극명하게 보여준다. 그러한 질문 내역 외에 러시는 루이스를 위해 의약품 목록을 작성해주었다. 이로써 약품, 랜싯, 핀셋, 주사기, 그리고 기타 물품 구입비로 총 90달러 69센트가 지출되었으며, 30여 종에 달하는 약품 중에는 러시 알약도 무려 500개나(!) 포함돼 있었다. 그중에서 가장 많이 사용된 약품은 기나피, 할라파, 아편, 글라우버염, 초석(또는 질산칼륨, 칠레초석), 토주석, 아편제, 감홍, 수은연고 등이었다. 루이스가 구입한 약품 중에는 하제 1,300회 분, 구토제 1,100회 분, 발한제(땀을 내는 약) 3,500회 분 등을 비롯해 물집·침흘림(유연증)·소변과다에 쓰는 약과 지혈기, 관장용 주입기도 있었다.

하퍼스 페리에 머무는 동안, 루이스는 원정대에 아예 의사를 1명

대동할까 생각하기도 했지만 5월에 이르러 자신이 의사 노릇을 대신하기로 작정한 듯하다. 그는 어머니로부터 약초와 민간요법에 대해 많이 배웠기 때문에 실험하는 것을 겁내지 않았다. 다른 변경 개척민과 마찬가지로 그는 어떻게 하면 부러진 뼈를 맞추고 몸에 박힌 총알이나 화살을 제거할 수 있는지, 그리고 후두염이나 이질 같은 병을 어떻게 치료할 수 있는지 알고 있었다. 루이스가 좋은 인상을 남겼는지 러시는 이후 제퍼슨에게 이런 편지를 보냈다.

"그 친구의 임무는 무척 흥미진진해 보입니다. 그 일에 대해 크나큰 열망을 품고 결과를 기다리도록 하겠습니다. 루이스 씨는 그 일에 놀라우리만치 적임자로 보입니다. 그 원정이 각하의 행정부뿐 아니라 과학적인 측면에도 큰 이득이 되기를 바라마지 않는 바입니다."19

그렇다고 루이스가 일에만 매달린 것은 아니었다. 그는 필라델피아에 머무는 동안 친구인 말론 디커슨과 함께 사교 모임에 자주 모습을 나타냈다. 하루는 제퍼슨의 절친한 친구인 조지 로건 박사의 집에서 열린 최상류층 인사의 만찬에 참석했고, 또 하루는 토머스 맥킨 주지사의 저택에서 저녁 시간을 보냈다.20

물론 낮에는 열심히 공부에 매달렸다. 그는 벤저민 스미스 바턴 Benjamin Smith Barton 박사를 찾아갔는데, 그는 미국 최초의 식물학 교과서 저자였다. 그는 이번 원정에 누구보다 큰 기대를 걸었고 원정대와 동행할지 말지를 놓고 루이스와 이야기를 나누기도 했다. 루이스 역시 그 생각에 긍정적이었지만 그는 벌써 서른일곱 살이었고 학자일망정 군인은 아니었다.

"제 생각에 박사님은 자기 생각을 실행에 옮기진 못할 것 같습니다."
루이스는 제퍼슨에게 이렇게 보고했는데, 나중에 이것은 정확한 추측으로 확인됐다.21 어쨌든 바턴은 루이스에게 식물뿐 아니라 조류나 동물 가죽을 표본으로 만드는 법을 가르침으로써 중요한 기여를 했다. 또한 채집 장소와 날짜 등의 내용을 포함한 표본 라벨 작성이 중요하다는 것도 가르쳐 루이스의 어휘와 지식의 범위를 더욱 확장시켰다.

일라이저 크리스웰Elijah Criswell은 루이스가 남긴 과학 관련 글을 연구해 그가 새로운 식물과 동물을 기록하는 데 사용한 200여 개의 전문용어 목록을 만들었는데, 그의 말을 빌리자면 이는 상당한 양으로 "과학, 특히 식물학 분야의 용어에 관해 아마추어로서는 매우 깊은 지식"을 지닌 셈이라고 했다.22

캐스파 위스타Caspar Wistar 박사는 루이스가 교육을 위해 찾아간 필라델피아의 석학 중에서 마지막 인물이었다. 그는 미국 최초의 해부학 교과서를 펴낸 인물로 화석에 관한 권위자였다. 그는 메갈로닉스Megalonyx라는 특이한 동물에 관해, 그리고 대평원 어딘가에 아직 살고 있으리라 여겨지는 마스토돈에 관해 이야기해 주었다.23

루이스가 필라델피아에서 마지막으로 한 일은 원정에 가져갈 책을 고르는 것이었다. 그는 바턴의 『식물학의 원리Elements of Botany』, 앙트완 시모르 르 파즈 뒤 프라츠의 『루이지애나의 역사』, 리처드 커원Richard Kirwan의 『광물학 원리Elements of Mineralogy』(런던, 1784년), 2권짜리 린네Linnaeus(라틴어 식물 분류법 체계를 수립한 인물)의 저서, 4권짜리 사전, 『구면 및 항해용 천문학 실전 개론A Practical Introduction to Spherics and Nautical Astronomy』과 『항해력 및 천체력The Nautical Almanac and Astronomical Ephemeris』, 그리고 위도와 경도를 알아내는 데 필수적인 계산표 등을 챙겼다.24

5월 29일, 루이스는 뒤늦게나마 제퍼슨에게 긴 보고서를 보냈다. 여기서 그는 6월 6일이나 7일경에 마지막 면담을 위해 워싱턴으로 떠날 수 있을 것 같으며, 그 일이 끝나는 대로 곧장 출발할 수 있을 것이라고 했다. 이제 하루나 이틀이면 모든 준비가 완료되는데 가능하다면 며칠 더 머무르면서 패터슨으로부터 몇 가지를 더 배우고 싶다고 말했다. 그는 편지와 함께 자신이 작성한 밴쿠버의 북서 연안 지도 사본을 동봉했다. 그는 원본 대신 굳이 사본을 만든 이유를 설명했다.

"밴쿠버의 항해기에 첨부된 지도는 이 일을 위해 별도로 입수할 수 없었는데, 그 이유는 너무 비싸기도 했고 또한 무겁기 때문입니다."25

지리학자 존 로건 앨런은 밴쿠버의 지도를 토대로 그 정도의 사본을 만들어내려면 상당한 지도 작성 능력이 요구된다는 점을 지적했다. 앨런은 루이스가 제퍼슨이나 갤러틴이 모아준 지리 관련 참고자료를 수동적으로 받아들이기만 한 것이 아니라 오히려 적극적으로 자료를 수집했다고 평가했다. 나아가 앨런 박사는 루이스가 그보다 이전 세기 말에 작성되어 워싱턴의 영국 대리공사가 소장하고 있던 데이비드 톰슨David Thompson의 미주리강 그레이트 벤드 인근 지도 사본도 갖고 있었을 거라고 추정했다.26

루이스는 6월의 둘째 주 동안 사우스웨스트 포스트에 가기로 한 당초의 계획을 포기했다. 그 요새에 우수한 병사가 거의 없다는 소문을 들은 데다 내슈빌에서 보트를 만들려던 계획도 어긋났기 때문이다. 그는 육군에 부탁해 총 3,500파운드에 달하는 물품을 필라델피아에서 피츠버그까지 육로로 운송하도록 했다. 그 물품을 싣고 지나가야 할 도로 사정이 좋지 않아 루이스는 5필의 말을 이용해 그 수레를 끌게 했다.27 그가 피츠버그의 보트 제작자와 연락을 취하기 시작한 것도 이즈음으로 보인다.

이후 그는 워싱턴으로 떠났다. 아마도 당시 루이스의 머릿속에 가득 찬 문제는 원정대의 규모와 또 다른 장교의 필요성이었을 것이다. 어느 누구도 그러라고 말하진 않았지만, 루이스는 장교가 1명 더 필요했다. 제퍼슨의 승인만 떨어진다면 루이스는 이미 마음에 둔 적임자에게 이제까지 없던 특별한 지휘 체계에 대해 말할 작정이었다. 또한 대통령과 대위는 마지막 지시 내역을 구체적으로 검토해볼 예정이었다. 제퍼슨은 뉴올리언스에서 예정된 구입 계획의 진전 상황에 관해 루이스에게 알려줄 것도 있었다. 루이스의 서부행을 앞두고 두 사람은 할 이야기가 정말 많았던 것이다.

undaunted courage

워싱턴에서 피츠버그까지

1803년 6~8월

워싱턴에 도착한 루이스는 곧바로 제퍼슨과 함께 지시 내역을 검토했다. 제퍼슨은 이미 그것을 각료들에게 회람시킨 뒤 각자의 답변을 받아낸 뒤였다. 국무장관 제임스 매디슨은 '현재 미국 국경 너머인 지역(에서의 활동)에 대해 법률적으로 어떤 권한 부여가 가능한지' 의문을 제기했다.1 이는 원정이 프랑스 소유이자 에스파냐가 통치하고 있는 지역에서 이뤄질 것이라는 점, 그리고 이 두 나라 정부가 이번 원정을 군사정찰이나 침공으로 규정할 것임을 단도직입적으로 지적하고 있었다.

법무장관 리바이 링컨은 제퍼슨에게 다음과 같이 경고했다.

"상대국의 적대적이고 악의적인 태도나 대중의 마음을 움직여 열광을 만들어내는 능력을 고려해보면, 군사 행위에서 비롯된 어떤 방법도 거센 반격을 받게 될 것입니다. 어쨌든 저는 이 사업이 국가적 중요성을 지닌다고 봅니다."

하지만 정치가로서 링컨은 연방당원이 비용 문제를 물고 늘어지지 않도록 뉴잉글랜드의 교계에 호소할 수 있는 구실을 하나 찾아냈다. 즉, 이번 원정을 평원지대의 인디언에게 기독교 신앙을 고취시킬 수 있는 일종의 선교여행으로 광고한 것이다.

"이번 사업이 인디언을 향상시키기 위한 시도로 보일 경우, 제아무리 재난을 초래하는 문제라 하더라도 사람들은 그 이유를 정당하다고 생각할 것입니다."

제퍼슨은 이 착상을 받아들였다. 최종판 지시 내역에서 그는 루이스에게 인디언의 종교에 관해 최대한 많이 알아오라고 지시하면서 '그래야만 그들을 교화 및 교육시키려는 사람들'을 만족시킬 수 있을 것이라고 했다. 이어 제퍼슨은 만약 명백한 참사에 직면할 경우 후퇴하라고 했다. 링컨은 이렇게 덧붙였다.

"제가 볼 때 루이스 대위는 어려움에 처할 경우, 얼른 돌아오기보다 오히려 멀리까지 밀어붙일 가능성이 커 보입니다. 따라서 '명백한certain 참사'를 '가능한probable 참사'로 고치고, 다음과 같이 덧붙이면 어떨까 싶습니다. 경계 및 주의만 충분히 기울이면 적당한 수준에서 회피할 수 있는 위험이 실제로 발생해서는 결코 안 된다고 말입니다."2

이는 링컨이 루이스를 무모한 모험가로 간주하는 대통령 측근 중 1명이었다는 것뿐 아니라, 루이스가 자신의 명예와 용맹에 가해지는 도전에 과도하게 반응하는 전형적인 버지니아 신사라는 것을 암시하고 있다. 제퍼슨은 이에 동의했는지 최종판에서 링컨이 제안한 문장은 그대로 채택됐다.

재무장관 앨버트 갤러틴은 루이지애나에 있는 에스파냐 측 주둔지와 미주리강을 따라 분포한 영국 측의 동향을 더 많이 알고 싶어 했다.

"미주리지역의 운명은 향후 미국에게 매우 중요합니다. 연방의 국경선 밖에 놓인 지역으로는 유일하게 광대한 영토이며 미국 국민이 정착할 최초의 땅이 될 것이기 때문입니다."

하지만 제퍼슨이 최우선으로 삼은 것은 태평양까지의 완전수로를 찾는 것이었다. 이 원정은 갤러틴을 위한 것이 아니었기에 제퍼슨은 본래의 목표를 상기시켰다.

"이 원정의 최대 목표는 미주리지역의 넓이와 그 비옥함이 많은 인구를 감당할 수 있는지, 즉 오하이오에 상응하는 영토와 마찬가지인지를 확인하는 데 있소."

그는 루이스에게 토양은 물론 그 지역에 많은 나무 종류를 알아내고 연평균 강수량과 연중 기온차를 추정한 다음 농부들에게 중요한 다른 요인들을 종합해 그 비옥도를 판단하도록 지시했다.3 제퍼슨은 갤러틴이 제안한 것을 상당수 채택했지만, 그가 최고통수권자로서 루이스에게 준 지시 내역 최종판에는 탐사와 상업을 농업보다 우선시했다.

"자네의 임무는 미주리강, 그리고 그와 유사한 주요 하천을 탐사해 그 경로는 물론 태평양으로 흐르는 다른 물길과 연결되는지 확인하는 데 있네. 나아가 컬럼비아, 오리건, 콜로라도 또는 다른 강이 상업적 목적을 위한 가장 직접적이고 실현가능한 대륙 횡단 수상연결망을 제공하는지 판별해야 하네."

구체적으로 제퍼슨은 영국인 교역상들이 미주리강 인근 부족과 교역하기 위해 캐나다에서 내려오는 경로, 그리고 그들의 교역 방법과 관습을 알아오라고 지시했다. 또한 현재 영국인이 주도하고 있는 모피 교역을 어떻게 하면 미주리강의 경로를 이용해 미국인이 독차지할 수 있을지에 관해 제안하도록 했다. 상업에서는 정확한 지도가 필수적이었기 때문에 제퍼슨은 이렇게 지시했다.

"미주리강 하구에서부터 위도와 경도를 세밀하게 관찰하고 강의 하구, 급류, 섬, 그리고 다른 지역과 대상 중에서도 자연적으로 두드러지고 지속적인 특징을 지닌 것을 기록하게."

제퍼슨은 추측한 것과 관찰한 것을 명료하게 기록하도록 지시하면서 여러 개의 사본을 만들어 두되, 그중 하나는 일반 종이보다 습기에 더 잘 견디는 자작나무 종이를 쓰라고 했다.

모피 교역을 하려면 인디언 부족에 관한 지식이 꼭 필요했다. 제퍼슨은 각 부족의 이름과 숫자, 영토의 범위, 다른 부족과의 관계, 언어·전통·유적·주업(농업, 어업, 사냥, 약탈 등 먹고사는 기반), 그리고 그런 활동에 사용하는 기구, 식량, 의복, 주택, 주요 질병과 그 치료법, 법률과 관습을 알아오라고 했다. 그리고 목록의 마지막에 그들이 필요로 하거나 갖추고자 하는 교역 품목과 원하는 정도를 알아오라고 지시했다.

제퍼슨의 지시는 계속되었다. 그는 원주민과 접촉할 경우, 그들의 규범이 허락하는 한 최대한 친절하고도 회유적인 태도로 그들을 대하라고 했다. 루이스는 이 여정의 순수한 의도를 그들에게 납득시키되 동시에 그들에게 미국의 규모와 힘을 분명히 말해주어야 했다. 즉, 일말의 위협이 가미된 그 말을 통해 그들과 친하게 지내고자 하는 미국의 소망과 평화적인 의도를 납득시켜야 했다. 그 의도는 바로 미국인이 그들과 교역하고 싶어 한다는 것이었다.

제퍼슨은 인디언의 공격 가능성이 클 경우에 대해서도 구체적으로 기록해두었다. 만약 막강한 세력과 맞닥트려 원정이 중단될 위기에 놓이면, 더 이상의 전진을 포기하고 귀환하라고 했다.

"귀관을 잃을 경우 우리는 귀관이 그때까지 획득한 정보마저 모두 잃게 되네. (…) 따라서 귀관은 스스로의 판단에 의거해 정도가 심한 위험은 굳이 무릅쓰지 않아야 하네. 우리는 귀관이 자신의 안전이 보장되는 범위 내에서만 모험하길, 나아가 비록 정보가 많지 않더라도 귀관이 원정대와 함께 무사히 귀환하길 바라네."

제퍼슨은 루이스가 사망할 경우에 대비해 그의 뒤를 이어 원정대를 지휘할 사람을 미리 지정해두라고 지시했다. 일단 태평양 연안에 도착하면 루이스는 유럽 국가의 교역선이 있는지 찾아보고, 가능하면 그걸 타고 미국으로 돌아와야 했다. 필요하다면 대원 중 두 사람에게 일지를 갖고 먼저 귀환하도록 하고 나머지 대원은 어떤 경로든 택해 귀환할 수도 있었다. 제퍼슨은 루이스가 태평양에 도착할 무렵이면 돈이나 의복, 식량이 거의 없을 것이라 판단해 루이스에게 신용장도 내주었다. 그것만 있으면 세계 전역에 있는 미국 정부의 산하기관으로부터 그가 원하는 것은 무엇이든 징발할 수 있었다.

"세계 각국의 공사, 대리인, 상인, 시민에게 귀관이 필요로 하는 것은 무엇이든 보급품을 제공하도록 요청하는 바이며 (…) 귀관을 위해 도움을 베푸는 사람에게는 전적인 보상과 신의를 제공할 것임을 확약한다. 이 일반신용장을 직접 작성하고 서명하는 바이다. 미합중국 대통령, 토머스 제퍼슨."

1803년 7월 4일자로 작성된 최종판에서는 그 내용이 미국 역사상 대통령이 발부한 것 중에서 가장 무제한적인 신용장으로까지 발전했다.

교역 외에도 이 원정에는 식물군 및 동물군을 발견하는 목적도 있었다. 지시 내역에는 토양, 식물과 동물, 공룡 뼈, 화산 등을 관찰하고 기록하도록 되어 있었다. 제퍼슨은 모든 종류의 광물에 관해 알고 싶어 했으며 특히 석회석과 석탄, 소금을 궁금해했다.

일지를 작성하라는 직접적인 지시는 없었다.4 어쩌면 그것은 당연한 일이었기 때문인지도 모른다. 그냥 구두로 지시를 내렸을 수도 있다. 도널드 잭슨은 지시 내역의 핵심을 지적하고 있다.

"거기에는 수년에 걸친 연구와 추측, 그리고 정부의 동료나 필라델피아의 친구로부터 모은 지혜가 고스란히 담겨 있다. 또한 스토니산맥Stony Mountains,* 강의 경로, 낯선 인디언 부족, 아무도 가본 적 없는 곳의 식물군과 동물군에 관한 모호한 추측 대신 진실을 알게 되리라는 흥분이 거의 그대로 드러나 있다."5

지시 내역에 관해 이야기를 나누는 동안 제퍼슨과 루이스는 또 1명의 장교가 필요하다는 결론에 도달했다. 그러한 인식은 거의 동시에 이루어졌다. 지시 내역이 워낙 방대해 한 사람이 모든 것을 감당하기 어려웠고 설사 감당을 하더라도 바람직한 결과가 나오기 힘든 상황이었기 때문이다. 두 사람이 가면 둘 중 1명에게 무슨 일이 일어나도 나머지 1명이 자료를 갖고 돌아올 가능성이 커진다는 이유도 한몫했다. 모든 면에서 장교를 투입할 필요성이 대두됐지만, 여기에는 한 가지 걸림돌이 있었다. 장교를 추가로 채용하는 데 필요한 비용을 책정하기가 어려웠던 것이다.

제퍼슨은 루이스를 위해 육군성의 돈궤를 열어젖혔고, 의회의 승인

---

*제퍼슨은 로키산맥을 스토니(돌투성이)산맥이나 샤이닝(빛나는)산맥 같은 이름으로 지칭하곤 했다(역주).

을 받은 원정대의 총사령관 자격으로 행동에 나섰다. 그 과정에서 그는 헌법을 상당 부분 확대 해석하기도 했는데 이는 원정대에 줄 예산을 삭감하는 것보다 차라리 자신의 보수적 원칙을 굽히는 편이 낫다고 생각했기 때문이다. 그는 육군성 측에 루이스의 월급 18개월분을 미리 지급하라고 지시했는데, 이는 아마도 그의 땅 투기나 채무상환을 위해서였을 것이다. 또한 루이스는 제퍼슨에게 108달러를 빌리기도 했다.6

육군성 장관 헨리 디어본은 하퍼스 페리에 루이스가 원하는 대로 무기와 철공 업무를 제공하되 가능한 한 지체 없이 하라고 편지를 보냈다. 육군성의 고위관리는 루이스가 일반 상점에서 구입할 수 없는 물건을 요청할 경우 지체 없이 그 물품을 구입하라는 명령을, 재무부는 1,000달러의 예산을 루이스가 필요로 하는 물품 구입에 사용하라는 명령을 받았다.7 최대한 눈속임을 했음에도 지출액은 애초의 예산을 100퍼센트 초과했고 매일 늘어나고 있었다.

제퍼슨은 루이스가 6월 28일쯤, 아니 그보다 일찍 출발할 수 있길 바랐지만 그 이후에도 루이스는 해야 할 일이 많았다. 그래도 루이스는 늦어도 9월 1일에는 미주리강에 접어들 예정이었고, 그로부터 2개월간 상류로 700~800마일을 거슬러 올라가 겨울 숙영지 장소에 도착할 생각이었다.8

6월 29일, 디어본은 육군 경리담당관에게 지시해 루이스에게 554달러를 지불하게 했는데, 이것은 중위 1명, 하사 1명, 상병 1명, 이병 10명의 6개월치 월급에 해당되었다.9 이는 루이스에게 장교를 1명 추가하도록 공식 위임한 것이나 마찬가지였다.

6월 19일, 루이스는 윌리엄 클라크에게 편지를 썼다. 그 편지에는 도널드 잭슨의 말처럼 오늘날 미국의 문서보관소에 보관된 서류 중에서도 가장 유명한 '위대함으로 초대하는 내용'이 담겨 있었다.10 이것은 중대한 문서이다. 역사상 그 무엇보다 위대한 우정을 만들어냈고, 두 친구를 가장 위대한 모험이자 위대한 탐사로 출발시킨 것이기 때문이다.

사실 1803년까지만 해도 두 사람은 그리 절친한 사이가 아니었다. 그들이 서로를 알게 된 것은 루이스가 클라크 밑에서 근무하던 6개월에 불과했다. 하지만 그 6개월간 두 사람은 서로의 인물됨을 파악했고, 그들이 서로의 있는 그대로를 좋아했다는 것은 두 사람 사이에 오간 편지에 분명히 드러난다. 두 사람은 상호보완적인 존재였다.

클라크는 거친 산사람으로 명령을 내리는 것에 능숙했다. 육군 중대장을 역임한 그는 한때 미시시피강을 따라 나체즈Natchez까지 원정대를 이끌고 다녀오기도 했다. 특히 그는 병사들을 잘 다루는 지휘관으로 천문 관측과 보트 조종에도 뛰어났다. 루이스는 클라크의 지도 작성 능력도 분명 알고 있었을 것이다. 전체적으로 볼 때 클라크는 루이스가 상대적으로 뒤떨어지는 분야에서 뛰어났고, 루이스는 클라크가 부족한 분야에서 두각을 나타냈다.

무엇보다 루이스는 클라크가 그 일에 적임자임을, 또한 말한 것은 반드시 지키고 의지가 철석같은 사람임을 알고 있었다. 클라크 역시 루이스를 잘 알았고 이들 사이의 상호 신뢰는 서부를 향한 첫걸음을 떼기 전부터 완벽한 상태였다.

1796년에 육군에서 전역한 클라크는 루이스의 편지를 받을 무렵 인디애나 준주의 클라크스빌에 살고 있었다. 루이스의 초청 편지는 한없는 신뢰로 시작되었다.

"우리 사이의 길고도 변함없는 우정과 신뢰로부터, 나는 지체하지 말고 자네에게 다음과 같은 소식을 전해야겠다는 생각이 들었다네."

그는 원정의 기원, 의회의 결의, 자신이 하퍼스 페리와 필라델피아에서 한 준비, 그리고 6월 말에 피츠버그로 출발하려는 자신의 의향 등을 설명했다. 8월 10일경에 클라크를 만나러 클라크스빌에 갈 생각이었던 그는 다음과 같은 일도 예정하고 있었다.

"강인하고 건강한 미혼 남성으로 숲에 익숙하고 신체적 피로를 상당 정도까지 견딜 수 있는 능력을 지닌 훌륭한 사냥꾼을 몇 명 고용할 생각이네. 혹시 이런 요구 조건에 부합되는 젊은이가 주위에 있다면 내가 오하이오강의 폭포에 도착했을 때 좀 알려주도록 하게."

루이스가 원정을 매우 솔직담백하게 설명한 덕분에 클라크는 그 내용을 읽느라 숨이 턱에 닿았을지도 모른다.

"내 계획은 평저선을 타고 오하이오강을 따라 내려갔다가 다시 미시시피강을 거슬러 올라가서 미주리강 하구까지 간 다음, 나무껍질이나 생가죽으로 만든 카누를 타고 미주리강의 발원지까지 가는 것이라네. 그리고 컬럼비아강이나 오리건강으로 넘어가는 수로가 있다면 그걸 따라 서해까지 내려가는 걸세."

루이스는 원정 직후에 교역선을 얻어 타고 미국으로 돌아올 수도 있을 것이라고 했다. 그는 자기가 제퍼슨으로부터 받은 지시 내역을 요약하는 한편, 자신이 관찰을 위해 입수한 장비나 사람을 채용하는 권한에 대해서도 설명했다. 루이스는 진심을 담아 편지를 마무리했다.

"친구여, 지금까지 설명한 것이 이 계획의 개관이자 이번 원정의 수단 및 목표일세. 이러한 상황에서 자네가 나와 함께 그 노고와 위험, 명예를 함께 누리고픈 의향이 있을지 모르겠지만, 솔직히 내가 이 일을 함께 나누고픈 사람은 세상에 자네 말고는 아무도 없다네."

루이스는 자신이 이 제안에 관해 제퍼슨과 이야기를 나누었으며 "대통령이 자네가 나와 함께할 것을 승낙했으면 하는 간절한 바람을 표시하셨다"고 썼다. 그 다음으로 매우 특이한 제안이 나왔다.

"그분(제퍼슨)께서는 자네가 이 제안을 받아들이면 자네를 대위로 임명해주시고 그 계급에 따르는 봉급과 수당도 지급하며, 일찍이 독립 당시에 그와 같은 계급으로 복무했던 사람들에게 하사되었던 만큼의 토지를 나와 자네에게 주겠다고 약속하셨네. 이번 임무에 자네가 동참한다면 자네의 지위는 모든 면에서 나와 똑같이 될 걸세."

루이스가 공동지휘 체제를 제안한 것은 주목할 만한 일이다. 원정대에 필요한 장교는 굳이 대위가 아니어도 그만이었고 지휘권을 공유할 필요도 없었다. 중대한 상황에서 2명의 지휘관이 서로 불화라도 빚게 되면 그야말로 큰일이기 때문이다. 하지만 루이스는 굳이 그렇게 했다. 아마도 그가 클라크의 인물됨을 알았기 때문에 나온 행동일 것이다.

심지어 루이스는 원정대의 정식 일원까지는 아닐지라도 클라크가 탐험의 일부라도 동행하길 바라고 있었다. 그는 편지를 마무리하면서 만약 개인적, 사업적인 일로 클라크가 자신의 제안을 수락할 수 없는 입장이라면 하다못해 미주리강을 거슬러 올라가는 구간만이라도 친구로서 동행했으면 좋겠다고 적었다.11

루이스의 편지가 클라크에게 도착하기까지는 무려 한 달이 소요되었고, 그로부터 열흘이 지나서야 클라크의 답장이 도착했다. 그런데 여기서 한 가지 수수께끼가 나타난다. 루이스가 클라크에게 공동지휘권을 제안한 지 열흘 뒤, 루이스는 디어본 장관으로부터 원정대원 선발에 필요한 선금을 받았다. 하지만 그 내역에는 중위 1명을 충원하도록 나와 있었다. 루이스가 이에 대해 이의를 제기했다는 증거는 없다. 디어본이 중위 계급을 염두에 둔 반면 루이스는 클라크에게 대위 계급을 제안했다는 사실을 제퍼슨이 알고 있었다면, 그는 루이스의 제안이 우선이며 클라크가 수락할 경우 마땅히 대위 계급을 줘야 한다고 디어본을 납득시킴으로써 상황을 깨끗이 정리할 수도 있었을 것이다. 하지만 웬일인지 제퍼슨은 아무런 조치도 취하지 않았다. 루이스와 제퍼슨이 이런 중요한 세부사항을 미처 챙기지 못했다는 것은 정말 믿기 힘들다. 하지만 큰 부끄러움과 오해, 악감정을 초래할 수도 있는 이런 문제를 두 사람은 완전히 간과하고 말았다.

루이스는 6월의 마지막 주 내내 보급품과 장비를 구입하고 책을 더 수집했으며 지도를 검토했다. 또한 만약 클라크가 사양할 경우에 대비해 다른 동료 장교 중에서 대역을 찾아 두기도 했다. 그는 1799년에 처음 만나 함께 근무했던 모제스 후크Moses Hooke 중위를 점찍었다. 그는 능력이 뛰어난 사람이었지만 그를 대위로 승진시키고 공동지휘권을 주겠다는 암시는 전혀 없다.12

7월 2일, 거의 준비를 완료한 루이스는 어머니에게 편지를 썼다. 그는 서두에서 서부지역으로 떠나기 전에 고향을 방문하지 못하는 것을 사과하면서, 자기 생각에는 그 여행이 1년 반쯤 걸릴 것 같다고 했다. 또한 어머니께 걱정 마시라고 말씀드린 뒤, 제퍼슨의 선택이 자신에게 어떤 의미인지에 관해 썼다.

"이 원정의 책임을 맡은 것은 우리나라에도 중요할 뿐 아니라 저 자신에게도 명예로운 것입니다."

이어 다시 한 번 어머니를 안심시킨 그는 이부동생인 존 마크스의 교육에 관해 일련의 지시를 늘어놓았다. 그리고 다른 동생들에게 안부를 전해 달라며 편지를 마무리했다.

"동생들이 제 기대에 부응할 만큼 학업에 전념했으면 한다고 전해 주시기 바랍니다."13

같은 날인 7월 2일, 디어본은 루이스에게 모두 12명의 하사관 및 병사를 선발할 수 있는 권한을 부여했다. 이제 그는 매색Massac과 캐스캐스키아Kaskaskia의 주둔지에 위치한 요새에서 대원을 선발할 수 있게 되었다. 매색은 오하이오강 하류에, 캐스캐스키아는 미시시피강에서도 오하이오강 하구 위쪽에 위치하고 있었다. 디어본은 각 주둔지 지휘관에게 별도의 명령을 내려, 루이스가 서부로 향하는 원정에 동행할 적절한 대원을 선발하고 채용하는 데 모든 협조를 아끼지 말 것을 지시했다. 이는 곧 각 지휘관이 자기 휘하에서 가장 유능한 부하들을 빼앗기게 될 것이라는 뜻이었지만, 디어본은 단호하게 지시했다.

"귀 부대 소속의 누군가가 루이스 대위와 합류할 의사가 있으며 또한 루이스 대위 역시 자원자를 원한다면 해당자를 반드시 파견할 것."

아울러 캐스캐스키아의 러셀 비셀Russell Bissell 대위에게는 주둔지에서 가장 성능이 좋은 보트와 하사 1명, 노 젓기에 숙달된 8명의 유능한 병사를 루이스에게 제공하도록 별도의 명령이 내려졌다. 그들은 루이스의 짐을 싣고 미주리강에 위치한 겨울 숙영지까지 운반해준 다음, 얼음이 얼기 전에 강을 따라 귀환할 것이었다. 비셀은 원정에 참가하고 싶다는 패트릭 개스Patrick Gass 하사의 요청을 거부했는데, 이는 아마도 자기 휘하의 가장 유능한 하사를 잃고 싶지 않아서였을 것이다. 하지만 루이스는 디어본에게서 받은 권한을 이용해 개스를 차

출했다.14

오하이오강을 따라 내려가는 여정을 위해서는 토머스 커싱Thomas Cushing 중령이 펜실베이니아주 칼라일에 위치한 주둔지에서 차출한 병사 8명을 붙여주었다. 커싱은 서부의 여러 주둔지로 보내야 할 15장의 편지가 담긴 우편행낭도 루이스에게 부탁했다. 덧붙여 그는 세인트루이스에 도착하는 대로 그 8명을 다시 미시시피강을 따라 포트 애덤스Fort Adams까지 보내달라고 했다. 그는 다음과 같은 멋진 인사말을 덧붙였다.

"귀하의 원정이 본인에게는 즐거운 것이 되고 우리나라에는 유익한 것이 되길 기원합니다. 아울러 그 노고와 위험이 끝난 뒤에 귀관이 행복과 번영, 명예로 가득한 세월을 만끽하기를 진심으로 기원하는 바입니다."15

미국의 27번째 생일인 1803년 7월 4일은 메리웨더 루이스에게 무척 중요한 날이었다. 그날 아침, 떠날 준비를 마친 그는 제퍼슨 대통령으로부터 최종 신용장을 건네받았다. 그날 워싱턴의 《내셔널인텔리전서》는 나폴레옹이 루이지애나를 미국에 매각했다는 기사를 내보냈다. 그것은 엄청난 중요성을 띤 충격적인 소식이었다. 헨리 애덤스는 그 느낌을 멋지게 표현했다.

"루이지애나 합병은 워낙 어마어마한 사건이라 감히 뭐라고 판단할 수조차 없다. 이는 정치에 새로운 국면을 제공했다. 물론 역사적 중요성으로 따지면 독립선언과 헌법제정보다 뒤로 밀리지만, 이는 단순히 그 두 가지 사건이 먼저 있음으로 해서 이 사건이 논리적으로 뒤따를 수밖에 없기 때문이다. 오히려 외교의 측면에서 보자면 이는 비길 데 없는 쾌거다. 거의 공짜로 얻은 횡재나 다름없지 않은가!"16

뉴올리언스뿐 아니라 루이지애나 전체를 매각하기로 한 나폴레옹의 결단, 그리고 이후에 벌어진 협상과 제퍼슨의 결단은 무척이나 극적이면서도 유명하다. 이에 대한 훌륭한 설명은 미국 최고의 고전으로 꼽히는 헨리 애덤스의 『토머스 제퍼슨 시대의 미국 역사 *History of the United States in the Administrations of Thomas Jefferson*』에 나와 있다.

아이러니하게도 이때에는 나폴레옹이 더 기뻐했다고 한다. 그도 그럴 것이 루이지애나에 대한 권리는 있어도 막상 그것을 주장할 만한 힘은 없었기 때문이다. 만약 힘이 있었어도 그가 자국 육군을 보내기도 전에 미국인이 그곳을 휩쓸어 버릴 것이 뻔했다.

"단 하루도 지속되지 못할 점유권 대신 6,000만 프랑이라니!"

물론 그는 자신이 무엇을 포기하는지, 그리고 미국이 무엇을 얻고 있는지 잘 알고 있었다. 나아가 돈 외에 프랑스가 얻게 될 또 다른 이득이 무엇인지도 알았다.

"이번 매각은 미국의 힘을 영원히 확고하게 만들 것이며, 나는 결국 영국 측에 그들의 자부심을 꺾어버릴 경쟁자를 제공한 셈이다."17

루이스에게 중요한 것은 자신이 결코 아무런 역할도 하지 못한 루이지애나의 획득 과정이 아니라, 그가 조만간 횡단할 미시시피강에서 대륙분수계까지의 지역이 이제 미국의 소유가 되었다는 점이었다. 제퍼슨이 멋지게 말한 것처럼 루이지애나 매입은 외부 세력으로부터의 방해 위협을 줄여주었다. 이 매입은 원정의 원활한 수행을 도왔다는 것보다 에스파냐나 프랑스, 영국으로부터의 위협 가능성을 줄였다는 점에서 큰 의의를 찾을 수 있다. 제퍼슨이 말한 대로 이는 "원정에 대한 미국인의 관심을 무한히 증대시켜 주었다."18

하지만 보스턴의 어느 연방당 신문은 이 거래를 전혀 마음에 들어 하지 않았다. 심지어 루이지애나를 가리켜 "엄청난 쓰레기, 사람도 살지 않고 있는 것이라곤 기껏해야 늑대와 떠돌이 인디언뿐인 야생이다. 우리는 가뜩이나 모자라서 난리인 돈을 줘 버리고, 가뜩이나 남아돌아 난리인 토지를 사들였다"고 극언을 퍼부었다. 제퍼슨이 황무지를 사들이느라 나라를 파산 위기로 몰고 갔다는 얘기였다.19 당시에는 이처럼 격분한 당파심이 도리어 정상으로 여겨졌다. 상원의원 존 퀸시 애덤스는 일기에 불만을 털어놓았다.

"오늘날 이 나라는 당의 정신, 즉 당에서 이끄는 대로 무조건 따르지 않는 것은 용서받을 수 없는 결례라는 생각의 지배를 받고 있다."

뉴잉글랜드의 연방당원들은 이 매입에 반대함으로써 역사에서 잘못된 편에 서는 실수를 저질렀다. 어떤 사람은 이 매입을 가리켜 '엄청난 저주'라고 했고, 또 어떤 사람은 이 매입이 '머지않은 장래에 우리 연방을 전복시킬 위협이 될 것'이라고 했다.20

루이스의 보충 교육을 담당했던 필라델피아의 캐스파 위스타는 이 문제의 핵심을 정확히 간파했다. 그는 제퍼슨에게 다음과 같은 축하편지를 썼다.

"각하께서 우리나라를 위해 수행한 매우 훌륭한 매입입니다. 비록 이 나라에는 그 할양의 범위나 대가가 어느 정도인지 아는 사람이 거의 없지만, 그것이야말로 독립선언 이래 벌어진 거래 중에서 가장 중요하고 유익한 것으로, 독립선언 다음으로 우리나라의 운명을 좌우하거나 규정할 수 있는 것으로 간주할 수 있습니다."21

매입의 즉각적인 효과 중 하나는 루이스가 훗날 대륙분수계 동편에서 만난 인디언 부족과 그의 관계에 끼친 영향이었다. 이제 인디언들은 미국 영토에 거주하는 셈이었다. 루이스는 그 사실을 인디언들에게 알려줘야 할 책임을 지니게 되었다. 제퍼슨은 루이스가 그들을 미국의 교역망 안으로 끌어들이길 원했고, 루이스는 양측 사이에 평화를 조성하는 동시에 만단족 마을 주위의 영국인에게 이제 그들이 외국에 거주하는 셈임을 알려주었다.

그러나 그때까지만 해도 루이지애나의 경계가 정확히 어디서부터 어디까지인지 아무도 몰랐다. 나폴레옹은 루이지애나를 매각하면서 그 영토를 '현재 에스파냐의 손에 있는 것과 똑같은 범위, 과거 프랑스 손에 있던 것과 똑같은 범위'라고만 규정했다. 당시의 일반적인 믿음에 따르면 루이지애나는 미시시피강 유역의 서쪽 절반으로 이루어진 땅이었다. 다시 말해 남으로는 멕시코만, 북으로는 미주리강의 북쪽 지류, 동으로는 미시시피강, 서로는 대륙분수계까지 달하는 지역이었다. 하지만 누구도 그 지역이 북쪽의 어디까지 뻗어 있는지 알지 못했기에 매입에 덧붙여 북부의 영토를 더 많이 확보하고 싶어 했던 제퍼슨은 곧바로 루이스에게 북부 지류도 탐사하도록 했다. 그 이전까지만 해도 공식 지시 내역에서는 그 지역의 남부 지류만 탐사하도록 강조했었다.

제퍼슨은 토지를 원했다. 또한 제국을 원했다. 그는 자신이 원하는 것을 붙잡기 위해 손을 뻗었고, 그중에서도 최우선은 루이지애나의 국경을 확장해 나가는 것이었다. 외교사가인 토머스 메이틀랜드 마셜 Thomas Maitland Marshall 은 그에 대해 훌륭하게 서술했다.

"애초에는 그 매입이 미시시피강 유역의 서쪽 지역에 한정되어 있다는 생각으로 시작됐지만, 제퍼슨의 개념은 점차 확장됐고 1808년에는 플로리다 서부, 텍사스, 오리건지역을 포괄하기에 이르렀다. 이러한 시각은 이후 반세기 가까이 미국 외교의 상당 부분에서 근거로 작용했다."22

1803년 7월 5일, 매입 소식이 도착한 바로 다음날에 루이스는 피츠버그를 향해 떠났다. 기분이 좋긴 했지만 그로서는 걱정거리가 한둘이 아니었다. 클라크가 과연 제안을 받아들일까? 필라델피아에서 육로로 보낸 보급품이 피츠버그에 잘 도착했을까? 하퍼스 페리에서 고른 무기와 다른 물품이 피츠버그로 운송 중일까? 내가 과연 올바른 품목을, 충분한 양만큼 선택한 것일까? 피츠버그에서 오하이오강을 타고 함께 내려갈 병사들은 과연 어떤 친구들일까? 피츠버그에서 제작하도록 지시한 평저선은 완성되었을까?

그는 마음이 급했다. 여행하기에 좋은 계절이 벌써 한 달 이상 지나갔고 여름이 되면 오하이오강의 수심이 얕아질 터였다. 더욱이 날씨가 추워지기 전에 미주리강을 멀리까지 거슬러 올라가려면 지금 당장이라도 출발해야 했다. 하지만 아직도 하퍼스 페리와 피츠버그에서 할 일이 많이 남아 있었다.

걱정거리를 잔뜩 안고 있었지만, 일단 서쪽을 향해 발을 내딛으면서 그는 태평양에 도착할 때까지 결코 뒤돌아보지 않기로 작정했다.

7월 5일 저녁, 루이스는 메릴랜드주 프레더릭스타운(오늘날의 프레더릭)에 도착했다. 그곳에서 그는 필라델피아에서 출발한 보급품 운송대가 그보다 열흘 전에 프레더릭스타운을 지나갔다는 기쁜 소식을 들었다. 나쁜 소식도 있었다. 운송대의 마부가 루이스가 지시한 무기 등의 물품이 너무 무겁다고 판단해 그 물품을 싣지 않고 그냥 피츠버그로 가버렸던 것이다. 루이스는 프레더릭스타운에서 7월 8일까지 하퍼스 페리에 도착할 수 있다고 장담하는 마부를 1명 고용했다. 그를 무엇보다 기쁘게 했던 것은 철골로 된 보트가 완성된 일이었다.

그런데 새로 고용한 마부가 약속을 지키지 않았고, 난감해진 루이스는 또 다른 마부를 고용했다. 그는 총과 철골, 나머지 물품을 싣고 다음날 일찍 피츠버그로 떠나겠다고 약속했다. 루이스는 그곳을 떠나 7월 15일 오후 2시에 피츠버그에 도착했다.23 그는 곧바로 제퍼슨에게 보고서를 썼는데, 이는 당일 오후 5시에 출발하는 우편물에 맞추기 위한 것이었다. 날씨가 무덥고 도로는 엄청난 먼지투성이였지만 그는 "이 여정으로 제 자신이 매우 특혜를 받은 사람처럼 느껴지고 기쁜 마음으로 말씀드리건대, 아직까지는 모든 것이 잘 되어가고 있습니다"라고 썼다. 오하이오강의 수위가 낮긴 했지만 서둘러 출발한다면 충분히 운항할 수 있었다. 그러나 그는 아직 자신이 주문한 보트의 제작 진행 상황을 확인하지 못하고 있었다.24

보트 주문서에는 7월 20일까지 완성하기로 되어 있었지만, 안타깝게도 진척상태는 완성과 거리가 멀었다. 제작자는 적당한 나무를 구하기가 힘들었기 때문이라며 다행히 이제 나무를 구했으니 늦어도 7월 30일까지는 완성하겠다고 말했다. 루이스는 그 보트 제작자가 날짜를 맞출 수 있으리라고 기대하지 않는다고 제퍼슨에게 보고했다. 아마도 8월 5일은 되어야 할 것 같다고 했다.

"저는 매일 그 사람을 찾아가 제 힘이 닿는 한 모든 수단을 동원해 일을 마무리하도록 재촉하고 있습니다. 필요하다면 일손을 더 구하라고 설득해보았습니다. (…) 보트가 준비되는 대로 곧장 출발하겠습니다."

몇 가지 좋은 소식도 있었다. 하퍼스 페리에서 보낸 수레가 7월 22일에 도착한 것이다. 덕분에 칼라일에서 온 7명의 차출 병사(원래 8명이었지만 그중 1명은 이번 임무를 위한 수당을 받자마자 도망쳐 버렸다)는 평저선을 타고 오하이오강을 따라 내려갈 수 있게 되었다. 문제는 점차 낮아지고 있는 수위였다.

"오하이오강의 물살이 극히 낮은 데다 계속해서 줄어들고 있습니다. 이것이 제 행로에 방해가 되긴 하겠지만, 설사 하루에 1마일밖에 나아가지 못하는 한이 있더라도 일단 전진할 것입니다."25

다음 일주일은 루이스에게 크나큰 고통을 안겨주었다. 보트 제작자는 주정뱅이라 아침에는 거의 일을 하지 않았고 때로는 오후에도 마찬가지였다. 그는 루이스의 급한 기색을 전혀 눈치 채지 못했다. 하지만 피츠버그에서 그 일을 할 수 있는 사람은 그밖에 없었다. 루이스는 재촉하기도 하고 화를 내기도 했지만 제작자를 분발하게 할 수는 없었다.

7월 29일, 루이스가 기다리고 있던 것 중에서 가장 반가운 소식이 전해졌다. 클라크가 루이스의 제안을 수락한 것이다!

"그 일에 관한 이야기는 내가 오래 전부터 예견한 것이라 나 역시 소식을 들으니 무척 반갑네. 현재 내 상황도 그 일을 완수하는 데 필요한 시간만큼은 자리를 비워도 괜찮을 것이므로 자네가 편지에서 언급한 것처럼* 장교 신분으로 기꺼이 동행해 위험과 곤란, 노고를 함께 나눌 것이네. 그 일의 결과로 명예와 보상이 예상되는 바 (…) 이것은

---

*이 대목에서 클라크는 처음에는 "동등한 지위로(on equal footing & c)"라고 썼다가 지우고, "자네가 편지에서 언급한 것처럼(as mentioned in your letter)"으로 바꿨다.

여러 가지 어려움이 예측되는 임무지만, 나 역시 그런 여행을 세상 누구보다 자네와 함께 하고 싶다네."

그는 자기가 사는 루이빌로 자신의 임명장을 보내달라고 부탁했다. 그리고 이 원정에 필요한 훌륭한 대원 후보를 찾아보겠다며 그렇지 않아도 루이빌에서는 그 원정이 온통 화제라고 했다.26

클라크는 7월 24일에 다시 편지를 보내왔다.

"몇 명의 젊은이가 우리와 동행하겠다고 자원했다네. 하지만 그 친구들은 노역에 익숙하지 않아 선뜻 참가를 독려하진 않았네."

그는 평저선이 루이빌에 도착하는 즉시 떠날 준비를 해놓겠다며 다음과 같이 마무리했다.

"친구여, 몸과 마음을 바쳐 자네와 동행하겠네."27

8월 3일, 루이스는 클라크에게 편지를 보냈다.

"자네의 결단 소식을 듣고 떨 듯이 기뻤다네. 자네 외에 어떤 사람이나 집단에게서도 더 완벽한 지원이나 도움을 기대할 수 없었으니 말일세."

루이스는 클라크가 몇 사람을 채용할 생각이라는 소식에 기뻐하며 대원 선발이야말로 무엇보다 중요한 일이라고 상기시켰다.

"대원 선발은 반드시 사려 깊게 해야만 하네. 대원들의 능력이 임무를 수행하는 데 완벽히 맞아떨어지지 않으면 목표를 향해 나아가게 해주기는커녕 오히려 방해가 될 걸세."28

클라크는 이에 절대적으로 찬성했다. 8월 21일자 편지가 그의 생각을 잘 보여준다.

"건장해보이는 친구들이 많이 지원하고 있지만 곧바로 고용하지 않고 자네의 의견을 들은 다음 답변하기로 하고 일단 결정을 미뤄두었네."

　루이스 역시 피츠버그에 머무는 내내 원정에 참여하고 싶어 하는 젊은이들의 요청에 시달리고 있었다. 당시 미혼의 변경 개척민 중에 누가 그런 기회를 마다하겠는가? 그것은 그야말로 최고의 모험이었다. 만약 성공한다면 일찍이 독립전쟁 참전용사와 비슷한 수준의 토지 보상이 뒤따를 텐데, 그것은 변경 개척민에게는 대단한 보상이었다.

　덕분에 루이스와 클라크는 매우 까다롭게 대원을 고를 수 있었다. 특히 사람을 판단하는 데 있어 뛰어난 능력을 발휘한 클라크는 으뜸가는 산사람과 사냥꾼으로만 7명을 선발했는데 그들은 찰스 플로이드Charles Floyd, 너새니얼 프라이어Nathaniel Pryor, 윌리엄 브래턴William Bratton, 루빈 필드Reubin Field, 조셉 필드Joseph Field, 조지 깁슨George Gibson, 존 실즈John Shields였다. 루이스 역시 사람 보는 눈이 뛰어나 피츠버그에서 존 콜터John Colter와 조지 섀넌George Shannon(그는 당시 열여덟 살로 원정대에서 가장 나이가 어렸다)을 고른 다음, 역시 클라크의 승인을 기다렸다.

　보트 제작자는 루이스의 표현대로 '용서받을 수 없는 게으름'을 부리고 있었다. 8월 5일이 지난 뒤에도 보트는 한쪽에만 부분적으로 판자가 덧대어져 있을 뿐이었다. 절망한 루이스는 차라리 보트를 포기하고 통나무배나 카누를 2~3척 구입하는 방법을 생각해보았다. 통나무배는 바닥이 납작하도록 통나무를 파내 만든 것으로, 주로 늪이나 좁은 개울에서 사용하며 오늘날에는 루이지애나의 오리 사냥꾼들 사이에서 인기가 높다. 하지만 루이스가 염두에 둔 통나무배는 그보다 훨씬 큰 것(바닥이 납작하며 판자로 만든 돛대 달린 노 젓는 배)이었으리라.

반면 카누는 바닥이 둥글거나 휘어진 배로 보통 커다란 나무를 파내거나 뼈대에 나무껍질 및 가죽을 대서 만든다. 오늘날 넓고 물살이 빠른 강에서 스포츠용으로 인기가 높다. 루이스가 생각한 카누는 오늘날의 스포츠용 카누라기보다 훨씬 더 크고 통나무를 파서 만든 바닥이 둥근 배를 의미한다고 봐야 한다.

루이스는 일단 통나무배를 타고 오하이오강을 따라 내려가다가 하류 쪽 어디에선가 적당한 평저선이 있으면 구입할 생각도 해보았다. 하지만 하류 쪽에서는 보트를 구입할 만한 곳이 없다는 그 지역 어느 상인의 증언과 8월 13일까지는 무슨 일이 있어도 완성하겠다는 보트 제작자의 약속으로 좀더 기다리며 화를 삭였다. 그로부터 나흘 뒤, 보트 제작자가 또다시 술을 마시고 일꾼들과 싸움을 벌이는 바람에 그중 몇 사람이 일을 그만두겠다고 선언해버렸다. 루이스는 계약 위반으로 고소하겠다고 위협했지만 사실은 속 빈 강정이나 다름없었다. 그 근방 수백 마일 내에는 다른 보트 제작자가 하나도 없었다. 보트 제작자는 절대로 술을 마시지 않겠다고 약속했지만 그 약속은 불과 일주일도 못가 깨지고 말았다.

날이 갈수록 강의 수위는 조금씩 낮아졌다. 상황이 어찌나 나빴던지 그 지역에서 가장 나이 많은 정착민조차 강 수위가 이렇게 낮은 건 처음 겪는 일이라고 말했을 정도였다.29 어쩌면 일이 그토록 지연된 데는 보트 자체가 상당히 만들기 까다로운 것이었기 때문일 수도 있다.*

---

*1980년대 후반, 아이오와주 오나와Onawa에서 그 보트의 복제품을 만들었을 때는 전동공구를 사용했음에도 15명 이상의 자원자가 60일에 걸쳐 만들었다(원주).

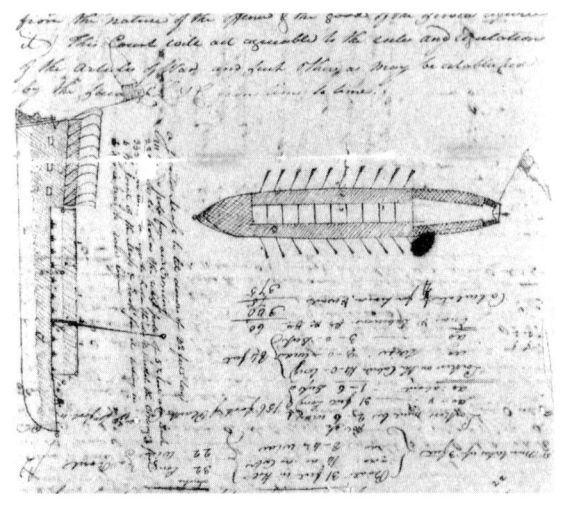

1804년 1월 21자 현장노트에 나와 있는 클라크의 평저선 스케치.
(예일대학 바이네케 도서관 소장)

그 보트는 루이스가 설계했으며 건조 과정도 직접 감독했고 어쩌면 작업이 진척되는 중에 애초의 계획에서 약간의 수정을 가하기도 했을 것이다. 보트는 기본적으로 갤리선이었으며 서부의 전통적인 평저선과 비슷한 구석이 별로 없었다. 이는 19세기 초반에 내륙의 하천에서 군사용으로 사용되던 전형적인 배가 아닐까 싶다. 루이스는 경리담당관 시절에 이와 유사한 평저선을 오하이오에서 타봤을지도 모른다.

보트의 길이는 55피트, 선체 중앙의 폭은 8피트였으며 흘수선이 얕았다. 32피트 높이의 돛대는 바닥 근처에서 접합되는 것이라 떼어낼 수도 있었고 대형 사각돛과 앞돛을 지탱할 수 있었다. 뱃머리에 있는 10피트 길이의 갑판은 앞갑판 구실을 했다. 그리고 선미에 있는 10피트 길이의 갑판 아래는 선실노릇을 했다. 선창은 길이가 31피트로 약 21톤의 짐을 실을 수 있었다. 갑판의 한가운데에는 11개의 좌석이 줄지어 늘어서 있었고 각각의 좌석은 길이가 3피트였으며 한 좌석에는 노 젓는 사람이 2명씩 앉았다.

보트를 전진시키는 방법은 모두 네 가지로 노 젓기, 돛 올리기, 밀기, 그리고 끌기였다. 밀기를 할 경우, 승무원은 긴 삿대로 강바닥을 찍은 다음 그 삿대를 붙잡은 채 보트의 앞에서 뒤로 걸어가며 발로 갑판을 밀쳤다. 끌기를 할 경우에는 사람이나 말, 소에게 밧줄을 묶어 물에 들어가 끌 때도 있었고 반대로 뭍에 나와서 끌기도 했다.30

보트 제작자를 재촉하기 위해 루이스는 애원하기도 하고 고함을 지르고 욕을 하기도 했지만 그 어떤 방법도 8월 31일 이전에 그 일을 마무리하도록 만들기에는 역부족이었다.

보트가 완성되었을 무렵, 강의 수위가 어찌나 낮아졌던지 강에서의 운항에 익숙한 척하는 사람들은 하나같이 배를 타고 내려가는 것이 불가능하다고 주장했다. 하지만 루이스는 운항을 강행하기로 했다.31 루이스가 얼마나 떠나고 싶어 했는지는 8월 31일 아침의 일화에서 여실히 드러난다.

최후의 못 1개가 판자에 박힌 시각은 오전 7시였다. 오전 10시가 되자 루이스는 보트를 물에 띄웠다. 가능한 한 물 위에 잘 떠있게 하기 위해 그는 상당량의 물품을 수레에 실어 휠링으로 보냈다. 아울러 그는 통나무배를 1척 사서 가급적 많은 짐을 그쪽에 실었고, 그렇게 함으로써 보트의 짐 무게를 줄였다. 휠링에 도착하는 즉시 그는 통나무배를 1척 더 사서 육로로 운송한 짐을 실을 생각이었다. 그런 다음에야 그는 비로소 출발할 수 있었다.

undaunted courage

오하이오강을 따라
1803년 9~11월

배를 타고 3마일쯤 갔을 때, 루이스는 어느 섬에 배를 대고 그곳에 사는 개척민의 요청에 따라 필라델피아의 총포 제작자인 아이자이어 루킨스Isaiah Lukens에게서 구입한 공기총의 사격 시범을 보였다. 이 총은 개머리판이 공기펌프로 되어 있기 때문에 그것을 펌프질해 500~600PSI(제곱인치당 압력 단위)까지 만들면, 그 발사 강도가 켄터키 소총에 못지않았다. 그러면서도 연기나 소음이 전혀 나지 않아 변경 개척민들은 경탄해 마지않았다.1

루이스는 55야드 떨어진 곳에 있는 표적을 7번 쏜 다음 그 신기한 물건을 자세히 보고 싶어 하는 사람에게 총을 건네주었다. 그때 갑자기 총이 발사되었다. 탄환은 거기서 40야드 떨어진 곳에 서 있던 어떤 여자의 모자를 뚫었고 여자는 곧바로 넘어졌다. 그들은 그 여자가 죽은 줄 알고 당황했지만, 잠시 후에 그 여자는 관자놀이에 피를 흘리며 일어났다. 다행히 치명적이거나 위험한 부상은 아니었다. 이후 루이스는 펌프질을 하고 장전한 상태에서는 절대 공기총을 다른 사람에게 건네주지 않았다.

거기서 1마일가량 간 다음 그들은 모두 내려 보트를 30야드나 들어서 날랐다. 루이스도 대원들과 함께 보트를 밀고 들어올렸다. 물은 적당한 편이었지만 그날 하루 강을 따라 내려온 거리는 10마일에 불과했다.

"대원들과 하루 종일 힘을 쓰고 나니 너무 피곤하다. 대원들에게 위스키를 약간 주고 8시에 휴식을 취했다."2

이것은 훗날 루이스와 클라크의 일지로 알려지게 된 것의 첫 항목이었다.* 이 일지는 미국 문학의 보물 중 하나이다. 이 작품에서 두 사람은 자신들의 이야기를 놀라울 정도로 자세히 이야기하고 있다. 설득력 있는 서술 방식은 물론 잠시 숨을 고를 때마다 이런저런 일화를 삽입한 덕분에 무척 재미있게 읽을 수 있다. 더욱이 그들이 그려낸 이미지가 워낙 선명해 눈을 감기만 하면 마치 두 지휘관이 보고 들은 것을 직접 보고 듣는 기분이 들 정도이다. 일지는 결코 과거의 일을 회상하지도, 미래의 일을 내다보지도 않는다. 다만 처음부터 끝까지 현재진행형에 머물러 있다.

모험에 일가견이 있는 시오도어 루스벨트Theodore Roosevelt는 이

---

*지금까지 출간된 일지는 여러 가지 판본이 있다. 그중 최고는 게리 몰턴이 편집한 『루이스와 클라크의 원정 일지』The Journals of the Lewis & Clark Expedition』로 네브래스카 대학 출판부에서 1987~1993년에 전8권으로 출간했다. 본서에 나온 인용구는 모두 몰턴 판에서 가져온 것이다. 본서에서 인용문의 출처를 일일이 밝히지 않은 이유는 가령 제3권 76쪽이라고 하는 것보다 해당 일자의 항목을 찾는 편이 수월하기 때문이다. 또한 그렇게 하면 루벤 골드 스웨이츠Reuben Gold Thwaites의 판본(전8권)이나 비들 판본 등 다른 판본의 항목을 참고하기에 편리하다(원주).

일지를 가리켜 이렇게 말했다.

"새로운 것을 보고 행한 탐험가들 중에서 자신의 행동을 그토록 자랑 없이 글로 쓰고, 과장 없이 기록한 사람은 거의 없을 것이다."3

루이스가 언제부터 일지를 기록하기 시작했는지는 알려져 있지 않다. 심지어 첫 번째 항목조차 말이다. 루이스는 과연 그 항목을 그날 밤, 그러니까 촛불을 훅 불어 끄기 직전에 쓴 것일까? 아니면 다음날 아침 보트에 올라앉아 쓴 걸까? 그것도 아니면 일주일이나 혹은 더 늦게 운항을 멈추었을 때 쓴 것일까? 이 문제에 관해 게리 몰턴은 일지의 현대판 제2권 서문에 똑 부러지게 결론을 내고 있다.

"지금 우리가 갖고 있는 일지는 대부분 두 지휘관이 원정 도중에 쓴 것이다."

일지의 각 항목이 언제 쓰였는지는 결코 알 수 없다는 얘기다. 그래도 상관없다. 몰턴의 말처럼 우리는 그 일지를 읽음으로써 두 지휘관과 함께 여행하며 그들의 경험은 물론 불확실성조차 공유할 수 있기 때문이다.4

또 다른 궁금증을 자아내는 수수께끼도 있다. 루이스는 자신이 원정을 시작한 1803년 8월 31일부터 일지를 기록하기 시작했다. 그는 식물군과 동물군, 날씨, 강을 따라 내려가는 것의 어려움, 특이사항, 마주친 사람들 등에 대해 충실한 기록을 남겼다. 이 일지는 여행기와 보고서의 형태가 조합된 것으로, 당시의 과학이나 지리학과 관련해 완전히 새로운 사항을 수록하고 있다. 루이스는 아마도 그 일지가 원정의 성패를 좌우하는 중요한 물건임을 알고 있었을 것이다.

루이스는 글쓰기를 즐긴 듯하다. 그는 하루의 사건을 생각하고 분류 및 이해하는 과정에서 무척 길고 복잡한 문장을 구사했으며, 종종 걷잡을 수 없이 장황해지다가 마지막에 동사 하나로 간신히 마무리하기도 했다. 지리학자 폴 러셀 커트라이트는 적절한 단어를 현란하게 엮어내는 루이스의 반복된 기술에 관해 이야기하면서, "그가 사용한 방대한 양의 단어, 차분하면서도 신뢰할 만한 기록, 온갖 자연 현상에 관한 억누를 수 없는 관심, 진리에 대한 지속적인 집착, 문장에 반복해서 색채를 부여한 형용사·동사·명사의 폭넓은 사용" 등은 그의 작가적 능력을 보여준다고 언급했다.5

하지만 지금 전해지는 일지에는 루이스가 거의 기록하지 않았거나 산발적으로만 기록한 장기간의 공백이 존재한다. 그 기간이 짧게는 몇 달에서 무려 1년이나 되는 적도 있다. 이러한 공백은 1803년 9월 19일부터 11월 11일까지, 1804년 5월 14일부터 1805년 4월 7일까지, 1805년 8월 26일부터 1806년 1월 1일까지, 그리고 1806년 8월 12일부터 9월 말일까지의 기간에 나타났다.

이런 공백에 대해서는 아무런 설명이 없다. 어쩌면 그가 우울증에 빠졌거나 슬럼프에 젖었을 수도 있다. 물론 이런 설명은 선뜻 납득하기 어렵다. 더욱이 몰턴이 지적한 것처럼 아직까지는 누구도 그 기간에 루이스의 일지가 전혀 존재하지 않는다고 말할 자신이 없다. 지금도 계속해서 학자들이 그 원정과 관련된 새로운 문서를 발굴하고 있기 때문이다.

루이스가 그 기간에 작성한 항목이 유실되었을 가능성은 희박하다. 내적 증거는 물론 루이스의 생전이나 사후에 자신이 기록한 일지의 유실을 한탄하는 내용의 편지 같은 것이 전혀 발견되지 않았기 때문이다.6

9월 1일 아침, 강 위에 드리운 안개로 인해 루이스와 대원들은 오전

8시까지 강변에 머물러 있었다. 루이스는 통나무배에 가급적 많은 짐을 실을 수 있도록 신경을 썼다. 이는 보트의 하중을 줄이기 위함이었지만, 그래도 여울이나 모래톱이 나타날 때마다 짐을 내려놓고, 텅 빈 보트를 들어 장해물 너머로 옮기는 일을 반복해야 했다. 그날의 운항 거리도 10마일에 불과했다.

9월 2일에도 똑같은 일이 반복됐다. 수위는 오하이오강 역사상 가장 낮아 때로는 겨우 6인치밖에 되지 않았으며, 어찌나 얕은지 메기나 창꼬치, 배스, 철갑상어가 헤엄치는 모습이 보일 정도였다. 다시 한 번 배가 꼼짝달싹 못하게 되자 루이스는 강가에 내려 소와 말을 1필씩 빌려왔다. 그는 일지에 "그 사람에게 지불한 요금은 1달러였다"라고 적었다. 그런 뒤에 그는 1803년경 오하이오강 인근의 개척민들에 관해 설명하고 있다.

"이 여울 근처에 사는 주민은 여행객의 곤경 덕분에 먹고사는 셈이었던 터라 게으름뿐더러 도움을 요청받으면 터무니없이 많은 돈을 요구했다. 자선의 마음이나 양심 같은 것은 전혀 없다."

9월 3일, 일출시의 기온은 63도(섭씨 17도)였고, 수온은 75도(섭씨 23도)였다. 루이스는 "지금은 뚫고 지나갈 수 없을 정도의 안개가 무럭무럭 피어나고 있다"고 적었다(이는 루이스가 일지 작성 시간을 정확히 밝혀둔 몇 안 되는 대목 중 하나이다). 그날 일행은 6마일을 운항했다. 루이스는 일행 중 1명을 해임했는데 그 원인이 무엇인지 전혀 언급되어 있지 않다.

다음날, 루이스는 11달러를 주고 통나무배를 1척 구입했다. 하지만 그 통나무배가 물이 줄줄 새는 바람에 물품이 물에 젖었고 총은 녹슬기 시작했다. 일행은 운항을 중단하고 그날 오후 내내 물건을 햇볕에 말렸으며 소총에 기름칠을 하고 이것저것 손보았다. 루이스는 어제 해임한 대원의 자리를 메우기 위해 1명을 채용했다.

9월 6일, 북쪽에서 강한 바람이 불어왔고 일행은 여울이 하나도 없는 강물에 진입했다. 루이스는 앞돛을 올리고 순풍에 돛을 단 격으로 강을 따라 내려가는 기쁨을 경험했다.

"불과 몇 분 사이에 2마일을 달려왔다."

루이스는 믿을 수 없다는 듯 감격스러워하며 적었다. 그런데 바람이 점점 거세지는 바람에 루이스는 혹시나 돛대가 부러질까 걱정한 나머지 돛 줄을 붙잡고 있었다. 그 다음에 만난 여울에서 방금 전까지의 기쁨은 당황스러움으로 바뀌었다. 루이스는 보트를 여울 너머로 몰고 가기 위해 큰 돛까지 올렸지만, 그로 인해 오히려 가로대만 부러지고 말았다.

"계속해서 배를 들어올리다 보니 부하들이 지쳐버렸다. 결국 내가 가서 또다시 말이나 소를 빌려올 수밖에 없었다."

그는 오하이오주 쪽 강변에 위치한 스튜번빌Steubenville로 갔다. 규모는 작아도 점차 번성하고 있던 그곳은 불과 5년 전만 해도 야생지역이었다. 그는 황소들의 도움으로 다시 한 번 배를 띄울 수 있었다. 한때 몇 분 사이에 2마일을 주파하긴 했지만, 그날의 총 운항거리는 겨우 10마일에 불과했다.

9월 7일, 그는 버지니아주 휠링에 도착해 "50여 채의 집이 들어선 상당히 큰 마을"이라고 적었다. 그날 저녁은 윌리엄 패터슨William Patterson 박사와 함께 먹었는데, 그는 일찍이 필라델피아에서 루이스의 스승노릇을 해주었던 로버트 패터슨의 아들이었다. 윌리엄 패터슨은 루이스의 원정에 열광적인 호응을 보여주었다. 루이스는 "그는 나와 동행하고 싶다는 강력한 열의를 드러냈다"고 적었다. 물론 루이스는 그의 의견에 상당히 긍정적이었다. 어쩌면 그것은 패터슨이 애팔래치아산맥 서부에서 가장 방대한 의약품 컬렉션을 보유하고 있었기 때문일지도 모른다. 그의 약국은 무려 100파운드 이상의 가치가 있었다.

루이스는 자신이 의사를 채용할 권한은 부여받지 못했지만, 만약 패터슨이 겨울 숙영지로 생각 중인 세인트루이스까지 간다면, 거기 머무는 동안 원정대에 합류하는 문제에 대해 제퍼슨의 허락을 받을 수 있을 것이라고 말했다. 이는 루이스가 겨울이 되기 전에 미주리강을 거슬러 올라갈 시간적 여유가 없을 것임을 처음으로 시인한 대목이라는 점에서 주목할 만하다. 오하이오강을 따라 내려가는 여정은 극도로 느렸기 때문에, 부득이하게 일정을 조정해야만 했다. 루이스는 패터슨에게 9월 9일 오후 3시까지는 준비를 해야 함께 떠날 수 있을 것이라고 말했다. 박사는 그때까지 준비를 마칠 테니 걱정하지 말라고 대답했다.

휠링에서 루이스는 피츠버그에서 육로로 보낸 소총과 탄환이 도착해 제대로 쌓여 있는 것을 확인했다. 그 물품을 나르기 위해 그는 또 1척의 통나무배를 구입했다. 그 일을 하는 데만 9월 9일의 낮 시간 대부분이 소요되었다. 오후 3시경이 되어 모든 짐을 싣고 떠날 준비가 되었지만 패터슨 박사는 나타나지 않았다. 루이스는 곧바로 출발했고 그날의 일지에 간단하게 적었다.

"박사가 준비되지 않은 것 같아 나는 오후 3시 무렵 곧바로 출발했다."

결과적으로 패터슨 박사는 루이스와 클라크의 원정대에 합류하지 못했다. 어쩌면 이는 다행인지도 모른다. 그는 술고래로 유명했던 것이다. 그날 밤, 비가 억수처럼 쏟아지기 시작했다. 루이스는 통나무배를 방수포로 덮었지만 소용이 없었다. 그는 자정 넘어서까지 차가운 빗속에서 흠뻑 젖고 말았다.

"물에 젖은 옷을 쥐어짜고 마른 셔츠만 걸친 채, 태어날 때와 똑같은 모습으로 되돌아갔다."

다음날 아침, 그는 버지니아주 쪽 강둑에 위치한 인디언의 흙무덤에 들러 그곳에 관해 자세히 기록했다. 그렇게 잠시 멈춰서긴 했지만, 그는 지금까지의 일정 중에서 가장 먼 거리인 24마일을 운항했다. 휠링에서 아래로 내려갈수록 여울이나 다른 장해물이 상대적으로 적었기 때문이다. 다음날인 9월 11일은 26마일을 운항했다. 그날의 흥밋거리는 루이스가 "아주 활발하고 힘세며 유순하다"고 기록한 그의 뉴펀들랜드종 애견 시먼의 재주였다.

당시에는 다람쥐들이 오하이오강을 헤엄쳐 북쪽에서 남쪽으로 이동했는데, 루이스는 그 이유를 도통 알 수가 없었다. 그도 그럴 것이 다람쥐의 주된 먹이인 히코리 열매는 양쪽 강변에 수두룩했다.* 시먼이 다람쥐를 향해 짖기 시작하자 루이스는 개를 놔주었다. 시먼은 헤엄쳐 나가 다람쥐를 1마리 물어 죽인 뒤 주인에게 가져왔고, 루이스는 계속해서 개를 내보내 재주를 부리게 했다. 그 다람쥐를 튀겨 먹은 루이스는 "기름기가 많고 제법 괜찮은 음식이었다"라고 적었다.

9월 13일 아침, 루이스는 또 다른 박물학적 현상을 관찰했다. 여행

---

*오늘날 그 지역의 다람쥐 개체 수가 크게 줄어든 것으로 미뤄볼 때 당시 루이스가 관찰한 이동은 사실상 멸종 과정이었을 수도 있다(원주).

비둘기*가 북쪽에서 남쪽으로 이동하고 있었던 것이다. 그 수가 어찌나 많은지 해를 가릴 정도였다.

강은 점차 넓고 깊어졌다. 표면은 여전히 햇빛에 반사돼 찬란하게 빛났고 낮이 짧아지며 태양의 각도가 급해질수록 더욱 그랬다. 최근에 큰 비가 내린 뒤부터 물은 거의 검은색에 가까울 정도로 짙어졌다. 강둑에는 단단한 나무가 줄지어 늘어섰고 녹음이 우거져 꼭꼭 에워싸고 있었다. 노가 일으키는 물소리를 제외하면 강에서 들리는 소리는 하나같이 자연의 화음이나 마찬가지였다. 주로 개구리와 새의 소리였고 여기에 나무를 스치는 바람소리가 곁들여졌다.

점차 개간지는 물론 인가가 드물어졌지만 그래도 아직은 완전한 야생이라고 할 수 없었다. 루이스를 비롯해 일행 중 몇몇은 이전에도 이 강을 따라 내려가본 적이 있으며, 이들 말고도 다른 수천 명의 미국인이 그렇게 해본 적이 있었다. 이 강에 관한 지도는 이미 나와 있던 터라 루이스는 굳이 여기서 위도와 경도를 측정하는 장비를 꺼낼 필요가 없었다.

오후 2시에 메리에타Marietta에 도착한 루이스는 신이 났다. 그는 제퍼슨에게 보내는 보고서에서 휠링 이후의 진척 상황을 기록하며 장해물을 통과하면서 자신이 습득한 몇 가지 방법과 함께 농담을 곁들였다.

"말이나 소야말로 최후의 수단이었습니다. 그 녀석들은 평소에는 서툴기 짝이 없지만 여울에서만큼은 누구보다 뛰어난 선원이 될 자질을 지닌 것 같습니다."7

---

*나그네 비둘기라고도 하며 북아메리카에 많이 서식하던 새였지만 남획으로 인해 1910년대에 멸종됐다(역주).

1788년에 건립된 메리에타는 오하이오주에서도 가장 오래된 정착지였다. 그러나 그때까지만 해도 그곳에서 출생한 아이들은 몇 명 되지 않았다. 아니, 오하이오주 전체를 통틀어 그 주에서 태어난 성인이 몇 명 되지 않을 정도였다. 루이스는 그곳에서 하룻밤을 보냈다. 그는 일행 중 두 사람을 해임했는데 그 이유는 밝혀지지 않았다. 어쨌든 일행은 12명으로 줄어들었다. 그는 메리에타의 설립자 중 하나로 열혈 공화당원인 그리핀 그린Griffin Greene 대령을 찾아갔다.

그런데 대원 중 2명이 마을에 나가 술을 마시고는 보트에 미리 그 사실을 알리지 않는 사고가 발생했다. 아침이 되었을 때, 루이스는 마을로 가서 너무 취해 스스로 몸도 가누지 못하는 그들을 찾아내 보트에 태우고 출발했다.

강을 따라 내려가는 여정이 지속되면서 일행은 루이스가 9월 14일자로 다음과 같이 묘사한 지역에 들어서게 되었다.

"열과 오한, 불쾌한 열이 끔찍한 압박을 가했으며, 그것은 강을 따라 내려가는 내내 지속되었고 하구에 가까워질수록 점차 기세를 더했다."

루이스가 말한 증상은 말라리아로 오하이오와 미시시피, 미주리 유역 남부의 풍토병이었다. 그는 일찍이 경리담당관으로 여행을 다니는 동안에 오하이오주에서 그 병을 경험했기 때문에 이번 원정에서도 그것을 예견하고 있었다. 말라리아는 당시 그 지역에서 가장 흔한 질병이었다. 고된 노동과 마찬가지로 말라리아는 그 지역의 삶의 일부분을 차지하고 있었던 것이다. 제퍼슨 역시 그 병에 걸린 적이 있었다. 어쩌면 1796년에 클라크가 군 생활을 그만두고 전역하게 된 것도 그

병 때문이었는지도 모른다.8

말라리아의 원인이 무엇인지는 아무도 몰랐다. 러시 박사는 늪에서 올라오는 나쁜 공기 때문이라고 주장했다. 잘만 하면 거기서 한 걸음 더 나아가 모기를 진범으로 잡아낼 수도 있었건만, 박사는 차마 거기까지 도달하지 못했다. 당시 펜실베이니아 대학에서 그의 지도를 받던 S. 퍼스^{S. Ffirth}라는 학생이 말라리아의 원인에 관한 논문을 준비 중이었다. 당시의 일반적인 견해는 그 병이 '콘타지움(전염)'으로부터 유래한다는 것이었는데, 이는 열이 사람과 사람간의 직접적인 접촉으로 번져 나간다는 의미였다. 퍼스는 그 주장이 사실인지 알아내고 싶었다.

퍼스의 연구 방법은 조악하고 대담한 데다 무모하기까지 했다. 그것은 역설적으로 당시 최고로 숙련된 전문가조차 그 병에 관해 얼마나 무지한 상태였는지 잘 보여주고 있다. 당시 인류는 교통수단과 마찬가지로 질병 분야에서도 2000년 전과 별로 다를 것이 없었다. 퍼스는 말라리아나 황열병 환자에게서 채취한 시커먼 토사물로부터 올라오는 김을 들이마셨다. 심지어 그 토사물을 고양이와 개의 위, 정맥, 심지어 자기 몸에 주입하기도 했다. 하지만 어느 쪽도 말라리아를 유발하지 않았다. 그는 1804년 6월에 연구를 마치고 다음과 같은 결론을 제시했다.

"가을병(당시 말라리아의 다른 이름)은 전염성이 아니다."9

루이스는 러시 박사와 말라리아에 관해 이야기를 나눈 듯하다. 그 증거로 그는 의약품 구입 예산의 3분의 1을 털어 기나피를 구입했다. 그 약재는 남아메리카산 나무에서 채취한 것으로 말라리아 치료제인 퀴닌과 퀴니딘의 주성분인 알칼로이드를 다량 함유하고 있다. 루이스는 이를 분말 형태로 입수했다. 퀴닌 외에 다른 말라리아 치료제가 나오게 된 것은 19세기에서도 훨씬 뒤의 일이었다. 어느 의학사가는 그 약품을 두고 "한 나라의 운명을 바꿔놓은 약"이라고 평가했는데, 이는 그 약품 덕분에 여러 열대지방 국가의 침공과 약탈이 가능해졌기 때문이다.10

그러나 퀴닌은 그 질병을 완치시키지는 못했고 단지 극복하게 해줄 뿐이었다. 최상의 예방법은 병균을 보유한 모기에게 물리지 않는 것이었다. 모기가 말라리아를 옮긴다는 사실을 알지 못했던 루이스는 그 문제에 대해 별다른 대책을 세우지 않았다. 물론 그 자신은 모기와의 전쟁을 치르기 위한 채비를 갖췄다. 필라델피아에 머무는 동안 그는 모기장, 모기장용 장선腸線 8개, 소기름 200파운드와 돼지기름 50파운드를 섞은 것을 구입했다. 이 동물기름은 벌레를 쫓고 또한 페미컨의 재료로 쓰기 위해 구입한 것이었다.11

루이스는 모기 문제를 제법 중요하게 받아들였지만 그의 준비는 지극히 소극적이었다. 1803년에 살았던 어느 누구도 어떻게 하면 모기에 대해 적극적인 대책을 취할 수 있는지 감히 상상조차 하지 못했다. 또한 모기와의 전쟁이 얼마나 중요한지 깨닫지 못했다. 루이스 역시 자신의 적을 이름조차 정확히 써본 적이 없었다. 그의 일지에서 무려 스물다섯 번이나 언급된 그 생물의 이름은 보통 '머기musquetoe'였다. 클라크는 그보다 훨씬 상상력이 풍부했다. 그의 일지에는 '모긔mesquetors'에서 '모귀misqutr'를 거쳐 '머귀musquetors'에 이르기까지 무려 20가지 이상의 변종이 출현하고 있다.12

오하이오강을 따라 내려간 그 여정은 여러 면에서 보트와 통나무배의 시운전을 위한 성격이 강했다. 가령 짐을 제대로 싣는 것은 끝없는

171

학습 과정이나 마찬가지였다. 9월 15일, 무려 6시간이나 비가 억수같이 내렸다. 루이스는 계속 노를 젓게 해서 18마일을 주파했다. 다음날에는 19마일을 주파했고 땅거미가 질 무렵 대원들은 무척 피곤해했다. 다음날 아침, 원정대는 긴 모래톱을 만났다. 그곳은 깨끗한 장소라 루이스는 그날 하루 짐을 풀고 젖은 것을 말리기로 했다. 방수포로 잘 덮고 운행 내내 물을 퍼냈음에도 지난 15일의 비 때문에 짐이 많이 젖었기 때문이다. 총과 토마호크, 칼 등이 녹슬어가고 있었다. 루이스는 그 물건에 기름칠을 해서 햇볕에 말리게 했다. 의복도 전부 펼쳐서 말렸다. 지휘관을 비롯한 모두가 오전 10시부터 일몰 무렵까지 그 일에 분주히 매달렸으며, 다시 카누에 짐을 실을 때 루이스는 손상되기 쉬운 물품을 카누 바닥에 두지 않도록 주의를 기울였다.

메리에타에서 오하이오, 버지니아, 켄터키주의 접경 지점까지는 남서쪽으로 약 100마일쯤 떨어져 있었고, 거기서 신시내티까지는 또다시 100마일 정도 떨어져 있었다. 루이스는 2주일 동안 아무런 문제없이 200마일을 주파했다.

그는 신시내티 근처에서 일주일가량 머물며 대원들을 쉬게 하고 식량을 마련했으며 제퍼슨을 위해 몇 가지 조사를 한 다음 편지를 두 통 썼다. 첫 번째 편지는 루이빌에 있는 클라크에게 쓴 것으로 자신이 오늘에야 받아본 8월 21일자 편지에 대한 답장이었다. 그때 클라크는 앞서보다 좀더 평이한 투로 마무리하고 있었다.

"나는 루이지애나가 미국에 편입되었다는 소식을 듣고 무척 기뻤네. 이것은 그 가치를 잘 아는 서부인에게는 이루 말할 수 없을 정도의 보물이기 때문일세."13

루이스는 자신의 진척 상황을 이야기하고 미주리강을 거슬러 올라가기 위한 대원 선발에 관해서도 이야기했다. 그는 주의 깊은 클라크의 선발 자세가 마음에 든다면서 자신도 2명의 젊은이를 동반하고 있는데 일단 조건부로 데리고 있지만 그들이 기대에 잘 부응할 것 같다고 했다. 여기서 그가 말한 젊은이란 존 콜터와 조지 섀넌일 것이다. 그는 자신의 선택에 대해 클라크가 거부권을 행사할 수 있으며, 또한 자신은 클라크의 선택에 마찬가지로 거부권을 행사할 수 있으리라는 것을 암시하는 듯하다.14 루이스와 클라크는 7년 만에 다시 만나는 셈이었지만, 서로에 대한 동료의식이나 판단에 대한 신뢰는 그 이전부터 확고했다. 이 두 사람의 경우에는 지휘권을 분할할지라도 아무런 위험이 없을 것이었다.

루이스가 쓴 또 다른 편지는 제퍼슨에게 보내는 것이었다. 루이스는 신시내티에서 남서쪽으로 20마일쯤 떨어진 켄터키주 빅 본 릭Big Bone Lick(함염지)을 방문했던 일을 보고했다. 그해 초 윌리엄 고포스 William Goforth 박사는 그곳에서 매머드의 화석을 발굴했다. 루이스의 현장 방문은 제퍼슨의 부탁에 따른 것이었다. 루이스는 그 편지에서 매머드에 관해 자세히 설명하며 무려 2,064개의 단어를 동원해 어마어마한 크기의 엄니와 다른 화석 표본을 설명했다. 더불어 루이스는 대통령에게 예방접종 물품 가운데 일부를 보내달라고 했다.

"제가 갖고 있는 것으로 몇 가지 실험을 해봤더니 그다지 효력이 없었습니다."15

그는 천연두에 대한 예방접종을 실시하려 했던 모양이다. 이 역시 제퍼슨이 관심을 둔 주제 가운데 하나였고, 그는 우두 사용을 적극 권장해 자신은 물론 가족에게도 접종했다. 루이스의 편지는 그가 우두를 변경과 인디언 영토로 가져가게 된 것은 다름 아닌 제퍼슨의 권유 때문이며, 또한 그가 제퍼슨으로부터 그 접종법을 배웠음을 암시한다.16 여기서 가장 큰 문제는 우두가 계속 살아있어야 한다는 점이었다. 루이스는 환자의 팔에 우두 백신을 문질러도 그 자리에 딱지가 앉지 않으면, 더 이상 백신의 효력이 없음을 알았다.

루이스는 일정이 지체된 것을 만회하기 위해, 겨울 동안에 곁다리 탐사를 수행하겠다고 제안했다. 즉 본인은 캔자스강Kansas River을 따라 샌타페이Santa Fe까지 올라갈 것이며, 또한 클라크에게는 그 지역의 다른 부분을 답사하는 임무를 맡기겠다는 것이었다. 그렇게 하면 2월 말쯤 가서는 최소한 원정에 대한 (정치권의) 묵인을 확보할 수 있을 만큼 이 지역에 관한 정보를 제퍼슨에게 보낼 수 있으리라는 계산이었다.17

여기서 우리는 루이스가 장차 의회에서 벌어질 연방당원의 공격에 대비해 자기 상사를 보호하려는 모습을 엿볼 수 있다. 또한 그가 다가올 대선(1804년)을 앞두고 자기 당에 승리를 가져다줄 소재를 만들어 내려는 모습을 찾아볼 수 있다.

루이스가 겨울이 다가오기 전에 미주리강을 거슬러 올라간다는 계획을 포기했음을 제퍼슨이 처음으로 알게 된 것은 이 편지를 통해서였다. 제퍼슨은 그 결정을 승인했는데, 그 이유는 겨울 동안 캔자스의 대평원을 돌아다니는 대신 루이스가 세인트루이스에 머물며 정보를 수집하길 바랐기 때문이다. 또한 운항에 필요한 식량을 공연히 허비하지 않았으면 하는 생각도 있었다. 제퍼슨은 최고통수권자의 직분으로 루이스에게 다음과 같이 명령했다.

"그 문제는 귀관의 판단에 맡기겠네."

여기서 '그 문제'란 겨울을 어디서 날 것이냐 하는 것이었다. 대통령으로서는 별다른 선택의 여지가 없는 일이기도 했다. 당시에는 우편 속도가 어찌나 느렸던지 제퍼슨이 뭔가 명령을 내려도 루이스에게 제때 맞춰 도착할 가능성은 거의 없었다. 제퍼슨만 해도 11월 중순이 다 되어서야 루이스의 편지를 받았고, 그의 답장이 루이스에게 도착한 것은 이듬해 1월이었다.

하지만 겨울 중에 샌타페이까지 탐사여행을 떠나겠다는 루이스의 제안에 깜짝 놀란 제퍼슨은 나름대로 통제를 해보려 애썼다. 루이스가 말한 지역은 에스파냐 영토였고 그곳의 금이나 은 광산 때문에 에스파냐 측에서 민감하게 대응할 것이 뻔했기 때문이다. 큰 위험이 예견되는 계획인지라 제퍼슨은 다음과 같은 명령을 내보내며 부디 편지가 제때 도착하기를 바랐다.

"10월 3일자 편지에서 귀관이 제안한 겨울 답사는 수행하지 말도록."

제퍼슨은 루이스의 제안을 넘어 그의 판단 능력을 걱정하고 있었다. 따라서 그의 답장에는 뚜렷한 경고의 어조가 숨어 있었다. 이제 와서 루이스를 지휘관 직에서 해임할 수는 없었으므로 대신 그가 가장 중요한 일에 집중하도록 만들려 했던 것이다.

"귀관의 목표는 미주리강의, 어쩌면 오리건강의 하상에 의해 형성된 이 바다에서 저 바다까지의 직통 수로를 찾아내는 것뿐일세."

이것은 제퍼슨이 원정 목표에 관해 쓴 글 중에서 가장 간단명료한 문장이다. 그는 샌타페이 답사에 따른 위험은 미주리강에서 마주하게 될 위험보다 훨씬 클 것이며, 만약 그가 남서쪽으로 향하면 에스파냐 측 무장 병력이 그를 체포해 억류할 것이 뻔하다고 했다. 클라크가 하기로 예정된 답사에 관해서는 다음과 같이 썼다.

"클라크의 참여로 원정대의 대원이 두 배로 늘어난 셈이네. 이에 따라 원정이 실패할 가능성은 작아졌으니 귀관들 중 누구도 지켜야 할 선을 넘으면서까지 위험을 무릅써서는 안 되네."

루이지애나 매입은 원정 목표에 또 다른 영향을 끼쳤다. 제퍼슨은 루이지애나의 영역을 "직접적으로든 간접적으로든 미시피강과 미주리강으로 흘러드는 모든 물줄기가 위치한 북부지방"으로 기록했다. 그렇게 하면 영역은 약간 더 넓어질 수도 있지만 실제로 그런지는 아무도 모르는 일이었다. 따라서 제퍼슨이 설명했듯 그 강들의 발원지의 위도와 경도를 천문 관측을 통해 정확하게 확정하는 것은 매우 중요했다.

그가 기대하는 것은 미주리강의 북쪽 지류들이 북위 49도 위쪽으로까지, 즉 모피가 풍부한 캐나다 서부 깊숙이까지 널리 퍼져 있었으면 하는 것이었다. 만약 그렇다면 그 지역은 캐나다 서부가 아니라 미국의 영토가 되어야 했다.* 제퍼슨은 자신이 파견한 젊은 지휘관이 자칫 무모한 일에 전념하는 바람에 루이지애나 북부의 경계 문제를 확인하지 못해서는 안 된다고 여겼다. 제퍼슨은 루이스에게 애초에 부여받은 임무에만 전념하라는 명령을 다시 한 번 반복하며 편지를 마무리했다.

"어떤 사정이 있을지라도 지체하거나 위태롭게 하는 일이 없도록 하게."18

---

*이 모든 일을 한층 복잡하게 만든 것은 1783년에 미국과 영국 사이에 맺어진 조약이었다. 그 조약에서는 미시시피강의 발원지에서 우즈 호수Lake of the Woods까지 서쪽으로 이어진 선, 또는 북위 49도를 미국과 캐나다의 국경으로 정했기 때문이다. 루이지애나 매입이나 그 조약이 국경을 정하는 데 효과를 발휘했는지는 확인되지 않았다(원주).

10월 4일, 아니면 5일에 루이스는 보트와 통나무배를 다시 강에 띄워 그곳에서 서쪽으로 100마일가량 하류에 위치한 오하이오강의 폭포를 향해 나아갔다. 10월 14일, 그는 폭포 위쪽에 도착했는데 그곳은 2마일에 달하는 석회암 바위 턱으로 이루어진 24피트 높이의 긴 급류였다. 그 급류 아래의 북쪽 강둑에는 인디애나 준주의 클라크스빌이 있었고, 그 건너편의 남쪽 강둑에는 켄터키주 루이빌이 있었다. 10월 15일, 루이스는 그 지역의 수로 안내인들을 고용했고 그들은 보트와 통나무배를 몰고 위험하지만 통과 가능한 물길을 지나 북쪽 강둑에 무사히 도착했다.19 루이스는 클라크스빌에 정박하자마자 동료를 찾아 나섰다. 당시 클라크는 자기 형인 조지 로저스 클라크 장군과 함께 살고 있었다.

　두 사람이 악수를 나눈 그 순간, 루이스와 클라크의 원정은 비로소 시작된 셈이었다. 안타깝게도 이날 루이스와 클라크의 재회에 관련된 일화는 단 한마디도 전해지지 않고 있다.

　그로부터 2주일간 두 지휘관은 원정에 참여할 대원들을 선발했다. 모험을 갈망하고 자기 땅을 갖고 싶어 하는 젊은이들은 모조리 클라크스빌로 와서 지원했고, 루이스와 클라크는 이들을 분류한 다음 강인함과 사격 솜씨, 사냥 실력, 체력, 전체적인 성격, 야생으로의 긴 여행에 대한 적절성 등을 토대로 판단을 내렸다. 총 지원자 수는 알려져 있지 않지만, 선발된 소수정예 가운데 1명인 알렉산더 윌러드Alexander Willard 이병은 말년에 "심사에 탈락한 사람이 무려 100명도 넘었지만 나는 훌륭한 체격을 갖춘 덕분에 원정대 선발 시험을 통과할 수 있었다"고 자랑삼아 이야기했다.20

　대원 가운데 7명은 클라크가 그리고 2명은 루이스가 각각 조건부로 미리 선발한 사람들이었다. 두 지휘관은 찰스 플로이드와 너새니얼 프라이어를 각각 하사로 임명했다. 플로이드는 일찍이 조지 로저스 클라크와 함께 복무한 적이 있던 찰스 플로이드Charles Floyd 대위의 아들이었다.21 이들 9명이 클라크 장군까지 배석한 자리에서 엄숙한 의식 아래 육군에 입대함으로써 마침내 탐사부대가 탄생했다.

원정대에는 이렇게 징집된 대원과 2명의 장교 지휘관뿐 아니라 또 다른 특이한 참가자가 있었으니, 그는 바로 클라크의 노예 요크York였다. 덩치가 큰 요크는 새까만 피부에 힘이 세고 민첩했다. 나이는 클라크와 비슷하거나 약간 젊었으며 클라크와는 평생을 함께한 친구였다.

두 지휘관은 분명 원정대의 규모에 대해 논의를 거듭했을 것이다. 육군성 장관 디어본은 모두 12명의 대원과 1명의 통역자를 선발하도록 권한을 부여했지만, 루이스는 제퍼슨으로부터 구두로 필요하다면 군인이 아닌 인물도 채용할 수 있는 권한을 부여받았다. 두 사람은 권한을 넘어 본래 의도했던 것보다 더 큰 원정대를 계획했다. 당시에 보도된 그 지역 신문기사에 따르면, 루이빌 인근에는 원정대가 60명 규모로 구성될 것이라는 소문이 파다했던 것 같다. 원정대 말고 처음 얼마 동안 동행할 군인, 그들 중에서 겨울 숙영지까지만 동행할 사람, 그리고 평저선을 저을 민간인이 몇 명이 될지는 앞으로 결정해야 할 사항이었다.22

어쨌든 원정대의 핵심은 구성됐고 두 지휘관은 자신들이 고른 억세고도 젊은 대원들을 보며 매우 만족스러워했다.

평저선과 통나무배가 클라크스빌을 떠난 것은 10월 26일의 일이었다. 강물은 충분히 불어나 있었고 장해물은 하나도 없었다. 11월 11

일, 원정대는 포트매색에 도착했다. 그로부터 10년 전쯤 오하이오강의 일리노이주 쪽 강변에 건설된 그 도시는 오하이오강과 미시시피강의 합류점에서 약 35마일 상류에 있었다. 그곳에서 루이스는 테네시주 사우스웨스트 포스트의 육군 기지에서 지원한 8명의 병사를 만나기로 되어 있었지만 아무도 나타나지 않았다. 루이스는 즉시 그 지역의 유명한 산사람인 조르주 드뤼야르George Drouillard를 고용한 다음 그에게 테네시로 가서 지원병을 찾아내 그들과 함께 원정대의 겨울 숙영지까지 뒤따라오도록 지시했다. 겨울 숙영지는 아직 정해지지 않은 상태였기에 나중에 세인트루이스 인근의 미시시피강 동쪽 강변을 두루 찾아보도록 했다.

루이스는 처음부터 드뤼야르에게 깊은 호감을 품고 있었다. 프랑스계 캐나다인 아버지와 쇼니족 인디언 어머니 사이에서 태어난 드뤼야르는 뛰어난 변경 개척민이자 총과 덫 사냥꾼이었으며, 수색자이기도 했다. 인디언의 생활방식에 익숙한 그는 프랑스어와 영어는 물론 두어 가지의 인디언 언어, 심지어 수화로 하는 의사소통에도 유창한 실력을 자랑했다. 더욱이 차분한 그의 모습에서는 무슨 일이 벌어지더라도 능숙히 처리할 수 있는 사람이라는 인상이 풍겼다. 루이스는 그를 통역자로 고용했고 매월 25달러를 급여로 지불하기로 했다. 그리고 포트매색의 급여담당관에게 부탁해 그에게 경화로 30달러를 선지급했다.

본래 루이스는 포트매색에 위치한 요새에서 지원자를 차출할 권한을 부여받고 있었지만, 자원한 대원들은 하나같이 실망스러운 수준이었다. 그의 기준에 맞는 사람은 겨우 2명뿐이었다.

11월 13일, 원정대는 포트매색을 떠났다. 큰 비가 내렸고 루이스는 "지독한 오한이 들었다. 4시간이나 그 상태가 지속되다가 열이 끓기 시작했는데, 다행히 일출 무렵이 되면서 웬일인지 열이 내렸다"라고 기록했다. 말라리아에 걸린 것이다. 자고 일어난 뒤 그는 러시 알약 1회분을 복용했는데 무척 효과가 좋았다고 썼다.

그날 밤, 원정대는 오하이오강과 미시시피강의 합류지점에 정박했다. 이어지는 주 내내 루이스와 클라크는 측량과 천문 관측을 수행했다. 측쇄와 원주계를 사용한 삼각 측량 결과, 클라크는 두 강의 합류 직전 지점에서 오하이오강의 너비가 1,274야드이고, 미시시피강의 너비가 1,435야드라는 것 그리고 두 강의 합류 직후 너비는 2,002야드라는 것을 계산해냈다.

오하이오강 하구에서 캠핑을 하는 동안, 루이스는 자신이 필라델피아에서 배운 천문 관측법을 실전에 응용하는 한편 클라크에게도 자신이 아는 것을 가르쳐주었다. 위도를 확정하는 것은 비록 복잡하긴 했지만, 어쨌든 야외에서도 가능한 일이었다. 루이스는 여름에는 팔분의, 겨울에는 육분의를 가지고 우선 정오에 태양을 재서 그 높이를 측정했다. 그런 다음 계산표를 참고해 위도를 결정했다. 정오에 태양의 각도와 날짜를 알면 자신이 적도에서 얼마나 북쪽에 있는지 알 수 있었다.

경도를 결정하는 것은 무척 복잡했다. 그리니치의 현재 시각과 지금 자기가 있는 곳의 시각을 알면 경도를 알아내는 것은 간단했지만, 그리니치의 시간을 알려면 정확한 크로노미터가 필요했다. 루이스는 당시 최고의 크로노미터를 손에 넣긴 했어도 그리 믿을 만하지 못했다.

대안은 달의 규칙적인 움직임을 태양과 별의 움직임과 비교하는 것뿐이었다. 우선 아주 밝은 별을 고정점으로 삼은 뒤, 지구 둘레를 도는 달의 동쪽으로의 움직임을 측정했다. 이때 고정점으로 사용될 수 있는 별은 안타레스Antares, 견우성Altair, 레굴루스Regulus, 스피카Spica, 폴룩스Pollux, 알데바란Aldebaran, 포말하우트Formalhaut 등이었다.

루이스는 이런 별들을 잘 식별할 수 있었다. 사실 그것은 평생에 걸쳐 습득한 실력이었다. 그가 확 트인 들판에 누워 보낸 밤이나 하늘에 펼쳐진 별을 바라보며 보낸 시간은 셀 수 없을 만큼 많았다. 또한 그 실력은 성격에서 비롯된 것이기도 했다. 워낙 호기심이 강했기에 자기 주위의 세계는 물론 하늘까지도 세심하게 관찰했던 것이다.

그는 필라델피아에서의 벼락치기 공부 덕분에 천문 관측까지 해낼 수 있었다. 물론 간단한 일은 아니었다. 우선 육분의를 들고 몇 분에 한 번씩 달과 목표 별간의 거리를 측정했다. 그렇게 얻은 치수는 그리니치에서 그 거리가 나타나는 시각이 몇 시인지 보여주는 숫자표와 비교해야 했다. 그 숫자표는 너무 무거워 원정에까지 가져올 수 없었고, 그것을 일일이 대조하는 것도 엄청나게 시간을 잡아먹는 일이었다. 물론 루이스의 임무는 일단 관측만 해서 그 결과를 가지고 귀환하는 것이었으므로, 직접 계산까지 할 필요는 없었다. 루이스는 그저 측정 결과를 기록하면 그만이었다.

그러기 위해서는 한밤중까지 깨어 있어야 했고 최소한 1시간 이상은 5분에 한 번씩 관측을 해야 했다. 이때 구름이 많으면 차질이 생길 수밖에 없었다.23 두 지휘관의 등 뒤로는 대원들의 천막이 있었고, 그날 하루의 노고에 지친 건강하고 젊은 대원들이 숙면을 취하고 있었다. 불침번을 담당한 대원만 작은 모닥불을 피워놓고 있었다. 루이스가 클라크에게 숫자를 불러주는 동안, 루이스의 애견은 주인 곁에 가만히 앉아 있었다.

물론 오하이오강 하구의 위도와 경도는 이미 확인된 터라 아직까지는 연습이었지만, 두 사람은 마치 실전처럼 진지하게 측정에 임했다. 머지않아 실제로 그래야 하기 때문이다.

11월 16일 오후, 두 지휘관은 관측 임무를 위해 미시시피강을 건너 에스파냐 영토로 들어갔다. 그곳에서 두 사람은 인디언의 캠프를 발견했다. 그중 위엄 있게 생긴 인디언이 루이스에게 비버가죽 3장을 주면서 시먼을 사겠다고 했다. 루이스는 자기가 무려 20달러나 주고 산 개라며 그 제안을 거절한 뒤, "내 여정에 어울리는 유순함과 능력 때문에 나는 시먼이 마음에 든다"고 덧붙였다.

11월 18일, 루이스는 대원들이 인근의 불법 교역소를 한곳 찾아낸 것 때문에 불평을 적었는데, 그 교역소의 주요 품목은 위스키였다. 그는 대원들에게 그곳에 가지 말라고 명령했지만, 대원 중 상당수가 그곳에 가서 술을 사먹고 취해 버렸다. 위스키와 위스키 교역상은 변경지대의 삶에서 해악이나 마찬가지였다. 루이스는 이후 긴 겨울 밤 내내 음주와 관련된 문제가 더 많이 생기리라는 것을 미처 예견하지 못했다.

11월 20일, 원정대는 세인트루이스를 향해 출발했다. 이들은 계속 강을 거슬러 올라가 저 멀리 로키산맥 어딘가에 있다는 대륙분수계에 도착할 때까지 행군을 지속할 예정이었다.

미시시피강을 따라 겨울 캠프까지

1803년 11월~1804년 3월

원정대는 미시시피강을 따라 상류로 향했다. 루이스와 클라크 전문학자인 알린 라지는 두 지휘관이 이 시점에서 대원의 충원을 결정했을 것이라고 추측한다.1 강의 거센 물살과 급류, 소용돌이, 떠내려 오는 장해물 등을 보며 두려움을 느꼈기 때문이리라.

당시 동부에서는 로버트 풀턴Robert Fulton이 최초의 증기선 실험을 하고 있었지만, 미시시피강의 거센 물살에 맞선 원정대의 처지는 증기선의 시대보다 오히려 서기 1세기에 더 가까웠다. 커다란 강을 거슬러 올라가는 일은 대륙분수계에 도달할 때까지 루이스가 직면했던 가장 큰 문제였다.

통나무배를 조종하는 것도 힘들었지만 평저선은 훨씬 더 힘들었다. 그 작은 배들은 강굽이를 만날 때마다 동쪽에서 서쪽으로, 혹은 서쪽에서 동쪽으로 강을 건너야만 했다. 비교적 물살이 느린 곳에서만 그나마 북쪽으로 거슬러 올라갈 수 있었기 때문이다. 무려 8시간이나 쉬지 않고 노를 저었지만 원정대가 나아간 거리는 10마일 반에 불과했다. 이에 따라 인력의 충원이 절실해졌고 대원이 늘어나면 보급품이 더 필요해지는 것은 당연한 일이었다.

그 작은 선단을 조금씩이나마 북쪽으로 몰고 올라가기 위해 대원들이 온갖 노력을 하는 동안 루이스는 생각할 것이 많았다. 루이스나 클라크는 모두 섣부른 판단을 내리는 사람들이 아니었지만, 이 문제에 있어서는 알린 라지의 말이 정확한 것 같다. 즉, 두 사람은 원정대의 규모를 100퍼센트 늘리기로 결정한 것이다.

이후 며칠간 대원들의 엄청난 노력에도 불구하고 속도가 시속 1마일을 넘는 경우가 드물었다. 이보다 더 미치고 펄쩍 뛸 일은 강이 구불구불 휘어져 있다는 점이었다. 가령 직선거리로 겨우 25항공마일 떨어진 케이프지라도Cape Girardeau까지 배로 무려 48강마일을 가야만 했다. 나흘이나 걸린 대장정이었다.

그 마을은 그로부터 20여 년 전에 루이 로리미에르Louis Lorimier가 세운 곳이었다. 프랑스계 캐나다인인 그는 혁명 중에 왕당파Loyalist로서 조지 로저스 클라크를 상대로 전투를 벌였고, 그 와중에 약 2만 달러 상당의 재산을 화재로 날려버렸다. 하지만 큰 위험도 마다않고 완고하며 흥정 잘하는 이 야심만만한 사업가는 결국 그 재난을 극복해냈다. 루이스는 로리미에르에게 굉장한 호기심을 보였다. 그는 예순 살이 가까웠지만 읽거나 쓸 줄도 몰랐다. 그의 아내는 쇼니족 인디언으로 두 사람 사이에는 여러 자녀가 있었는데, 루이스는 그중 한 딸에게 눈길이 쏠렸다.

"유난히 예뻤고 요즘 대서양 연안 주의 버젓한 중산층 사이에서 유행하는 것처럼 소박하지만 세련된 옷을 입었다. 내가 보기엔 루이빌을 떠난 후에 만난 여자 중에서 가장 단정하게 보이는 여자였다."

11월 28일, 원정대는 세인트루이스에서 60마일 하류의 일리노이주 쪽 강변에 위치한 캐스캐스키아의 육군 주둔지에 도착했다. 그곳에는 러셀 비셀 대위의 보병중대와 에이머스 스토더드Amos Stoddard 대위의 포병중대가 주둔해 있었다. 루이스가 맨 처음에 한 일은 대원 차출 권한을 부여한 디어본 장관의 명령서를 그곳의 두 지휘관에게 보여준 것이었다. 그런 뒤에 지원자를 모아 대원을 선발했다. 정확한 숫자는 알려지지 않았지만 알린 라지는 12명 정도가 아닐까 추측했다.2 그 대원 모두가 태평양까지 동행할 것은 아니었다. 루이스는 1804~1805년 겨울을 보낼 예정인 만단족 마을에 도착하는 즉시, 그중 일부를 세인트루이스로 돌려보낼 생각이었다. 루이스는 또한 스토더드에게 화약 75파운드와 화약통을 요구했다.3

12월 4일, 클라크는 보트 선단을 몰고 우드강Wood River 하구로 향했다. 세인트루이스에서 약간 상류로 일리노이주 쪽에 위치한 그곳의 맞은편에 미주리강 하구가 있었다. 그곳에는 나무가 많고 사냥감이 널렸으며 근처에 개척민의 주거지가 있다는 풍문이었다. 루이스는 말을 타고 일리노이주 쪽 강둑을 따라 올라갔다.

12월 7일, 그는 세인트루이스와 강을 마주하고 있는 카호키아Cahokia라는 마을에 도착했다. 다음날 아침, 루이스는 강을 건너 세인트루이스로 들어갔으며 에스파냐 측의 북부 루이지애나Upper Louisiana 부지사인 카를로스 데하울트 델라수스Carlos Dehault Delassus 대령과의 면담을 위해 니콜라스 재로트Nicholas Jarrot(카호키아의 모피무역상)가 통역자로 동행했다. 면담은 적잖은 난항을 겪었다. 세인트루이스에서 정식으로 주권 이양이 이뤄지기 전까지는 루이스가 미주리강 상류로 가도록 허락할 수 없다는 델라수스의 고집 때문이었다. 루이스는 이 문제에 대해 논쟁을 벌이지 않았다. 어차피 계절이 늦어 더 이상 올라가는 것은 무리였고 세인트루이스 인근에 머물며 보충한 대원들을 위한 물품을 추가로 구입해야 했기 때문이다.

루이스는 델라수스에게 자신의 목적은 순전히 과학적인 차원에서 미주리지역을 탐사하는 것이라고 말했다. 델라수스는 상부에 보내는 보고서에서 자기가 들은 내용은 이와 다르다고 말했다.

"제가 들은 바에 따르면 그의 임무는 미주리강을 따라가 결국 태평양을 찾아내는 것이며, 그 과정에서 첩보 관측도 수행하는 것이라고 합니다. 많은 교육을 받은 그는 재능이 뛰어난 인물이라는 평판을 얻고 있습니다."4

범람원 위의 절벽에 위치한 도시 세인트루이스는 당시 세워진 지가 40년이 넘었고, 1,000명이 넘는 인구의 대부분은 프랑스계 캐나다인이었다. 작은 도시인 세인트루이스는 광대한 제국에서도 중요한 역할을 담당하고 있었다. 미주리강이 통과하는 넓은 지역에서 모피 무역의 중심지 노릇을 하고 있었던 것이다. 대부분의 교역품은 바다를 건너와 대륙을 가로질러 세인트루이스까지 왔다. 통나무배와 평저선들은 인디언에게 교역품을 싣고 갔다가 아름다운 모피를 잔뜩 싣고 돌아왔는데, 이 모피는 유럽에서 비싼 값에 팔려나갔다.

한마디로 사업 기회는 풍부했고 또한 계속해서 확장됐다. 미국인 개척자들이 에스파냐 쪽으로 몰래 들어가 자신들이 개간한 땅에 농장을 건설했기 때문이다. 루이지애나가 에스파냐로부터 프랑스로 넘어갔다가 미국으로 넘어가게 되자 미국인은 미주리지방으로 물밀 듯이 몰려왔다. 그들은 온갖 일용품을 필요로 했지만, 세인트루이스 상인들조차 물건을 충분히 공급받지 못했는데 이번에는 루이스까지 나타나 물건을 싹쓸이했다. 그는 보급품을 기존의 15인용이 아니라 45인용으로 대폭 추가 구입하려 했고, 무엇이든 필요로 하는 것은 외상으로 구입하고 육군에 청구하라는 대통령의 허가증까지 지니고 있었다. 그와 거래한 당시의 업자들은 졸지에 세인트루이스 역사상 최초의 군 도급계약자가 된 셈이었다.

보급품뿐 아니라 루이스는 미주리강을 거슬러 만단족 마을까지 통나무배를 저어 갈 수 있는 건장한 뱃사람도 구했다. 그는 이 도시에서 오랜 시간을 보내며 상인들과 흥정을 벌이고 지원자들을 만날 생각이었다. 또한 북부 루이지애나에 관한 통계 정보를 가능한 한 많이 수집하라는 제퍼슨의 명령도 따라야 했다.

세인트루이스에 도착할 때까지도 루이스는 샌타페이에 다녀오려던 무모한 계획에 대한 제퍼슨의 중단 명령을 아직 전해 받지 못한 상황이었지만, 어쨌든 그는 그 어리석은 생각을 곧 지워버렸다. 그에게는 앞으로의 시간을 어떻게 보낼 것이냐가 아니라 오히려 수많은 일을 처리할 시간을 어떻게 마련할 것이냐가 더 큰 문제였다.

12월 9일, 루이스는 일리노이주 쪽으로 건너가 카호키아에서 기다리던 클라크와 대원들을 만났다. 그는 겨울 숙영지를 물색해야 했는데 마침 우드강 하구에 400에이커의 토지를 소유하고 있던 재로트로부터 그곳에 머물라는 권유를 받았다. 그곳은 겨울에 사용할 오두막집을 짓거나 미주리강을 거슬러가는 긴 여정에 대비해 평저선을 손보고 영구대원을 선발 및 훈련시키기에 좋은 장소였다. 클라크도 그 장소로 가서 주위를 둘러보았다.

루이스는 남은 업무를 처리하기 위해 다시 세인트루이스로 돌아왔다. 우선 그는 북부 루이지애나에 대한 조사에 착수했다. 매입 직후 미국인이 실시한 조사로는 사상 최초였다. 우선 루이스는 인구, 미국에서 루이지애나로 온 이민자의 수, 그곳 주민에게 할양된 토지의 양, 세인트루이스에서 들어가고 나가는 물품의 양 등의 내용이 포함된 질문지를 작성했다. 그런 뒤에 시내로 나가 그 지역의 사정에 정통한 사람들을 찾아다녔다.

그가 처음으로 만난 사람은 에스파냐 정부 치하에서 북부 루이지애나의 국유지 감독관으로 일하던 앙트완 술라르Antoine Soulard였다. 프랑스인인 술라르는 1800년에 실시된 인구조사에 따르면 당시 북부 루이지애나의 인구는 약 1만 명이었으며, 그중 2,000명은 노예라고 했다. 백인 가운데 3분의 2는 미국인이라고 했지만 그것은 벌써 3년 전의 일이었다. 1803년 한해만 해도 강을 건너 북부 루이지애나로 들어온 미국인이 100여 가구가 넘었다. 노스캐롤라이나를 비롯해 다른 주에서도 일종의 선발대가 와서 미주리지역을 살펴보고 갔다. 미국 정부가 그 지역을 운용하기 시작함과 동시에 정착지를 만들 만한 적절한 지역을 찾으러 온 것이었다.

루이스는 여러 가지 문제를 제퍼슨에게 보고하면서 대통령과 종종 나누던 생각을 언급했다. 즉, 북부 루이지애나에 있는 미국인 개척자와 교섭해 일리노이주에 있는 땅과 그들의 소유지를 맞바꾸게 하자는 것이었다. 미시시피강 서부의 토지를 광대한 인디언 보호구역으로 변모시켜 인디언을 그곳에서 농장을 운영하는 훌륭한 시민으로 바꿔놓자는 것이 제퍼슨의 생각이었다. 그렇게 되면 오하이오와 인디애나를 거쳐 일리노이주에 이르기까지 각 변경지역에서는 질서정연한 발전이 가능할 것이었다.

이 생각이야말로 제퍼슨이 애팔래치아산맥 서부의 미국인에 대해 아는 것이 거의 없었음을 보여준다. 루이지애나 매입 이후 서쪽으로 향하는 미국인 개척자의 흐름을 중단시킬 수 있는 힘은 세상 누구에게도 없었다. 훌륭하고 값싼 토지는 저 멀리 유럽에까지 위력을 미치는 강력한 자석이나 마찬가지였다. 이런 불가항력적인 힘의 맨 앞에 개척자들이 있었다. 비록 거칠고 무식하긴 했지만 그들은 수백만 유럽인의 선발대였으며 대부분 농부이거나 소농의 아들로 역사상 유례없는 대량 이민을 이뤄냈다.

루이스와 클라크가 미시시피강에 도착했을 즈음, 그들보다 조금 앞서 미주리주에는 최초의 미국인 정착민이 들어왔다. 그들보다 조금 뒤에도 미주리행을 생각하는 혹은 이미 미주리로 떠난 미국인 정착민이 수천 명이나 줄을 잇고 있었다. 결국 나폴레옹의 예측이 맞았던 셈이다. 어차피 그 땅은 미국인의 판이 될 것이므로 차라리 팔아버리고 돈이나 챙기는 것이 도리어 속이 편한 일이었다.

개척민이 직접 개간하고 경작한 토지를 포기하도록 설득한다는 것이 불가능에 가깝다는 것을 루이스 역시 모르지는 않았겠지만, 그럼에도 그는 제퍼슨에게 이렇게 썼다.

"루이지애나의 거주민을 이곳에서 일소하고자 하는 각하의 소망은 향후 수년에 걸쳐 일련의 단계를 통해 시효를 거둘 수 있으리라 믿어 의심치 않습니다."

곧이어 그는 이보다 약간 현실적으로 어쩌면 노예 소유주와 갈등이 생길 수도 있다고 덧붙였다. 그들이 일리노이주의 빈 땅으로 건너가고 싶어 하지 않을 수도 있다는 것이었다.5

루이스는 또한 자신의 여정을 위한 조사도 게을리하지 않았다. 술라르는 그에게 세인트루이스에서 오세이지강Osage River 하구까지의 미주리강을 그린 지도를 주었다. 그 외에도 루이스는 두 가지 지도를 더 입수했는데, 하나는 북부 루이지애나 전도였고 다른 하나는 스코틀랜드인 교역상 겸 탐험가인 제임스 맥케이James Mackay가 만든 일명 맥케이 지도였다. 루이스는 둘 중에서 맥케이 지도를 제퍼슨에게 보냈다. 1795년, 맥케이는 미주리강을 거슬러 올라가 오마하족Omahas의 마을까지 갔고, 이듬해에 자신의 젊은 조수인 존 에번스John Evans에게 태평양까지 도달하는 임무를 맡겼다. 에번스는 만단족 마을까지 갔다가 발길을 돌려야 했지만, 어쨌든 맥케이는 만단족 마을까지의 미주리강 지도 작성에 필요한 충분한 정보를 얻었다.

1803년, 맥케이는 세인트루이스에 살고 있었으며 루이스는 그를 찾아가 유익한 대화를 나누었다. 역사가 로이 애플먼Roy Appleman이 말한 것처럼 맥케이와의 대화나 자신이 입수한 지도를 토대로 루이스는 당시 미주리지역에 관해 백인들이 알고 있던 기존의 사실은 물론, 만단족 마을에서 더 먼 서쪽의 땅에 관해 몇 가지 새로운 사실도 알게 되었다.6

그 무렵 세인트루이스에서 가장 유력하고 저명한 인사는 프랑스인 모피 교역상이자 그 도시의 설립자인 오귀스트 쇼토 1세Auguste Chouteau, Sr., 그의 이복동생 피에르 쇼토 1세Pierre Chouteau, Sr., 그리고 이들의 처남이며 1777년에 카호키아에 최초로 교역소를 설립한 샤를 그라티요Charles Gratiot였다. 그라티요는 혁명 당시 조지 로저스 클라크에게 보급품을 원조하기도 했다. 또한 윌리엄 클라크는 1797년에 세인트루이스에 사업차 들렀다가 그라티요의 집에 머물며 오귀스트

쇼토와 막역한 사이로 지냈다.7

쇼토 가문이 세인트루이스에서 번영할 수 있었던 이유는 이들이 독점 교역권을 부여받았기 때문이기도 했지만, 사실 그들의 부 가운데 상당수는 물품의 대금조로 취득한 토지에서 비롯된 것이었다. 변경 어디에서나 그렇듯 이들도 유동 자본, 장기 금융, 그리고 현금이 부족했다. 세인트루이스에서는 현금이 무척 귀했기에 땅이 지폐노릇을 하고 비버가죽이 동전노릇을 했다.

쇼토 가문의 사업은 그야말로 알짜배기였다. 못, 유리구슬, 철물, 여성복, 화약, 탄환, 수입품 와인 등 그 지역에서 필요로 하고 변경지대에서 인기가 높은 온갖 수입품을 사실상 독점 판매했던 것이다. 하지만 그렇게 좋은 사업은 영원히 독식하기가 불가능하게 마련이다. 1798년, 마누엘 리사Manuel Lisa가 세인트루이스에 들어와 모피 교역에 뛰어들었다. 에스파냐인이었던 그는 세인트루이스에서의 진정한 기회는 교역에 있음을 간파했다. 그의 전기 작가인 리처드 오글스비 Richard Oglesby는 독점업을 향한 그의 공격만 놓고 보면 "애덤 스미스의 가장 열렬한 제자 가운데 1명처럼 보인다"고 지적했다. 에스파냐 측에서는 그에게 교역권을 부여했다.8

루이스는 이러한 상인들로부터 물품을 구입하기 시작했다. 옥수수, 밀가루, 비스킷, 소금 여러 통, 돼지고기 여러 통, 양초 여러 상자, 돼지기름 여러 통, 수지 600파운드, 인디언과의 교역품 21꾸러미, 여러 가지 도구 등 물품 내역은 매우 다양했다.9 그는 쇼토 가문과 리사 양쪽으로부터 물품을 사들이는 한편, 이런저런 질문을 해 제퍼슨에게 보낼 정보를 수집하고 지도를 연구했다.

12월 16일, 드뤼야르가 테네시에서 차출한 8명의 병사를 데리고 도착했다. 루이스는 반색하며 그들을 면접했지만 금세 실망하고 말았다. 클라크에게 쓴 편지에서 루이스는 그 병사들에 관해 말했다.

"이 원정에 필요한 자질을 많이 지닌 것은 아니더군. 사냥꾼은 1명도 없고."

하지만 가능성은 있었다. 그중 1명은 대장장이였고 또 1명은 목수였던 것이다. 루이스는 이들을 우드강에 있는 클라크에게 인계했고 8명 중 4명은 선발에 통과해 원정대에 합류했다.10

겨울 내내 루이스는 제퍼슨과 활발히 서신을 교환했다. 루이스가 제퍼슨에게 보낸 편지는 상당수가 남아 있지만, 제퍼슨이 루이스에게 쓴 편지는 대부분 유실됐다. 물론 지금 남아 있는 내용만으로도 정보 가치가 매우 높고 시사하는 바가 크다. 1804년 1월 13일자 편지에서 제퍼슨은 그간 루이스의 행보는 신문 보도를 통해 알 수 있었다고 썼다. 또한 루이지애나의 미국 이양은 12월 20일자로 예정되어 있으며 아무런 차질도 없을 것으로 확신한다고 썼다.

"귀관이 장차 지나가게 될 지역을 획득하게 되면서 일반 대중도 자네의 사업에 큰 관심을 갖게 되었네. 연방당원만 여전히 그걸 곡학아세로 치부하고 오히려 이 일이 실패로 돌아가면 기뻐할 태세라네. 자기편 숫자가 줄어들고 부활 자체가 절망적이다 보니 더욱 날뛰는 셈이지. 자네가 부디 무사하기를, 그래서 그들의 악덕과 어리석음을 보여주는 산증인이 될 수 있길 기원하네."11

한마디로 불필요한 위험을 피하는 것이야말로 현재 루이스가 연방당원에게 가할 수 있는 최선의 공격이란 뜻이었다. 1월 22일자 편지에서 제퍼슨은 루이지애나 이양이 12월 20일자로 뉴올리언스에서 있었음을 알리고, 장차 인디언을 만났을 때 루이지애나의 주권이 미국에 있음을 어떻게 인식시킬지에 관해 지시를 내렸다. 이는 그들에게 '새로운 아버지'가 생겼다고 전하라는 것이었다. 또한 제퍼슨은 오세이지족 추장을 만나 워싱턴까지의 무료여행을 제안하라고 했다. 새로운 아버지를 만나고 그 과정에서 미국인의 힘과 숫자를 보고 감동받게 하려는 의도였다. 제퍼슨은 미국 철학회가 루이스에게 정회원 자격을 부여했다는 반가운 소식으로 편지를 끝맺었다.12

그 자격은 루이스가 스스로의 노력으로 따낸 것이나 마찬가지였다. 토머스 제퍼슨 밑에서 2년간 배우고 뒤이어 필라델피아에서 벼락치기 과정을 거침으로써, 루이스는 제퍼슨이 기대하는 이상적인 탐험가의 자질을 갖추게 되었던 것이다. 비록 단기간의 교육으로 얻은 지식이지만 그는 식물학자, 걸어다니는 사전, 지도 작성자, 과학자로 불릴 만했고 무엇보다 원정대를 태평양까지 이끌고 갈 군인 겸 산사람이었다. 이제는 루이스가 미국 철학회의 현자들에게 보답할 차례였다.

3월과 5월에 루이스는 여러 상자의 각종 표본을 제퍼슨에게 보냈다. 처음 보낸 표본은 미시시피 서부에서 채취한 박물학 표본으로 미국으로서는 그 지역에서 채취한 최초의 것이었다. 그중에는 세인트루이스에서 서쪽으로 300마일 떨어진 지점에 위치한 오세이지족 마을에서 피에르 쇼토가 얻어와 키우고 있는 나무에서 채취한 목재와 나뭇가지 표본도 있었다. 루이스는 3개의 긴 문장에 걸쳐 그 내역을 상세히 적었다. 그는 자신이 '오세이지 사과Osage apple(오늘날에는 오세이지 오렌지Osage orange라고 부르는)'라고 명명한 그 나무의 실용적인 용도에 관심을 가졌다. 비록 열매는 먹을 수 없지만 그 목재가 활을 만들기에 적합했기 때문이다.

"야만인은 이 나무로 만든 활을 최고로 치기 때문에 이걸 얻기 위해 수백 마일도 마다하지 않고 다녀올 정도입니다."

이것은 그때까지 미국인에게 알려지지 않은 식물에 관한 루이스의 첫 기록이었다. 물론 앞으로 이런 기록은 숱하게 나올 것이었다.13

오늘날 필라델피아(4번가와 스프루스가의 교차로)와 버지니아 대학(게스트하우스인 모리아Morea)에 있는 그 나무는 바로 루이스가 보낸 나뭇가지 표본에서 번식한 것이다.14 역사가 마이클 브로드헤드 Michael Brodhead의 말처럼 그것은 '군인 박물학자'의 시작이었다.15

그해 겨울, 루이스가 안고 있던 또 다른 걱정은 클라크의 임관이었다. 클라크는 이미 이전해 여름부터 임무를 수행하고 있었지만, 1804년 2월까지도 그의 임명장이 도착하지 않고 있었다. 2월 10일, 루이스는 디어본과 제퍼슨에게 각각 편지를 보내 이 문제를 언급했다. 하지만 4월 말이 되도록 임명장이 도착하기는커녕 아무런 답장조차 없었다. 이 문제는 계속해서 루이스의 고민으로 남았다.16

물론 임명장이 없었어도 특별한 문제는 없었다. 루이스는 클라크를 대장captain*이라고 불렀으며, 두 사람은 이미 진정한 공동지휘의 책임을 맡고 있었다. 12월 후반과 1월 내내 클라크는 야전에서 소부대를 이끄는 장교 역할을 담당했다. 그는 오두막 건설을 계획하고 감독했으며 평저선을 여러 모로 개량하기도 했다. 그중에는 배의 가장자리에 기발하게 고안된 수납장을 설치한 것도 있었는데, 그 뚜껑을 열어젖히면 배 난간에 일종의 흉벽, 또는 방패가 생기는 식이었다.

---

*소문자로 시작되는 captain은 대장이나 지휘관을 뜻하기도 하며, 대문자로 시작되는 Captain은 미국 육군에서 대위의 계급을 뜻하기도 한다. 여기서는 혼동을 피하기 위해 문맥상 계급으로 쓴 경우에는 대위로, 원정대 내부에서의 호칭에서는 대장으로 통일했다(역주).

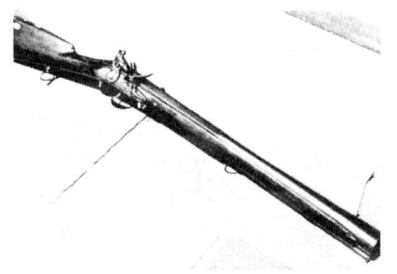

화승식 나팔총. 원정대는 이 무기를 회전포가에 장착해 사용했으며 평저선에 2정, 통나무배 2척에 각각 1정씩 두었다.

무엇보다 클라크는 인디언과의 충돌을 걱정했다. 미주리강 하구에 사는 미국인 사이에는 상류의 수족이 백인에게 적대적이고 숫자도 많으며 무장도 잘되어 그곳을 지나는 여행객에게 통행세를 요구한다는 소문이 널리 퍼져 있었다. 클라크는 청동제 대포 한 문을 추가했는데, 이는 아마도 루이스가 세인트루이스에서 구입해 보냈을 것이다. 그 대포는 회전포가 위에서 어떤 방향으로든 포격이 가능한 것으로 원정대가 지닌 무기 가운데 가장 무거운 동시에 가장 큰 것이었다. 그 대포는 무게 1파운드짜리 납 탄환 1발이나 한 번에 소총 탄환 16발을 인체에 관통이 가능할 정도의 속도로 발사할 수 있었다. 근거리에서 매우 효율적인 대인무기였던 것이다.

회전식 대포 외에도 클라크는 루이스에게 요청해 보다 작은 무기인 일명 나팔총을 4정 입수했다. 이 총은 녹탄鹿彈을 사용하는 중형 산탄총이었다. 클라크는 이 무기를 회전포가에 장착해 사용했으며 평저선에 2정, 통나무배 2척에 각각 1정씩 두었다. 이 무기로는 소총 탄환이나 파쇄, 또는 녹탄을 장전 및 발사할 수 있었다.17 근거리에서는 치명적인 무기였다.

2월 초, 루이스는 우드강에 위치한 숙영지로 건너갔다. 그는 40여 명의 대원을 살펴보았고 클라크로부터 평저선 개조에 관한 설명을 들었다. 그런 다음 이번에는 클라크가 필요한 물품을 구매하고 쇼토 가문에서 열리는 무도회에 참석하기 위해 세인트루이스로 떠나 며칠간 머물렀다. 루이스도 함께 무도회에 참석할 생각이었지만, 혹시 키카푸족Kickapoo 인디언 중 누군가가 찾아올 것을 대비해 숙영지에 남아 있기로 했다. 그는 클라크에게 오세이지족 추장을 워싱턴으로 초대할 수 있는 가능성에 관해 피에르 쇼토와 이야기를 나눠보도록 부탁했다.

세인트루이스에서 클라크가 한 일 중에는 카누를 조종할 뱃사람을 하나 고용한 것도 있었다. 이제부터 두 지휘관은 영구 분견대, 즉 탐사부대를 한 조로 평저선에 승선시키기로 결정했다. 클라크는 이전에 미시시피강을 따라 멤피스Memphis까지 내려가본 적이 있었고 또한 수년간 오하이오강 근처에 살았기 때문에 루이스보다 물에 익숙했고 뱃사람을 판별하는 데도 뛰어났을 것이다. 클라크는 마누엘 리사에게 부탁해 적절한 사람을 하나 찾아 달라고 부탁했다. 리사는 원정대를 상대로 여러 가지 거래를 했다. 심지어 우드강을 직접 방문해 혹시 두 지휘관이 필요로 할 만한 것 중에서 자신이 가진 것이 무엇이 있는지 알아보기도 했다. 루이스는 종종 리사의 집에서 식사를 했다. 물론 그보다 더 자주 머문 곳은 그 도시에서 가장 으리으리한 오귀스트 쇼토의 집이었지만 말이다.18

2월 20일, 루이스는 세인트루이스를 향해 떠날 준비를 했다. 그는 최초의 분견대 명령을 내려 자신과 클라크의 부재중에 존 오드웨이

John Ordway 하사에게 지휘를 맡겼고, 벌채조와 철공조(특히 이들에게는 위스키를 1질 또는 4온스 추가 배급하고* 경계근무를 면제시켜 주었다) 그리고 당 채취조 등에게는 계속해서 임무를 수행하도록 지시를 내렸다. 화약과 탄환을 아끼기 위해 루이스는 사격 연습을 하루 1회로 제한했다. 오드웨이 하사가 50야드 거리에서 서서 쏘기를 지도했고 그 날의 우승자에게는 위스키 1질을 추가 배급했다. 사냥조를 제외하면 대원들은 오드웨이 하사의 허락 없이 숙영지를 벗어날 수 없도록 했다. 마지막으로 위스키는 정규 배급량 이상 주지 말도록 했다.

루이스는 세인트루이스로 가서 업무를 해결하고 일주일 뒤에 돌아왔다. 오드웨이 하사는 그 사이에 루빈 필드와 존 실즈 이병이 경계근무를 거부했다고 보고했다. 자신들은 두 지휘관을 제외한 어느 누구의 명령도 받지 않겠다고 고집했다는 것이다. 또한 존 콜터, 존 볼리John Boley, 피터 와이저Peter Weiser, 존 로빈슨John Robinson 이병은 그들의 행동을 저지하는 오드웨이 하사의 명령에 불복하고 자칭 '사냥'을 다녀왔다고 했다. 알고 보니 그들은 인근의 미국인 거주지에 있는 위스키 판매소에 가서 술을 마시고 돌아온 것이었다.

이 규율 위반 행위를 처리하기 위해 루이스는 또 다른 분견대 명령을 내렸는데, 그 내역은 3월 3일자 일지에 적혀 있다. 주요 내용은 "뛰어난 판단력의 소유자로 생각해왔던 필드와 실즈의 군기 문란 행위에 대해 지휘 장교로서 분하고 실망스러운 마음을 금할 수 없다"는 것이었다. 마침 두 지휘관은 운항에 필요한 물품과 장비를 더 구입하기 위

---

*4온스면 알코올 함량으로 맥주 4병에 해당한다. 그 정도면 보통사람은 혈중 알코올 농도가 0.10퍼센트까지 치솟기 때문에 요즘 같으면 경찰의 음주운전 단속 대상이 된다(원주).

해 다시 세인트루이스에 다녀와야만 했다. 그 사이에 또 오드웨이 하사가 두 지휘관 대신 지휘를 맡았다. 루이스는 콜터, 볼리, 와이저, 로빈슨을 10일간 영내 밖으로 나가지 못하도록 처벌했다.

3월 7일, 루이스는 세인트루이스에서 북부 루이지애나가 미국에 공식 이양되는 행사에 참석했다. 미국 측 공식 대표인 스토더드 대위가 루이스를 공식 참관인으로 초청한 것이다. 포트 캐스캐스키아의 제1보병연대 소속 분견대가 임시로 그곳에 주둔해 있었다.

행사는 3월 9일에 그 도시의 에스파냐 측 본부인 지사 관저에서 열렸다. 먼저 에스파냐에서 프랑스로의 이양 절차가 있었다. 델라수스 대령이 에스파냐 측을 대리했고 스토더드는 임시로 프랑스 측을 대리했다. 델라수스는 에스파냐 국기를 내려 스토더드에게 건네주었고, 스토더드는 프랑스 삼색기를 게양했다. 세인트루이스 인근의 주민 대부분은 프랑스인이었기 때문에 삼색기가 올라가는 걸 보고 환성을 올렸다. 그들은 눈물을 글썽이며 그날 하룻밤만 더 세인트루이스 하늘에 삼색기가 펄럭이게 해달라고 요청했는데 스토더드는 흔쾌히 허락했다.

다음날, 군인들의 예포와 환호성 속에 삼색기가 내려지고 성조기가 게양되었으며 문서에 서명이 이뤄졌다. 스토더드는 그 지역 정부가 구성될 때까지 북부 루이지애나의 군사 및 민간 지사 직위를 임시로 떠맡게 되었다. 행사가 끝난 뒤, 루이스와 클라크는 스토더드와 함께 에스파냐군 방어시설을 방문 조사했다.19

며칠 뒤, 클라크는 준비를 계속하기 위해 우드강으로 돌아왔다. 서서히 날씨가 풀리면서 반갑지 않은 손님도 찾아왔다. 클라크의 3월 25일자 일지를 보자.

"오늘 저녁에는 모기가 무척 극성이다."

3월 28일, 루이스는 육군성 장관 명의로 된 액면가 500달러짜리 어음을 3장 발행했다. 그는 며칠 전에 이미 1,669달러짜리 1장과 159달러짜리 1장을 발행한 터였다. 또한 그는 오세이지족 추장과 피에르 쇼토가 워싱턴까지 다녀오는 데 필요한 여비도 어음으로 발행했고, 물품을 구입하면서 전표에 서명도 했다. 이런 식으로 정부 명의로 된 어음에 서명하는 것은 루이스에게 일상다반사였다. 만약 그게 버릇처럼 된다면 위험할 수도 있었다.

29일 오후, 루이스는 우드강으로 건너갔고 클라크가 놀라운 소식을 전해주었다. 대원들 사이에 싸움이 있었다는 것이다. 존 실즈는 명령에 불복종하고 오드웨이 하사의 생명을 위협했으며 켄터키로 돌아가겠다고 했다. 또한 존 콜터는 명령에 불복종하고 총에 장전까지 해가며 오드웨이를 쏴 버리겠다고 위협했다.

대원들은 벌써 4개월째 대부분의 시간을 우드강의 숙영지에서 보내고 있었다. 여자라곤 인근 정착지에 사는 개척민 중에서 한두 명 구경했을 뿐이고 그나마 하나같이 기혼자였다. 위스키 판매상이 있긴 했지만 가격이 비싸 쉽게 사마실 수도 없었다. 오두막집이 완성되고 평저선의 개조가 끝나자 대원들은 아무것도 할 일이 없었다. 그나마 좋아하는 사격훈련은 하루에 한차례밖에 할 수 없었다.

그 젊은 영웅들은 체격 좋고 황소처럼 억셌으며 정력과 남성호르몬이 충만한 상태였다. 그렇다 보니 지루함을 참지 못해 싸움을 벌이고 술을 마셨던 것이다. 클라크는 여러 번 있었던 심한 주먹다짐을 기록해두었는데 때로는 오히려 즐거운 듯한 표현도 사용했다.

'R. 필드는 지고 나서 실수였다며 아까워했다. 프레이저는 엄청 못

싸운다."

그러나 사병끼리 치고받는 것은 그렇다 쳐도 하사관을 위협하는 것은 또 다른 문제였다. 3월 29일, 두 지휘관은 실즈와 콜터를 하극상으로 군법회의에 회부했다. 두 이병은 용서를 빌었고 앞으로는 더 잘하겠다고 맹세했다. 그로부터 이틀 뒤 실즈와 콜터는 영구대원으로 선정되는 영광을 누렸다.

3월 31일, 두 지휘관은 북아메리카 대륙의 내륙을 탐사하기로 예정된 분견대의 대원 25명을 선정 발표했다. 그밖에 5명으로 구성된 또 다른 조는 다음 겨울 숙영지까지 원정대와 함께 갔다가, 보고서와 표본을 갖고 세인트루이스로 돌아올 것이었다. 그 조는 리처드 워핑턴 Richard Warfington 상병이 지휘를 맡기로 했다. 주분견대는 3개 분대로 편성됐고 찰스 플로이드와 너새니얼 프라이어 하사가 오드웨이와 함께 각각 분대장을 맡았다.

두 지휘관이 마음에 들어 했던 병사는 워핑턴, 플로이드, 프라이어 말고도 더 있었다. 프라이어는 마침 몸이 아픈 상태였다. 대원 선발을 기록한 분견대 명령에서 클라크는 이렇게 적었다.

"프라이어 하사의 와병 중에는 조지 섀넌이 프라이어의 임무를 대신 수행하도록 지명되었다."

원정대에서 가장 나이가 어린 섀넌에게 그 지명은 대단한 칭찬이었다. 이제 영구 원정대가 꼴을 갖춘 셈이었다. 사병 22명과 하사관 3명, 공동지휘관인 루이스와 클라크 말고도 클라크의 노예인 요크, 드뤼야르, 그리고 시먼이 원정에 동행했다. 출발할 때가 점차 다가오고 있었다. 매일 아침, 대원들은 미주리강의 흙탕물이 미시시피강으로 밀려들어 오는 모습을 구경했다. 미주리강의 물은 광대한 미시시피 강폭의 4분의 3을 차지했는데 이는 둘 중에서 미주리강 쪽의 물살이 훨씬 거셌기 때문이다.

저녁이면 대원들은 미주리강 너머로 해가 지는 광경을 구경했다. 하루 일과를 마치면 그들은 각자 배급받은 위스키를 홀짝이며 강을 바라보고 강에 대해 이야기했다. 대원들은 강을 두려워하지 않았다. 오히려 강에 이끌렸다. 어떤 모험이 기다리고 있을지, 어떤 광경이 펼쳐질지 상상조차 할 수 없었기 때문에 더욱 떠나고 싶어 했다. 직접 봐야 어떤지 알 수 있을 것이 아닌가.

개스 하사의 일지에 따르면 인근의 주민들이 "원정대가 앞으로 거인처럼 크고 흉폭하며 잔인무도한 야만인으로 이뤄진 수많은 부족 사이를 지나가게 될 것"이라고 경고했다고 한다. 그러나 그는 대원들의 확고하고도 굳은 태도와 계급에 상관없이 퍼져 있는 자신감이 그 모든 두려움을 일소했다고 주장했다.20

영구대원 선발이 있은 지 일주일 뒤, 오드웨이는 부모님께 편지를 썼다. 그는 자신의 결연함과 자신감을 강하게 표현했다.

> 우리는 보트를 타고 운항이 가능한 데까지 최대한 멀리 미주리강을 따라 올라간 다음, 육로를 통해 서해까지 갈 예정입니다. 물론 별다른 장해가 없다면 말입니다. 우리 원정대는 육군과 각지에서 선발된 25명의 대원으로 구성되어 있고 저는 제가 선발되었다는 사실이 무척이나 기쁩니다. (…) 우리는 앞으로 열흘 안(4월 18일)에 출발해서 미주리강을 따라 올라갈 예정입니다. (…) 대략 18개월에서 2년이 걸릴 것으로 보고 있습니다. 이번 원정이 끝나면 돌아와 큰 보상을 받게 될 것입니다.

오드웨이는 원정 기간에 자기가 받는 월급이 15달러이며 귀환 후에는 상여금으로 노른자위 땅을 400에이커 받게 된다고 썼다. 그런 뒤에 그는 대원들 사이에 돌던 헛소문, 혹은 두 지휘관이 사기 진작을 위해 고의적으로 퍼트린 것인지도 모를 기대에 관해서도 적었다. 물론 어느 쪽이든 그것은 당시 대원들과 두 지휘관의 높은 사기를 보여주는 것이긴 하지만 말이다.

"우리가 기대한 대로 대발견을 하면 미국 정부는 우리에게 약속했던 것보다 더 큰 보상을 해주겠다고 약속했습니다."[21]

undaunted courage

출발 준비
1804년 4월~5월 21일

4월의 태양이 점점 따뜻해지면서 미시시피강의 양쪽 강둑에는 온갖 색깔이 만발했다. 그달 초까지는 자연의 첫 색상인 녹황색이 지배적이었지만 곧이어 만만찮은 경쟁이 벌어졌다. 두 지휘관은 4월 1일자로 털조장나무가 만발했고 또한 흰얼레지와 메이애플도 마찬가지라고 적었다. 5일에는 복숭아, 사과, 벚나무의 꽃봉오리가 나타났고 17일에는 그 꽃이 활짝 피었다. 오세이지 사과와 치커소 자두 역시 꽃을 피웠고 제비꽃과 쥐손이풀, 앵초도 마찬가지였다.

멋진 날씨 속에서 오후 기온이 60도(섭씨 15도)대에 진입했고 그달 말에는 70도(섭씨 20도)대 초반에 접어들었다. 하지만 26일에는 서리가 내려 카호키아의 과일들을 얼려 죽이고 말았다. 그날 오후에도 기온은 66도(섭씨 18도)까지 올라갔다.

오드웨이 하사는 4월 18일쯤 떠나게 될 거라고 썼지만, 4월 중순에 이르러 루이스는 식량을 더 준비하기 위해 좀더 머물러야 한다는 결정을 내렸다. 또한 그는 오세이지족 추장의 워싱턴 방문을 준비할 시간도 필요했다. 결국 출발일은 한 달 뒤로 미뤄졌다.

4월 7일 토요일 오전 7시 정각, 루이스와 클라크는 요크와 이병 1명이 젓는 카누를 타고 세인트루이스로 향했다. 스토더드 대위가 그들을 맞이해 귀빈으로 모셨다. 그의 관저에서 루이스와 클라크는 옷을 갈아입고 연회 겸 무도회에 참석했다. 무도회는 다음날인 일요일 오전 9시까지 계속되었다.

월요일에 클라크는 우드강으로 돌아왔고 루이스는 물품을 구입하기 시작했다. 주로 깃발, 모기장, 셔츠, 음식, 술, 인디언 교역품 등이었다. 그는 그 물건들을 우드강으로 보내 원정용으로 포장하게 했다. 개당 0.14달러짜리 휴대식량 4,175개, 개당 0.04달러짜리 밀가루 휴대식량 5,555개, 갤런당 1.28달러짜리 위스키 100갤런, 갤런당 1달러짜리 위스키 20갤런, 개당 0.04달러짜리 소금에 절인 돼지고기 휴대식량 4,000개, 그리고 옥수수가루 등이었다.

5월 2일, 루이스는 클라크에게 편지를 보내 오세이지족 일행이 열흘 안에 출발할 거라면서 암염 표본이 자기 책상서랍이나 다른 어딘가에 있을 테니 그걸 찾아 보내달라고 했다. 자기 책상을 마음대로 뒤져도 된다고 한 루이스의 말은 두 사람 사이의 신뢰도가 어느 정도인지 보여주며, 다른 한편으로는 우드강에 있었던 두 사람의 거처가 어떤 모양새였는지 엿보게 한다.

5월 6일 일요일은 클라크에게는 멋진 하루였고 루이스에게는 끔찍한 날이었다. 우드강에서는 그 지역의 정착민 몇 사람이 찾아와 대원들과 사격 시합을 벌였다. 클라크는 그 결과에 만족스러운 듯, "정착민들이 모두 져서 돈을 잃었다"고 썼다.

세인트루이스에서는 더 이상 나무통을 구할 수 없다는 사실을 알게 된 루이스가 펄펄 뛰고 있었다. 이미 그 도시에 남은 재고는 그가 싹 쓸이했던 것이다. 루이스가 분노한 또 다른 이유는 마누엘 리사의 태도가 영 만족스럽지 못한 데다, 그가 당국에 루이스의 고압적인 태도와 이런저런 단점을 지적하는 탄원서를 제출했기 때문이다. 5월 6일, 루이스는 클라크에게 보낸 편지에 리사의 행동과 자신의 반응을 적었다. 그는 마음속의 이야기를 모두 털어놓았다.

"빌어먹을 마누엘. 세 배는 더 빌어먹을 B아무개(리사의 동업자인 프랑수아 베누아Francis Benoit) 같으니. 그놈들이 대체 뭐기에 나에게 이런 고민과 말썽을 안겨주는지 모르겠군. 내가 보기에 두 놈 모두 대단한 악당이고 그놈들이 우리 정부나 그 일처리 방식에 보여준 적대적인 성향의 증거는 차고도 넘칠 정도라네."

마침내 그의 분노가 폭발했다. "이 사람들도 말일세." 그는 이렇게 적고 나서 잠시 멈추었다가 그 문장을 쓱쓱 지우고 다시 썼다.

"이 개새끼들도 말일세. 내 의도를 모르는 게 아니라네. (…) 그런 태도를 지닌 놈들, 그렇게 확실한 광기를 드러내는 놈들은 '잘 드는 칼로 목을 따버려야 한다'는 걸 말일세."

루이스는 어쩌면 자기 목까지 따고 싶었을지도 모른다. 왜냐하면 이 편지에서 클라크에게 한 가지 끔찍한 소식을 전해야 했기 때문이다.

"이 편지와 함께 자네의 임명장과 육군성 장관의 편지를 넣어 보내네. 내가 바라던 것과는 전혀 다른 결과라네. 어쨌거나 오긴 왔군. 더 자세한 설명은 돌아가는 대로 해주겠네."[1]

그것은 다름 아닌 중위 임명장이었다. 자신이 약속한 대위 임명장이 아니라서 루이스는 그야말로 낭패감을 느꼈지만 어쩔 도리가 없었다. 클라크의 임관에 관해 자신이 쓴 2월 10일자 편지에 대한 디어본의 답장을 읽는 순간 루이스의 가슴은 철렁 내려앉았다.

"공병대의 특수한 상황과 환경, 조직을 고려할 때, 클라크를 그 부대의 대위로 임명하는 것은 부적절하다고 여겨지네."

디어본이 클라크에게 줄 수 있는 최선의 조치는 포병대의 중위 임명장뿐이었다. 물론 클라크의 실제 급료는 대위급으로 나갈 거라고 했다. 3월 24일, 디어본은 클라크를 포병대 중위로 발령하는 것을 포함한 인사자 명단을 제퍼슨에게 제출했다. 제퍼슨은 그날 오후 명단에 서명했고 3월 26일자로 상원에서 비준이 떨어졌다. 상황은 디어본의 사소한 관료주의적 책략으로 더욱 악화됐다. 그는 클라크의 발령일자를 자신의 서명일인 1804년 3월 26일로 적었다. 이는 클라크의 계급을 깎아내릴 뿐 아니라 그가 원정대에 합류하기로 동의한 직후부터의 근무 기간은 물론, 1803년 10월 중순부터 1804년 3월 26일까지의 실제 근무 기간까지도 깡그리 부정하는 처사였다.2

지금까지 알려진 바에 따르면 제퍼슨은 아무런 이의도 제기하지 않았다. 분명한 사실은 만약 클라크가 루이스의 초청을 거절했다면 그 대신 참가했을 모제스 후크에게는 분명 중위 계급에 부지휘관 직분이 주어졌겠지만, 클라크가 초청에 응한 이상 그에게는 대위 계급에 공동지휘관 직분이 주어졌어야 마땅했다는 점이다. 제퍼슨도 세인트루이스와 우드강에서 날아온 보고서를 통해 루이스와 클라크가 공동지휘관으로 활동하고 있음을 분명히 알고 있었을 것이다.

어쩌면 제퍼슨으로서는 오로지 루이스에게만 지휘권을 주고 싶었을지도 모른다. 그토록 오랜 여정 중에는 두 지휘관이 불화를 겪기 일쑤고, 그러다 보면 지휘가 제대로 안 되는 것은 물론 심할 경우 탐사 부대를 적대적인 파벌로 분열시킬 수도 있었기 때문이다.

제퍼슨의 의향이 무엇이었든 디어본의 조치는 루이스에게 지휘권을 장악할 수 있는 기회를 주었다. 하지만 루이스는 이러한 상황을 자신에게 유리하게 이용하려는 생각은 털끝만큼도 하지 않았다. 그는 곧바로 클라크에게 이런 편지를 썼다.

"내 생각에는 우리 원정대나 다른 누구에게도 자네의 계급에 관한 이야기는 하지 않는 것이 좋겠네. 자네도 알겠지만 계급은 자네의 급여에 영향을 끼치지 않을 걸세. 맹세코 내가 받는 것과 똑같을 걸세."3

그로부터 7년이 경과할 때까지 서류상으로 원정대의 지휘관은 루이스 대위 혼자이며 클라크 중위는 사실상 부지휘관에 불과했다는 사실을 아는 사람은 디어본, 제퍼슨, 육군성의 직원 1~2명, 그리고 루이스와 클라크밖에 없었다. 원정대의 대원들은 모두 루이스와 클라크를 대장이자 공동지휘관으로 여겼다. 중요한 것은 바로 그 점이었다.

클라크가 이 문제에 대해 루이스에게 뭐라고 말했는지는 알려지지 않았다. 1811년 니콜라스 비들Nicholas Biddle은 일지의 편집본을 출간하던 중에 클라크에게 두 장교간의 정확한 관계를 설명해 달라고 요청했다. 그의 답변은 "모든 면에서 동등했다"는 것이었다. 그는 원래 약속됐던 대위의 임명장이 나오지 않은 것은 충분히 예상했던 일이라고 했다. 하지만 그는 루이스의 계책에 만족했으며 또한 원정의 성공을 기원했기 때문에 그냥 밀고 나갔다고 했다. 그는 비들에게 향후 출간될 일지에서 자신이 "모든 면에서 루이스 대위와 대등한 입장에 놓였으면 하며, 임명에 관한 이야기는 아무것도 심지어 언급조차 하지 않았으면 한다"고 말했다.

　클라크는 "내가 받은 처우가 아주 훌륭했다고 생각하진 않았다"라고 하면서도 자신은 이 문제를 어느 누구에게도 심지어 제퍼슨이나 디어본에게도 이야기한 적이 없다고 비들에게 고백했다. 아울러 이 사실은 비들 혼자만 알고 있으라고 신신당부하는 것도 잊지 않았다.4

　또 다른 임명 문제에 관해서는 루이스도 성공을 거두었다. 제퍼슨은 당시 웨스트포인트West Point에 미국 육군사관학교의 설립을 주도하고 있었다. 루이스는 이번 매입 지역의 프랑스인 사업가들을 미국 편으로 끌어들이는 수단 중 하나로 그 학교를 활용하자고 제안했다. 역사가 시오도어 크래클Theodore Crackle의 설명처럼 루이스의 계획은 간단했다.

　"이 지역의 주도적인 시민의 자제를 웨스트포인트에 생도로 입학시키는 겁니다. 이들 가문을 새로운 국가 그리고 (제퍼슨의) 정부와 엮는 방법으로 이보다 더 좋은 것이 어디 있겠습니까?"

　디어본과 제퍼슨은 이 제안을 흔쾌히 받아들였다. 4월, 루이스와 스토더드는 오귀스트 쇼토의 두 아들과 샤를 그라티요를 비롯해 일군의 젊은이를 웨스트포인트의 입학생으로 추천했다. 특히 쇼토의 아들 로리미에르 쇼토Lorimier Chouteau는 인디언과 백인의 혼혈이었다. 스토더드는 로리미에르를 추천하고 싶어 하지 않았는데, 그것은 "그의 피부색에 인디언의 모습이 너무 많이 드러나 생도들 사이에서 그의 입지가 불안해질 수 있다"는 이유에서였다. 반면 루이스는 로리미에르를 끝까지 추천했고 결국 그를 비롯한 3명이 웨스트포인트에 입학할 수 있었다. 나중에는 3명이 더 추가되었다. 그들 중 5명은 사관학교를 졸업하고 임관했으며 그중에는 로리미에르도 포함되어 있었다.

그는 3년간 군에 복무하며 두 차례나 승진했다.5

  1804년 5월의 첫 주 동안 세인트루이스에서는 오세이지족 추장의 여행과 관련된 몇 가지 곤란한 문제와 지연이 있었다. 우드강에서는 클라크가 혈기왕성한 젊은이들을 붙잡아 두느라 애를 먹고 있었다. 밤이면 대원들 상당수가 술에 취해 클라크 앞에서 언짢은 광경을 연출했지만, 그들의 상황을 누구보다 잘 알았던 클라크는 일단 여정이 시작되면 더 이상 문제가 없을 것임을 알았기 때문에 크게 나무라지 않았다.

  5월 7일, 클라크는 평저선에 짐을 실었다. 다음날, 그는 20명의 노잡이와 함께 배를 몰고 미시시피강을 오가며 균형을 확인했다. 뭍에 상륙한 뒤 클라크는 선미 쪽에 선구를 더 많이 옮겨두었다. 5월 11일, 드뤼야르가 7명의 뱃사람을 숙영지로 데려왔는데 이들은 쇼토 가문의 도움을 얻어 세인트루이스지역에서 고용한 사람들이었다.*

  5월 13일 일요일, 클라크는 세인트루이스에 머물던 루이스에게 전갈을 보내 준비가 완료되었음을 알렸다. 보트와 통나무배에는 짐이 실려 있었고 카누 1척은 워핑턴 상병과 6명의 병사가 노를 저어 가기로 했다. 또 다른 카누 1척은 나중에 워핑턴 일행과 함께 돌아가게 될 8명의 프랑스인 노잡이가 맡기로 했다. 모든 것이 준비 완료 상태였다. 클라크는 "우리가 조달 권한을 부여받은 것들은 충분히 얻었다"고 썼다. 이는 두 지휘관이 생각하기에 필요한 것이 아니라 오로지 권한을 부여받은 것만 얻었다는 얘기다. 클라크는 일지에 약간 툴툴대고

---

*어쩌면 루이스와 리사간의 불화는 이 문제를 둘러싸고 벌어진 것인지도 모른다. 루이스는 애초에 리사를 통해 뱃사람을 1명 구하려 했지만 그 거래가 깨진 것 같으며, 그 와중에 서로를 불신하는 내용의 비난이 오가지 않았을까 싶다(원주).

있다.

"우리가 장차 대륙을 넘으면서 만나게 될 수많은 인디언을 대비해 필수적이라고 생각되는 것조차 재고가 많지 않다."

다음날인 5월 14일, 준비를 마친 클라크는 그날 오후 4시에 배를 타고 미주리강을 4마일쯤 거슬러 올라갔다. 어느 섬에서 캠핑한 그는 대원들이 사기가 높다고 말하면서 "건장하고 젊은 산사람들, 원기왕성하고 대담한 젊은이들이 마음에 든다"고 적었다.

다음날, 클라크 일행은 세인트찰스 St. Charles를 향해 출발했다. 미주리강의 북쪽 강둑에 위치한 이곳에 도착한 직후 클라크는 뱃짐을 다시 정리했다. 미주리강에는 수면 아래 살짝 잠긴 통나무들이 있었는데, 강바닥에 솟아 있거나 거의 완전히 잠긴 채 흘러내려 오는 그런 통나무는 피하기가 쉽지 않았기 때문이다. 그런 장해물과 부딪힐 때마다 뱃머리가 번쩍 들리지 않게 하려면 차라리 장해물을 밀어젖히고 나갈 수 있도록 뱃머리를 무겁게 할 필요가 있었다.

5월 16일, 클라크 일행은 세인트찰스에 도착해 짐을 싣고 루이스 대위가 오기를 기다렸다. 루이스는 오세이지족 일행과의 일이나 자신이 돌아올 때까지 스토더드 대위가 세인트루이스에서 자신의 대리인으로 활동하도록 준비하는 일로 바쁜 나날을 보냈다. 그는 자신이 직접 인디언 대표단을 선정하고, 새로운 아버지를 만나기 위해 워싱턴으로 출발시키는 것까지 담당할 생각이었다. 루이스는 스토더드에게 미시시피강 너머 인디언 부족 일행을 워싱턴까지 보내는 일에 비용을 아끼지 말도록, 아울러 이들의 편안과 안위에 유의하도록 당부했다. 특히 미주리강 유역의 부족 중에서도 가장 숫자가 많고 호전적이며 루이스가 각별히 감동을 주고 싶었던 수족에 대해 유의하도록 했다.

나아가 스토더드는 루이스를 따라갔다가 세인트루이스로 돌아올 프랑스인 뱃사람들에게 임금을 지급해야 했다. 또한 이후에 루이스가 서명한 어음을 지닌 사람이 찾아오면, 스토더드는 즉시 현금을 지급하고 육군성 장관에게 보고할 임무를 맡았다. 나아가 이제부터 루이스 앞으로 오는 편지가 있다면 어느 곳에서 온 것이든 제퍼슨에게 다시 보내야 했다.6

이후 이틀간 루이스는 쇼토와 오세이지족 추장의 워싱턴 여행에 필요한 막바지 준비에 분주했다. 그는 제퍼슨에게 보낼 물건(예를 들면 광물 표본, 뿔도마뱀, 세인트루이스에서 뉴올리언스까지의 미시시피강 수로도, 에번스의 지도를 근간으로 삼고 세인트루이스 인근의 뱃사람들에게 들은 것을 근거로 클라크와 루이스가 작성한 북부 루이지애나 지도)을 한 상자 꾸려 쇼토에게 건네주었다. 도널드 잭슨은 그 지도에 관해 "이 원정 사상 최초로 지도제작법을 이용해 직접 작성한 것"이라고 평가했다.7 5월 19일, 쇼토 일행은 워싱턴으로 출발했다.

5월 20일 정오, 루이스는 말을 타고 세인트찰스로 향했고 스토더드와 휘하 장교 2명, 오귀스트 쇼토, 샤를 그라티요, 그리고 10여 명의 세인트루이스 유력 인사가 그와 동행했다. 루이스는 일지 항목에 그 여정을 적었는데, 이는 1803년 11월부터 1805년 4월 사이에 그가 적은 유일한 항목이기도 했다.

"우리가 간 길에서 처음 5마일가량은 세인트루이스 시내를 에워싸고 있는 아름답고 기름진 평원이 펼쳐져 있었다."

오후 1시 30분, 천둥번개를 동반한 갑작스런 폭우가 쏟아진 까닭에 일행은 작은 오두막으로 잠시 몸을 피했다. 그들은 1시간 반가량 쉬면서 세인트루이스에서 준비해간 간식을 먹고 기운을 차렸다. 도무지

비가 그칠 기미를 보이지 않자 조급해진 루이스는 투덜거리며 빗속을 뚫고 세인트찰스로 출발했다. 결국 그는 6시 30분에 도착해 클라크와 만났으며 원정대의 건강과 사기가 좋은 상태임을 확인했다.

다음날 아침, 클라크는 대원 중 20명이 마지막 미사에 참석하고 싶어 하며 자신은 짐을 쌓는 것에서 몇 가지 조정할 것이 있기 때문에 그날 오후 늦게야 원정대가 출발할 수 있으리라고 루이스에게 알렸다. 루이스는 그 사이에 세인트찰스 주변을 둘러보았다. 1769년에 설립된 그 마을에는 100여 가구가 작고도 얼기설기 지어진 집에 살고 있었다. 그곳에는 성당과 사제가 있었고 인구는 450여 명이었으며 그들 대부분은 프랑스계 캐나다인이었다.

"미국 토착민의 순수 혈통이 자신의 몸속에 조금이나마 흐르고 있다고 자랑하는 사람이 한두 명이 아니었다."

루이스는 그런 혼혈인 가운데 피에르(피터) 크루자트Pierre(Peter) Cruzatte와 프랑수아 라비셰Francis Labiche를 추가로 고용했다. 프랑스인 아버지와 오마하족 어머니 사이에서 태어난 크루자트는 수화에 능했고 오마하어로 말할 수 있었다. 라비셰 역시 그 지역 인디언의 언어를 여러 가지 구사했다. 두 사람이 미국 육군 소속의 이병 자격으로 활동하겠다고 선서를 마치자, 루이스는 이들 역시 영구대원에 포함시켰다. 이것은 두 사람에 대한 그의 높은 신뢰를 보여주는 행동이었다.8

클라크는 세인트찰스 주민들에 관해 "가난하고 점잖고 조화로운 성격"이라고 적었다. 루이스는 보다 가혹하게 끔찍하리만치 가난하고 문맹이며 극도로 게으르다고 평가했다. 하지만 그는 이들의 장점도 찾아냈다.

"점잖고 친절하며 천성적으로 우둔함과 거리가 멀다. 서로 완벽한 조화를 이루며 살아간다."

그 지역 주민들은 모피 수집을 위해 사냥여행을 다녀오거나 미주리 강과 오세이지강을 거슬러 올라가는 교역상들을 위해 배를 몰아주는 등의 일로 생계를 유지했다. 그런 일은 한번에 보통 6개월에서 18개월이 걸렸다. 자신이 직면하게 될 미래를 내다보았는지 루이스는 그 뱃사람들이 "항상 격렬하고도 끊임없는 노역에 종사하고 있으며 무법적인 야만인의 만행과 날씨, 기온의 변화에 노출되어 있고 식량, 의복, 약품 등은 그저 우연이나 행운에 의존해야만 했다"고 적었다.

그날 오후 3시 30분, 원정대는 강둑에 몰려든 사람들의 박수갈채 속에 드디어 대장정의 막을 올렸다. 그로부터 2주일 뒤 그 자리에 있던 스토더드는 디어본에게 보낸 보고서에서 루이스 일행이 보트 1척과 통나무배 2척에 나눠 타고 미주리강을 거슬러 올라갈 때의 광경을 전했다.

"배마다 짐을 잔뜩 실었고 대원들이 가득 타고 있었습니다. 대원들은 대단한 결의에 차 있었고 건강과 사기는 최상이었습니다."9

평저선이 강의 물살을 거슬러 오르며 루이스와 대원들은 이제 문명으로부터 완전히 차단된 상태가 되었다. 이제는 더 이상 편지도 명령도 임명도 신선한 보급도 충원도 그 무엇도 이들을 찾아오지 않을 터였다. 적어도 이들이 돌아오기 전까지는 말이다.

두 지휘관은 이 원정이 앞으로 2년쯤, 어쩌면 더 오래 걸릴 것이라고 내다봤다. 이제 그들 앞에 무엇이 놓여 있든 어떤 결정을 내리든 더 이상 상관으로부터 지침을 얻을 수 없었다. 이것은 미국 육군 역사상 전무후무한 단독 지휘였다. 루이스와 클라크는 콜럼버스나 마젤란, 쿡처럼 자유로운 상태였고 오로지 각자의 판단과 능력에만 근거해 결정을 내려야 했다.

원정 첫날 오후 동안, 원정대는 미주리강을 3마일 반가량 거슬러 올라갔다. 그날 밤은 우현 쪽에 위치한 어느 섬의 상류 쪽에서 캠핑했다. 봄의 폭풍은 계속되었고 밤새 폭우가 내렸다.

5월 22일 오전 6시 정각, 그들은 다시 여행길에 올랐다.

미주리강을 따라 상류로

1804년 5~7월

    물살은 보통 시속 5마일 정도였지만 절벽이나 섬, 모래톱, 좁은 수로 등이 있으면 속도가 더 빨라졌다. 봄에는 수위가 높아 거의 홍수 때만큼 물이 차올랐다. 사방이 장해물 투성이였다. 강둑이 무너져 내리면서 나무가, 그것도 커다란 나무가 뿌리째 떠내려 왔다. 유목流木이나 강바닥에 뿌리박힌 채 물살에 따라 이리저리 가지를 흔들어대는 물속 나무는 잘 보이지도 않았다. 유목들이 커다란 더미를 이뤄 빠른 속도로 떠내려 오는 걸 보면, 보트의 옆구리에 구멍이라도 내지 않을까 겁이 날 정도였다. 모래톱과 소용돌이는 셀 수 없이 많았다. 한마디로 미주리강은 미시시피강보다 훨씬 고약했다.

    원정대는 뱃머리에 짐까지 잔뜩 실은 커다란 보트를 몰고 어떻게 미주리강의 그 압도적인 물살을 거슬러 올라갔던 것일까? 도널드 잭슨은 이에 관해 생생하게 묘사하고 있다.

"평저선은 유용하긴 했지만 다루기 힘든 면도 있었다. 10톤이나 20톤의 짐을 실으면 느리지만 꾸준히 움직이는 화물선이 되었고, 회전식 총을 1정 장착하고 뱃전에 보초를 1명 세우면 소형 전함이 되었다. 물속에 잠긴 통나무만 주의한다면 그걸 타고 강을 따라 내려가기는 식은 죽 먹기였다. 그러나 강을 거슬러 올라가는 것은 그렇지 못했다. 바람이 좋으면 돛을 올릴 수 있었지만 바람이 없으면 쇠촉이 달린 삿대로 바닥을 찍어 미는 수밖에 없었다. 바닥이 깊어 삿대가 닿지 않으면 노를 저었다. 물살이 빨라 노 젓기가 힘들면, 40패덤짜리 견인밧줄을 돛대에 매고 승무원을 강변에 상륙시켜 밧줄을 당기게 할 수 있다. 이 모든 것에 실패할 경우, 유일한 방법은 강둑에 배를 매고 바람이 좋아질 때까지 기다리는 것뿐이었다."[1]

원정대의 여정은 대체로 원활했으며 특히 바람이 좋을 때는 하루에 20~30마일이나 운행할 수 있었다. 하지만 바람이 없으면 모두 극도로 조심하고 정신을 집중해야 했으며, 대원들은 마일마다 엄청난 육체노동을 감당해야 했다. 노를 젓든 삿대를 찍든 아니면 밧줄로 당기든 대원들의 노역은 어마어마했다. 흰색 통나무배에 탄 워핑턴의 대원들과 적색 통나무배에 탄 뱃사람들은 상대적으로 배를 몰기가 더 쉬웠다. 이들의 배는 가벼운 데다 조종하기가 쉬웠기 때문이다. 평저선은 장해물을 한번 피하려면 대원들이 계속 좌우로 왔다 갔다 하며 배를 기울여야 했지만, 통나무배는 그저 살짝 몸을 기울이기만 하면 그만이었다.

평저선에 탄 사병들은 억세고 신중하고 재빨랐다. 6월 16일, 클라크는 이런 여정에서 흔히 생길 수 있는 사건을 보고했다.

"모래가 쌓이면서 계속 모래톱을 만드는 바람에 보트가 거기에 부덮혀 뒤집힐 뻔했다. 배를 간신히 구해낸 것은 이번 일을 위해 어떠한 노고도 마다하지 않을 태세가 되어 있던 우리 대원들의 뛰어난 분발이었다."

6월 1일, 원정대는 오세이지강 하구에 도달해 왼쪽 강변의 곶에서 캠핑했다. 두 지휘관은 관측을 위해 근방에 있는 나무를 모조리 베어내도록 지시했고 원정대는 이틀 동안 그곳에 머물렀다. 두 지휘관은 이른 아침의 몇 시간 동안 해에서 달의 가장 가까운 가장자리까지의 거리 및 시간을 관측했다. 오전 6시 22분부터 8시 28분까지 그들은 세 자리 숫자 두 묶음을 각각 36회, 또는 3분마다 한 번씩 기록했다.*

원정 내내 클라크는 평저선에, 루이스는 강변에 머무는 시간이 많았는데 이는 클라크가 뱃사람 노릇에, 루이스는 과학자 노릇에 더 뛰어났기 때문이다(제퍼슨은 루이스가 동물학과 식물학에 모두 뛰어나지만 굳이 비교를 하자면 식물학에 더 뛰어나다고 말했다).2

루이스는 혼자 오랫동안 산책을 하며 동물이나 식물 표본을 수집하고 땅의 물리적 특성과 비옥도를 판단했다. 또한 샘이나 식수, 농가, 교역소, 요새 부지가 있는지 등을 확인했다. 하지만 안타깝게도 1804년 봄과 여름 동안 작성한 그의 일지는 현재 전해지지 않는다. 루이스의 노트에는 아마도 미시시피강 서부의 생물자원에 대한 그의 첫 반응이 나타나 있을 것이다.

1804년경, 미주리강의 하류지역에는 이미 많은 사람이 다녀갔다. 탓에 개울이나 섬, 현저한 지형에는 이름이 붙어 있었고 대부분은 프

---

*관측 시간(시, 분, 초)과 거리(도, 분, 초)를 각각 적었다는 뜻이다. 가령 7 14 6 / 61 23 30은 '오전 7시 14분 6초에 해와 달의 거리가 61도 23분 30초'였다는 뜻이다(역주).

랑스식 이름이었다. 특히 캔자스강 하구에서 플래트강$^{Platte River}$ 어귀까지는 비교적 정확한 지도가 이미 만들어졌고 플래트강에서 만단족 마을까지도 쓸 만한 지도가 있었다. 하지만 루이스에게는 모든 것이 새로웠고 그는 똑같은 사물도 남다른 눈으로 바라보았다.

캔자스강 하구까지의 식물군과 동물군은 대부분 이미 학계에 알려져 있었다. 그러나 그 외에도 새로운 것이 많았기 때문에 루이스는 기쁜 마음으로 표본을 수집, 기록, 보존하느라 바쁘게 움직였다. 그에게 관측 장비를 붙들고 몇 시간이나 씨름하는 것은 무엇보다 반가운 일이었다.

하지만 현재 그의 노트는 전해지지 않고 있다. 물론 일지 항목에는 5월 26일자로 그와 클라크가 서명, 발표한 분견대 명령이 적혀 있다. 그것은 하사관들에게 기존의 임무에 덧붙여 '매일 겪은 모든 사건과 그 지역에 관한 관찰을 비롯해 기록할 만한 것은 모두 각자 일지를 작성할 것'을 지시하는 내용이었다. 그런 명령까지 내려놓고 정작 루이스 자신이 일지를 작성하지 않았을 리는 없다. 그러나 그의 일지는 우리에게 전해지지 않고 있다.

평저선이 오늘날 미주리주에 해당되는 지역에서 캔자스강 하구와 플래트강 하구를 지나 남북 다코타주로 들어가는 동안 우리가 알 수 있는 루이스의 모습은 다른 사람, 특히 클라크의 시각을 통해서 뿐이다. 클라크는 자신이 관여한 사건이나 통과한 지역에 관해 멋진 묘사를 남기고 있지만, 직접 보지 못한 사건에 대해서는 아쉬울 정도로 간결하게 적고 있다. 가령 여정의 둘째 날인 5월 23일, 그는 이렇게 썼다.

"루이스 대장이 강 쪽을 향해 툭 튀어나온 언덕에 올라갔다가 그곳에서 떨어져 300피트 아래로 추락했다. 다행히 바닥까지 20피트를 남겨놓은 지점에서 뭔가 지탱할 것을 붙잡았다. 그의 칼 덕분에 목숨을 건진 셈이었다."

자칫하면 목숨을 잃을 뻔했던 그 사건에 관해 루이스가 기록을 남겼다면 클라크가 적은 것보다 훨씬 자세했을 것이다. 그들은 불필요한 위험을 최대한 피하고 경험을 통해 배워야 했으므로 루이스는 떨어지게 된 경위와 어떻게 살아났는지 자세히 설명했을 것으로 보인다. 하지만 그 내용은 클라크의 일지 항목에 적혀 있지 않다.

갈증을 더해주는 이야기는 이것뿐이 아니다. 다음날, 원정대는 분즈 세틀먼트Boone's Settlement(분의 정착지)를 지나갔다. 전설적인 모험가 대니얼 분이 이끄는 켄터키 주민들이 건설한 그 마을은 1799년에 에스파냐 정부 측으로부터 토지를 할양받아 세운 것이었다. 일찍이 켄터키로 들어온 그는 강변에 농장을 만들어 가족과 함께 살고 있었다. 루이스와 클라크가 강변에 상륙하자 정착민이 몰려들었고 두 사람은 이들에게 옥수수와 버터를 샀다.

과연 루이스와 클라크는 대니얼 분을 만났을까? 그 선배 모험가는 두 젊은 모험가에게 자신의 경험을 말해주었을까? '루이스와 클라크가 대니얼 분을 만나다'라고 하자니 마치 찰리 러셀Charles Marion Russell*의 그림 제목처럼, 혹은 어느 소설의 놀라운 한 장면처럼 들린다. 만약 분을 만났다면 클라크가 자기 일지에 당연히 적어두었을 것이다. 루이스의 일지에는 그날의 항목도 전해지지 않고 있다.

---

*찰스 매리언 러셀(1864~1926년)은 주로 서부 개척시대를 소재로 한 기록화를 남긴 미국의 화가이며, 루이스와 클라크를 소재로 한 작품도 여럿 남겼다(역주).

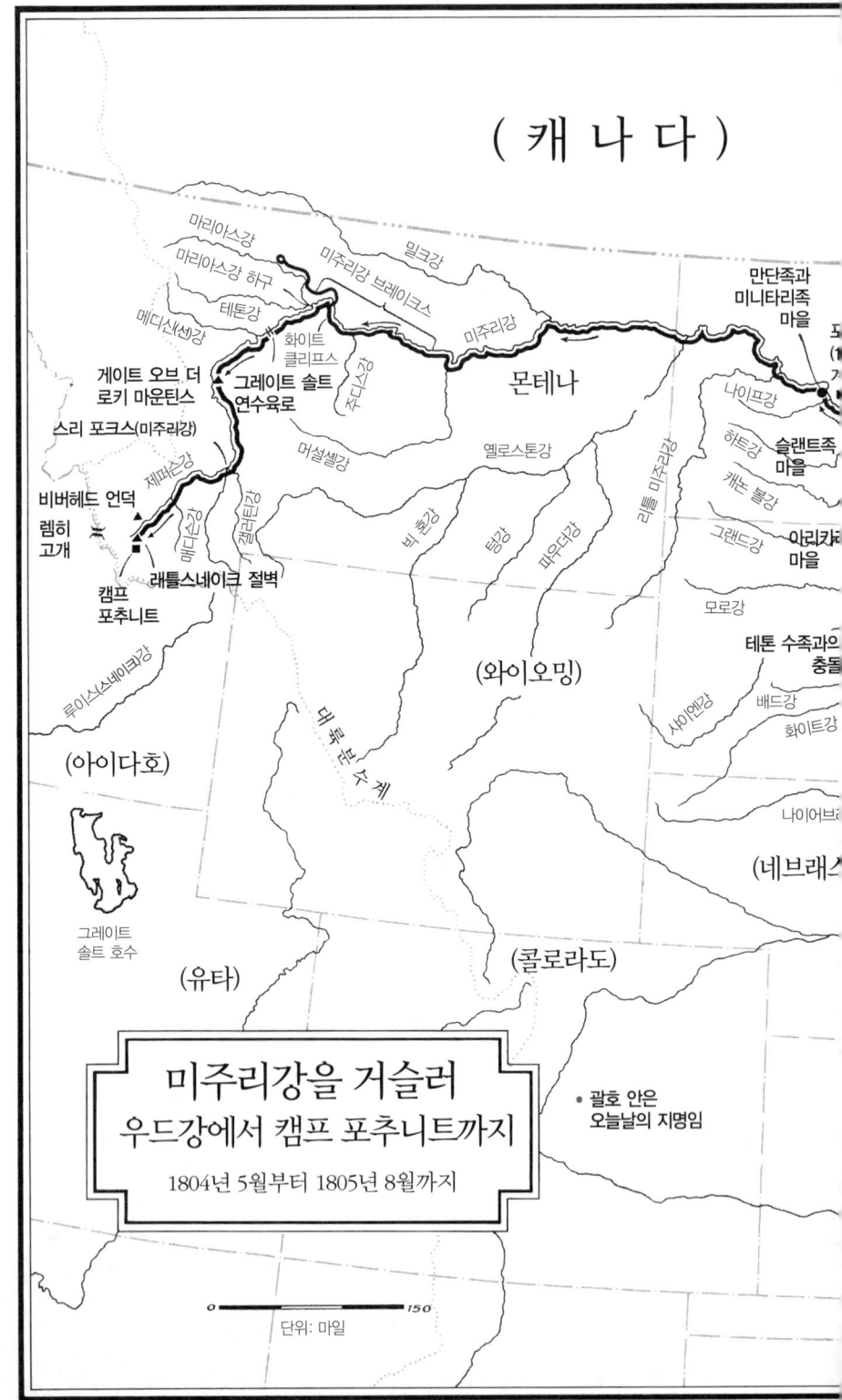

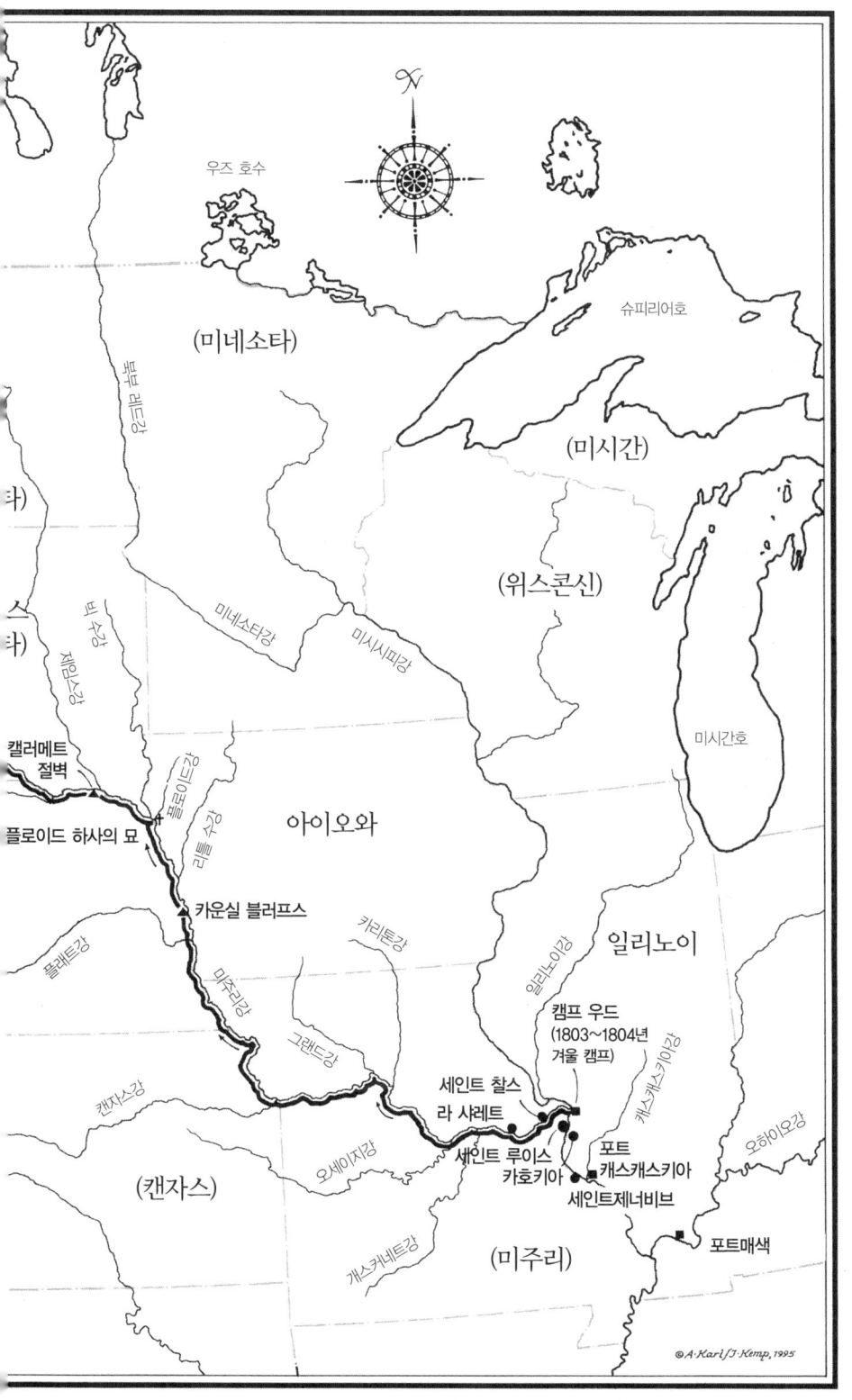

다음날인 5월 25일, 원정대는 미주리 강변에 건설된 최후의 백인 정착지 라샤레트La Charette를 지났다. 프랑스인과 미국인은 벌써 4, 5년간 그곳에 살고 있었고 1805년에는 대니얼 분도 그곳으로 옮겨 갔다. 오늘날 그 정착지는 강물에 쓸려 나가 존재하지 않지만 클라크는 당시의 경험을 기록해두었다.

"이 마을 사람들은 가난하고 집이 작다. 그래도 우리에게 우유와 계란을 보내주었다."

이 시기에 루이스가 남긴 주요 문서는 5월 26일자 분견대 명령뿐이다. 그 내용은 원정대가 단순히 탐사와 수집을 목적으로 떠난 것이 아니었음을 되새겨주고 있다. 이 원정은 엄연히 적대지역으로의 군사원정이었던 것이다. 제퍼슨의 관점에서 두 지휘관은 새로 획득한 영토를 탐사하고 태평양까지의 수로를 찾아내며 상업 확장, 과학 표본 수집, 그리고 오리건지역에 대한 미국의 영유권을 수립하기 위한 원정에 나선 것이었다. 반면 인디언 부족들의 관점에서는 불청객이 자기네 영토 한가운데로 들어온 것에 불과했다. 미국은 비록 나폴레옹에게서 루이지애나를 매입했지만 기존에 루이지애나에 살던 사람들로부터 연합이나 동맹, 추종은 얻지 못하고 있었다.

루이스와 클라크는 도중에 마주치는 낯선 인디언 부족을 원칙적으로는 교전 상대로 간주해야 했다. 이들은 인디언이 기꺼이 대화와 교역의 의향을 보일 것이라 기대했지만 사실 그것은 인디언의 선택에 달려 있었다. 인디언의 입장에서는 싸우기로 결정할 수도 있었고 당연히 그런 유혹을 느낄 법도 했다. 원정대가 보유한 무기는 그때까지 미주리지역에 들어온 것 중에서 가장 많았고, 어느 인디언 부족이든 그것만 획득하면 앞으로 제법 오랫동안 그 지역 전체를 호령할 수 있을 정도였다.

하지만 루이스는 충돌을 피하기 위해서라면 무슨 일이라도 할 태세였다(또한 그렇게 하도록 명령을 받은 상태였다). 최선의 방법은 상대방이 감히 대들 엄두를 내지 못하게 하는 것, 즉 처음부터 기습을 당하지 않도록 단단히 대비하는 것뿐이었다. 무기를 지닌 대원들이 부주의하게 흩어져 자고 있으면 방랑 중인 인디언 몇몇이 기습을 하고픈 충동을 느끼게 마련이었다.

기습을 방지하기 위해 루이스는 5월 26일자 분견대 명령에서 경계태세를 특히 강조했다. 당직하사의 임무 중에는 보초를 세우고 캠프의 안전을 유지하는 것도 있었다. 이것은 말 그대로 모든 가능성을 고려한 직접적인 명령이었고 원정대가 현재 전쟁 지역에 있으며 언제든 공격당할 위험이 있음을 명시한 것이었다. 원정대는 가능한 한 섬에서 캠핑했고 소총과 나팔총, 그리고 대포의 정비상태를 매일 확인해 언제든 사용할 수 있게 해두었다.

5월 26일자 루이스의 명령에는 평저선에서의 생활이 엿보인다. 그는 영구대원을 3개 분대, 또는 식사조로 나누었다. 매일 저녁 오드웨이 하사는 각 식사조에 그날 분의 식량을 지급했고 조리된 식량의 일부는 다음날을 위해 남겨 두었다. 낮 동안에는 조리하기 위해 불을 피우는 행위가 허락되지 않았기 때문이다. 주식은 옥수수죽과 돼지기름, 소금에 절인 돼지고기와 밀가루, 옥수수가루와 돼지고기 하루치씩으로 돌아가면서 이루어졌다.

드뤼야르는 다른 2~3명의 대원과 함께 세인트찰스에서 구입한 말 2필에 나눠 타고 매일 사냥을 나갔다. 이들이 사슴이나 곰을 잡아온 경우에는 돼지기름이나 돼지고기가 배급되지 않았다. 원정 사흘째부터 루이스는 식량을 최대한 아끼고 있었던 것이다.

루이스의 분견대 명령은 사실상 배가 상류로 거슬러 올라가는 동안 하사들이 맡을 책임에 대한 것이었다. 하사 1명은 키를 잡고 또 1명은 가운데, 다른 1명은 뱃머리에 앉았다. 키를 잡은 하사는 배의 조종, 후갑판에 실린 화물 관리, 나침반 확인을 담당했다. 가운데에 앉은 하사는 보초 지휘, 돛 조종, 노잡이 감시, 강과 지형 관측을 담당했다. 또한 그 하사는 위스키 배급량을 확인하고 밤에는 당직을 맡았다. 뱃머리에 있는 하사는 계속해서 전방을 관측하며 다른 통나무배나 선박이 나타나면 혹은 인디언 캠프나 사냥조가 있으면 모조리 보고했다.

이병 가운데 2명도 특별한 임무를 맡았다. 라비셰와 크루자트는 혼혈아로 원정대 내에서도 가장 뛰어난 뱃사람이었다. 루이스는 두 사람에게 "노 잡는 일을 번갈아가며 하고 둘 중 노를 잡지 않은 사람은 뱃머리꾼을 맡아라. 만약 뱃머리에서 2명 모두를 필요로 하는 경우, 이들이 잡던 노는 선내에 남은 병력이 누구든 대체하라"고 지시했다. 뱃머리꾼의 임무는 강물에 떠내려 오는 잡동사니를 쇠촉이 달린 삿대로 치우는 것, 위험이 임박할 경우 경고하는 것, 강을 횡단하기에 가장 좋은 지점을 찾는 것, 모래톱과 소용돌이 등이 나타나는 것을 감시하는 것 등이었다.

6월 8일, 뱃머리꾼이 외쳤다.

"전방에 통나무배!"

양측은 강변에 배를 대고 서로 정보를 교환했다. 하류로 향하던 3명의 여행가는 자신들이 작년 내내 미주리강 상류에서 사냥을 하고 돌아오는 길이라고 했다. 클라크는 그들이 갖고 있던 생가죽과 모피가 900달러어치는 될 것이라고 추산했다. 당시 그것은 엄청난 액수였기에 젊고 야심만만한 기업가는 금은을 찾는 것과 마찬가지로 한번쯤 도전해볼 만한 모험으로 여기고 있었다. 그것도 세인트루이스에서나 900달러지 그 모피가 뉴욕에 도착하면 가격은 10배로 뛰어올랐다. 그리고 그것이 수출되어 중국에 도착하면 가격은 다시 뉴욕 가격의 10배로 뛰었다.

인디언의 관점에서 모피는 자신들의 자원임에도 아무런 대가도 없이 빼앗기는 셈이었다. 따라서 인디언이 언제까지 백인들의 진출을 묵과할지는 중대 관심사였다. 만약 인디언의 허가를 받았을지라도 미주리강을 따라 설립된 교역소가 없다면 소규모 인원으로는 모험에 성공할 수 없었다. 원정대가 6월 8일에 만난 3명만 해도 이미 식량과 화약이 모두 떨어진 상태였다. 두 지휘관은 그들에게 세인트루이스까지 가는 데 필요한 약간의 보급품을 선물했다.

6월 12일, 뱃머리꾼이 또다시 외쳤다.

"전방에 통나무배!"

이번에는 2척이었다. 1척에는 모피가, 다른 1척에는 들소 수지가 잔뜩 실려 있었다. 루이스는 그 기회에 '뱃사람의 수지'를 약 300파운드 구입했다. 그는 대금으로 세인트루이스의 스토더드 앞으로 된 어음을 써주었다. 그 통나무배에 탄 사냥꾼들의 지휘자는 쉰다섯 살의 프랑스인 피에르 도리옹 1세Pierre Dorion, Sr.로, 독립전쟁 당시 일리노이주에서 조지 로저스 클라크와 알고 지낸 사이였다.

1785년에 도리옹은 미주리강 유역의 플래트강 위쪽 지역에서 양크턴 수족Yankton Sioux과 함께 생활했다. 그는 양크턴 수족 여성과 결혼했고 그 부족의 언어는 물론 영어와 프랑스어도 유창하게 구사했다. 그런 능력이 있는 사람은 흔치 않았다. 루이스와 클라크는 도리옹(클라크의 일지에는 '도리옹 영감'이라고 나와 있다)에게 부탁해 수족 마을까지 동행하겠다는 승낙을 받아냈다. 도리옹이라면 수족 추장을 설득해 새로운 아버지를 만나러 워싱턴행을 결심하도록 할 수 있으리라는 계산이었다.

6월 17일, 클라크는 불평을 쏟아놓았다.

"대원 중 상당수가 부스럼으로 고생하고 몇 사람은 이질 증세를 보이고 있는데, 내 생각에는 흙투성이 물 때문인 것 같다."

다음날에는 몇 사람이 또다시 이질 증세를 보였고 그중 3분의 2는 종기와 부스럼이 났다. 그런 종창이 난 사람이 8~10명이나 된다고 했다. 물이 문제라고 판단한 두 사람은 대원들에게 강물을 마실 때는 컵을 수면 밑으로 충분히 깊이 담그도록 지시했다. 수면에는 온갖 찌꺼기와 진흙이 가득했기 때문에 깨끗한 물을 얻으려면 컵을 깊이 담가야 했다.

물도 그렇지만 문제의 피부질환을 가져온 또 다른 요인은 대원들의 식량에 있었다. 원정대가 신선한 야채를 먹는 경우가 드물었기 때문이다. 고대 로마 군대는 식수에 식초를 섞어 그런 질환을 방지했지만 루이스와 클라크는 차마 그것까지는 대비하지 못했던 것이다. 원정대는 주로 고기와 옥수수가루를 먹었고, 고기는 박테리아로 오염되기 쉬웠다(물론 당시에는 누구도 그런 게 있다는 걸 몰랐겠지만). 전염병을 보유한 모기에게 물리는 것도 그런 질환에 한몫했을 것이다.

캠프에서도 대원들은 모기는 물론 진드기와 각다귀 때문에 몸살을 앓았다. 어찌나 많은지 대원들의 눈, 코, 귀, 입으로 잔뜩 밀려들 정도였다. 이러한 불청객을 쫓기 위해 대원들은 모닥불 연기를 쐬었고 밖으로 노출된 손발과 목, 얼굴에는 뱃사람의 수지를 발랐다.

6월 26일, 원정대는 오늘날의 미주리주에 해당하는 지역에서 서쪽으로 400강마일 정도를 지나 캔자스강 하구에 도착했다. 원정대는 그곳에서 나흘을 머물며 관측을 하고 물품을 풀어 햇볕에 말린 다음 다시 짐을 꾸렸다. 클라크는 오늘날 캔자스시티Kansas City가 위치한 그곳에 대해 소감을 적었다.

"강 하구의 이 지역은 입지가 매우 좋다."

캔자스강은 강폭이 230야드, 미주리강은 500야드였다. 루이스는 양쪽 강물의 무게를 재보고 미주리 쪽이 더 무겁다는 것을 알아냈다. 이는 그쪽 물에 진흙이 더 많다는 뜻이었다. 하지만 클라크는 캔자스 쪽의 물맛이 좋지 않았다고 적었다.

6월 28일 저녁, 원정대는 다음날 동이 트자마자 출발하기로 계획하고 휴식을 취했다. 하지만 그날 밤에는 위스키 배급이 지나쳤다. 다음날 출발이 지연될 정도로 말이다. 군 지휘관에게 있어 알코올은 저주인 동시에 필수품이기도 했다. 음주사고는 다른 어떤 요인보다 더 많은 처벌과 문제를 야기했지만 그렇다고 알코올을 완전히 금지할 수는 없었다. 프리드리히 대제Frederick the Great는 이를 한마디로 요약하기도 했다.

"아군의 사기가 적을 능가하도록 하고 싶다면, 병참장교는 최대한 많은 양의 맥주와 브랜디를 조달해야 한다. 적어도 처음 며칠 동안은 말이다."3

루이스는 다른 물품을 불가피하게 희생시키지 않는 범위 내에서 최대한 많은 양의 위스키를 구입했다. 정확한 양은 알 수 없지만 120갤런 정도라는 것이 일반적인 견해다. 하루 배급량은 1질gill이었다. 그런 비율로 소비하면 104일 만에 술은 바닥날 터였다. 위스키에 물을

타면 좀더 버틸 수 있겠지만 그래도 태평양까지 갔다가 돌아오는 내내 마실 만큼은 되지 않았다.4

6월 28일에서 29일 사이의 한밤중에 존 콜린스John Collins 이병이 보초를 서고 있었다. 이때 술통을 두들겨본 그는 '한 잔쯤은 괜찮겠지' 하고 술을 홀짝거렸다. 그런데 한 잔이 두 잔이 되고 두 잔이 세 잔이 되더니 이내 따라 마셨다. 이어 휴 홀Hugh Hall 이병이 나왔다. 콜린스는 홀에게 술을 권했고 홀은 기꺼이 받아 마셨다. 두 사람은 완전히 취해 버렸다. 동틀 무렵, 당직하사는 대원 2명을 체포했고 곧이어 클라크가 군법회의 문서를 작성했다.

클라크가 군법회의를 준비하는 동안, 루이스는 맑은 하늘과 아침 달을 이용해 관측을 실시했다. 그는 오전 7시 6분부터 8시 57분까지 태양에서 달의 가장 가까운 가장자리까지의 거리를 48회 측정했다. 그는 무엇이든 성실하게 기록해 훗날 전문가들이 그 수치의 의미를 파악하도록 했다.

오전 11시 정각, 군법회의가 소집되었다. 프라이어 하사가 의장을, 존 포츠John Potts 이병이 법무관을 맡았고 다른 4명의 대원이 의원으로 참석했다. 오드웨이 하사는 콜린스를 '금일 오전 보초로 근무하던 중 근무지에서 위스키를 마신 죄, 그리고 원정대를 위해 마련된 문제의 술통에서 따른 위스키를 휴 홀에게 마시게 한 죄'로 기소했다. 콜린스는 항변했지만 군법회의는 숙고한 뒤에 유죄 판결을 내리고, 콜린스에게 맨 등에 채찍질 100대의 처벌을 내렸다. 홀 역시 채찍질 50대를 선고받았다.

루이스와 클라크는 선고를 승인하고 당일 오후 3시 30분에 집행하도록 했다. 모두들 생기가 돌았다. 클라크는 대원들이 그런 종류의 범죄를 기꺼이 응징할 태세가 되어 있었다고 기록했다. 채찍질은 잔인했지만 아주 드문 것도 아니었다. 노예 소유주들은 평생 그 모습을 봐왔고 군 장교들도 자기 부하들이 그렇게 처벌당하는 모습을 흔히 보았다. 더욱이 대원들은 형을 집행하며 각자의 분노를 직접적이면서도 육체적인 방식으로 분출할 수 있었다. 콜린스와 홀은 극심한 고통을 느꼈지만 그렇다고 해서 평소의 임무에서 면제되진 못했다. 두 사람 모두 그날 오후에 노를 저었다. 아마도 그들은 이틀 정도 고통스러웠겠지만 금세 괜찮아졌을 것이다. 더욱이 원정대의 배에는 두 사람을 집어넣을 만한 영창도 없지 않은가.5

6월 30일, 클라크는 일지에 이렇게 쓰고 있다.

"사방이 사슴과 돼지 천지다. 마치 농장이라도 되는 듯하다. 자줏빛의 잘 익은 나무딸기도 풍부하다."

7월 4일, 대원들은 독립기념일을 기념해 축포를 쏘는 것으로 하루를 시작했다. 조셉 필드 이병이 뱀에게 물리자 루이스는 습포로 독을 제거했다. 정오에 원정대는 강 좌측(서쪽)의 광대한 평원에서 흘러오는 약 15야드 너비의 개울 하구에 상륙했다. 식사 도중에 두 지휘관은 뱃사람들에게 그곳의 이름을 물었는데, 아무도 그 개울의 이름을 몰랐다. 두 지휘관은 그곳에 이름을 지어주었고 그렇게 한 것이 벌써 두 번째였다.* 그곳에는 인디펜던스(독립) 개울Independence Creek이라는 이름이 붙여졌다.

원정대는 밤이 되어서야 어느 버려진 캔자족Kansas 인디언 마을에

---

*당시 대부분의 강은 프랑스인이 이미 이름을 지어준 상태였다. 원정대가 처음으로 이름을 지어준 강은 1804년 6월 3일 클라크가 명명한 컵보드 개울Cupboard Creek이었다(원주).

도착했다. 클라크는 그곳이 꽤 마음에 들었던 모양이다.

"우리는 평원에서 캠핑했다. 지금껏 내가 본 것 중에서 가장 아름다운 평원이었다. 탁 트인 곳에 언덕과 계곡이 아름답게 펼쳐져 있었고 드문드문 나무가 강 쪽으로 드러나 있었다. 그 사이로 아름다운 개울이 흐르고 있었다."

두 지휘관은 위스키를 추가로 분배했다. 대원들은 각자의 몫을 마시며 주변의 풍광에 압도되고 말았다. 일몰 무렵 대원들은 또다시 축포를 발사했다. 미시시피강 서쪽에서 치러진 사상 최초의 독립기념일 축하행사였다. 아마도 두 지휘관은 위스키에 취한 나머지 철학적이 된 모양이었다. 클라크는 그날 마지막으로 일지의 항목을 적었다.

"문명세계와 떨어진 곳에 존재하는 그 아름다운 풍광을 (클라크는 그 다음에 몇 개의 단어를 썼다가 지웠다) 무수히 많은 들소, 엘크, 사슴, 곰, 그리고 야만적인 인디언만이 즐기고 있는 셈이다."

두 지휘관은 왜 하나님이 버지니아에 그토록 아름다운 장소를 만들지 않았는지 궁금하게 생각했을지도 모른다.

7월 8일, 인디언 경보가 있었다. 동쪽 강변에 불길이 보인 것이다. 전 대원이 경계태세에 들어갔지만 아무 일도 벌어지지 않았다. 7월 11~12일의 한밤중에 알렉산더 윌러드 이병이 경계근무 중에 잠을 잤다. 오드웨이 하사가 그를 발견하고 이 사실을 보고했다. 그러한 위반 행위는 무엇보다 중대한 것이라 규정에 따르면 최대 사형까지도 가능했다. 콜린스 때와 달리 이번에는 두 지휘관이 직접 군법회의를 진행했다. 오드웨이는 경계근무 중에 자기 위치에서 땅에 누워 잔 죄로 윌러드를 기소했다. 윌러드는 "땅에 누운 것은 사실이지만 잠을 자진 않았습니다"라고 대답했다.

의논을 벌인 두 지휘관은 유죄를 선고했고 그에게 나흘간에 걸쳐 채찍질 100대를 선고했다. 첫 집행은 그날 일몰 무렵이었다. 그렇게 나흘이 지난 뒤에 윌러드의 등이 어떤 모습이었을지 상상하면 소름이 끼친다. 하지만 윌러드가 보초를 서다 잠든 사이에 수족의 이동부대가 원정대를 발견했다면 과연 어땠을까를 떠올리면 더 소름이 끼친다.

7월 21일, 출발한 지 68일이 되는 그날 우드강에서 상류로 600마일 정도 운항한 끝에 원정대는 플래트강의 하구에 도착했다. 플래트강 하구를 지나는 것은 미주리강의 뱃사람들에게 적도를 건너는 것이나 다름없는 사건이었다. 이는 또한 새로운 생태계에 들어간다는 뜻이었으며, 수족의 영토에 들어간다는 의미이기도 했다. 원정대가 그곳에 멈춰선 동안 두 지휘관은 평소처럼 관측을 실시했다.

루이스는 플래트강에 관해 500여 단어 분량의 기록을 남겼다. 로키 산맥으로부터 오늘날의 네브래스카주를 가로질러 미주리강으로 흘러드는 그 강은 폭이 1마일가량이었고 깊이는 비교적 얕았으며, 인근에는 각종 동식물이 무성했다. 루이스가 보기에 가장 인상적이었던 것은 플래트강이 미주리강으로 쏟아 붓는 막대한 양의 모래와 빠른 물살이었다. 그는 강물의 속도를 측정해보았다. 배를 타고 내려갈 경우 세인트루이스 하류의 미시시피강은 시속 약 4마일, 미주리강은 5.5~7마일인 반면 플래트강은 무려 시속 8마일에 달했다. 물론 강굽이나 모래톱에서 배가 좌초되지 않는다는 전제 아래 말이다.

루이스는 천문 관측도 실시했다. 다음날 아침, 그는 자신이 사용하는 장비와 그 사용법, 자신이 측정하는 것, 그리고 기타 여러 가지에 대해 약 1,000단어의 기록을 남겼다. 루이스는 자신이 기록한 수치를 가지고 훗날 누군가가 거기서 어떤 의미를 파악할 수 있도록 최대한 노력하고 싶었던 모양이다.

7월 30일, 클라크는 이렇게 적었다.

"루이스 대장과 평원을 걸어 어느 절벽 꼭대기까지 올라가 상상 속에서나 볼 수 있을 만한 아름다운 전경을 관측했다. 그 평원은 무려 10~12인치 높이의 풀로 뒤덮여 있었다."

그날 저녁 원정대는 메기를 잔뜩 잡아 포식했다. 조셉 필드 이병이 오소리를 1마리 잡아 루이스에게 가져오자 그는 미국 어디서도 흔히 볼 수 없는 기묘한 동물이라며 그 무게와 이빨, 눈 등에 관해 자세한 기록을 남겼다. 그런 뒤에 제퍼슨에게 보낼 수 있도록 가죽을 벗겨 박제로 만들었다. 그가 제퍼슨에게 배운 박제술을 실전에 응용한 것은 이번이 처음이었다. 사실 그 오소리는 학계에 전혀 새로운 종이 아니었다. 1778년에 캐나다에서 발견되어 유럽으로 표본이 보내졌던 것이다(그때까지 루이스가 발견하고 기록한 동물 가운데 학계에 완전히 새로웠던 동물은 단 두 가지에 불과했다. 하나는 동부 숲쥐이고, 다른 하나는 평원 뿔도마뱀이다).6

그때까지 640마일을 거슬러 올라오는 동안, 원정대는 인디언과 직접 마주친 적이 한 번도 없었다. 사실 강변에 살던 부족들은 때마침 들소를 사냥하러 평원에 가고 없었다.

undaunted courage

인디언의 영토에 들어서다

1804년 8월

8월 1일은 클라크의 서른네 번째 생일이었다. 이를 축하하기 위해 사슴고기 중에서도 등심, 엘크 허릿살, 비버 꼬리 요리, 그리고 앵두와 자두, 나무딸기로 만든 디저트를 준비했다. 까치밥나무열매와 포도도 곁들여졌다. 이 낙원의 식물군과 동물군을 확인한 클라크는 이렇게 적고 있다.

"식물학자와 박물학자 모두에게 최고의 연구지가 아닐까?"

그 어떤 미국인도 심지어 존 제임스 오듀번John James Audubon이나 알렉산더 윌슨 같은 전문적인 박물학자조차 그러한 광경을 본 적이 없었다.1 루이스는 학계에 완전히 새로운 동식물을 기록하고 묘사할 기회를 얻게 되어 매우 신이 났다. 그는 여러 시간을 들여 자신이 발견한 것들을 조사하고 기록했다. 8월 5일, 그는 황소뱀을 1마리 잡았다. 그는 머리에서 꼬리까지의 길이(5피트 2인치)를 측정한 다음 그 둘레(4인치 반)와 배, 꼬리의 인갑(각각 221개와 53개) 그리고 색깔과 반점, 다른 현저한 특징 등을 기록했다.

그날 오후, 루이스는 이전에도 몇 번 관찰하긴 했지만 좀처럼 잡지 못했던 물새를 2마리 잡았다. 그것은 제비갈매기 종류로 그는 무게(1온스 반), 길이(7인치 반), 무늬 등을 기록했다. 대원들이 힘겹게 평저선을 상류로 몰고 가는 동안, 루이스는 선실에서 자신이 얻은 표본의 무게와 길이를 재고 관찰 내용을 기록했다. 그는 자신의 임무를 진지하게 받아들이면서도 그 일을 무척 즐겼으며 끝없는 호기심을 발휘해 뭔가 새로운 것을 보면 뛸 듯이 기뻐했다.

8월 8일, 뱃머리꾼이 선실에서 일하던 루이스를 불러냈다. 바깥을 내다보니 상류 쪽에서 마치 하얀 이불 같은 것이 떠내려 오고 있었다. 그것은 흰색 깃털이었고 길이 3마일에 너비 70야드에 달하는 엄청난 양이었다.

보트가 강굽이를 돌아가자 거대한 모래톱이 펼쳐졌고 그 끝에 작은 섬이 있었다. 그 섬은 한창 여름 털갈이를 하는 흰색 펠리컨 떼로 북새통이었다. 어찌나 많던지 몇 에이커나 되는 땅을 온통 그 새들이 차지하고 있는 것 같았다. 그때 모기가 너무 많아 제대로 눈을 뜰 수 없었던 루이스는 총을 정조준하지 못했고, 그냥 펠리컨 무리 한가운데로 아무렇게나 쏴서 잡은 표본을 갖고 무게와 길이를 측정했다. 그는 펠리컨의 부리에 무려 5갤런의 물이 들어간다는 사실을 알고 깜짝 놀랐다. 흰색 펠리컨은 당시 학계에 이미 알려져 있었다. 루이스는 실물을 처음 보았지만 그 새가 플로리다 연안과 멕시코만 연안에서 겨울을 보낸다는 것 정도는 알고 있었다.

8월 12일 오후 5시, 평원 늑대가 강둑에 나타나 지나가는 평저선을 향해 짖었다. 두 지휘관은 책에서조차 본 적 없는 동물이었기에 표본을 수집하기 위해 얼른 상륙했다. 하지만 클라크는 "그놈을 잡지 못했다"고 아쉬운 듯 적었다. 그 동물은 바로 코요테였다. 루이스와 클라크는 그 동물을 실제로 목격한 최초의 미국인으로 일종의 선례를 남긴 셈이었다. 이후로 수백만 명의 미국인이 코요테를 잡으려 했지만 번번이 실패했기 때문이다.

8월 18일, 인디언 대표단이 찾아오길 기다리는 동안 루이스는 12명의 대원과 함께 오토족Otoes이 낚시터로 사용하는 연못에 다녀왔다. 이들은 490마리의 메기를 잡았고 그밖에 9종에 달하는 다른 물고기도 300마리 이상 잡았다.

식물군과 동물군 외에도 루이스는 그곳의 토양과 광물을 조사하고 기록했다. 식물학자로서는 뛰어난 루이스였지만 광물학자로서는 영 별로였다. 그중 어떤 광물 표본을 실험하던 도중에 자칫 목숨을 잃을 뻔하기도 했다. 8월 22일, 그는 녹반과 명반, 그리고 비소나 코발트처럼 보이는 어떤 물질을 발견했다. 루이스는 그 광물의 특성을 확인하느라 연기를 쐬고 맛을 보는 과정에서 자칫 중독될 뻔했다. 그는 러시의 알약을 복용해 간신히 비소의 효과를 씻어냈다.

8월 23일, 원정대는 경도 98도, 즉 일반적으로 북아메리카 대평원의 동쪽 경계로 여겨지는 지역에 도착해 있었다. 그곳은 마치 에덴동산이라도 되는 듯 살진 사슴과 엘크, 비버, 그밖에 다른 동물이 무수히 많았다. 그날 오후, 루이스는 조셉 필드 이병을 사냥에 내보냈다. 몇 시간 뒤, 필드는 절벽에서 강둑으로 달려 내려오며 보트를 강변에 대라고 외쳤다. 들소를 1마리 잡았던 것이다.

들소는 북아메리카 대륙과 대평원의 상징이자 비버와 함께 수많은 백인을 서부로 불러들인 최고의 사냥감이었다. 들소의 존재는 당시 학계에 알려져 있었지만, 원정대 중에서는 프랑스인 뱃사람만 일찍이 실물을 본 적이 있을 뿐이었다. 루이스는 즉시 12명의 대원을 이끌고 현장으로 가서 그 전리품을 강까지 운반했다. 그날 밤, 원정대는 처음으로 들소 혹과 혀, 그리고 스테이크 요리를 포식했다. 이후로 들소의 혹과 혀는 비버 꼬리 다음으로 대원들이 좋아하는 고기가 되었다.

에덴동산에 살 때만 해도 인간은 배가 고프면 주위의 아무것에나 손을 뻗어 먹기만 하면 그만이었다. 클라크의 생일 축하 메뉴에서 나타나듯 대평원도 마찬가지였다. 하지만 그 에덴동산은 수천 명의 전사를 비롯해 수많은 인디언 부족이 살고 있는 잠재적인 전장이기도 했다. 또한 식물학자나 박물학자에게는 감격스러운 연구 장소인 동시에 군인이나 중재자, 민족학자, 사업가에게는 만만치 않은 도전의 장소이기도 했다.

평원의 인디언 부족은 소수의 영국인과 프랑스인 모피 교역상을 제외하면 사실상 외부와 접촉하지 않았다. 이에 따라 그들에 관해 온갖 이야기와 뜬소문이 난무했고 그 대부분은 수족에 관한 것으로 거의 근거가 없는 얘기였다.

제퍼슨과 루이스도 그 부족에 관해 장시간 이야기를 나눴지만, 그 대부분은 무지에 근거하고 있었다. 두 사람은 이스라엘의 잃어버린 부족이 대평원에 살고 있지 않을까, 또한 혹시 만단족이 웨일스인의 방랑하는 부족이 아닐까 하고 생각했다.2 그런 황당무계한 생각을 진지하게 받아들인 까닭에, 이들 부족을 대하는 방법에 관해 제퍼슨이 루이스에게 내린 지시는 순진하기 짝이 없었다. 가령 제퍼슨은 수족이 그 지역 부족 중에서 가장 사납고 숫자가 많다고는 하지만, 그들이

"우리와 친선을 맺기를 강력히 열망할 것"이라고 간주했다. 이런 근거 없는 희망으로 제퍼슨은 루이스에게 직접 명령을 내렸다.

"그 부족에게 각별히 호의적인 인상을 주도록 할 것."3

제퍼슨은 루이스가 인디언 부족에게 새로운 아버지가 그들을 이롭게 할 상업 체제 내에 포용하고 싶어 한다는 것, 이를 위해 새로운 아버지가 부족들 사이에 평화가 이루어지길 바란다는 것을 전했으면 했다. 목표는 그 지역에 미국의 주권과 평화, 교역 제국을 수립함으로써 인디언 전사들이 무기를 내려놓고 사냥용 덫을 들게 하는 것이었다.

물론 제퍼슨은 이 계획에 대한 인디언의 저항 가능성을 어느 정도 인식하긴 했다. 또한 그는 루이스가 적의 위협이나 멸시에 유난히 민감하다는 것을 알고 있었기 때문에, 자칫 분별을 잃고 경솔한 행동을 하지 않을까 우려했다. 그런 까닭에 제퍼슨은 루이스에게 가능한 한 충돌을 피해야 한다고 간곡히 지시했던 것이다.

최고통수권자의 지시 중 그나마 현실주의가 포함된 것은 바로 그 부분이었다. 인디언과의 관계는 무척 중요했고 그들과 상업적 관계를 맺는 것은 바람직했지만, 원정대의 필수불가결한 목표는 태평양까지 갔다가 최대한 많은 정보를 입수해 돌아오는 것이었다. 최우선 목표는 거기까지 갔다 오는 것이고 그밖에 다른 것은 희생해도 그만이라는 얘기였다. 원정대의 규율 수준이 그토록 높았던 것, 평저선의 뱃머리에 선회포旋回砲가 놓였던 것, 선미와 카누마다 나팔총이 놓였던 것은 모두 그 때문이었다.

충돌을 피하고 상업을 촉진하기 위해 루이스는 인디언에게 줄 선물을 고르는 데 각별히 신경을 썼다. 그는 주로 구슬과 놋쇠 단추, 토마호크, 도끼, 모카신용 송곳, 가위, 거울, 담배, 주홍색 안료, 위스키,

그밖에 초기 산업혁명 시대의 놀라운 물건들을 준비했다. 제퍼슨의 명령에 따라 2대의 옥수수 분쇄기도 가져갔는데 이는 아마도 인디언 부족에게 옥수수가루 만드는 법을 가르치기 위해서였을 것이다.4 루이스와 클라크 전문학자인 제임스 론다는 그 원정의 인디언 정책을 이렇게 설명했다.

"상아제 빗에서 사라사 셔츠에 이르는 물품들은 당시 미국이 잠재적인 교역 상대인 인디언에게 제공할 수 있는 것들을 상징한다. 제퍼슨이 서부 인디언 대표단에게 반복해 말했듯 미국인은 땅이 아니라 상업을 추구했던 것이다. 루이스와 클라크는 미국의 제품을 보여주기 위한 여정에 나선 셈이었다. (…) 반짝이는 거울과 붉은 플란넬 천을 들고 나타난 루이스와 클라크는 단순히 상품 이상의 것을 제공했다. 다시 말해 상설 교역소와 믿을 만한 운송 일정을 지닌 체제 안에 들어올 수 있는 자격을 제안했던 것이다."5

인디언이 가장 원했던 물품은 소총, 탄환, 화약이었다. 평원지대의 인디언이 지닌 총은 싸구려 영국제 엽총뿐이었다. 루이스는 미국 무기산업의 전적인 우위를 보여주고 싶었지만, 짐이 워낙 많아 공짜 샘플은 가져갈 수 없었다. 다만 대원들에게 켄터키 장총 발사 시범을 보이게 하고 그와 똑같은 무기를 앞으로 갖게 될 것이라고 약속했다.

그런 선물과 교역품, 인증서, 메달 등을 담은 자루가 21개나 되었고 그 각각에 담긴 물품에는 루이스가 만날 것으로 예상한 여러 부족별로 표시가 되어 있었다. 우선 미주리강 하류에는 폰카족Pocas과 오마하족이 있었고 상류에는 만단족이 있었다. 나머지 5자루는 만단족 이후로 만나게 될 부족을 위해 마련한 물품이었다. 이처럼 루이스는 제퍼슨으로부터 받은 지시와 총, 물품으로 무장한 채 이제 대평원의 인디언 부족과 만나게 될 참이었다.

　원정대가 서쪽과 북쪽으로 움직이는 동안, 미주리강 하류의 모든 부족은 들소 사냥을 나가 있었다. 그로 인해 세인트찰스에서 플래트 강을 지날 때까지도 원정대는 인디언을 1명도 보지 못했다. 그러다가 8월 2일 일몰 무렵, 오토족 일단과 미주리족Missouris 몇 명이 프랑스인 교역상과 통역자를 대동하고 캠프를 방문했다. 두 지휘관은 인디언들에게 담배(잎담배 덩어리를 캐럿(당근)이라 불렀다*)와 돼지고기, 밀가루, 식사 등을 대접했다. 클라크는 그 보답으로 수박을 받았다고 적었다.

　인디언은 오토족과 미주리족을 합쳐 자신들의 무리가 250명이라고 말했다. 그들은 농사와 사냥을 병행했고 반영구적인 마을도 세워놓았다. 두 지휘관은 다음날 열릴 회담에 인디언들을 초대했고 회담은 그들이 카운실블러프Council Bluff(회담 절벽)라고 부른 캠프에서 열렸다(오늘날의 아이오와주 카운실러프스에서 강 건너 약간 하류 쪽이다). 클라크는 자신과 루이스가 만일에 대비해 전 대원에게 경계 지시를 내렸다고 썼다. 그날 밤은 긴장감으로 모두 잠을 이루지 못하고 뒤척였다.

　오전에 원정대는 인디언과 처음으로 마주앉았다. 제임스 론다가 지적했듯 이 회담에 임한 두 지휘관의 기대와 태도는 북아메리카의 백인과 인디언간 관계의 역사에서 그 뿌리가 매우 깊은 것이었다. 그날

---

* '당근'이라는 뜻의 캐럿carrot이 미국 초기의 변경지대에서는 잎담배 덩어리의 단위(3~5파운드)로 사용되었다 (역주).

두 지휘관이 준비한 의례는 클라크가 1795년에 앤서니 웨인 장군이 맺은 그린빌 조약의 협상 회담에서 목격한 것과 똑같은 것이었다.6

1804년 8월 3일 금요일 오전, 강 위에는 안개가 끼어 있었다. 안개가 걷히고 인디언이 회담장에 나타나길 기다리며 루이스는 긴 연설문을 작성했다. 클라크는 선물 준비를 감독했다. 뱃사람들은 30번이라고 적힌 자루를 열고 붉은 레깅스, 멋진 예복, 푸른 담요, 그리고 깃발과 메달을 꺼냈다. 하사관들은 분대별로 밀집대형 훈련을 한 뒤, 그중 몇 명에게 외교관들이 8월의 햇빛을 피할 수 있도록 돛으로 장막을 만들게 했다. 또 몇 명에게는 깃대를 세우고 성조기를 걸게 했다.

오전 9시에 안개가 걷혔고 그로부터 1시간 뒤 인디언 대표단이 도착했다. 오토족의 큰추장인 리틀 시프Little Thief(좀도둑)가 사냥 때문에 멀리 나가 있던 탓에 6~7명의 소추장이 대신 참석했다. 이들은 두 지휘관과 함께 장막 밑에 자리했다. 하사관들은 대원들을 지휘해 사열 및 분열 시범을 보였다. 군인들이 마치 한 사람처럼 발맞춰 행진하고 어깨총을 하며 명령에 따라 일제히 총을 발사하는 모습은 오토족 인디언들이 난생 처음 보는 광경이었을 것이다.

그런 뒤에 루이스가 일어나 연설을 했다. 2,500여 단어로 이루어진 그 연설을 루이스가 말하고, 통역자가 다시 오토족 말로 바꿔 전달하는 데만 무려 30분이 걸렸다. 얼마나 정확히 통역되었는지는 알 수 없었다. 그가 말한 내용을 인디언들이 어느 정도로 알아들었는지, 또는 어느 정도까지 납득했는지도 모르긴 마찬가지였다. 클라크의 기록에 따르면 연설은 이런 식이었다.

"자녀들이여, 미국의 17개나 되는 큰 부족의 대추장께서 우리를 보내시며 (…) 최근에 그 대추장과 여러분의 옛 아버지인 프랑스인 그리고 에스파냐인 사이에 회담이 있었음을 알리게 하셨습니다. 이제 미주리강지역은 미국의 영토가 되었으며 그 지역에 사는 사람은 백인이든 인디언이든 대추장이신 대통령의 명령에 복종해야 합니다. 그분만이 여러분의 유일한 큰아버지이십니다."

장황하면서도 비비 꼬인 문장을 통해 루이스는 프랑스인과 에스파냐인이 큰 호수 건너 해뜨는 곳 너머로 떠났고 다시는 자신의 옛 인디언 자녀들을 찾아 돌아오지 않을 것이라고 말했다.

"자녀들이여, (…) 대통령이야말로 여러분의 유일한 아버지입니다. 그분은 여러분의 유일한 친구이며 여러분은 이제 그분께 보호를 요청하고 호의를 구하고 훌륭한 조언을 얻을 수 있습니다. 그분은 여러분을 돌보시며 결코 속이지 않을 것입니다."

루이스는 오토족에게 큰아버지에 대한 희소식을 전한 다음, 이번 원정의 목적을 설명하려 했지만 그것은 결코 쉬운 일이 아니었다. 평원의 인디언 부족들이 지금껏 만나본 백인은 교역상뿐이었고 그들의 목적은 그저 사업에 있었기 때문이다. 원정대는 평원 인디언들이 이제껏 만나본 그 어떤 교역상보다 많은 물건을 갖고 있었다. 그러나 이들은 도무지 교역에는 뜻이 없었다. 그렇다면 대체 저 많은 물건을 갖고 뭘 하려는 것일까? 인디언으로선 궁금할 수밖에 없었다.

"자녀들이여, (…) 대추장께서 우리를 보내신 까닭은 길을 닦고 모든 장해물을 제거해 당신과 이곳의 인디언 자녀들 사이에 평화의 길을 만드시기 위해서입니다. 또한 자녀들의 소원이 무엇인지 알아보기 위해서입니다."

원정대가 귀환하고 나면 오토족의 소원을 루이스가 대통령에게 전달하고 그러면 대통령이 그 소원을 들어주리라는 것이었다. 루이스는 미국인이 지금 하는 일은 결코 어떤 이기적인 동기에서 비롯된 것이 아니라고 단언했다.

"대추장께서는 우리에게 긴 여행을 떠나도록 명령하셨으며 우리는 지금까지 큰 노력과 막대한 비용을 들여 이곳에 도착했습니다. 그 목적은 여러분과 회담을 벌이고 그분의 다른 인디언 자녀들과도 지금의 혼란상에 대해 회담을 벌여 여러분께 그분의 좋은 충고를 전하기 위해서입니다. 즉, 행복을 얻기 위해 여러분이 반드시 가야만 하는 길을 가르쳐주기 위해서입니다."

또한 훌륭한 아버지인 대통령은 당신의 자녀들에게 어떻게 행동해야 할지 알려주셨다고 했다. 즉, 인디언은 백인이 타고 가는 배의 행로를 절대 막아서거나 방해해서는 안 되며, 각자의 이웃과 평화롭게 지내야 한다는 것이었다. 이제는 위협을 할 차례였다. 루이스는 오토족을 향해 악한 자들의 조언을 피해야 한다고 말했다.

"자칫 발을 잘못 들여놓으면 여러분의 부족이 큰아버지의 진노를 사게 되며 그분은 마치 불길이 평원의 풀들을 불사르듯 여러분을 불사를 수 있습니다. 만약 여러분이 그분의 진노를 산다면 큰아버지는 모든 교역상의 강 출입을 막으실 것입니다."

한마디로 우리가 시키는 대로 하지 않으면 백인들이 앞으로 이곳에 얼씬도 하지 않을 줄 알라는 것이었다. 이것이 무슨 위협이 될까 싶지만, 당시에 이는 인디언에게 큰 위협이었다. 유럽산 교역품이 없으면 오토족의 생활방식은 크게 퇴보할 것이고 총과 화약을 마음껏 얻을 수 있는 이웃 부족에 비해 약해질 것이기 때문이다.

그러나 오토족이 루이스의 충고에 따르기만 한다면 플래트강 하구에 교역소가 생길 것이고, 자신들의 수요를 채울 만한 막대한 양의 물품을 모피와 거래할 수 있을 터였다. 또한 이전까지 거래하던 프랑스인과 영국인 교역상도 미국의 주권을 인정하는 한 계속 인디언과 함께 머물며 조언을 제공할 수 있을 것이었다. 결국 그 연설의 내용을 한마디로 요약하면, 앞으로 1~2년간은 별다른 변화가 없으리라는 얘기였다.

다음으로 좀 민망한 일이 있었다. 원정대는 긴 여행을 예상했기 때문에 식량을 최대한 많이 운반했고 결과적으로 오토족에게는 선물을 거의 가져오지 못했다.7

그야말로 맥 빠지는 결말이었다. 루이스의 첫 연설이 청중에게 어떤 효과를 발휘했는지는 아무도 모른다. 물론 개스 하사는 자신의 일지에 새로운 아버지에 관한 이야기가 "잘 받아들여졌다"고 적었지만 말이다.8 클라크 역시 "그들은 연설에 큰 만족을 표시했다"고 적었다.

연설이 끝나자 두 지휘관은 몇 가지 선물을 나눠주었다. 추장들에게는 각자 밑가리개, 물감 약간, 그리고 새 아버지의 모습이 새겨진 작은 메달과 빗을 하나씩 선물했다.

이번에는 오토족 추장들이 말할 차례였다. 오드웨이 하사는 그들이 매우 분별력이 있었다고 했지만, 클라크는 그다지 감명을 받지 못한 모양이다. 그가 생각하기에 그들은 결코 웅변가가 아니었다. 그래도 이야기의 핵심은 파악되었다. 오토족 추장들은 루이스의 좋은 충고를 따를 것을 약속하며 새로운 아버지에게 의지할 수 있게 되어 기쁘다고 하면서 마지막으로 화약과 위스키를 좀 달라고 요청했다.

리틀 시프와 다른 추장들이 내년 봄에 워싱턴으로 가서 새 아버지를 만나도록 주선하고 싶었던 루이스는 무척 기뻐했다. 그는 대표단의 요청을 받아들여 화약 한 통, 총알 50발, 위스키 1병을 선물했다.

또한 공기총 발사 시범을 보여 인디언들을 놀라게 했다. 회담을 마치면서 그는 자신의 연설문 사본을 추장 가운데 1명에게 건네면서 리틀시프에게 전해 달라고 부탁했고, 아울러 훗날 대추장과 강변에서 만나 회담을 열었으면 한다는 요청도 전달했다.

인디언들이 떠나고 원정대는 갈 길을 재촉했다. 그날 밤은 좌현 측의 모래곶에서 캠핑을 했는데 모기가 유난히 극성이었다. 그런데 모제스 B. 리드Moses B. Reed 이병이 그날 오전에 회담을 열었던 곳에 칼을 두고 왔다고 보고했다. 두 지휘관은 칼을 찾아오라며 리드를 보내주었는데, 이는 변경에서 칼이 얼마나 귀중한 물건인지 잘 보여주는 일화라 할 수 있다.

그런데 사흘이 지나도록 리드는 돌아오지 않았다. 두 지휘관은 이 문제를 논의한 끝에 그가 탈영했다고 결론지었다. 드뤼야르가 지휘하는 4인조 수색대가 조직되었고, 탈영자를 찾아 데려오되, 만약 순순히 따르지 않을 경우 사살해도 좋다는 명령이 내려졌다.

이 명령은 명쾌하면서도 논리적이었으며 당시 상황과도 딱 맞아떨

두 지휘관이 여러 추장에게 선물한 것과 똑같은 제퍼슨 평화 메달. 사진은 1801년에 만들어진 견본으로 현재 미국 화폐협회 박물관에 소장되어 있다(국립공원관리청National Park Service).

어졌다. 그 명령을 기록으로 남김으로써 두 지휘관은 혹시 드뤼야르나 다른 대원이 리드를 죽일 경우, 그 책임을 자신들이 뒤집어쓰기로 작정했다. 또한 이 명령은 원정이 잠재적인 전쟁 지역에서 수행되고 있음을, 따라서 총을 쏘거나 노를 저을 인원이 한 사람이라도 아쉬웠음을 보여주고 있다.

두 지휘관은 수색 중에 리틀 시프를 찾아보고 가능하면 강변 캠프로 초청해 데려오도록 드뤼야르에게 지시했다. 드뤼야르는 열흘 동안 소식이 없었다. 두 지휘관은 계속 상류로 향했다. 8월 17일, 이들은 오늘날 아이오와주 수시티Sioux City 인근에 도착했다. 일몰 무렵, 수색대 중 하나였던 프랑수아 라비셰 이병이 캠프에 도착했다. 그의 보고에 따르면 수색 작전은 성공적이었다. 드뤼야르는 리드뿐 아니라 리틀 시프를 비롯한 오토족 추장들로 구성된 대표단과 함께 오고 있다는 것이었다. 다음날 오전 중으로 도착할 예정이라고 했다.

8월 18일 오전 10시경에 드뤼야르 일행이 도착했다. 두 지휘관은 우선 오토족 대표단에게 식사를 대접한 다음, 곧바로 리드 이병의 당면 문제를 처리했다. 군법회의가 구성되고 기소장이 낭독되었다. 리드는 탈영한 것이 맞으며 그에 앞서 소총과 탄주머니, 화약, 총알을 훔쳤다고 자백했다. 그는 두 지휘관에게 최대한 관용을 베풀어달라고 요청했다. 그의 남자다운 태도가 두 지휘관의 분노를 누그러트렸는지 결국 총살형이 내려지지는 않았다. 클라크는 재판 결과를 이렇게 적었다.

"우리는 그에게 대원들 사이로 지나가는 채찍질*을 모두 4회 실시

---

*두 줄로 늘어선 대원들 사이를 죄수가 알몸으로 지나가게 하고 그 사이에 양 옆에서 채찍이나 몽둥이 등으로 때리는 것이다. 만약 사정을 봐주고 살살 때리거나 때리지 않는 대원이 있으면 그 대원도 똑같은 벌을 받을 수 있어 사정을 봐주지 않는다(역주).

하고, 대원들에게 채찍 9개로 그를 치도록 선고했다."

이것은 아무리 적게 잡아도 500대가 넘는 채찍질이었다. 아울러 리드는 영구대원에서 제명되었고 소총을 반납하는 것은 물론 불침번 근무에서도 제외되었다. 이후 그는 다른 뱃사람과 똑같은 대우를 받았으며 봄이 되면 세인트루이스로 귀환할 것이었다. 이 결과를 리틀 시프에게 설명해주자 그와 다른 인디언들은 그 대원을 용서해주라고 했다. 클라크와 루이스는 채찍질의 필요성을 추장들에게 설명했다. 그 설명이 제법 설득력이 있었는지 추장들은 형벌이 적절하다며 만족스러워했고 집행 광경을 참관했다.

그날 저녁식사 후, 원정대는 그날의 씁쓸한 기분을 없애려 애썼다. 마침 루이스 대장의 서른 살 생일이었기 때문이다. 축하하는 뜻에서 위스키가 추가로 지급되었고 바이올린이 연주되었으며 대원들은 한밤중까지 모닥불 옆에서 춤을 추었다.

다음날 아침식사 무렵, 클라크는 인디언 추장 가운데 하나인 빅 호스Big Horse(큰 말)가 벌거벗은 채 나타나자 깜짝 놀랐다(아마도 자신이 가난하다는 것을 강조하기 위함인 듯했다). 식사 후에 장막이 펼쳐지고 회담이 열렸다. 추장은 이들에게 정직한 중개인으로서 오토족과 오마하족 간에 평화협상을 해달라고 부탁했다. 루이스는 오마하족이 현재 사냥 때문에 출타 중이고, 원정대는 갈 길이 멀기 때문에 자신으로선 평화협상을 해줄 수 없다고 설명했다.

이번에는 추장들이 말할 차례였다. 빅 호스는 자기가 벌거벗은 채 이곳에 왔음을 강조하고 빈손으로 돌아가면 웃음거리가 될 거라며 걱정했다. 평화도 좋지만 그렇게 된다면 젊은이들은 어디서 물건을 얻어야 하느냐는 것이 추장의 반문이었다. 만약 두 지휘관이 오토족의 평화를 바란다면, 적어도 자기 부족 젊은이들이 뭔가를 얻을 수 있도록 두 지휘관이 주선해줄 수 있어야 한다는 것이었다. 그중에서도 위스키가 가장 효과적인 평화의 도구라고 했다.

두 지휘관은 빅 호스나 다른 인디언에게 위스키 통을 줄 생각은 없었다. 그들은 담배, 물감, 구슬을 건네주었다. 추장이나 전사들은 그리 탐탁치 않아 했다. 두 지휘관은 그 소지자가 미국의 친구이자 동맹임을 인정하는 인증서를 주겠다고 제안했다. 하지만 이 책략도 먹혀들지 않았다. 한 전사는 노골적으로 언짢아하며 인증서를 도로 건네주었다. 두 지휘관은 자국의 공문서에 대한 이 불손한 태도에 화가 나 상대방을 강력히 비난했다.

분위기는 매우 험악해져 있었다. 자신들의 힘을 과시해 인디언들을 쫓아버리려는 생각에 두 지휘관은 추장들과 전사들에게 위스키를 조금씩 대접하고 공기총과 확대경(햇빛을 모아 마른 풀에 불을 붙일 수 있는), 망원경 등을 이용한 일종의 마술 시범을 보여주었다.

하지만 오토족은 전혀 놀라지 않았다. 그들은 오로지 생필품에만 관심이 있었기 때문이다. 그들은 평저선의 보급품에서 쓸 만한 생필품을 잔뜩 얻을 수 있으리라 기대했지, 그깟 담배와 종잇조각을 바라고 회담에 나온 것이 아니었다. 결국 이들은 불만스러워하며 떠나갔다. 하지만 리틀 시프는 내년 봄에 워싱턴을 방문할 의사가 있다고 말했기 때문에, 변경 외교관으로서 루이스와 클라크의 첫 시도는 나름대로 성공을 거둔 셈이었다.

오토족은 한때 강대했지만 지금은 천연두로 그 숫자가 크게 줄어든 상태였다. 수족에 비해 전사의 사기나 부족의 숫자가 지극히 열세였던 터라 무력을 동원해 두 지휘관에게 물건을 내놓게 할 엄두는 내지 못했다. 물론 그보다 좀더 상류에 있는 수족의 경우에는 이와 전혀 다른 상황이었지만 말이다.

찰스 플로이드 하사가 며칠 동안 심하게 앓았다. 루이스는 그의 병을 급성 복통으로 진단했지만 그야말로 백약이 무효였다. 아마 당시 최고의 의사였던 필라델피아의 러시 박사조차 속수무책이긴 마찬가지였을 것이다.9 8월 20일, 플로이드는 결국 사망하고 말았다. 그의 병명은 아마도 염증이 생긴 충수가 뚫어지거나 터지면서 비롯된 복막염이 아니었을까 싶다.

플로이드 하사는 미시시피강 서쪽에서 사망한 최초의 미국 군인이 되었다. 원정대는 그의 시신을 이름 모를 어느 강이 내려다보이는 언덕으로 옮겨 전사자로 예우해 매장했고, 미국 삼나무에 그의 이름과 계급, 날짜를 적어 묘비를 세워주었다. 클라크는 일지에 묘비명을 적었다.

"이 사람은 굳건함과 결연한 의지를 보여줌으로써 조국에 봉사하고 이를 자신의 명예로 삼았다."

두 지휘관은 그 강을 플로이드강Floyd River, 그 절벽을 플로이드 절벽Floyds Bluff으로 명명했다. 이틀 동안 41마일을 더 나아간 다음, 두 지휘관은 플로이드의 후임자를 뽑는 선거를 실시했다. 패트릭 개스 이병이 19표, 윌리엄 브래턴 이병과 조지 깁슨 이병이 나머지 표를 나눠 가졌다. 이것 역시 미시시피강 서쪽에서 거행된 최초의 선거인 셈이었다.

8월 26일, 루이스는 패트릭 개스를 '북서지역 탐사 자원 부대'의 하사 계급으로 임명하는 일반 명령을 발령했는데, 그가 원정대를 그런 명칭으로 부른 것은 이번이 처음이었다. 그는 개스가 이전까지 보여 준 성실한 임무 수행을 치하하면서 다음과 같이 마무리했다.

"대원 중 다수가 자신의 동료인 그를 하사로 임명하는 데 동의했고, 우리 지휘관도 지금까지 개스 하사의 능력과 근면, 성실을 주목해 왔음을 분명히 확인하는 바이다."

같은 날, 원정대에서 가장 나이가 어린 조지 섀넌 이병이 사냥을 나갔다가 저녁이 되어도 돌아오지 않았다. 다음날도 그 다음날도 그는 나타나지 않았다. 두 지휘관은 탈영이 아니라 인디언들과의 다툼이나 사냥 도중의 사고가 아닐지 걱정했다. 두 지휘관은 존 콜터 이병을 파견해 섀넌을 찾아보게 했지만 아무런 성과가 없었다. 드뤼야르 역시 8월 26~27일까지의 야간 수색에서 아무런 성과를 거두지 못했다.

리드는 불명예제대를 당하고 플로이드 하사는 사망하고 섀넌은 실종됨으로써 수족의 영토 한가운데에 들어선 원정대의 전력은 졸지에 10퍼센트나 줄어들었다.

하지만 수족 영토로 들어가는 두 지휘관이 느낀 감정은 두려움보다 오히려 희망 쪽이었다. 이들은 제퍼슨이 지시서에서 특별히 언급한 유일한 인디언 부족이었다. 이 부족은 강을 지배했으며 일찍이 세인트루이스에서 거슬러 올라간 수많은 교역상을 돌려보냈고 그 지역에서 가장 큰 부족이었다. 루이스는 수족을 자신이 설립하려 하는 광대한 미국 교역 제국의 중심적 존재로 삼기를 희망했고, 이것은 좋은 거래이기 때문에 수족이 감히 싫다고 할 리 없다고 생각했다.

8월 27일, 평저선이 오늘날의 사우스다코타주 양크턴Yankton에 근접했을 무렵, 도리옹 영감이 두 지휘관에게 여기부터가 자신이 수년

동안 함께 살았던 양크턴 수족의 영토라고 알렸다. 루이스는 평원에 불을 피워 양크턴족에게 신호를 보내게 했다. 몇 시간 뒤, 보트가 제임스강James River 하구를 지날 무렵 10대인 양크턴족 소년이 헤엄을 쳐서 원정대의 통나무배 1척에 다가왔다. 소년은 뭔가 이야기를 하고 싶다고 몸짓을 했다.

원정대는 배를 강변에 댔다. 10대 소년 둘이 더 나타났다. 도리옹의 통역에 따르면 그 근처에 양크턴족의 큰 일족이 캠핑하고 있다고 했다. 두 지휘관은 뱃사람인 프라이어 하사와 도리옹을 대표로 삼아 그쪽 캠프로 가서 추장들을 캘러메트 절벽Calumet Bluffs(미주리강에서 네브래스카 쪽으로 오늘날의 개빈스포인트댐Gavins Point Dam 근처)에서 열릴 회담에 초청하도록 했다.

8월 29일, 원정대는 캘러메트 절벽의 캠프에 머물고 있었다. 양크턴족이 회담에 나오기를 기다리며 이들은 앞서의 회담에서와 똑같은 일을 했다. 강둑에서 섀넌의 발자취를 찾아낸 루이스는 그가 이미 그곳을 지나갔으며 그럼에도 본인이 낙오됐다고 잘못 생각하는 것이라는 결론을 내렸다. 루이스는 대원 1명을 보내 섀넌을 찾아오게 했다. 섀넌이 굶고 있으리라 생각한 루이스는 그 대원에게 섀넌의 몫까지 식량을 챙겨가도록 지시했다.

클라크 대장은 대원 몇 사람에게 엘크가죽으로 견인용 밧줄을 만들도록 지시한 다음, 자신은 야전책상에 앉아 양크턴족에 관한 내용을 일지에 적기 시작했다. 오후 4시, 건너편 강둑에 도리옹과 양크턴족 전사 70명의 모습이 나타났다. 두 지휘관이 보낸 카누로 도리옹과 프라이어가 강을 건너는 동안 인디언들은 자기네 캠프로 돌아갔다.

프라이어는 양크턴족이 자신들을 무척 친절하게 맞이했고, 심지어 자신을 원정대 지휘관으로 오해한 나머지 그림이 그려진 들소가죽 망토 위에 태워 자기네 캠프까지 데려갔다고 말했다. 그는 인디언의 캠프가 여러 가지 색으로 칠한 들소가죽으로 멋지게 만들어져 있고, 12~15명이 들어갈 수 있는 원뿔 모양의 천막이 40개나 있다고 했다.

양크턴족은 살진 개 1마리를 잡아 연회를 베풀었고 프라이어는 고기 맛이 좋았다고 말했다. 그리고 그곳에 다녀오는 동안 중간에 위치한 평원에는 사냥감 천지였다고 했다. 두 지휘관은 카누 1척에 선물을 실어 양크턴족에게 보냈다. 그들은 담배, 옥수수, 그리고 쇠주전자 등을 보내며 도리옹과 프라이어에게 내일 인디언들을 강 건너 회담장으로 초청하라고 지시했다.

다음날 오전 10시, 두 지휘관은 카누를 1척 보내 인디언들을 데려왔다. 이들은 수족 무리 중 하나와 만난다는 사실의 중요성을 인식해 군복을 차려입고 커다란 참나무 옆에 국기를 게양했으며 배의 선회포를 발사했다.

양크턴족 역시 성대한 행차를 거행하며 나타났다. 추장들이 강둑으로 올라오기에 앞서 악사 4명이 먼저 노래를 하고 연주를 하며 깃대가 있는 곳까지 걸어갔다. 대원들은 악사들에게 담배로 일종의 답례를 했다. 회담 참석자들은 악수를 하고 자리에 앉았다.

도리옹이 통역을 담당한 가운데 루이스는 평소처럼 인디언들에게 하는 연설을 낭독했다. 연설이 끝나자 추장들은 내일 아침에 답변을 하겠다고 말했다. 아마도 그들로선 새로운 아버지를 받아들이고 새로운 교역 체제의 일부가 되는 문제를 상의하기 위해 시간이 필요한 모양이었다. 루이스는 인디언과 협상을 할 때는 인내심이 필수임을 알고 있었다. 그는 5명의 추장에게 메달을 하나씩 건네주었다. 또한 그는 웨우체Weuche라는 추장이 큰추장이라고 생각해 그에게 붉은 레이스가 달린 군용 코트와 군용 삼각모, 미국 국기를 선물했다.

루이스의 그런 행동은 진지한 마음에서 우러난 것이었다. 그는 자신의 행동이 건방지다거나 위험천만하다는 생각을 하지 못했다. 도리옹 영감은 그에게 양크턴족은 테톤 수족Teton Sioux에 비해 평화적이라고 말하지 않았던가. 하지만 상대방이 정작 필요로 하는 총과 화약이 아닌, 아무런 가치도 없는 메달과 옷을 선물함으로써 상대방을 동맹으로 만들겠다는 그의 생각은 순진하다 못해 어리석기까지 했다. 더욱이 여러 추장 가운데 1명을 큰추장이라고 제멋대로 속단해 선물 공세를 한다는 것은 자기가 전혀 알지도 못하는 인디언의 정치판에 끼어드는 것이나 다름없었다. 상대방에 대한 무지에서 양측은 그야말로 막상막하였다.

하지만 우정을 향한 열망은 무지를 뛰어넘었다. 원정대는 국외자의 신분으로 북부 평야까지 왔지만, 제임스 론다의 말처럼 그날 밤, 탐험가들은 대평원 사회의 일부분이 되었다.10 회담 후, 인디언 소년들은 활과 화살로 자신들의 재주를 자랑했고 군인들은 즐거워하면서 상품으로 구슬을 선물했다. 일몰 무렵, 캠프 한가운데에는 3개나 되는 모닥불이 피워졌다. 휘황찬란한 물감을 칠한 인디언들이 앞으로 나와 자신들이 이룬 전투와 사냥의 성과에 관한 노래를 불렀다. 사슴발굽 딸랑이와 북에서 나오는 음악에 맞춰 춤도 추었다.

오드웨이 하사는 인디언 전사의 노래가 요란한 소리로 시작되어 똑같은 식으로 끝났다고 했다. 한 사람이 하는 노래에는 자기가 한 일, 자신이 참가한 전쟁 같은 내용이 들어 있었다. 그들은 이를 자랑으로 여겼다. 심지어 자기가 말을 몇 필이나 훔쳤는지도 고백했다. 도리옹의 제안에 따라 대원들은 춤꾼들에게 담배와 칼, 종을 선물했다. 클라크 역시 감동을 받은 모양이었다.

"수족은 억세고 대담해보이는 종족으로 젊은이들은 잘생겼고 체구가 좋았다. 전사들은 호저Pain Porcupine의 가시나 새의 깃털로 요란하게 치장하고 커다란 레깅스와 모카신을 신고 있었는데, 그 모두가 들소가죽에 여러 가지 색깔을 물들인 것이었다. 인디언 여자들은 페티코트에 흰 들소가죽 옷을 입고 검은 머리를 목과 어깨 뒤로 넘기고 있었다."

이것은 평원 인디언 부족의 의례용 복장에 관한 미국인 최초의 묘사이다. 두 지휘관은 그야말로 획기적인 민족지 연구를 하고 있는 셈이었다. 하지만 미주리강을 따라 미국의 교역 체제를 수립하는 것에 비하면 민족지 연구는 부차적인 것에 불과했다. 인디언이 어떻게 보였는지는 매우 흥미롭지만 루이스의 제안에 관한 추장들의 반응은 비판적이었다.

다음날 아침, 추장들은 답변을 했다. 먼저 웨우체가 나섰는데 그는 처음부터 끝까지 "우리는 가난하고 화약과 총알도 없으며 여자들은 옷감이 없다"는 말을 했다. 하지만 도리옹과 함께라면 내년 봄에 기꺼이 워싱턴까지 다녀오겠다고 했다. 반가운 말이었다. 곧이어 다른 추장들도 말을 했지만 그것을 종합해 보면 화약과 총알, 그리고 가능하면 위스키를 얻고 싶다는 것이었다.

클라크와 루이스로선 그런 요청을 들어줄 수가 없었다. 그들이 해줄 수 있는 유일한 일은 겨우내 도리옹을 그들과 함께 지내도록 남겨두고 가는 것뿐이었다. 도리옹은 다른 부족과 평화협상을 하고 내년 봄에 추장들의 워싱턴행을 준비하기로 했다. 두 지휘관은 추장들에게 담배를 선물하고 도리옹에게는 위스키를 1병 주었으며, 인디언들을 강 건너편까지 태워다주었다. 수족 일단과의 첫 만남은 그렇게 희망적인 분위기에서 끝나게 되었다. 물론 인디언 쪽에서는 그들이 준 선물에 크게 실망했지만 말이다.

undaunted courage

수족과의 만남

1804년 9월

 9월의 처음 2주일간 원정대는 짧은 풀 초원이 대부분이고 기후가 건조한 고평원*지역에 발을 들여놓았다. 이곳의 야생동물은 하류보다 훨씬 풍부했다. 강변의 숲마다 엘크 떼를 볼 수 있었고 사슴은 새만큼이나 많았다. 물론 들소도 흔했다. 대원들은 염소처럼 생긴 동물을 봤는데 정확히 무엇인지 알 수도, 잡을 수도 없었다. 클라크는 그곳의 자두가 지금까지 먹어본 것 중에 가장 맛있었고 포도 역시 맛이 뛰어났다고 적었다.

 9월 3일, 두 지휘관은 콜터를 보내 다시 한 번 섀넌을 수색하게 했다. 이틀 뒤, 강변에 남은 흔적을 통해 콜터가 섀넌의 뒤를 쫓고 있으

---

*대평원 서쪽에서 로키산맥 동쪽에 이르는 지역을 말하며 행정구역상 북쪽으로는 몬태나와 노스다코타주에서 남쪽으로는 텍사스주에 이르는 지역이다(역주).

며 새넌은 처음에 데리고 나갔던 말 2필 가운데 1필을 잃어버렸음이 드러났다. 존 실즈는 사냥을 나가 검은꼬리사슴을 잡아왔다. 루이스는 어느 언덕 위에서 야생 염소를 많이 목격했지만, 그 색깔을 기록하기도 전에 모두 달아나버렸다. 사냥꾼들은 사슴 3마리와 엘크 2마리를 잡아왔다.

평저선과 통나무배를 상류로 끌고 가느라 극심한 노동에 시달린 대원들은 엄청나게 먹어댔다. 대원 1명이 매일 9파운드의 고기를 먹어치우고 그 지역에서 나는 과일과 옥수수가루를 먹었지만 여전히 배고픔을 호소했다.

9월 7일, 오늘날의 네브래스카주 보이드 카운티Boyd County에서 두 지휘관은 함께 산책을 나갔다. 놀랍게도 두 사람은 땅 속에 굴을 파고 살아가는 작은 포유류의 서식지로 들어서게 되었다. 여기저기에서 그 작은 포유류들이 튀어나와 뒷다리로 발딱 선 채 서로 재잘거렸다.

두 지휘관은 대원 몇 사람을 데려와 굴 가운데 하나를 파헤쳤지만, 무려 6피트를 파헤치고 장대로 쑤셨어도 그 짐승의 보금자리까지는 아직 절반도 미치지 못했다. 이들은 무려 5배럴의 물을 굴 안으로 퍼부었고 그러자 겨우 1마리가 바깥으로 기어 나왔다. 원정대는 그 1마리를 잡아 보다 자세히 기록하기 위해 평저선으로 가져왔다.

뱃사람들은 그 동물이 프티 치엥(작은 개) 또는 프레리도그라고 알려주었다. 당시의 학계에서는 생소한 종이었고 두 지휘관은 최초로 프레리도그에 관한 공식 기록을 남긴 셈이었다.

9월 8일, 클라크는 염소를 찾아 강가를 돌아보았지만 찾지 못했다. 루이스는 사냥을 나가 처음으로 직접 들소를 잡았다. 그날 저녁 사냥꾼들은 들소 2마리, 엘크 큰 놈과 새끼 1마리씩, 사슴 2마리, 야생칠면조 2마리, 다람쥐 1마리를 잡아왔다.

다음날, 루이스는 루빈 필드 이병과 함께 사냥을 나가 들소를 또 1마리 잡았다. 필드도 직접 1마리를 잡았고 드뤼야르는 사슴 3마리를 잡았다. 요크도 주인의 권유에 들소 1마리를 잡았다. 두 지휘관은 어느 강변 목초지에 있는 들소 떼 하나가 무려 500마리로 이뤄져 있다는 사실에 놀랐다.

9월 11일, 평저선이 강굽이를 지날 무렵 노잡이들은 강둑에 앉아 있는 새넌을 발견했다. 평저선에 올라탄 그는 끔찍하리만치 야위어 있었다. 자칫하면 굶어죽을 뻔한 상황이었다. 동료들이 건네준 육포를 먹으며 그는 자신의 이야기를 들려주었다. 그는 배가 자기보다 앞서가고 있으리라 생각하고 무려 16일 동안 강을 따라간 것이었다. 마지막 12일 동안에는 총알도 없이 지냈다. 그동안 잡은 것이라곤 토끼 1마리뿐이었고, 그나마 길고 단단한 나뭇가지를 총알 대신 총에 끼워 쏴서 잡은 것이었다. 그것 말고는 2주일 내내 포도와 자두로만 연명했다. 그는 마침내 자기가 너무 약해진 나머지 평저선을 따라잡을 수 없다고 보고, 혹시 만단족 마을에서 세인트루이스로 내려가는 교역상의 배라도 얻어 탈 수 있을까 해서 강변에 앉아 있었다고 했다. 하지만 말은 최후의 수단으로 끝까지 남겨놓고 있었다. 클라크는 그처럼 풍요로운 땅에서 사람이 굶을 수 있다는 사실에 놀라움을 표시했다.

9월 14일, 클라크는 드디어 염소 1마리를 잡았다. 무게와 길이를 재고 그 생김새를 기록함으로써 오늘날 가지뿔영양 pronghorn(흔히 영양 antelope이라고 부르지만 이는 잘못된 명칭이다)에 관한 최초의 과학적 기록이 이뤄졌다. 그날 오후, 실즈 이병이 초원 토끼를 하나 잡아옴으로써 루이스는 하루에 새로운 종을 두 가지나 기록할 기회를 얻게 되었다. 실즈가 잡아온 것은 흰꼬리멧토끼였다. 이 동물에 대해 흥미를 느낀 루이스는 이틀 뒤에 토끼의 서식처를 찾아보았다. 그는 토끼를 1마리 발견해 뒤쫓은 다음 이렇게 기록했다.

"그 동물은 탁 트인 평원에 사는데 워낙 빨라 추적을 당해도 어딘가에 숨거나 은신처에 들어가는 일이 없다. 어떤 녀석이 한번 껑충 뛴 거리를 측정해 보니 무려 21피트나 됐다.* 지금껏 내가 본 어떤 동물보다 동작이 민첩했다."

이것은 1804년 9월 14일부터 17일까지 루이스가 남긴 세 가지 기록 중 하나로, 그가 그해에 남긴 기록은 사실상 그게 전부이다. 루이스의 일지에는 항목이 단 두 개뿐인데, 그중 하나는 9월 16일이고 또 하나는 17일로 되어 있다. 그 내용을 살펴보면 루이스가 평소에도 일지를 정기적으로 작성했음을 알 수 있다. 특별한 서두나 '아쉽게도 한동안 일지를 작성하지 못했다'는 식의 문구는 전혀 볼 수 없다. 다만 어제도 썼고 내일도 쓸 것 같은 뉘앙스를 풍기고 있다. 어쨌든 새로운 일지 항목이 발굴되기 전까지는 그 존재 유무가 계속 추측으로만 남을 것 같다.

전기 작가의 입장에서 나는 루이스의 일지 항목 가운데 여기에 해당하는 부분이 실제로 존재했을 거라고 확신한다. 루이스가 9월에 쓴 일지 가운데 현존하는 내용의 수준을 생각하면 더욱 안타깝다. 그는 낮 동안 여기저기 산책을 다니며 자신이 본 것을 고스란히 기록으로 남겼기 때문이다. 그가 본 것은 그때까지 누구도 본 적 없으며 그 이후로도 소수를 제외하면 누구도 본 적이 없는 것이다. 루이스의 9월

---

*저자는 언급하지 않았지만 루이스의 일지 원문에는 이 문장 중간에 "비록 내리막길이긴 했지만"이라는 첨언이 등장한다. 한 번 도약에 21피트(16미터 30센티미터)라는 기록은 아마 평지에서라면 불가능했을 것이다(역주).

16일 일요일자 일지 항목은 이렇게 시작된다.

"오전 7시 넘어 1과 1/2마일을 운항하고 육지에 내렸다. 이곳은 우리가 코르부스Corvus(까마귀)라고 명명한 작은 개울 어귀에서 1과 1/4마일쯤 위에 있는 강변으로 그 이름은 우리가 그 근처에서 까마귀 종류의 새를 1마리 잡은 것에서 비롯됐다."*

두 지휘관은 거기서 이틀을 머물며 화물을 햇볕에 말리고 평저선의 짐을 통나무배로 옮겨 실어 좀더 가볍게 할 생각이었다.

"대원 중 일부에게는 노동을 시키고 나머지에게는 가죽을 벗기는 일과 옷을 세탁하고 수선하는 일을 시켰다. 클라크와 나는 상륙하자마자 각자 사슴을 1마리씩 잡았는데, 그곳 사슴은 매우 순하고 또한 상당히 많았다."

그는 강변에 있는 나무를 자세히 기록한 데 이어 밤낮으로 끼어 있는 구름 때문에 아무런 관측도 못하게 되었다며 아쉬워했다. 또한 그는 정찰을 위해 코르부스 개울을 따라 정찰을 다녀온 정찰병의 보고를 적어두었다.

"들소와 사슴, 엘크, 영양 떼가 눈길이 닿는 곳마다 지천으로 깔려 있다."

9월 17일, 그는 일출 직전에 6명의 사냥꾼과 함께 출발했다. 이들은 자두나무 숲을 발견했는데, 루이스는 그 나무를 묘사한 뒤 "이 자두나무 숲은 약 20피트 정도 융기한 평원에 있었다"라고 적었다.

오전 8시, 루이스와 부하들은 반시간쯤 휴식을 취하며 비스킷 반

---

*이것은 루이스가 라틴어를 사용한 드문 경우 중 하나이다. 그가 잡은 새는 검은부리까치black-billed magpie였다. 나중의 현장노트에서 그는 이 새에 관해 1,000단어가량의 항목을 기록했다(원주).

개와 엘크 육포 약간으로 원기를 회복했다. 이후 이들은 가지뿔영양을 잡으러 출발했다. 루이스의 기록에는 사냥의 스릴이 그대로 묻어나고 있다.

"그 짐승이 극도로 낯가림이 심하고 조심스러워 우리는 감히 총 한 방도 쏠 수가 없었다. (…) 나는 7마리로 이루어진 작은 떼를 추적했고 그놈들의 눈에 띄지 않으려 몸을 숨기며 연신 능선 쪽을 엿보았다. (…) 200걸음 떨어진 곳까지 다가갔을 때 그놈들이 내 냄새를 맡았는지 갑자기 달아났다. 그놈들은 네발짐승이라기보다 오히려 새처럼 빨리 도망갔다. 장담하건대 그 짐승의 속도는 세상에서 가장 빠른 동물보다 더 빠르지 못해도 최소한 동등할 정도는 되는 것 같았다."*

이 대목을 끝으로 일지는 갑작스레 끝나 버린다. 그날 밤의 캠프나 대원들이 보고 온 기이하고 놀라운 것에 대한 이야기는 전혀 나와 있지 않다. 루이스가 여기서 펜을 놓은 이후 1805년 4월까지 전혀 펜을 들지 않은 것인지 아니면 뭔가 썼지만 유실된 것인지는 알 수 없다.

다음 주 내내, 원정대는 초가을 남풍의 도움을 받아 하루에 23~25마일씩 전진할 수 있었다. 두 지휘관은 마침내 코요테를 1마리 쏴 죽이고 노새사슴(검은꼬리사슴)을 목록에 포함시켰다. 9월 23일 일요일, 이들은 20마일을 전진해 우현 강변의 어느 사시나무 숲 옆에서 캠핑했다. 대원들은 몇 명씩 팀을 이뤄 천막을 세우고 장작을 줍고 솥을

---

*조 밴 워머(Joe Van Wormer)의 저서 『가지뿔영양의 세계The World of the Pronghorn』를 보면 루이스의 추정이 정확했음을 알 수 있다. "가지뿔영양은 북아메리카에서 가장 빠른 동물이며 전 세계를 통틀어 치타 다음으로 빠른 동물이다." 가지뿔영양은 단거리에서 시속 60마일로 달릴 수 있고 5마일의 중거리에서는 시속 50마일, 장거리에서는 30~40마일의 속도를 낼 수 있다(원주).

걸었다. 그때 테톤 수족 10대 3명이 헤엄을 쳐서 강을 건너왔다. 드뤼야르가 그들과 수화로 이야기를 나누더니, 움막 80개로 이루어진 인디언 일족이 옆 강의 하구 인근에 캠핑하고 있으며 거기서 가까운 곳에 천막 60개의 또 다른 일족이 머물고 있다고 했다. 두 지휘관은 소년들에게 담배 2캐럿을 주며 돌아가서 추장에게 원정대가 내일 회담을 갖고 싶어 한다고 전하도록 했다.

다음날 아침, 원정대는 2마일 길이의 섬을 지나갔는데 마침 콜터가 원정대에 남은 마지막 말을 타고 전날 밤을 거기서 머물며 엘크 4마리를 잡아놓고 있었다. 그는 잡은 짐승을 강변의 나무에 매달아 놓았다. 루이스는 통나무배를 보내 고기를 실어오게 했다. 고기를 싣는 도중, 콜터가 달려오더니 인디언들이 자기 말을 훔쳐갔다고 외쳤다. 곧이어 두 지휘관은 강변에서 인디언 5명을 목격했다. 원정대는 평저선의 닻을 내리고 그들에게 말을 걸었다.

두 지휘관의 태도는 강경했다. 자신들은 친구로서 찾아오는 것이지만 필요하다면 싸울 용의도 있다고 말하면서 인디언 따위는 전혀 두렵지 않다고 경고했다. 심지어 약간의 거짓말도 보태 그들이 훔쳐간 말은 인디언 자녀들의 새 아버지께서 테톤족의 추장에게 보내는 선물이라고 했다. 그러면서 말을 돌려받기 전에는 테톤족과 대화하지 않겠다고 못 박았다.

원정대는 오후 늦게야 옆 강의 하구에 도착했는데 그곳은 오늘날 사우스다코타주 피어Pierre였다.* 방어를 위해 원정대는 강 하구에 평

---

*두 지휘관은 부족을 기리는 뜻에서 그 강을 테톤강Teton River이라고 명명했지만, 오늘날의 지도에는 배드강 Bad River으로 나온다.

저선의 닻을 내렸다. 두 지휘관은 원정대에 전면경계를 명령해 대원 중 3분의 1은 강변에서 경계근무를 서고 나머지 3분의 2는 평저선과 통나무배에서 캠핑하도록 지시했다.

다음날 아침, 두 지휘관은 깃대를 세우고 장막을 설치하며 회담 준비를 하면서도 원정대의 대부분을 배에 남겨두었다. 그리고 평저선은 강가에서 70야드 떨어진 곳에 정박해 회담 장소를 향해 선회포를 겨누게 했다. 오전 11시, 추장 3명과 전사 여러 명이 상당한 양의 들소고기를 선물로 들고 회담장에 나타났다. 두 지휘관은 돼지고기를 약간 선물했고 그런 뒤에 이야기를 시작했다.

불운하게도 두 지휘관은 크루자트가 몇 가지 간단한 단어 말고는 이 부족의 말을 전혀 못한다는 것을 알게 되었다. 드뤼야르의 수화 역시 루이스의 전형적인 인디언 연설에 나오는 비교적 복잡한 생각이나 제안을 정확히 전달하기에는 무리였다. 어려움을 실감한 루이스는 연설을 짧게 하는 대신, 약장수 쇼를 시작했다. 우선 공화국 국기 아래 군복을 입은 부대가 밀집대형 시범을 보였다. 곧이어 공기총, 확대경 등의 시범이 있었다. 마지막으로 루이스는 추장들에게 메달과 선물을 증정했다. 그는 블랙 버펄로black Buffalo(검은 들소)를 큰추장으로 보고 그에게 메달과 붉은 군용 외투, 그리고 군용 삼각모를 증정했다. 파르티잔Partisan과 버펄로 메디신Buffalo Medicine(들소 주술사)이라는 나머지 두 추장에게는 메달만 주었다. 두 지휘관으로서는 그걸로 일단 할 일은 끝낸 셈이었다.

블랙 버펄로의 라이벌인 나머지 두 추장의 불만을 감지한 두 지휘관은 추장들을 평저선에 오르게 해서 각자에게 위스키를 4분의 1컵씩 대접했다. 추장들은 그걸 무척 좋아해 빈 위스키 병을 흔들며 냄새를 맡아 보고 이런저런 몸짓을 해보이는 바람에 짜증스러워지기 시작했다. 클라크는 자기 말고도 7명의 대원이 더 달려들어서야 추장들을 강변에 내려놓을 수 있었다고 기록했다.

추장들이 배에서 내리지 않으려고 해서 억지로 카누에 태워야 했던 것이다. 카누에 상륙하자 전사 3명이 고물밧줄을 붙잡고 또 1명은 돛대에 매달렸다. 파르티잔은 술에 취한 듯 가장하면서 카누 1척에 선물을 잔뜩 실어 보내지 않는다면 원정대를 보내줄 수 없다고 우겼다.

클라크는 더 이상 참지 않았다. 그는 칼을 꺼내면서 전 대원에게 무기를 잡으라고 명령했다. 평저선에서는 루이스가 대원들에게 전투 준비를 시켰다. 대포에는 16발의 머스킷총 탄환, 나팔총에는 녹탄이 장전되었다. 대원들은 수납장 뚜껑을 열어 흉벽으로 삼고 소총을 장전한 다음 발사 명령을 기다렸다. 강둑 위에서는 통나무배에 탄 클라크로부터 20야드쯤 떨어진 곳에서 몇몇 전사들이 루이스의 대포 장전 모습을 보고 슬금슬금 뒤로 물러섰지만, 나머지 전사는 활과 화살을 꺼내 장전하기 시작했다.

그야말로 극적인 순간이었다. 만약 루이스가 "발사!" 하고 외치며 불붙은 초를 선회포의 도화선에 갖다 대기만 했어도, 이후 북아메리카의 역사는 완전히 뒤바뀌었을 것이다. 그랬을 경우에 가능한 시나리오는 다음과 같은 것이 아니었을까?

대포가 굉음과 함께 16발의 소총 탄환을 내뿜고 나팔총이 녹탄을 쏟아낸다. 또한 소총이 납 탄환을 내뿜으면서 수족 전사 15명이 우수수 쓰러진다. 하지만 강둑에는 아직 수백 명의 전사가 더 있고 연기가 걷힌 하늘에는 그들이 쏘아대는 화살이 가득하다. 그들은 대원들의 무기에 비해 훨씬 빠른 속도로 장전해 쏠 수 있기 때문에 화살은 계속해서 날아온다. 주요 표적이 된 루이스와 클라크는 화살을 맞고 거동 불능하거나 사망함으로써, 오드웨이 하사가 생존자들을 지휘해 평저선을 몰아 하류로 후퇴한다. 한마디로 그 상황에서 대포가 발사되었다면 루이스와 클라크의 원정은 거기서 끝나고 말았을 것이다.

어쨌든 그날 강둑 위에서의 충돌은 수족에 대해 루이스가 받은 명령의 수행 자체를 불가능하게 만들 뻔했다. 이것이야말로 루이스에게 최대한 조심하라는 명령을 내린 제퍼슨이 염두에 두고 있던 불상사의 순간이었다.

만약 명령을 기억했더라도 그 상황에서 루이스는 물러나기를 거부했을 것이고, 이는 클라크 역시 마찬가지였을 것이다. 두 사람 모두 열이 올라 있었다. 백인 측 두 지휘관이 오히려 사태를 악화시킨 셈이었다. 다행히 인디언 측 지도자 1명이 앞으로 걸어 나옴으로써 교전을 중지시켰다. 블랙 버펄로가 세 전사에게서 밧줄을 빼앗아 놓아줌과 동시에 돛대에 매달려 있던 전사에게도 강변으로 내려오라고 몸짓을 했던 것이다.

전사들이 명령에 따르자 파르티잔은 골을 내며 자기 전사들과 함께 20야드가량 떨어진 강둑에 섰다. 인디언은 계속해서 전투태세를 보였고 루이스 역시 전면경계 상태로 발사 준비를 하고 있었다. 재앙은 피했지만 아주 끝난 것은 아니었다. 클라크는 인디언들을 향해 극도의 위협을 가했다. 즉 자신의 보트에 있는 주술을 이용하면 너희 같은 부족은 하루에 스무 곳이라도 전멸시킬 수 있다고 했던 것이다. 그는 블랙 버펄로에게 원정대는 반드시 계속 나아갈 것이라고 말했다. 또한 자기 대원들은 계집이 아니라 전사들이라고 덧붙였다.1

드뤼야르의 수화와 크루자트의 부족한 어휘를 통했으니 이런 위협

중 인디언이 알아들은 것이 어느 정도인지는 알 수 없는 노릇이다. 하지만 클라크는 손짓이나 몸짓을 통해 말뜻을 충분히 전달하고 있었다. 클라크가 인디언에게 장황하게 이야기하는 동안, 대원들은 통나무배를 평저선으로 몰고 갔고 12명의 대원이 올라탔다. 지원 병력이 강둑에 도착하자 전사들 중 일부는 뒤로 물러섰다. 그러자 3명의 추장은 자기들끼리 이야기를 나누었다. 클라크는 자신의 행동이 정당하다고 생각했지만 곧바로 감정을 누그러뜨린 다음 추장들에게 다가가 손을 내밀었다. 추장들은 악수를 거절했다.

클라크는 뒤로 돌아서서 대원들에게 따라오라고 지시한 다음, 통나무배를 향해 걸어갔다. 평저선을 향해 배를 띄우기 직전 블랙 버펄로와 다른 두 전사가 그를 따라왔다. 그들은 이날 밤 보트에서 함께 자고 싶다는 뜻을 전달했다. 클라크 역시 고개를 끄덕여 동의했다.

"우리는 1마일쯤 나아가 버드나무가 우거진 어느 섬에 정박한 다음, 요리사들을 보호하기 위해 강변에 보초 하나를 두고 배에도 보초를 세웠다. 나는 그 섬을 기분 나쁜 섬이라고 불렀는데 그 이유는 우리가 거기서 기분 나쁜 일을 겪었기 때문이다."

수족과 미국인과의 첫 만남은 성공적이지 못했다. 루이스와 클라크는 제퍼슨이 당부한 것처럼 수족에게 좋은 인상을 주는 데 실패한 셈이었다. 하지만 상대방이 요구한 통나무배 1척 분량의 선물은 이들이 가져간 선물 전체의 5분의 1에 해당하는 양이었기 때문에, 두 지휘관으로서는 좋은 인상을 주고 싶어도 그럴 수 없는 형편이었다. 총알이 허공을 가르고 화살이 날아오지 않은 것만 해도 오히려 다행이라 할 상황이었다.

다음날 아침, 두 지휘관은 일찌감치 출발해 4마일가량 전진했다.

조지 케이틀린George Catlin, 〈북부 미주리의 수족 캠프Sioux Encamped on the Upper Missouri〉(1832). 들소 고기와 가죽을 말리는 모습을 묘사하고 있다(미국 국립 미술관National Museum of American Art, 워싱턴D. C./아트 리소스Art Resource, 뉴욕).

강둑에는 호기심과 분노에 사로잡힌 인디언 수백 명이 줄지어 있었다. 블랙 버펄로의 요청에 따라 원정대는 그의 마을 근처로 가서 정박했다. 두 지휘관은 남녀와 어린이 몇 명을 초청해 배에 태워주었고 블랙 버펄로는 루이스를 자기 마을로 초대했다. 그가 문제를 매듭짓고자 다소 우호적인 것처럼 보였기 때문에 루이스도 초대에 응했다.

루이스가 방문한 마을은 전형적인 유목부락으로, 들소 및 말로 이루어진 경제를 기반으로 100여 개의 티피에 900여 명의 주민이 살고 있었다. 이들은 테톤족의 브룰 일족Brule band으로, 2주일 전에 오마하족과 큰 전투를 벌여 이긴 까닭에 사기가 높아져 있었다. 수족은 75명의 오마하족 전사를 죽이고 48명의 여자와 아이를 포로로 잡아왔다. 루이스와 함께 간 크루자트는 오마하어가 유창했다. 루이스는 그에게 포로들과 이야기를 나눠 보고 정보를 알아내라고 지시했다.

블랙 버펄로는 루이스에게 최대한 호의를 베풀었으며 심지어 여자와의 동침을 거듭 권하기도 했다. 인디언은 루이스에게 하루만 더 머물면 자신들이 원정대에게 좋은 의향을 보여주겠다고 거듭 강조했고 루이스는 이에 응했다. 그날 오후 늦게 클라크와 원정대 전원이 마을로 왔다. 클라크는 오마하족 포로들에 관해 이렇게 적었다.

"혐오스럽고도 나약해보인다. 특히 여자들은 천하고 상스러워 보였지만 지금은 그들을 판단하기에 그리 좋은 때가 아닌 것 같다."

일몰 무렵, 클라크와 루이스는 장식된 들소가죽 망토를 입고 크나큰 환영 속에 마을 한가운데에 있는 큰 회의용 움막으로 들어갔다. 반투명한 티피 사이로 불길이 이글거리는 가운데 여자들이 연회를 준비했다. 불타는 장작 위에 들소 고기가 올려졌다. 회의 천막 안에서는 70명의 장로와 저명한 전사들이 원을 이루고 앉아 있었다. 미국인들은 블랙 버펄로 뒤에 앉았다. 앞에는 6피트가량의 성스러운 원이 탁 트여 있었고 성스러운 담뱃대, 담뱃대 받침, 그리고 주술 도구가 놓여있었다.

담배를 피운 뒤 블랙 버펄로는 엄숙하게 말을 시작했다. 두 지휘관은 추장이 무슨 말을 하는지 몰랐지만 적어도 두 가지는 확실했다. 하나는 수족이 가난하다는 것이고 다른 하나는 미국인이 수족을 불쌍히여겨 뭔가를 줘야 한다는 것이었다. 클라크는 수족이 오마하족과 평화롭게 지내야 한다고 했고, 선의의 표시로 이들이 붙잡은 포로들을 석방해야 한다고 대답했다. 만약 블랙 버펄로가 통역을 제대로 이해했다면 그는 아마도 클라크를 미친 놈 취급했을 것이다. 아니, 백인 녀석 몇 명을 즐겁게 해주려고 그 소중한 포로들을 포기해야 한단 말인가? 마침 그의 부족민은 최근에 오마하족으로부터 얻은 전리품을 자랑하기 위해 머리가죽 춤을 준비하고 있던 참이었다.

미국인 앞에서 수족이 머리가죽 춤을 공연한 것은 그때가 처음이었다. 클라크의 기록을 보자.

"한가운데에 커다란 모닥불을 피우고 10여 명의 악사가 발굽과 늘린 가죽으로 만든 탬버린을 연주했다. 사슴과 염소의 발굽을 긴 막대기에 묶어 흔들자 달각거리는 소리와 여러 가지 소리가 났다. 그들은 노래를 부르며 탬버린을 두들겼고, 여자들은 자기네 식으로 한껏 치장하고 전리품으로 얻어온 머리가죽을 들고 나와 전쟁 춤을 추었다. 여자들은 위아래로 펄쩍펄쩍 뛰면서 그저 춤만 추었다. (…) 가끔 남자 하나가 나와 자신의 공적을 일종의 노래로 읊었다. 그러면 젊은 남녀가 거기에 맞춰 춤을 추었다."

미국인은 무용수와 가수들에게 담배와 구슬을 선물했다. 오드웨이 하사는 그 음악이 멋졌고 무척이나 즐겁게 연주되었다고 적었다.2 춤은 한밤중이 되어서야 끝났다. 블랙 버펄로는 두 지휘관에게 젊은 여자와의 동침을 권했다. 그 권유의 의미를 이해한 클라크는 "수족의 특이한 풍습 가운데 하나는 감사의 뜻을 표현하기 위해 상대방에게 예쁜 여자를 제공하는 것"이라고 적었다. 두 지휘관은 그 권유를 거절했다. 블랙 버펄로와 파르티잔은 두 지휘관을 따라 배로 왔고 그곳에서 함께 잤다.

밤이 되자 크루자트는 마을에서 만난 오마하족 포로들에게서 들은 내용을 두 지휘관에게 들려주었다. 테톤족이 원정대를 멈춰 세우고 물품을 강탈할 예정이라는 것이었다. 두 지휘관은 그들의 의도를 알고 있다는 기미를 절대 보이지 않기로 했지만 밤새 잠을 이루지 못했다. 두 지휘관은 오마하족 포로들이 미국인을 자극할 필요가 있었고, 따라서 그들의 말이 거짓일 수 있다는 가능성까지는 미처 생각지 못한 모양이었다.

다음날 아침, 클라크와 루이스는 마을로 돌아갔다. 두 사람은 혹시 배신행위가 있을까 싶어 행동거지를 조심했으며 연신 경계하고 호위병을 대동했다. 그날 저녁, 또 한 번 머리가죽 춤판이 벌어졌다. 그것은 밤 11시경에 시작되었기 때문에 두 지휘관은 눈을 뜨고 있기가 힘들 정도로 피곤했다. 파르티잔과 그의 전사 중 1명이 이들을 배웅하러 강둑까지 왔다. 클라크가 먼저 통나무배를 타고 배로 향하는 사이, 루이스는 호위병과 함께 강변에 있었다. 그런데 클라크가 탄 통나무배가 실수로 평저선의 닻줄을 들이받는 바람에 닻줄이 끊어졌다. 배가 위험하게 흔들거리며 떠내려가기 시작했다. 클라크는 큰소리로 외쳤다.

"모두 기상! 모두 일어나 노를 잡도록!"

갑작스러운 고함소리에 이어 들려오는 요란한 소동에 파르티잔은 깜짝 놀라고 말았다. 그는 오마하족이 공격해온다고 소리를 질렀다. 불과 10분도 되지 않아 강둑에는 블랙 버펄로가 이끄는 200여 명의 전사가 몰려들었다. 그도 그럴 것이 며칠 전의 전투로 인해 오마하족으로부터 불시에 기습을 당할 가능성이 충분히 있었던 데다, 다른 한편으로는 미국인이 사실은 적의 끄나풀이 아닌가 하는 의심도 하고 있었던 것이다.

이쪽 역시 오해를 했다. 소수의 호위병만 거느린 채 강변에 있던 루이스는 파르티잔의 고함소리가 애초부터 계획된 배신의 시작을 알리는 신호라고 여겼다. 그는 부하들에게 전면경계 지시를 내렸고 소총에 화약이 재어졌다.

일촉즉발의 상황은 다행히 자동으로 해결됐다. 인디언 전사들은 잘못된 경보임을 알고 잠자리로 돌아갔다. 루이스도 배로 돌아갔고 클라크는 자신의 일지 항목을 다음과 같은 말로 마무리했다.

"무슨 일이 일어날지 몰라 모두 배 위에서 대비했고 밤새 보초를 세웠다. 결국 한숨도 못 잤다."

아침이 되자, 원정대는 닻을 찾느라 시간만 허비한 끝에 마침내 출발 준비를 했다. 바로 그 순간, 강둑에 수많은 테톤족이 무장한 채로 나타났다. 블랙 버펄로가 배에 올라 두 지휘관에게 하루만 더 머물러 달라고 말했다. 그와 동시에 전사 몇 사람이 배의 고물밧줄을 붙들었다. 클라크는 블랙 버펄로에게 항의했고 추장은 루이스에게 전사들이 그저 담배를 좀더 원하는 것뿐이니 그것만 주면 떠나도 좋다고 말했다. 하지만 상징적으로 보자면 블랙 버펄로는 두 지휘관이 매우 귀중하게 여기는 물건을 요구한 셈이었다. 수족이 그 강을 오가는 백인에게 일종의 통행료를 받는다는 것은 익히 알려진 일이었다.

루이스의 인내심은 바닥을 드러냈다. 그는 어떤 요구에도 따르지 않겠다고 하면서 대원들에게 출발 준비를 시켰다. 대원 중 1명이 밧줄을 풀기 시작하자 몇몇 전사가 또다시 밧줄을 붙잡았다. 파르티잔은 원정대를 보내주는 대가로 깃발과 담배를 요구했다. 클라크는 담배 1캐럿을 강둑에 던져놓으며 추장에게 말했다.

"당신이 대단한 사람이라고 했으니 어디 이 담배를 받고 당신의 영향력을 한번 보여주시오. 당신 부하들이 붙잡은 밧줄을 놓게 하고 우리를 적대 행위 없이 보내줌으로써 말이오."

클라크는 자신의 이 빈정거림을 행동으로도 보여주었다. 발사용 초에 불을 붙이고 선회포 쪽으로 다가간 것이다. 블랙 버펄로가 앞으로 나왔다. 그는 담배를 좀더 준다면 원정대가 자유롭게 떠나도 좋다고 했다. 두 지휘관은 거절했고 루이스는 노닥거릴 생각이 없다고 말했다. 이번에는 블랙 버펄로가 빈정거릴 차례였다. 그는 "우리가 고작 담배 1캐럿을 얻기 위해 이렇게 서 있는 줄 안다면, 당신들이 미친 것이지"라고 말했다. 이 말에 루이스는 뜨끔했지만 위엄과 냉정을 유지하려 애쓰며 고물밧줄을 붙잡은 전사들에게 담배 몇 캐럿을 더 던져주는 굴욕을 감수했다. 그와 동시에 블랙 버펄로는 전사들의 손에서 밧줄을 잡아챘고 배는 곧바로 떠났다. 테톤족과의 대결이 마침내 끝난 것이다.3

원정대는 분노를 내뿜으며 떠났다. 두 지휘관은 호의적인 인상을 심어주기는커녕 파멸적인 교전 상황을 간신히 모면한 셈이었으며 두 사람 모두 지치고 신경이 곤두서 있었다.

양쪽 모두의 격한 기질을 생각하면 사실 이 정도로 끝난 것도 다행이었다. 루이스와 클라크가 얼마나 오랫동안 수족과 함께 머물든 인디언과 친구가 되는 유일한 방법은 원정대가 감당할 수 없을 만큼의 선물을 잔뜩 퍼붓는 것밖에 없었을 것이다. 이 사건에 대한 클라크의 기록은 상당히 변명조다. 아마 루이스가 일지를 썼더라도 자신의 행동을 정당화하긴 마찬가지였을 것으로 보인다. 하지만 제퍼슨이 그 보고서를 읽었다면 아마 클라크가 고집스럽고 성급하다는 인상을 받고도 남았을 것이다.

루이스와 클라크는 수족의 영토를 얼른 지나치려 했지만 수족은 여전히 강변에 모습을 나타냈고, 나아가 이번 일로 미국인을 적대시하게 되어 이후의 다른 원정대를 방해할 수도 있었다. 더욱이 원정대는 돌아올 때도 이 부족의 영토를 지날 가능성이 컸다.

하지만 지금 당장으로서는 수족과 헤어졌다는 것이 무엇보다 반가웠다. 남풍이 순조롭게 불어왔고 대원들은 돛을 올려 그날 하루 20마일을 운행했다. 저녁이 되어 어느 모래톱 섬에 정박한 이들은 배급받은 위스키를 마시며 살갗에 닿는 바람이 싸늘해졌음을 느꼈다. 겨울이 되기 전에 서둘러 북쪽으로 최대한 가야만 했다.

만단족 마을을 향해

1804년 가을

루이스와 클라크의 원정이 그저 재미삼아 캠핑을 떠난 것처럼 여유롭던 시절이 잠시라도 있었다면, 그건 아마도 1804년 10월 초반이 아니었을까 싶다. 남북 다코타주의 미주리강에서 맞이한 가을은 정말 아름다웠다. 구름 한 점 없는 날에는 새파란 하늘 아래 지평선 너머까지 대평원이 길게 펼쳐진 것이 보였다. 태양은 추분점을 지나 매일 하늘에서 더 낮게 떨어졌고 그림자는 갈수록 길어졌다.

밤이 점점 빨리 찾아오면서 서리가 내리자 이제는 더 이상 모기에 시달리지 않게 되었다. 9월이 되면서 대원들은 모닥불을 더욱 크게 피웠다. 그달의 처음 2주일간은 아침에 제법 쌀쌀했는데, 오전 중간쯤 되면 기온이 적당해져 일몰 1시간 전까지 그대로 유지됐다.

평원의 큰 포유류가 떼를 지어 모여들고 있었다. 엘크와 가지뿔영양, 들소는 겨울 서식지를 향해 대규모 이동을 시작했다. 대부분의 짐승 떼는 이동 중에 언제든 한번은 강을 건너야 했고 그로 인해 자연의 놀라운 구경거리가 펼쳐졌다.* 머리 위로는 캐나다 기러기, 흰기러기, 흑기러기, 고니, 청둥오리, 그밖에 다른 오리가 날아서 이동하며 꺽꺽 꽥꽥 울어댔다. 날짐승이든 들짐승이든 모두 영양을 듬뿍 섭취한 상태였기 때문에 들소 갈비, 사슴 허리, 비버 꼬리, 청둥오리 가슴살은 일단 불에 올리기만 하면 기름이 뚝뚝 떨어지며 지글거리는 소리와 함께 가뜩이나 고픈 배를 더욱 자극하는 냄새를 풍겼다.

루이스에게는 그야말로 환상적인 시간이 아닐 수 없었다. 그는 낮 동안에는 내내 강변을 거닐고 내륙을 탐사하며 돌아다니다 밤이면 보트를 따라잡았다. 가끔은 애견 시먼과 단둘이 나가기도 했다. 그는 뛰어난 도보 여행가였고 긴 다리로 평원에서 하루 30마일을 너끈히 주파할 수 있었다. 걷는 도중에도 그는 항상 눈으로 지평선 너머를 훑은 다음 자기 발밑의 돌, 식물, 짐승 굴을 주목했다. 또한 늘 현장노트를 들고 다니며 새로운 식물이나 동물, 광물, 지형, 토양의 비옥도, 주위의 사냥감 종류와 숫자 등을 기록했다.

들소가죽을 두 겹으로 겹쳐 만든 모카신, 포플린으로 만든 레깅스, 술이 달린 사슴가죽 재킷, 가죽 삼각 모자를 걸친 그는 나침반, 칼, 권총, 뿔 화약통, 탄환, 육포 약간, 그리고 노트를 배낭에 넣어 메고 다녔다. 그리고 한 손에는 소총을, 다른 한 손에는 단창을 들었다(단창은 일종의 미늘창으로, 길이가 6피트이며 나무 손잡이와 금속 날이 달려 있다. 중세 시대의 무기지만 미국 육군 소속 보병부대에서는 지금도 권위의 상징으

---

*이처럼 큰 짐승 떼의 이동은 이후 100년이 넘도록 실제로 목격된 적이 없었고, 다만 찰리 러셀이 〈이 땅이 하나님의 것이었을 때When the Land Belonged to God〉라는 그림에서 상상으로 그린 적은 있다(원주).

로 사용된다). 단창은 지팡이 겸 무기로 사용됐으며 어깨 높이 근처에 소총 받침대로 사용할 수 있는 십자형 부속이 달려 있었다. 소총의 무게가 8파운드가 넘었고 총신의 길이가 4피트에 달했음을 생각해보면 지지대가 필요할 만도 했다.

루이스는 항상 소총을 장전해두었기 때문에 표적이 나타나면 곧바로 단창을 땅에 수직으로 꽂아놓고, 소총을 받침대에 올려 겨냥해서 발사할 수 있었다. 표적이 100야드 내에 있고 쥐보다 크면 대개는 명중시켰다.

표본을 얻기 위해 항상 총을 쏴야 했던 것은 아니다. 10월 16일, 그는 우연히 발치를 내려다보다 새를 1마리 발견했다. 쏙독새과라고 기록된다. 그 새는 수면 중인지 집어 들어도 꼼짝하지 않았다.* 루이스는 새를 보트로 가져왔다. 이틀 뒤, 아침 기온이 30도(섭씨 영하 1도)가량 되자 새는 거의 움직이지 못했다.

"주머니칼로 그놈 날개 밑을 찔러 폐와 심장을 완전히 헤집어 놓았는데도, 그놈은 2시간이나 더 살아있었다. 이러한 현상에 대해서는 혈액순환 부족 때문이라고밖에 달리 설명할 수가 없다."

10월 20일, 크루자트 이병은 오늘날의 노스다코타주 비스마크 Bismark의 강 건너편에 위치한 포트링컨Fort Lincoln주립공원 인근에서 회색곰과 처음으로 맞닥트렸다. 대원들은 회색곰에 대해 들어본 적이 있었고 인디언들이 그 짐승을 무서워한다는 것과 크기가 어마어마하고 행동이 포악하다는 것을 알고 있었다. 크루자트는 그 짐승을 다치

---

*이 새는 쏙독새poorwill로 북아메리카쏙독새whippoorwill의 친척 격이다. 루이스는 이 새의 무게를 재고 기록했다. 박물학자이자 루이스와 클라크 전문가인 레이먼드 버로즈Raymond Burroughs는 새들의 동면 성향이 동물학자에 의해 처음으로 발견된 것은 1940년대의 일이었다고 주장했다(원주).

게는 했지만 곰의 무시무시한 모습에 놀란 나머지 토마호크와 총을 두고 도망쳐 버렸다. 1시간쯤 뒤에 크루자트는 토마호크와 총을 가지러 현장을 찾았다. 그때 그는 들소 1마리를 쏴서 허벅지를 맞췄는데, 그 짐승이 쫓아오는 바람에 계곡에 숨을 수밖에 없었다. 이 사건은 사냥꾼이 지닌 가장 큰 문제점을 보여준다. 소총은 일단 한번 쏘고 나면 재장전하기 전까지는 아무런 쓸모가 없었던 것이다.

10월 초, 원정대는 오늘날의 사우스다코타주 북부를 지나가는 동안 여러 개의 버려진 마을과 마주쳤다. 비록 돌보는 사람은 없었지만 일부 경작지에서는 여전히 호박과 옥수수가 자라고 있었다. 한때는 강대한 아리카라족Arikaras이 살던 곳이었다. 미국이 독립을 성취하던 때만 해도 무려 3만 명에 달하던 그 부족은 1780년대에 천연두로 인해 인구가 5분의 1로 줄어들었다. 그러다가 1803~4년에 또다시 전염병이 돌면서 그 부족은 파멸하고 말았다. 이전 해까지만 해도 18군데나 되던 마을이 루이스가 도착했을 무렵에는 3개로 줄어 있었다.2

10월 8일, 평저선은 그랜드강Grand River 하구 근처에서 길이가 3마일이나 되는 섬을 지나갔는데, 그곳이 바로 현존하는 아리카라족 2,000명 정도가 살아가는 마을이었다. 거대한 농장이나 다름없던 그 섬에서는 콩과 옥수수, 호박이 자라고 있었다. 아리카라족은 강둑에 늘어서서 대원들이 배의 우현 쪽에 캠프를 만드는 것을 바라보았다. 루이스는 아리카라족 언어를 하는 뱃사람 2명 그리고 병사 2명과 함께 통나무배를 타고 섬으로 건너가 인디언들을 만났다. 클라크는 캠프에 남아 강변과 보트, 카누에 보초를 세움으로써 평화든 전쟁이든 만반의 준비를 갖췄다.

루이스는 이들과의 만남에 어느 정도 기대를 하고 있었다. 그는 아리카라족이 수족에게 억압을 받는 농경부족이라고 알고 있었다. 그러나 실제로 수족은 자신들이 얻은 교역품을 아리카라족의 농작물과 교환하는 방식으로 호혜적인 관계를 유지하고 있었다. 루이스는 아리카라족이 만단족과 전쟁 중이라는 얘기를 들었다. 따라서 그는 아리카라족이 미주리강 유역에 대한 미국 정부의 외교적인 노력에서 핵심적인 역할을 할 수 있으리라 기대했다. 만약 아리카라족과 수족이 서로 멀어지고 또한 아리카라족과 만단족을 화해시킬 수 있다면 그 지역의 힘의 균형에 변화가 올 터였다. 그의 계산은 수족을 고립시키고 장차 이룩될 미국의 교역 제국에서 소외시킨다는 것이었다.

제임스 론다는 루이스와 클라크가 유럽 및 미국의 변경 외교정책에서 순진한 낙관주의를 공유하고 있었다고 지적했다.

"그들은 미주리강 상류의 현실을 자신들의 기대에 맞게 쉽게 재배치할 수 있을 거라고 생각했다. (…) 하지만 당혹스럽게도 인디언 부족은 대부분 그런 변화를 거부했고 도리어 미국의 의도에 의혹을 품었다."3

루이스는 기대뿐 아니라 큰 걱정도 품었기에 아리카라족으로부터 따뜻한 환대를 받고 나서야 안도했다. 가장 반가운 상대는 아리카라족과 13년째 함께 지내온 교역상 조셉 그레이브라인스Joseph Gravelines였다. 그는 미주리 상류지역에 관한 소중한 정보원인 동시에 영어와 프랑스어, 수족 및 아리카라족 언어에 능통한 까닭에 인디언과 정확하고도 신속한 의사소통을 가능하게 해주었다. 원정대가 일찍이 수족과 겪었던 문제의 상당 부분은 부적절하고 부정확하고 불충분한 통역에서 비롯된 것이었다. 그레이브라인스의 도움으로 루이스는 아리카라족과는 보다 좋은 결과가 나올 것이라고 기대했다.

루이스는 그레이브라인스를 상대로 2~3시간이나 일종의 유도심문을 한 끝에, 다음날 아침에 원정대의 캠프로 인디언 대표단을 데려와 회담을 하자면서 그를 통역자로 고용했다.

다음날 아침, 거센 바람이 불며 강에는 클라크조차 난생 처음 보는 큰 파도가 일어났다. 그럼에도 여러 척의 가죽배(버드나무로 된 사발 모양의 뼈대에 들소가죽 1장을 덧대어 만든 배)가 강을 건너왔고, 놀랍게도 5~6명씩 탄 배를 겨우 여자 3명이 노를 저었다. 인디언 여자들은 파도와 바람에 흔들리며 불안하게 강을 건넜다. 대표단에는 추장 몇 명과 전사 몇 명, 그리고 그 섬의 다른 마을에 사는 또 다른 교역상 피에르 앙트완 타보Pierre-Antoine Tabeau도 포함되어 있었다.

타보는 몬트리올 인근에서 태어나 퀘벡에서 학교를 다녔다. 1776년 그는 서부로 와서 모피 교역상으로 일했고 이후 일리노이와 미주리를 거쳐 아리카라족 마을에 정착했다. 그 역시 뛰어난 통역자(영어, 프랑스어, 아리카라족과 수족 언어)였으며 정보의 보고였다. 하지만 아무리 뛰어난 통역자라 해도 모래를 흩날리며 굉음을 발하는 바람을 이길 도리는 없었다. 결국 기상 여건으로 인해 회담은 다음날로 연기되었다.

10월 10일, 타보가 맨 먼저 회담장으로 건너왔다. 그는 세 마을의 추장들 간에 시기와 질투가 있으니 조심하라고 알려줬다. 곧이어 추장들과 전사들이 회담장에 나타났다. 담배를 피우고 서로 작은 선물을 교환한 다음, 루이스가 일어나 연설을 하고 그레이브라인스가 통역했다. 전형적인 인디언 연설 그대로였다. 백인의 입장에서 볼 때, 인디언들에게 좋은 충고였던 그 내용은 미국의 주권을 인정할 것, 만단족과 평화를 유지할 것, 수족을 멀리할 것, 그리고 미국인과 교역할 것 등이었다. 만약 이 요구를 따른다면 미국의 17개나 되는 큰 부족을 다스리는 새로운 아버지가 그들을 보호하리라는 것이었다.

루이스가 연설을 마치자 분견대가 선회포를 3발 발사했다. 연기가 걷히고 인디언들이 난생 처음 보는 대포의 위력 앞에 혼비백산한 정신을 수습하자, 두 지휘관은 여러 달 전에 우드강에서 아리카라족의 몫으로 준비해둔 선물자루 15번을 풀었다. 주홍색 물감, 백랍 거울, 바늘 400개, 포플린 천, 구슬, 빗, 면도날, 가위 9개, 칼, 토마호크 등이었다(왜 수족에게는 그토록 관대하게 선물을 주지 않았는지 의문이다).

위스키는 인디언 측이 거절했다. 두 지휘관은 그 물건을 선물했지만 아리카라족은 싫다고 하면서, "자신들을 바보처럼 행동하게 만드는 독주를 새로운 아버지가 자신들에게 선물로 줬다는 사실이 당황스럽다"고 대답해 두 지휘관을 오히려 민망하게 만들었다.

추장들에게는 군용외투, 삼각모, 메달, 미국 국기를 선물했다. 타보의 경고에도 불구하고 두 지휘관은 크로우 앳 레스트Crow at Rest(쉬는 까마귀)를 큰추장으로 간주했는데, 이는 모든 부족에는 오로지 1명의 최고지도자가 있게 마련이라는 이들의 선입견 때문이었다. 이들은 나머지 두 마을의 지도자인 호크스 페더Hawk's Feather(매의 깃털)와 헤이Hay(건초) 추장을 졸지에 소추장으로 간주한 셈이었다. 선물 증정 뒤에 루이스는 공기총 발사 시범을 보여 이제는 다반사가 된 인디언의 놀라움을 자아냈다. 회담이 끝났을 때, 추장들은 다른 전사들과 상의한 뒤 다음날 아침 답변을 들려주겠다고 했다.

그날 오후, 대원들은 인디언 마을을 방문했다. 요크는 경탄의 대상이 되었다. 그의 덩치도 놀라웠지만 흑인을 한 번도 본 적 없던 아리카라족으로선 그가 인간인지 짐승인지, 아니면 정령인지 알 수 없었기 때문이다. 요크는 아이들과 어울리며 으르렁거리면서 마치 자신이 클라크 대장에게 붙잡혀 길들여진 야생동물인 척했다. 그 사이에 대원들은 아리카라족 여인들과 재미를 보았는데, 대개는 남편들 쪽에서 오히려 적극적으로 권유했다. 이는 자기 아내가 백인과 동침함으로써 백인의 대단한 힘이 조금이라도 전이되지 않을까 하는 생각 때문이었다.

어떤 전사는 요크를 자기 천막으로 불러 아내와 동침시키고 자신은 친절하게도 그 입구에서 망을 봐주기도 했다. 요크는 이른바 큰 주술사로 여겨졌다. 그로 인해 인디언이 어떤 주술적 위력을 얻게 되었는지는 불분명하지만, 외부인에 대한 이런 기묘한 호의의 대가로 일찌감치 백인 교역상으로부터 성병을 얻은 것은 분명했다. 그 질환은 곧 마을 내에 만연하다 이 기회를 틈타 원정대에게도 옮겨졌다.

하지만 개스 하사는 아리카라족 여자들을 가리켜 "이제껏 내가 본 여자 중에서 가장 깨끗한 인디언들로 (…) 잘 생기고 (…) 예뻤다"고 적었다. 오드웨이 하사 역시 "그 여자들 중 일부는 아주 예쁘고 깨끗했다"고 적었다.4 클라크는 아리카라족을 가리켜 "의리 있고 친절하며 가난하지만 자기 부족에 대한 강한 자존심을 갖고 있었다. 비굴하지 않았다"라고 썼다. 그들은 옥수수와 호박, 다른 채소들을 원정대에 선물했는데, 그중에는 땅속의 들쥐 굴을 파내 찾아낸 상당량의 콩도 있었다. 클라크는 그 콩들이 "크고 맛이 좋으며 영양가가 매우 높았다"고 적었다. 그러면서 인디언은 콩을 가져간 대가로 항상 다른 음식을 들쥐 굴에 남겨둔다고 했다.

다음날인 10월 11일, 크로우 앳 레스트가 루이스의 제안에 대한 답변을 전하러 나타났다. 그는 새로운 아버지를 얻게 되어 반갑고 자신들은 원정대를 위해 길을 열어둘 것이며 앞으로도 항상 열어두겠다고 말했다. 그는 자기 부족과 만단족 사이에 평화를 맺어달라고 두 지휘관에게 부탁했다.

다른 두 추장은 회담장에 나타나지 않았는데, 아마도 첫날 졸지에 소추장으로 취급된 것에 대한 불만인 모양이었다. 두 지휘관은 다음날 이들을 직접 찾아 나섰다. 먼저 헤이 추장을 찾아갔다. 그는 자기 부족은 백인을 적대시하지 않으며 두 지휘관이 만단족과의 평화를 맺어주길 원하고 이듬해 봄에 제퍼슨 대통령을 만나러 워싱턴에 갈 의사가 있다고 말했다. 하지만 그가 마지막으로 한 요청은 두 지휘관들로서도 감히 들어줄 수 없는 것이었다.

"당신들이 떠나고 나면 평원에 있는 여러 부족이 우리를 상대로 전쟁을 벌일 것이니, 당신들이 그들의 총 사용을 중지시키고 가능하다면 금지해주시오. 이상입니다."

이번에는 호크스 페더가 추장으로 있는 세 번째 마을을 방문할 차례였다. 그 역시 워싱턴행을 생각하고 있었다. 전쟁을 벌일 생각은 없지만 만단족과 아리카라족 간의 평화는 직접 자기 눈으로 보기 전까지는 믿지 않겠다고 했다. 그는 두 가지의 퉁명스러운 경고를 전했다.

"첫째, 우리(아리카라 추장들)는 진심을 말한 게 아닐 수도 있소. 둘째, 저 위쪽 인디언들(만단족) 역시 당신들의 말을 믿으려 하지 않을 거요."

10월 13일, 루이스와 클라크는 중대한 규율 위반 문제를 겪었다. 탈영으로 결국 불명예제대를 당한 모제스 리드가 계속해서 불평을 늘어놓으며 다른 대원들의 마음까지 뒤흔들었던 것이다. 군대에 있어 본 사람은 리드 같은 유형이 어떤지 잘 알고 있기 때문에 상종하지 않았다. 얼마 뒤, 리드는 존 뉴먼John Newman 이병을 점찍은 다음, 두 지휘관이 불공평하고 제멋대로라며 험담을 늘어놓았다. 뉴먼은 그만 리드의 술책에 말려들고 말았다.

결국 두 지휘관은 공개적으로 대든 뉴먼과 리드를 체포하고 말았다. 리드야 이미 군인 신분이 아니었으므로 손댈 수 없었지만, 뉴먼은 엄연히 군인 신분이었으므로 처벌 대상이었다. 두 지휘관은 군법회의를 열어 클라크를 의장으로, 오드웨이 하사를 재판장으로 삼았다.

루이스는 기소장에서 뉴먼이 "매우 범죄적이고 반항적인 성격의 언사를 거듭 발언했다. 그 언사는 군사 규율의 모든 원칙을 파괴하는 것일 뿐 아니라, 분견대에 속한 전 대원이 장교와 불화를 겪도록 하는 것인 동시에, 현재 대원들이 성심으로 엄숙하게 수행하고 있는 임무에 대해서도 불만을 품게 만드는 것"이라고 했다.

뉴먼은 항변했지만 증거가 제시되었다. 10명의 배심원은 피고 존 뉴먼이 법정에 제출된 모든 혐의에 대해 유죄라는 의견을 만장일치로 채택했다. 맨 등에 채찍질 75대와 아울러 북서지역 탐험을 수행할 영구 분견대로부터 퇴출 선고가 내려졌다. 해고도 제대도 아닌 퇴출이었다. 두 지휘관은 선고를 승인했으며 다음날 정오에 형을 집행하기로 했다. 아울러 이후 뉴먼은 프랑스인 뱃사람과 함께 카누에 보조원으로 승선하기로 했다.

10월 14일, 평저선은 일찍 출발했다. 정오에 원정대는 우현 쪽 강변에서 뉴먼의 형을 집행했다. 선상에 있던 아리카라족은 그 준비를 보고 크게 놀랐다. 채찍질이 시작되자 한 추장이 큰소리를 질렀다. 클라크가 처벌의 이유를 설명하자 추장은 자신도 누굴 사형에 처하기는 하

조지 케이틀린, 〈만단족 마을 원경Distant View of Mandan Village〉(1832) (미국 국립 미술관, 워싱턴 D. C./아트 리소스, 뉴욕)

지만 자기 부족은 아이들에게라도 결코 매질은 하지 않는다고 말했다.

10월 24일, 원정대는 오늘날의 비스마크 북부를 지나 만단족 마을로 향하고 있었다. 두 지휘관은 세인트루이스에서의 조사와 그레이브 라인스로부터 얻은 정보를 통해 만단족(그리고 이들의 이웃이자 동맹인 히다차족Hidatsas) 마을이 북부 평원지대의 교역 중심지로 기능하며 먼 곳에서부터 다른 인디언을 끌어들이고 있음을 알고 있었다. 늦여름의 교역 시기만 되면 이들의 강변 마을은 크로우즈Crows · 어시니보인Assiniboines · 카이오와Kiowa · 아라파호Arapahoes 등의 인디언과 노스웨스트 컴퍼니, 허드슨즈 베이 컴퍼니Hudson's Bay Company, 그리고 세인트루이스의 백인 교역상으로 인산인해를 이루었다.

평원 인디언의 다양성과 다채로운 생활 방식을 그렇게 한눈에 살펴볼 수 있는 장소는 세상 어디에도 없었다. 에스파냐산 말과 당나귀가 매매되는가 하면 샤이엔족Cheyenne의 멋진 가죽옷, 영국제 총, 온

조지 케이틀린, 〈블랙 모카신〉(1832). 이 미니타리(히다차)족Minitari=Minitaree=Minnetaree45 추장은 케이틀린이 직접 만나 초상화를 그릴 당시 이미 100세가 넘어 있었다. 이 작품은 루이스와 클라크를 직접 만난 인디언이 생존해 있는 모습을 그린 것으로 희귀한 작품이다(미국 국립미술관, 워싱턴 D. C./아트 리소스, 뉴욕)

갖 고기 제품, 각종 모피와 악기, 담요, 들소 생가죽, 문양을 새긴 들소가죽 등이 있었다. 교역 시기에는 종종 밤늦게까지 춤판이 벌어졌고 오가는 구경꾼도 많았으며 소년들 사이에서 시합이 벌어지기도 했다.

만단족 마을은 두 군데였다. 서쪽 강둑에 위치한 아래쪽은 빅 화이트Big White(큰 백인) 추장과 리틀 레이븐Little Raven(작은 까마귀) 부추장이 이끌었다. 동쪽 강둑에 위치한 훨씬 위쪽은 두 번째 마을로 블랙 캣Kn(Black Cat, 검은 고양이) 추장과 레이븐 맨Raven Man(까마귀 인간) 부추장이 이끌고 있었다. 서쪽에서 흘러들어 오는 나이프강Knife River 인근에는 히다차족 마을이 세 군데 있었다. 그중 하나는 40개의 천막으로 이뤄진 막강한 곳이었고 블랙 모카신(Black Mocassin, 검은 모카신)이 추장이었다. 또 하나는 130개의 천막과 450명의 전사로 이루어져 있었으며 평판이 뛰어난 군사 추장 르 보르뉴Le Borgne, 즉 원 아이 One Eye(애꾸)가 이끌고 있었다. 만단족은 들소 사냥 때는 말을 탔지만 멀리 로키산맥까지 미치는 전쟁 원정 때는 말을 타고 가지 않았다. 반면 히다차족은 눈 덮인 그 산맥까지 말을 타고 가서 다른 부족의 말과 사람을 약탈해 왔다.5

북쪽으로 향하는 원정대의 눈앞에 다른 만단족 마을이 하나둘 나타났지만 모두 버려진 것이었다. 그 부족 역시 천연두로 숫자가 10분의 1로 줄어들었다. 일찍이 만단족의 터전이던 하트강Heart River 하구를 지날 무렵, 대원들은 평원 한가운데에 과거의 증인처럼 서 있는 만단족의 선댄스 기둥을 보았다. 흙 움막에 들어가 보니 사람과 동물의 뼈가 흩어져 있었다.

24일, 두 지휘관은 최초로 만단족을 만났는데 그들은 빅 화이트 추장과 25명의 사냥 원정대였다. 루이스는 그레이브라인스를 대동하고 나가 빅 화이트와 아리카라족 추장을 정중하게 서로 소개했다. 루이스, 그레이브라인스, 그리고 아리카라족 추장은 빅 화이트를 따라 그의 마을로 갔다. 아리카라족과 만단족 사이의 평화 협정이 가능해보였지만 두 지휘관은 조심스럽게 행동했다.

10월 26일, 원정대는 첫 번째 만단족 마을에서 약간 아래쪽에 캠프를 만들었다. 그러자 수많은 인디언 남녀와 아이들이 떼 지어 몰려왔다. 두 지휘관은 상황을 의논한 다음 원주민의 성향을 알게 될 때까지는 두 사람 모두 배를 비우는 일이 없도록 하자고 결정했다. 루이스는 그레이브라인스와 함께 빅 화이트 추장의 마을로 갔고 클라크는 보트에 남아 경계를 맡았다. 다섯 마을에 사는 인디언은 4,000명이 넘었으며 전사만 해도 1,300명가량이었다. 마음만 먹으면 탐사부대 정도야 얼마든지 압도할 수 있는 숫자였다. 물론 원정대가 결코 호락호락하지 않은 상대임을 분명히 보여줄 수 있다면, 그들은 결코 그럴 마음을 먹지 않을 것이다.

다행히 만단족은 이를 잘 이해했고 원정대에게 친절했다. 루이스는 빅 화이트의 마을에서 환대를 받았으며 다섯 마을의 추장 모두를 원정대의 캠프에서 벌어질 회담에 초청했다. 이때 두 번째 만단족 마을에서 온 르네 제솜René Jessaume이라는 교역상이 클라크를 찾아왔다. 제솜은 15년째 만단족과 함께 살면서 그들의 의례 및 사회생활에 전적으로 참여했고 만단족 여자와 결혼해 가정을 꾸리고 있었다. 그는 자신이 혁명 당시에 조지 로저스 클라크 장군의 스파이로 활동했다고 말했지만, 윌리엄 클라크는 그의 말을 믿지 않은 것 같다. 하여간 그는 제솜에 관해 이렇게 적었다.

"그 사람은 교활하고 능란하며 위선적으로 보였다."

하지만 통역자 겸 정보원으로는 쓸모가 있었기에 클라크는 그를 고용했다. 만단족과의 관계는 계속 우호적이었다. 인디언은 원정대가 이후 5개월이나 이웃으로 지낼 것이라는 사실을 알고 반색했다.

10월 28일, 블랙 캣, 루이스, 클라크, 제솜은 강을 따라 한참이나 올라가 겨울 캠프를 지을 만한 장소를 찾았다. 원정대는 좋은 목재와 사냥감이 많은 곳을 원했지만 그날 이들이 둘러본 장소가 정확히 어디였는지는 알 수 없다.

10월 29일, 최초의 공식 회담이 열렸고 루이스는 전형적인 인디언 연설을 했다. 루이스의 연설이 끝나고 여러 가지 약속이 성사되었지만 클라크는 그 회담이 본래의 목적에 크게 미치지 못한 것 같다고 적었다. 부족들이 정식 회담에 관해 아는 것이 없어 불편해했던 것이다.

루이스는 인디언들을 상대하느라 그만 크로노미터 감아놓는 걸 까먹었지만, 그 와중에도 짬을 내 위도 계산을 위해 육분의로 태양의 자오선 높이를 측정했다.

10월 마지막 날 아침, 블랙 캣이 꼭 들려줄 말이 있다며 클라크를 자기 천막으로 불렀다. 두 지휘관은 블랙 캣을 만단족의 큰추장으로 생각하고 있었으므로 클라크는 기꺼이 달려갔다. 블랙 캣은 아리카라족과 만단족 사이에 평화를 이룰 수 있다면 자기도 기쁘겠다고 했다. 왜냐하면 만단족 남자들이 두려움 없이 사냥할 수 있다면, 여자들도 매순간 적이 있나 둘러볼 필요 없이 밭에서 일할 수 있기 때문이라고 했다. 곧이어 질책이 나왔다.

"당신네들이 올라온다는 소식을 듣고 인디언들은 아주 큰 선물이 있을 거라고 기대했다. 하지만 그들은 실망했고 일부는 불만스러워했다."

하지만 그는 개인적으로는 실망하지 않았으며 내년 봄에 기꺼이 워싱턴으로 큰아버지를 만나러 가겠다고 약속했다. 그동안에 루이스는 노스웨스트 컴퍼니 소속의 영국인 교역상인 휴 맥크래컨Hugh McCracken을 만나고 있었다. 그는 어시너보인강Assiniboine River에 있는 자사의 교역소로부터 150마일 떨어진 그곳까지 육로로 9일 만에 도착했다. 캐나다에 거주하며 만단족 마을을 정기적으로 방문하는 영국인은 대체로 만단족에게 공산품을 제공하는 주요 공급처였다. 루이스는 그런 상황을 바꾸고 싶었다. 그의 정책, 곧 제퍼슨의 정책은 수족을 고립시키고 세인트루이스에서 만단족 마을에 이르는 강을 개방하며 북부 대평원의 이 상업 중심지에서 미국이 교역을 독점하는 것이었다.

하지만 루이스는 인내할 필요가 있음을 알았다. 물론 북부 루이지애나에서 영국인 교역상을 몰아낼 법적 권한은 있었지만 실제로 그런 일을 강요할 만한 물리력이 없었고, 현재로서는 인디언 대 원정대의 비율만 해도 50 대 1로 열세였기 때문이다. 더욱이 아직은 영국인 교역상을 대체할 준비가 되어 있지 않았다.

맥크래컨은 다음날인 11월 1일 귀로에 오를 예정이었고 루이스는 이번 기회에 캐나다에 거주하는 영국인 상인과 관계를 수립하고 새로운 상황을 설명할 기회를 잡게 됐다. 클라크가 블랙 캣과 이야기를 나누는 동안, 루이스는 맥크래컨의 상사에게 보내는 편지를 썼다. 그는 약간 거짓을 섞어 "우리는 정부의 지시에 따라 미주리강과 대륙의 서부를 탐사하는 학술적 목적으로 이곳에 왔습니다"라고 운을 뗐다. 이어 그는 영국 측이 이곳에서 미국의 주권을 인정하는 한, 원정대가 기존의 교역 관계를 훼방할 의도는 전혀 없다고 했다. 곧이어 인디언들 틈에서 5개월간 겨울 캠핑을 해야 하는 사람의 입장에서, 또한 클라크 대장 말고는 대등하게 이야기를 나눌 상대가 없는 사람의 입장에서 그는 가슴 뭉클한 글을 남겼다.

"개인적으로 우리도 (…) 우정을 가꿔 나갈 의향이 있습니다."

여기에 덧붙여 그는 그 지역의 지리, 산물 등 인류에게 유용할 것이라고 생각하는 것에 관해 귀띔을 해준다면 지극히 감사할 것이라고 했다. 한마디로 그는 영국인 교역상을 캠프에 초청한 것이나 다름없었다.6

영국인은 루이스를 신뢰했다. 상당수가 그를 찾아왔고 그중에는 프랑수와 앙트완 라로케François-Antoine Larocque와 찰스 맥킨지Charles MacKenzie도 있었다. 두 사람 모두 자신들의 방문을 각자의 일지에 기록했다. 당시 스무 살이었던 라로케는 "루이스와 클라크 대장으로부터 정중한 대접을 받았고 하룻밤을 그들과 보냈다"라고 썼다. 당시 루이스는 라로케에게 이렇게 말했다.

"우리의 목적은 순수하게 과학적이고 학술적이며 교역에 관한 것은 전혀 아니다."

루이스는 라로케의 나침반이 고장 나자 꼬박 하루를 들여 그것을 고쳐주었다. 본래 모험을 좋아했던 라로케는 태평양까지 갔다 오는 여정에 동참시켜 달라고 애걸했다. 그러나 두 지휘관은 일종의 라이벌인 노스웨스트 컴퍼니 소속 직원에게 장차 탐사할 지역을 공짜로 견학시켜 주고 싶지 않다는 생각에 끝내 거절하고 말았다.7

맥킨지의 일지는 두 지휘관과 영국인 교역상들이 두 지휘관의 거처에 빙 둘러앉아 광범위한 주제에 관해 이야기하는 모습을 선명하게 보여주고 있다.

"라로케 씨와 나는 특별히 관심을 불러일으킬 만한 것을 알고 있진 않았지만, 우리는 미국 원정대의 신사들과 친해졌다. 그들은 언제나 우리를 보면 즐거운 것 같았고 항상 정중하고 친절하게 대해 주었다. 그러나 루이스 대장은 우리와 의견이 일치하지 않았다. 말도 유창하고 온갖 화제에 관해 박식했지만, 적어도 우리가 보기에는 그런 능변 뒤에 영국을 싫어하는 성향이 깔려 있었다."8

두 지휘관의 거처였던 포트만단은 나이프강 하구에서 7마일가량 아래쪽으로, 그리고 만단족의 아래쪽 마을에서 미주리강 바로 건너편 북쪽 강변에 있었다.* 캠프 건설은 11월 3일부터 시작되었다. 조셉 화이트하우스Joseph Whitehouse 이병은 일지에 "캠프의 전 대원이 오두

막 짓는 일에 최선을 다했으며 들어가 살기에 편리한 집으로 만들었다"고 적었다.9

같은 날, 루이스는 통나무배를 상류까지 끌고 온 프랑스인 뱃사람들에게 현금으로 보수를 지불했다. 그중 몇 사람은 통나무배를 만들어 강이 얼기 전에 세인트루이스로 돌아갔다. 나머지 사람들은 겨우내 인디언과 지내다 이듬해 봄에 워핑턴 상병과 함께 평저선을 끌고 돌아가기로 했다. 제솜과 그의 아내는 아예 캠프로 들어와 살면서 필요할 때마다 통역 일을 해주었다.

요새는 오두막 두 줄이 서로 직각으로 세워졌으며 후면인 강변 쪽으로는 울타리가 세워졌고, 전면에는 출입구와 선회포가 설치된 초소가 있었다. 외벽은 높이가 18피트나 돼 인디언이 공격해오더라도 한동안 버틸 수 있을 정도였다. 라로케는 "대포알도 튕겨나갈 정도로 튼튼하게 만들었다"고 썼다.10

일을 시작할 때부터 인디언들은 종종 강을 건너와 구경하고 대원들과 어울리며 거래를 했다. 다른 손님도 있었다. 11월 4일자 일지에서 클라크는 '샤보나'라는 프랑스인이 찾아와 채용해 달라고 하면서 자신이 스네이크족 여자 2명을 데리고 산다고 했다는 내용을 적고 있다. 그 프랑스인의 정확한 이름은 투생 샤르보노Toussaint Charbonneau였다. 프랑스계 캐나다인인 그는 마흔다섯 살로 한때 노스웨스트 컴퍼니에서 일하다 이제는 독립해서 히다차족과 살며 교역상으로 일하고 있었다. 그의 아내들은 쇼쇼니족Shoshones 또는 스네이크족으로 본래

---

*오늘날의 노스다코타주 워시번Washburn에서 서쪽으로 14마일 떨어진 곳으로 절반가량은 강물에 쓸려 내려가 부분적으로 물속에 잠겨 있다(원주).

미주리강의 상류에 위치한 로키산맥에 살던 부족이었다. 두 여자 모두 4년 전에 히다차 원정대가 두 강이 하나로 합쳐져 미주리강을 이루는 곳, 일명 스리 포크스Three Forks라는 곳에서 포로로 잡아온 10대 소녀였다. 샤르보노는 마침 그 원정대 소속 전사들과의 내기에서 이겨 소녀들을 차지한 것이었다.

두 지휘관은 샤르보노의 제안을 받아들여 그를 통역자로 채용했는데, 사실 그보다는 그의 두 아내가 산악 부족의 언어를 말할 수 있기 때문이었다. 두 여자가 히다차어로 샤르보노에게 말하면, 샤르보노는 프랑스어로 드뤼야르에게 말하고 드뤼야르는 영어로 두 지휘관에게 말하는 식이었다. 두 지휘관은 수족과의 대화에서 어려움을 겪고 난 후 통역자 없이 인디언과 의사소통하기가 얼마나 어려운지 절감하고 있었다. 그래서 두 사람은 샤르보노와 함께 그의 아내들 중 하나가 자신들과 함께 가야 한다는 조건을 내걸었다. 샤르보노는 사카가위아 Sacagawea를 골랐는데, 겨우 열다섯 살이었던 그 소녀는 임신 6개월째였다.

맥킨지도 샤르보노를 소개받았지만 그다지 특별하다는 인상은 받지 못했다. 그는 포트만단에서의 통역 행위가 과학적이라기보다 오히려 예술적이라고 적었다.

"사카가위아는 히다차어를 조금밖에 몰랐지만 어쨌든 그 언어로 남편과 이야기했고, 그 남편이란 사람은 캐나다인인데 영어를 전혀 못했다. 어느 혼혈아(제솜)는 프랑스어를 잘 못했고 영어는 더 못했는데도 두 지휘관의 통역자 노릇을 했다. 그러다 보니 원정대가 어떤 단어 하나를 알아들으려 해도 원주민이 그 여자에게 말하고 그 여자가 남편한테 말하고 남편이 혼혈아에게 말하고 혼혈아가 두 지휘관에게 말하는 과정을 거쳐야 했다."

그래도 아주 불편한 것은 아니었다. 간혹 샤르보노와 제솜이 어떤 프랑스어의 뜻을 놓고 옥신각신할 때가 있긴 했지만 말이다.11

또 다른 방문자는 엄청나게 뚱뚱하고 피부색이 밝은 만단족 추장 빅 화이트였다.* 11월 12일, 클라크는 "빅 화이트가 우리를 위해 자기 아내에게 100파운드의 좋은 고기를 지고 오게 했다"고 썼다. 클라크는 그녀에게 장신구 조금과 작은 도끼를 선물했다.

11월 20일, 블랙 캣의 마을에서 전사 몇 명이 찾아와 미국의 평화 정책이 위기에 놓였다고 알렸다. 평화 제안을 들고 수족을 찾아간 아리카라족 사절 2명이 폭행을 당하는 것은 물론 말까지 빼앗긴 채 돌아왔고, 이로써 아리카라족이 루이스와 클라크를 통해 만단족과 평화 협정을 맺은 것에 대해 수족이 얼마나 분개했는지 명백해졌다는 것이다.

만단족 중에도 훼방꾼이 있어서 히다차족의 귀에 거짓말을 속삭이곤 했다. 만단족은 히다차족을 최대한 포트만단에서 떼어놓음으로써 원정대와의 교역을 독점하려 했기 때문에 히다차족에게는 미국이 수족과 연합해 히다차족에게 전쟁을 도발할 의향이라고 말했다. 그들은 제솜이 원정대의 주둔지로 옮겨가 사는 것이며 주둔지의 튼튼함, 보초의 존재, 그리고 다른 군용품의 존재 등을 그 증거로 들었다.

루이스는 히다차족이 그런 주장을 사실로 믿게 되면 위험하다는 판단에 곧바로 대응에 나섰다. 그는 제솜과 샤르보노를 통역자로 삼아

---

*게리 몰턴의 지적(제3권, 201쪽, 각주 5)에 따르면 만단족 중에서도 피부가 희고 머리색이 옅은 사람이 간혹 있었기 때문에 이들이 전설에 나오는 웨일스족 인디언이거나 아니면 다른 유럽 출신 민족이 아닐까 하는 소문이 나왔다고 한다. 물론 그런 소문은 사실이 아니었다(원주).

말을 타고 히다차 마을로 가서, 주요 인사를 모아 놓고 만단족의 이야기가 거짓이라는 사실을 납득시키려 했다. 하지만 그는 별로 환영받지 못하고 돌아섰다. 그날 오후 루이스를 만난 맥킨지는 그에게서 들은 말을 기록했다.

"그는 별로 환영받지 못했다고 털어놓았다. 히다차족 추장인 혼드 위즐Horned Weasel(뿔 달린 족제비)에게 사람을 보내 그의 천막에서 하룻밤 머물고 싶다고 했더니 추장이 출타중이라고 하더란다. 그래서 그는 다른 천막을 찾아가는 중이라고 했다."12

루이스는 인디언도 백인처럼 출타중 운운하며 핑계를 댄다는 사실에 적잖이 놀란 모양이다. 다음날 아침, 루이스는 지위가 낮은 히다차족 추장 2명과 함께 포트만단으로 돌아왔다. 그는 그들로부터 쇼쇼니족과 블랙푸트족*을 상대로 전쟁을 벌이지 않겠다는 약속을 받아냈다. 블랙푸트족은 로키산맥 동쪽에서 쇼쇼니족보다 북부에 사는 부족이었다. 하지만 그 약속은 쓸모가 없었다. 하루인가 이틀 뒤에, 히다차족의 젊은 전사로 구성된 약탈대의 지도자가 50여 명의 원정대를 끌고 블랙푸트족의 영토로 원정을 떠났던 것이다.

결국 전쟁은 항상 있었고 또 앞으로도 있을 것이었다. 미국이 생각하는 전쟁과 평화라는 말은 인디언들에게 아무런 의미가 없었다. 적대감은 언제라도 나타날 수 있었고 그것은 젊은 전사들의 무료함이나 명예와 영광을 향한 갈망에서 비롯될 수도 있었다. 그리고 여기에는 반격이 뒤따랐다. 그런 일은 주기적으로 반복되었고 그런 면에서 두

---

*영어의 정식 명칭은 블랙푸트Blackfoot Indians이고, 복수일 경우에는 블랙피트Blackfeet지만 이 책에서는 혼동을 방지하기 위해 모두 블랙푸트족으로 통일했다(역주).

지휘관은 한없이 순진한 셈이었다. 자신의 간곡한 타이름이 말짱 헛수고였다는 수많은 증거 앞에서도, 루이스는 끝내 본인이 평화를 수립했다고 믿어 의심치 않았다. 그는 자신의 확신을 라로케에게 설명했지만 라로케는 의구심을 품었고 당연히 그럴 만했다.13

진실은 루이스의 코앞에 있었다. 히다차족과의 회동 후 그는 이렇게 적었다.

"나는 그들에게 이웃과의 평화를 유지하는 것의 이득을 지적했다. (…) 일찍이 영예를 얻은 추장들은 전쟁상태가 불편하다는 것을 상당 부분 시인했고 기꺼이 내 의견에 찬동했다. 하지만 어느 젊은이는 이웃 부족과 평화롭게 지내면 부족이 어떻게 추장을 뽑느냐고 반문했다. 그 10대 전사는 늙은 추장은 곧 죽을 것이고 부족은 추장 없이 살아갈 수 없으며 히다차족은 전사들의 공적을 직접 보지 않고는 추장을 고를 수 없다고 주장했다."14

루이스는 히다차족 때문에 몇 가지 또 다른 골치를 썩었다. 그들은 미국인이 자신들에게 아무런 해도 끼치지 않으리라는 것은 믿었지만 선물이 적다는 사실에 분개했다. 특히 미국의 영토 크기나 위력에 대한 이야기를 자신들을 겁주기 위해 과장한 것이라 여기고 더욱 분개했다. 자부심이 강한 히다차족에게는 그런 말이 잘 먹혀들지 않았다.15

11월 30일, 만단족 1명이 주둔지에 나타나 놀라운 소식을 전했다. 수족과 아리카라족의 침공대가 만단족 사냥꾼 5명을 공격해 1명이 죽고 2명이 부상당했으며 말 9마리를 빼앗겼다는 것이다. 이는 아리카라족이 평화 중재자와의 약속을 어기고 수족과 다시 동맹을 맺었으며, 두 동맹 부족이 만단족을 상대로 전쟁을 벌였다는 반갑지 않은 소식이었다. 하지만 이것은 미국이 만단족을 지지한다는 사실을 보여줄 기회인 동시에 힘의 우위를 과시할 기회이기도 했다.

두 지휘관은 곧바로 행동에 돌입했다. 루이스가 포트만단을 맡고 클라크는 21명으로 구성된 분견대를 인솔해 얼어붙은 강을 건너 만단족을 지원하러 갔다. 그런데 만단족은 미국인이 자신들의 문제에 간섭하는 것에 불평을 늘어놓았다. 그들은 루이스와 클라크의 말대로 이제 자신들이 안전하리라 믿고 소규모로 사냥을 나갔다가 이런 꼴을 당했다며 항의했다. 클라크는 아리카라족을 변호했다.

"아리카라족 중 나쁜 녀석 몇 명이 수족과 결탁했을 것이오. 하지만 나쁜 녀석이야 어느 부족에든 있으니, 일단 그 나쁜 녀석들에 대해 그들 부족이 묵인하는지 우리가 알아볼 때까지 기다려주시오."

클라크의 말에 아무도 이의를 달지 않았다. 이미 무슨 일이 벌어졌는지 직시한 만단족은 나름대로 결론을 내렸던 것이다. 루이스와 클라크는 민폐만 끼친 셈이었고 만단족은 이들을 최대한 용인했다. 또한 두 지휘관은 인정하기 싫었겠지만 이들을 보호해주기까지 했다.

원정대는 매일 엄청난 양의 식량을 소비했고 날씨는 점점 더 추워져 종종 영하까지 내려갔다. 겨울을 나려면 옥수수, 콩, 호박을 비롯해 고기도 인디언 측으로부터 얻어야만 했다.

12월 7일, 만단족 추장 1명이 주둔지로 와서 언덕 너머 1~2마일쯤 되는 곳에 들소 떼가 있다고 했다. 추장은 대원들에게 말을 제공할 테니 함께 사냥을 가자고 권했다. 루이스는 대원 15명과 함께 만단족의 말을 빌려 타고 사냥에 나섰다. 인디언은 안장도 없이 말에 올라타 무서운 속도로 들소 떼를 쫓으며 무릎으로 말을 몰고 손으로는 활을 쏘는데, 어찌나 힘이 좋은지 종종 화살이 들소를 완전히 꿰뚫었다. 그러면 인디언 여자들이 뒤따라와 늑대가 나타나기 전에 얼른 들소의 각을 떴다.

루이스와 대원들은 소총을 사용해 그날 하루 들소를 11마리 잡았다. 루이스는 기쁜 나머지 영하의 날씨에도 그날 밤 들소가죽 망토만 입고 야외에서 잤다. 다음날 미국인은 9마리의 들소를 더 잡았다. 그들은 들소 혀만 떼어내 먹었다. 나머지는 늑대들의 차지였다. 맥킨지는 "우리는 이 땅의 비옥함 덕분에 살아가는 것이다. 사냥과 먹는 것은 그곳의 질서였다"16라고 말했다.

그날의 기온은 영하 45도(섭씨 영상 7도)였고 겨울이 되면 훨씬 더 추워질 터였다. 벌써부터 추위가 살을 파고들었지만 본격적인 겨울은 아직 13일이 더 지나야 시작될 것이었다.

포트만단의 겨울 캠프

1804년 12월 21일~1805년 3월 21일

날씨는 혹독하게 추웠고 가끔은 소변을 누자마자 얼어붙지 않을까 싶을 정도였다. 루이스는 기상 일지를 계속 기록했으며 그날 하루의 일출 시각 및 오후 4시의 기온, 날씨(맑음, 구름, 눈, 우박 또는 c, a, r, s 즉 '비와 눈 오고 맑게 갬'의 약자), 풍향, 풍속, 강의 수위 등을 적었다. 이것은 미시시피강 서쪽에서 수집된 최초의 기상 자료인 셈이다. 여기에 기록된 기온은 1951년부터 1980년까지 30년간 12월, 1월, 2월의 평균 기온인 영상 12.3도(섭씨 영하 10.9도)보다 훨씬 추운 것이었다. 1804~5년의 경우, 12월은 영상 4도(섭씨 영하 15.5도), 1월은 영하 3.4도(섭씨 영하 15.8도), 2월은 영상 11.3도(섭씨 영하 11.5도), 겨울 평균은 영상 4도였다.1

인디언은 그런 날씨를 잘 견뎌냈다. 미국인은 그런 날씨에도 인디언이 평원에서 노숙을 하고 돌아왔다는 이야기를 여러 번 들었고 실제로 그런 사람을 만나기도 했다. 모닥불도 없이 들소가죽 망토와 얇은 모카신, 영양가죽 레깅스, 그리고 셔츠만 입고도 멀쩡했다는 것이다. 1805년 1월 10일, 클라크는 그런 사례를 두 가지 인용한 뒤 이렇게 덧붙였다.

"이들의 풍습과 습관을 보면 인간은 내가 생각했던 것보다 훨씬 더 혹독한 추위를 견딜 수 있는 것 같다."

강은 단단히 얼어붙어 큰 들소 떼가 건너가도 깨지지 않을 정도였다. 루이스는 평저선을 강변으로 끌어올려 수리하려고 했지만 배는 얼음에 갇혀 버렸다. 그는 2월 3일부터 배를 꺼내기 위해 여러 가지로 노력했으나, 결국 배가 얼음을 벗어난 것은 몇 주가 지난 뒤였다. 2월 26일이 되어서야 원정대는 마침내 배를 끌어올렸다. 왜 두 지휘관 모두 얼음이 얼기 전에 배를 끌어올리지 않았는지는 그야말로 수수께끼다.

그토록 추웠다면 두 지휘관이나 대원들 모두 일종의 반半동면상태로 지내며 오드웨이가 "따뜻하고 편안하다"2고 묘사한 불가나 오두막에서 벗어나지 않았을 것 같지만, 사실 두 지휘관은 대원들이 더욱 바쁘게 움직이도록 했다. 한편으로는 실제로 해야 할 일이 많았고 다른 한편으로는 대원들이 게으름을 피우면 사고를 치게 마련임을 알고 있었기 때문이다. 오두막에만 틀어박혀 있으면 대원들은 성질이 나빠지고 주먹다짐을 벌이기 일쑤였으며 규율을 어겼다. 루이스와 클라크는 지난겨울에 우드강의 주둔지에서 온갖 사건을 목격한 데다, 일리노이주의 날씨가 나쁘긴 해도 노스다코타주의 날씨와는 비교도 안 된다고 생각해 부지런히 일을 만들었던 것이다.

포트만단에서는 대원간의 다툼이나 탈영은 없었다. 그런데 2월 9일,

해가 진 다음에 주둔지로 돌아온 토머스 하워드Thomas Howard 이병이 보초를 불러 문을 열게 하는 대신 몰래 요새의 울타리를 넘었다. 불운하게도 어느 인디언이 그 모습을 보고는 자신도 따라서 울타리를 넘었다. 보초는 그 사실을 루이스 대장에게 보고했고 루이스는 크게 놀랐다. 만단족과의 관계가 좋긴 했지만, 히다차족과의 관계가 좋지 않았던 데다 혹시 만단족이 딴마음이라도 품게 되는 날에는 인디언들이 압도적인 숫자로 원정대를 밀어붙이고 소총과 주전자, 교역품 등을 챙길 수 있었기 때문이다. 하워드 이병의 생각 없는 행동으로 이제 인디언이 요새의 울타리를 넘는 법을 배운 셈이다.

하워드를 처벌하는 것은 나중 문제였고 무엇보다 외부의 위협에 즉시 대응하는, 즉 얼떨결에 담을 따라 넘은 인디언에게 그건 좋지 못한 행동임을 확신시키는 것이 급선무였다. 그는 문제의 인디언을 데려오게 했다.

"나는 그의 행동이 부적절함을 납득시켰고 그가 만약 적으로 오해를 받아 부상이라도 입고 돌아가면 동족들이 크게 놀랄 위험이 있다고 설명하면서 담배를 조금 주고 잘 달래서 돌려보냈다."

그런 뒤에 루이스는 하워드 이병을 체포해 군법회의에 회부했다. 루이스는 결코 자비를 베풀지 않을 생각이었다. 그는 고참임에도 그 위반 행위를 자랑삼아 떠들어댔기 때문이다. 다음날 아침, 하워드는 '야만인들에게 유해한 행동을 보여주었다'는 죄목으로 기소되었다. 그는 유죄가 인정되어 채찍질 50대를 선고받았는데 별 생각 없이 저지른 위반 행위치고는 매우 중한 처벌이었다. 그래서인지 군법회의에서도 선처를 호소해 루이스는 결국 형을 면제해주었다. 이것이야말로 포트만단에서 있었던 유일한 군법회의이자 원정 기간 중의 마지막 군법회의였다.

포트만단의 요새에서는 훈련, 보초근무, 수하, 일일 무기검열 같은 군대의 일과가 유지되었다. 기온이 영하로 내려가면 보초도 30분 단위로 교대했다. 만단족과 히다차족의 적대 행위 가능성 외에도 원정대를 극도로 적대시하는 수족이 그리 멀리 있지 않았고, 아리카라족 역시 거기에 가담할 가능성이 있었다. 원정대는 계속해서 경계를 유지했다.

수족은 실제로 2월 중순에 급습을 시도했다. 그때 클라크는 다수로 구성된 사냥대와 함께 9일간 사냥을 떠났고 그들은 운반할 수 있는 것 이상으로 많은 짐승을 잡았다. 포트만단으로 돌아온 그는 드뤼야르와 대원 3명에게 말이 끄는 썰매 3대를 몰고 가서 짐승들을 실어 오게 했다. 그런데 그 모든 것을 수족의 전사 일단이 염탐하고 있었다. 이후의 일에 관한 클라크의 설명은 드뤼야르의 보고에 근거한 것으로 우리의 호기심을 자극하기보다 오히려 감질나게 할 뿐이다.

"105명가량의 인디언이 그들에게 달려들었고 말들을 썰매에서 떼어낸 다음, 그중 2필을 재빨리 끌고 갔다. 마지막 1필은 인디언 중 일부가 물건을 순순히 빼앗기려 하지 않는 우리 대원들에 의해 죽을까 두려운 나머지 돌려주었다."

인디언들은 결국 썰매 2대와 칼 2개를 훔쳐갔다. 그들은 대담하긴 했지만 결국 토마호크 하나와 말 1필 그리고 썰매 1대를 돌려줄 수밖에 없었다. 그러니 105 대 4라는 수적 열세(드뤼야르, 로버트 프래지어 Robert Frazier, 사일러스 굿리치 Silas Goodrich 그리고 무기조차 휴대할 수 없던 뉴먼)에 비하면 미국인 역시 제법 잘 싸운 셈이었다.

그보다 전인 11월 말에 클라크는 만단족을 공격한 수족과 아리카라족을 처벌하기 위한 원정대를 이끌었던 적이 있다. 이번에는 루이스가 선봉에 나설 차례였다. 2월 15일 일출 무렵, 그는 몇 명의 만단족 전사가 포함된 24명의 지원자로 이루어진 소부대를 이끌고 수족을 찾아 본때를 보여주기 위해 나섰다. 하지만 날씨가 나빴고 눈이 많이 쌓인 데다 대원들은 날카로운 얼음에 발을 베어 피를 흘렸다. 만단족 전사들은 적의 발자국이 이미 오래되었고 대의를 이루기 요원해졌다며 결국 추적에서 발을 빼고 말았다.

워낙 고집스러운 루이스는 계속 전진한 끝에 30마일 지점에서 버려진 티피 두 채를 발견했다. 완전히 지친 대원들은 그 안에 들어가 잤다. 다음날 루이스는 결국 수색을 포기했고 대신 사냥에 나섰다. 소부대는 그 주 내내 사냥을 해서 1톤가량의 고기(사슴 36마리, 엘크 14마리)를 얻었다.3

만단족과는 잘 지냈다. 추장들과 두 지휘관, 전사들과 대원들은 종종 서로를 방문하고 함께 사냥을 나가기도 했다. 또한 온갖 물건을 교역하거나 언어적 장벽에도 이런저런 농담과 이야기를 주고받았으며 심지어 한 여자를 공유하기도 했다. 이들은 자신들이 서로에 대해 느끼는 놀라움을 표현하기 위해 수화를 하거나 천막의 흙바닥에 지도, 산, 나무, 집을 그리기도 하면서 서로를 가르쳤다. 만단족과 히다차족은 서부지역에 관해 제법 아는 게 많아 자신들의 지식을 기꺼이 두 지휘관에게 나눠주었다. 그리고 미국인들은 미시시피강 동부지역을 설명하면서 만단족과 히다차족 추장들에게 워싱턴 여행을 권유하기에 여념이 없었다.

휴일과 특별한 행사가 있을 때마다 인디언과 백인들은 더욱 가까이

요크. 찰스 M. 러셀의 수채화(1908년). 요크의 피부색을 수상쩍게 생각한 만단족 추장이 손으로 문질러 지워보려 하고 있다(몬태나 역사학회Montana Historical Society).

조지 케이틀린, 〈만단강 조감도Bird's-Eye View of the Mandan River〉(1837~39년). (미국 국립 미술관, 워싱턴 D. C. / 아트 리소스, 뉴욕)

지냈다. 1805년 새해 첫날, 분견대 중 절반이 만단족의 아래쪽 마을 추장의 특별 초대를 받았고 탬버린과 뿔나팔, 그리고 크루자트 이병의 바이올린 음악에 맞춰 춤을 추었다. 정오가 가까울 무렵, 클라크와 요크가 마을에 도착했을 때는 잔치가 최고조에 올라 있었다. 클라크는 요크에게 춤을 추라고 했고 그로 인해 군중은 크게 놀랐는데, 무엇보다 그렇게 덩치 큰 사람이 그토록 날렵할 수 있다는 데 감탄했다.

다음날은 루이스가 다녀올 차례였다. 그는 악사들과 춤꾼들을 이끌고 또 다른 만단족 마을을 찾았고 오드웨이 하사에 따르면 마을이 시끌벅적했다고 한다.4

1월 3일부터 5일까지, 자체적으로 야간 춤잔치를 벌인 만단족은 그들의 요새에 사람들을 초대했다. 백인들은 도착하자마자 마을회관으로 사용되는 흙집 뒤편으로 안내되었다. 딸랑이와 북소리가 울리면서 마을의 원로들이 화려한 옷을 입고 흙집에 들어가 원을 그리며 앉아 기다렸다. 곧이어 젊은 남녀가 들어와 원 뒤편에 자리를 잡았다. 이들은 담뱃대를 노인들에게 건넸고 곧바로 흡연 의례가 벌어졌다. 북소리가 점점 더 강렬해지고 노랫소리가 울려 퍼지자, 젊은 남자 하나가 노인 1명에게 다가가 자기 아내를 취하라고 말하고 여자는 벌거벗고 노인 앞에 섰다. 여자는 노인의 손을 이끌고 나갔다. 클라크의 표현을 들어보자.

"젊은 여자는 노인(거의 걷기도 힘들어하는)을 데리고 그 일을 하기에 편안한 장소로 데려갔고, 일을 끝낸 뒤에는 흙집으로 돌아왔다."

노인이 젊은 여자를 만족시키지 못할 경우, 남편은 아내를 계속해서 제공하고 또 제공하며 그 대가로 망토를 건네기까지 하면서 제발 자기네 부부를 무시하지 말라고 간청했다. 클라크에 따르면 그 모든 것은 들소를 가까운 곳으로 오게 만들어 사냥하기 위함이라고 한다. 겨울이면 들소 떼가 눈이 바람에 날려 풀이 드러난 장소를 찾아 뿔뿔이 흩어지게 마련이었다. 들소 춤은 그렇게 흩어진 들소 떼를 유인하는 일종의 자석으로 여겨졌다.

이 춤에는 또 다른 목적도 있었다. 만단족은 한 사람의 힘(여기서는 그 노인의 사냥 기술)이 여자와의 성관계를 통해 다른 남자에게 옮겨질 수 있다고 믿었다. 대원들에게는 그야말로 감지덕지하게도 만단족은 백인들이 대단한 힘과 놀라운 주술의 소유자라고 여겼다. 그래서 사흘 동안의 들소 춤 내내, 미국인은 자신들의 힘을 옮겨주기 위해 지칠 줄 모르고 노력했다. 이름을 알 수 없는 어느 이병은 그 기간에 무려 4번이나 일을 치렀다고 한다.5 당연한 일이지만 며칠 뒤에는 대규모의 들소 사냥이 벌어졌다.

만단족의 행동 중 상당수는 흥미롭거나 이해하기가 힘들었다. 루이스는 특히 그들이 말馬을 다루는 방식에 큰 충격을 받았다. 2월 12일, 만단족이 미국인에게 빌려주기로 한 조랑말이 주둔지에 도착했는데, 어찌나 피로에 찌들어 보이던지 루이스는 물에 불린 옥수수를 말에게 먹이도록 했다. 그런데 놀랍게도 말들은 그것보다 사시나무 껍질을 더 좋아했다. 인디언 주인들이 겨울마다 말에게 사시나무 껍질을 먹였기 때문이다.

루이스는 만단족이 항상 말을 가혹하게 부렸고 종종 며칠씩 말을 타고 들소를 뒤쫓을 때는 먹이를 먹을 틈조차 주지 않았다고 했다. 사냥이 끝나면 인디언은 밤새 말을 자신의 천막 안에 들여 놓았으며, 사람 손가락만한 크기에서 팔뚝 크기에 달하는 사시나무 껍질을 조금 주었다. 루이스는 말들이 그런 환경에서도 그토록 오래 살 수 있다는 데 놀랐지만, 자기 눈으로 직접 본 사실인지라 만단족의 말들 중에서 여위거나 부리기에 부적절한 놈은 거의 없다는 사실을 인정했다.

만단족의 말을 다루는 풍습에 관한 루이스의 긴 에세이는 그가 2월 4일에 시작한 10개의 일지 항목 가운데 마지막 것이다. 그날 클라크는 16명의 대원을 이끌고 9일간의 사냥 원정에 나섰다. 클라크가 포트만단을 비웠기 때문에 자기가 일지를 대신 작성할 책임을 지게 되었다는 직접적인 언급은 없지만, 클라크가 돌아오자마자 루이스의 일지 작성이 중단된 것으로 보아 아마도 사정이 그렇지 않았을까 싶다. 그렇다면 루이스는 1804~1805년의 겨울에 일지를 정기적으로 작성하지 않았다는 얘기가 된다. 물론 제퍼슨에게 보내는 보고서의 형식으로는 상당량의 글을 작성하고 있었지만 말이다.

또한 그는 종종 의사노릇도 했다. 겨울이 시작된 첫날, 만단족의 한 여자가 아이를 루이스에게 데려와 등에 난 종기를 보여주며 그걸 치료해주면 옥수수를 많이 주겠다고 제안했다. 루이스는 종기를 치료해주었다. 1월 10일에는 열세 살의 만단족 소년이 동상에 걸려 찾아왔다. 두 지휘관은 언 발을 찬물에 담그는 기본 치료를 실시했지만 그 소년은 상태가 심각한 편이었다. 1월 26일, 클라크는 "루이스가 얼마 전에 동상에 걸린 소년의 한쪽 발에서 발가락을 잘라냈다"고 적었다.

루이스와 클라크 연구자들 중 의학에 관해 최고의 권위자인 E.G. 스위너드E.G. Chuinard 박사는 이에 관해 다음과 같이 설명했다.

"아마도 소년의 발가락은 동상에 걸린 지 2주일쯤 지나 괴사한 조직의 경계가 뚜렷이 드러났을 것이다. 어쩌면 루이스가 실시한 절단 수술은 죽은 조직을 뜯어내고 관절을 해체하며 힘줄을 끊는 것이었을지도 모른다."6

닷새 후에 두 지휘관은 다른 쪽 발에서도 소년의 발가락을 톱으로 썰어냈다. 두 사람은 구체적인 정황을 기록하지 않았다. 스위너드 박사는 원정대의 준비 물품 가운데 수술용 톱이 포함되어 있지 않다는 것에 착안해 2개의 작은 톱 중 하나를 썼으리라 추정했다.7 어쨌든 수술은 무사히 끝났고 그로부터 3주일 뒤인 2월 23일 클라크는 "거의 완치되자 소년의 아버지가 와서 소년을 썰매에 태워갔다"고 적었다.

피부나 손발의 끝부분이 동상에 걸리는 것을 제외하면 두 지휘관이 접한 가장 흔한 질환은 매독이었다. 일지에 자세한 내용은 기록되지 않았지만 대원 가운데 거의 대부분이 그 질환으로 고생했을 가능성이 있다. 두 지휘관은 한 번도 그 기본 치료법에 관해 언급하지 않았다.

치료법은 감홍(염화 제1수은)이라는 알약의 형태로 수은을 섭취하는 것이었다. 수은의 부작용은 위험할 수도 있었지만 매독에는 즉효였고 루이스는 그 사실을 알고 주기적으로 처방했다.8 두 지휘관은 모든 치료에 다다익선의 원칙을 고수했다. 1월 26일, 대원 중 1명이 늑막염으로 고통을 겪었다. 그런 상황에서 그가 두 지휘관의 치료를 받고 살아났다는 사실이 오히려 놀라울 지경이다. 이들은 환자를 사혈시키고 러시의 알약을 먹여 관장시켰으며 그의 가슴에 수지를 발랐다(어쩌면 맨 마지막 것이 약간의 효과를 발휘했을지도 모른다). 환자가 다음 날까지도 계속 고통스러워하자 클라크는 다시 한 번 환자를 사혈시키고 뜨겁게 달군 돌에 물을 끼얹어 증기를 발생시키는 열탕막에 들어가게 했다. 이때도 맨 마지막 것이 효과를 발휘했는지 일지에는 더 이상 그 환자에 대한 언급이 없다.

루이스가 의사로서 겪은 가장 특이한 체험은 2월 11일, 샤르보노의 아내인 사카가위아의 출산을 도운 것이었다. 루이스는 '그녀가 초산이라는 점, 흔히 그렇듯 그녀의 산고가 길고도 격한 고통을 수반했다는 점'을 기록했다. 그는 그녀의 건강을 염려했는데, 그 이유는 원정대가 산맥에 도착했을 때 그녀가 쇼쇼니족(말馬을 가진 것으로 알려진)과의 통역자로서 중요한 역할을 맡았기 때문이다. 마침 제솜이 그럴 경우에는 방울뱀 꼬리를 처방하면 된다고 알려주었다. 루이스는 방울뱀의 꼬리를 여러 조각으로 으깬 다음 물과 섞어 사카가위아에게 마시게 했다.

"그 약이 정말로 효험이 있었는지 나로선 판단할 수 없지만, 그걸 마신 지 10분도 안 되어 그녀는 아기를 낳았다. 그 약은 나중에 실험해볼 만한 가치가 있긴 해도 솔직히 그 효과를 믿지 못하겠다."

사카가위아의 아들은 건강했고 이름을 장 밥티스트 샤르보노Jean Baptiste Charbonneau라고 지었다. 이들 가족은 포트만단 안의 오두막에서 원정대와 함께 살았으며 덕분에 종종 아기 우는 소리가 연병장에 울려 퍼졌다.

아버지가 된 샤르보노는 사카가위아가 앞으로 쇼쇼니족과의 거래에서 필수불가결한 존재임을 깨닫고 갑자기 태도가 달라졌다. 3월 11일, 두 지휘관이 정식 계약을 맺으려 하자 샤르보노는 고자세를 취하며 자기 쪽에서 먼저 조건을 제시했다. 두 지휘관은 그가 원정대에 참가하면 다른 대원들이 수행하는 임무를 똑같이 하고 보초도 서야 한다고 말했다. 샤르보노는 상황이 어떻든 자신은 다른 일이나 보초 임무를 하지 않겠다고 대답했다. 그뿐 아니라 다른 대원과 불화를 겪을 때는 언제든 돌아올 것이라고 했다.

루이스와 클라크는 용납할 수 없다고 잘라 말했다. 두 지휘관은 샤르보노에게 가족을 데리고 당장 주둔지에서 나가라고 명령하고 대신 그레이브라인스를 통역자로 고용했다. 만단족 마을로 옮겨간 지 나흘째 되던 날, 샤르보노는 다른 프랑스인을 통해 자신의 단순함을 용서하고 원정에 합류하게 해달라고 부탁했다. 그가 비로소 정신을 차린 것일까? 아니면 다른 프랑스인이 그의 생애에 그런 행운이 또 언제 오겠느냐고 타일렀던 것일까? 그것도 아니면 고향 사람들을 만나는 동시에 그 대단한 모험에 참여하고 싶었던 사카가위아가 남편을 설득했기 때문일까? 어쨌든 샤르보노는 이제 원정대를 꼭 붙잡고 싶어 했다.

두 지휘관은 논의를 위해 주둔지로 오라는 전갈을 보냈다. 클라크는 "그가 우리의 조건을 승낙했으며 우리 역시 그가 우리와 함께 갈 것을 승낙했다"고 썼다. 이로써 원정대의 구성이 완료됐다. 서쪽으로

루이스가 일지에 그려놓은 전투용 도끼의 모습(미국 철학회 소장).

향할 영구원정대는 3개 분대로 이뤄졌고 각 분대를 담당할 하사관과 두 지휘관, 그리고 군인 신분이 아닌 사람이 5명 있었다. 드뤼야르, 요크, 샤르보노, 사카가위아, 그리고 장 밥티스트(클라크는 그를 폼프Pomp, 또는 폼피Pompey라는 별명으로 불렀다)였다.

2월 4일, 루이스는 원정대가 먹을 고기가 떨어졌다고 일지에 적었다. 그날 아침, 클라크는 사냥을 떠났다. 다음날 루이스는 고기가 아니라 옥수수뿐이긴 하지만 일단 긴박한 양식 문제는 해결되었는데, 이번에는 총질이 아니라 망치질 덕분이었다고 적었다.

솜씨 좋은 존 실즈 이병은 요새에 대장간을 차려놓고 쉴 새 없이 뚝딱거렸다. 그는 인디언의 괭이를 고치고 도끼날을 세워주며 무기를 고쳐주는 대가로 옥수수를 받았다. 하지만 1월 말에는 그 장사도 신통치 않았다. 고장 난 괭이가 더 이상 없었던 것이다. 실즈는 손님을 끌 만한 새로운 사업을 고안해야만 했다.

무기 거래가 가장 확실한 대안이긴 했지만 두 지휘관은 소총이나 권총을 달라는 요청은 모조리 거부하고 있었다. 고민 끝에 실즈는 인디언이 특별히 선호하는 모양의 전투용 도끼를 만들어냈다. 루이스는 그 모습을 탐탁치 않아 하면서 "내가 볼 때는 무척 불편한 형태로 되어 있다"고 적었다. 도끼날이 얇고 손잡이는 짧은 데다 전반적으로 무게가 가벼웠기 때문이다.*

하지만 무기상인이야 구매자가 원하는 것을 만들어내면 그만이다.

---

*그 도끼가 인디언들에게 어찌나 인기를 끌었는지 먼 곳에서 사러 오는 사람도 있었다. 그로부터 14개월 뒤 원정대가 로키산맥 건너편에서 만난 네즈퍼스족도 실즈가 일찍이 포트만단에서 만든 도끼를 입수해 사용하고 있을 정도였다(원주).

실즈는 거의 다 타서 쓸모없어진 스토브 철판을 재료로 제작에 착수했다. 제작 능력을 향상시키기 위해 일부 대원이 나무를 잘라 숯을 만들어 주었다. 그럼에도 폭증하는 주문을 감당할 수 없었다.

인디언은 거래에서 뛰어난 수완을 발휘했다. 2월 6일, 루이스는 실즈에게 스토브에서 남은 쇳조각을 4인치가량의 정사각형으로 잘라낸 다음, 그걸 화살촉이나 들소가죽을 문지르는 도구로 만들게 했다. 흥정 끝에 쇳조각 하나에 옥수수 7~8갤런으로 가격이 정해졌다. 양쪽 모두 그 정도면 적당하다고 생각했다. 2월 6일자 일지에서 루이스는 실즈와 그 조수들을 칭찬했다.

"이 대장장이들은 오늘 노역의 대가로 상당량의 옥수수를 얻었다. 이들의 능력은 현재의 상황에서 매우 고마운 자원이었다. 이것 말고는 원주민에게서 옥수수를 얻을 다른 방법이 없었기 때문이다."

그토록 추운 날씨에 힘들게 일하다 보니 대원들은 엄청나게 먹어댔고 하루에 6,000칼로리 이상을 소비했다. 오늘날의 운동선수도 5,000칼로리를 소비하는 일이 드물다는 점을 고려하면 놀라운 양이지만, 1805년 무렵의 사람들이 섭취하는 칼로리 중에는 지방이 거의 없다시피 했다. 따라서 대원들은 아무리 먹어도 배가 고플 수밖에 없었다.9 겨우내 원정대를 먹여 살린 것은 바로 만단족의 옥수수였다. 만단족이 없었다면 또한 그들이 백인에게 적대적이었다면, 루이스와 클라크 원정대는 처음 맞이한 겨울조차 버티지 못했을 것이다.

실즈가 옥수수를 얻어낸 것을 격찬하는 글을 남긴 지 이틀 뒤, 만단족의 위쪽 마을 추장인 블랙 캣이 루이스를 방문했다. 이날 블랙 캣은 17번째로 포트만단을 방문한 셈이었다. 그는 훌륭한 활을 비롯해 여러 가지 선물을 가져왔다. 루이스는 그에게 낚싯바늘과 리본 몇 개를 주었다. 블랙 캣의 아내가 루이스에게 멋진 모카신 2켤레를 선물하자 그는 답례로 거울 하나와 바늘 2개를 선물했다. 그날 저녁, 루이스는 일지에 이렇게 적었다.

"그는 내가 이 지역에서 만난 어떤 인디언보다 고결함, 단호함, 지성, 명민함을 지니고 있다. 내 생각에 약간만 손을 쓰면 우리 정부의 견해를 진작시킬 유용한 대리인이 될 수 있을 것 같다."

이것은 주목할 만한 문장이다. 분명 그는 블랙 캣과 함께 있는 것을 즐겼으며 상대방을 존경했을 것이다. 하지만 후반부에서 그는 미국의 이익을 위해 자기 친구를 조종하고 이용할 계획을 늘어놓았다. 더 큰 문제는 루이스와 클라크가 항상 인디언을 향해 평화를 설교하는 한편, 그들이 무기상인이었다는 점이다. 제임스 론다의 말을 들어보자.

"이러한 딜레마 가운데 대표적인 것은 추장들이 도끼를 사러 와서 수족과 아리카라족 전사를 공격하도록 허락해 달라고 요청했다는 것이다. 적당한 양의 옥수수만 주면 도끼는 팔 수 있었지만, 공격 요청은 거부되었다."

히다차족 추장은 십중팔구 자기네 전사에게 무기를 팔면서 적을 죽여서는 안 된다고 설명하는 백인들의 수작이 대체 무엇인지 궁금했을 것이다.10

포트만단에서의 겨울 동안 루이스는 공부와 연구, 집필에 전념했다. 그의 연구 주제는 미시시피강 서부의 미국 영토였다. 그는 자신이 보고 배운 것, 그리고 들은 것을 적었다. 그는 제퍼슨처럼 생각하기 위해 노력했고 대통령이 무엇을 알고 싶어 하며 어떤 주제를 제시할지 나름대로 예견해보려 노력했다.

그렇다면 제퍼슨은 그때 뭘 하고 있었을까? 원정대가 어디에 있는

지, 어떻게 지내는지 그는 과연 어느 정도까지 알고 있었을까? 거의 아는 것이 없었다. 원정대가 세인트찰스를 떠난 이후 대통령은 루이스로부터 직접적인 연락을 받은 적이 전혀 없었다. 루이스를 찾아오기도 했던 오세이지족 추장들은 1804년 7월 워싱턴에 도착했다. 이들을 환영하면서 제퍼슨은 자신의 '친애하는 루이스 대장'11에 관해 언급했다.

1805년 1월 4일, 제퍼슨은 루이스의 동생 루벤에게 편지를 써서 최근에 들은 소식(그해 가을 세인트루이스로 돌아온 덫 사냥꾼의 증언으로부터 나온 소식이 아니었을까)에 따르면, 원정대는 8월 19일 플래트강 하구를 지나갔다고 하더라고 전했다.

"소식에 따르면 아무런 사고도 없었고 그(루이스)는 인디언에게 호의적인 대접을 받았다고 하네. 이번 겨울은 거기서 1,300마일쯤 상류에 있는 만단족 마을에서 지낼 예정이라는군."

제퍼슨은 원정대가 이듬해 여름쯤에는 태평양에 도달할 것이며 1805~6년 겨울경에는 다시 만단족 마을로 돌아올 것으로 예견된다고 적었다. 대통령은 다음과 같이 기운차게 편지를 마무리했다.

"만약 그렇게 된다면 1806년 가을에는 그를 다시 만날 수 있을 것이네."12

undaunted courage

포트만단에서의 보고

1805년 3월 22일~4월 6일

 3월 말, 봄기운이 완연해지면서 커다란 얼음덩어리들이 떠내려 왔다. 간혹 그 위를 건너다 빠져죽은 들소가 떠내려 오기도 했다. 30일자 일지에 클라크는 흥미로운 광경을 묘사했다.
 "떠내려 오는 들소를 잡기 위해 인디언들이 얼음덩어리 위를 이리저리 건너뛰는 놀라운 솜씨를 구경했다."
 어디서든 봄을 맞이하는 기쁨이 묻어났지만, 낯선 땅에서 추운 겨울을 무사히 보낸 원정대원들의 기쁨은 누구보다 컸다. 떠나고 싶어 안달이 났던 대원들은 열성적으로 일했다. 보트를 수리하고 카누를 만드는 것은 물론 모카신과 육포를 마련하느라 분주했다. 1804년 5월부터 10월까지 두 지휘관과 대원들은 당시 웬만한 사람이 평생 걸은 것보다 먼 거리를 여행했다. 하지만 1804년 11월부터 1805년 4월까지는 한곳에만 머물러 있었다. 그러니 여행에 대한 기대가 무지막지하게 큰 것도 당연했다. 3월의 마지막 날, 클라크는 이렇게 적었다.

"대원들은 모두 사기가 높고 서로를 잘 이해하고 있다. 아주 흔한 성병 질환을 제외하고 대부분 건강하다."

4월 5일, 이들은 평저선과 통나무배 2척 그리고 새로 만든 카누 6척을 다시 물에 띄웠다. 다음날 배에 짐을 싣고 4월 7일에 출발할 계획이었다. 평저선은 강을 따라 하류의 세인트루이스로 향할 것이었고, 통나무배 2척과 그보다 가볍고 조종이 쉬운 카누들은 강을 거슬러 올라갈 예정이었다.

대원들이 일을 하는 동안 두 지휘관은 글을 썼다. 어찌나 쓸 것이 많았던지 클라크는 가족에게 편지를 쓸 시간도 없다며 불평했다. 루이스는 며칠 동안 쓰고 먹고 자는 일만 반복했다. 그는 제퍼슨의 기대를 만족시키고 싶었고 루이지애나 개발에 대한 자신의 프로그램을 추진하고 싶었다. 나아가 두 지휘관은 자신들이 관찰한 내용을 최대한 정확하게 기록하고자 했다. 이들에게는 지리와 토양, 광물, 기후를 기록하는 것 외에 인디언 부족을 조사하고 루이지애나의 경제적 미래에 관해 조언을 제공할 책임도 있었다.

4월 7일, 탐사부대는 어떤 백인도 가본 적 없던 지역으로 떠날 예정이었다. 게리 몰턴의 말처럼 그때까지 한 일은 지도를 따라 이미 다른 백인이 탐험한 지역을 여행한 것에 불과했다.[1] 원정대가 본격적인 탐사를 시작하기도 전에 두 지휘관은 북부 루이지애나에 관해 엄청난 정보를 수집해 두었다. 그곳의 식물군과 동물군, 기후, 토양의 비옥도, 주민, 전쟁, 경제 등에 관해서 말이다. 그 모든 정보는 미시시피강 너머 서부지역에 관한 최초의 체계적인 연구로써 미국 정부는 물론 사업가, 변경 농부, 모피 교역상, 모험가 모두에게 귀중한 것이었다.

두 지휘관은 직접 관찰하거나 그 지역 사람들에게 물어보는 방식으로 정보를 수집했다. 그들은 인디언과 백인 교역상을 만날 때마다 그 지역에 대해 물어보았다. 정보 수집을 위해 꼬박 하루를 투자하기도 했고 심지어 며칠이 걸릴 때도 있었다. 무엇보다 제퍼슨이 인디언 언어에 관심이 많았기 때문에 언어를 수집하는 것도 중요한 임무였다. 두 사람은 다양한 인디언 언어에서 채집한 단어를 영어 철자로 적기 위해 노력했다.

언젠가 맥킨지는 두 지휘관이 이들 언어를 정리하는 현장에 함께 있었다. 그때 기록된 언어는 히다차족의 것이었다. 인디언 1명이 단어를 사카가위아에게 말해주면 사카가위아는 히다차어로 샤르보노에게 말해주고 샤르보노는 제솜에게 프랑스어로, 제솜은 영어로 두 지휘관에게 말해주었다. 맥킨지가 볼 때 제솜의 영어 실력이 그리 뛰어나지 않아 실수할 가능성이 매우 컸다.

"만단족 단어를 수집할 때도 나는 현장에 있었다. 프랑스인 2명(샤르보노와 제솜)은 두 지휘관이 받아 적는 모든 단어의 뜻에 대해 열띤 논쟁을 벌이곤 했다. 인디언들은 자기네 말을 그렇게 기록하는 의도를 잘 이해하지 못해 미국인이 자신들의 부족에 대해 뭔가 불순한 의도를 품고 있는 게 아닌가 하고 의혹의 눈길을 보냈다."2

그런 어려움에도 불구하고 루이스는 지속적으로 그 일에 막대한 시간을 투자했다. 루이스는 인디언의 신화와 종교생활에 대해서는 그리 관심이 없었지만 일하는 방식에는 깊은 호기심을 보였다. 덕분에 그는 아리카라족이 유리구슬을 만드는 방법을 구체적이고도 정확하게 묘사하는 업적을 남겼다. 산맥을 향해 떠날 준비를 하면서 두 지휘관은 자신들과 샤르보노, 사카가위아, 폼프가 함께 사용할 티피도 구입했다. 1805년 4월 7일, 루이스가 일지에 기록한 그 항목은 제임스 론다의 말처럼 평원지대 특유의 생활상에 관한 최고의 기록 중 하나이다.3

기록 외에도 두 지휘관은 아리카라족의 옥수수와 담배 씨앗, 광물, 식물 표본을 비롯해 활과 옷감, 그림이 그려진 망토처럼 인디언의 생활상을 보여주는 수공예품을 수집해 제퍼슨에게 보냈다. 이때까지 수집한 정보의 양만으로도 원정을 정당화하는 데 충분할 정도였다.

루이스와 클라크의 보고서 작성에서 일종의 모델 역할을 한 것은 제퍼슨의 저서인 『버지니아주에 대한 비망록』이었다. 4반세기 전에 쓰인 그 저술과 마찬가지로 북부 루이지애나에 관한 루이스의 기록은 안내서이자 여행기, 나아가 열렬한 홍보물이었다. 클라크가 쓴 것까지 합치면 포트만단에서 작성된 보고서의 양은 약 4만 5,000단어에 달하며, 거의 책 한 권 분량이다(제퍼슨의 『비망록』은 약 8,000단어 분량이다).

루이스는 제퍼슨처럼 수로에 관한 구체적인 묘사로 시작해 '미주리강과 미시시피강의 합류지점에서 포트만단까지에 이르는 지역에서 (…) 미주리강으로 흘러들어 가는 강과 개울에 관한 개략적인 보고서'라는 긴 제목을 붙였다.4 또한 강의 지류뿐 아니라 세인트찰스의 프랑스인과 오토족, 수족처럼 그 강변에 사는 사람들에 관해서도 설명했다. 아울러 지역 경제와 토양, 광물 분포, 기후 등의 정보도 포함시켰다.

이 보고는 미주리강으로 흘러들어 오는 여러 강에 대한 두 지휘관의 실제 관찰에다, 교역상과 인디언들로부터 들은 내용을 결합시킨 것이다. 예를 들어 루이스가 직접 본 것은 플래트강의 하구뿐이지만 강 꼭대기에 관해 들은 것을 토대로 "플래트강이 평탄하고 비옥한 평야와 초지를 지나오며 그곳에는 나무가 한 그루도 없고 오로지 지평선만 펼쳐져 있다"고 기록했다. 또한 그는 플래트강의 주요 지류 5개를 명명하며 그 유역의 광물 분포와 토양, 거주민에 관해서도 기록했다. 당연한 일이지만 루이스의 보고서에 기록된 지역은 서쪽으로 갈수록 점차 사실보다 상상에 가까웠다. 가령 플래트강과 샌타페이, 그리고 블랙힐스Black Hills의 연관관계에 관한 그의 추측은 순전히 상상일뿐더러 완전히 틀린 것이었다.

루이스는 제퍼슨이 이 보고서를 인쇄해 의회에 제출하길 기대했으며, 집필 중에도 독자를 적잖이 의식한 까닭인지 종종 소책자를 집필하는 선동가 같은 이야기를 늘어놓았다.

"미주리 동부의 머디강Muddy River 유역은 토지가 매우 비옥하고 (…) 우수한 목재로 뒤덮여 있으며 석회수가 나오는 훌륭한 샘이 풍부하다."

미주리 하류에 대해서도 그는 그곳이 마치 천국이라도 되는 것처럼 기록했는데, 그나마 매우 조심해서 표현하느라 애쓴 편이었다. 어머니께 보낸 1804년 3월 21일자 편지에서 그는 이 지역을 어찌나 극찬했던지, 아들이 어머니께 보낸 편지가 아니라 다른 사람에게 사업 목적으로 보낸 편지 같았다.

"우리가 지금까지 거슬러온 강이 얼마나 멋진 지역을 관통하고 있는지 지구에 이와 비슷한 물길이 또 있다고 하면 저로서는 도무지 믿을 수 없을 것 같습니다. 이전까지만 해도 저는 평원지역이 황무지에다 모래투성이라고 알고 있었습니다. 하지만 직접 확인해보니 극도로 비옥하고 토양의 깊이가 최소 1피트에서 최대 20피트나 돼 풀이나 야채를 풍성히 생산하고 있습니다."

물론 나무가 없는 그 평원은 완벽한 에덴동산이 아니었다. 1805년 무렵만 해도 미국인이 재목이나 땔감이 없는 곳에서 살아가는 것은 불가능했기 때문이다. 물론 미국 동부는 오히려 나무가 너무 많아 문제였지만 말이다.5

루이스의 임무 가운데 하나는 어떻게 하면 미주리지역에서 영국인을 몰아내고 미국 회사가 그곳의 모피 교역을 장악할 것이냐 하는 문제에 대해 조언을 하는 것이었다. 그 강 유역의 정치 및 경제 상황에 관한 분석 끝에 그는 다음과 같은 결론에 도달했다.

"우리 정부가 영국인 모피 회사와는 물론 수족과의 모든 교섭이나 왕래를 효과적으로 차단할 수 있는 수단을 취하지 않는 한, 미국인은 현재 미주리강의 운항으로부터 제공되는 중요한 이득을 부분적으로밖에 누릴 수 없을 것이다."

그는 영국인이 캐나다에서 다코타로 들어오는 것, 또한 오늘날의 미네소타주를 건너오는 것을 저지할 수 있는 지점에 요새를 만들 것을 제안했다.

"만약 영국인과 수족간의 교역을 몇 년간 금지한다면 수족은 자신들의 생필품 공급을 우리 정부에게 의존하게 될 것이며, 그렇게 2~3년이 지나면 굳이 피를 볼 필요 없이 다스릴 수 있을 정도로 세력이 감소할 것이다."

이후 71년간 수족과 미국간의 관계를 생각해보면 이것은 그야말로 대책 없이 낙관적인 예측이라고 할 수 있다. 인디언을 고객 겸 공급업자로 간주한 보고서의 상당 부분은 두 사람이 공동으로 만들었고 특히 클라크가 직접 쓴 「동부 인디언 부족에 관한 평가Estimate of the Eastern

Indians」6에서는 72개 이상의 인디언 부족과 일족이 어디에 사는지, 어떻게 사는지, 어디와 전쟁을 하는지, 숫자는 얼마인지, 집은 어떤지 등에 관해 기록하고 있다. 물론 두 지휘관이 직접 알게 된 부족은 얼마 되지 않지만, 그들은 구두로 얻은 정보가 그렇다고 밝히고 있다.

그들은 자신이 아는 것에 대해서는 종종 열성적이라 할 만큼 구체적으로 묘사했다. 만단족에 대해서는 "이들은 미주리강 유역의 인디언 중에서 가장 친절하고 선량한 부족이다. 이들은 용감하고 인도적이며 호의적이다"라고 기록하고 있다. 테톤 수족은 그 반대였다.

"야만 종족 중에서도 가장 야비한 이교도로, 영원히 미주리강 유역의 약탈자로 남을 것이다. 생필품을 공급받으려면 우리에게 의존해야 한다는 생각이 들도록 우리 정부가 행동을 취하기 전까지는 말이다."

산에 사는 플랫헤드족Flatheads에 대해서는 "그들은 소심하고 공격적이지 않으며 무방비적인 부족이다. 이들은 말을 많이 소유한 것으로 알려져 있다"라고 기록했다. 또한 쇼쇼니족은 에스파냐인과 교역을 하면서도 총기를 입수하지 못한 탓에 숫자도 많고 선량한 부족임에도 미주리 하류의 모든 부족이 그들에게 싸움을 걸어 말들을 훔쳐갔다고 묘사했다. 네즈퍼스족에 관해서는 "아직 이들이나 그 영토에 관해 아는 것이 적다. 그들이 거주하는 물길은 컬럼비아강의 지류인 것으로 추정된다"라고 적었다.

문서로 작성된 보고와 아울러 두 지휘관은 제퍼슨에게 108종의 식물 표본을 보냈는데, 여기에는 언제 어디서 채집했는지 간단한 설명이 곁들여져 있었다. 맨 처음의 표본에는 이런 설명이 붙어 있다.

"겨자과, 1804년 5월 10일 세인트루이스에서 채집. 미시시피강 하류의 평야에서 흔히 자라는 것으로 정원이나 과수원의 경작하지 않은 땅에서 볼 수 있으며 씨앗은 대개 5월 10일경에 숙성한다."

어떤 식물의 약효에 관한 이야기가 있으면 루이스는 그 내용도 언급했다. 특히 미국에서 흔한 질환에 효과가 있을 경우, 그는 그 부분을 강조했는데 예를 들어 '평원의 흰 나무'라는 어느 나무뿌리에 관해서는 그것이 미친 늑대나 미친 개, 방울뱀에 물린 데 특효라고 했다. 19세기 초까지만 해도 미친 개나 뱀에게 물리는 것은 흔히 벌어지는 위험이었기 때문에 루이스는 제퍼슨에게 별도로 쓴 편지에서 흰 나무 뿌리를 습포로 가공해 사용하는 방법 등을 자세히 설명했다. 그리고 이렇게 덧붙였다.

"이 뿌리를 몇 파운드 보내드리니 필라델피아 철학회의 감독 아래 실력이 뛰어난 사람에게 실험을 의뢰해주시기 바랍니다."7

그 식물은 인디언이 뱀에게 물렸을 때 해독제로 널리 사용하던 드린국화가 아니었을까 싶다. 제퍼슨은 그 뿌리를 어느 의사에게 보내 실험하도록 했다.8

또한 루이스는 제퍼슨에게 68종의 광물 표본을 보냈는데, 역시 언제 어디서 채집했는지 분류 표시가 적혀 있었다. 그중에는 미주리강의 모래, 미주리 강물 1파인트, 미주리강에 흔한 조약돌, 납 광석, 수정, 석회망초(흘라우버르라이트), 명반, 황철광, 석회석, 용암석, 경석輕石, 화석 등이 있었다.

하지만 식물 및 광석 표본은 제퍼슨에게 보낸 커다란 화물의 일부분에 불과했다. 그 외에도 가지뿔영양 암수의 해골, 노새사슴뿔 2개, 곤충과 쥐, 교역로를 통해 산맥 너머에서 입수한 담비가죽과 흰족제비가죽을 비롯해 다양한 동물의 가죽 등이 있었다. 당시의 학계에 새로웠던 동물 중 일부는 산 채로 가져갔다. 그것은 검은부리까치 4마리, 프레리도그 1마리, 평원 뇌조 암컷 1마리였다(그중 까치 1마리와 프레리도그만이 산 채로 제퍼슨에게 도착했다).

화물 중에는 클라크가 작성한 미시시피강 서부의 미국 지도도 있었다. 클라크는 세인트루이스에서 포트만단까지, 미주리강의 모습을 정확히 그려냈다. 서부로 갈수록 그의 지도가 대략적으로 된 이유는 그곳의 여러 지류에 관한 묘사가 풍문에 기초한 것이기 때문이다. 클라크는 어느 인디언의 설명을 들으면 또 다른 인디언의 설명과 비교했고, 그들에게 개별적으로 여러 번 질문을 해서 위치, 거리, 산 등에 관한 의견이 일치하면 지도와 보고서 안에 기입했다.

봄의 처음 2주일간 두 지휘관의 가장 큰 관심사는 그들의 앞날에 무엇이 놓여 있는가 하는 것이었다. 만단족은 멀리까지 돌아다니지 않았기 때문에 정보가 많지 않았다. 반면 전쟁 원정대를 산맥까지 보내는 히다차족은 비교적 정보가 많았다. 루이스는 히다차족을 통해 미주리강으로 흘러들어 오는 강들의 이름과 그 강들이 서로 이어진 형태를 알게 되었다.

루이스는 포트만단에서 117마일가량 떨어진 상류 북쪽 강변에서 화이트어스강White Earth River을 발견할 수 있을 것이라고 추측했다. 만약 인디언의 말처럼 화이트어스강이 북쪽에서 흘러오는 것이라면, 이는 캐나다와 미국간의 국경이 위도 1도만큼 북쪽으로 더 움직인다는 뜻이었다. 이것은 제퍼슨이 바라마지 않던 일이었다. 인디언들에 따르면 화이트어스강 하구의 3마일 상류에는 미주리강에서도 가장 큰 지류인 옐로스톤강Yellowstone River이 있다고 했다. 히다차족은 옐로스톤강이 "루이지애나에서도 가장 빼어난 지역 가운데 하나를 지나

흘러오는데, 그 지역에는 털가죽이 있는 짐승들이 풍부하다"고 전했다. 또한 그들은 1년 중 언제라도 그 강에서 보트나 통나무배를 타고 로키산맥 산자락까지 갈 수 있으며 미주리강의 세 지류(스리 포크스)에서 그곳까지는 불과 20마일밖에 안 된다고 했다.

옐로스톤강의 중요성을 파악한 루이스는 그 강과 미주리강의 합류 지점에 교역소를 설치하라고 정부 측에 제안했다. 그렇게 되면 무엇보다 모피 무역의 이득을 얻을 수 있고 동시에 노스웨스트 컴퍼니의 움직임을 파악할 수 있을 것이었다. 노스웨스트 컴퍼니의 목표는 미주리강 유역의 모피 사업을 완전히 장악하는 것이어서, 만약 그 야심만만한 회사가 아무런 방해도 받지 않고 교역을 하게 된다면, 영국인은 언젠가 그곳 원주민에 대한 영향력을 통해 미국인이 미주리강을 운항하지 못하도록 막을 수도 있었다.

옐로스톤강 하구에서 150마일쯤 상류 지점에는 '다른 모두를 꾸짖는 강'The River Which Scolds at All Others이 북쪽 강변에서 흘러들어왔고 남쪽에서는 머설셸강Musselshell River이 흘러들었다. 거기서 120마일쯤 가면 미주리강의 폭포(그레이트폴스)가 나타났다. 인디언에 따르면 폭포의 북쪽으로 평원이 펼쳐져 있고 그곳을 통해 카누와 짐을 운반할 수 있을 것이라고 했다. 또한 그 연수육로의 길이는 기껏해야 반 마일밖에 안 될 것이라고 장담했다.

"폭포를 지나 15마일쯤 더 가면 메디신강Medicine River이 북쪽에서 흘러들고, 거기서 60마일 더 가면 최초로 산맥의 한 줄기를 만나게 된다. 또한 거기서 75마일 더 가면 미주리강은 3개의 지류로 나뉘는데 그곳이 바로 스리 포크스이다. 그 세 강 가운데 제일 북쪽 강을 따라가면 높은 산맥의 줄기 가운데 한 곳의 산자락까지 운항이 가능하며 그 산맥이 대서양과 태평양의 물을 갈라놓는 능선이다. 인디언은 반나절이면 그 산맥의 산자락에서 동쪽까지 넘어갈 수 있고, 그 서쪽 산자락에는 커다란 강이 흐르고 있다고 말했다."

제퍼슨은 이 대목을 읽고 무척 좋아했을 것이다. 원정의 유일무이한 목적이 곧 실현될 참이었으니 말이다. 그 분수계야말로 히다차족이 가본 가장 먼 곳이었다. 루이스는 이렇게 적었다.

우리가 서부에 관해 얻을 수 있는 정보는 이 산맥 꼭대기에서 바라본 광경까지다.

그러나 히다차족이 그 산맥 꼭대기에서 봤다고 말한 것이야말로 루이스와 제퍼슨이 바라고 기대하던 것이었다. 인디언은 그 강의 서쪽은 자신들이 사는 것과 똑같은 광활한 평원으로 이뤄져 있다고 했다. 플랫헤드족과 쇼쇼니족이 그 지역 강가에 살고 있었고 그들의 주식은 생선이었다.

"우리가 추정하기에 그 강은 컬럼비아강의 남쪽 지류인 것 같고, 생선은 컬럼비아강 근처에 많이 있다는 연어가 아닐까 싶다. 그 강은 물살이 빠르며 인디언 정보원에 따르면 모래톱이 없다고 한다."

이제는 포트만단에서, 그리고 몇 달 뒤에는 워싱턴에서 큰 기대가 부풀어 올랐다. 보고서를 읽은 제퍼슨은 어느 때보다 큰 만족을 느끼는 한편, 태평양까지 통하는 완전수로를 발견할 수 있으리라 믿었을 것이다.

보고서 외에도 루이스가 세인트루이스로 보낸 물건 중에는 여러 통의 편지와 속달, 그리고 자신이 서명한 어음 및 차용증 등이 있었다. 제퍼슨에게 보낸 화물의 내역을 설명한 4월 7일자(실제로는 그 전날 써둔) 편지에서 루이스는 그 외상거래 내역에 대해 무척 부끄럽다고 고

백했다.9

"이를 정리해 1804년 가을에 세인트루이스로 보낼 예정이었으나 만약 물품을 실은 통나무배와 그 선원들에게 문제가 생길 경우 (…) 지금 수행하는 사업의 운명이 위험해질 것이라 생각해 그 문서를 돌려보내지 않고 그냥 비난을 받는 편이 낫겠다고 생각했습니다."

제퍼슨은 루이스에게 외상거래 내역을 꼬박꼬박 정리하고 어음은 최대한 빨리 육군성으로 보내도록 지시한 바 있었다. 루이스는 자신이 명령을 따르지 못한 것이 "심각한 불안과 걱정의 원인이 되었습니다. 특히 각하께서 이 문제에 관해 제게 특별히 당부하신 것을 생각하면 더욱 통렬한 생각이 들었습니다"라고 썼다. 물론 육군 장교로서 루이스는 올바른 결정을 내린 것이었다. 하지만 대통령 측근으로서 그는 제퍼슨을 실망시켰다는 사실에 자괴감을 느끼고 있었다. 그의 기분이 어떠하든 외상거래나 어음 발행에 관한 무신경한 태도는 이후 완전히 습관화되었다.

제퍼슨에게 보낸 4월 7일자 편지의 후반부에서 루이스는 앞으로의 계획을 설명했다. 그날 아침, 그는 우선 평저선과 통나무배를 돌려보낼 생각이었다. 워핑턴 상병과 함께 돌아갈 사람들은 이병 4명, 뉴먼,* 리드, 그리고 수로 안내인 겸 통역자인 그레이브라인스와 프랑스인 4명이었다. 그들은 모두 무기와 물품을 넉넉히 챙겼다.

원정대의 카누 6척과 통나무배 2척에도 짐이 실렸고 떠날 준비가

---

*뉴먼은 군법회의와 퇴출 이후 상당히 잘 처신했다. 가장 힘든 일에 자원하는 등 좋은 인상을 주어 대원들은 루이스에게 뉴먼을 다시 원정대에 합류시켜 달라고 요청하기도 했다. 루이스도 나중에는 뉴먼을 칭찬했지만 그렇다고 복직시킬 생각은 없었기 때문에 뉴먼은 탈영병인 리드와 함께 세인트루이스로 돌아갔다(원주).

되어 있었다. 워핑턴이 평저선의 뱃머리를 하류로 돌림과 동시에 원정대 역시 출발할 예정이었다. 루이스는 성가신 물건이던 평저선에서 해방되면 매일 20~25마일을 운항해 미주리강의 폭포까지 갈 수 있으리라 예상했다. 물론 어디까지나 예상에 불과했지만 그는 큰 기대를 품고 있었다.

"스네이크족이 말 떼를 많이 기르고 있다는 것이 우리에게 유리한 상황을 제공할 것입니다. 말을 이용한다면 미주리강에서 컬럼비아강까지 육로로 짐을 운반하는 것이 용이하고도 신속할 것이기 때문입니다."

보급품 역시 딱 알맞다는 것이 루이스의 평가였다. 사냥꾼들의 활약으로 신선한 고기를 주식으로 삼은 까닭에 볶은 콩과 즉석수프, 밀가루, 소금에 절인 돼지고기를 아껴둘 수 있었던 것이다. 하지만 만단족의 옥수수에 관해 언급하지 않아 제퍼슨은 그만 백인이 대평원에서 인디언의 도움 없이도 쉽게 겨울을 지낼 수 있다는 잘못된 인상을 받게 되었다.

루이스는 원정대가 그해 여름쯤이면 태평양에 도달할 것이며 1805~1806년 겨울이면 미주리강 상류까지 어쩌면 포트만단까지 갈 수 있으리라고 예상했다. 그는 제퍼슨에게 "1806년 9월에는 몬티첼로에서 뵐 수 있을 겁니다"라고 말했다. 루이스의 마지막 문장은 큰 모험을 떠나려는 육군 장교가 최고통수권자에게 보낸 편지로는 예외적이라 할 정도로 낙관적인 보고를 담고 있다.

"우리의 전진을 가로막는 그 어떤 대상이나 장해물도 보이지 않으며, 완전한 성공에 관해 낙관적인 희망을 개진할 수 있습니다. 저는 개인적으로 배를 탄 이래 이처럼 완벽하게 좋은 건강상태를 누린 적이 없습니다. 제 소중한 친구이자 동료인 클라크 대장 역시 전반적으로 건강이 좋습니다. 지금 이 순간, 원정대의 모든 대원은 좋은 건강과 최고의 사기를 누리고 있습니다. 나아가 이 임무를 향한 열성과 전진하고자 하는 열망을 품고 있습니다. 그들 사이에 불만의 속삭임이나 중얼거림은 결코 들려오지 않습니다. 모두 하나가 되어 가장 완벽한 조화를 이뤄 행동하고 있습니다. 이런 대원들과 함께 있으니 기대할 것은 많고, 두려울 것은 하나도 없습니다."

포트만단에서 마리아스강까지

1805년 4월 7일~6월 2일

    1805년 4월 7일, 루이스는 오전 내내 짐을 포장한 다음 산맥까지 올라갈 상류행 카누에 싣거나 또는 세인트루이스까지 내려갈 하류행 평저선에 싣는 등 막판 작업을 감독하느라 바빴다. 그는 무기와 화약, 식량, 약품, 교역품, 기타 장비를 꼼꼼히 확인했다. 그런 다음 평저선의 지휘를 맡은 리처드 워핑턴 상병에게 최종적으로 지시사항을 전달했다. 주요 내용은 수족 영역을 지날 때 경계를 늦추지 말고 충격전에 대비할 것, 자신이 수집한 식물과 동물, 특산품을 비롯해 편지, 일지, 보고서를 제퍼슨 대통령에게 무사히 전달할 것 등이었다.

    오후 4시, 영구원정대 대원들은 평저선 승무원들에게 행운을 빈다고 인사한 다음 6척의 작은 카누와 2척의 큰 통나무배를 물에 띄웠다. 대원들은 서둘러 노를 저었다. 미주리강의 발원지에 도달하기까지 대원들이 노질을, 혹은 삿대질이나 끌기를 대체 얼마나 많이 했는지는

327

아무도 알 수 없다. 다만 엄청나게 많았으리라 추정할 뿐이다.

루이스는 대원들이 떠나는 모습을 강변에 서서 바라보았다. 지난 수주일간 글을 쓰느라 운동할 틈이 없었으므로 그날 오후에는 강가를 따라 혼자 걸어가기로 한 것이었다. 북쪽 강변을 따라 6마일쯤 걸어 만단족 북쪽 마을의 블랙 캣 추장을 찾아갔지만 그는 부재중이었고, 그는 다시 하류로 2마일을 걸어 내려와 대원들과 합류했다.

루이스는 일찌감치 저녁식사를 하고 잠자리에 들었다. 그의 잠자리는 들소가죽 티피 안에 들소가죽과 담요로 만든 것으로, 아마도 사카가위아나 요크가 저녁마다 깔아두는(그리고 다음날 아침에 걷는) 것이었으리라. 다른 대원들은 모두 밖에서 잠을 잤다. 클라크, 샤르보노, 드뤼야르, 사카가위아, 그리고 아기는 티피 안에서 루이스와 함께 잤다. 사카가위아를 천막에 두 지휘관과 함께 둠으로써 대원들이 그녀를 유혹할 생각을 못하게 하려는 것이었다. 이런 식의 잠자리 배치는 사카가위아와 샤르보노가 만단족 마을로 돌아갈 때까지 지속되었다. 덕분에 그토록 건강하고 억센 병사들 사이에 젊은 여인이 있었음에도 원정대의 일지에는 단 한 번도 불미스러운 문제가 있었다는 기록이 나오지 않는다.

루이스는 2월 13일 이후 처음으로 일지의 항목을 작성했다.* 워낙 유명한 대목이니 여기서 좀 길게 인용해도 무방할 것이다.

---

*클라크가 2월 초부터 13일까지 사냥 원정을 떠났을 때는 루이스가 일지 항목을 대신 기입했다. 이는 클라크가 있을 때는 그가 일지를 작성하지 않았다는 강한 암시이다. 4월 7일에 쓴 항목에서도 그의 어조는 결정적이라기보다 오히려 궁금증을 자극한다. 어느 대목에서는 '이제 우리는 -이다We are now' 대신 '이제 우리는 -었다We were now'고 썼는데, 이는 그가 일지를 며칠, 몇 주, 몇 달 뒤에 쓴 것으로 보이게 한다. 그런가 하면 (자신이 그날 아침 워핑턴에게 건넨, 제퍼슨에게 쓴 편지의 한 대목을 인용하며) "모든 대원은 좋은 건강과 최고의 사기를 누리고 있습니다. 나아가 이 임무를 향한 열성과 전진하고자 하는 열망을 품고 있습니다"라고 쓴 것을 보면, 마치 그가 그날 밤에 일지를 작성한 것 같다(원주).

"우리 배는 6척의 작은 카누와 2척의 큰 통나무배로 이뤄져 있다. 이 작은 선단은 콜럼버스나 쿡 선장의 선단과 비교가 되지 않지만, 우리는 그 유명한 모험가들이 각자의 선단을 보면서 느낀 것과 같은 즐거움을 느끼고 있다. 부디 안전과 무사를 바랄 뿐이다. 이제 우리는 너비가 최소한 2,000마일에 달하고 문명인의 발길이 한 번도 닿지 않은 곳을 통과할 예정이다. 그곳이 우리를 위해 준비된 곳인지 아닌지는 앞으로의 탐험을 통해 판명될 것이지만 지금의 상태로는 미래에 대한 멋진 그림이 떠오르며 마음이 즐겁다. 그러한 즐거움 속에서 이 대담한 계획의 성공을 확신하며 그 출발시간이 내 생애 가장 행복한 순간으로 남을 것이라 믿는다."

다음날 아침, 루이스는 2마일 떨어진 만단족 마을에 가서 블랙 캣을 방문해 작별인사를 나누었다. 그날 오후 늦게부터 일행은 몇 마일을 전진했다. 저녁이 되자 만단족의 한 남자가 일행과 동행하고 싶다고 간절히 원하는 한 여자를 데려왔지만 루이스는 허락하지 않았다. 그 이유는 결혼하지 않은 여자가 있으면 대원들 간에 질투와 분열의 원인이 되기 때문이었다. 유일한 여성이던 사카가위아는 이미 자신이 원정대의 일원으로 공헌할 수 있음을 증명해보였다. 루이스는 4월 9일 일지에 "저녁식사를 위해 멈췄을 때 인디언 여자는 쥐들이 물어다 잔뜩 쌓아놓은 야생 아티초크를 찾느라 열심이었고 (…) 그녀는 그 뿌리를 잔뜩 얻었다"라고 적었다. 그 식물은 바로 뚱딴지(예루살렘 아티초크)였다.

히다차족 마을에서 2, 3일 정도 말을 타고 가는 거리 내에는 사냥감이 없었고, 탓에 줄곧 볶은 콩과 육포로만 연명하던 대원들에게 이 뿌리는 반가운 음식이었다. 작은 선단은 빠른 속도로 전진했다. 4월 9일에만 23마일 반을 주파했는데, 이는 루이스가 원했던 하루 평균 거리인 동시에 하류에서 만단족 마을까지 오는 동안 하루 평균 거리의 두 배에 가까웠다. 이전까지만 해도 덩치 크고 느린 평저선 때문에 속도가 나지 않았던 것이다.

선단의 기함은 흰색 통나무배였다. 붉은색 통나무배보다 약간 작긴 해도 훨씬 튼튼해 천문 장비와 의약품, 교역품 중에서 제일 좋은 물건, 두 지휘관의 책상·일지·현장노트, 그리고 화약통 여러 개를 싣고 있었다. 6명의 노잡이 중에는 수영을 전혀 못하는 대원이 3명이나 있었다. 그 외에도 사카가위아와 아기, 샤르보노, 드뤼야르, 두 지휘관이 타고 있었다.

6척의 카누는 바닥이 둥글게 파인 통나무배로 노잡이 3명이 움직였다. 이 배는 조종하기도 힘들었고 맞바람이 불어올 때는 물이 잘 들어왔다. 바람을 이기기 위해 대원들은 종종 배에서 내려 엘크가죽 밧줄과 삼밧줄을 이용해 배를 끌어당겼다. 그렇지 않으면 삿대를 이용해 통나무배나 카누를 전진시켰다. 순풍이 불어오면 대원들은 네모난 돛을 올리고 단숨에 시속 3마일로 전진할 수 있었다. 하지만 맞바람이 불어오면 심지어 하루 종일 캠프에서 꼼짝 못하기도 했다. 그렇다고 해서 빈둥거릴 두 지휘관이 아니었다. 그들은 그 틈을 타서 젖은 물건을 말리고 배를 수리하고 모카신과 옷을 만들고 고기 비축량을 늘리고 일지를 쓰고 관찰을 했다.

출발한 지 처음 나흘간 원정대가 주파한 거리는 리틀미주리강Little Missouri River 하구까지 총 94마일이었다. 도중에 원정대는 수마일에 걸친 그레이트 벤드(거대한 강굽이)를 지나게 되었다. 일행은 1804년 7월에 캔자스강 하구를 벗어난 이래 처음으로 북서쪽이나 정북쪽이 아닌 거의 정서쪽을 향하게 되었던 것이다.

포트만단을 떠난 지 8일째 되던 4월 15일, 원정대는 루이스가 알기로 백인이 다녀간 지점으로는 가장 상류에 위치한 지점을 지나갔다. 일찍이 그곳에 다녀간 사람들은 2명의 프랑스인 덫 사냥꾼으로, 그중 1명은 현재 원정대의 일원인 밥티스트 르파주Baptiste Lepage 이병이었다.

이제 루이스는 점점 미지 속으로 발을 들여놓고 있었다. 아는 것이라고는 히다차족이 말해준 정보와 자기 목적지까지의 거리뿐인 채, 그는 어느 탐험가도 가본 적 없는 미지의 영역에 들어설 참이었다. 따라서 4월 7일자 일지에서 그가 자신의 선단을 콜럼버스와 쿡의 선단에 비교한 것은 상당히 그럴 듯했다.

그는 암흑의 심장부로 들어가는 중이었다. 사막과 산맥, 거대한 폭포, 그리고 호전적인 인디언 부족이 있는 곳으로 말이다. 그때까지만 해도 미국인은 한 번도 그런 인디언 부족을 본 적이 없었다. 루이스는 미지의 세계에 발을 들여놓으면서도 염려하기는커녕 오히려 자기 재능을 십분 발휘할 구상을 했다. 그는 자신이 역사를 만들고 있음을 알았다.

루이스는 대평원에 매혹되어 있었다. 5월 5일자 일지에서 그는 "이 지역은 어제와 마찬가지로 지극히 아름답다"라고 썼다. 하지만 그는 그곳의 연 강수량이 10인치 미만이라는 사실은 전혀 언급하지 않았다. 다만 4월 10일자 일지에서 그로 인한 결과 중 하나를 지나가는 투로 말했을 뿐이다.

"미주리강 유역은 양쪽 모두 강변 언덕에서부터 멀리까지 온통 평탄하고 비옥한 평원이며, 나무나 덤불이 단 한 그루도 보이지 않는다."

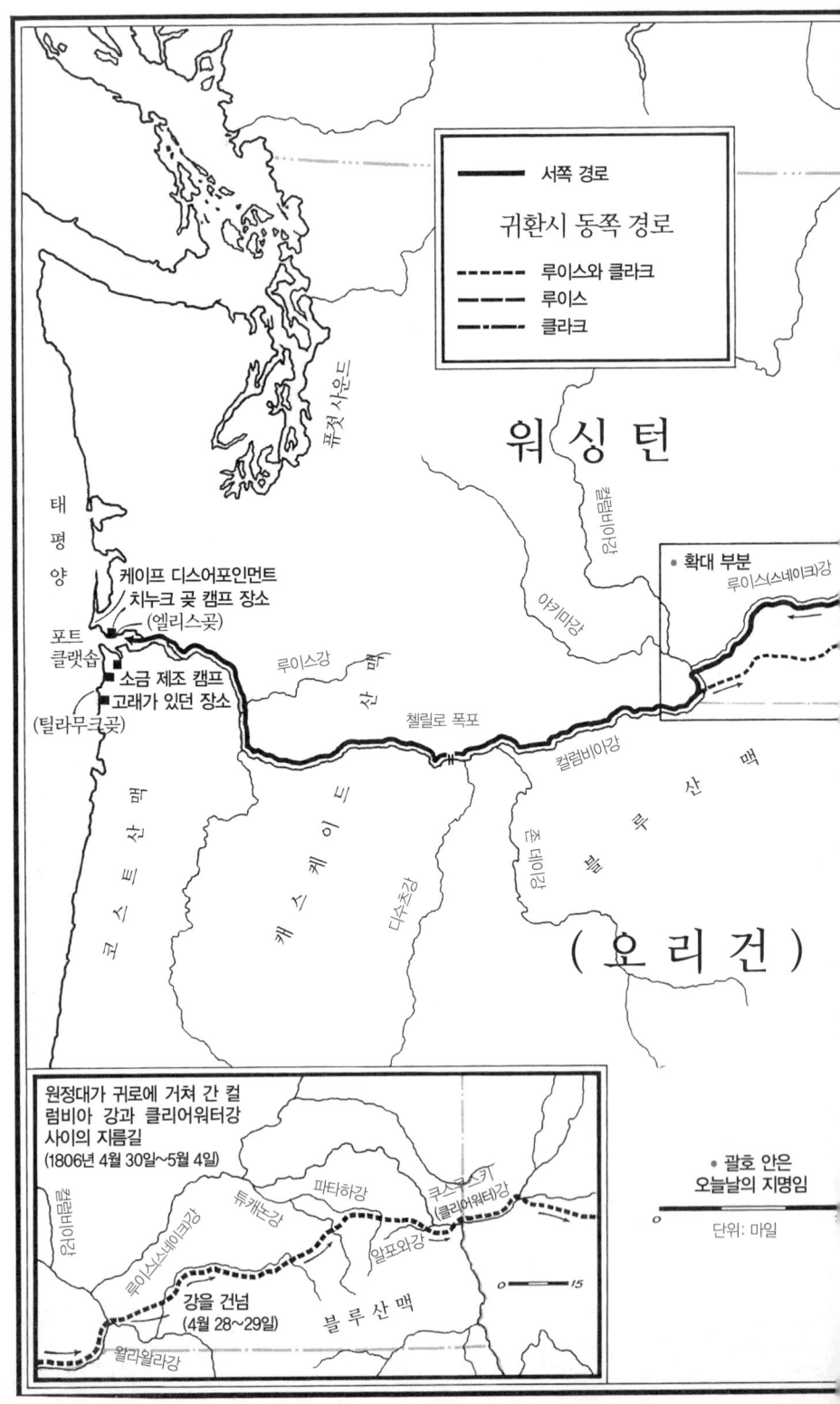

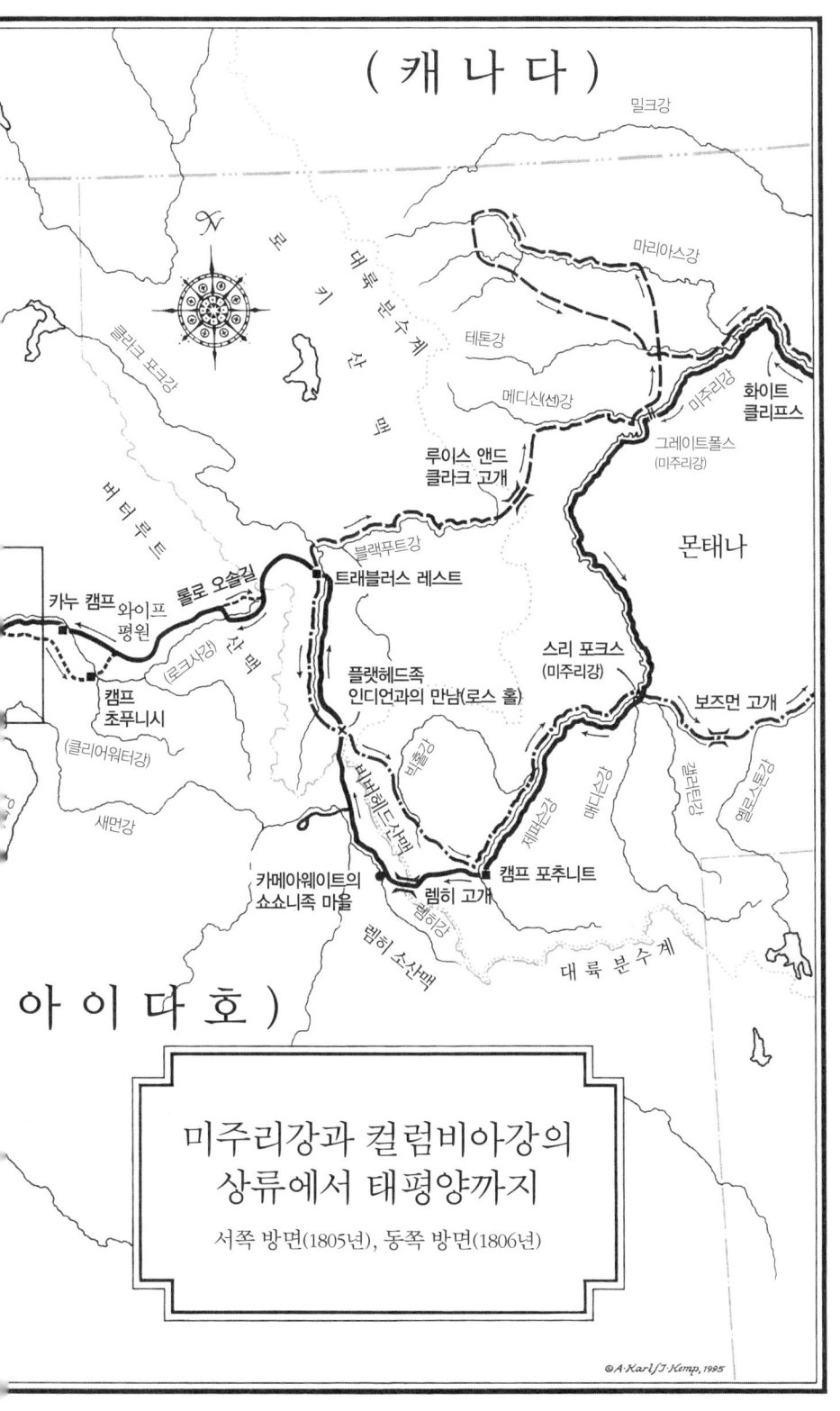

대부분의 개척민은 단단한 나무가 숲을 이루는 것을 토양이 좋다는 지표로 받아들였던 반면, 나무가 없는 평원은 농사에 부적절하다고 간주했다. 하지만 루이스는 그곳에 나무가 없는 이유는 단지 인디언이 매년 봄마다 평원에 불을 지르기 때문이라고 정확하게 설명했다. 풀들로 미뤄볼 때 그곳의 토양은 분명 비옥했다. 루이스는 대평원의 장대함을 여러 번에 걸쳐 기록했다.

4월 17일 : 강을 거슬러 올라가는 내내 사방에 막대한 양의 사냥감이 눈에 띄었다. 들소, 엘크, 영양 떼에다 사슴과 늑대도 있었다.

4월 21일 : 들소, 엘크, 사슴, 영양의 거대한 무리를 목격했다.

4월 22일 : 오늘 아침 깎아지른 듯한 절벽 꼭대기에 올라갔는데 그곳에서는 이 지역의 전망이 한눈에 들어왔다. 미주리강으로 인해 생긴 계곡을 제외하면 나무나 덤불이 전혀 없어 끝없이 이어진 목초지에서 풀을 뜯는 들소, 엘크, 사슴, 영양의 거대한 무리가 한눈에 들어왔다. (…) 오늘 저녁에는 강변을 걷다가 들소새끼 하나와 마주쳤는데, 그놈은 내가 배에 올라타 떠날 때까지 내 뒤를 졸졸 따라왔다.

4월 27일 : 사냥감이 풍부하고 온순하지만 우리는 꼭 필요한 만큼만 잡고 있다. 내 생각에 이곳에서는 솜씨 좋은 사냥꾼 2명만 있어도 1개 연대 분량의 고기는 쉽게 마련할 수 있을 것 같다.

대원들의 노고는 또다시 극심해져 이병 1명이 먹는 고기의 양이 매일 9~10파운드에 달했다. 이는 두 지휘관이 사냥을 나서는 경우(사냥꾼도 있었지만 배를 모는 일에 전념하도록 하기 위해 사냥 일과를 면제해 주었다) 둘이서 300파운드의 고기를 가져와야 한다는 뜻이었다.

5월 6일 : 대원들이 충분히 먹을 수 있도록 많은 고기를 마련할 수 있다니 클라크 대장이나 나로선 그저 놀라울 뿐이다. 앞으로의 여정이 내내 이랬으면 하고 바라지만 솔직히 큰 기대는 하지 않는다.

5월 5일에 클라크가 회색늑대를 발견했다. 그의 기록에 따르면 회색늑대는 굴에서 살지 않는다는 점에서 친척뻘인 대서양쪽 주의 늑대들과 달랐지만, 짖는 대신 운다는 점에서는 동부 종들과 유사했다. 그는 늑대 떼가 들소를 쓰러트리는 장면을 보고 놀랐는데, 몇 마리가 들소를 쫓는 사이 몇 마리는 쉬면서 자기가 쫓을 차례를 기다렸기 때문이다.

동물 중에서 최고는 바로 비버였다. 우선 비버의 꼬리가 별미 중의 별미였다. 장기적인 관점에서는 잘 손질하면 그 가죽을 세인트루이스나 뉴욕, 런던에서 비싼 값에 팔 수 있었다. 대원 중 일부는 그 어떤 백인도 본 적 없는 비버의 낙원을 지나는 도중에 부업으로 비버 덫 사냥을 하기도 했다.

출발 3일째 되던 날, 원정대는 3명의 프랑스인 덫 사냥꾼을 만나 리틀미주리강까지 동행했다. 루이스에 따르면 이들은 만단족 마을 서쪽 최초의 비버 사냥꾼들이었으며, 그들이 잡은 비버는 최상급이었다. 4월 12일자에서 루이스는 놀랍게도 비버가 대낮에 버젓이 돌아다니는 것을 보며 "그놈들은 아직 사냥을 당한 적이 드물다는 증거"라고 썼다.

4월 18일 아침, 루이스는 이병 2명이 서로 격한 언쟁을 벌이는 장면을 목격했다. 이들이 따로따로 놓은 2개의 덫에 비버 1마리가 동시에 걸렸던 것이다. 여차 하면 주먹질까지 오갈 상황에서 루이스가 끼어들었다. 비버는 미시시피강 너머 서부에서 가장 큰, 그리고 가장 직접적인 치부의 수단이었다. 질 좋은 비버가 많이 살고 있다는 사실이 전해지면서 미국인 사냥꾼들이 루이지애나로 대거 몰려왔다. 루이스는 그들의 선발대 노릇을 한 셈이었다.

그는 대평원의 다른 산물을 이용할 방법도 생각해보았다. 4월 12일, 그는 덩굴 노간주나무(그는 이를 '난쟁이 노간주나무'라고 불렀다) 한 그루를 제퍼슨에게 보내며 "이 식물은 정원의 경계 표시로 쓰거나 길가에 멋진 울타리로 삼기에 제격이고 (…) 쉽게 번식한다"고 말했다. 이후 미국 서부의 교외에 사는 사람들 중 상당수가 그의 이런 충고를 따랐다.

반면 들소 털로 모직물을 만들자는 그의 또 다른 제안은 별로 효과를 거두지 못했다. 그는 들소 털이 "겉보기에 양모와 같으면서도 훨씬 가늘고 매끈하고 부드럽다"고 했다.

처음 보는 새를 발견할 때마다 세부 묘사에 대한 그의 열정이 되살아났다. 5월 1일, 조지 섀넌 이병이 물떼새 종류의 새 1마리를 가져왔다. 루이스는 500단어에 걸쳐 이 새를 묘사하며 길이, 무게, 날개폭, 꼬리의 깃털 숫자 등을 관찰했다. 그는 이 새를 '미주리물떼새'라고 명명했는데, 사실 그 새는 미국 뒷부리장다리물떼새로 이미 학계에 알려진 종이었다.

4월에 루이스는 사상 최초로 흰기러기와 우는 기러기를 발견하고 기록했다. 4월 13일, 클라크는 높은 사시나무 꼭대기의 둥지에 앉아 있던 캐나다 기러기를 총으로 쏴 잡았다. 루이스는 둥지로 올라가 알을 하나 가져왔다. 그는 "기러기는 종종 이런 식으로 둥지를 짓는다"라고 기록했지만, 19세기의 다른 조류학자들은 루이스의 이 주장에 반박했다. 미시시피 동부의 기러기들은 항상 땅에 둥지를 지었기 때문이다. 하지만 루이스 쪽이 옳았다. 대평원에서 기러기들은 포식자를 피해 종종 나무에 둥지를 지었던 것이다. 5월 3일, 어느 유목 사이에서 기러기 둥지를 발견한 루이스는 오히려 깜짝 놀랐다. 그로서는 땅에 지은 기러기 둥지가 처음이었던 것이다.

나중에 또 다른 반박을 불러온(이해할 수 없는 실수로 간주됨) 기록 중 하나는 회색곰에 관한 것이었다. 4월 29일, 루이스와 사냥대는 처음으로 회색곰을 잡았다. 루이스는 곰의 고환이 "2~4인치 떨어진 주머니 안에 따로따로 든 채 매달려 있다"고 적었다. 나중에 그는 또 다른 곰에 대해서도 똑같이 묘사했다. 누구도 그런 모습을 본 적이 없지만 그렇다고 루이스가 억지로 지어낸 이야기라고 보기도 어렵다. 루이스가 회색곰의 흔적을 처음으로 발견한 것은 4월 13일이었다.

"대원들은 물론 우리 역시 그 곰을 직접 보고 싶어 안달이 나 있었다."

인디언들은 백인들에게 그 짐승의 힘과 사나움을 경고했지만 루이스는 그 정보를 과장된 것으로 보았다. 그것은 인디언이 가진 무기가 기껏해야 활과 화살 혹은 교역상에게서 구입한 엉성한 총뿐이었기 때문이라고 일축했다. 그 총은 워낙 성능이 떨어져 멀리서 쏘면 표적을 빗나가기 일쑤였으니 십중팔구 곰의 먹이가 될 수밖에 없을 터였다. 두 지휘자와 대원들은 모두 자기들 총의 성능을 확신한 나머지 회색곰과 한번 맞붙어보고 싶은 심정이었다.

4월 29일, 루이스는 대원 1명과 함께 강변을 걷다가 회색곰 2마리를 발견했다. 2명 모두 총을 쏴서 곰을 맞췄다. 부상을 입은 1마리는 도망쳤지만 나머지 1마리는 루이스에게 달려들어 80야드쯤 쫓아왔다. 다행히 그 곰은 치명상을 입었고 루이스와 이병은 총을 재장전할 시간을 얻을 수 있었다. 두 사람은 다시 총을 쏴서 곰을 죽였다. 완전히 자란 놈은 아니었지만 무려 300파운드나 되는 곰이었다. 루이스는 그

곰이 미국 동부의 흑곰보다 훨씬 사납고 무시무시한 짐승이라고 썼다. 그는 "이놈들을 죽이기 위해 몸뚱이에 낸 총알자국이 얼마나 많은지 놀라울 지경"이라면서도 여전히 자만심에 빠져 있었다.

하지만 5월 5일, 그의 자만심은 싹 가셔버렸다. 클라크와 드뤼야르가 회색곰을 1마리 잡았는데 그야말로 무시무시했던 것이다. 루이스는 이렇게 기록하고 있다.

"어찌나 죽이기 힘들던지 폐에 총알을 5발이나 맞고 다른 곳에 5발을 더 맞고도 강을 절반쯤이나 헤엄쳐 건너 어느 모래톱까지 간 다음, 죽을 때까지 최소한 20분은 더 버텼다. 그놈이 총에 맞을 때 낸 소리는 세상에서 가장 무시무시한 소리였다."

원정대는 그 곰의 무게를 잴 만한 도구도 갖고 있지 않았다. 클라크는 최소한 500파운드는 되겠다고 했고, 루이스는 600파운드쯤 된다고 했다. 원정 중에 두 사람의 의견이 일치하지 않은 경우는 이때가 처음이었다. 두 사람은 곰의 기름을 추출해 통에 담았는데 돼지기름 못지않게 단단했다. 일주일 뒤, 원정대는 회색곰 1마리가 강을 헤엄쳐 건너는 것을 보았지만 공격을 하기도 전에 곰은 도망쳐버렸다.

미지 속으로의 여행 중 첫 달은 그야말로 경이의 연속이었다. 비록 평균 전진 속도는 루이스가 바랐던 것보다 느렸지만 대체로 잘 나아가고 있었다. 더욱이 인디언은 그림자조차 보이지 않았다. 아직 밤엔 쌀쌀하고 아침이면 노에 물이 얼어붙어 있긴 했어도 낮이면 따뜻하고 쾌적한 상태가 되었다.

출발 5일째 되던 날, 클라크가 강변을 걷고 루이스는 흰색 통나무 배를 타고 있었다. 루이스는 우현 쪽에서 강둑의 흙더미가 무너져 강물 속으로 떨어지는 것을 보고, 선단에 좌현(남쪽)으로 강을 가로지르도록 지시했지만 카누들은 명령을 알아듣고 강을 가로지른 반면, 붉은색 통나무배는 그러지 못했다. 그 배는 견인밧줄에 끌려가고 있었던 것이다. 루이스가 교신상의 실수를 깨달았을 무렵에는 어쩔 도리가 없는 상태였다. 루이스는 그날 밤 이렇게 적었다.

"대원들을 다시 승선시키기에는 너무 늦었고 그런 상황에서는 후진하는 것이 전진하는 것보다 더 위험했다. 그 배는 계속 강둑 쪽으로 전진했고 다행히 안전하게 지나왔다."

4월 13일, 섬뜩한 일이 또 한 번 있었다. 동풍이 불자 루이스는 흰색 통나무배에 사각돛과 가로돛을 올리게 했다. 마침 샤르보노가 키를 잡고 있었다. 그런데 갑자기 강풍이 불어 닥쳐 보트가 흔들리자 샤르보노는 당황하고 말았다. 그는 뱃머리를 바람 쪽으로 향하는 대신, 뱃전을 바람이 불어오는 쪽으로 향하게 했고 그로 인해 자칫하면 통나무배가 뒤집어질 상황에 놓이게 됐다. 루이스는 명령을 내렸다.

"드뤼야르, 키를 잡고 배를 바람 쪽으로 돌려! 거기 나머지, 돛을 내려!"

대원들은 명령에 따랐고 통나무배는 균형을 찾았다.

4월 25일, 루이스는 신비의 나라에 들어섰다. 옐로스톤강이 멀지 않다는 것을 알았던 그는 선단에 앞서 걸어가기로 했다. 일행이 맞바람 속에서 미주리강을 거슬러 오르느라 분투하는 동안, 자신은 먼저 가서 천문과 지형을 관측하고 싶었던 것이다. 오드웨이 하사, 드뤼야르, 조셉 필드 이병, 그리고 또 1명의 대원이 동행했다. 이들은 오전 11시에 출발했는데 전날 밤새 밖에 나가 있다가 아침에야 돌아온 루이스의 애견 시먼도 동행했다. 미주리강의 남쪽 강변을 걸었던 이들은 정오 직후 들소새끼를 잡아 든든한 식사를 했다. 오후에 루이스는 언덕 위로 올라가 미주리강과 옐로스톤강에 의해 형성된 광활하고도 비옥한 계곡의 멋진 풍경을 감상할 수 있었다. 동물들은 그곳의 낭만적인 모습에 흥취를 더했다.

"이 땅은 온통 들소, 엘크, 영양 떼로 뒤덮여 있다. 들소와 엘크, 영양은 어찌나 태연스러운지 풀을 뜯는 동안 우리가 곁을 지나가도 전혀 놀라지 않았으며 우리를 발견하면 그놈들 쪽에서 오히려 궁금해하며 가까이 다가오곤 했다."

그날 저녁, 루이스와 대원들은 미주리강과의 합류지점에서 남쪽으로 2마일가량 떨어진 옐로스톤 강변에서 캠핑했다. 다음날 아침, 루이스는 필드 이병을 옐로스톤강 상류로 보내면서, 최대한 멀리까지 다녀오되 그날 안으로 귀환하도록 지시했다. 그런 뒤에 루이스는 그 지역을 관찰하러 떠났다.

오전 9시 41분, 42분, 43분에 그는 육분의와 인공수평의를 가지고 태양의 고도를 측정했다. 그 지역의 시간을 알아내고 정오가 언제인지 확인해 그리니치 표준시와 비교할 예정이었다. 그리니치 표준시는 월거月距 측정을 통해 알아냈는데, 이는 달과 견우성간의 육분의 각도를 측정해서 얻은 것이었다. 그는 이 두 강의 합류지점 경도를 측정하고 싶어했다.

정오가 가까웠을 무렵, 그는 클라크와 선단이 옐로스톤강 하구에 도달했음을 알리는 몇 발의 총성을 들었다. 그는 드뤼야르를 파견해 카누 1척을 옐로스톤강 쪽으로 올려 보내 선발대가 잡아 손질한 고기를 가져가도록 클라크에게 전했다. 오후 6시 49분, 50분, 52분에 그는 또다시 태양의 고도를 측정했다. 아쉽게도 구름이 끼는 바람에 야간 관측은 불가능했다.

루이스는 하류로 걸어 내려가 두 강의 합류지점에 형성된 곶에 마련된 캠프에 도착했다. 대원들은 모두 건강상태가 좋았고 오랫동안 고대하던 그 지점까지 온 것에 기뻐했다. 이어 필드 이병이 돌아와 옐로스톤강은 물살이 완만하고 모래톱이 많으며 강기슭은 모래와 진흙 투성이라고 보고했다. 클라크의 측정에 따르면 합류지점에서 미주리강은 폭이 330야드의 깊은 물길이었던 반면, 옐로스톤강은 폭이 297야드에 가장 깊은 곳이 12피트에 불과했다.

히다차족은 옐로스톤강을 통나무배나 카누로 거슬러 올라가 로키산맥에 위치한 그 발원지(오늘날 옐로스톤국립공원Yellowstone National Park)까지 갈 수 있다고 했고, 옐로스톤강의 어느 지점에서는 미주리강의 선박 운항이 가능한 곳까지 반나절밖에 걸리지 않는다고 말했다. 또한 인디언들은 옐로스톤강의 발원지가 미주리, 플래트, 컬럼비아강에 인접해 있다고 말했다.

그러니 만약 제퍼슨의 지시가 그토록 모순적이지만 않았어도(제퍼슨은 원정대에게 미주리강을 따라 그 발원지까지 거슬러 가는 동시에, 대륙을 횡단하는 최단 경로를 찾아내라고 지시했다. 대통령은 그 두 가지가 똑같으리라 생각했지만 그건 잘못된 생각이었다) 두 사람은 미주리강 대신 옐로스톤강을 따라 거슬러 올라갈 수도 있었을 것이다. 오늘날 몬태나주의 리빙스턴Livingston 인근에는 옐로스톤강이 북쪽으로 오다가 동쪽으로(거슬러 올라가면서 보면 서쪽에서 남쪽으로) 크게 굽이치는 곳이 있는데, 원정대가 만약 이곳에서 육지에 올라 두 강 사이의 비교적 낮은 고개(오늘날의 보즈먼 고개Bozeman Pass)를 지나 행군했다면 스리 포크스까지 몇 주 만에, 아무리 길어야 2개월 안에 도착했을 것이다.

하지만 그들은 제퍼슨의 지시대로 계속 미주리강을 거슬러 올라갔다. 5월 3일, 루이스는 북쪽 강변을 따라 걸으며 어마어마한 수의 사냥감이 하구 폭은 40야드나 되고 투명한 물이 흐르는 아름답고 세차게 흐르는 개울로 다가오는 것을 보았다. 그는 이 개울을 포커파인(호저)강Porcupine River*이라고 명명했는데, 그 이유는 그곳에 호저가 상당히 많았기 때문이다. 클라크는 그 강의 첫 번째 지류를 2,000마일 개울2,000mile creek(오늘날의 레드 개울Red Water)이라 명명했는데, 이는 원정대가 미주리강 하구에서 2,000마일을 올라온 셈이었기 때문이다. 루이스는 포커파인강에 대해 이렇게 적었다.

"이곳의 발원지가 서스캐처원강Saskatchewan River의 주류에서 그리 멀지 않다는, 그리고 150마일쯤은 선박 운행이 가능하리라는 생각엔 의심의 여지가 없다. (…) 이 강은 영국 노스웨스트 컴퍼니가 값비싼 모피를 막대하게 가져오는 애서배스카Athabaska 지역과의 소통에 유용할 것 같다."

루이스는 미주리강으로 흘러들어 오는 북쪽 지류(그런 곳이 많지는 않았다)에 관해 항상 이와 유사한 이야기를 했다. 제퍼슨도 이를 원했는데 그 이유는 북쪽에서 흘러오는 강 중 캐나다의 평원까지 연결되는 것이 있다면 루이지애나의 영역을 더 멀리까지 늘릴 수 있고, 그로 인해 영국의 모피 교역지 중에서도 가장 귀중한 부분에 미국이 접근할 수 있을 것이기 때문이었다. 하지만 이는 허황된 소망에 불과했다. 가장 작은 카누를 타고 수위가 가장 높은 봄에 거슬러 올라가도 포커

---

*오늘날의 포플러강Poplar River을 말한다. 루이스와 클라크는 만단족 마을을 떠난 이후 줄곧 시내와 개울의 이름을 지어 주었지만, 오늘날의 지도에 남아 있는 이름은 극히 드물다. 왜냐하면 그들의 일지가 뒤늦게야 간행됐기 때문이다. 오늘날 전해지는 이름은 대개 두 지휘관의 명명에 대해 전혀 몰랐던 19세기 초의 몇 사냥꾼과 광부들이 지어준 것이다(원주).

파인강은 겨우 10여 마일밖에 선박을 운항할 수 없으며 그 발원지 또한 북위 49도 아래쪽이었던 것이다.

5월 8일, 원정대는 북쪽에서 내려오는 또 다른 강 하구를 지나친 부근에서 점심을 먹었고, 대원들이 식사를 하는 동안 루이스는 3마일가량 걸어 올라갔다.

"이 강으로 흐르는 물의 양을 보건대 상당히 넓은 땅을 흘러오는 것이 분명하다. 어쩌면 이 강을 통해 서스캐처원강과 소통이 가능할지 모르겠다."

히다차족은 이 강의 이름을 '다른 모두를 꾸짖는 강'이라고 알려줬다. 루이스는 이 강의 물 색깔에 착안해 밀크강Milk River이라고 불렀는데, 그 이름은 오늘날까지도 남아 있다. 이 강은 글래시어국립공원 Glacier National Park에서 시작돼 약간 북동쪽으로 흘러 앨버타주Alberta 남단에 도달했다가, 거기서 남동쪽으로 방향을 틀어 몬태나주로 들어왔다. 그러니 서스캐처원강과 연결되는 지점은 전혀 없었다.

그날 오후 사카가위아는 샤르보노, 드뤼야르와 함께 산책을 나갔다가 야생 감초와 이른바 화이트애플(백사과)이라는 뿌리채소를 상당히 많이 파냈다. 루이스는 그 뿌리채소에 관해 500단어에 걸쳐 상세히 묘사하면서 "아무 맛도 없이 싱거운 음식이지만 (…) 미식가들은 이 뿌리채소를 매우 좋아할 것 같다. 라구와 그레이비 같은 요리에 송로버섯 대신 넣을 수 있을 정도이기 때문이다"라고 적었다. 그는 사카가위아의 공헌을 언급하지 않았지만(클라크는 언급했다) 그것이 건강에 좋은 음식이라고 적었다. 분명 고기로만 이루어진 식단에 매우 반가운 별식이었을 것이다.

루이스는 "우리는 언제든 사냥을 나가 그 지역에서 나는 온갖 종류의 고기를 원하는 만큼 잡아올 수 있었다"고 썼지만, 야채나 과일 없이 고기만 먹다 보면 괴혈병을 일으키기 쉽다. 실제로 대원 중 상당수가 괴혈병으로 고생했다는 것을 보여주는 기록이 여러 차례 등장한다. 비록 균형 잡힌 식단이라는 개념조차 없던 시대였지만, '건강에 좋은 음식'이라는 루이스의 표현은 매우 의미심장하다. 원정대에 관한 의학 문제를 연구한 엘던 프렌치 스워너 박사는 "영양부족은 모든 병사의 항구적인 상태"1였다고 지적했다.

독립전쟁과 1812년 전쟁에 참가한 미국 병사의 대부분이 말라리아, 이질, 설사, 류머티즘, 안염 등의 질병에 시달렸다. 원정대도 상황은 마찬가지였다. 매독을 비롯한 성병은 워낙 흔해 오히려 언급된 적이 드물 정도였다. 4월 24일자 일지에서 루이스는 "안질은 부대 내에서 흔한 불편사항"이라고 적었다. 그는 이 병의 원인이 바람에 날리는 미세한 모래 때문이라고 했다.

"어찌나 잘도 뚫고 들어오는지 모래가 묻지 않은 물건이 하나도 없다. 우리는 어쩔 수 없이 모래를 먹고 마시고 숨쉬는 형편이다."

스워너드는 성병 역시 안질의 원인일 수 있다고 지적했고, 몰턴은 수면에 반사되는 햇빛이 원인 중 하나일 수 있다고 지적했다.2 5월 4일, 치료를 담당했던 루이스는 조셉 필드가 이질과 고열에 시달린다고 적었다. 루이스는 글라우버염(강력한 하제)을 투약해 효과를 보았고, 아울러 아편제(아편팅크제)를 30방울가량 써서 필드를 잠재웠다. 안질에는 황산염(황산아연)과 연당鉛糖(아세트산납)을 2 대 1로 섞어 사용했다. 원정대에 흔했던 부스럼과 농양도 괴혈병에서 비롯되었을 것으로 보이는데 이 질환에는 연화제 습포를 사용했다고 적었다. 그러나 구체적으로 어떻게 습포를 만들었는지는 언급하지 않았다.3

5월 9일, 원정대는 24마일하고도 반마일을 주파했고 루이스는 당시의 학계에 생소했던 도요새를 1마리 잡아 기록했다. 밤에는 천문 관측도 수행했다. 루이스는 샤르보노가 소시지를 만드는 법에 대해서도 자세히 기록해두었다. 그 비법은 다음과 같은 대목으로 끝을 맺는다.

"그런 다음 그걸 미주리강에 두 번 담갔다가 한 번 털어 솥에 집어넣는다. 팔팔 끓인 다음에는 꺼내 곰 기름에 갈색이 될 때까지 튀기고, 그걸 소시지 모양으로 만들 때가 되면 열렬한 식욕의 고통이나 황무지를 떠도는 여행자의 고통 같은 것은 순식간에 사라진다."

5월 11일 오후 5시, 윌리엄 브래턴 이병이 강가를 따라 달려오며 소리를 질러댔다. 루이스는 통나무배를 그쪽으로 보냈다. 브래턴은 회색곰을 1마리 쏴서 상처를 입혔는데 그 곰이 멀리까지 뒤쫓아 오더라고 설명했다.

루이스는 흰색 통나무배의 대원들을 이끌고 그 괴물을 찾아 나서기로 했다. 핏자국을 찾아낸 이들은 1마일쯤 따라가 어느 깊은 덤불 속에 숨어 있는 곰을 발견했다. 이들은 곰의 머리에 총을 2방 발사했다. 확인 결과 브래턴의 총알은 곰의 폐를 뚫고 지나간 것이 확인되었다.

"그럼에도 그놈은 브래턴을 거의 반마일이나 쫓아왔다가 그 거리의 두 배는 더 되는 거리를 돌아갔다. 고백하건대 곰 1마리와 싸우느니 차라리 인디언 2명과 싸우는 편이 낫겠다."

사흘 뒤, 곰과 원정대간에 또 한 번의 격돌이 있었다. 카누 2척에 타고 있던 6명의 대원이 강변에서 곰을 1마리 발견했다. 이들은 배를 강변에 대고 공격 계획을 세웠다. 들키지 않고 그 짐승에게서 40야드 떨어진 곳까지 다가간 뒤에 4명이 동시에 발포했고 2명은 만일에 대비해 대기하고 있었다. 4발 모두 표적에 적중했는데 그중 2발은 폐를 관통했다.

곰은 포효하며 일어서더니 곧바로 입을 쩍 벌리고 반격을 가했다. 대기하던 2명도 발포했지만 곰의 기세는 수그러들지 않았다. 대원들은 달아날 수밖에 없었다. 곰은 강까지 따라왔고 대원 2명이 카누에 도착한 사이 나머지는 버드나무 근처에 숨어 총을 재장전해 발포했다. 이들은 곰을 몇 번 더 맞췄지만 곰은 쓰러지지 않았고 오히려 자신들의 위치만 들켰을 뿐이었다. 곰이 대원 2명에게 달려들자 이들은 소총과 탄주머니를 팽개치고 무려 20피트나 되는 절벽에서 강물 속으로 뛰어들었다.

곰도 이들을 따라 물속으로 뛰어들었다. 자칫하면 헤엄치던 대원 중 하나를 거의 붙잡을 뻔했을 때, 강변에 남아 있던 대원 1명이 곰의 머리를 쏴서 마침내 죽여 버렸다. 확인해보니 곰은 모두 8발이나 총을 맞은 다음이었다.

루이스 역시 유사한 모험을 겪었다. 자칫하면 원정 전체를 위협할 수 있던 것이라 그 자신도 훗날 "그때의 일을 떠올리면 공포의 전율을 느끼게 된다"고 했을 정도였다. 그 사건은 두 지휘관이 모두 강변에 올라와 있을 때 발생했다. 두 사람이 한꺼번에 강변에 오르는 것은 그들이 세운 원칙에서 벗어나는 일이었지만 무슨 이유에서 그랬는지는 전혀 언급이 없다.

마침 샤르보노가 흰색 통나무배의 키를 잡고 있었다. 통나무배는 돛을 올리고 있었는데 갑자기 돌풍이 불면서 배의 방향을 옆으로 돌려버렸다. 당황한 샤르보노는 뱃머리를 바람 쪽으로 향하게 하는 대신 오히려 뱃전을 바람 쪽으로 하고 말았다. 바람 때문에 돛의 버팀대는 선원들의 손을 완전히 벗어났고 만약 노를 저어 버티고 있지 않았더라면 배는 완전히 뒤집어질 뻔했다.

　강변에서 이를 지켜보던 두 지휘관은 거의 공황상태에 빠져 버렸다. 두 사람은 선원들의 이목을 끌기 위해 소총을 쏜 다음 마룻줄을 끊고 돛의 방향을 돌리라고 소리 질렀다. 하지만 강 한가운데 있던 대원들은 총소리나 고함소리를 전혀 듣지 못했다. 그때 크루자트(원정대에서 가장 뛰어난 뱃사람인)는 샤르보노에게 키를 붙잡고 뱃머리를 바람 쪽으로 돌리라고 소리쳤지만, 샤르보노는 겁에 질려 사람 살리라고 비명만 지를 뿐이었다.

　샤르보노와 선원들이 정신을 놓고 돛을 붙들지 못하는 사이, 배에는 물이 가득 들어차 1인치만 더 차면 완전히 잠길 정도였다. 실려 있던 물건들이 강물에 떠내려가고 있었다. 루이스는 엄청난 고통과 끔찍한 상상 속에서 이 광경을 속수무책으로 지켜볼 수밖에 없었다. 그는 본능적으로 소총과 탄주머니를 집어던지고 외투를 벗기 시작했다. 헤엄쳐 건너가서라도 건질 수 있는 것은 건지려는 생각이었다. 하지만 강물로 뛰어들기 직전, 그것이 얼마나 어리석은 짓인지 깨달았다. 물결은 높았고 보트는 300야드나 떨어진 곳에 있었으며 물살이 거셌다.

　그야말로 순간적인 일이었다. 하지만 분별과 상식이 결국 경솔함을 이겨냈다.4 다행히 크루자트는 샤르보노에게 자기가 시키는 대로 하지 않으면 총으로 쏴 죽이겠다고 위협했다. 이 말에 정신이 든 샤르보노는 키를 붙잡아 배를 안정시켰다. 크루자트는 대원 2명에게 솥으로 물을 퍼내게 하고 다른 2명에게 노를 젓게 해서 가까스로 배를 강변으로 끌고 왔다.

　그 와중에도 사카가위아는 침착하고 차분한 태도로 누구보다 큰 공을 세웠다. 루이스가 다음날 적은 것처럼 그 인디언 여자는 사고 당시 배에 있던 어느 누구 못지않은 용기와 결의를 보이며 뱃전에서 물에 쓸려 나가는 가벼운 물건들을 대부분 건져냈다. 루이스가 그녀를 칭찬한 것인지 아니면 그녀의 남편을 깎아내린 것인지는 알 수 없는 일이다.

5월의 마지막 주 동안, 원정대는 높고 울퉁불퉁한 절벽이 새파란 하늘과 타오르는 햇빛을 막아 갈색 그림자를 드리운 지역에 들어섰다. 오늘날의 몬태나주 포트펙Fort Peck 호수의 서쪽 끝에서 포트벤턴Fort Benton에 이르는 160마일의 이 지점은 오늘날 미국에서도 외딴지역 중 하나로 남아 있다. 한때 의회는 이곳을 각각 국립야생풍치하천Wild and Scenic River*으로 명명했지만 나중에 미주리강의 일부로 변경했다. 그 중 첫 번째(동쪽) 부분은 미주리강 브레이크스Missouri River Breaks(균열지대)로, 두 번째 부분은 화이트클리프스 에어리어White Cliff Area(흰 절벽지대)로 명명되었다.

클라크는 이 균열지대를 '미국의 사막'이라고 부르면서 "여기는 사람이 살 수 없을 것 같다"고 공언했다. 루이스는 "탁 트인 지역의 공기는 놀라우리만치 건조하고 깨끗했다"고 썼다.5 대륙 동부의 유난히 습한 지역에서 평생을 살아온 루이스는 병에 담긴 잉크가 그토록 금세 말라 버리는 것을 도무지 믿을 수 없을 지경이었다. 실험을 통해 그는 큰 수저 하나 분량의 물이 36시간 만에 수증기로 변한다는 사실

---

*미국 내의 하천 중 환경, 지질, 생물, 역사, 문화 등 여러 가지 요인으로 인해 중요하다고 여겨지는 곳을 보호구역으로 지정하는 제도를 말하며 현재 약 100개 이상의 하천이 지정되어 있다(역주).

을 알아냈다.

5월 25일, 루이스는 원정 이후 최초로 큰뿔양의 표본을 기록했다. 클라크는 이 항목을 자기 일지에 똑같이 베껴 썼다. 클라크가 그렇게 한 것은 이때가 처음이었으며 이후 거의 습관화되었다. 루이스가 가져온 몇 안 되는 장서 중에는 린네의 저서와 네 권짜리인 『신완전판 예술 과학 사전 A New and Complete Dictionary of the Arts and Sciences』도 있었다. 5월 25일자 항목에서 클라크는 자신이 처음으로 그 '예술 가악 사즌'('예술 과학 사전'의 철자를 잘못 적은 것)을 뒤적여 보았다고 적었다.

도널드 잭슨은 흰색 통나무배가 자칫 가라앉을 뻔한 사건으로 몇 가지 중요한 문서가 유실되었으리라 추측했다(조셉 화이트하우스 이병의 일지에는 "문서 일부와 책이 모두 젖어버렸지만, 아주 못쓰게 되진 않았다"고 나온다).6 잭슨은 이 사고로 두 지휘관이 이전보다 더욱 조심스러워졌고 결국 과학 기록은 두 벌씩 사본을 만들어놓기로 작정한 것이라고 생각했다.*

5월 26일 오후, 균열지대의 동쪽 끝에서 루이스는 주위를 둘러싼 절벽에 오르는 힘겨운 임무를 수행했지만, 봉우리에 올라서자 충분히 보상을 얻었다고 생각했다. 그 지점에서 처음으로 로키산맥을 바라볼 수 있었기 때문이다. 클라크도 전날 멀리 있는 산맥을 보았다고 했다. 루이스의 확인으로 두 사람은 미국인 최초로 로키산맥을 목격한 셈이 되었다.

---

*잭슨의 또 다른 추측은 납득하기가 힘들다. 그는 흰색 통나무배가 침몰할 뻔한 사고로 루이스의 일지 가운데 1804년 5월부터 1805년 3월까지의 항목이 유실되었으리라 생각했다. 하지만 루이스가 그 시기에 일지를 작성했다면 왜 그 사본을 워핑턴 상병에게 맡겨 평저선 편에 제퍼슨에게 보내지 않았겠는가?(원주)

"로키산맥을 바라보는 동안 나는 끝없는 미주리강의 최상류로 여겨지는 곳에 매우 가까워졌다는 사실을 깨닫고 은근한 기쁨을 느꼈다."

하지만 그 광경은 또한 당황스럽기도 했다.

"저 눈 덮인 장벽이 태평양으로 향하는 내 행로에 던질 어려움을 생각하면, 그리고 나와 우리 부대가 거기서 겪게 될 고통과 곤란을 생각하면, 내가 저 산맥을 처음 본 순간에 느꼈던 즐거움이 어느 정도 상쇄되는 느낌이다."

산맥의 모습이 드러나면서 그곳을 넘어가고자 하는 열망이 무척 강해졌지만 안타깝게도 선단의 운항 속도는 그 어느 때보다 느렸다. 그곳에는 강굽이가 무수히 많았고 강변은 온통 깎아지른 절벽이었으며 바람이 매번 정면에서 불어왔기 때문이다. 대원들은 종종 상륙해서 통나무배와 카누를 끌어당겨야 했으며, 이들이 사용한 엘크가죽 밧줄은 계속 물에 젖었다 말랐다 하는 통에 서서히 약해지고 썩기 시작했다. 밧줄이 끊어지는 경우도 잦았다. 바위투성이 물길에서 대원들이 배를 끌어올리다가 밧줄이 끊어지면 자칫 배가 하류로 떠내려가다가 바위에 부딪쳐 전복될 가능성이 컸다. 그곳을 지나는 여정은 루이스의 말처럼 '엄청난 노고와 무한한 위험'을 지닌 셈이었다.

그러던 중에 그들은 썩어가는 들소 시체가 산더미처럼 쌓여 있는 곳을 지나게 되었다. 루이스는 그곳을 피시킨pishkin, 또는 들소잡이 절벽buffalo jump(버펄로 점프)*이라고 생각했다. 하지만 그날 원정대가 지난 지점은 들소잡이 절벽이 아니라, 지난겨울에 얼음이 깨지면서

---

*버펄로 점프는 들소 떼를 막다른 절벽으로 몰고 가 떨어트려 잡는 인디언의 사냥법으로 유명하며 이는 활과 화살이 발명되기 전인 원시시대에 유행하던 방법이다(역주).

강물에 빠져 죽은 들소 떼가 쌓여 있던 것뿐이었다. 그곳에는 늑대들이 모여 썩어가는 고기로 배를 채웠고 클라크는 그중 1마리를 단창으로 찔러 죽였다. 루이스는 인근의 개울을 슬로터(학살) 개울Slaughter Creek(나중에는 애로(화살) 개울Arrow Creek로 바꾸었다)이라고 명명했다.

거기서 두어 마일쯤 더 나아가자 남쪽 강변에 개울이 하나 나타났다. 클라크는 그곳 강변을 따라 걸어 올라간 다음 자기 사촌인 줄리아 핸콕Julia Hancock을 기려 주디스강Judith's River이라고 명명했다.

5월 31일, 원정대는 화이트클리프스 에어리어로 진입했다. 이 강은 지금까지 겪은 것보다 더 끔찍했다. 더욱이 그날 오전에는 한 가지 섬뜩한 일이 벌어졌다. 밧줄 중 유일하게 삼으로 만든 흰색 통나무배의 견인밧줄이 하필이면 가장 좋지 않은 장소에서 딱 끊어졌던 것이다. 통나무배는 빙그르르 한 바퀴 돌았고 바위에 부딪히는 것은 간신히 면했지만 하마터면 전복될 뻔했다. 가까스로 위험을 면한 두 지휘관은 안도의 한숨을 내쉬었고 대원들의 어마어마한 노고에 고마운 마음이 들었는지 정오에 휴식과 함께 위스키를 조금씩 나눠주었다. 화이트클리프스에 대한 루이스의 묘사는 미국 여행문학의 고전 중 하나이다.

"오늘 우리가 통과한 언덕과 강 절벽은 낭만적인 모습을 보여주었다. 그 절벽은 200~300피트 높이로 거의 직각으로 솟아 있었고 햇빛이 비치면 새하얗게 반짝였다. 오랜 시간에 걸쳐 그 언덕으로부터 흘러내린 물이 (…) 부드러운 모래 절벽을 깎아내면서 수천 개의 기괴한 형상을 만들었다. (…) 끈기 있는 장인정신으로 만들어낸 거대한 길이의 벽들은 한마디로 완벽했다. 이것이 인간보다 훨씬 먼저 만들어졌음을 상기하지 않았던들, 자연이 이곳에서 인간의 석조술에 필적할 만한 것을 만들려고 시도하지 않았나 하고 생각할 뻔했다."*

그곳 강둑에는 셀 수 없을 만큼 많은 제비가 둥지를 틀고 있었다. 배를 강변에 대고 대원들이 캠프를 만들고 요리를 하는 동안 잠시 산책을 나갔다 돌아온 루이스는 방금 "세상에서 가장 아름다운 여우를 봤다"고 클라크에게 말했다. 멋진 오렌지색과 노란색, 흰색, 검은색이 뒤섞였는데 총을 쐈지만 놓쳐 버렸다고 했다.7

6월 1일, 큰 강굽이가 나타나면서 원정대의 행로는 북서쪽에서 남서쪽으로 바뀌었다. 루이스는 그날 낮 내내 사냥꾼들과 함께 강변을 거닐며 엘크를 찾았다. 히다차족으로부터 얻은 정보에 근거해 조만간 미주리강의 그레이트폴스에 도착하리라 생각했고, 이제는 2년 전에 자신이 하퍼스 페리에서 준비해온 철골 보트에 씌울 엘크가죽을 구하려 했던 것이다. 원정대는 엘크 6마리와 들소 2마리, 노새사슴 2마리, 곰 1마리를 잡았다(샤르보노는 자칫 그 곰에게 죽을 뻔했지만 드뤼야르가 때마침 곰의 머리를 총으로 쏴서 즉사시켰다).

일몰 무렵, 원정대는 남쪽 강변에 정박했다. 강 건너편에서는 상당히 큰 강이 미주리강으로 흘러들어 오고 있었다. 저건 또 뭘까? 히다차족에게 들은 정보가 이제까지 어느 정도 들어맞았음을 떠올려 본다면, 그들은 미주리강에서 상류 쪽으로 난 북쪽 지류 중에서도 맨 마지막 것을 이미 지나왔어야 했다. 그 마지막 지류, 즉 인디언이 '다른 모두를 꾸짖는 강'이라고 부르고, 두 지휘관이 밀크강이라고 명명한 강

---

*그 모습은 오늘날에도 루이스가 본 것과 마찬가지다. 화이트클리프스는 작은 보트나 카누를 타야만 구경할 수 있다. 포트벤턴에서 배를 타고 가면 사나흘 뒤 주디스랜딩(Judith Landing, 선착장)에 도착한다. 몬태나주 포트벤턴에 있는 미주리강 탐사센터에서는 카누 대여 및 너벅선을 타고 안내를 받는 관광상품을 판매 중이다. 나는 이곳이 지금껏 가본 어떤 자연관광지보다 탁월하다고 생각한다. 나는 이곳을 10번이나 다녀왔다(원주).

다음에는 그레이트폴스가 나와야 했던 것이다.

하지만 날은 이미 어두워졌고 갑자기 나타난 그 강을 조사하기엔 너무 늦었다. 원정대는 다음날 아침 이 문제를 다시 한 번 고민해보기로 했다.

마리아스강에서 그레이트폴스까지

1805년 6월 3일~20일

6월 3일 아침, 원정대는 미주리강을 가로질러 2개의 큰 강이 교차하는 지점에 형성된 곶에 캠프를 만들었다. 여기서 한 가지 흥미로운 문제를 결정해야 했다. 루이스는 일지에 이렇게 적었다.

"둘 중 어느 쪽이 미주리강일까?"

이는 어려우면서도 중요한 문제였다. 히다차족은 미주리강이 로키산맥 깊숙이까지 이어지며 그 발원지 근처에서 컬럼비아강의 지류까지는 반나절 정도면 행군할 수 있다고 했다. 그때까지 미주리강에 대한 히다차족의 묘사는 정확히 맞아떨어지고 있었다. 하지만 밀크강을 지난 뒤 또다시 북쪽에서 흘러들어 오는 강이 있다는 얘기는 없었다. 그런가 하면 남쪽에서 미주리강으로 흘러들어 오는 큰 강이 있다는 이야기도 전혀 하지 않았다. 루이스는 "인디언들이 그런 강들에 관해 전혀 언급하지 않았다는 사실에 우리는 좀 놀랐다"고 적었다.* 제퍼슨의 명령은 명백했다.

"귀관의 임무는 미주리강을 탐사하는 것일세."

히다차족의 설명도 분명했다. 즉, 미주리강에는 산맥에서 내려오는 그레이트폴스(큰 폭포)가 있고 그 뒤로는 강이 산맥을 뚫고 대륙분수계까지 거슬러 올라가는데, 그곳에는 쇼쇼니족 인디언이 살고 있다는 것이다. 또한 그들은 분수계를 오르는 데 꼭 필요한 말을 키우고 있으며 사카가위아가 그곳 출신이므로 쇼쇼니족 말을 할 수 있다고 했다.

오른쪽 혹은 북쪽 지류는 거의 동서의 직선을 따라 내려오고 있었다. 이는 그 강을 거슬러 올라가면 곧바로 산맥이 나온다는 뜻이었다. 왼쪽 혹은 남쪽 지류는 남서쪽에서 오고 있었다. 강폭은 오른쪽이 200야드, 왼쪽이 372야드였다. 수심은 오른쪽이 더 깊었지만 물살은 왼쪽이 더 빨랐다.

"북쪽 지류는 지금까지 오면서 미주리강의 공통적 특성이라 할 만한 특징을 고스란히 지니고 있다. 물 색깔 역시 희끄무레한 갈색에 진하고 흐린 것이 딱 미주리강의 특징이었다."

반면 남쪽 지류의 물은 완전히 투명했고 잔잔해서 표면에 잔물결조차 없었다. 루이스가 요약한 것처럼 북쪽 지류는 외양과 특징이 미주리강 하류와 완벽하게 일치했기 때문에, 원정대는 극소수를 제외하면 모두 북쪽 지류가 미주리강임에 틀림없다고 입을 모았다. 루이스와

---

*루이스와 클라크는 미처 생각하지 못했지만 왜 그랬는지는 간단하게 설명할 수 있다. 이는 아마도 두 지휘관이 오로지 강을 기준으로 위치를 파악하려 했기 때문일 것이다. 히다차족은 서쪽으로 원정을 다녀올 때 항상 말을 탔다. 따라서 미주리강의 큰 강굽이를 만나면 육지로 가로질러 가곤 했다. 평원을 통해 가면 거리도 단축될 뿐 아니라 균열지대와 화이트클리프스 같은 험난한 지역도 피할 수 있기 때문이다. 이들의 경로를 따라가다 보면 미주리강과 다시 마주치는 것은 포트벤턴이나 거기서 조금 더 남쪽이기 때문에, 그들로서는 북서쪽에서 들어오는 강에 관해 전혀 모를 수밖에 없다(원주).

클라크는 선뜻 결정을 내리지 못했지만, "우리의 견해를 제시한다면 아마 소수에 속하게 될 것 같다"고 적었다. 루이스는 북쪽 지류가 먼 거리에 걸쳐 평원을 지나오며 퇴적물이 많이 섞인 까닭에 그토록 진하고, 남쪽 지류는 산맥에서 오기 때문에 깨끗하다고 추론했다. 남쪽 지류의 강바닥은 산지에서 내려오는 강들이 대부분 그렇듯 매끄러운 돌로 이루어진 반면, 북쪽 지류의 강바닥은 주로 진흙이었다. 그와 클라크는 이 문제를 논의하면서 성급하게 결론을 내리지는 않았다.

"우리의 숙고는 하루 종일 이어졌다."*

두 지휘관은 프라이어 하사를 북쪽 지류로 보내 정찰하게 했다. 그는 저녁 때 돌아와 10마일 상류 지점에서 강의 방향이 서쪽에서 북쪽으로 꺾인다고 보고했다. 두 지휘관은 개스 하사를 남쪽 지류로 보냈다. 그는 저녁 때 돌아와 6마일 반쯤 상류 지점까지도 강은 계속 남서쪽으로 이어져 있다고 보고했다. 루이스와 클라크는 다음 날 아침 각자 소부대를 이끌고 강을 거슬러 올라가 보기로 결정했다.

루이스는 자신의 하퍼스트happerst**를 꾸렸고 일출 무렵이 되자마자 난생처음 등짐을 졌다. 그는 어린시절부터 노예의 시중을 받았고 성장한 다음에는 사병이나 하인의 도움을 받았기 때문에 결코 등짐을 직접 지고 다닌 적이 없었다. 그는 프라이어 하사와 실즈, 윈저Richard Windsor, 크루자트, 르파주, 그리고 드뤼야르를 대동하고 출발했다(루이스는 정찰 임무를 띠고 소부대를 이끌고 나갈 때면 누구보다 먼저 드뤼야르를 뽑았다).

---

*사카가위아가 이때 아무런 도움을 줄 수 없었던 것은 그녀가 이 근처에 와본 적이 없기 때문이다(원주).
**전문가들은 하퍼스트가 일종의 배낭이며 그 이름의 유래는 인디언의 배낭인 호파(스)hoppas일 것이라고 추측하고 있다(역주).

소부대는 북쪽 강변을 따라 강을 거슬러 올라갔다. 시야에 들어오는 지역은 모두 산맥 산자락까지 사실상 하나로 이어진 평원처럼 보였다. 행군 자체도 힘겨운 데다 부채선인장의 가시가 대원들이 신은 얇은 모카신을 뚫고 들어와 더욱 고통스럽게 했다. 그 키 작은 선인장이 어찌나 많던지 걸어가는 내내 신경의 절반은 그 선인장을 피하는 데 집중되어 있을 정도였다. 그런 어려움에도 일행은 그날 하루 32마일하고도 반을 주파했는데, 그 대부분은 정북쪽을 향하고 있었다.

이것은 루이스가 다녀온 것 중에서도 가장 위험한 탐사였다. 그가 있는 지역은 블랙푸트족 인디언을 제외하면 아무도 모르는 지역이었고 그 강 역시 그로선 들어본 적도, 어디로 이어지는지도 몰랐기 때문이다. 그는 짧은 풀과 멀리 보이는 산맥들(베어스포산맥Bear's Paw Mountains, 하이우드산맥Highwood Mountains, 스퀘어뷰트Square Butte)을 기록했다. 그는 학계에 생소한 새를 2마리 묘사했는데 하나는 긴부리마도요long-billed curlew였고, 또 하나는 검은목긴발톱참새McCown's longspur였다. 그는 강둑 버드나무가 우거진 곳에서 캠핑을 하다가 거세고 차가운 비를 만나 흠뻑 젖었지만, 6월 4일자 일지 항목을 다음과 같이 마무리하고 있다.

"강기슭은 하나의 거대한 장미꽃 밭이었고 멋지게 만개해 있었다."

다음날 그는 또다시 30여 마일을 거슬러 올라가 오늘날의 타이버댐Tiber Dam 근처까지 갔다. 방향은 약간 북서쪽이었다. 그는 두 가지를 발견했는데 하나는 리처드슨땅다람쥐이고, 또 하나는 북미뇌조였다.

6월 6일 오후, 소부대는 25마일가량을 이동했다. 루이스는 그 힘든 순간을 기록으로 남겼다.

"비는 계속 내리는데 은신처는 없었고 결과적으로 매우 불편한 잠자리가 될 수밖에 없었다. 일출 무렵, 우리는 물이 흥건한 잠자리를 떠나 하류로 향했지만 이번에는 전보다 훨씬 위험했다. 젖은 진흙에 발이 푹푹 빠지는 것 같았고 미끄러지는 경우도 많았다."*

어느 절벽의 경사면을 따라 걷는 동안, 루이스는 들소가 오가면서 낸 30야드가량의 좁은 길에서 미끄러져 자칫하면 깊이 90피트가량의 돌투성이 절벽 밑으로 떨어질 뻔했다. 그는 단창을 이용해 간신히 추락을 면했고 안전하게 설 수 있는 장소까지 겨우 움직여갔다.

그런데 채 숨을 돌리기도 전에 윈저 이병이 외치는 소리가 들려왔다.
"억, 대장님! 어떻게 하죠?"

뒤를 돌아본 루이스는 윈저가 배를 바닥에 깔고 엎어져 있는 것을 발견했다. 그의 오른손, 오른팔, 오른다리는 방금 루이스가 추락을 모면한 벼랑 밖으로 늘어져 있고 왼팔과 왼다리로 간신히 매달려 있었다. 윈저는 두려움에 어쩔 줄 몰라 했다. 루이스 역시 덜컥 겁이 났다. 힘이 빠지면 금방이라도 떨어져버릴 것 같았기 때문이다. 루이스는 최대한 침착하게 전혀 위험하지 않으니 안심하라고 말한 다음, 오른손으로 허리띠에서 칼을 꺼내 절벽 경사면에 오른발을 넣을 만한 구멍을 파라고 했다.

윈저는 루이스가 시키는 대로 했고 발을 구멍에 넣어 간신히 무릎 부근까지 길 위로 올라서게 되었다. 루이스는 그에게 모카신을 벗고 (젖은 가죽보다 맨발이 덜 미끄러웠다) 손과 무릎으로 엉금엉금 기어오되 한 손에는 칼을, 다른 손에는 소총을 잊지 말고 챙기라고 했다. 다

---

*오늘날의 몬태나주 여행안내서에 따르면 이 강변 지역의 자갈길은 비만 왔다 하면 '통행 불가능한 기름밭'과 다름없다고 한다. 몰턴은 1805년 6월 7일자 항목에 관한 주석에서 이 진흙을 검보(gumbo, 점토)라고 하며 약간의 습기만 있어도 매우 미끄럽다고 적었다(원주).

행히 그는 빠져나올 수 있었다.

간신히 숨을 돌리고 난 뒤, 루이스와 윈저는 일행과 함께 계속 행군했다. 평원은 미끄럽고 협곡으로 막힌 곳이 많아 그들은 계속해서 강변을 따라 이동했고, 가끔은 강바닥의 진흙과 물속을 헤치고 나아갔다. 이들은 사슴을 6마리 잡았는데 밤에 캠핑을 하면서 먹은 그 고기가 그날의 첫 식사였다.

"이제 버드나무 가지 위에 누워 편안한 휴식을 취하며 오늘 하루의 노고와 고통에 대해 완전한 보답을 받았다고 생각했다. 이처럼 좋은 은신처에 마른 잠자리, 만족스러운 저녁식사까지 있으니 신경이 곤두서고 흠뻑 젖고 배까지 고픈 여행자의 사기도 되살아났다."

그의 사기는 되살아났을지 몰라도 걱정은 여전히 남아 있었다. 소부대 전체가 하나같이 그 강이 미주리강이라고 설득하고 나섰지만 루이스는 그것이 미주리강이 아니라고 확신하고 자기 사촌인 마리아 우드Maria Wood의 이름을 따서 마리아스강Maria's River이라고 명명했다.

다음날 오전 10시쯤, 강둑의 사시나무에 살던 무수히 많은 작은 새가 매력적인 노래를 불러댔다. 그들은 붉은배지빠귀, 울새, 호도애, 홍방울새, 오색방울새, 크고 작은 지빠귀류, 굴뚝새 등이었다.

오후 5시, 그는 몹시 피곤한 상태로 미주리강과 마리아스강의 합류지점에 위치한 캠프에 도달했다. 예정일보다 이틀이나 늦은 귀환이었기 때문에 클라크는 루이스가 도착한 걸 보고서야 마음을 놓았다. 두 지휘관은 한참이나 논의를 하고 자신들이 가져온 지도(특히 애로스미스Aaron Arrowsmith의 1796년 지도)를 연구한 끝에 남쪽 지류가 진짜 미주리강이라고 의견일치를 보았다.

다음날인 6월 9일, 루이스는 대원들에게 남쪽 지류가 미주리강임을 납득시키려 했지만 성과를 거두지 못했다. 대원들은 하나같이 북쪽 지류가 미주리강이므로 그리로 가야만 한다고 철석같이 믿고 있었다. 특히 미주리강을 누비던 뱃사공 출신의 크루자트 이병이 북쪽 지류가 진짜 미주리강이라고 단언함으로써 대원들의 믿음은 더더욱 굳어졌다.

크루자트의 단언에도 불구하고 두 지휘관은 마음을 바꿀 생각이 없었다. 대원들은 두 지휘관의 지도력에 대한 어마어마한 존경의 표시로 "어디든 따라갈 의향이 있다"고 쾌활하게 대답하면서도 자신들은 여전히 그 반대쪽이 맞다"고 생각한다고 말했다.

결국 두 지휘관은 자신들이 혹시 실수를 하고 있다면 사전에 파악해 진로를 수정할 수 있도록 둘 중 1명이 소부대를 이끌고 남쪽 지류로 앞서 가서 확인해보기로 했다. 뱃사람으로선 더 뛰어난 클라크에게 선단 운항을 부탁하고, 루이스는 그 사이에 육지 탐사를 하겠다고 말했다. 원래 도보여행을 좋아했던 한편으로, 어쩌면 자신이 백인으로는 최초로 그레이트폴스를 본 사람이 되고 싶어서 그랬을지도 모른다.

두 지휘관은 붉은색 통나무배를 마리아스강 하구의 어느 섬에 숨겨두기로 했다. 루이스는 그 지역의 나무 몇 그루에 자신의 낙인을 찍어두었다.* 두 지휘관은 또한 무거운 짐 가운데 상당수를 은닉처에 남겨두기로 했다. 우선 짐을 줄이고 또한 귀환길에 사용 가능하도록 보급

---

* '미 육군 대위 M. 루이스U.S. Capt. M. Lewis'라는 문구가 새겨진 그 낙인용 쇠도장은 오늘날 오리건 역사학회 박물관에 소장되어 있는데, 원정 당시 사용되던 물건의 진품 중 현존하는 몇 가지 가운데 하나이다. 그 낙인은 1892, 1893, 1894년에 오리건주 후드강Hood River 인근에서 발견되었다. 1805년 6월 10일자 항목에 관한 몰턴의 각주를 참고하라(원주).

품을 남겨두기 위해서였다(이는 원정대가 컬럼비아강 하구에서 배를 얻어 탈 것이라 기대하기보다, 육로로 귀환할 것을 애초부터 작정하고 있었음을 시사한다). 나아가 남아 있는 통나무배와 카누에 7명의 노잡이를 더 투입하기 위한 조치였다.

이들이 파묻은 물건 중에는 대장장이의 풀무와 연장, 비버가죽, 곰가죽, 도끼, 도래송곳, 일부 서류, 볶은 옥수수 2통, 돼지고기 2통, 소금 한 통, 양철 컵 몇 개, 소총 2자루, 비버 덫 등이 있었다. 또한 화약 24파운드를 납 화약통에 넣어 서로 다른 은닉처 두 곳에 묻었다. 그렇게 많은 물건을 묻어 두었다는 것은 원정대가 그 지점까지 엄청나게 짐을 과잉 적재했다는 뜻이거나, 로키산맥과 그 너머에 있는 것을 정복하기 위해 물품 부족조차 감수하고 출발했다는 뜻일 것이다.

남쪽 지류를 선택한 것은 두 지휘관이 그때까지 내린 것 중 가장 중대한 결정이었다. 다시 돌아오지 못할 길은 아니었지만 계절의 경과를 고려하면 거의 그렇게 될 가능성이 없지 않았다.*

다음날은 하루 종일 은닉처를 만들고 물품을 보관하는 데 소비되었다. 루이스는 흰꼬리때까치를 처음으로 관측, 묘사했다. 그는 드뤼야르와 이병 사일러스 굿리치, 조지 깁슨, 조셉 필드를 그레이트폴스까지의 육로 탐사에 동반할 대원들로 선발했다. 클라크는 원정대의 나

---

*만약 원정대가 마리아스강으로 들어섰다면 상류로 100마일쯤 되는 지점에서 또 하나의 교차점, 즉 투메디신강 Two Medicine River과 컷뱅크강Cut Bank River의 합류지점을 만났을 것이다. 원정대가 여기서 왼쪽 지류로 들어서면 계속 따라가 오늘날 이스트글래시어East Glacier의 인근에 위치한 글래시어국립공원에 도달하게 된다. 이 강을 거슬러 올라가면 마리아스 고개Marias Pass를 통해 대륙분수계를 넘을 수 있다(이는 훗날 노선 퍼시픽 철도 Northern Pacific Railroad가 사용했고 오늘날까지도 사용하는 경로다). 그랬다면 원정대는 컬럼비아강 유역, 즉 플랫헤드강 Flathead River의 중간 지류를 따라 본래의 강에 접어들었을 것이며, 거기서 남쪽으로 전진해 클라크스 지류 Clark's Fork와의 합류지점에 도달했을 것이다. 거기서 클라크스 지류를 북쪽으로 거슬러 가면 이들이 고대하던 컬럼비아강이 나온다. 이것이야말로 마리아스강 하구에서 컬럼비아강까지의 최단 경로였다. 하지만 그렇게 했다면 원정대는 수많은 산과 급류를 넘어야 했을 것이다(원주).

머지와 함께 흰 통나무배와 카누 2척을 끌고 뒤따라올 것이었다.

6월 10~11일 밤에 루이스는 이질로 고생했다. 그는 약간의 소금(일지에는 그렇게 적혀 있다)을 치료제로 복용했다. 아침이 되자 몸은 좀 나았지만 힘이 하나도 없었다. 그럼에도 오전 8시가 되자 등짐을 메고 소부대와 함께 출발했다. 그는 그레이트폴스를 발견하리라는 확신을 품고 있었지만 드뤼야르, 굿리치, 깁슨, 필드는 그러지 못하리라고 생각했다. 이들은 9마일가량을 행군하면서 엘크 4마리를 잡았고 클라크와 원정대가 싣고 갈 수 있도록 각을 떠서 강 옆에 매달아두었다. 루이스는 엘크의 골수를 잔뜩 요리하라고 했는데, 음식이 준비되기도 전에 장에 극심한 고통을 느껴 함께 식사조차 할 수 없었다. 고통은 점점 심해졌고 열까지 동반했다. 상태가 심각해져 루이스는 걷지도 못할 지경이 되었다.

마침 약도 가져오지 않았던 터라 루이스는 몇 가지 간단한 약재로

A. E. 매튜스, 〈미주리강의 그레이트폴스〉(1867년) (몬태나 역사학회 소장)

실험을 해보기로 작정했다. 자기 어머니가 했던 대로 말이다. 그는 대원들에게 산벚나무의 잔가지를 잘라 떫은맛이 나는 시커먼 즙이 될 때까지 끓이게 한 다음 일몰 즈음에 1파인트를 마셨다. 1시간 뒤 그는 또다시 1파인트를 마셨고 그로부터 30분쯤 뒤에 고통으로부터 완전히 벗어났다.

일출 즈음인 오전 4시 30분, 루이스는 훨씬 나아진 기분으로 일어났다. 그는 산벚나무 즙을 또 1파인트 마신 뒤에 출발했다. 그날은 성과가 아주 좋았다. 전날 끙끙 앓았음에도 그는 27마일을 주파했고 소부대는 곰을 2마리나 잡았다. 루이스는 어느 고지대에 올라가 바라본 광경을 다음과 같이 기록했다.

눈 덮인 로키산맥의 아름답고 그림 같은 풍경이 눈에 들어왔다. (…) 산맥은 여러 개의 소산맥으로 이뤄졌고 앞의 것보다 뒤의 것이 더 높았다. 그중에서 가장 멀리 보이는 것은 눈 덮인 꼭대기가 구름 속에 파묻혀 있었다. 그것은 웅장한 광경이었지만 우리가 그곳을 통과해야 한다고 생각하니 무시무시해 보였다. (…)

6월 13일은 성과가 더 좋았다. 루이스는 평원의 또 다른 고지에 올라가 아름답고 평탄한 평원이 적어도 50~60마일가량 펼쳐져 있는 모습을 바라보았다. 그는 강 쪽을 내려다보았다. 대원들은 사냥을 하러 양쪽 강변으로 흩어졌으며 각자 잡은 고기를 가지고 저녁에 강에서 만나기로 했다.

"나는 계속해서 2마일 정도 전진했고 (…) 거기서 좀더 나아가자 평원 위로 마치 연기 기둥처럼 물보라가 오르는 것이 보였다. (…) 서서히 굉음이 울려 퍼지기 시작했는데 어찌나 요란한지 미주리강의 그레이트폴스가 여기서 가깝다는 사실을 모를 수가 없었다."

그는 정오 무렵 강에 도착했고 약 200피트쯤 되는 절벽 아래로 내려가 어느 섬의 바위 꼭대기 지점에 올라섰는데, 그곳은 폭포의 한가운데와 마주하고 있었다.

"그 웅장한 광경은 (…) 내가 이제껏 본 것 중에서 가장 근사했다."

비록 일지에는 언급하지 않았지만, 폭포를 보는 순간 그곳이 진짜 미주리강이라는 사실에 그는 분명 만족감을 느꼈을 것이다.

드뤼야르와 병사들은 캠프로 최상급 들소 고기를 잔뜩 들고 돌아왔다. 굿리치는 송어를 몇 마리 잡았다. 학계에 생소한 종이었는데 루이스는 맛이 좋다고 했다. 바로 컷스로트 송어였다. 폭포 아래쪽에 만든 캠프에 앉아 루이스는 6월 13일자 일지를 마무리했다.

"오늘 내가 먹은 음식은 초호화판이었다. 들소의 혹·혀·골수, 후추와 소금으로 간한 맛 좋은 송어, 그리고 멋진 후식까지."

다음날 아침, 루이스는 폭포를 발견했음을 알리는 편지를 써서 필드 이병 편에 클라크에게 보냈다. 그리고 소부대의 나머지 사람들과 함께 고기를 말린 다음, 총과 단창을 갖고 혼자 산책을 나갔다. 그는 거기서 몇 마일쯤 상류로 가면 급류가 끝나는 지점이 나올 것이라고 생각했다. 히다차족은 반나절의 행군이면 충분히 지낼 수 있다고 했다.

처음 5마일 정도까지는 급류 하나가 계속 이어졌다. 루이스는 강굽이를 돌아서자마자 두 번째 폭포가 나타나는 것을 보고 깜짝 놀랐다. 두 번째 폭포는 높이가 19피트쯤 되었고 첫 번째 폭포의 절반쯤 되는 높이였다. 그는 그 두 번째 폭포를 크룩트폴스(Crooked Falls, 꼬부라진 폭포)라고 명명했다. 그곳을 지난 뒤에 높이 50피트짜리, 14피트짜리, 26피트짜리 폭포가 줄줄이 나왔다. 미주리강의 그레이트폴스에는 모두 5개의 서로 다른 폭포가 있었다. 히다차족은 단 하나밖에 없다는 투로 말했지만 이는 사실과 달랐다. 루이스는 예상했던 것보다 훨씬 멀고 힘겨운 연수육로가 될 것 같은 예감이 들었다.

마침내 12마일에 걸친 폭포와 급류가 끝나는 지점이 나타났다. 루이스가 도착한 곳에서는 미주리강의 폭이 1마일쯤 되었고 잔잔한 물길 한가운데에는 거대한 기러기 떼가 머물며 양쪽 강둑의 멋진 초지에서 먹이를 찾고 있었다. 그는 기뻐서 어쩔 줄 몰랐다.

"내 눈을 그 황홀한 광경 위에 고정시키고 몇 분 동안 머물러 있었다."

그는 강을 따라 계속 거슬러 올라가 북서쪽에서 미주리강으로 들어오는 또 다른 강, 즉 히다차족이 메디신강이라고 불렀던 강과의 합류점까지 가기로 했다. 도중에 그는 지금껏 본 것 중에서 가장 큰 들소 떼 옆을 지나갔다. 그는 들소를 잡아 메디신강에서 캠프까지 돌아가는 길에 식사를 해결해야겠다고 생각했다. 그는 살진 들소의 폐를 적중시켰고 그 입과 코에서 피가 뿜어져 나오는 것을 보았다. 이 광경을 지켜보느라 그는 그만 소총을 재장전하는 것을 잊고 말았다.

바로 그 순간, 루이스의 뒤에서 회색곰 1마리가 겨우 스무 발짝 떨어진 지점까지 다가오고 있었다. 소총이 장전되지 않았음을, 그리고 곰이 다가오기 전에 재장전할 시간이 없음을 깨달은 그는 주위를 살펴보았다. 근처 300마일 이내에는 나무라곤 한 그루도 없었다. 강둑도 그리 높지 않았다. 한마디로 말해 숨어서 총을 재장전할 곳이 전혀 없었다. 그는 빨리 걷기 시작했고 곰은 그를 향해 달려왔다.

"곰은 입을 쩍 벌리고 전속력으로 달려왔고, 나는 80야드쯤 도망치고 나서야 그놈이 곧 나를 따라잡겠다는 것을 깨달았다."

루이스는 강물로 뛰어들었다. 허리 깊이 정도의 물에 들어가면 곰도 헤엄을 칠 수밖에 없을 테니, 그 사이에 단창으로 싸울 수 있으리라는 생각에서였다. 그는 허리 깊이의 강물로 뛰어든 다음, 곰을 향해 돌아서서 창끝을 내밀었다. 곰은 그것을 한번 흘끗 바라본 다음, 갑자기 몸을 돌리더니 불공평한 환경에서 싸우기를 거부하고 황급히 도망쳐 버렸다. 루이스는 한 가지 교훈을 배웠다.

"물가로 나오자마자 나는 그 흥미진진한 모험 내내 손에 쥐고 있던 소총을 장전했다. (…) 총을 장전하고 나자 나는 다시 한 번 내 힘에 자신감을 느꼈고 (…) 다시는 총을 재장전하는 데 걸리는 시간을 제외하고는 내 총의 속을 비워두지 않으리라고 다짐했다."

그는 메디신강에 도착해 관찰과 기록을 끝냈다. 그 일을 마치고 나자 6시 30분이 되어 있었다. 해가 지려면 3시간은 남았고 캠프는 12마일쯤 떨어져 있었다. 미주리강과의 합류지점을 얼마 남겨두지 않은 곳에서 무리로부터 벗어나 풀을 뜯던 들소 수컷 3마리가 루이스를 향해 전속력으로 달려왔다. 그는 짐승들을 놀라게 해 쫓아내려는 생각으로 방향을 바꿔 그놈들을 정면으로 바라보았다. 100야드쯤 남겨둔 거리에서 짐승들은 갑자기 멈추더니 원래 있던 곳으로 돌아갔다.

다음날인 6월 15일 아침, 그는 캠프에서 몇 시간이나 일지를 작성했다(6월 14일에 겪은 모험에 관한 그의 항목은 240단어나 될 정도로 길었다. 생각을 하느라 주춤거리지 않았더라도 최소한 2시간은 걸릴 분량이었다). 그런 뒤에야 낚시를 하고 잠을 자면서 어제의 피로를 씻어냈다.

하지만 루이스가 겪은 흥미진진한 모험은 아직 끝나지 않았다. 낮잠을 자고 일어나 보니 커다란 방울뱀이 기울어진 나무 둥치 위에 똬리를 틀고 있었는데, 그가 누운 곳에서 불과 10피트도 떨어져 있지 않았다. 루이스는 뱀을 잡아 죽인 다음 길이를 측정했다(인갑은 배에 176개, 꼬리에 17개가 있었다).

클라크에게 갔다가 돌아온 필드 이병이 선단은 거기서 5마일 하류에 위치한 어느 급류 근처에 정박해 있다고 알렸다. 클라크는 거기까지가 배로 갈 수 있는 거리로는 최대한이며 거기서부터 배를 들어 육지로 운반해야 한다고 생각했다. 루이스는 남쪽 강변으로 배를 운반하는 것이 더 빠르겠다고 결론을 내렸다. 이제 어떻게 해야 하는지는 그도 몰랐다. 또한 얼마나 오래 걸릴지도 모르긴 마찬가지였다. 하지만 그가 예상하는 것보다 훨씬 힘들고 많은 시간을 소모하게 될 것임은 분명했다.

불과 한 주일 만에 낮의 길이가 서서히 짧아지기 시작했다. 당면한 문제와 씨름하는 와중에도 루이스의 마음 한쪽에는 자신과 목표 사이를 막아서며 서쪽에 떠오른 그 무시무시한 산맥의 모습이 가시지 않았다. 흘끗 한번 본 산맥이었지만 그는 이것이 블루리지나 다른 어느 산맥보다 훨씬 크고 높은 곳임을 알고 있었다. 하루 행군 거리가 25마일에 불과하다 보니 그로선 최대한 서두를 수밖에 없었다. 그는 겨울이 오기 전에 그 산맥을 넘는 일에 온 정력을 투입할 기세였지만, 당장은 코앞의 16마일이나 되는 연수육로를 지나가는 일이 먼저였다.

undaunted courage

힘겨운 행군
1805년 6월 16일~7월 14일

 6월 16일 일요일 아침, 루이스는 첫 번째 폭포 밑의 캠프를 떠나 6마일쯤 하류에 위치한 클라크의 캠프로 향했다. 오후 2시, 다시 만난 두 지휘관은 서로 할 말이 아주 많았다. 지난 며칠간의 경험과 자신들이 본 것, 고기 공급 그리고 다른 무엇보다 폭포 위까지의 행군 등에 관해서 말이다. 이런 직접적이면서도 시급한 문제를 다루기 전에 클라크는 루이스에게 훨씬 더 긴박한 문제를 알렸다. 사카가위아가 거의 일주일 내내 아팠던 것이다.

 클라크는 사혈법을 시도했지만 효과가 없었고 골반 부근에 기나피와 아편제로 만든 습포를 붙였지만 역시 효과가 없었다. 그는 환자를 루이스에게 맡기게 되자 홀가분한 듯했다. 클라크의 일지에는 이렇게 나와 있다.

 "인디언 여인은 상태가 매우 좋지 않았음에도 약을 먹지 않겠다고 버티다 결국 의식을 잃었다. 남편이 그것을 발견하고는 약을 먹으라고 간신히 설득했는데 만약 그녀가 죽으면 그것은 남편 탓이라고 확신하는 바이다."(왜 샤르보노를 비난하는지 그 이유는 설명하지 않았다.)

사카가위아는 기력이 약해졌고 고열이 났으며 맥박은 간신히 느껴질 정도였다. 또한 호흡도 불규칙하고 팔다리가 심한 경련을 일으켰다. 루이스는 사카가위아를 자세히 진찰한 다음 그녀의 질환은 감기로 인한 생리장애로부터 비롯된 것이라고 결론을 내렸다.* 기나피와 아편제를 2회 복용시키자 그녀의 맥박은 훨씬 뚜렷해졌다.

그녀는 갈증을 호소했다. 루이스는 맞은편(북서쪽) 강둑에 유황온천이 있었음을 떠올리고 대원을 1명 보내 그 물을 떠오게 했다. 그 물에 그녀에게 필요한 황과 철분이 많이 담겨 있으리라는 그의 추측은 적중했다. 손가락과 팔이 경련을 일으키는 증상은 클라크가 그녀에게 가한 사혈로 인해 무기물이 빠져나가 생긴 것일 수도 있었다. 실제로 클라크의 계속된 사혈 때문에 그녀는 탈수상태가 되어 더욱 갈증이 심해졌다.1

루이스는 그녀에게 유황온천 물만 마시게 하고 그녀의 골반 근처를 습포로 계속 치료했다. 그날 저녁, 그녀의 맥박은 규칙적이었고 더욱 뚜렷해졌으며 땀도 약간 난 반면 경련은 크게 줄었다. 스위너드는 루이스의 치료법을 칭찬했다.

"환자의 병을 비롯해 자신에게 투여한 약, 그리고 환자에 대한 걱정 등에 관한 루이스의 기록이야말로 당대의 어떤 의사보다 훨씬 뛰

---

*스위너드는 사카가위아가 어쩌면 임질 감염으로부터 비롯된 만성 골반 내 염증질환으로 고생하고 있었을지도 모른다고 추측했다(「사망자 단 1명Only One Man Died」, 287~89쪽)(원주).

어난 것이었다."2

    루이스가 환자를 치료하는 동안 클라크는 대원들을 이끌고 어느 작은 개울(오늘날의 벨트 개울Belt Creek)의 어귀에서 1마일가량 떨어진 사시나무 숲으로 가 운송을 위한 전진기지를 만들었다. 그 인근에서 땔감으로 쓸 만큼 나무가 많은 곳은 거기뿐이었다. 루이스는 오후가 되어서야 클라크와 합류했다. 클라크는 대원 2명을 보내 남쪽 강변의 땅을 조사하게 했고, 루이스는 연수육로의 거리가 최소한 16마일은 된다는 안좋은 소식을 전해주었다. 두 지휘관은 일단 흰색 통나무배를 전진기지에 남겨두기로 하고 그레이트폴스 너머부터는 루이스가 고안한 철골 보트에 의존하기로 했다. 짐을 줄이기 위해 두 지휘관은 반드시 필요하지 않은 물품도 이곳에 두고 가기로 했다.

    일몰 무렵, 2명의 정찰병이 돌아와 반갑지 않은 소식을 전했다. 그들은 바로 위에 있는 개울과 거기서 더 위쪽에 있는 2개의 깊은 협곡이 강과 산 사이의 평원을 갈라놓고 있어 카누를 그쪽으로 운반하는 것은 불가능해 보인다고 했다. 하지만 루이스는 이를 일축했다.

    다음날인 6월 17일, 확인 결과 작은 카누 2척은 개울(두 지휘관은 그곳을 포티지(운송) 개울Portage Creek이라고 명명했다)을 거슬러 2마일가량 갈 수 있었고, 그곳으로부터 고원지대 꼭대기까지 점차적으로 높아졌다. 클라크는 그 경로를 둘러보기 위해 소부대를 이끌고 출발했다.

    루이스는 개울 어귀에서 지름이 22인치나 되는 사시나무 1그루를 발견했는데, 그만한 크기의 나무는 인근 20마일 내에 유일한 것이었다. 그는 대원 6명을 시켜 그 나무를 베게 한 다음, 단면으로 잘라 바퀴를 만들게 했다. 그는 단단한 재질인 흰 통나무배의 돛대를 잘라 축을 만들었다. 그보다 훨씬 부드러운 사시나무로는 채, 연결부, 그리고 몸체를 만들어 결국 카누와 짐을 운반할 수레 2대가 완성되었다.

루이스가 맡은 환자는 많이 회복됐다. 이제 고통은 사라졌고 열도 내렸으며 맥박은 규칙적이었고 입맛도 돌아왔다. 그는 계속 유황온천수와 습포를 처방했고, 들소 고기 구이(소금과 후추로 간을 맞춘)와 수프를 먹도록 했다. 크게 안도한 루이스는 그날 저녁 일지에 이렇게 적었다.

"이제는 그녀가 회복할 가능성이 분명히 있다고 생각한다."

이것은 그녀가 혹시 죽으면 어쩌나 하고 그가 얼마나 두려워했는지 보여주는 대목이다. 그에겐 또 다른 걱정거리도 있었는데 그중 하나는 철골 보트를 덮을 재료에 관한 것이었다. 그는 들소가죽보다 질기고 튼튼하며 마른 상태에서도 그다지 수축되지 않는 엘크가죽을 원했지만, 유독 그 지역에서는 엘크를 보기가 힘들었다. 6월 19일 아침, 그는 드뤼야르와 루빈 필드, 조지 섀넌 이병을 미주리강의 북쪽 강변으로 보내 메디신강 하구까지 가서 엘크가죽을 구해오라고 했다.

수레는 준비가 완료됐고 짐도 분류되어 운송할 준비를 마쳤다. 원정대는 클라크가 정찰 임무에서 돌아오기만 기다리고 있었다. 모처럼 한가한 오후를 맞이한 루이스는 재미 삼아 낚시를 갔고 대원들은 모카신을 수선했다.

그날 아침, 인디언 여자는 상태가 더욱 좋아졌다. 그녀는 평원으로 나가 상당량의 화이트애플을 가져왔고 말린 생선과 함께 그것을 루이스 몰래 날것으로 먹었다. 그러자 다시 열이 나기 시작했고 루이스는 펄펄 뛰었다.

"나는 그녀가 그런 음식을 먹게 내버려 두었다는 이유로 샤르보노를 크게 나무랐다. 일찍이 내가 그녀에게 무엇을 먹여야 하는지 말해 주었기 때문이다. 나는 그녀에게 희석시킨 초석(칠레초석을 말하며 열병이나 임질 같은 질병에 이뇨제나 발한제로 사용한다)을 조금 줘서 땀을 빼게 했고, 오후 10시에는 아편제를 30방울 줘서 편하게 잠들도록 해주었다."3

아침이 되자 그녀는 고통과 열에서 상당히 벗어났고 이틀이 지나지 않아 완쾌됐다. 루이스는 대원들을 사냥에 내보냈다. 육포를 가급적 많이 저장해둠으로써 운송이 시작되면 대원들을 사냥에 내보낼 필요가 없게 하려는 것이었다. 그날 저녁, 클라크가 돌아와 연수육로의 길이는 17마일하고도 4분의 3이라고 이야기했다.

두 지휘관은 의논 끝에 클라크가 운송을 감독하고 루이스는 도착지점(회색곰이 하도 많아 클라크가 화이트베어(흰곰) 군도White Bear Islands라고 이름붙인 섬들)에 미리 가서 철골 보트의 준비를 감독하기로 했다. 첫 번째 짐과 함께 떠나기로 한 루이스는 카누 1척을 실은 수레 1대에 철골과 필요한 장비를 챙겨 실었다. 개스 하사를 비롯해 조셉 필드와 존 실즈 이병이 루이스와 동행했다.

클라크는 루이스에게 화이트베어 군도에는 소나무가 없고 오로지 사시나무뿐이라고 말했다. 이로 인해 루이스의 걱정거리가 하나 늘어났다. 철골에 씌울 가죽의 솔기를 메울 송진이 없었던 것이다. 그는 "목제 카누에 유용하게 사용했던 수지와 숯가루 혼합물을 이용해 이 곤란을 해결했다"고 적었다.

운송은 6월 22일 일출 직후부터 시작되었다. 짐을 지키기 위해 남겨둔 2명을 제외한 모든 대원이 두 지휘관과 함께 카누를 평원으로 끌고 갔다. 부채선인장에서 수레의 무수한 고장에 이르기까지 이들 앞에 놓인 문제는 산더미 같았다. 한번은 축이 부러지고 또 한번은 채가 부러졌다. 루이스는 들버드나무로 고장 난 부품을 새로 만들었다. 이런 어려움에도 이들은 어두워진 뒤에 가까스로 도착지점에 도달했다. 그 와중에 루이스는 대평원에서 매우 사랑받는 새 중 하나인 서부들종다리를 발견해 기록했다.

이후 12일 동안, 루이스는 화이트베어 군도의 캠프에 머물며 철골 보트의 조립(대원들이 '실험'이라고 부른)을 감독했고 클라크는 운송을 감독했다. 운송은 원정대가 그때까지 겪은 임무 중에서 가장 힘든 것 중 하나였다. 클라크의 목소리로 들어보자.

"대원들은 온힘을 다해 끌어당겨야 했고 모든 대원이 풀과 돌출부, 돌들을 수없이 치워가며 카누와 짐을 끌기 쉽게 만들었다. 공기가 시원했음에도 땀을 많이 흘렸고 잠시 쉴 때마다 대원들은 잠깐씩 낮잠을 잤다. 상당수가 발을 다쳤으며 몇 사람은 잠시 현기증을 일으키기도 했지만, 어느 누구도 불평하지 않고 신나게 일했다. 이 원정대의 노고를 기록하려면 내가 간신히 짬을 내 적은 이런 내용보다 훨씬 많은 것을 기록할 일지가 필요할 것이다."

이들은 사과만큼 커다란 우박이나 모기떼, 뜨거운 태양, 차가운 비의 습격을 받았다. 바람도 유난히 거셌다. 대원들의 업무 부담을 줄여주기 위해, 루이스는 요리사로 나섰다. 그는 장작을 모으고 물을 길어오고 커다란 쇠 냄비에다 30명 분의 말린 들소 고기를 삶은 다음, 대원들에게 한 턱 내는 뜻에서 그걸 수이트 덤플링으로 만들었다.

인근에는 회색곰도 무수히 많았다. 루이스는 대원들이 덤불을 지나가야 하는 심부름을 갈 때는 절대 혼자 가지 못하게 했고, 항상 소총을 손닿는 곳에 두고 자도록 했다. 밤이면 곰들이 캠프 근처를 서성였기 때문이다. 루이스는 6월 28일자 일지에서 "그놈들은 감히 우리에게 덤벼들지 못했고, 그놈들이 올 때마다 우리 개가 시기적절하게 알려주고 밤마다 계속 순찰을 돌았다"고 적었다. 곰들은 종종 대낮에도 모습을 드러내 루이스와 대원들을 화나게 했다. 하지만 그들은 일에 전념하느라 곰 사냥에 나설 틈이 없었다.

6월 30일, 철골이 조립되고 가죽이 준비되자 그날 아침부터 가죽을 뼈대 위에 덧대고 꿰매는 작업이 시작되었다. 이제 운송대의 임무도 이틀 안으로 완료될 예정이었다. 그러나 작업 속도는 루이스가 만족할 만큼 빠르지 않았고 그는 일지에 답답함을 토로했다.

"극도로 불안하다. 계절은 성큼성큼 지나가고 포트만단을 떠난 지 벌써 3개월이 지났건만, 우리는 아직 로키산맥에 도착하지 못하고 있다."

그는 겨울이 오기 전에 태평양에 갔다가 만단족 마을로 돌아온다는 생각을 포기했으며, 어쩌면 태평양에 갔다가 다시 쇼쇼니족 마을로 돌아오기에도 빠듯하겠다고 생각했다. 그즈음, 루이스와 클라크가 내린 한 가지 결정이 뒤늦게 7월 4일에야 루이스의 일지에 기록되었다. 두 사람은 포트만단을 떠나기 이전에 그레이트폴스에서의 육로운송을 끝내고 나면 대원 중 3명을 선발해 그때까지 모은 표본과 인공물, 지도, 일지, 다른 중요한 품목을 가지고 세인트루이스로 보내기로 작정했었다. 하지만 두 지휘관은 마음을 바꾸었다. 쇼쇼니족을 아직 만나지 못했고 사카가위아가 함께 있긴 했지만 과연 그 인디언들이 호의적으로 나올지, 나아가 말 떼를 잡동사니와 바꿀 의향이 있을지 확신할 수 없었다. 따라서 한 사람의 대원이라도 아쉬운 실정이었다.

대원의 수를 그대로 유지하기로 한 결정에 대해 루이스와 클라크 전문학자들은 그다지 주목하지 않았지만, 이는 충분히 고려해볼 만한 가치가 있다. 원정대의 화력과 근력의 10퍼센트를 포기하는 것은 치명적일 수도 있었다. 물론 소총이 최대한 많이 필요한 충돌 상황이 실제로 벌어졌다면 원정대가 생존할 가능성은 없었고, 따라서 1805년 4월 7일부터 그때까지 이들이 발견한 식물, 조류, 동물, 강, 지형, 그레이트폴스에 관한 사실이나 옐로스톤강과 미주리강의 교차지점의 위도 같은 내용은 영영 소실되고 말았을 것이다. 또한 대원을 3명이나 줄이는 것은 나머지 모두에게뿐 아니라, 수족의 영토를 지나가야 하는 그 3명에게도 위험한 일이었다.

루이스는 "우리는 그런 생각을 품고 있음을 대원 중 누구에게도 언급하지 않았다"고 적었다. 이 대목은 두 지휘관과 대원간의 관계가 어떠했는지 시사해준다. 두 지휘관이 누가 엿들을지 모른다는 염려 없이 서로 이야기를 나눌 수 있었다는 뜻이다. 또한 대원들 간에 오가는 소문이 상대적으로 적었다는 것을 의미한다. 군인은 대개 소문을 좋아하고 더욱이 원정대는 이제껏 아무도 몰랐던 강들을 따라 거슬러 올라왔다. 따라서 두 지휘관의 의중이 무엇인지에 대해 온갖 추측이 난무하고도 남았을 것이다. 하지만 실제로는 그렇지 않았다는 것은 두 지휘관의 지도력과 규율의 성과인 동시에, 대원들이 두 지휘관을 어느 정도로 믿었는지를 보여준다.

이제 운송은 거의 완료되었고 철골 보트는 진수 직전이었으며 사기는 최고였다. 루이스의 묘사는 그가 이 원정에 자신의 인격과 열정을 얼마나 강력하게 바쳤는지 보여준다.

"대원들은 하나같이 이 원정에서 성공을 거두든지 아니면 시도 끝에 자멸하기로 마음먹은 것 같다. 우리는 모두 이 여정에서 가장 위험하고 어려운 부분에 접어들었다고 믿고 있었지만, 내가 보기에 어느 누구도 불평하지 않았다. 모두가 결의와 용기로 우리를 기다리고 있는 위험과 마주할 태세가 되어 있는 것 같았다."

　대원들은 남다른 경험과 자신들이 역사를 만들고 있다는 사실을 통해 서로 굳게 맺어져 있었다. 아울러 자신들이 인생에서 가장 흥미진진하고 중요한 시기의 한가운데에 있다는 것과 자신들 모두가(심지어 인디언 여자까지도) 서로에게 의지하고 있다는 분명한 사실을 알고 있었다. 두 지휘관의 지도력 아래 모두가 한 가족이 된 셈이었다. 이들은 한밤중에도 기침소리를 통해 혹은 몸짓을 통해 서로를 알아보았다. 서로의 장점, 약점, 버릇, 출신 배경도 알았다. 누가 소금을 좋아하고 누가 간을 좋아하는지 알았고, 누가 사격솜씨가 좋으며 누가 장작불을 가장 빨리 피우는지를 알았다. 루이스는 이들을 따로 떼어놓기가 싫었을 것이다. 결국 그는 대원들을 하나로 묶어두기로 작정했다. 성공하든 전멸하든 그들은 하나일 것이었다.

　7월 1일 오전, 루이스는 대원 2명에게 보트에 씌울 가죽을 꿰매는 일을 시키고, 다른 2명에게는 타르를 만들기 위해 필요한 장작불을 피우게 했다. 또 1명에게는 보트의 가로대를 만들게 했고 그 사이에 자신은 드뤼야르와 함께 수지를 100파운드가량 만들어냈다. 하지만 타르 만들기는 실패하고 바느질은 느리게 진행되자 루이스는 점점 까칠해졌다. 송진이 없어 부득이하게 이것저것 실험을 해야 했던 터라 시간을 많이 낭비했던 것이다.

　다행히 루이스의 주위에는 그의 좌절감과 울적함을 풀어버릴 알맞은 대상이 있었다. 7월 1일자 일지 항목에서 그는 그 대상을 적고 있다.

"어젯밤 내내 곰이 우리 캠프 근처에 얼씬거렸다. 우리는 내일 그놈의 보금자리를 덮쳐 그놈을 죽이든지 몰아내든지 할 것이다."

오전 8시 15분, 태양의 고도를 측정한 뒤 루이스는 클라크와 12명의 분대를 이끌고 공격에 나섰다. 이들은 군도에서도 가장 큰 곳으로 건너가 3인 1조로 나뉘어 덤불을 수색했다.

"우리는 딱 1마리밖에 발견하지 못했는데, 그놈이 드뤼야르에게 달려들자 그는 20피트쯤 앞에서 그놈의 가슴팍을 쏴 버렸다. 다행히 총알이 그놈의 심장을 꿰뚫는 바람에 곰이 쓰러지면서 드뤼야르는 피할 시간을 얻었다. 곰은 방향을 바꿔 도망쳤고 핏자국을 따라 그놈을 100야드쯤 따라가 보니 이미 죽어 있었다."

캠프로 돌아오는 길에 대원들은 화물을 운반하다가 커다란 쥐를 1마리 잡았다. 루이스는 당시 학계에는 생소한 동물이었던 그 숲쥐를 관찰하고 기록했다.

7월 3일, 보트가 거의 완성되자 루이스는 의구심이 생겨났다. 송진 대용품을 찾으려는 자신의 실험 중 어느 것도 제대로 될 것 같지 않았던 것이다. 아무리 노력해도 타르를 만들어낼 수가 없었다. 타르가 없으면 보트 만들기 작업 전체가 무용지물이었다. 또 다른 문제도 있었다. 가죽을 꿰매는 데 사용한 바늘 모서리가 너무 날카로워 도리어 가죽을 찢어놓았던 것이다. 그들은 어서 떠나고 싶었다. 루이스는 열의를 발휘했고 그날 저녁쯤 해서 보트가 완성됐다. 이제 남은 것은 방수칠(방수가 될 만한 성분을 가죽에 덧칠하는 것)을 하는 것뿐이었다.

7월 4일, 루이스는 대원들에게 배를 뒤집어 비계에 올려놓게 한 다음, 배 밑에 작은 불을 피워 배를 말렸다. 그리고 그날 저녁, 미국인으로는 최초로 몬태나에 들어선 것을 비롯해 옐로스톤, 밀크, 마리아스강과 그레이트폴스를 목격했고 심지어 최초로 회색곰을 잡기도 했던 이들은 조국의 29번째 생일을 축하했다.

7월 5일, 루이스는 계속해서 보트 밑에 불을 피우고 대원 몇 사람에게 숯을 갈게 한 다음 밀랍과 들소 수지를 섞어보았다. 루이스는 숯과 밀랍, 수지의 혼합물이 효과가 없을까봐 우려했고 이밖에 또 다른 걱정거리도 있었다.

"가죽이 마르기 시작하면서 바늘구멍이 크게 벌어지기 시작했다. 끝부분만 뾰족한 바늘로 꿰맸다면 그런 일은 없었을 것이다."

보트는 아주 천천히 말랐기 때문에 대원들은 이틀이나 더 불을 지펴야 했다. 또한 혼합물도 더 많이 만들었다. 7월 7일 오후 4시, 루이스는 보트에 방수칠을 할 준비를 마쳤지만, 천둥번개를 동반한 소나기 때문에 작업을 하지 못했다. 방수칠이 이루어진 것은 다음날 정오경이었다. 첫 번째 칠이 마르자 그는 두 번째 칠을 했다.

"실제로 효과가 있든 없든 이로써 보트의 외관이 근사해진 것은 분명하다. 마치 하나의 단단한 덩어리로 만들어진 것처럼 보였다."

7월 9일은 드디어 보트를 진수시키는 날이었다. 루이스는 하퍼스 페리에서 그곳까지 내내 철골을 운반해 왔다. 그것만 없었더라도 위스키나 교역품, 옥수수가루, 연장을 더 많이 가져올 수 있었을 것이다. 더욱이 준비기간만 2주일이 걸렸고 지난 4, 5일간 대원 전체가 매달렸다. 그는 미주리강의 발원지에 위치한 쇼쇼니족 영토까지 커다란 물건을 운반하는 임무를 이 보트에 의존하고 있었다.

"우리는 보트를 진수시켰고 배는 완벽한 코르크처럼 물 위에 떠 있었다. 대원 5명이 간단히 배를 옮길 수 있었다."

루이스는 대원들에게 노를 놓고 화물을 실으라고 명령했다. 다른 대원들에게는 카누로 떠날 준비를 하도록 했다. 하지만 원정대가 강으로 나서기 직전, 거센 바람이 불어 강 표면에 물마루를 만들어냈고 짐 가운데 일부를 적시는 바람에 대원들은 카누에 실린 짐을 풀어야만 했다. 설상가상으로 저녁에는 폭풍우가 지나갔다. 그 직후 루이스는 보트에 칠한 혼합제가 가죽과 완전히 분리되어 솔기가 고스란히 드러났음을 발견했다. 보트는 버티지 못할 만큼 물이 샜다. 루이스는 굴욕감을 느꼈다.

"들소가죽 중에서도 털이 약간 남아 있는 부분이 가장 잘 버텼다. (…) 길이가 8분의 1인치쯤 되는 털로 뒤덮인 그 부분에는 혼합제가 완벽하게 붙어 있고 견고하게 바짝 말라 있었다."

루이스는 만약 보트를 모조리 들소가죽, 그것도 털이 있는 가죽으로 감싼다면 그가 지금 가진 혼합제를 칠해도 먹혀들 것이라고 생각했다. 하지만 그는 "현재 우리의 상황에서 더 이상의 실험을 시도하는 것은 미친 짓처럼 보인다"고 말했다. 계절은 이미 지나고 있었다. 거대한 들소 떼는 그레이트폴스를 떠나 하류로 향했다. 그는 보트를 은닉처에 두고 떠나기로 하는 한편 온갖 후회로 괴로워했다.

'엘크가죽의 털을 밀지 말고 그냥 그슬리기만 했다면, 혼합제도 효과가 있었을 텐데. 이틀 정도만 어떻게든 타고 가다 보면 소나무가 있는 곳이 나왔을 테고, 거기서 송진을 얻을 수 있을 텐데.'

하지만 이제는 너무 늦었고 보트와는 작별을 고해야 했다. 이후 그는 한 번도 그 보트에 대해 언급하지 않았다.*

알린 라지는 루이스의 일지가 그 배의 진수를 위한 실험을 준비하

---

*귀환길에도 누구 하나 그 보트를 하퍼스 페리로 가져가기 위해 챙기지 않았다(원주).

는 과정을 구체적으로 기록하고 있는 반면, 클라크의 항목은 간략하고 냉담하며 무관심한 것이 애초부터 그 물건을 그리 신뢰하지 않았음을 암시한다고 지적했다. 클라크는 1810년에 니콜라스 비들과의 대담에서 자신은 그 실패를 예견했으며, 따라서 사냥꾼들을 내보내 카누를 만들 큰 나무를 찾아보게 했다고 말했다.

그 실험으로 인해 두 지휘관 사이에 불화가 생겼을 수도 있다. 만약 그랬다면 이것은 원정 전체를 통틀어 유일한 불화였을 것이다. 어쩌면 루이스와 클라크는 흥분을 가라앉히기 위해 한동안 서로 떨어져 있기로 합의했을지도 모른다. 실제로 클라크는 다음날 아침 카누를 만들러 떠났고 이후 2주일간 루이스와 떨어져 지냈다.

철골 보트의 실패로 원정대는 화물 적재 용량이 부족해지고 말았다. 하류에 남겨둔 2척의 통나무배를 대체할 철골 보트가 없다면, 대신 그보다 더 큰 카누가 여러 척 필요했다. 사냥꾼들은(클라크의 지시에 따라) 카누를 만들기에 적당한 크기의 사시나무가 있는 숲을 찾아냈다. 이로써 루이스는 화물을 그 숲까지 운송하는 것을 감독하는 한편, 클라크는 대원 10명을 데리고 육로로 숲까지 가서 카누 제작을 감독하기로 했다.

실험의 실패로 크게 위축된 루이스는 일지에서 카누를 만들 수 있을 정도로 큰 사시나무가 있을지 모르겠다고 걱정했다. 하지만 사냥꾼들의 눈은 정확했다. 클라크가 발견한 두 그루 가운데 하나는 쓸 만한 부분이 25피트, 또 하나는 33피트에 달했고 너비는 둘 다 3피트가량 되었다. 이 정도면 적당했다. 속을 파내고 배를 만드는 과정이 5일간 소요되었다.

미주리강 상류를 카누로 여행해본 사람이라면 그곳에 보이는 사시나무 숲이 얼마나 반가운지 잘 알 것이다. 그 숲은 그늘과 은신처, 연료를 제공해준다. 인디언 조랑말은 그 숲에서 먹이까지 얻는다. 탐사부대의 경우에는 바퀴와 수레, 카누까지 얻은 셈이었다.

루이스와 클라크 전문학자 폴 러셀 커트라이트는 사시나무에 대해 적절한 찬사를 보냈다.

"서부에 서식하는 모든 나무를 통틀어 이 나무만큼 원정대의 성공에 크게 공헌한 것은 없다. 루이스와 클라크는 뛰어난 재능과 지략을 지닌 인물이었으며 재주와 임기응변의 달인이었다. 물론 이들이 사시나무 없이 대륙 횡단에 성공했을 것이라고 생각하는 사람이 있을 수도 있지만, 솔직히 어떻게 그럴 수 있을지 설명하지는 못하리라!"4

루이스가 그레이트폴스를 발견한 지 한 달이 지났지만, 그동안 움직인 총거리는 25마일로 하루 평균 1마일도 못 되었다. 7월 12일, 루이스는 이렇게 고백했다.

"떠나고 싶어 몸살이 날 지경이다."

이틀 뒤에 모든 준비가 완료되었다. 큰 카누 2척과 작은 카누 6척에 크게 줄어든 짐을 싣고 원정대는 산맥을 향해 출발했다. 만약 히다차 족의 정보가 정확하다면 이 강은 대륙분수계를 관통할 것이고 루이스와 클라크는 그곳에서 쇼쇼니족을 만날 수 있을 것이다. 또한 거기서 반나절 동안의 행군이면 원정대는 분수계를 넘어 컬럼비아강 유역에 도착할 것이었다.

앞으로의 일도 결코 쉽지는 않겠지만 두 지휘관과 대원들로선 2동 안의 연수육로만큼 힘들 것 같지는 않았다. 루이스 개인적으로는 자신이 애지중지하던 보트가 망가지는 모습을 보는 것만큼 안타까운 일도 없었다. 어쨌든 일단 최악의 고비는 넘긴 셈이었다.

쇼쇼니족을 찾아서
1805년 7월 15일~8월 12일

두 지휘관은 쇼쇼니족과 만나기를 열망했다. 모기가 유난히 극성을 부리고 선인장 가시가 고통스러웠지만, 1805년 7월의 2주일간 루이스는 즐거운 시간을 보냈다. 그는 경치와 소리, 새로운 조류와 동물, 서부의 산과 계곡이 보여주는 장엄함에 예리하게 반응했다. 출발일인 7월 15일 오전 10시에 짐을 싣고 대원들이 카누를 강변에 띄워 상류를 향해 노를 저어가자, 루이스의 기분은 들뜨게 되었다.

그는 이병 2명과 함께 강변을 걸었는데 한편으로는 카누의 짐을 덜어주기 위해서였고, 또 한편으로는 새로운 지역을 걸어보고 싶었기 때문이었다. 기분이 어찌나 좋았던지 그는 심지어 부채선인장에 대해서도 "이제는 꽃이 활짝 피어나 평원의 가장 큰 골칫거리인 동시에 가장 큰 아름다움 가운데 하나이다"라고 썼다. 도중에 그는 둥글고 마치 요새처럼 생긴 산이 평원 위로 1,000피트가량 수직으로 솟아나 있고 꼭대기는 평평한 것을 보고 포트산Fort Mountain이라고 명명했다(그레이트폴스에서 남서쪽에 위치해 있으며 화가 찰리 러셀의 단골 그림 소재 가운데 하나인 오늘날의 스퀘어뷰트를 말한다).

다음날, 루이스는 선단보다 먼저 출발해 강이 산으로부터 흘러나오는 곳에서 천문 관측을 하기로 했다. 그는 드뤼야르와 이병 2명을 동반했다. 정오가 되었을 때, 루이스는 태양의 고도를 측정한 다음 그곳의 위도가 북위 46도, 정확히 말해 46도 50.2분이라는 사실을 확인했다. 거리로는 35마일 더 북쪽으로 온 셈이었다.

그날 오후, 그는 강 위로 산들이 겹쳐 위치한 지점에 도달해 캠프를 만들었고 살진 엘크 1마리를 골라 저녁거리로 잡았다. 산에서 내려오는 도중에 그는 잘 익은 붉은색, 노란색, 보라색, 검은색의 까치밥나무열매와 서비스베리가 잔뜩 열려 있는 것을 발견했다.

"우리가 보통 정원에서 키우는 것보다 훨씬 훌륭했다."

7월 17일, 그는 동부의 넓은 잎 사시나무가 점차 서부의 좁은 잎 사시나무로 대체되고 있다고 기록했다. 모기는 여전히 극성이었다. 자리에 누우려는 순간, 루이스는 따끔 하는 느낌과 함께 자기가 모기장을 카누에 두고 왔음을 깨달았다. 그날 엄청나게 고생한 루이스는 앞으로는 절대 작은 것 하나도 소홀히 하지 않겠다고 다짐했다.

7월의 셋째 주 동안 루이스는 새로운 강 2개에 이름을 지어주었다. 이전까지 그와 클라크는 대원들이나 사카가위아, 친척들의 이름, 그리고 유별난 특징이나 사건에서 떠올린 이름을 붙이곤 했다. 그레이트폴스를 지난 다음부터 두 사람은 이름의 출처를 다른 곳으로 바꾸기로 했다. 루이스는 맨 처음 마주친 왼쪽 강을 제퍼슨의 해군성 장관인 로버트 스미스Robert Smith의 이름을 따 스미스강Smith River이라고 명명했다. 오른쪽 강은 육군성 장관 헨리 디어본의 이름을 따서 디어본강Dearborn River이라고 명명했다. 루이스는 그 강에 대해 "멋지고 힘차며 물이 맑다"고 썼다.*

쇼쇼니족을 만나고자 하는 루이스의 열망은 점차 커져만 갔다. 그는 클라크와 의논했고 둘 중 1명이 소부대를 이끌고 카누 선단보다 앞서 가서 쇼쇼니족을 찾아보기로 했다. 어쩌면 사냥꾼들이 매일 쏴대는 총소리에 쇼쇼니족이 자신들의 적인 블랙푸트족이 주위에 있는 줄로 착각하고 도망쳤을지도 모르기 때문이다. 물론 소부대 역시 식량을 구하기 위해 총을 쏴야겠지만, 그래도 총소리가 이전만큼 크지는 않으리라는 계산이었다.

클라크가 소부대를 이끌고 7월 19일 일출 무렵에 출발했다. 루이스는 카누 선단과 함께 강을 거슬러 올라갔다. 밧줄로 묶어 끌든 삿대로 찍어 밀든 노를 젓든 배를 움직이는 것은 무척 힘들었다. 앞을 가로막았던 산들이 물러나고 시야가 탁 트일 때마다, 그들의 오른쪽으로는 원정대와 목표지점 사이에 치솟은 눈 덮인 봉우리의 낙심천만한 광경이 눈에 들어왔다. 루이스는 못마땅한 듯 "어찌나 열이 오르던지 이 좁은 계곡에서 질식할 뻔했다"고 적었다. 그날 저녁 그들은 특이한 절벽 사이에 들어섰다. 그 절벽은 양쪽 모두 거의 직각으로 수면 위 1,200피트까지 솟아 있었다.

"이곳의 모든 물체는 어둡고 음침한 분위기를 자아냈다. 곳곳에 우뚝 솟거나 튀어나온 바위들은 금방이라도 우리에게 무너져 내릴 것

---

*만약 그가 디어본강으로 거슬러 올라갔다면 오늘날의 루이스 앤드 클라크 고개Lewis and Clark Pass에 도달했을 것이다. 이 고개는 분수계를 넘어 블랙푸트강Blackfoot River 유역에 도달하는 비교적 낮은 고개이며, 그곳으로 오늘날 몬태나주 미줄라까지, 그리고 컬럼비아강의 지류인 클라크포크강까지 곧바로 갈 수 있다(원주).

같았다. (…) 5마일하고도 4분의 3 정도의 거리까지는 강이 이편에서 저편까지 매우 깊었고, 그중 3분의 1마일은 (…) 강변에 사람이 발 디딜 만한 곳조차 없었다. (…) 우리는 어두워진 뒤에도 한참 길을 간 뒤에야 소부대가 캠핑할 만큼 큰 자리를 발견했다. 좌현 측에 그런 장소가 나타나자 그 특이한 모습에 나는 그 장소를 '게이트 오브 로키 마운틴스(로키산맥의 관문)'라고 명명했다."

다음날 아침, 선단이 노를 저어 그 협곡에서 빠져나오자 산맥은 뒤로 물러나고 아름다운 산간 계곡이 모습을 드러냈다. 그런데 오전 10시경에 그곳에서 7마일쯤 떨어진 서쪽에서 연기 기둥이 솟아올랐다. 규모로 보아 누군가가 고의로 피운 것 같았다. 쇼쇼니족의 일부가 원정대의 총소리를 듣고 나머지 종족에게 경고 신호를 보내는 것인지도 모른다. 만약 그렇다면 원정대로서는 최악의 상황이지만 그래도 전진할 도리밖에 없었다. 다음날 선단은 너비가 10~12마일쯤 되는 널찍한 평원지역으로 들어갔다.

"계곡의 위쪽을 바라보면 저 멀리 2개의 평행한 소산맥 뒤로 높은 산맥이 있고, 그 꼭대기는 부분적으로 눈에 덮여 있었다."

루이스가 도달한 곳은 오늘날의 몬태나주 헬레나Helena에 위치한 대규모 금 매장지 라스트 챈스 계곡Last Chance Gulch에서 도보로 1시간쯤 떨어진 곳이었다. 하지만 그는 금을 찾으러 온 것이 아니었다. 그것은 이전에 원정을 시도했던 에스파냐인과 루이스가 다른 점이었다(또한 인디언을 기독교로 개종시키는 데 관심이 없었다는 것도 마찬가지다). 그는 식물과 동물, 특히 모피를 지닌 동물에 관심이 많았던 까닭에 만단족 마을을 떠난 이래 각 지역의 광물 분포에 그다지 관심을 두지 않았다. 일찍이 미주리강 하류의 납 분포에 대해 언급하기도 했지

A. E. 매튜스A. E. Mathews, 〈게이트 오브 마운틴스(산맥의 관문), Gates of the Mountains〉(1867) (몬태나 역사학회 소장)

만, 로키산맥에 들어설 무렵에는 더 이상 암석이나 광물에 관한 언급을 하지 않았다.

하긴 철도가 생기기 이전이었으므로 그토록 무겁고 부피가 큰 물품을 산지에서 해변까지 옮길 수 있는 방법은 전무했다. 루이스에게 전달한 최종 지시서에서 제퍼슨은 광물 분포에 대해서도 기록하라고 했지만, 이때 대통령이 말한 광물은 납이나 철, 석탄처럼 농업경제에 중요한 것들이었을 뿐 수출용 품목은 아니었다. 도널드 잭슨은 이러한 무관심이야말로 '제퍼슨의 영향을 받았음이 분명한 루이스의 사고에서 일종의 빈 구석'이라고 지적했다.

"로키산맥은 광업을 벌이기에 너무 멀었고 인근의 상업은 모피 교역이 유일했다. 그 산맥은 연구와 고찰의 대상이 아니라 단지 대원들과 바다를 갈라놓는 지독하고 차가운 장해물에 불과했다."1

루이스와 제퍼슨의 입장에서 로키산맥이 지닌 가장 큰 부의 원천은 동물뿐이었다. 라스트 챈스 계곡을 지난 지 10일 뒤, 원정대는 오늘날의 비버헤드강Beaverhead River으로 들어가는 작은 개울에 캠프를 마련했다. 두 지휘관은 알렉산더 윌러드 이병의 이름을 따서 그 개울을 윌러드 개울Willard's Creek이라고 명명했다. 윌러드 개울은 이후 60년이 흐르고 나서야 그래스호퍼 개울Grasshopper Creek로 명명되었고, 비버헤드 지역은 금 채굴자로 북새통을 이뤘다. 잭슨은 만약 원정대가 윌러드 개울에서 금덩이를 한 움큼 갖고 돌아왔다면 어떻게 되었을지 상상해보았다.

"몇 년 뒤에는 떠돌이 모피 교역상들이 모험적인 채굴자들과 연합했을 것이다. 그랬다면 와이오밍 남부의 사우스 고개를 지나는 길처럼 훨씬 짧고 쉬운 길이 더욱 빨리 생겨났을지도 모른다. 나아가 서부 정착 시기가 분명 한 세대는 빨라졌을 것이며, 미국의 특별한 발명품인 인디언 이주는 미시시피 서부에서 훨씬 일찍 표준적인 정책이 되었을 것이다."2

7월 22일 저녁부터 산들이 다시 시야를 가리기 시작하면서, 원정대는 사기를 진작할 만한 계기를 절실히 필요로 하게 되었다. 대원들의 노역은 더욱 심해졌고 물살은 카누를 떠내려 보낼 정도로 셌으며 발은 미끄러지고(또는 돌에 베이고) 강은 끝도 없이 이어지는 것 같았다.

여기에 산이 첩첩이 모여들고 커다란 들소 떼는 평원을 떠난 데다 위스키까지 딱 떨어졌다. 사카가위아는 그 구간의 강을 알아보았다. 어린시절을 거기서 보냈던 것이다. 쇼쇼니족이 여름을 나는 강이라고 했다. 이는 스리 포크스가 멀지 않았다는 것을 의미했고 원정대의 사기도 진작됐다.

오후 4시, 선단은 우현 쪽에 캠프를 마련하고 기다리던 클라크와 합류했다. 클라크는 인디언을 발견하진 못했지만, 인디언이 이곳에 왔다 간 흔적은 발견했다. 그는 몇 가지 선물(옷감과 린넨)을 거기에 남겨 두었는데, 이는 혹시 그들의 발자국을 뒤쫓는 인디언이 있다면 그들이 적이 아니라 친구임을 알려주기 위해서였다. 이때 클라크의 발은 부채선인장에 계속 찔리는 바람에 피투성이가 되어 있었다. 클라크는 평소의 사무적인 태도로 이렇게 적었다.

"나는 발을 아프게 하는 상처와 물집을 절개했다."

그는 하루를 쉬면서 루이스가 카누를 몰고 오기를 기다렸다. 두 지휘관은 의논을 통해 육지 원정이 또 한 번 필요하다는 데 합의했다. 루이스는 당시의 상황을 기록했다.

"클라크 대장은 몹시 지친 데다 발을 다친 상황에서도 아침에 다시 길을 떠나겠다고 고집했고, 내가 대신 가겠다는 제안에도 순순히 따르지 않았다. (…) 그의 결심을 깨달은 나는 카누와 함께 남기로 하고 그가 떠나는 것을 기꺼이 허락했다."

클라크는 필드 형제와 로버트 프래지어 이병에게 다음날 아침에 함께 가자고 했다. 이때 샤르보노가 따라가게 해달라고 요청했고 클라크는 허락했다. 이것은 원정 내내 계급과 관련해 두 지휘관이 불일치한 상황을 기록한 것으로는 유일하다. 즉, 루이스의 일지에는 '나는 (…) 기꺼이 허락했다consented'로 기록된 반면 클라크의 일지에는 '나는 스네이크족 인디언을 찾아 나서기로 결심했다determined'로 기록됐다. 클라크는 루이스가 허락한 것이 아니라 자신이 결심했다는 사실을 고집스럽게 주장한 나머지, 여러 해가 흘러 일지를 출판하는 과정에서도 루이스의 '고집했다'는 말을 '결심했다'는 말로 바꿀 정도였다.

클라크가 굳이 나서게 된 결정에는 적어도 인디언과 접촉하고 협상하는 데는 루이스보다 클라크 쪽이 적임자라는 데 두 지휘관이 합의했다는 암시가 들어 있지만, 암시는 어디까지나 암시일 뿐이다. 클라크 선발대는 사실상 그 구성원부터가 의아스럽다. 대체 샤르보노는 왜 따라가겠다고 한 것이고 클라크는 왜 사카가위아를 데려가지 않았던 걸까? 두 지휘관이 거기까지 그녀를 데려온 것은 쇼쇼니족과 접촉할 수 있는 유일한 인물이기 때문인데도 말이다.

클라크는 3명의 무장병사를 데리고 인디언을 찾아가겠다는 것이었는데, 그중 누구도 수화에 익숙하지 못했다(그 일의 적임자인 드뤼야르는 마침 사냥 중이었다). 클라크가 할 줄 아는 쇼쇼니족 언어는 사카가위아한테 배운 몇 가지뿐이었다. 그는 그 인디언 부족 말로 백인이 무엇이냐고 물었다. 그녀는 '탑-바-보네Tab-ba-bone'라고 알려주었다. 사실 쇼쇼니족에게는 백인에 해당하는 단어가 없었는데, 그들로서는 지금껏 한 번도 백인을 본 적이 없었기 때문이다. 학자들은 탑-바-보네라는 단어가 '이방인'이나 '적'을 뜻하는 말이었으리라고 추측한다.3

최근에 큰 병을 앓았고 젖먹이까지 딸린 젊은 여자를 데려가다 보면 선발대의 행군이 늦어질 것이야 분명했지만, 따지고 보면 발을 다친 클라크 역시 빨리 걷지 못하는 것은 마찬가지가 아니었을까? 어쨌든 인디언과 운 좋게 마주치더라도 의사소통을 할 방법이 전혀 없는 것보다는 느리더라도 함께 가는 편이 나았을 것이다.

루이스 역시 나중에 자기 차례가 되어 쇼쇼니족을 찾아 육지를 돌아다닐 때, 사카가위아를 대동하지 않았다. 두 지휘관 모두 일종의 오만을 공유했는데 그것은 자신들이 직접 인디언을 충분히 다룰 수 있다는 생각이었다. 두 사람은 차후에 말을 구입할 때만 사카가위아의 통역 능력이 필요할 뿐, 최초의 접촉에는 불필요하다고 보았다. 하지만 4명으로 구성된 선발대가 블랙푸트족보다 막강한 무기로 무장하고 접근해오면서 '이방인'이니 '적'이니 하는 말을 외친다고 생각해보라. 그 결과야 말하지 않아도 뻔하지 않은가? 이 경우에는 두 지휘관이 지나친 자신감과 함께 남성 특유의 쇼비니즘을 발휘하는 통에 결국 상식을 무시한 것이 아니었을까 싶다.

클라크는 다음날인 7월 23일 아침, 다시 인디언을 찾아 출발했다. 루이스는 상류로 선단을 이끌었는데 상황은 끔찍했다.

"우리의 골칫거리 삼총사는 번번이 우리를 습격하고 방해했으니, 그것은 바로 모기와 각다귀, 부채선인장이었다."

배의 움직임은 야드 단위로 심지어 푸트 단위로 이루어질 정도였다. 루이스는 대원들을 칭찬하고 격려하는 틈틈이 관찰을 계속했다. 덕분에 비버와 수달의 흔적을 목격했고 두루미와 거위, 붉은가슴비오리, 그리고 마도요도 언급하고 있다. 상당히 많은 뱀을 목격한 그는 그중 1마리를 잡은 뒤, 그 이빨을 관찰하면서 독을 지니고 있는지 살펴보았다.

이제 강은 남동쪽 방면으로 흘러갔고 그곳으로 따라가다 보면 원정대는 산과 완전히 다른 방향으로 가는 셈이었다. 이때 루이스는 또 다른 것을 걱정하고 있었다. 비록 사카가위아는 강 상류에 폭포나 장해물이 전혀 없다고 했지만, 루이스는 마음을 놓지 못했다.

"그렇게 거친 산지를 그토록 멀리까지 흐르는 강에 힘겹고 위험한 급류나 폭포가 전혀 없다는 것은 도무지 상상조차 할 수가 없다."

골칫거리는 계속해서 생겨났다. 그중 하나가 바늘풀이었는데, 그것은 악마의 발명품인양 모카신과 가죽 레깅스를 뚫고 들어와 손으로 떼어버리기 전까지 엄청난 고통을 안겨주었다. 강에서의 또 하루가 지났지만 하루 종일 간 거리가 고작 18마일에 불과했다. 모두들 지쳐갔다.

7월 27일, 이른 시간에 출발했지만 어찌나 힘이 들던지 체력이 빠른 속도로 소진되고 말았다. 육체적으로 한계지점에 도달했던 것이다. 바로 그때 행운이 찾아왔다. 오전 9시경에 모퉁이를 돌자 선두의 카누에 타고 있던 루이스 앞에 남동쪽에서 흘러드는 지류와의 합류지점이 나타났다. 거기서부터 4분의 1마일쯤 상류에는 남서쪽 지류와 가운데 지류가 있었고 그 세 강을 합쳐 스리 포크스라고 불렀다. 루이스의 묘사대로 그 지역은 갑자기 탁 트이면서 넓고 아름다운 평원과 초지가 나타나며, 그 주위로는 모든 방향으로 멀고도 높은 산들이 둘러싸고 있다.

그는 좌현 쪽 강변에 내린 다음 대원들에게 휴식을 명하고 자신은 근처의 높은 석회암 절벽에 올랐다. 남동쪽 지류 쪽에는 무성한 풀로 덮인 완만하고 넓은 푸른 초지가 보였다.

"이 멋진 지점에 인접해 누워 있는 불규칙하고 단속적인 산 위로 그보다 더 멀리 있는 높은 산이 눈 덮인 꼭대기를 내보이고 있었다."

루이스가 선 절벽 위에서 보이는 풍경은 오늘날까지도 매우 압도적이다. 물론 현대 문명의 침범이 있긴 하지만 전체적인 풍경은 예전 그대로다. 거대한 사발 모양의 지형에는 오늘날의 옐로스톤 국립공원에서 남쪽과 동쪽으로 흘러나오는 두 강이 연결되는 계곡, 그리고 매디슨강으로부터 흘러나와 남서쪽으로 향하는 강의 계곡이 포함되어 있다. 강물에는 물고기와 물새가 풍부하게 서식하고 강둑에는 사슴이 많이 돌아다닌다.

루이스는 카누로 돌아와 아침을 먹고 선단을 다시 상류로 이끌었다. 가운데 지류와 남서쪽 지류의 합류지점에서 그는 클라크가 적어 막대기에 꽂아 놓은 편지를 발견했다. 클라크는 인디언의 흔적을 새로 발견하지 못하면 이곳으로 돌아와 루이스 일행과 합류하겠다고 했다. 하지만 인디언을 발견하면 자신은 그 뒤를 쫓을 테니 루이스는 선단을 이끌고 남서쪽(또는 오른쪽) 지류로 올라가라고 적었다. 루이스는 세 지류 가운데 오른쪽 것을 따라가야 한다는 클라크의 판단에 선뜻 동의했다. 그는 그곳에 캠프를 만들고 한동안 거기 머물기로 했다.

"이곳은 이 서부지역에서 핵심적인 지점이라고 믿었기에 나는 그 위도와 경도 등을 확정하는 데 필수적인 자료를 모두 입수하기 전까지 여기 계속 남아 있기로 했다."

탐사에 나선 루이스는 가운데 지류를 남서쪽 지류와 비교했지만 그 특징이나 크기에서 별다른 차이를 발견할 수 없었다. 그는 "미주리강의 이 개울들은 양쪽 모두 폭이 90야드다"라고 적었다. 또한 남동쪽 지류를 재무장관 앨버트 갤러틴의 이름을 따서 갤러틴강Gallatin River, 가운데 지류는 국무장관 제임스 매디슨의 이름을 따서 매디슨강Madison River, 자신이 가고자 하는 남서쪽 지류는 토머스 제퍼슨의 인품을 기리는 뜻에서 제퍼슨강Jefferson River으로 명명했다.*

오후 3시, 클라크 대장이 캠프에 도착했다. 그는 루이스에게 밤새 아팠고 고열과 오한, 지속적인 근육통을 느꼈다고 말했다. 그러나 그날 아침에만 해도 가운데 지류를 약 8마일이나 거슬러 올라가는 강행군을 했고, 인디언의 흔적을 찾지 못하자 스리 포크스로 돌아온 것이다. 그는 "몸이 거북하고 며칠 동안 변을 보지 못했다"고 말했다. 루이스는 알약을 처방했고 발을 따뜻한 물에 담그라고 말했다. 이러한 치료에도 불구하고 클라크는 그날의 짧은 일지 항목을 다음과 같이 마무리했다.

"계속해서 몸이 거북하고 열도 매우 높다."

그날 밤, 루이스는 자신의 항목을 걱정으로 마무리했다.

"스네이크족 인디언과 관련해 우리는 상당히 불안을 느끼기 시작했다. 만약 그들을 찾지 못할 경우 (…) 여정의 성공적 이행이 의심스러운 것은 물론, 임무 완수도 훨씬 힘들어질 것이다."

그는 그 황량하고 산이 많은 지역에 사냥감이 전혀 없을지도 모른다고 생각했다. 더욱이 그 지역에 대한 정보까지 없어서 어느 쪽으로 방향을 잡아야 할지 난감한 상황이었다. 루이스는 쇼쇼니족의 정보가 없다면 원정대는 차라리 돌아가는 편이 나을지도 모른다고 걱정했다. 물론 힘닿는 데까지 최대한 밀어붙일 준비는 하고 있었지만 말이다. 그는 제퍼슨강과 컬럼비아강의 발원지가 나란히 놓여 있을지도 모른

---

*보통은 두 지휘관 중에서 강을 처음으로 본 사람이 명명했지만 늘 그런 것은 아니다. 종종 새로운 강을 두 사람이 동시에 본 경우도 있었다. 위의 경우 미주리강으로 흘러들어 오는 3개의 강을 처음 본 쪽은 클라크였지만, 명명한 쪽은 루이스였다. 다음날 루이스는 클라크의 견해를 물어보았다. 클라크는 제퍼슨과 갤러틴, 매디슨의 이름을 붙이는 것에 동의했다(원주).

A. E. 매튜스, 〈스리 포크스Three Forks〉(1867). (몬태나 역사학회 소장)

다는 생각으로 스스로를 위로했다. 사냥감이 줄어드는 것에 관해서는 "이 산지에서 인디언이 부족을 이루고 살아간다면 그들이 식량을 얻는 방법으로 우리도 그렇게 할 수 있을 것"이라고 했다.

원정대는 스리 포크스에서 이틀을 보내며 대원들은 옷을 만들거나 사냥을 했고, 루이스는 천문 관측을 했다. 클라크는 쉬면서 건강을 회복했다. 항상 일을 추진하고 개선하는 성격이었던 루이스는 강과 개울마다 비버 천지인 스리 포크스에 요새를 하나 건설하자고 제안했다. 그곳이 세인트루이스에서 미주리강을 따라 3,000마일가량 상류에 위치해 있으며, 근처에 문명의 흔적이 전무하다는 사실에도 그는 아랑곳하지 않았다. 그곳에 목재가 풍부했고 풀이 무성했기 때문이다.

사카가위아는 현재 원정대의 캠프가 지금으로부터 5년 전, 쇼쇼니족이 캠핑을 하다가 히다차족의 침략부대에게 발각된 장소라고 말했다. 쇼쇼니족은 그 사건 직후 3마일 상류로 후퇴해 어느 숲 속에 숨었다. 하지만 히다차족은 그곳까지 쫓아와 남자 넷, 여자 넷, 그리고 남자아이 여럿을 죽인 다음 남자아이 넷과 나머지 여자 모두를 포로로 잡아갔는데 사카가위아도 거기에 포함되어 있었다는 것이다.

"그 사건을 회고하면서 그녀는 아무런 슬픔의 감정도 내비치지 않았다. 또한 자기 고향을 다시 찾게 되어 기쁘다는 감정도 없었다. 먹을 것만 충분하고 몸에 걸칠 장신구 몇 개만 있으면, 그녀는 세상 어디에 가서도 만족할 것만 같다."

한 가지 궁금한 것은 루이스가 사카가위아를 자기가 알던 젊은 흑인 여자 노예처럼 생각했는지, 아니면 백인 여자와 똑같이 생각했는지 하는 점이다. 또 한 가지 궁금한 것은 대원들의 생각과 관점을 비롯해 그토록 많은 것을 유심히 관찰한 사람이, 왜 사카가위아의 상황에 대해서는 아무것도 관찰하지 않았는가 하는 점이다. 그녀는 사실상 원정대에 단 둘밖에 없던 노예였고 유일한 인디언, 유일한 어머니, 유일한 여자, 유일한 10대였다. 그러니 자신의 감정을 여간해서 드러내지 않았던 것은 오히려 당연한 일이었다.

그 다음 일주일 내내 루이스와 드뤼야르를 위시한(한번은 사카가위아도 포함된) 소부대가 카누를 타고 인디언을 찾으러 선발대로 나섰다. 8월 초의 태양이 원정대 위에 사정없이 내리쬐었다. 그 달의 첫날, 루이스는 "낮 동안의 더위와 험한 일, 목마름에 완전히 지쳐버렸다"고 썼다. 그럼에도 그는 청색뇌조와 피니언어치를 발견하고 묘사했다. 그는 제퍼슨강의 지류 두 곳에 이름도 지어주었다.

"우리는 맑은 물이 흐르는 커다란 급류를 위즈덤(지혜)이라 짓고,

그보다 느리고 조용한 쪽을 필랜트러피(박애)라고 지었다. 이는 기본적인 덕목인 동시에 제퍼슨의 평생에 걸쳐 나타난 칭찬받을 만한 덕목 모두를 기리려는 것이다."*

위즈덤강과 제퍼슨강의 합류지점에서 루이스는 한 가지 낯익은 문제에 직면했다. 어느 쪽 강을 따라 올라갈 것인가? 루이스는 제퍼슨강 쪽으로 결정했는데, 단순히 그쪽이 더 커서가 아니라(위즈덤에 비해 그쪽의 수량이 더 적었다) 그쪽의 수온이 따뜻한 것으로 미루어 "그 발원지가 멀리 산 속에서 있으리라" 여겨졌기 때문이다. 루이스는 만약 자신이 인디언을 찾으러 간 이틀간의 수색에서 돌아오기 전에 선단이 그 합류지점에 도착한다면 제퍼슨강을 따라 올라오라는 내용의 편지를 썼다. 그는 이 편지를 장대에 꽂아 강의 합류지점에 세워 놓은 다음 드뤼야르, 샤르보노, 개스 하사와 함께 출발했다(그중 개스는 부상을 당해 카누에서는 노를 저을 수 없었지만 행군은 가능했다).

이틀 뒤인 8월 6일, 루이스는 쇼쇼니족과 관련해 아무런 성과도 거두지 못하고 원래의 지역으로 돌아왔다. 그때 그는 왼편에서 부대가 외치는 소리를 들었다. 소리가 나는 곳으로 향한 그는 위즈덤강에 있던 클라크와 선단을 발견했다. 한 가지 불상사가 있었는데, 그것은 카누 1척이 전복되는 바람에 약품 상자를 비롯해 거기 실려 있던 짐들이 몽땅 젖은 것이었다. 다른 카누 2척에도 물이 가득 찼다. 시급한 조치가 필요했다. 이들은 위즈덤강 하구의 조약돌밭에 캠프를 만들고 물건들을 펼쳐 말렸다.

---

*위즈덤강은 오늘날의 빅홀강Big Hole River, 필랜트러피는 오늘날의 루비강Ruby River에 해당된다. 두 지휘관이 계속 제퍼슨강이라고 불렀던 곳이 오늘날 지도상에 비버헤드강Beaverhead River으로 나와 있다(원주).

그 일이 마무리된 다음 두 지휘관은 이야기를 나누었다. 왜 클라크는 위즈덤강을 따라 거슬러 올라갔던 것일까? 루이스가 남긴 편지를 보지 못했던가? 클라크는 편지를 보지 못했다고 말했다. 두 지휘관은 어리둥절해하다가 아마도 루이스가 생나무로 만든 장대를 꽂아놓은 까닭에 지나가던 비버가 그걸 갉아 편지와 함께 물고 간 것이 분명하다는 결론에 도달했다. 사실 클라크가 위즈덤강으로 올라간 이유는 보다 직접적으로 원정대가 가려는 방향을 가리키고 있어서였다. 하지만 위즈덤강은 좁고 버드나무가 많이 우거졌으며 물살이 빨랐다. 클라크는 루이스가 오기 전에 드뤼야르를 먼저 만났는데, 그로부터 두 강의 실제 상태에 관한 정보를 듣고 나서 마침 배를 돌리던 참이었다(그러다가 그만 카누가 뒤집어진 것이다).

또 한 가지 걱정이 있었다. 클라크는 섀넌 이병을 먼저 위즈덤강으로 보내 사냥을 시켰다. 클라크는 배를 돌리면서 드뤼야르에게 상류로 가서 섀넌을 데려오라고 말했지만 일몰 무렵에 돌아온 드뤼야르는 섀넌을 찾지 못했다고 보고했다. 루이스는 대원들에게 나팔을 불고 두어 번 총을 쏘도록 지시했으나 섀넌은 돌아오지 않았다.

8월 7일 아침, 두 지휘관은 지금까지 소비된 물품의 양으로 미뤄 이제는 카누 1척을 두고 가도 무방하겠다고 결정했고 그중 1척을 숲 속에 감춰두었다. 오후에는 제퍼슨강을 따라 7마일쯤 거슬러 올라갔는데 섀넌은 여전히 나타나지 않았다. 8일에 원정대는 강이 심하게 구불거리고 좁은 강굽이가 많은 탓에 14강마일밖에 거슬러 올라가지 못했다. 그로부터 사흘 전, 루이스는 "오늘 대원들은 무척 고생한 나머지, 이제 배를 타는 건 그만두고 차라리 육로로 갔으면 하고 바랐다"고 적었다. 대원들의 사기와 체력은 빠른 속도로 저하되었다.

탐사부대는 그야말로 이동병원이나 다름없었다. 클라크 대장은 장 문제가 사라진 대신 발목에 종기가 생겨 점점 붓는 바람에 큰 고통을 맛보아야 했다. 개스 하사, 샤르보노, 그리고 대원 4~5명도 온갖 질환으로 고생했다. 하지만 그날 오후, 사카가위아가 또다시 나서서 대원들 모두의 사기를 진작시켰다.

"인디언 여자는 우리의 우편에 있는 어느 고지를 가리키며 저 산 뒤에서 서쪽으로 흐르는 강가에 있는 자기 부족의 여름 캠프에서 그리 멀지 않다고 알려주었다."

그녀는 그 언덕 모습이 마치 헤엄치는 비버의 머리 모양을 닮았다고 해서 쇼쇼니족이 비버스헤드Beaver's Head라고 부른다고 알려주었다.*

그녀는 그 강이나 강의 발원지에서 서쪽에 있는 또 다른 강에서 자기네 동족을 찾을 수 있을 것이라고 장담했다. 대원들은 차라리 짐을 등에 짊어지고 행군하고 싶어 했지만 그렇게 하려면 지금까지 카누로 싣고 가던 짐의 상당 부분을 뒤에 남겨놓아야만 했다. 루이스가 보기에 앞으로 가야 할 여정에 비하면 그들이 가진 짐은 너무 적은 셈이었다. 이들에게는 말馬이 필요했다.

이제는 가급적 빨리 쇼쇼니족을 만나는 것이 무엇보다 중요해졌다. 두 지휘관은 육로로 소부대를 내보내 인디언을 찾아낼 때까지는 돌아오지 않기로 했다. 클라크는 소부대를 지휘하고 싶어 했지만, 발목 근육의 종기가 심하게 부어올라 걷는 것 자체가 불가능했다. 루이스의

---

*당시 사카가위아는 착각을 했다. 실제로 비버스헤드 언덕은 거기서 20마일 상류에 있었다(역주).

결심은 확고했다.

"내일 소부대와 함께 이 강의 큰 줄기의 발원지까지 거슬러 올라가, 산맥을 통과해 컬럼비아강까지 간다. 거기서 인디언을 찾을 때까지 그 강을 따라 내려간다. 내 결심은 그들이나 다른 인디언, 즉 말을 가진 사람들을 찾는 것이며 그러기 위해 한 달이 걸려도 괜찮다."

다음날 아침, 식사 전에 루이스는 몇 가지를 적어 두었는데, 이는 지금부터 가야 할 길고도 위험한 여정에 혹시나 어떤 사고가 터질 경우를 대비한 것이었다. 그가 쓴 것이 어떤 내용인지는 아무도 알 수 없다. 어쩌면 자신이 돌아오지 못할 경우 클라크에게 주는 서면 지시서였을지도 모른다.

그는 분명 자신이 성공과 죽음의 기로에 놓여 있다고 생각했을 것이다. 그는 항상 머릿속으로 뭔가를 생각하는 사람이었고, 평원을 걷거나 산을 오르는 동안에 뭔가를 생각할 시간은 풍부했다. 비록 눈으로는 그 지역의 식물군과 동물군, 지리적 특징, 이런저런 지점까지의 거리를 포착했다가 나중에 일지에 기록하느라 바빴지만 말이다.

과연 이 육군 장교 겸 탐험가는 이 순간에 무슨 생각을 했을까? 루이스는 자신의 걱정을 종이 위에 옮겨 적을 정도로 걱정이 많은 인물이었다. 섀넌에 대해서도 걱정했다. 그는 섀넌이 엘크 1~2마리를 잡은 다음 위즈덤 강가에서 원정대가 뒤따라오기를 기다리고 있을 것이라고 예상했다. 8월 10일에 그는 앞으로의 일에 관한 생각을 적어 두었다.

"내가 보기에 미주리강과 제퍼슨강의 경우처럼 어떤 강이 산지에서 시작되어 그토록 멀리까지 흐를 수 있는 사례는, 또한 운항이 가능한 사례는 전 세계 어디에서도 찾아볼 수 없을 것 같다."

물론 대원들은 '운항이 가능하다'는 말에 의문을 제기하고 있었지만, 루이스는 여전히 낙관적이었다. 루이스는 곧바로 현실주의적 감각을 되찾았다.

"짧은 행군과 간단한 운항을 통해 태평양까지 갈 수 있으리라고는 사실상 기대할 수가 없다. 여기서부터 바다까지는, 여기서부터 미주리강과 미시시피강을 거쳐 멕시코만Gulf of Mexico에 도달하는 거리에 상응하는 고도를 내려가야 하기 때문이다."

그의 정신은 대륙 전체를 망라하고 있었다. 만약 컬럼비아강의 길이가 미주리강과 미시시피강을 거쳐 해수면에 도달하기까지의 5분의 1밖에 되지 않는다면, 그리고 이 두 수로가 짧은 연수육로로 연결될 수 있을 만큼 가까이 있다면, 결국 컬럼비아강에는 지금까지 그들이 접한 것보다 훨씬 많은 폭포와 급류가 있을 터였다. 하지만 그의 고정된 원칙은 언제나 일단 자기 앞에 놓인 길이 좋을 것이라 가정하는 것이었다. 적어도 현실은 그 반대라는 사실이 증명되기 전까지는 말이다.

루이스는 자신이 산에 올라 분수계에 도달하면, 지금까지 자신이 지나온 지역과 유사한 풍경을 보게 되리라고, 다만 이번에는 물이 컬럼비아강의 남쪽 지류로 흐른다는 것만 다를 뿐일 것이라고 생각하고 있었다. 어떤 풍경이 펼쳐지든 그는 말을 구해 산맥을 넘고 컬럼비아강에 도달하거나, 아니면 그런 시도의 와중에 죽거나 둘 중 하나일 것이었다.

컬럼비아강의 특성에 관한 예측과 달리, 그는 자신이 예측한 광경에 관해서는 거의 언급하지 않았다. 히다차족이 자신에게 한 이야기는 일지에도 적었지만 스리 포크스 너머에 대한 인디언의 정보는 개략적이었고, 분수계 서편에 대한 정보는 그야말로 전무했다. 제퍼슨으로부터 배운 것, 또한 루이스가 이론적으로 기대하고 있던 것은 로키산맥이 애팔래치아산맥과 마찬가지로 한 겹짜리 산맥에 불과하다는 것이었다. 하지만 로키산맥이 미시시피강 동편의 그 어떤 산보다도 높았음을 떠올려본다면, 그는 어떤 광경이 펼쳐질지 정말로 몰랐음이 분명하다.

그는 그토록 애타게 찾아다니는 인디언에 대해서도 전혀 상황을 파악하지 못하고 있었다. 그가 이 부족에 관해 사카가위아와 미리 이야기를 나눈 적이 있는지 모르겠지만, 혹시 이야기를 나눴더라도 그는 그 내용을 일지에 적을 만큼 중요하다고 생각하진 않았던 모양이다. 쇼쇼니족 언어로 백인을 뭐라고 부르느냐는 클라크의 질문이 그 중요한 정보원에게 두 지휘관이 던진 질문의 전부였다. 루이스가 자기 생애에서 가장 중요한 임무를 떠나면서도 그녀를 데려가지 않았다는 것은 도무지 설명이 불가능한 일이다.

또한 만약 쇼쇼니족과 접촉하게 되면 어떻게 해야 하는지에 관해 아무런 논의를 하지 않았다는 것도 이해하기가 어렵다. 나아가 루이스는 드뤼야르를 비롯해 존 실즈와 휴 맥닐 이병, 다시 말해 자기와 함께 임무를 수행할 대원들과도 아무런 논의를 하지 않았다. 이는 곧 인디언을 보면 어떻게 하라는 지시를 전혀 내리지 않은 셈이었다.

루이스로서는 쇼쇼니족이 원정대를 환영하리라고 믿을 만한 충분한 이유가 있었다. 백인 교역상과 접촉을 해야만 자기네 전사들이 무장을 하고 블랙푸트나 히다차, 그밖에 다른 부족과 대등하게 싸울 수 있음을 그 부족도 알 것이라고 생각했기 때문이다. 물론 루이스는 절박한 상황에 몰린 쇼쇼니족에게 줄 총을 전혀 갖고 오지 않았다. 다만 쇼쇼니족이 자신들에게 협조해주면, 나중에 미국인 교역상들이 그들의 땅에 찾아올 것이라는 약속만 해줄 수 있을 뿐이었다.

단기적으로 보면 쇼쇼니족보다 루이스 쪽이 상대방을 더욱 열렬히 필요로 했다. 물론 장기적으로는 양쪽의 운명이 모두 원정의 성패 여부에 달린 셈이었다. 하지만 인디언들에게 이 사실을 어떻게 인식시키느냐 하는 것은 큰 문제였다. 적어도 최초의 접촉에서 어느 한쪽이 발포하거나 도망치는 일만큼은 없어야 했다. 이 문제를 해결하려면 전략과 전술 모두를 필요로 했지만, 아쉽게도 두 지휘관은 둘 중 어느 것도 고안하지 못했다.

8월 9일 아침식사 때, 좋은 징조가 생겨났다. 섀넌이 본대로 복귀한 것이다. 아침식사가 끝나자마자 루이스는 배낭을 메고 출발했다. 첫째 날에 그는 16마일을 주파했고 둘째 날에는 30마일을 걸었다. 루이스는 "지금까지 내가 본 것 중에서 가장 멋진, 직경이 16~18마일에 달하는 후미에서 일정을 마쳤다"*고 적었다. 그는 오래 된 인디언 오솔길을 따라갔지만 길은 결국 사라지고 말았다.

11일 아침, 그는 대원들을 불러 나름대로 계획 비슷한 것을 설명했다. 선발대는 계곡을 가로질러 흩어졌고 서쪽을 향해 나아가면서 인디언 오솔길을 찾기로 했다. 드뤼야르는 오른쪽, 실즈는 왼쪽, 맥닐은 루이스와 함께 가기로 했다. 드뤼야르나 실즈가 길을 찾을 경우, 총구에 각자의 모자를 씌우고 번쩍 들어올려 루이스에게 알리기로 했다. 이들은 5마일쯤 나란히 서서 전진했지만 길의 흔적은 없었

---

*그곳은 쇼쇼니 후미Shoshone Cove이고 오늘날에는 그 대부분이 클라크 협곡 저수지Clark Canyon Reservoir 속에 잠겨 있다(원주).

다. 갑자기 루이스는 어딘가를 흘끗 바라보더니 망원경을 꺼내 들여다본 다음, 2마일쯤 떨어진 곳에서 인디언 1명이 말을 타고 평원을 지나 자신들 쪽으로 오고 있음을 확인했다. 옷차림이 딱 쇼쇼니족이었다.

"그는 무기인 활 하나와 화살통을 안장도 없는 멋진 말 위에 올려놓고 있었다. 나는 그 이방인의 모습에 신이 났고 그에게 가까이 다가가 우리가 백인임을 알리기만 하면 그의 부족에게 우호적으로 소개될 수 있으리라 의심하지 않았다."

루이스는 평소와 같은 속도로 걸어갔다. 인디언은 여전히 말을 타고 오고 있었다. 하지만 서로 1마일쯤 떨어진 지점까지 오자 인디언은 갑자기 우뚝 멈춰 섰고 그것은 루이스도 마찬가지였다. 루이스는 자기 배낭에서 모포를 꺼내 공중에 확 펼쳤다가 땅에 깔았다. 그는 이것을 우호적인 신호로 여겼던 것이다. 하지만 그 신호는 의도한 효과를 거두지 못했고 상대방은 여전히 가만히 있었다. 인디언은 이쪽 끝에서 저쪽 끝까지 훑어보았다. 그는 드뤼야르와 실즈를 의심의 눈초리로 보는 것 같았다. 당연한 일이었다.

그 인디언은 정찰에 나선 10대 소년으로 이방인에 대해 호기심을 느끼는 한편 이방인은 누구나 두려워하도록 교육받았을 터였다. 그의 앞에는 무장한 남자 4명이 있었다. 그러니 어찌 수상해보이지 않을 수 있으랴? 더욱이 쇼쇼니족은 그 직전에 블랙푸트족의 습격으로 사람과 말을 상당수 잃는 불상사를 겪었다.4

루이스는 드뤼야르와 실즈에게 그 자리에 멈추라고 지시하고 싶었지만, 그들 모두 말소리가 들리지 않을 정도의 거리에 있었다. 루이스는 자신이 가져온 소량의 교역품(구슬 약간, 거울 하나, 장신구 몇 개)을 꺼내 들었다. 그리고 자기 총과 탄대를 맥닐에게 맡긴 채, 인디언을 향해 다가갔다. 인디언이 말에 탄 채로 지켜보는 동안 루이스는 200야드 이내까지 상대방에게 접근할 수 있었다. 바로 그때 인디언은 말머리를 돌리더니 천천히 돌아가기 시작했다. 필사적이 된 루이스는 명령할 때처럼 큰소리로 '탑-바-보네'를 여러 번 외쳤다. 루이스에게 반응하는 대신 인디언은 계속해서 드뤼야르와 실즈가 다가오는 것을 주시하고 있었다. 루이스는 두 대원에 대해 화가 치밀었다.

"내가 인디언과 교섭하고 있는 것을 뻔히 보면서도 둘 중 누구도 그쪽으로 다가오는 것이 얼마나 부적절한 처신인지 생각할 만큼 명석하지 못했다."

마침내 루이스는 신호를 보내지 않는다는 원칙을 깨고 이들에게 멈추라는 신호를 보냈다. 드뤼야르는 즉시 이에 따랐다. 하지만 실즈는 계속해서 다가왔다(나중에 그는 자기가 신호를 보지 못했다고 말했다). 150야드쯤 와서 루이스는 다시 한 번 탑-바-보네를 반복하고 손에 장신구를 들어 올리며 셔츠 소매를 걷어 올려 그에게 피부색을 볼 수 있는 기회를 주었다. 100야드쯤 와서 그 인디언은 갑자기 말머리를 돌리고 채찍질을 하더니 순식간에 개울을 뛰어넘어 버드나무 숲 속으로 사라져버렸다.

그는 대원들의 행동에 큰 불만을 느꼈고 특히 실즈를 실패의 원인으로 몰아세웠다. 하지만 루이스가 이 만남에서 자신의 실수를 아예 판정하지도 않았다는 사실은 주목할 만하다. 사실 루이스의 죄 역시 대원들보다 결코 덜하지는 않았을 텐데 말이다.

어쩌면 인디언들이 주위를 둘러싼 언덕에서 내려다보고 있을지도 모른다는 생각이 들자, 루이스는 탁 트인 장소에 멈춰 서서 불을 피우고 아침식사를 했다. 하지만 이들이 출발하자마자 억수 같은 소나기가 쏟아지는 바람에 풀이 더 자라났고 발자국은 지워졌다. 루이스는 인디언들이 그날 뿌리채소를 파낸 듯한 장소를 몇 군데 발견했는데, 이는 곧 마을이 멀지 않다는 뜻이었다. 거기서 20마일쯤 더 간 다음 그는 캠프를 만들었다.

8월 12일 아침, 루이스는 넓고 뚜렷한 인디언 오솔길을 발견했다. 이들은 계속 걸어갔고 어느 고갯길을 향해 올라갔는데, 완만한 산중턱을 오르는 동안 개울은 점점 수량이 적어졌다.

"4마일쯤 더 가자 그 길은 우리가 그토록 힘든 낮과 불안한 밤을 보내면서까지 찾아 헤맸던 그 거대한 미주리강에서 가장 멀리 떨어진 샘까지 우리를 데려갔다. 그로 인해 나는 지난 수년간 내 마음속에 대체할 수 없을 정도로 고정되어 있던 수많은 목표 가운데 하나를 성취한 셈이 되었고, 기쁨에 넘쳐 그 순수하고 얼음처럼 차가운 물로 갈증을 식혔다."

이러한 기쁨을 만끽한 것은 루이스뿐이 아니었다.

"거기서 2마일쯤 밑에서 맥닐은 이 작은 개울의 양쪽 가장자리에 한 발씩 걸치고 서서 그 어마어마하고 끝이 없는 듯했던 미주리강 위에 자기가 가랑이를 벌리고 서 있을 때까지 살아있다는 사실에 감사하며 기뻐했다."

이제는 그 산길의 꼭대기로 올라가 아이다호와 광대한 북서제국을 바라본 최초의 미국인이 탄생할 때가 되었다. 루이스는 그 순간을 다음과 같이 기록했다.

"우리는 분계능선의 꼭대기로 향했고, 그곳에서 나는 우리의 서편에 꼭대기가 부분적으로 눈에 덮인 높고 어마어마한 산맥이 있음을 발견했다."*

그 광경에 어느 정도로 놀랐는지, 또는 좌절했는지에 관해 루이스는 결코 말하지 않았다. 존 로건 앨런은 우리에게 다음과 같이 제안했다.

"그 충격과 놀라움을 상상해보라. 막상 그 능선 꼭대기에 올라보니 자신들이 예상했던 커다란 강도, 남태평양까지 이어지는 탁 트인 벌판도 보이지 않았다."

앨런의 말처럼 '희망의 지리학'이 '현실의 지리학'에 길을 내주었던 것이다.5 루이스가 분수계의 꼭대기를 향해 그 마지막 발걸음을 옮김으로써, 로키산맥의 성격에 관한 수십 년의 온갖 이론은 단 한 사람의 일견에 의해 깨지고 말았다. 짧은 행군을 통해 컬럼비아강의 주요 지류까지 갈 수 있으리라는 루이스의 희망 역시 산산조각 났다. 루이스는 로키산맥의 일부인 비터루트산맥Bitteroot Range을 본 순간과 분수계의 서쪽 사면, 즉 루이지애나 바깥에 첫발을 내딛을 때의 기분이 어떠했는지에 대해 전혀 기록하지 않았다.

그는 산을 내려갔다. 동쪽 사면에 비해 훨씬 가파른 길을 따라 4분의 3마일쯤 가서 개울을 발견한 그들은 또다시 10마일쯤 더 가서 캠프를 만들었다. 루이스는 3명의 대원만 데리고 인디언 지역으로 깊이 들어와 있었으며, 본대와는 사나흘쯤 행군해야 하는 거리만큼 떨어져 있었다. 그가 아는 인디언 말은 몇 가지에 불과했다. 더욱이 인디

---

*그가 도착한 곳은 렘히 고개로 오늘날의 몬태나주와 아이다호주 사이의 경계였다. 가축이 경계를 넘지 못하도록 쳐 놓은 목제 울타리와 벌채용 도로를 제외하면 그 지역은 옛날 그대로다. 포트벤턴에서 포트펙 호수까지의 미주리강 경로, 아이다호주의 롤로 오솔길과 함께 이곳은 오늘날에도 루이스가 1805년에 본 것과 똑같이 남아 있는 몇 안 되는 장소 중 하나이다. 미국 산림청은 루이스가 여행한 경로를 따라 표지판을 설치해두었다(원주).

언 1명이 겁을 먹고 쇼쇼니족에게 돌아가 이방인이 그 지역에 있다고 보고했을 것이었다. 루이스는 그날 하루 동안 원정 전체와 맞먹는 경험을 한 셈이었다. 그는 우선 푹 잘 필요가 있었고 다음날 아침에는 최대한 많은 행운이 필요했다.

대륙분수계를 넘어

1805년 8월 13일~31일

1805년 8월 13일 화요일 아침, 루이스는 일찌감치 서쪽의 평원으로 향했다. 그곳에는 계곡으로 이어지는 길고 경사진 인디언의 오솔길이 최근에 많이 사용된 흔적과 함께 남아 있었다. 그 길을 따라가면서 그는 로키산맥의 단풍나무, 스컹크부시 옻나무, 그리고 일반적인 스노베리 등을 관찰하고 묘사했다. 그는 잠시 멈춰 서서 제퍼슨에게 보낼 스노베리 씨를 채집했다.*

9마일쯤 갔을 때 루이스는 인디언 여자 2명과 남자 1명, 그리고 개 몇 마리를 보았다. 그들과의 거리가 반마일 정도로 좁혀지자 루이스는

---

*훗날 제퍼슨은 그 씨를 자기 정원에 심었고 필라델피아의 정원 및 원예계에도 소개했다. 루이스는 스노베리를 미주리에서 볼 수 있는 인동덩굴 또는 구기자에 비교했다. 게리 몰턴은 이렇게 각주를 달았다. "식물의 잎사귀와 열매의 특징에 근거해 종을 구분하는 루이스의 능력은 그의 뛰어난 식물학적 관찰력을 보여준다."(『일지』, 제5권, 85쪽)(원주)

드뤼야르와 두 이병에게 정지하도록 명하고, 자신의 배낭과 소총을 벗어 땅 위에 놓은 뒤 깃발을 쳐들고 혼자 인디언을 향해 일정한 보조로 걸어갔다. 인디언 여자들은 도망쳤지만 남자는 루이스가 100야드 지점까지 다가가도록 그 자리에 서 있었다. 루이스는 '탑-바-보네'라고 큰소리로 여러 번 외쳤다. 그러자 인디언 남자는 도망쳐버렸다.

루이스는 대원들과 함께 전진했다. 거기서부터 반마일쯤 가서 어느 고지대에 오르자 이들 앞에 인디언 여자 3명이 나타났다. 1명은 어린 아이, 1명은 10대, 나머지 1명은 나이 지긋한 노파였다. 이들과 루이스 일행의 거리는 겨우 30야드 정도였다. 이들을 발견한 순간 루이스는 소총을 내려놓고 그들에게 다가갔다. 10대 소녀는 달아났지만 노파와 어린아이는 남아 있었다. 도망칠 길이 없음을 깨달은 두 사람은 땅 위에 주저앉아 고개를 숙이고 있었다. 루이스가 보기에는 마치 죽음을 각오한 것 같았다.

그는 이들에게 다가가 손으로 노파를 붙들고 일으켜 세운 다음 탑-바-보네라고 말하며, 자기 소매를 걷어 흰 피부를 보여주었다(그의 손과 얼굴은 햇볕에 잔뜩 그을렸고 또한 가죽옷을 입었기 때문에 얼핏 보아서는 인디언과 구분이 되지 않았다). 드뤼야르와 이병 두 사람도 뒤따라왔다. 이들은 배낭에서 구슬 몇 개와 모카신, 송곳 몇 개, 거울 몇 개, 물감 조금을 꺼냈다. 그의 피부와 선물, 그리고 우호적인 태도를 보자 노파도 안심하는 눈치였다.

드뤼야르의 수화를 통해 루이스는 노파에게 그 10대 소녀를 다시 불러오라고 했다. 그렇지 않으면 소녀가 쇼쇼니족의 본대로 달려가 신고할까 두려웠던 것이다. 노파는 시키는 대로 했고 소녀는 곧 나타났다. 루이스는 소녀에게 장신구 몇 가지를 주고 주홍색 물감을 여자들의 황갈색 피부에 발라주었다. 인디언 여자들이 안심하자 루이스는 드뤼야르를 통해 "당신들이 우리를 당신네 캠프로 데려가 주었으면 좋겠다. 우리는 당신네 부족의 추장들과 전사들을 만나고 싶다"고 전했다. 여자들은 그렇게 하기로 했고 루이스 일행은 그들의 안내를 받으며 출발했다.

2마일쯤 더 가자 그토록 고대하고 애타게 찾던 접촉이 이루어졌다. 60명의 전사가 훌륭한 말에 올라타고 전쟁을 위해 활과 화살, 성능이 떨어지는 소총 3자루로 무장한 채 전속력으로 달려오고 있었던 것이다. 이들은 루이스 일행을 발견하고는 멈추었다. 인디언들은 수적으로 훨씬 압도적이었다. 따라서 여차 하면 순식간에 루이스 일행을 제압할 수 있었고, 결과적으로 자신들의 소총 화력을 두 배로 키우는 동시에 이제껏 로키산맥 인근의 어떤 인디언 부족이 얻은 것보다 훨씬 더 많은 숫자의 칼과 송곳, 거울, 그리고 다른 장신구를 전리품으로 챙길 수 있었다.

루이스는 방어태세를 취하는 대신 소총을 내려놓고 깃발을 든 다음, 대원들을 남겨둔 채 노파의 안내를 따라 어떻게 될지 알 수 없는 상황을 향해 천천히 걸음을 내딛었다. 루이스가 보기에 추장인 듯한 사람이 선두에 있었다. 추장은 멈춰 서서 노파에게 뭐라고 말을 했다. 노파는 이들이 백인이라고 말하며 자기가 받은 선물을 보여주었다. 이로써 긴장이 풀렸고 먼저 추장이 곧이어 전사들이 말에서 내렸다.

추장이 앞으로 다가오면서 "아-히-에, 아-히-에ah-hih-e"라고 말했는데, 루이스가 나중에 알게 된 바로는 '나는 아주 즐겁다. 나는 아주 기쁘다'라는 뜻이었다. 추장은 자기 왼팔을 루이스의 오른팔 위에 올린 다음, 자기 왼뺨을 루이스의 오른뺨에 갖다 대고 거듭해서 "아-히-

에"라고 외쳤다.

"그들이 어찌나 우리를 어루만지던지 우리 몸은 그들의 기름과 물감으로 범벅이 되었고, 나중에는 그 부족의 포옹이 정말이지 지긋지긋해질 정도였다."

쇼쇼니족과 미국인의 첫 만남은 루이스가 기대한 것 이상으로 좋았다. 사실 그는 극도로 운이 좋은 셈이었다. 전쟁부대는 이날 아침 루이스 일행과 마주치고 도망친 남자의 신고에 따라 말을 타고 출동했던 것이다. 쇼쇼니족은 블랙푸트족을 만나게 되리라 예상했고 따라서 그 노파만 아니었다면 다짜고짜 루이스 일행을 공격하고도 남았을 것이다.

이제는 전투 대신 협상이 벌어졌다. 루이스는 자기 담뱃대를 꺼내 자리에 주저앉으면서, 인디언들에게도 똑같이 하라고 손짓을 했다. 인디언들은 각자의 모카신을 벗은 다음 루이스를 따라했다. 이것은 쇼쇼니족의 관습 가운데 하나로 상대방에 대한 우정의 신실함을 보여준 것이었다. 루이스는 담뱃대에 불을 붙여 건네주었다. 담뱃대를 몇 바퀴 돌리면서 담배를 피우고 난 다음, 그는 선물을 나눠주었다.

"쇼쇼니족은 특히 푸른색 구슬과 주홍색 물감을 받고 무척 좋아했다."

루이스는 추장의 이름이 카-메-아-웨이트Cah-meh-ahh-wait임을 알아냈다. 루이스는 추장에게 자신의 방문 목적은 우호적인 것이라며, 일단 그의 캠프에 도착하면 보다 자세한 이야기를 해주겠다고 했다. 그는 카메아웨이트에게 미국 국기를 건네주며 "이것은 백인들 사이에서 평화의 상징으로 사용되는 것이며 (…) 우리 사이의 유대의 보증물이다"라고 말했다. 물론 이것은 사실과 거리가 먼 주장이었다.

곧이어 일행은 쇼쇼니족의 캠프로 향했다. 오늘날 아이다호주 텐도이Tendoy에서 7마일쯤 북쪽에 위치한 렘히강Lemhi River의 동쪽 강변에 있는 쇼쇼니족의 캠프에 도착한 직후, 루이스는 어느 낡은 가죽 티피(그 일족이 바로 얼마 전에 블랙푸트족의 공격을 받은 후 유일하게 남은 것) 안으로 안내되었으며 그 부족의 예절에 따라 푸른 나뭇가지와 영양가죽 위에 앉았다.

흡연 의례가 또 한차례 끝난 뒤, 루이스는 그들에게 여행의 목적 등을 설명했다. 그는 드뤼야르가 구사하는 수화가 불완전하고 종종 잘못 전달될 수 있음을 알았지만 그래도 상대방이 잘 이해할 것이라고 확신했다. 여자들과 아이들이 몰려들어 백인들을 구경하고 싶어 했고 루이스는 남아 있는 선물을 나눠주었다. 어느 쇼쇼니족 전사는 훗날 그때 받은 거울을 가리켜 "딱딱한 물 같은데 어떤 때는 태양처럼 밝게 빛나고 또 어떤 때는 우리 얼굴을 보여주었다"고 묘사했다.1

그즈음 날은 이미 어두워지고 있었다. 루이스와 대원들은 24시간째 아무것도 먹지 못한 상황이었다. 그는 이를 카메아웨이트에게 말했지만 추장은 지금 자신들에게는 베리밖에 먹을 것이 없다고 말했다. 그는 백인들에게 서비스베리와 초크베리로 만든 빵을 줬다.

루이스는 렘히강을 따라 산책을 나갔고 그곳이 폭 40야드, 수심 3피트가량이며 물살이 급하고도 맑다는 것을 확인했다. 드뤼야르의 수화를 통해 루이스는 인디언들에게 그 강의 경로를 물어보았다. 카메아웨이트는 걸어서 반나절 정도 되는 곳에서 그 강이 크기가 두 배 정도 되고 남서쪽에서 흘러들어 오는 다른 강과 합쳐진다고 말했다. 그 두 강이 합쳐진 것이 바로 오늘날의 새먼강Salmon River이다. 계속해서 물어보자 카메아웨이트는 그 강을 따라 하류 쪽으로는 목재로 쓸 만한 나무가 거의 없으며, 그 강은 접근이 불가능한 산들 사이에 갇혀 있고 물살이 매우 급한 데다 바위투성이라고 했다. 그래서 육로든 강을 따라서든 그들이 저 아래, 이른바 백인들이 있다는 풍문이 전해지는 큰 호수까지 가기는 불가능하다고 말했다.

카메아웨이트가 말한 백인들이란 컬럼비아강 하구에 들렀던 백인 교역상을 말하는 것이었다. 새먼강에 대한 그의 이야기는 정확한 동시에 반갑지 않은 것이기도 했다. 그 이야기는 루이스가 렘히 고개에서 비터루트산맥을 처음 바라보았을 때 가졌던 두려움을 확인시켜 주었다. 즉 대륙을 가로지르는 완전수로나 그와 비슷한 것은 전혀 없다는 얘기였다. 하지만 루이스는 그게 사실이 아닐 수 있다고 헛된 기대를 품으며 혹시 카메아웨이트가 교역을 목적으로 미국인의 발목을 붙잡으려 하는 것은 아닐까 하고 의심했다.

루이스가 사카가위아를 통해 미리 알아두었어야 했던 것은 매년 그 시기에 카메아웨이트의 일족이 분수계를 넘어 다른 쇼쇼니족 일족과 함께 플랫헤드로 들소 사냥을 간다는 점이었다(즉 남의 발목을 붙잡은 것은 인디언 쪽이 아니라 오히려 백인 쪽이었던 것이다). 하지만 미국 국기의 의미에 관해 이미 한차례 거짓말을 했고 나아가 자신의 목적을 이루기 위해서라면 얼마든지 더 거짓말을 할 수 있었던 루이스는 카메아웨이트를 대하면서 애초부터 최악의 상황을 가정했던 것이다.

새먼강에 관한 낙심천만한 정보를 조금이나마 벌충해준 것은 캠프 주변 사방에서 풀을 뜯고 있는 수많은 말 떼였다. 드뤼야르는 나중에 그 숫자를 세어보고 400마리라고 했다. 필요한 만큼의 말을 충분히 살 수 있으리라 생각한 루이스는 기분이 한결 나아졌다. 티피로 돌아오니 어느 전사가 그에게 갓 구운 연어 1마리를 선물했다.

"나는 그 물고기를 아주 맛있게 먹었다. 그 연어를 보고 나는 우리가 태평양에서 가까운 곳에 있음을 확신하게 되었다."

이제 인디언들과 만났으니 루이스는 배로 올 수 있는 최고 한계인 제퍼슨강의 합류지점으로 클라크가 올라올 때까지 시간 여유를 줘야만 했다.* 협소하고 강바닥에 둥근 돌이 깔려 있는 제퍼슨강은 약간 넓은 개울 수준이었기 때문에, 클라크는 기껏해야 하루에 4~5마일밖에 전진할 수 없었다. 루이스는 8월 14일 오전 내내 일지를 적었고 오후에는 서부지역에 관해 카메아웨이트로부터 더 많은 정보를 캐냈다.

그는 드뤼야르와 두 이병에게 사냥을 지시했다. 인디언은 이들에게 말을 제공했고 20여 명의 젊은 전사가 동행했다. 루이스는 백인 중에서도 극소수만 볼 수 있던 진귀한 구경을 할 수 있었으니, 그것은 바로 젊은 인디언 사냥꾼이 말에 올라타 10마리의 가지뿔영양을 뒤쫓는 광경이었다.

"그 일은 무려 2시간이나 지속됐고 그 광경은 천막에서 빤히 내려다보였다. 사냥꾼들은 영양을 1마리도 잡지 못하고 돌아왔으며 그들이 탄 말은 땀으로 흠뻑 젖어 있었다."

드뤼야르 일행 역시 아무런 성과를 거두지 못하고 돌아오자, 루이스는 다시 수화를 통해 카메아웨이트에게 인근의 지형에 관해 알려달라고 요청했다. 추장은 전날 했던 이야기를 좀더 자세하게 반복했다.

---

*본문에서 저자가 "제퍼슨강의 합류지점"이라고 말한 곳은 정확히 말해서 "제퍼슨(비버헤드)강과 레드록강(ReRock River)의 합류지점"이다. 어찌된 일인지 이 대목에 관해서는 저자도 구체적으로 서술하고 있지 않아 혼동의 우려가 있다. 8월 9일에 인디언을 찾아 본대와 헤어진 루이스와 3명의 대원들은 곧이어 제퍼슨 강의 상류에서 레드록강과의 합류지점에 도달했고, 그곳을 지나 렘히 고개를 건너갔을 것이다. 그 와중에 루이스는 클라크에게 편지를 써서 그 합류지점에 남겨둔 것으로 추정된다. 그렇기 때문에 나중에 임기응변으로 카메아웨이트를 속일 수 있었던 것이다(역주).

우선 강을 나타내는 구불구불한 선을 땅바닥에 그린 다음, 그 양 옆에 모래를 쌓아 항상 눈에 덮여 있는 거대한 돌산 사이를 강이 지나간다는 것을 나타냈다. 또한 추장은 수직이고 심지어 돌출된 바위들이 그 강을 둘러싸고 있어 강변을 따라 걸어가는 것은 불가능하며 강의 수면은 눈이 닿는 데까지 온통 거품이 부글거린다고 했다. 그 산 역시 사람이나 말로는 접근할 수 없다고 말했다.*

그렇다면 그 산을 어떻게 넘어야 할까? 카메아웨이트는 자신은 한 번도 가본 적 없지만, 자기네 일족 중에 북서지역에 관해 몇 가지 정보를 줄 수 있을 만한 노인이 1명 있다고 했다. 그러면서 자기가 그 강 하류의 로키산맥 산자락에 사는 코 뚫은 인디언들로부터 들은 바에 따르면, 그 강은 해가 지는 곳까지 한참을 흘러간 다음 물맛이 고약한 커다란 호수에 도착한다고 하더라고 덧붙였다.

그 말과 함께 미국 대륙은 하나로 연결되었다. 사상 최초로 백인은 (비록 불완전하고 부정확하긴 하지만) 서부제국의 거대한 강들을 연결하는 지도를 갖게 된 셈이었다. 또한 사상 최초로 백인은 로키산맥 서부에 사는 주요 종족인 네즈퍼스족Nez Percés 인디언에 관해 얘기를 들었다. 카메아웨이트는 네즈퍼스족이 매년 산을 넘어 미주리강의 들소 서식지로 사냥하러 온다고 말했다.**

루이스가 그 인디언들은 어떤 경로를 이용하느냐고 묻자 추장은 북쪽이라고 대답했다. 하지만 그 길은 워낙 나빠 그곳을 넘는 며칠간 베

---

*이 묘사는 현대에 붙여진 새먼강의 또 다른 이름, 즉 '돌아오지 않는 강(리버 오브 노 리턴, River of No Return)'과 딱 맞아떨어진다(원주).
**네즈퍼스는 '코를 뚫은(피어스드 노즈드) 인디언'이라는 뜻이다. 그들이 실제로 코를 뚫었는지는 여전히 논쟁의 대상이다. 몰턴 판 『일지』, 제5권, 94쪽을 참고하라(원주).

리로만 연명해야 할 정도로 극심한 굶주림에 시달려야 한다고 했다. 완전 바위투성이에다 나무가 많아 사냥감이 없기 때문이라는 것이다. 그 설명을 듣고 루이스는 용기백배했다. 만약 인디언이 여자와 아이를 데리고 그 산을 넘을 수 있다면 원정대도 충분히 그 산을 넘을 수 있으리라 생각했기 때문이다.

이러한 생각은 대원들로부터 각자의 능력 이상의 능력을 끄집어내는 루이스의(그리고 클라크의) 능력을 보여준다. 지금까지 그들은 엄청난 시련을 겪었고 그런 경험을 할 때마다 대원들은 이번이야말로 정말 최악이라고 했다. 앞으로 이보다 더한 경우가 생기면 그때는 도저히 견딜 수 없으리라고 입을 모았다. 그런데 상황은 점점 더 나빠졌고 대원들은 잘 견뎌냈다.

카메아웨이트는 더 많은 정보를 갖고 있었다. 그는 산맥 서부에 들소가 전혀 없고 거기에 사는 인디언들은 연어와 뿌리채소를 먹는다고 말했다. 또한 인디언에게 총기 판매를 금지한 에스파냐의 정책을 비난했는데, 그 이유는 영국이 이들의 적인 블랙푸트와 히다차, 그리고 다른 부족에게 총을 팔았기 때문이다. 화력에서 우위를 점한 평원 인디언 부족이 연이어 침범하는 바람에 쇼쇼니족은 1년 중 상당 부분을 산간 깊숙한 곳에 숨어 있을 수밖에 없었다. 카메아웨이트는 만약 자신들이 총을 가질 수 있다면 그럴 일은 없을 것이며 그들도 들소 서식지에 살면서 적들과 똑같이 먹고살 수 있을 것이라고 덧붙였다.

이것이야말로 루이스가 고대하던 기회, 즉 카메아웨이트를 설득해 산간분수계를 넘어가는 원정대의 행군을 도와주도록 하고 또한 네즈퍼스족의 행로를 따라 비터루트산맥을 넘도록 원정대에게 말을 제공하게 할 수 있는 기회였다. 루이스는 자신이 이미 히다차족을 설득해 더 이상 쇼쇼니족이나 다른 이웃 부족에게 전쟁을 걸지 말도록 했다며(물론 그해 봄에 이미 히다차족이 전쟁부대를 내보냈음을 알고 있었지만) 원정대가 태평양까지 갔다가 미국으로 무사히 돌아가고 나면, 백인들이 총을 비롯해 그들의 방어와 편의에 필요한 온갖 물품을 풍부히 갖고 쇼쇼니족을 찾아올 것이라고 했다.

당시 원정대가 세인트루이스에서 무려 3,000강마일 이상이나 떨어져 있었음을 고려해보면, 그 약속은 매우 불확실한 것이었다. 다음날 아침 루이스는 인디언들에게 말 30마리를 끌고 자신과 함께 렘히 고개를 건너가 클라크 일행을 제퍼슨강의 합류지점에서 만나고, 그들이 짐을 갖고 고개를 넘어 렘히 강변에 위치한 인디언 캠프까지 올 수 있게 해달라고 했다. 그러면 자신들이 쇼쇼니족과 한동안 함께 머물며 말을 구입하겠다고 말했다.

추장은 그러기로 합의했고 루이스는 기뻐서 어쩔 줄을 몰랐다. 그는 기분 좋게 티피로 돌아가 잠을 청했고 인디언들 역시 매우 신나하며 밤늦게까지 춤을 추었다.

다음날인 8월 15일 목요일 아침, 루이스는 몹시 허기진 상태로 잠에서 깼다. 그에게는 약 2파운드의 밀가루가 남아 있었다. 그는 맥닐에게 밀가루를 반으로 나눈 다음 그중 절반을 갖고 베리와 섞어서 요리하라고 했다.

"그 새로운 방식의 푸딩으로 우리 넷은 아침식사를 했고, 그중 큰 덩어리를 추장에게 선사했다. 그는 지금까지 자기가 먹어본 것 중에서 최고의 음식이라며 칭찬했다."

아침식사 직후, 한 가지 불상사가 발생했다. 카메아웨이트의 재촉에도 불구하고 전사들이 움직일 생각을 하지 않았던 것이다. 루이스가 이유를 묻자 그들 중 몇몇이 루이스 일행을 가리켜 파키들Pahkees(아치나족Atsinas을 가리키는 쇼쇼니족 언어)*의 끄나풀이 분명하며 자신들을 속여 적들이 매복해 있는 장소까지 끌고 가려는 수작일 거라고 의심한다고 했다.

루이스는 카메아웨이트에게 전사들이 의심하는 것을 탓하지 않겠다고 말했다.

"나는 그들이 백인을 한 번도 본 적이 없어서 그렇다는 것을 알고 있다. (…) 백인들 사이에서는 거짓말을 하거나 적을 속여 함정에 빠트리는 것은 불명예스러운 일로 간주한다."

그렇게 허풍을 치고 난 다음 이번에는 위협을 가했다. 쇼쇼니족이 자신의 화물운송을 돕지 않는다면 차후에 백인들도 결코 그들에게 무기와 탄약을 갖다 주지 않을 것이라고 말이다. 나아가 그들의 행동이 남자답지 못하다며 나무랐다.

"그래도 이 가운데 죽음을 두려워하지 않는 사람이 몇 명이라도 있기를 바란다."

이 말이 정곡을 찔렀다. 카메아웨이트는 말을 탄 채 자기 족속에게 일장 연설을 하며 자신은 백인들과 함께 가서 루이스의 말이 사실인지 아닌지 직접 확인해보겠다고 말했다. 아울러 전사들 가운데 최소한 몇 명이라도 자기와 함께 갔으면 한다고 덧붙였다. 6명이 말에 올랐다. 이 소부대가 출발하자 노파 중 몇 사람이 울부짖으며 위대한 영에게 자기네 전사들을 돌봐 주십사 간청했다. 어쨌든 인디언은 말을 타고 동행했고 곧이어 12명의 남자와 3명의 여자가 따라와 결국 인디

---

*파키란 본래 '적'을 가리키는 인디언의 말이다. 제31장의 111번 각주를 참고하라(역주).

언 16명과 백인 4명이 함께 가게 되었다. 이들은 렘히 고개를 지나 쇼쇼니 후미로 내려가서 어느 개울가에서 캠핑하며 그날의 두 번째 식사를 했다.*

"이번에는 내가 요리를 했고 우리 중 6명은 남아 있던 밀가루를 끓는 물에 섞어서 먹었다."

결국 이들과 함께 간 쇼쇼니족 가운데 카메아웨이트와 이름 모를 또 1명을 빼고는 그날 아무것도 못 먹었다는 얘기였다. 다음날인 8월 16일, 루이스는 드뤼야르와 실즈에게 사냥을 나가라고 했다. 그는 사냥감이 놀라 달아나는 일이 없도록 젊은 인디언 전사들을 캠프에 머물러 있게 하라고 카메아웨이트에게 부탁했다. 하지만 이는 실수였다. 그로 인해 쇼쇼니족의 의구심이 되살아났기 때문이다. 그들은 이 백인들이 사실은 블랙푸트족과 만나러 가는 것이 아닐까 해서 전사들을 두 무리로 나눠 계곡 양쪽에서 드뤼야르와 실즈를 엿보았다. 루이스와 맥닐, 그리고 나머지 쇼쇼니족이 그 뒤를 따랐다.

1시간쯤 뒤, 엿보러 간 인디언 중 하나가 헐레벌떡 달려오는 것을 보자 추장은 걸음을 멈추며 뭔가 걱정하는 듯한 표정이었다. 루이스 역시 상당히 걱정이 되었다. 루이스의 걱정은 혹시나 불운한 우연의 일치로 마침 블랙푸트족이 그 근처에 있지 않을까 하는 것이었다. 하지만 그 인디언은 도착하자마자 숨을 헐떡이며 희소식을 전했다. 드뤼야르가 사슴을 1마리 잡은 것이었다.

"바로 그 순간 이들은 모두 말에 채찍질을 가했다."

루이스는 어느 젊은 전사와 함께 말을 타고 천천히 가고 있었는데,

---

*오늘날의 호스프레리 개울Horse Prairie Creek이다(원주).

그 인디언은 그 잔치에 한몫 끼지 못할까 겁이라도 났는지 아예 말에서 내려 전속력으로 달려갔다.

"내가 도착했을 때 상황이 어찌나 볼썽사납던지 만약 배가 많이 고프지 않았다면, 나는 차마 고기를 입에 대지 못했을 것이다. (…) 인디언들은 각자 이런저런 부위를 한 조각씩 들고 게걸스럽게 먹고 있었다. 어떤 사람은 콩팥과 지라(비장), 간을 먹고 있어서 입가에 피가 줄줄 흘렀고 다른 사람들도 위와 내장을 먹느라 비슷한 모습이었다. (…) 그중 제일 늦게 도착한 사람은 족히 9피트는 되는 작은창자를 꺼내 씹으면서 손으로 연신 그 속의 내용물을 쥐어짜 반대편으로 밀어내고 있었다. 나는 측은함과 동정심이 뒤섞인 기분으로 이 불쌍한 아귀들을 바라보았다."

사실 그들은 드뤼야르가 사슴가죽을 벗기고 나서 내버린 부분을 주워 먹었을 뿐이다. 다시 말해 인디언들은 사슴 고기에 손도 대지 못했던 것이다. 루이스는 사슴의 뒷부분 고기를 자신과 대원들의 몫으로 떼어놓고 나머지 고기는 카메아웨이트에게 주면서 인디언들에게 나눠주라고 했다. 그들은 불을 피울 생각도 하지 않고 날고기를 먹어치웠다. 이들은 다시 이동했다. 곧이어 드뤼야르가 사슴을 또 1마리 잡았다는 소식이 퍼졌다.

"이때에도 거의 똑같은 장면이 반복되었다."

루이스는 불을 피우고 자기가 먹을 고기를 요리했다. 드뤼야르가 세 번째 사슴을 잡아왔고 루이스는 역시 뒷부분 고기를 떼어낸 나머지를 인디언들에게 주었다. 마침내 배가 불러진 인디언들은 기분이 좋아졌다. 이번에는 실즈가 가지뿔영양을 잡았고 결국 그날 하루만큼은 식량 문제가 말끔히 해결되었다.

일행이 강의 합류지점(루이스는 그곳에서 클라크와 만나기로 했다고 인디언들에게 말했다)에 접근하자 카메아웨이트는 일단 멈춰서겠다고 고집했다. 루이스는 추장이 아직도 강한 의심을 품고 있다는 사실을, 따라서 강의 합류지점에 루이스가 아닌 블랙푸트족이 있을 경우에 대비해 백인들도 인디언처럼 보이게 만들고 싶어 한다는 사실을 눈치 챘다. 이를 깨닫자 루이스는 자기가 쓴 삼각모를 벗어 카메아웨이트에게 씌워주었다. 그런데 합류지점에서 2마일 이내에 접어들었을 때 루이스는 클라크가 아직 도착하지 않았음을 알게 되었다.

"나로선 도무지 무엇을 어찌 해야 할지 모르는 지경이 되었다. 그들이 우뚝 멈춰 서면 매순간이 두려웠다."

절망한 그는 카메아웨이트에게 자기 소총을 건네주며 혹시 블랙푸트족이 주위에 있으면 기꺼이 스스로를 지키기 위해 사용하라고 했다. 루이스는 대원들에게도 총을 건네주라고 했으며 이로써 인디언들은 좀더 신뢰를 갖게 된 것 같았다. 이 대담한 행동 덕분에 루이스는 계획을 고안할 시간을 벌었다. 자신이 클라크 앞으로 보내는 편지를 합류지점에 남겨 두었음을 떠올린 그는 약간 어설픈 계책을 생각해냈다. 그는 드뤼야르에게 인디언 전사 1명과 함께 합류지점으로 가서 그 편지를 가져오라고 했다. 드뤼야르가 편지를 가져오고 그 편지가 합류지점에 놓여 있더라고 한 인디언 전사의 확언이 있은 후, 루이스는 이 편지는 클라크가 써서 거기 남겨둔 것이라고 둘러댔다. 즉, 클라크 본인이 지금 아래쪽에서 올라오고 있으니 루이스더러 합류지점에서 좀 기다리라고 했다는 것이었다.

루이스가 거짓말을 하고 있다는 사실을 인디언이 알 턱이 없었지만, 그렇다고 해서 위기가 지나간 것은 아니었다. 솔직히 루이스로서는 지금 클라크가 어디에 있는지 알 도리가 없었다. 어쩌면 클라크는 더 이상 카누 운항이 불가능하다는 것을 깨닫고, 거기서 몇 마일 하류에 캠프를 구축한 채 루이스를 기다리고 있을지도 모르는 일이었다.

루이스는 또 한 가지 계책을 생각해냈다. 그는 내일 아침 드뤼야르를 시켜 클라크를 마중가게 할 것이며 자기 말이 맞는지 틀린지 궁금하다면 전사 1명을 그에게 딸려 보내도 좋다고 말했다. 루이스와 실즈, 맥닐은 쇼쇼니족과 함께 남아 있겠다는 것이었다.

"이 계획은 흔쾌히 받아들여졌고 인디언 청년 가운데 1명이 따라가겠다고 자원했다. 나는 그가 우리에게 보여준 신뢰에 대한 보답으로 나중에 칼 1자루와 구슬을 주겠다고 했다."

그는 크나큰 도박을 감행한 셈이었다. 전사들 가운데 몇 사람은 이미 카메아웨이트가 자신들을 불필요하게 위험에 노출시킨 데 대해 불평했다. 소총은 인디언들 손에 들어가 있었고 만약 클라크가 제퍼슨 강을 따라 올라오지 않는다면 그들은 백인들을 간단히 처치할 수 있을 터였다. 루이스는 사카가위아가 클라크와 함께 있으며 피부가 검고 덩치 큰 곱슬머리 남자도 함께 있다고 말했다. 인디언들은 그런 특이한 구경거리에 열렬한 관심을 나타냈다. 그럼에도 그날 밤에 루이스는 일지에 다음과 같이 적었다.

"사실 내 마음은 무척이나 우울했지만 (…) 인디언들을 놀라게 할까봐 애써 쾌활함을 가장했다."

카메아웨이트와 나란히 누워 잠을 청한 루이스는 거의 잠을 자지 못했다. 다음날 아침, 루이스는 꼭두새벽부터 드뤼야르와 인디언 전사를 출발시켰다. 오전 9시경, 인디언 1명이 개울을 따라 1마일쯤 내려갔다 돌아와서는 백인들이 오고 있다고 보고했다. 쇼쇼니족은 모두 표정이 확 바뀌며 기쁨에 넘쳤다.

"나 역시 그 소식을 듣고 인디언들 못지않게 기쁨에 겨웠다."

잠시 후에 클라크가 샤르보노, 사카가위아와 함께 도착했다. 카메아웨이트는 클라크에게도 자기네 부족 특유의 포옹을 한 다음, 머리카락에 조개껍질을 매달아 장식해주었다. 다들 흥분한 가운데 쇼쇼니족 여자 가운데 1명이 사카가위아를 알아보았다. 그 여자의 점핑 피시Jumping Fish(뛰는 물고기)라는 이름은 사카가위아가 붙잡혀 가던 날, 그녀가 히다차족을 피하기 위해 개울 속으로 뛰어들었다는 일화 때문에 얻게 된 것이었다.2 다시 만난 두 소녀는 얼싸안고 울며 이야기를 나누었다.

루이스는 합류지점 바로 아래에 캠프를 마련했다.* 그는 커다란 돛 가운데 하나로 장막을 만들었고 오후 4시에 회담을 열었다. 드뤼야르의 수화 대신 이제부터 정식 통역을 사용하기로 했다. 사카가위아가 인디언들과 쇼쇼니족 언어로 말하고 그 내용을 히다차어로 샤르보노에게 전달하면, 샤르보노가 그것을 프랑스어로 프랑수아 라비셰에게 전달하고, 라비셰가 다시 영어로 전달하는 방식이었다.

그 복잡한 방식의 통역이 시작되기도 전에 사카가위아가 카메아웨이트를 유심히 쳐다보았다. 그가 자기 오빠임을 깨달은 그녀는 펄쩍 뛰면서 달려가 그를 끌어안고 자기 이불을 그에게 덮어씌운 다음 큰 소리로 울었다.3

원정대로선 그야말로 대단한 행운이 아닐 수 없었다. 뛰어난 소설

---

*훗날 캠프 포추니트Camp Fortunate로 알려진 이 자리는 오늘날 클라크 협곡 저수지 속에 잠겨 있으며, 몬태나주 딜런Dillon에서 남쪽으로 20마일쯤 떨어진 15번 주간도로 바로 옆에 해당한다(원주).

가도 그런 장면을 감히 상상해내진 못할 것이다. 제임스 론다의 말처럼 루이스와 클라크의 입장에선 그야말로 하늘의 도우심이 아닐 수 없었다.4 루이스는 두 사람의 재회가 "무척 감동적이었다"고 썼다. 하지만 불과 2주일 전만 해도 감정이라곤 전혀 내비치지 않았던 사카가위아가 그토록 풍부한 감정을 보여주었다는 사실에 놀랐다는 얘기는 한마디도 없었다.

사카가위아가 마음을 가라앉히고 나자 다시 회담이 시작되었다. 두 지휘관은 이미 루이스가 카메아웨이트에게 한 말을 보다 자세하게 설명했다. 그들은 마치 자신들의 최우선 목표가 쇼쇼니족의 무기 입수를 돕는 것인 척했다.

"우리는 그들의 방위와 안위는 물론 온갖 상품을 얻으려면, 그들이 우리 정부의 호의에 의존할 수밖에 없다는 사실을 납득시켰다. 답변에서 카메아웨이트는 전적으로 협조하겠다고 했다. 아울러 자신들이 총포를 입수하게 되기까지 어느 정도 시간이 걸릴 것이라는 사실은 유감스럽지만, 우리가 약속한 것을 그들에게 가져다줄 때까지는 충분히 살아갈 수 있으리라고 말했다."

지금 당장은 렘히 고개를 넘어 짐을 운반할 만큼 말을 충분히 가져오지 못했으니, 일단 내일 아침에 자기 마을로 돌아가 일족들을 불러 돕게 하겠다는 것이었다. 두 지휘관은 만족했다. 사실 그들로선 이런 적극적인 협조를 기대조차 하지 못했다. 그들은 카메아웨이트에게 일족 가운데 소추장들을 소개해 달라고 했다. 추장은 다른 두 사람을 지목했다. 두 지휘관은 한쪽에는 제퍼슨의 얼굴이 또 한편에는 인디언과 백인이 악수하는 손이 새겨진 메달을 하나 카메아웨이트에게 선물하고, 두 소추장에게는 조지 워싱턴의 얼굴이 새겨진 그보다 작은 메달을 선사했다. 아울러 카메아웨이트에게 군용 외투 1벌과 주홍색 레깅스 1벌, 담배 1캐럿, 몇 가지 잡동사니를 더 선물했다. 소추장들에게는 셔츠와 레깅스, 손수건, 칼 하나씩 선물했고 나머지 인디언들에게도 다른 선물을 주었다.

"우리와 관련된 물건은 무엇이든 그들의 마음에 감탄을 자아내는 모양이었다."

대원들의 외모, 무기, 카누, 요크, 심지어 개의 총명함까지도 모두 감탄의 대상이었다. 루이스가 공기총을 쏘자 인디언들은 대단한 마법이라고 말했다. 사냥꾼들은 곧바로 사냥을 나가 사슴 4마리와 가지뿔영양 1마리를 잡아왔다. 잔치를 벌인 뒤, 두 지휘관은 카메아웨이트에게 그 지역에 관해 좀더 많은 것을 물어보았다. 그는 이미 루이스에게 했던 이야기를 반복했고 루이스는 이제 상대방이 하는 말의 진실성을 확신했다. 클라크는 새먼강 경로에 관한 추장의 무시무시한 묘사를 그대로 받아들이기보다 자기 눈으로 직접 확인하고 싶다는 쪽이었다.

두 지휘관은 논의 끝에 다음날 아침에 클라크가 대원 11명과 함께 카누를 만드는 데 필요한 도끼나 다른 장비를 들고 나가보기로 했다. 샤르보노와 사카가위아까지 동행해 새먼강을 정찰할 것이었다. 이 소부대는 쇼쇼니족이 캠프 포추니트로 가급적 빨리 돌아와 운송을 도울 수 있도록 재촉하기 위해 첫날밤을 쇼쇼니족 마을에서 머물기로 했다.

만약 그 강이 배를 타고 갈 수 있을 정도라면 클라크는 곧바로 카누를 만들 생각이었다. 그 사이에 루이스는 남아 있는 대원 18명과 함께 화물을 렘히강으로 운송하기로 했다. 루이스는 운송이 일주일쯤 걸릴 것이라고 내다보았는데, 그 정도면 클라크가 정찰을 완료하고 돌아와

찰스 M. 러셀, 〈루이스와 클라크 원정대Lewis and Clark Expedition〉. 쇼쇼니족과의 만남. 맨 오른쪽에 어린시절 친구 점핑 피시를 끌어안고 있는 사카가위아의 모습이 보인다(털사Tulsa 소재 길크리즈 박물관Gilcrease Museum 소장 컬렉션 중에서).

원정대가 육로로 갈지 수로로 갈지 결정하기에 충분한 시간이었다. 만약 육로로 간다면 최대한 말을 구입해야 했다.

어떤 경로를 택하든 루이스로선 만족할 만한 이유가 있었다. 원정대가 다시 합류해 곧 떠날 수 있게 되었기 때문이다. 그날 밤, 그는 전날보다 훨씬 편안하게 잠을 잤다.

8월 18일 아침, 클라크가 정찰 준비를 하는 동안 루이스는 말 몇 마리를 구입했다. 그중 2마리는 클라크가 짐을 운반하는 데 쓰고, 1마리는 사냥꾼들이 잡은 짐승을 운반하는 데 사용할 것이었다. 루이스는 자신이 원하던 것을 손쉽게 얻을 수 있었다. 군용 외투 1벌, 레깅스 1벌, 손수건 몇 개, 칼 몇 자루, 그리고 이런저런 잡동사니를 합쳐 미국에서 20달러를 조금 넘는 액수로(물론 운송비는 포함하지 않고) 좋은 말 3마리와 맞바꿀 수 있었던 것이다. 이병 중 1명도 낡은 체크무늬 셔츠 1벌, 낡은 레깅스 1벌, 칼 1자루를 주고 말 1마리를 샀다. 그 정도 가격이라면 루이스는 렘히 강변에 위치한 인디언 마을에서 말을 한 떼나 살 수 있을 터였다.

그런데 소추장 2명은 선물을 더 얻지 못한 것에 약간 불만스러워하고 있었다. 클라크는 자기가 입던 낡은 외투 2벌을 주었고 루이스는 산을 넘을 수 있도록 열심히 도와주면 선물을 더 주겠다고 약속했다. 오전 10시, 클라크는 인디언들과 함께 출발했고 캠프에는 두 소추장과 점핑 피시, 그리고 또 1명의 인디언 여인이 남았다.

루이스는 운송 준비를 했다. 그는 모든 짐과 꾸러미를 열어 바람을 쐬었고, 대원들에게 렘히 고개를 넘을 수 있도록 적당한 크기의 꾸러미로 다시 포장하도록 했다. 그는 생가죽을 물에 담갔다가 잘라 짐을 묶을 때 사용할 끈을 만들었다. 드뤼야르가 사슴 1마리를 잡아오고 또 다른 대원이 비버 1마리를 잡아왔다. 루이스는 송어를 잡기 위해 그물을 쳐두었다. 그런 다음 일지를 마저 작성했다.

그는 서른한 번째 생일인 8월 18일자 일지 항목을 후세에 종종 인용된 자기성찰 및 자기비판의 문장으로 마무리했다.

"오늘로 나는 서른한 번째 해를 마감했다. 인생 여정의 절반가량을 지나고 있지만 인류의 행복을 진작시킨다거나 후세의 지식을 향상시키는 데 있어 아직까지 내가 한 일은 조금, 아주 조금밖에 없다. 내가 나태하게 보낸 많은 시간을 돌아보면 후회만 남고, 그 시간에 내가 지식을 얻었다면 분별력 있게 사용할 수 있었을 거라 생각하니 아쉬움뿐이다. (…) 그래도 과거를 돌이킬 수는 없으니 우울한 생각을 버리고 미래에는 내 노력을 배가하기로, 최소한 인간 존재의 두 가지 주요 목표를 진작시키기 위해 노력하기로, 자연과 운명이 내게 부여한 재능을 이용해 인류에 도움을 제공하기로 작정했다. 미래에는 인류를 위해 살아야겠다. 지금껏 내가 나 자신을 위해 살아온 것처럼."

사실 계몽시대에 살던 사람이 이 정도의 글을 쓰는 것은 결코 특이할 게 없다. 더욱이 그는 지난 며칠간의 긴장이 지나간 뒤 육체적, 감정적으로 피곤한 상태였고 미국 대륙의 가장 외진 곳에서 18명의 대원과 드뤼야르, 그리고 4명의 인디언과 함께 남아 있었다. 그는 미주리강의 발원지에 도달했지만 이제는 무시무시한 산맥을 건너야 했으며 그러기 위해서는 카메아웨이트와 그 일족에게 의존할 도리밖에 없었다.

그는 이제 인생의 절반 정도를 지나왔고 만단족 마을에서 태평양 연안에 이르는 여정도 겨우 절반 정도를 지나왔을 뿐이었다. 그리고 계절은 계속 지나가고 있었다. 이 시점에서 더 잘하자고 다짐하는 것은 자연스러운 일이었다.

루이스는 캠프 포추니트에서 6일간 머물며 쇼쇼니족에 관해 방대한 내용을 기록했다. 아울러 그는 나무상자를 뜯고 노를 잘라 만든 판자로 20개의 나무 안장을 만드는 일을 감독했다. 그는 운송 부담을 줄이기 위해 물건 중 일부를 은닉했고 천문 관측을 몇 차례 수행했다.

8월 22일, 오후 1시경에 카메아웨이트, 샤르보노, 사카가위아, 50여 명의 쇼쇼니족 남녀, 그리고 아이들이 캠프 포추니트로 왔다. 루이스는 선물을 나눠주었고 특히 두 번째와 세 번째 추장의 몫도 잊지 않았다. 그 불쌍한 아귀들이 절반쯤 굶었다는 사실을 깨달은 루이스는 옥수수와 콩으로 된 식사를 대원들에게 준비시키고 회담 후에 잔치를 베풀었다.

카메아웨이트는 이런 음식을 얻을 수 있는 곳이 있다면 자기네 부족은 거기서 살고 싶다고 했다. 루이스는 그에게 말린 호박을 몇 개 주었다. 추장은 그걸 끓여먹어 본 다음 자기 누이동생인 사카가위아한테 선물 받은 설탕이라는 작은 덩어리를 빼면 자기가 이제껏 먹어 본 것 중에서 가장 맛있는 음식이었다고 말했다. 그물로 잡은 송어는 528마리나 되었고 루이스는 그 대부분을 인디언들에게 나눠주었다. 그는 1마리당 6달러어치의 교역품을 주는 대가로 5마리의 좋은 말을 구입했다. 루이스는 그날 오전에 출발하고 싶어 했지만, 카메아웨이트는 자신들과 친한 또 다른 쇼쇼니 일족과 만날 수 있도록 하루만 더 기다리라고 했다.

루이스는 달리 선택의 여지가 없음을 알았지만 슬슬 또 다른 걱정이 생겨났다. 쇼쇼니족은 들소 평원에서의 연례 회동을 위해 모여들었고 카메아웨이트의 일족 역시 떠나고 싶어 상당히 안달하고 있었다. 그날 오후에 다른 일족이 나타나면 루이스는 그들로부터 말 3마리와 노새 1마리를 더 사려고 했다.

8월 24일 오전, 루이스는 또다시 여정에 나섰다. 이번에는 대원 18명과 샤르보노, 사카가위아, 드뤼야르, 말 9마리와 노새 1마리, 그리고 카메아웨이트의 일족과 함께 였다. 루이스는 샤르보노에게 몇 가지 물건을 주고 말을 1마리 사서 사카가위아를 태우도록 했다. 말은 여전히 더 많이 필요했다. 짐 가운데 상당수는 쇼쇼니족 여자들이 나르고 있었기 때문이다.

하지만 앞으로의 여러 가지 문제에도 불구하고 루이스는 즐거웠다. 대원들과 함께 또다시 길을 떠나게 되었다는 사실로부터 표현할 수 없는 만족감을 느끼고 있었던 것이다. 그의 즐거움은 오래 가지 못했다. 8월 25일, 사냥꾼들이 사슴 3마리를 잡아와 점심식사를 하는 동안 샤르보노는 지나가는 말로 마을에 남아 있던 쇼쇼니족이 얼마 후에 렘히 고개에서 그들과 함께 있는 카메아웨이트의 일행과 합류해 들소 사냥을 갈 예정이라고 전했다. 그는 그 이유는 잘 모르겠으며 사카가위아가 우연히 엿들은 것이라고 했다. 만약 그렇게 된다면 루이스와 대원들은 렘히 고개의 한가운데에서 겨우 10~12마리의 말과 함께 네즈퍼스 오솔길까지 동행할 길잡이도 없이 덩그러니 남겨질 판이었다.

루이스는 울화가 치밀었지만 워낙 능숙한 외교관인 까닭에 문제의 원인 제공자인 카메아웨이트를 직접 겨냥하지는 않았다. 대신 그 사실을 몇 시간 전에 알고도 입을 다물고 있었다는 이유로 샤르보노에게 잔뜩 욕을 퍼부었다. 그런 뒤에 카메아웨이트와 소추장 2명을 불러 담배를 피우며 이야기를 나누었다.

"나는 우리를 당신네 캠프까지 데려가주기로 약속하지 않았느냐고 물었다. (…) 그들은 그러기로 약속했다고 대답했다."

그렇다면 왜 우리를 버리고 당신네만 쏙 빠져서 들소 서식지로 가려고 하는 것인가? 인디언들은 고개를 푹 숙였다.

"나는 그들이 운송을 돕겠다고 약속하지 않았다면 산맥을 넘을 시도도 하지 않고 다시 강을 따라 돌아갔을 것이며, 만약 그랬다면 그들은 더 이상 자기네 땅에서 백인을 볼 수 없을 것이라고 말했다."

물론 루이스는 무슨 일이 있더라도 그 산맥을 넘을 생각이었다. 하지만 그는 도덕적으로 우월한 고지를 차지한 만큼 추장들에게 실제로 하고 싶은 생각도 없는 일을 약속하는 것은 부당하다고 훈계했다. 그는 얼른 청년 1명을 마을로 보내 루이스와 카메아웨이트 일행이 거기 도착할 때까지 사람들에게 지금 있는 곳에 그대로 있으라고 전하라고 했다.

2명의 소추장은 자신들은 이미 뱉은 말에 책임을 지고 싶고 분수계의 미주리강 쪽으로 건너가자고 일족에게 지시한 적이 결코 없다고 변명했다. 지시를 내린 것은 카메아웨이트이며 자신들은 오히려 거기에 반대했다는 것이었다. 루이스로선 이틀 전에 그들의 불만을 보고 선물을 약간 더 건넨 보답을 받은 셈이나 마찬가지였다.

"카메아웨이트는 한동안 아무 말이 없었다. 마침내 그는 자신이 잘못을 저질렀음을 깨달았고, 그건 어디까지나 자기네 일족이 굶주리고 있기 때문에 부득이하게 내린 결정이었다고 했다. 어쨌든 자기가 도와주기로 약속했으니 앞으로는 약속을 어기는 일이 없도록 하겠다고 했다."

그의 일족은 줄곧 굶주리고 있었다. 그리고 들소 서식지는 그곳에서 하루 정도 행군하면 되는 거리였다. 루이스가 그 추장의 난처한 입장을 이해했는지에 관해 아무런 기록이 없는 것은 안타까운 일이 아닐 수 없다.

루이스는 쇼쇼니족에게 먹는 일이 중요하다는 것을 알았다. 그날 오후, 일행은 고개 근처까지 도달했고 사냥꾼들은 사슴 1마리밖에 잡아오지 못했다. 루이스는 그걸 여자와 아이들에게 나눠주도록 지시하고 그들은 저녁을 먹지 않았다.

8월 26일 일출 무렵, 기온은 어는점까지 뚝 떨어졌다. 낮 동안의 행군 중에 루이스는 인디언 여자들이 뿌리채소를 모아 굶주린 아이들에게 먹이는 것을 보았다. 그날 저녁, 루이스와 대원들은 짐과 함께 렘히강의 캠프에 도착했다. 마침 그곳에는 존 콜터 이병이 클라크(하류 쪽에 캠프를 마련한)의 편지를 들고 도착해 있었다. 편지에서 클라크는 새먼강 쪽 경로는 통과가 불가능하다고 썼다. 이미 예상하고 있던 결과였다.

그날 아침, 루이스는 말을 20마리 더 사고 싶다고 카메아웨이트에게 말했다. 카메아웨이트는 자기 일족이 이미 블랙푸트족의 공격으로 말을 상당수 잃었다고 하면서도 일단 생각해보겠다고 했다. 또한 일찍이 네즈퍼스 경로를 통해 산을 넘은 적 있는 노인이 루이스와 클라크를 그리로 안내할 것이라고 말했다. 루이스는 그날의 일지 항목을 이렇게 마무리했다.

"솔직히 인디언들 특유의 변덕으로 갑자기 우리에게 판 말을 도로 가져가는 것은 아닐지 걱정된다. 그 말이 없다면 보다 용이하게 여행할 수 있을 거라는 내 희망은 사라질 것이기 때문이다."

인디언들은 말을 팔 용의가 있었지만 두 지휘관은 며칠 사이에 가격이 크게 치솟았음을 알아냈다. 쇼쇼니족은 그 거래에서 독점적 위치에 있었기 때문이다. 그들이 보기에도 백인들은 말이 없으면 결코 떠날 수 없었다. 8월 29일, 클라크가 말을 사려고 했을 때는 말 1마리 가격이 권총 1정, 칼 1자루, 탄환 100발로 급등해 있었다. 두 지휘관은 무기를 결코 남에게 내주지 않는다는 것을 원칙으로 삼고 있었지만 이쯤 되자 선택의 여지가 없었다. 결국 두 지휘관은 29마리의 말을 구입했다.

얼마 후에 제임스 론다의 말처럼 쇼쇼니족은 미국인보다 더 양키다운 장사꾼이었음이 확인되었다. 클라크가 우리에 들어가 자신들이 산 말을 확인해 본 결과, 거의 대부분 등짝이 짓무르고 몇 마리는 야위거나 너무 어렸던 것이다. 결국 두 지휘관은 쇼쇼니족이 키우는 말 떼 가운데 폐사시킬 놈들만 골라 산 셈이었다.5

루이스가 바라본 쇼쇼니족

쇼쇼니족이 원정대나 장비를 보고 매혹된 것처럼 루이스도 쇼쇼니족을 보고 매혹되었다. 만단족 이후 그가 처음으로 본 인디언인 그들은 19세기 초의 다른 부족과 마찬가지로 백인과의 접촉이 거의 없다시피 했다. 물론 카메아웨이트의 일족은 에스파냐인을 한두 번쯤 보았을지도 모른다. 그들도 많진 않지만 유럽산 교역품을 몇 가지 갖고 있었고 성능이 시원찮은 소총도 3자루 갖고 있었다.

백인이 쇼쇼니족에게 끼친 변화 가운데 가장 큰 것은 에스파냐인이 신세계로 가져온 말馬이었다. 그 다음으로 영국인과 프랑스인이 교역 상대인 대평원의 다른 부족에게 제공한 소총이었다. 카메아웨이트가 말한 것처럼 그들의 적이 무기를 입수한 까닭에 쇼쇼니족은 극심한 불이익을 당하고 삶의 제한을 받게 되었다. 그들은 대평원에도 몰래 숨어 들어가야 했고 사냥을 최대한 빨리 끝마치고 얼른 산 속의 은신처로 돌아와야 했다.

문명세계는 그때까지 쇼쇼니족에 대해 아무것도 모르고 있었다. 따라서 루이스가 캠프 포추니트에 머무는 동안 작성한 내용은 로키산맥에 거주하며 백인과 접촉한 적이 없던 인디언 부족에 관한 묘사로는 미국 역사상 최초였다.

루이스의 기록은 그 범위가 매우 넓다. 그의 호기심, 다양한 관심, 그리고 자신이 만난 부족들에 관해 제퍼슨에게 보고해야 한다는 책임감이 뭉쳐 풍부한 정보를 보여주고 있는 것이다. 루이스는 그들의 외모, 개인적 특성, 풍습, 인구, 의복, 보건, 경제, 양성간의 관계, 정치 등을 기록했다. 그 풍부한 세부사항에 비하면 이 장에서 서술하는 내용은 단순히 맛보기에 불과하다. 관심 있는 독자는 이 장을 읽은 다음 일지에 나와 있는 원문을 읽어보기 바란다.

쇼쇼니족은 체격이 작고 발목은 굵으며 다리가 굽고 발바닥이 두꺼운 데다 평평했지만 루이스는 "평균적으로 이제껏 내가 만나본 인디언 부족보다 나았다"고 평가했다. 그들의 피부색은 히다차족이나 만단족보다 더 짙었다. 지난봄에 블랙푸트족에게 습격을 당한 이후 남녀 모두가 머리카락을 목 부근에서 자르고 있었다. 이것은 사망한 일가친척을 애도하기 위한 관습의 일부였다. 카메아웨이트 역시 머리카락을 짧게 깎고 있었다.

이들은 극도의 가난 속에서도 명랑 쾌활했으며 번지르르한 옷이나 구경거리를 좋아했다. 다른 대부분의 인디언과 마찬가지로 대단한 이기주의자였고 종종 자신이 한 적도 없는 영웅적 행동을 떠벌리곤 했다. 특히 그들은 도박을 좋아했다. 비록 가진 것은 없었지만 말도 잘

하고 거래에서 정직했으며 인심이 좋고 거지 근성은 조금도 없었다.

카메아웨이트의 일족은 전사 100명, 여자와 아이 300명으로 구성되어 있었다. 나이 많은 사람은 얼마 되지 않았는데, 노인은 보살핌이나 존경의 대상이 되지 못하는 것 같았다. 남녀간의 관계에서 남자는 아내와 딸의 합법적 소유주로 자신이 생각하기에 적당하다고 보면 얼마든지 그들을 맞바꾸거나 처분할 수 있었다. 대부분의 남자는 2~3명의 아내를 데리고 있었는데, 보통은 어린 소녀를 말이나 노새와 맞바꿔 데려온 것이었다. 열세 살이나 열네 살이 되면 소녀들은 자신의 주인이자 남편에게 복종해야만 했다.

사카가위아 역시 포로로 잡혀가기 전에 그렇게 처분된 신세였고, 그녀의 남편은 여전히 그 일족과 함께 살고 있었다. 당시 그는 30대였고 이미 두 아내를 거느리고 있었다. 그는 사카가위아가 자기 아내이긴 하지만 그녀가 이미 다른 남자, 즉 샤르보노에게 넘어갔으므로 이제는 그녀를 원치 않는다고 말했다.

이것은 다행스런 일이었다. 사카가위아는 원정대와 함께 태평양으로 갈 참이었기 때문이다. 하지만 그녀가 한 달 가까이 동족과 재회하고 난 다음에 다시 길을 떠나기로 한 것이 본인의 선택이었는지 아니면 샤르보노가 강제로 따라오게 한 것이었는지는 알 도리가 없다.

그녀는 이제부터 원정대가 들어갈 곳에 한 번도 가본 적이 없었고, 산맥 서쪽의 네즈퍼스나 다른 부족의 언어도 몰랐기에 두 지휘관으로서는 굳이 그녀를 데려가지 않아도 상관없을 터였다. 다만 그녀는 이미 어엿한 원정대의 일원으로 동화되어 있었기 때문에 모두 그녀가 함께 가는 것을 당연시했을지도 모른다.

"쇼쇼니족은 자기네 여자들을 거의 존중하지 않았고 온갖 잡일을 시키며 부려먹었다. 여자들은 야생 과일과 뿌리채소를 모았고 말을 돌보거나 요리, 가죽 손질, 옷 만들기, 장작 마련, 불 피우기, 천막 제작 및 걷고 치우기를 담당했다. 여기에다 여행을 할 때는 말에 짐을 싣고 나서도 각자 짐을 운반했다. 한마디로 이곳 남자들은 사냥과 낚시를 제외하면 거의 하는 일이 없었다."

루이스는 전사들이 항상 마을을 방어해야 하는 막중한 책임을 지고 있다는 사실까지는 눈치 채지 못한 모양이다. 전사들은 늘 경계태세를 유지해야 했고 그러려면 잡일에 매달려 있을 수가 없었다. 루이스도 모든 남자가 밤에도 천막 근처의 말뚝에 전쟁용 말 중에서 가장 좋은 놈을 묶어 놓고 잔다는 것을 기록하고 있다.

"남자들은 아무리 짧은 거리도 직접 걷는 것은 체면이 깎이는 일이라고 생각했다."

루이스는 자신을 비롯해 버지니아 신사 역시 비슷한 사고방식의 소유자임을 잠시 잊은 모양이다. 루이스에 따르면 카메아웨이트란 이름은 '결코 제 발로 걷지 않는 사람'이라는 뜻이라고 한다.

쇼쇼니족 역시 여자의 정조에 대해 그다지 관심이 없었던 모양이다. 남자들은 충분한 보상만 해준다면 종종 각자의 아내를 하룻밤 혹은 더 오랫동안 빌려주었다. 하지만 그들은 일찍이 수족이 그랬던 것처럼 자기 아내를 취하라고 끈덕지게 조르지도 않았고 쇼쇼니족 여자들 중 일부는 다른 부족의 여자들보다 정숙했다.

루이스는 대원들에게 남편의 인지나 허락 없이는 그 아내와 결코 성관계를 맺어서는 안 된다고 당부했다. 하지만 그러한 당부는 애초에 필요 없는 일이었다. 몇 달 동안 금욕하며 지낸 이 젊은이들은 황갈색 피부의 아가씨들을 무척 공손하게 대했기 때문이다. 쇼쇼니족이 이제까지 백인들과 아무런 접촉이 없었음을 알게 된 루이스는 그들이 혹시 성병을 갖고 있는지 궁금해했다. 그의 목적은 대원들의 건강을 걱정하는 현실적인 차원뿐 아니라 학문적인 연구에도 있었다.

매독은 의학사에서 가장 유서 깊은 문제 중 하나이자 오늘날에도 여전히 논란의 대상이다. 그것이 미국에서 먼저 유행하다가 1492년 이후 유럽으로 건너간 것인지, 아니면 본래 유럽에서 생겨나 유럽인에 의해 북아메리카 인디언에게 전해진 것인지 불분명하기 때문이다.

루이스는 사카가위아의 도움을 받아 쇼쇼니족 가운데 성병이 있는지를 물어보았다. 그는 성병이 큰 문제임을 알고 있었지만, 그 치료법을 배우지는 못했다. 만약 그곳에 성병이 있다면 그것은 임질과 루에스베네라*가 미국의 토착적 질병이라는 강력한 증거였다.

사실 그것은 결정적인 증거가 될 수 없었다. 일찍이 쇼쇼니족은 천연두로 크게 고생했고 그것은 외부에서 들어온 것이기 때문이다. 만약 그곳에 성병이 있다면 쇼쇼니족 중 누군가가 백인과 성 접촉을 가졌던 다른 부족과 다시 접촉하는 과정에서 전염됐을 가능성이 컸다. 하지만 루이스는 이렇게 적고 있다.

"쇼쇼니족은 백인들과 거의 접촉이 없다시피 했으므로 내가 볼 때는 그런 질병이 그들에게 자체적으로 발생했을 가능성이 큰 것 같다."

쇼쇼니족 문화 중에서 루이스가 연쇄 통역이나 드뤼야르의 수화 없이도 쉽게 관찰하고 묘사할 수 있었던 것은 의복과 전체적인 외양이었다. 그는 쇼쇼니족의 셔츠, 레깅스, 망토, 슈미즈는 물론 조개껍질

---

*루에스베네라는 매독을 뜻하는 라틴어다. 임질은 19세기 초반에 매독과 똑같은 것으로 종종 혼동되었지만, 루이스는 이 두 가지를 분명히 구분하고 있다(몰턴편, 『일지』, 제5권, 125쪽)(원주).

과 구슬, 완장, 가죽 칼라, 온갖 색으로 물들인 호저 가시, 귀걸이 등에 관해 상당히 길게 기록했다.

루이스는 쇼쇼니족의 티펫tippet*을 가리켜 "지금껏 내가 본 인디언의 옷 중에서 가장 우아한 것"이라고 했다. 이는 100~250장의 무두질한 수달가죽을 이어 붙여 만든 망토였다. 그도 카메아웨이트에게 하나 선물 받고는 무척 좋아했다.** 신발 역시 매우 장식적이었다.

"잘 차려 입은 청년은 모카신의 윗부분을 스컹크가죽으로 장식하고, 그 짐승의 꼬리를 뒤축에 달아 어딜 가든 땅에 끌리도록 했다."

의복과 관습 외에 루이스가 가장 관심을 가졌던 것은 쇼쇼니족의 정치와 경제였다. 앞으로 미국이 루이지애나와 산맥 너머에 건설할 교역 제국 안으로 이 부족을 통합하려는 목적이 있었기 때문이다. 그러기 위해서는 우선 미주리강을 따라 이 산맥에 이르는 지역에 전반적인 평화를 정착시켜야 했지만 쇼쇼니족의 경우에는 그런 방향으로 몰고 갈 필요조차 없었다. 그들은 침략자가 아니라 피해자였기 때문이다.

그 목표에 쇼쇼니족이 기여할 수 있는 것은 족제비, 수달, 그리고 다른 이국적인 산짐승의 가죽을 공급하는 것이었다. 만약 그들에게 덫 사냥법을 가르쳐주고, 그들이 꾸준히 흘러들어 오는 백인들의 상품에 의존하도록 만들 수 있다면 충분히 가능한 일이었다. 쇼쇼니족은 처절하리만치 가난했기 때문에 경제라고 할 만한 것이 없었다. 봄과 여름

---

*어깨에 걸어 늘어트리는 목도리의 일종(역주).
**1807년, 화가 샤를 B. J. 페브르 드 생 메맹은 루이스가 그 망토를 입고 있는 모습을 화폭에 담았다. 본서 제35장 말미의 도판을 참고하라(원주).

이면 연어로, 가을과 겨울이면 들소로 연명하는 것이 전부였다.

그나마 그들이 들소를 사냥할 수 있었던 것은 말 덕분이었고, 말은 그들 사이에서 유일한 부의 원천이었다. 총을 가진 사람이 극소수였던 터라 말이 없었다면 이들의 사냥 솜씨는 시원찮았을 것이다. 8월 23일, 루이스는 10~12명의 청년 전사가 말을 타고 노새사슴을 뒤쫓는 광경을 보았다. 그 추적은 무려 4마일이나 계속되었으며 그야말로 대단한 구경거리였다.

정오가 지나서 사냥꾼들은 사슴 2마리와 가지뿔영양 3마리를 잡아왔다. 놀랍게도 사냥꾼들은 애써 잡은 고기를 나눠 갖지 않았다. 그 짐승을 실제로 죽인 사람의 가족이 와서 모두 가져갔다.

"이것은 내가 지금껏 만난 그 어떤 인디언 부족에게서도 볼 수 없던 관습이었으므로, 나는 왜 사냥꾼들이 고기를 나눠 갖지 않는지 물었다. 그 대답은 고기가 워낙 귀하기 때문에 짐승을 실제로 죽인 사람과 그 가족이 갖는 것이 마땅하다는 것이었다."

그들의 요리 도구는 무척 원시적이었다. 장작을 팰 도끼나 손도끼가 없어서 돌멩이나 엘크 뿔을 이용했다. 주방용품도 흙으로 빚은 항아리나 들소 뿔로 만든 숟가락뿐이었다. 루이스는 카메아웨이트의 일족이 보유한 금속성 물건의 목록을 열거했다.

"신통찮은 칼 몇 자루, 놋쇠 솥 몇 개, 철제와 놋쇠 완장 몇 개, 머리에 장식으로 다는 단추 몇 개, 길이 1푸트짜리 창 1~2개, 그리고 그들의 말로는 로키산맥 인디언에게 말을 주고 맞바꾸었다는 철제와 놋쇠 촉이 달린 화살 몇 개가 전부였다."

고작 금속제 활촉 몇 개를 얻기 위해 말을 팔아야 할 정도로 원시적인 부족이라면, 반드시 보다 방대한 교역 체제에 편입될 필요가 있었다. 쇼쇼니족이 가장 귀중하게 여기는, 그리고 전적으로 의존하는 자산은 바로 청년들의 용맹이었다. 이들의 자녀 양육은 용맹한 전사를 키워내는 것을 목표로 하고 있었다.

"그들은 아이들을 나무라는 경우가 드물었고 특히 사내아이들은 무엇이든 제 마음대로 했다. 인디언들은 사내아이를 매질하면 그 아이의 영혼이 위협받고 손상되며, 자라난 뒤에도 정신적 주체성을 회복하지 못하기 때문이라고 했다."

정치에서 이들은 가장 나이가 많거나 현명하거나 말을 잘하는 사람을 따르는 것이 아니라 가장 용맹한 사람을 따랐다. 관습은 있었지만 법률이나 규율은 없었다.

"각자의 유일한 주인은 각 개인뿐이었고 모두 자기 마음대로 행동했다. 추장의 권한은 그저 훈계 수준에 불과했으며 이를 뒷받침하는 것은 그의 모범적인 품행이 지닌 영향력이었다. 또한 추장의 직책은 세습이 아니었고 언제부터 그런 직책을 얻게 되었는지를 알 수 있는 취임 행사나 다른 계기 같은 것은 전혀 없었다. 사실상 모두가 제각기 추장인 셈이었지만, 그렇다고 모두가 그 집단의 다른 구성원에게 똑같은 영향력을 행사할 수 있었던 것은 아니다. 그저 그중에서도 사람들의 신뢰를 가장 많이 확보하는 사람이 추장이 되는 셈이었다."

용맹이 주된 미덕이었기 때문에 쇼쇼니족 중에서 이름을 떨치고 싶은 사람은 자신이 용맹하다는 것을 보여주어야 했다. 그중에서도 최상은 전쟁에서의 공적이었고 이는 쇼쇼니족의 정치 구조에서 가장 기본적인 것이었다.

이러한 관찰을 토대로 루이스는 단순히 언어적 통합을 넘어 미국이 미시시피강 서쪽의 인디언 부족을 자신들의 교역 제국으로 통합하는 과정에서 부딪히게 될 문제에 대해 통찰을 얻게 되었다. 그는 자신이 포트만단에서 히다차족 추장들에게 미주리강 유역에 전반적인 평화가 정착될 경우에 생길 이득을 설명했던 일을 떠올려 보았다. 노인들은 기꺼이 동의했지만, 일찍이 영예를 얻은 추장들의 경우에는 전쟁 상태가 불편하다는 것을 상당 부분 시인한 것에 불과했다. 어느 청년 전사가 던진 질문에 대해서는 루이스도 차마 대답할 수가 없었다. 그는 "이웃 부족과 평화롭게 지내면 부족이 어떻게 추장을 뽑느냐"고 반문했다. 더불어 늙은 추장은 곧 죽을 것이고 부족은 추장 없이 살아갈 수 없다고 했다.

그 히다차족의 청년 전사는 미주리강과 로키산맥 인근의 인디언 부족을 덫 사냥꾼 겸 교역 상대자로 끌어들이려는 미국의 정책이 실현 불가능한 것임을 고스란히 보여준 셈이다. 그들이 전쟁을 포기하도록 하려면 정복이나 위협밖에 방법이 없을 터였다. 설득과 교역으로 서부 인디언 부족들 간에 평화로운 왕국을 건설하려던 제퍼슨의 꿈은 이른바 태평양까지의 완전수로를 찾으려던 그의 또 다른 꿈만큼이나 허황된 것이었다.

비터루트산맥 통과

1805년 9월 1일~10월 6일

원정대는 9월 1일 아침 일찍 출발해 높고도 울퉁불퉁한 언덕을 지나 오늘날의 새먼강 북쪽 지류(루이스와 클라크가 피시 개울Fish Creek이라고 명명한)로 향했다. 이들은 쇼쇼니족 길잡이의 도움을 받았는데 두 지휘관은 그를 토비Toby 영감이라고 불렀다. 이들은 거의 정북쪽으로 대륙분수계를 향해 올라갔다(그들의 오른쪽이 동쪽이었다).

원정대는 그때까지 어떤 미국인도 가보지 못한, 그리고 미국 대륙에서도 가장 지나가기 힘든 산맥 가운데 하나에 들어서고 있는 셈이었다. 그 지역은 어찌나 외지고 험한지 이후 200년이 지난 오늘날까지도 상시 거주민이 없다. 가파른 산 사이를 가로지르는 개울과 협곡에 대한 두 지휘관의 기록에도 혼동이 많아 이 구간은 원정대의 전체 여정 중에서 가장 논란의 여지가 많은 부분으로 남아 있다. 이 분야의 전문가인 해리 메이저스Harry Majors는 이 경로를 두고 "루이스와 클라

크의 원정 전체를 통틀어 가장 모호하고 수수께끼 같은 대목"이라고 말했다.1

클라크는 그 경로를 이렇게 묘사하고 있다.

"초목을 잘라내지 않으면 길을 만들 수 없던 숲을 통과하고, 말들이 자칫하면 미끄러져 죽을 뻔한 돌투성이 언덕길을 넘었다. 가파른 언덕길을 오르고 또 내리고 (…) 엄청난 어려움과 위험 속에서 우리는 7마일 반을 행군했다."

원정대가 분수계를 향해 올라가면서부터 행군은 더욱 힘들어졌다. 9월 3일에는 눈까지 내렸다. 마지막 남아 있던 온도계마저 깨졌고 클라크는 그날의 비참한 신세를 가감 없이 요약했다.

"우리는 거대한 언덕들을 지나갔는데 이것은 말들이 통과한 길 중에서 최악이었다. 말들은 자주 넘어졌다."

뇌조를 제외하면 산중에는 사냥감도 없는 데다 이곳에서 소금에 절인 돼지고기가 딱 떨어지고 말았다. 어쨌든 그들은 일단 분수계에 도달했다(롱 트레일 고개Long Trail Pass를 통해서인지, 아니면 치프 조셉 고개Chief Joseph Pass를 통해서인지는 여전히 논란의 대상이다). 그곳에서 이들은 몇 마일을 더 가고 오늘날의 아이다호주와 몬태나주의 국경 지역에 도달한 다음, 거기서부터 분수계의 서쪽인 비터루트 계곡Bitterroot Valley으로 내려갈 계획이었다. 그날 밤은 기온이 뚝 떨어졌다.

9월 4일, 원정대는 깎아지른 계곡을 내려간 끝에 루이스가 클라크강Clark's River이라고 명명한, 북쪽으로 흐르는 강에 도달했다(오늘날의 비터루트강Bitterroot River을 말한다). 그 인근인 오늘날의 로스홀Ross's Hole에서 두 지휘관은 샐리시족Salish을 만났다. 400여 명의 사람과 500여 마리의 말로 이루어진 일족이었다.

두 지휘관이 플랫헤드족이라고 부른 샐리시족은 쇼쇼니족과 동맹 관계에 있었기 때문에 매우 호의적이었다. 당시 그 일족은 카메아웨이트의 일족과 만나기 위해 스리 포크스로 가던 길이었다. 그들 중에 쇼쇼니족 출신 소년이 있었던 덕분에 다소 번거롭긴 해도 의사소통은 가능했다. 두 지휘관은 기존의 연쇄 통역으로 그 소년과 이야기를 주고받았다.

처음 보는 인디언과 만날 때면 늘 그랬듯 루이스는 샐리시족 언어도 수집했는데, 이번에는 각별히 주의를 기울였다. 그 부족의 말투에서 쉰 목소리 같은 후음을 감지한 그는 혹시 이 부족이 매덕 대공 Prince Madoc*과 웨일스족 인디언의 후예가 아닌가 하고 추정했기 때문이다. 제퍼슨은 많은 사람이 믿고 있는 그 끈질긴 소문이 사실인지 찾아보라고 지시했던 것이다. 물론 샐리시족은 웨일스족이 아니었다. 하지만 조셉 화이트하우스 이병은 그들에 대해 "우리가 지금껏 만난 인디언 중에서 가장 친근감이 들고 정직한 야만인이었다"라고 적었다.2

그들은 자신들의 식량도 넉넉지 않은 상태에서 베리와 뿌리채소를 원정대에게 나눠주었고, 쇼쇼니족이 요구했던 것에 비해 훨씬 싼 가격에 말을 팔았다. 아마도 이들은 루이스와 클라크가 얼마나 다급한 실정인지 미처 몰랐을 것이다. 두 지휘관은 겨우 물건 몇 가지를 주고 무려 13마리의 말을 구입했고, 나아가 샐리시족은 기진맥진한 원정대의 조랑말 7마리를 클라크의 표현대로 '우아하게 생긴 말들'과

---

*미국 민간 전설의 주인공. 웨일스지방 귀네드 대공의 사생아로 태어나 콜럼버스보다 3세기 앞선 1170년에 미국 땅을 밟았으며 이후 그의 후손이 미국에 남아 이른바 웨일스족 인디언이 되었다고 한다. 물론 역사적 근거는 없지만 루이스와 클라크의 원정 당시 제퍼슨도 이 전설을 믿었을 만큼 세간에서 크게 회자되었다(역주).

바꿔주는 친절까지 보여주었다. 원정대는 이제 말 39마리와 망아지 3마리, 그리고 노새 1마리를 갖게 된 셈이었다. 이 짐승들은 화물을 싣거나 사람을 태우는 데 사용하고 최악의 경우에는 식량으로 쓸 참이었다.3

9월 6일 아침, 두 지휘관은 쇼쇼니족의 말에 실었던 짐을 덜어 샐리시족의 말에 싣도록 지시했다. 오후쯤 그 일이 마무리되자, 원정대는 비터루트강을 따라 북쪽으로 내려갔고, 샐리시족은 들소 사냥을 위해 스리 포크스로 말을 달렸다. 원정대는 10마일을 행군한 뒤에 캠핑을 했지만 먹을 것이라고는 뇌조 2마리와 베리 약간뿐이었다. 밀가루는 이미 떨어졌고 남은 식량은 옥수수 약간과 루이스가 필라델피아에서 구입했던 즉석수프뿐이었다.

이후 사흘간 넓고도 아름다운 비터루트 계곡을 따라 내려가는 여정은 비교적 수월했다. 원정대는 7일에 22마일, 8일에 23마일, 9일에 21마일을 주파했다. 하지만 이들이 행군하는 내내 왼쪽(서쪽)에는 눈 덮인 비터루트산맥이 버티고 있었고, 그 위용은 패트릭 개스 하사의 말처럼 "이제껏 본 것 중에 가장 무시무시한 산"이었다.4 원정대는 그 장벽을 넘어가야만 했다.

비터루트강은 카누를 띄울 수 있을 만큼 넓었지만, 두 지휘관은 거기서 배를 만들고 다시 수로로 나설 생각은 없었다. 토비 영감에게 강의 행로를 물어보았지만, 그는 줄곧 북쪽으로 흐른다는 대답뿐이었고 그것이 컬럼비아강과 연결되는지 아닌지는 알 수 없었다(나중에 연결되긴 했지만 북쪽으로 아주 멀리 가서 연결되었다). 강에 연어가 전혀 없다는 사실을 통해 두 지휘관은 그 하류에 큰 폭포가 있음을 알 수 있었다.

토비 영감에게 그 인근의 지리를 좀더 자세히 물어본 결과, 루이스는 몇 마일 하류(오늘날 몬태나주 미줄라Missoula에서 바로 서쪽)에서 비터루트강이 또 다른 강(오늘날 클라크포크강Clark Fork)과 합류한다는 사실을 알게 되었다. 대륙분수계에서 발원해 계곡을 따라 멀리까지 흐르는 지류였다. 만약 원정대가 클라크포크강을 거슬러 올라가 그 발원지까지 간다면, 그들은 상당히 낮은 오솔길을 통해 분수계를 지난 다음 완만한 길을 따라 내려가서 게이트 오브 로키 마운틴스 근처의 미주리강까지 갈 수 있을 터였다. 토비 영감은 "그 경로를 통하면 여기서부터 미주리강까지 나흘이면 갈 수 있다"고 했다.

겨우 나흘이라니! 지금까지 원정대는 게이트 오브 로키 마운틴스에서 이곳까지 오는 데 무려 53일을 허비했다. 잘만 했더라면 무려 7주일이라는 시간을 절약할 수도 있었다는 사실을 알았을 때, 과연 루이스는 어떤 심정이었을까? 그건 오로지 본인만이 알고 있을 것이다.*

9월 9일 밤, 원정대는 서쪽에서 흘러들어 오는 개울(오늘날의 롤로 개울로 미줄라에서 남남서 쪽으로 10마일가량 떨어져 있다)과의 합류지점에서 캠핑을 했다. 토비 영감은 그 지점에서 비터루트강을 벗어나 롤로 개울을 따라 정서쪽을 향해 산맥을 넘어야 한다고 했다. 행군하는 내내 누구나 감히 왼쪽으로 시선을 돌리지 못할 만큼 꺼려 왔던 시련이 드디어 시작되려는 순간이었다. 루이스는 "그 미지의 만만찮은 산맥을 향한 원정대의 공략은 오로지 토비 영감의 말에 의거한 것이다.

---

*물론 토비 영감의 이야기는 말을 타고 나흘이 걸린다는 것이었다. 루이스와 클라크는 그레이트폴스 위쪽의 미주리강을 거슬러 올라오는 내내 말을 1마리도 갖고 있지 못했다(원주).

찰스 M. 러셀, 〈로스 홀의 인디언들Indians at Ross' Hole〉 (1912) (몬태나 역사학회)

영감의 동족들은 100명 가운데 99명이 그 고개를 지나기는 불가능하다고 장담했다"고 적었다.5

9월 10일 아침, 루이스는 사냥꾼을 모조리 내보냈고 이들은 사슴 4마리, 비버 1마리, 뇌조 3마리를 잡아왔다. 그보다 더 반가운 일은 존 콜터 이병이 산맥 너머에 산다는 인디언 3명을 데려온 것이었다. 두 지휘관은 플랫헤드족이라고 불렀지만 그들은 당연히 네즈퍼스족이었을 것이다. 인디언들은 자기네 말 21마리를 훔쳐간 어느 쇼쇼니족 일족을 뒤쫓고 있었다. 이는 곧 산맥을 충분히 넘어 다닐 수 있다는 뜻이었다.

인디언 3명 중 1명은 백인들 곁에 남아 그들을 자기네 일족에게 데려다주기로 했다. 그의 말로는 자기네 일족이 숫자도 많으며 산맥 아래 컬럼비아 강변의 평원에 거주하고 있고 그 강은 상태가 좋아 바다까지 배로 운항이 가능하다고 했다. 인디언은 또한 자기네 일족 가운데 일부는 작년 가을에 바다에 다녀왔는데, 백인 노인 1명이 거기 혼자 살고 있다고 전했다. 그중에서도 가장 반가운 소식은 자기네 일족이 있는 곳까지 가려면 다섯 번만 자면 된다는, 즉 엿새면 충분하다는 말이었다.

엿새 동안의 여행이라면 그리 나쁠 것 없었다. 어쩌면 저 산맥은 겉보기만큼 무시무시하지 않은지도 몰랐다. 더 자세히 물어본 결과, 비터루트강으로 흘러들어 오는 지류(오늘날의 클라크포크강)를 따라 북쪽으로 몇 마일쯤 가면 그보다 더 작은 개울(오늘날의 블랙푸트강)이 나온다고 했다. 그 개울은 동쪽으로 멀지 않은 거리에서 흘러오는데(오늘날의 미줄라 인근 지점) 네즈퍼스족이 대륙분수계를 건널 때 이용하는 낮은 고개가 바로 그 개울로, 네즈퍼스족은 그 경로를 이용해 디어본강이나 메디신강(오늘날의 선강Sun River) 인근의 들소 서식지로 간다고 했다.*

이 소식은 미주리강 유역에서 비터루트산맥 서편의 네즈퍼스족 영토까지 가려면 산을 두 번이나 넘어야 한다는 것을 확인해주었다. 그리고 두 지휘관은 자신들이 이미 지나온 것 말고도 대륙분수계를 넘는 더 나은 경로가 2개나 더 있음을 알게 되었다. 그중 하나는 오늘날의 클라크포크강을 통해 맥도널드 고개MacDonald Pass(해발 6,320피트)를 넘어 헬레나(게이트 오브 로키 마운틴스)까지 가는 것이고, 또 하나는 블랙푸트강을 통해 오늘날의 루이스 앤드 클라크 고개(정확히 해발 6,000피트)를 넘어 그레이트폴스까지 가는 것이다. 그밖에 다른 경로로는 기번스 고개Gibbons Pass(해발 6,941피트)를 넘어 위즈덤강을 따라

---

*지도 3을 참고하라(역주).

제퍼슨강까지 가는 것이 있었다.*

 이 중에서 어떤 것이 제퍼슨의 지시에 딱 맞아떨어지는가는 오로지 탐사를 해보아야만 알 수 있었다. 하지만 그런 부차적인 탐사를 하기에는 계절이 너무 늦어버린 상태였다. 원정대는 서쪽, 즉 태평양으로 향해야 했다. 내년 여름, 돌아오는 길에나 다른 경로를 실험해볼 수 있을 터였다. 지금으로서는 눈이 내리기 전에 비터루트산맥을 넘는 것이 급선무였다.

 9월 10~11일의 밤중에 말 2마리가 달아나버렸다. 오후 3시에야 그놈들을 잡은 원정대는 롤로 개울을 거슬러 오르며 네즈퍼스 오솔길을 따라 산맥을 넘기 시작했다(이 길이 오늘날의 롤로 오솔길이다). 이들은 달아난 말 때문에 값비싼 대가를 치러야 했다. 길잡이 노릇을 해주기로 했던 인디언이 참다못해 먼저 떠나 버렸던 것이다. 그날 원정대는 7마일을 행군하고 나서 캠핑을 했다.

 다음날 아침, 이번에는 루이스의 말이 달아나버렸다. 클라크가 대원들을 이끌고 행군하는 동안 그는 뒤에 남아 말을 찾기로 했다. 바위에서 분출되며 끓어오를 듯 뜨거운 온천(오늘날의 롤로 핫스프링스Lolo Hot Springs)에 도달한 클라크는 루이스가 뒤따라오기를 기다렸다. 루이스가 뒤따라오고 난 뒤, 원정대는 비터루트 유역과 서쪽으로 흐르는 강물을 갈라놓는 분수계를 가로질렀다. 오늘날의 롤로 오솔길에서 동쪽으로 2마일쯤 더 간 지점에서 원정대는 아름답고 탁 트인 평지를 만났다(오늘날의 패커 목초지Packer Meadows). 원정대는 그곳을 지나 오

---

*지도 6을 참고하라(역주).

늘날의 팩 개울Pack Creek(루이스와 클라크가 글레이드 개울Glade Creek이라고 부른)을 따라 내려가 캠프를 설치했다.

클라크는 분수계 서쪽 길이 "탁 트이고 튼튼했다"고 썼다. 만약 그 인디언이 제공한 정보가 정확하다면 또한 만약 그 길이 계속 그렇게 좋기만 하다면, 원정대는 앞으로 나흘 안에 비터루트산맥을 통과할 것이었다. 하지만 9월 14일에는 비와 우박이 내리더니 결국 눈까지 내렸다. 설상가상으로 토비 영감이 길을 잃고 말았다.

네즈퍼스 오솔길은 원래 두 지휘관이 쿠스쿠스키강Kooskooskee River이라고 부른 곳(오늘날의 로크사강Lochsa River)의 북쪽에서 능선을 따라가게 되어 있었지만, 토비 영감은 그만 원정대를 계곡 밑에 있는 쿠스쿠스키 강변의 인디언 낚시 캠프로 안내했던 것이다. 그곳에는 최근까지만 해도 인디언이 살았기 때문에, 이미 그들의 조랑말 떼가 풀을 모두 뜯어먹은 뒤였다. 원정대로선 불운한 일이 아닐 수 없었다.

캠프를 마련하고 나자(오늘날의 파월 레인저 지구대Powell Ranger Station 근처) 대원들은 물론 말 떼도 너무 피곤하고 배가 고팠다. 사냥꾼들도 전혀 성과를 거두지 못한 터라 어쩔 수 없이 망아지를 1마리 잡아먹었고 그 남쪽 지류를 콜트 킬드(망아지를 잡은) 개울Colt killed Creek이라고 명명했다.*

15일, 원정대가 쿠스쿠스키강을 따라 하류로 4마일쯤 행군했을 무렵 토비 영감은 그제야 자신의 실수를 깨닫고 일행을 북쪽 강변 위쪽으로 펼쳐진 능선으로, 즉 오늘날의 웬도버 능선Wendover Ridge으로

---

*지도 4에는 킬드 콜트 개울로 나와 있고, 정식 명칭은 화이트샌드 개울이다(역주).

인도했다. 그 행군은 정말이지 힘겨웠다. 수없이 쓰러져 있는 나무 때문에 가파른 오르막길을 오르는 것은 더욱 어려웠다. 말 가운데 몇 마리가 미끄러지면서 언덕 밑으로 굴러 떨어졌다. 클라크의 야전책상을 싣고 가던 말도 산 아래로 40야드쯤 굴러 떨어지다가 다행히 어떤 나무에 걸렸다. 책상은 박살이 났지만 말은 무사했다. 막상 능선(해발 7,000피트가량)에 이르고 보니 이번엔 물이 없었다. 대원들은 눈을 녹인 물에 전날 잡아먹고 남은 망아지 고기를 넣어 수프를 끓였다.

그 엄청난 수고에도 불구하고 그날 행군거리는 12마일에 불과했다. 그보다 더욱 맥 빠지는 것은 클라크의 말처럼 "그 산봉우리에서는 사방으로 눈길이 닿는 데까지 온통 높고도 험한 산밖에 보이지 않았다"는 점이었다. 앞으로 이틀 안에 그곳을 통과하기는 불가능해 보였다.

9월 16일은 원정대가 그때까지 겪은 것 중에서 최악의 날이었다. 일출 3시간 전부터 내리기 시작한 눈은 하루 종일 퍼부었고 6~8인치 높이로 쌓였다. 클라크는 대열의 맨 앞에서 걸으며 오솔길을 찾았지만 눈 때문에 쉽지 않았다. 간혹 소나무에 잔뜩 쌓인 눈이 나뭇가지가 부러지면서 그 밑을 지나가는 대원들의 머리 위로 쏟아지곤 했다. 클라크는 일지에 "이처럼 온몸 구석구석까지 흠뻑 젖고 추워보기는 평생 처음"이라고 적었다. 원정대는 그날 13마일을 행군했고 또다시 망아지를 1마리 잡아서 모두들 배불리 먹었다.

거의 굶어죽을 지경이 된 말 떼는 그날 밤에 몰래 달아나 풀을 찾으러 다녔다. 대원들은 말 떼를 찾아서 데려오느라 다음날 오전 내내 헤매야만 했다. 오후 1시가 되어서야 원정대는 출발했다. 길은 극도로 나빠서 그날은 겨우 10마일밖에 행군하지 못했다. 원정대는 물이 가득 들어찬 어느 함락공 근처에 캠프를 차렸다. 사냥꾼들이 뇌조 몇 마리밖에 잡아오지 못해 부득이하게 마지막 남은 망아지를 잡았다.

대원들의 사기는 무척 떨어져 있었다. 체력적 인내의 한계에 근접해 있었던 것이다. 식량은 다 떨어졌고 사냥감을 찾을 가망성은 없었다.* 하지만 이제 와서 후퇴할 수도 없었다. 닷새나 걸려 다시 비터루트강까지 돌아갈 수는 없었기 때문이다. 그러니 앞으로 나아가는 것밖에 방법이 없었다.

두 지휘관은 의논 끝에 다음날 아침, 클라크가 사냥꾼 6명을 데리고 먼저 출발하기로 결정했다. 선발대는 서둘러 평지로 가서 사냥을 한 다음 식량을 갖고 돌아와 본대에 전해주는 역할을 할 것이었다. 대원들은 분산되는 것을 싫어했고 특히 그처럼 끔찍한 산맥 안에서 분산되는 것은 더욱 싫어했지만 명령을 따랐다.

9월 18일 아침, 클라크는 동이 트자마자 출발했다. 그날 루이스는 다시 일지 작성을 시작했다(그 이전까지만 해도 그는 3주일간 겨우 두 번밖에 일지를 작성하지 않았다). 그는 말 떼의 체력이 허락하는 데까지 최대한 멀리 행군하기 위해 대원들에게 일찌감치 말 떼를 준비시키도록 명령했다. 하지만 알렉산더 윌러드 이병의 말이 부주의로 그만 달아나버리고 말았다. 루이스는 나머지 대원들이 망아지 고기로 아침식사를 하는 동안 가서 말을 찾아오라고 그에게 명령했다. 원정대는 오전 8시 30분에 출발했다(윌러드는 결국 말을 찾지 못했고 그날 오후 늦게야 본대에 합류했다). 그날 루이스는 18마일을 행군해 가파른 산비탈에서

---

*역설적이게도 오늘날 이곳은 큰 짐승이 많은 사냥터로 각광받고 있다. 외지에서 온 사냥꾼들은 수백 달러씩 내고 허가증을 얻은 다음 이 산맥에서 엘크와 곰을 사냥한다. 그러나 1805년만 해도 그런 짐승들은 산 아래의 평원과 목초지에 있었다. 훗날 목장주와 농부들이 진출하면서 짐승들이 산 위로 쫓겨 갔을 뿐이다(원주).

캠핑했다. 그는 얼마 안 되는 즉석수프, 그리고 곰 기름 조금과 약 20파운드의 양초가 들어 있는 통을 몇 개 꺼냈다.

상황은 치명적이었다. 루이스에 따르면 유일하게 의지할 것이라곤 총과 짐말뿐이었다. 짐말을 잡는다는 것은 그들이 운반 중인 짐의 대부분을 버린다는 뜻이었으며, 귀환 여정은 말할 것도 없고 태평양조차 요원한 상황에서 상상도 못할 일이었다. 뇌조, 독수리 종류에 속하는 파란 새(피니언어치나 스텔러어치) 몇 마리밖에 없는 그 지역에서는 소총마저도 사실상 도움이 되지 못했다. 결국 전진하는 것밖에 도리가 없었다.

다음날 아침, 루이스는 동이 트자마자 대원들을 출발시켰다. 6마일쯤 간 지점에서 능선이 끝나자(오늘날의 셔먼봉Sherman Peak에 해당하는 지점) 남서쪽으로 길게 뻗어 있는 거대한 평원지대가 보였다. 산맥은 그것으로 끝난 셈이었다. 평원은 60마일 정도 떨어져 있는 듯 보였지만 토비 영감은 내일쯤이면 그 경계에 도달할 것이라고 장담했다. 루이스는 계속해서 전진했다.

"길은 극도로 위험했고 (…) 좁고 돌투성이인 길이 대개는 가파른 절벽에 나 있어서 사람이든 말이든 거기서 한번 떨어지면 산산조각이 날 상황이었다."

그날 오후 늦게 말 1마리가 떨어져 짐을 실은 채 거의 100야드 밑에 있는 개울에 빠졌다.

"우리는 모두 그 말이 죽었으리라 생각했지만 놀랍게도 짐을 벗겨내자 말은 제 발로 일어났고 가벼운 상처밖에 나지 않았다."

루이스는 행운이 따른다고 생각했지만 그것은 잠시뿐이었다. 다른 무엇보다 대원들 상당수가 이질로 고생했고 거의 전부가 피부의 부스럼, 발진으로 고통을 겪었다. 아마도 쇼쇼니족 여자들과의 접촉에서 옮은 성병 탓일 것이다.

다음날, 2마일가량 행군한 루이스는 무엇보다 반가운 광경을 목격했다. 클라크 대장이 잡아먹고 남은 말고기를 놓아두었던 것이다. 또한 클라크는 자신이 최대한 빨리 평원으로 향할 생각이며, 거기서 루이스가 올 때까지 사냥을 하고 있겠다는 편지를 남겼다. 대원들은 말고기로 배불리 식사를 했다.

하지만 식사 도중에 루이스는 한 가지 좋지 않은 소식을 보고받았다. 짐말 가운데 1마리가 사라져버린 것이다. 그 말에 실린 짐은 루이스에게 무엇보다 귀중한 것, 바로 겨울옷이었다. 그는 르파주 이병을 보내 그 말을 찾아오게 했지만, 르파주는 끝내 말을 찾지 못하고 오후 3시에 돌아왔다. 루이스는 대원 중에서도 가장 뛰어난 산사람 둘을 보내 말을 찾게 하고 나머지는 행군을 시작했다.

그날 밤, 원정대는 클라크가 남겨 둔 말고기를 모조리 먹어치웠다. 그리 많은 양이 아니었기 때문이다. 대원들이 춥고 배고프고 지치고 처량한 신세로 모닥불 곁에 앉아 있는 사이, 루이스는 장차 과학적 지식의 증진(물론 그가 자신의 일지를 들고 문명사회로 무사히 귀환할 수만 있다면)을 위해 마지막 남은 힘까지 끌어 모았다.

그는 여러 종류의 지빠귀류, 스텔러어치, 회색어치, 까막딱다구리(오늘날 루이스딱따구리), 청색뇌조, 가문비뇌조, 오리건목도리뇌조, 산허클베리, 오리나무, 미국향나무(루이스는 이를 측백나무라고 불렀다) 등에 관해 묘사했다. 이 가운데 지빠귀류를 제외한 나머지는 당시의 학계에 생소한 것이었다.

9월 21일, 루이스는 오전 11시가 되어서야 출발했다. 말 떼를 다시 모아들이고 잃은 말이 도착할 때까지 기다려야 했기 때문이다. 5마일쯤 갔을 때, 그는 클라크의 캠프 자리를 지나가게 되었다. 클라크는 그곳을 헝그리(굶주린) 개울Hungry Creek이라고 불렀는데, 그곳에 이르렀을 때 먹을 게 전혀 없었기 때문이다. 거기서 6마일쯤 더 간 다음, 루이스는 작지만 탁 트인 강기슭에 도착했고 그곳에 캠프를 만들었다.

"나는 내일 아침에도 시간을 허비하지 않도록 말 떼를 묶어 두라고 지시했다. 내일 중에 가급적 평지에 도착하기 위해 최대한 많이 행군할 작정이다."

사냥꾼들은 뇌조를 몇 마리 잡았고 루이스는 코요테를 1마리 잡았다. 여기에 남은 말고기와 가재를 곁들여 또 한 번 배불리 먹었지만, 다음에는 과연 뭘 잡을 수 있을지 아무도 모르는 일이었다.

다음 날 2마일 반쯤 행군했을 때, 클라크의 선발대 중 1명인 루빈 필드 이병이 나타났다. 필드는 클라크가 네즈퍼스족에게 얻은 말린 생선과 뿌리채소를 들고 본대를 맞이하러 온 것이었다. 필드는 거기서 7마일쯤 서쪽으로 가면 네즈퍼스족 마을이 있으며, 클라크가 이미 인디언들과 호의적으로 접촉해 식량을 조달했다고 말했다.

식사 후에 원정대는 18개의 움막으로 이뤄진 마을을 향해 떠났고 오후 5시에 그곳에 도착했다. 트래블러스 레스트를 떠난 지 무려 11일 만에 160마일을 지나 온 것이었다. 이것은 미국 역사상 가장 놀라운 강행군 중 하나일 것이다.

로키산맥을 넘는 위업이 가능할 수 있었던 것은 탁월한 지도력 덕분이었다. 루이스와 클라크는 원정대를 강인하고 뛰어나게 훈련된 한 가족으로 만들어냈다. 무엇보다 두 지휘관은 기강이 해이해지지 않도

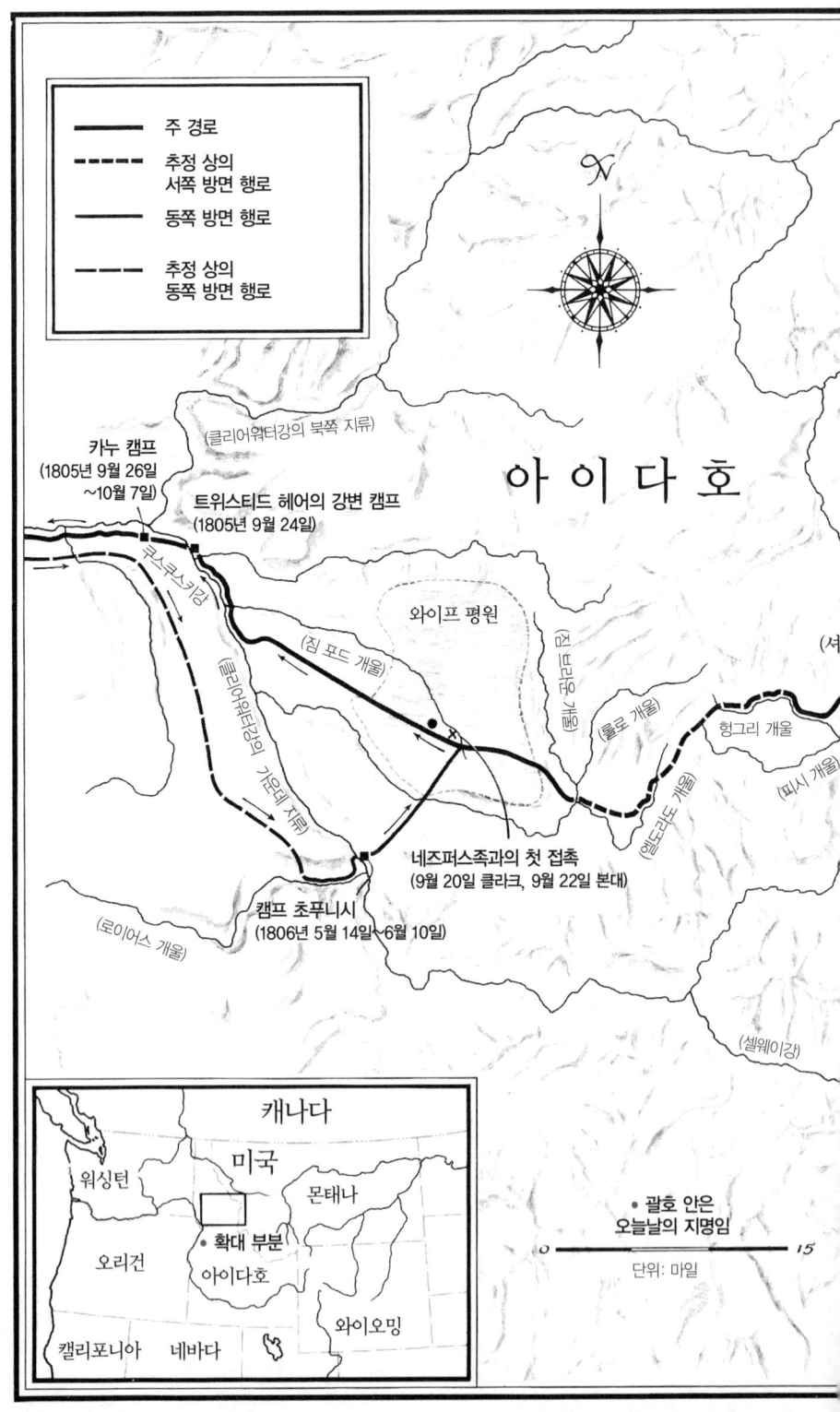

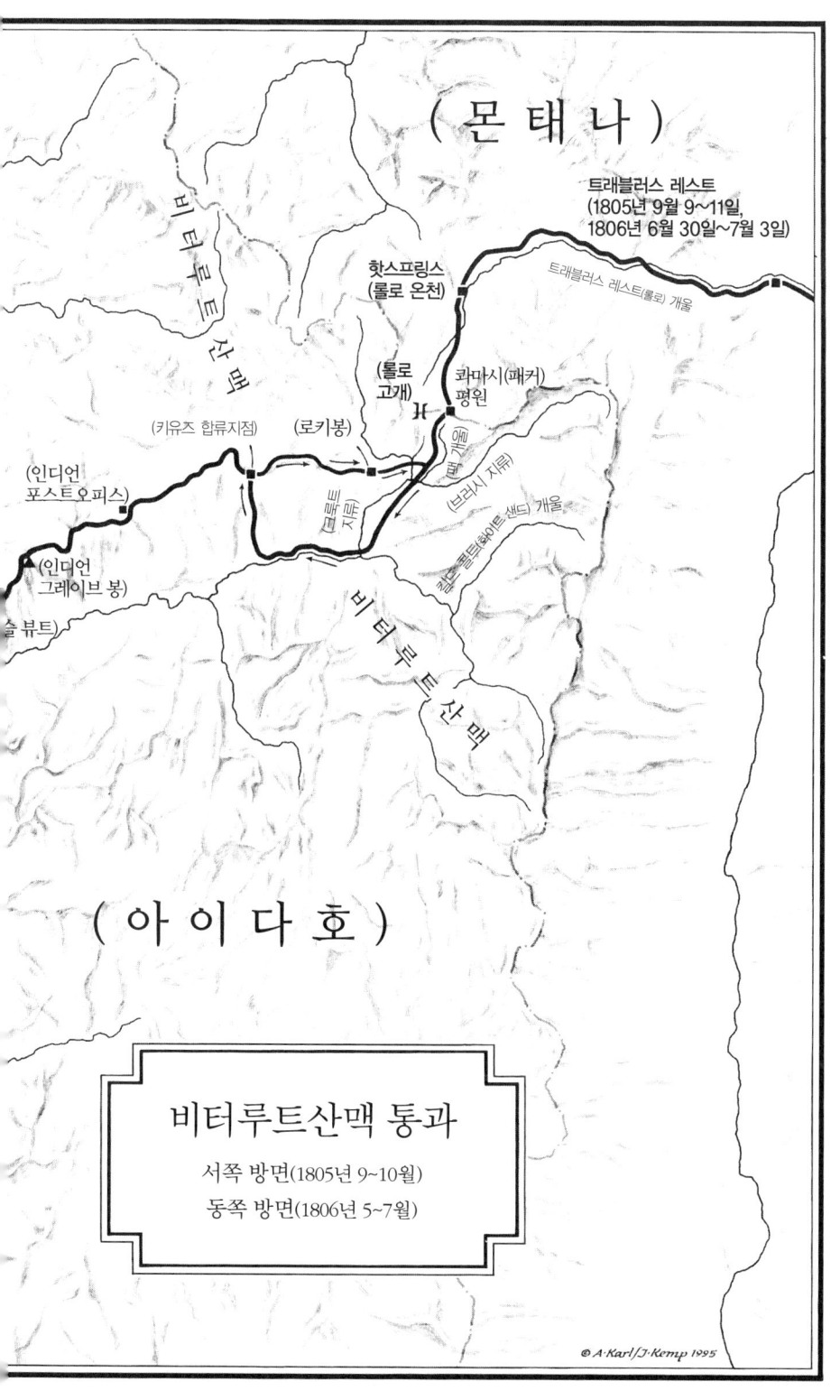

록 계속 노력했다.6 대원들은 두 지휘관에게 골을 내거나 비난하지 않았고, 후퇴하자거나 다른 경로를 택하자고 고집하지도 않았다. 부대를 분산한다는 크나큰 위험을 감수하자는 결정조차 누구 하나 반대하지 않았다.

필드 이병은 클라크가 네즈퍼스족으로부터 정보를 수집하기 위해 두 번째 마을에 가 있다고 루이스에게 말했다. 어두워진 뒤에 돌아온 클라크는 트위스티드 헤어Twisted Hair(얽힌 머리카락)라는 60대의 네즈퍼스족 추장과 동행했는데, 그는 그 노인을 가리켜 "매우 진지하면서도 쾌활한 사람"이라고 했다. 클라크는 그 지역에 마을이 두 군데 있다고 전했다.

두 지휘관은 그 지역을 콰마시 평원 또는 카마시아 평원(오늘날의 아이다호주 와이프Weippe 소재 와이프 평원)이라고 불렀고 인디언 여자들은 그곳에서 캐낸 많은 양의 카마시아를 가지고 일종의 빵이나 케이크를 만들었다. 클라크는 트위스티드 헤어가 그 지역부터 서쪽까지의 지도를 흰 엘크가죽 위에 그려주기로 했다고 말했다.

트위스티드 헤어는 그 마을 옆을 흐르는 개울이 클리어워터강Clearwater River으로 흘러들어 가며, 거기서 좀더 가면 북동쪽에서 오는 또 다른 강(클리어워터강의 북쪽 지류)과 합쳐지고, 거기서 또 서쪽으로 흘러 컬럼비아강으로 합쳐진다고 말했다. 컬럼비아강까지는 다섯 번 잠을 자면 되는 거리고, 컬럼비아강의 폭포까지는 거기서 또 다섯 번 잠을 자면 되는 거리라고 했다. 그밖에 트위스티드 헤어는 폭포 근처에 백인들의 집이 있다는 것과 강가에 사는 수많은 인디언에 관한 정보도 알려주었다.

만약 트위스티드 헤어가 옳다면, 원정대는 열흘 안에 폭포에 닿을 수 있을 것이며 2주일 안에 바다에 닿을 수 있을 터였다. 하지만 두 지휘관은 인디언의 거리 계산은 지나치게 낙관적이며 그들이 백인보다 훨씬 더 빠른 속도로 여행한다는 사실을 익히 알고 있었다. 그리고 폭포 인근에 산다는 백인들에 관한 이야기는 어딘가 의심스러웠다.

이후 이틀간 두 지휘관은 트위스티드 헤어와 소추장 3명에게 메달, 셔츠, 칼, 손수건, 담배 등을 선물했다. 인디언들은 칼을 빼고는 원정대가 선물한 잡동사니에 만족하지 못했다. 두 번째 날의 말미에 네즈퍼스족은 더 이상 원정대에게 공짜로 식량을 제공하지 않으려는 눈치를 보였다. 결국 두 지휘관은 점차 줄어드는 교역품 재고를 뿌리채소며 베리, 말린 생선과 맞바꾸어야 했다.

그런데 뿌리채소를 먹은 대원들이 하나같이 탈이 났고 특히 루이스가 심했다. 대원 중 상당수가 일주일간 크게 앓았으며 이들의 이질은 굉장한 설사와 구토를 유발했다. 그러자 클라크는 치료랍시고 오히려 하제인 러시 알약을 주었는데, 이것은 그의 행동 중에서 최악이었다. 다음날인 9월 24일, 루이스는 너무 아파서 말을 탈 수조차 없었다. 불행히도 끈기에 있어 둘째가라면 서러워할 클라크는 러시 알약을 더 많이 복용시켰다.

대원들이 겪은 질환은 아마도 음식의 변화, 즉 고기만 먹다가 갑자기 뿌리채소와 말린 생선을 먹었기 때문인 것 같다. 아니면 연어에 들어 있던 박테리아 탓이었을 수도 있다.7

25일, 루이스는 여전히 심한 위장질환으로 고생했다. 클라크는 그에게 소금 약간과 또 다른 하제인 토주석을 복용시켰고, 이는 도움이 되기는커녕 오히려 상태를 악화시켰다. 다음날 클라크는 소금, 알약, 할라파(역시 강력한 하제), 토주석 등을 처방했고 역시 좋지 않은 결과가 나왔다. 27일에도 루이스와 상당수 대원은 여전히 아픈 상태였다. 30일이 되어서야 루이스는 "대원들이 조금 회복되었다"고 적었다.

일주일이 넘도록 원정대는 육군 소대라기보다 오히려 이동병원에 가까운 상황에 놓여 있었다. 바로 여기에 미국 역사에서도 가장 놀라운 이야기가 숨어 있다.

당시 네즈퍼스족은 마음만 먹으면 순식간에 백인들을 제압하고 그들의 물건을 빼앗을 수도 있었다. 만약 인디언들이 그랬다면 그들은 로키산맥 서쪽뿐 아니라 미시시피강 서쪽에서도 그 어떤 부족보다 막대한 무기를 소유했을 것이고, 아울러 귀중하기 짝이 없는 냄비, 도끼, 손도끼, 구슬 등의 다른 교역품 역시 평생 구경할 수 있는 것보다 훨씬 더 많이 소유했을 것이다.

쇼쇼니족과 마찬가지로 네즈퍼스족 역시 백인들을 보는 것이 사실상 처음이었다. 물론 일찍이 몇몇 백인이 싸구려 교역품을 들고 컬럼비아강 유역의 부족들을 찾아오긴 했지만 말이다. 네즈퍼스족에게는 품질 나쁜 소총 1~2자루밖에 없었다. 따라서 이 부족은 총을 가진 이웃 부족, 특히 매년 들소 서식지로 산을 넘을 때마다 블랙푸트족에게 괴롭힘을 당했다.

네즈퍼스족의 입장에서 이는 절호의 기회였다. 그들의 구전 설화에 따르면 그들은 애초부터 클라크와 6명의 선발대를 습격해 무기를 빼앗을까 생각하고 있었다고 한다. 하지만 그때 와트쿠웨이스Watkuweis(직역하면 '먼 나라에서 돌아온 자'라는 뜻)라는 여자가 반대하고 나섰다. 그 여자는 6, 7년 전쯤 블랙푸트족에게 끌려가 캐나다로 넘어갔고 거기서 어느 백인 교역상에게 팔렸다. 그녀는 그 백인이나 다른 교역상과 함께 몇 년 살다가 가까스로 고향에 돌아왔다. 사실 블랙푸트족보다 교역상들이 훨씬 더 자신에게 잘해주었으므로, 클라크 일행이 나타나자 그녀는 자기 부족 전사들에게 이렇게 말했다.

"이 사람들은 나를 도와주었던 사람들이에요. 그러니 해를 끼쳐서는 안 돼요."8

처음에는 사카가위아였고 이제는 와트쿠웨이스였던 셈이다. 두 지휘관은 미처 몰랐겠지만 원정대는 이 두 인디언 여자들로부터 큰 신세를 진 셈이었다. 나아가 미국이 네즈퍼스족으로부터 큰 신세를 진 셈이다. 하지만 1877년에 육군이 정부의 시책을 수행하는 과정에서 조셉 추장Chief Joseph과 네즈퍼스족을 그들의 고향인 아이다호에서 몰아낼 무렵, 그중에는 어린시절에 트위스티드 헤어 마을에서 루이스와 클라크 일행을 만난 노인들도 포함되어 있었다.

루이스가 앓아누운 동안, 클라크는 캠프를 클리어워터강의 북쪽 지류와 본류가 만나는 합류지점으로 옮겼다. 그곳에는 카누를 만들기에 적당한 폰데로사 소나무가 자라고 있었다. 인원이라곤 건강한 대원 몇 사람뿐이고 도구도 도끼밖에 없던 터라 클라크는 인디언 방식으로 카누를 만들기로 했다. 즉 나무의 속을 파내는 것이 아니라 불구덩이에 넣어 천천히 태웠던 것이다. 아마도 트위스티드 헤어가 방법을 가르쳐주었을 것이다. 열흘 만에 큰 카누 4척과 작은 카누 1척이 완성되었다.

또한 트위스티드 헤어는 원정대가 이듬해 봄에 돌아올 때까지 이들 소유의 말 38마리를 대신 돌봐주기로 했고(클라크는 루이스의 낙인용 쇠도장을 이용해 말 떼에게 낙인을 찍었다), 하류에 사는 부족들과의 중개자 역할을 맡아 원정대를 따라가기로 했다.

두 지휘관은 산맥을 벗어나기만 하면 또다시 사슴과 엘크가 풍부한 지역이 나올 것이라고 생각했지만 그것은 착각이었다. 사냥감을 발견하지 못한 이들은 네즈퍼스족으로부터 구입한 생선과 뿌리채소를 먹었다.

10월 6일, 카누가 완성되었고 클라크는 안장과 화약통을 은닉했다. 두 지휘관 모두 몸이 좋지 않았던 탓에 아마도 대원들의 일을 감독하지 못했을 것으로 보인다. 루이스는 나중에 이렇게 적었다.

"10~12일간 심한 병으로 고생했다. 기운이 없고 몸이 홀쭉해졌다."9

오후 3시, 원정대는 출발했다. 강은 물살이 빨랐고 심한 급류도 많았다. 그럼에도 원정대는 20마일을 주파했다. 루이스가 평저선을 몰고 오하이오에서 미시시피강을 따라 내려오던 2년 전의 여정 이래 처음으로 배를 타고 하류로 향하는 것이었다. 이제 그들 앞에는 태평양이 기다리고 있었다.

컬럼비아강을 타고 하류로

1805년 10월 8일~12월 7일

10월 13일, 원정대는 길고 험한 급류에다 폭 20야드가량의 울퉁불퉁한 바위 사이로 수로가 1마일 정도 뻗어 있는 장소에 도착했다. 육로운송이 필요한 상황이었지만 두 지휘관은 그냥 배를 타고 전진하기로 했다. 이제 마지막 구간에 접어들었고 중력도 이들의 편을 들어주었기 때문이다. 클라크는 "루이스 대장과 2척의 카누가 먼저 출발해 급류를 통과했다. 나머지도 곧바로 뒤따랐고 우리는 이 험한 급류를 안전하게 통과했다"라고 적었다.

통나무배 카누는 골칫거리였다. 뒤집어지거나 바위에 올라앉기 일쑤였기 때문이다. 물에 잠기거나 갈라져서 물이 새기도 했다. 심지어 대원들의 목숨까지 위협했다. 하지만 두 지휘관은 계속 급류를 달렸고 하루에 보통 15군데 이상을 지나갔다. 토비 영감은 급류를 배로 지나가는 것에 겁을 먹은 나머지, 사례를 받을 엄두도 못 내고 야반도주했다. 강둑을 따라 동쪽으로 달려가는 모습을 보인 것이 마지막이었다. 두 지휘관은 누가 말을 타고 가서 토비 영감을 따라잡은 다음, 사례라도 챙겨가라고 전해주었으면 좋겠다고 트위스트 헤어에게 부탁했지만 인디언 추장은 그럴 필요 없다고 했다. 그는 토비 영감이 사례를 받아도 네즈퍼스족 마을을 지나면 고스란히 빼앗길 것이라고 했다. 토비 영감은 이후 원정대의 말 중 2마리를 끌고 롤로 오솔길을 넘어 렘히 강변에 있는 카메아웨이트의 마을로 돌아갔다.*

10월 10일, 원정대는 왼쪽(남쪽)에서 흘러들어 오는 스네이크강 Snake River에 도착했다. 그날 밤, 원정대는 오늘날 아이다호주 루이스턴Lewiston 인근에 캠프를 마련했다. 대원들은 줄곧 그 지역 인디언들로부터 개를 사서 식용으로 썼지만, 클라크는 원정대에서 유일하게 개고기를 먹지 않았다. 14일, 클라크는 오리 몇 마리를 잡아 무려 3주일 만에 제대로 된 식사를 하고 기운을 차렸다.

원정대는 스네이크강과 컬럼비아강의 합류지점을 향해 계속 나아갔고, 협곡이 늘어선 스네이크강을 지나 오늘날의 워싱턴주로 접어들었다. 그레이트 컬럼비아 평야의 황량한 풍경은 원정대가 지나 온 나무로 우거진 산맥과 뚜렷한 대조를 이뤘다. 그 길을 따라 원정대는 수많은 인디언 부족 마을을 지나갔다. 그 부족들은 태평양 연안 북서부에서 가장 수가 많고 막강한 네즈퍼스족의 방계 일족에 해당됐다. 이들이 기르는 말의 숫자만 해도 당시 미국 대륙 전체의 어떤 부족보다 많았고, 또한 북아메리카 인디언 부족 중에서 유일하게 품종을 개량

---

*이를 마지막으로 토비 영감의 이름은 역사에서 사라진다. 하지만 탐사부대를 안내해 비터루트산맥을 넘게 해준 길잡이로서 그의 이름은 영원히 기억되고 있다(원주).

하기도 했다. 그들의 주식은 사슴과 엘크, 그리고 막대한 양의 생선이었다. 이들이 사는 컬럼비아강과 스네이크강에서는 전 세계 어느 나라보다 많은 연어가 생산되었던 것이다. 그들이 물고기를 잡는 법은 놀라울 정도였다. 운 좋은 날에는 남자 1명이 연어 100마리를 낚았다. 최소한 1톤 이상의 물고기를 말이다.1

인디언은 원정대를 호의적으로 맞이했는데 한편으로는 트위스티드 헤어와 또 다른 네즈퍼스족 추장인 테토하르스키Tetoharsky가 선발대로 다니면서 이 백인들이 우호적이라고 안심시켰기 때문이고, 다른 한편으로는 사카가위아가 모든 인디언에게 백인의 우호적인 의도를 납득시켰기 때문이다. 남자뿐인 원정대에 여자가 1명 있다는 것만으로도 충분히 평화를 상징할 만했다.

루이스는 계속 나아가고픈 열망과 네즈퍼스족을 미국의 영향권 내로 끌어들여야 하는 필요성 사이에서 갈등했다. 그가 있는 곳은 이제 미국의 영토가 아니었기 때문이다. 태평양 연안 북서부에 대해서는 미국이나 영국, 러시아, 에스파냐 모두 아직 주권을 확립하지 못한 상태였다. 루이스와 클라크는 오늘날의 아이다호, 워싱턴, 그리고 오리건주에 육로로 들어간 최초의 백인이었다. 따라서 그들은 비록 그 영토에 미국 국기를 꽂는 정식 주권 선포 절차를 밟지는 않았지만, 그래도 마치 그곳이 자신들의 것인 양 행동했다.

루이스는 자신들이 만난 여러 다른 부족의 어휘를 기록했다. 그는 어휘들 사이의 차이점에도 불구하고 그 유래는 아마 똑같으리라고 정확히 결론을 내렸다. 트위스티드 헤어는 그 어휘를 이해하지 못했다. 야키마족Yakimas, 와나팜족Wanapams, 왈라왈라족Wallawallas, 그리고 다른 부족들은 모두 사하프틴어족Sahaptian-language family에 속했다.

그들은 유사한 경제를 영위했으며 말과 개를 많이 키우고 있었다. 사냥꾼을 내보내는 시간을 절약하기 위해 두 지휘관은 계속 인디언이 기르는 개를 사서 생선과 뿌리채소 위주의 식단에 더했다. 나아가 루이스는 네즈퍼스족의 여러 부족을 미국의 교역 체제에 적극 참여시키기 위해 평소와 같이 인디언 외교를 수행했다.

루이스는 계속 나아가고 싶었다. 그래서 왈라왈라 일족의 옐레프트Yellept 추장이 자기네 부족 사람들이 백인을 구경할 수 있도록 좀더 머물다 가라고 했을 때도 그 요청을 거절했다. 대신 그는 이듬해 봄의 귀로에는 옐레프트 일족과 며칠 더 머물다 가겠다고 약속했다. 루이스와 클라크가 원주민들과 좋은 관계를 맺고 싶어 했던 것은 사실이지만 가끔은 일용할 양식이 필요해서이기도 했다.

"우리는 인디언의 소유물은 절대, 하다못해 장작 하나도 취하지 않는 것을 원칙으로 삼았다."

클라크는 10월 14일자에 이렇게 적었지만 마침 그날 이들이 캠프를 차린 섬에 땔감이 전혀 없자 원칙을 깨트리고 인디언의 장작을 일부 가져다 썼다. 원주민의 재산을 훔치는 것은 손쉬운 까닭에 더욱 유혹적이었다. 비록 두 지휘관은 꺼림칙하게 여겼지만 실제로 원정대가 서부로 향한 이래 그런 일은 자주 일어났다. 원정대의 자본이라 할 수 있는 교역품이 빠른 속도로 줄어들었기 때문이다.

10월 15일, 루이스는 강 근처에 있는 평원을 산책하다 멀리 떨어져 있는 산맥을 보았는데, 그건 아마도 캐스케이드였을 것이다. 다음날, 원정대는 스네이크강과 컬럼비아강의 합류지점에 도착함으로써, 캐스케이드산맥 동부의 강에 도착한 최초의 백인이 되었다. 이들은 그곳에서 이틀 동안 캠핑했다. 클라크는 컬럼비아강 상류를 10마일 정도 거슬러 올라가며 탐사했다. 대원들은 강에 있는 엄청난 숫자의 연어를 보고 깜짝 놀랐다. 물이 어찌나 깨끗한지 아무리 깊은 곳도 바닥까지 훤히 보일 정도였다.

이쯤 되자 태평양이 거기서 멀지 않다는 증거가 곳곳에서 보이기 시작했다. 컬럼비아강 하구의 대규모 교역소가 가깝다는 사실은 원주민이 보유한 여러 가지 물품(주홍색과 푸른색 천으로 된 담요부터 선원용 재킷까지)만 보아도 알 수 있었다.

10월 19일, 클라크는 절벽 위에 올라 눈 덮인 산맥을 보고 그것이 세인트헬렌스산Mount St. Helens이라고 생각했지만 사실은 애덤스산 Mount Adams이었다. 하지만 큰 줄기는 맞춘 셈이었다. 이렇게 루이스와 클라크가 캐스케이드산맥을 목격함으로써 훗날 미국을 이루는 지역의 동서연결, 즉 대륙횡단이 사상 최초로 이루어졌다.

루이스는 오래 전부터 컬럼비아강이 로키산맥에서 태평양까지 흘러내려 가는 동안 수많은 급류와 큰 폭포가 있을 것이라고 생각해왔다. 10월 23일, 원정대는 약 55마일에 걸쳐 펼쳐진 매우 위험한 강의 한 구간에 접어들게 되었다. 그곳에는 첼릴로Celilo, 또는 그레이트폴스로 시작되는 네 곳의 장해물이 있었다(지금은 모두 저수지 속에 잠겨 있다). 그중에서 어느 짧은 구간은 거세게 포효하는 폭포들로 이루어져 있었고 높이가 약 3,000피트나 되는 절벽 사이로 난 여러 개의 물길을 통해 강물이 38피트 아래로 떨어졌다.

그 폭포에 도달하기 직전, 왼쪽 강변에서 컬럼비아강으로 흘러들어오는 강이 오늘날의 디수츠강Deschutes River이다. 디수츠강 하구에서 루이스와 클라크는 그 인근 지역과 폭포를 조사하기 위해 서로 다른 방향으로 나섰다. 클라크가 먼저 폭포에 도착했고 루이스는 어느 뿌리채소를 관찰하느라 좀 늦었다. 원주민은 와파투라는 뿌리채소를 디수츠강 기슭에서 상당히 많이 캐곤 했다. 폭포를 조사한 뒤, 두 지휘관은 육로운송밖에 방법이 없다는 결론에 도달했다. 이들은 그 지역의 인디언들을 고용해 무거운 짐을 말에 실어 옮기도록 했다. 다른 장소에서는 카누를 엘크가죽으로 만든 단단한 밧줄에 묶어 내리는 한편 짐은 육로로 운송했다.

가는 곳마다 인디언들이 백인을 구경하러 강둑에 몰려들었고 종종 이들에게 도움을 주었다. 이들은 개와 말린 생선을 가져와 팔거나 강 하류의 상태에 관한 정보 및 기술을 제공했다. 루이스는 어느 마을을 방문했다가 난생 처음 치누크식 카누를 구경했는데 소나무로 만든 그 배는 놀랄 만큼 가벼웠으며 가운데가 넓고 양 끝은 뾰족했다. 특히 거널에 가로대가 있어서 매우 튼튼했고 이물에는 동물의 모습을 멋지게 새겨놓았다. 루이스는 원정대의 카누 중 가장 작은 것에다 손도끼 하나와 잡동사니 몇 개를 더 얹어주고 인디언의 배와 맞바꿨다.*

폭포 아래로 내려가려 준비하는 과정에서 두 지휘관은 자신들이 지나가게 될 지역이 지금까지와 전혀 다른 문화와 언어를 가진 부족의 땅임을 알게 되었다. 그들은 치누크족Chinooks이었고 네즈퍼스족과 한창 전쟁 중이었다. 10월 23일 밤, 트위스티드 헤어는 근처의 인디언과 함께 사는 친척들로부터 들은 정보를 전해주며 강 아래쪽에 사는 치누크족이 미국인이 도착하면 즉시 죽여 버리려 한다는 이야기를 해주었다. 두 지휘관은 소총을 점검하고 대원 각자에게 탄환을 100발씩

---

*1806년 1월 11일, 루이스는 그 카누를 묘사했다. "이 배는 워낙 가벼워 대원 넷이 어깨에 메면 쉬지 않고 1마일을 너끈히 갈 수 있었고, 그 안에는 대원 3명과 짐 1,200~1,500파운드를 실을 수 있었다(원주).

분배했다. 물론 전시에 준하는 경계태세는 평소의 일과이기도 했다.

다음날, 트위스티드 헤어와 테토하르스키는 집으로 돌아가겠다고 말했다. 치누크족이 여차 하면 자신들을 죽이려 할 것이 분명하고 또한 자신들은 치누크족의 말을 모르므로 더 이상 통역자노릇을 할 수 없기 때문이라고 했다. 두 지휘관은 그들에게 이틀만 더 있어 달라고 했다. 그때쯤이면 원정대는 거기서 2마일쯤 하류에 있는 다음 폭포를 지나 전쟁 중인 두 부족을 화해시킬 수 있을 것이라고 했다.

다음 번 폭포인 댈즈The Dalles는 쇼트 내로즈Short Narrows(짧은 협로)라는 이름의 4분의 1마일가량의 직선 코스로 시작되는데, 거기서는 강폭이 딱 45야드였다. 클라크는 "사방에서 강물이 용솟음치며 부글거리고 소용돌이치는 무시무시한 모습에 소름이 끼쳤다"고 적었다.

두 지휘관은 강변을 탐사했다. 무거운 카누를 돌투성이 바위 턱 너머로 운반하기가 불가능하다는 데 동의한 두 지휘관은 헤엄칠 줄 모르는 대원들에게 가장 중요한 물품을 챙겨 육로로 행군하게 하는 한편, 자신들은 헤엄칠 줄 아는 대원들과 함께 무겁거나 덜 중요한 짐이 실린 카누를 타고 폭포를 통과했다. 육로로 운송하기로 선택한 물품의 내역을 보면 두 지휘관의 우선순위가 드러난다. 맨 먼저 일지, 현장노트, 그리고 루이스에게 준 제퍼슨의 신용장(만약 컬럼비아강 하구에서 교역선을 만나기라도 한다면 크게 유용할 것이었다)을 비롯한 여타 문서였다. 그 다음으로는 소총과 탄환이었다(이는 좀 위험한 일이었다. 원정대는 소총을 한군데에 모아놓음으로써 무기가 없는 상황이 돼 버렸다. 그래도 소총을 폭포에 빠트려 잃는 것보다는 낫다고 여겼다). 마지막으로 과학 장비였다.

오늘날의 기준으로 보면 그곳은 제5급 급류쯤 되며, 이는 격류용으로 특수 제작된 카누로도 통과하기가 힘들다는 뜻이다. 카누 전문가인 인디언조차 그처럼 크고 무거운 통나무배로는 그곳을 통과할 수 없을 거라고 생각했다. 수백 명의 인디언들이 강가에 늘어서서 백인들이 물에 빠지는 것을 구경하고, 만약 물에 빠지면 그 틈에 장비를 챙기려 하고 있었다. 하지만 놀랍게도 백인들은 아무 사고 없이 폭포를 통과했다.

쇼트 내로즈 밑으로는 비교적 잔잔한 3마일가량의 직선 구간이 있었다. 강둑에는 인디언의 목조주택이 줄지어 서 있었는데, 17개월 전에 세인트찰스를 떠난 이래 원정대가 처음으로 보는 목조주택이었다. 말리기 위해 비계에 널려 있는 생선은 최소한 5톤은 되는 것 같았다. 그 아래쪽 마을의 큰추장이 이들을 방문한 그날 클라크는 어떤 일이 있었는지 기록하고 있다.

"그의 방문은 큰추장 및 그 부족민과 두 추장(트위스티드 헤어와 테토하르스키)간에 평화와 호의적인 이해를 이끌어낼 좋은 기회를 제공했고, 우리는 두 부족이 앞으로 매우 절친한 관계로 남을 것이라고 자신 있게 말할 수 있다."

하지만 이것은 희망적 관측에 불과했고 대체 무엇 때문에 두 지휘관이 그토록 만족스러워 했는지는 수수께끼로 남아 있다. 두 부족 가운데 누구도 상대방의 말을 알아들을 수 없었으며, 치누크족은 드뤼야르가 사용하는 평원 인디언의 수화도 완벽하게 알아듣지 못했기 때문이다.

그 다음으로 나타난 장해물은 롱 내로즈Long Narrows(긴 협로)로, 강폭이 50~100야드로 좁아지면서 길이는 3마일가량 뻗어 있었다. 쇼트 내로즈에서와 마찬가지로 두 지휘관은 헤엄을 못 치는 대원들에게 가장 중요한 짐들을 갖고 육로로 가게 하고, 자신들은 카누를 타고 강을 따라 내려갔다. 이번에도 인디언들이 강둑에 늘어서서 사고가 벌어지기를 기대했지만 카누는 무사히 통과했다.

그 급류 아래쪽으로 강폭이 다시 넓어지는 곳에 이른 원정대는 바위가 불쑥 튀어나온 지점에 캠프를 차렸다. 두 지휘관이 그곳을 고른 까닭은 일종의 요새 지형이었기 때문이다. 그들은 이곳을 포트록(바위요새) 캠프Fort Rock Camp라고 불렀다(오늘날 오리건주 댈즈가 위치한 장소다). 이곳에서 사흘간 머물며 원정대는 카누를 수리하고 짐을 말리고 사냥을 했다. 루이스는 경도와 나침반 편차 확인을 위한 천문 관측을 실시했다. 그리고 이들은 트위스티드 헤어, 테토하르스키와 작별의 담배를 피웠다.

인근의 인디언들은 좀도둑 성향이 강했다. 어떤 물건이든 잠깐 내려놓기만 해도 순식간에 사라졌다. 화살보다 도둑질이 더 무서울 지경이었다. 대원 중 몇 명은 "그중 몇 놈은 그냥 죽여 버리고 싶다"고 투덜거렸다. 격분한 대원들을 두 지휘관이 나서서 제지해야 했던 경우도 몇 번 있었다.2 그들로서는 인디언을 최대한 호의적으로 대하고 그들에게 환심을 살 필요가 있었으며, 그것은 귀환길을 위해서도 필요한 일이었다.

10월 26일 밤, 인디언 추장 2명과 주민 15명이 카누를 타고 강을 건너와 사슴고기와 뿌리채소로 만든 빵 덩어리를 선물로 가져왔다. 두 지휘관은 추장들에게 메달을, 주민들에게 잡동사니를 선물했다. 사냥꾼들이 그날 사슴 5마리를 잡아 왔기 때문에 고기가 무척 많았다. 대원 1명은 작살로 옥새송어를 1마리 잡은 다음, 어느 인디언이 준 곰기름에 튀겼다. 그것을 먹은 클라크는 "이제껏 내가 먹어본 것 중에서 가장 맛있는 생선이었다"라고 했다. 인디언 추장들은 그날 밤을 캠프에서 보냈다. 미국과 치누크족의 관계가 순조롭게 출발한 셈이었다. 평소처럼 루이스는 인디언 언어를 수집했는데 통역자도 없이 어떻게 했는지는 불분명하다.

10월 30일, 원정대는 다시 출발했고 거기서 2마일쯤 더 간 곳에서 마지막으로 큰 낙수를 만났다. 그것이 바로 캐스케이드 오브 더 컬럼비아(컬럼비아강 폭포, 루이스와 클라크는 그레이트 슈트great chute라고 부른)이다. 두 지휘관은 그 위쪽에 캠프를 차리고 다음날 아침에 정찰을 나가기로 했다.

루이스는 대원 5명과 함께 근처의 인디언 마을을 방문했다. 도중에 그는 캘리포니아 콘도르를 쐈지만 맞추지 못했는데, 아마도 북아메리카에서 가장 큰 새일 것이라고 한 그의 추측만큼은 정확했다. 마을에서 그는 호의적인 대접을 받았고 인디언들은 그에게 베리, 견과, 생선을 주었다.

정찰 결과, 약 4마일인 그 구간에는 여러 개의 급류가 일련의 낙수와 폭포를 만들어내고 있었으며 강물이 빠른 속도로 흐르면서 무시무시한 모습으로 거품을 일으키고 있었다. 하지만 그레이트 슈트 너머로는 강폭이 넓어지면서 여러 면에서 조수의 영향을 받는 기미가 분명했다. 이는 반가운 소식이었다.

11월 1~2일에 걸쳐 원정대는 이 마지막 장벽을 돌파했다. 때로 대원들은 카누와 짐 모두를 육로로 운송해야 했고 또 어떤 곳에서는 카누를 타고 가거나 엘크가죽 밧줄로 묶어 내리기도 했다. 다음날, 하류로 향하던 원정대는 비콘록Beacon Rock에 도착했다. 바로 조수가 시작되는 곳이었다.

원정대는 이제까지와 크게 달라진 세계에 들어섰다. 강둑에는 전나무, 가문비나무, 물푸레나무, 오리나무 등이 늘어서 있어 나무가 없던 상류의 반사막 지역과 확연히 대조되었다. 곳곳에서 어딘가로 떠나는 물새들이 보였고 안개가 자주 끼었다. 그로 인해 출발이 오후까지 지연되는 경우도 여러 번 있었다. 강변에는 인디언 마을이 군데군데 있었다. 원정대는 그들에게 그리 좋은 인상을 받지 못했지만 인디언 카누몰이꾼의 실력이 월등하다는 것만큼은 인정했다. 그런 모습마저 보지 못했다면 그저 천박하고 흉하며 불쾌하게 생긴 좀도둑으로만 생각했을 것이다.

제임스 론다는 두 지휘관과 대원들이 강 하구 인근에 살던 인디언에 대해 이처럼 부정적인 시각을 갖게 된 까닭은 원주민들이 해달 모피 교역 과정에서 백인과의 까다로운 거래에 익숙해져 이 배고픈 탐험가들에게도 그와 마찬가지로 까다롭게 거래를 하려 들었기 때문이라고 했다. 클라크의 일지만 보더라도 인디언과 맞바꾼 뿌리채소와 생선이 지나치게 비쌌다는 불만이 잔뜩 나와 있다.3

두 지휘관은 이 인디언들과 함께 혹은 그들 곁에서 겨울을 보낼 생각은 없었다. 그들은 만단족과 함께 보낸 지난겨울이 그립기까지 했다. 원정대는 이곳의 비 내리는 따뜻한 날씨조차 포트만단의 추운 겨울과 맞바꾸고 싶을 정도였다. 적어도 그곳에는 정직하고 친절한 만단족과 식량으로 쓸 수 있는 들소가 있었기 때문이다. 어쨌든 이들은 주어진 상황을 최대한 활용하기로 결정했다.

가장 큰 문제는 어떻게 해야 바다까지 갈 수 있느냐 하는 것이었다. 11월 2일, 원정대는 샌디강Sandy River 하구를 지났는데, 그곳은 일찍이 유럽인이나 미국인 탐험가들이 컬럼비아강을 거슬러 도달한 최상류

immages sometimes rise to th. hight of five feet; the pedestals on which these immages are fixed are sometimes cut out of the solid stick with the canoes and the. imagary is formed of seperate small peices of timber firmly united with tenants and motices without the asistance of a single spike of any kind. when the natives are engaged in navigating their canoes one sets in the stern and steers with a paddle the others set by pears and paddle over the gunwale next them, they all kneel in the bottom of the canoe and sit on their feet. their paddles are of an uniform shape of which this is an imitation ⟨sketch⟩ these paddles are made very thin and the middle of the blade is thick and hollowed out suddenly and made thin on the sides while the center forms a kind of rib. the blade occupies about one third of the length of the paddle which is usually from 4½ to 5 feet. I have observed four forms of canoes only in use among the nations below the grand chataract of this river they are as follow. ⟨sketch⟩ this is the smallest size about 15 feet long and calculated for one or two persons, and are most common among the Cath-lahmahs, and Wack ki a cums among the marshey Islands. at the bow, B, the stern; these are from twenty to thirty feet long and from 2½ to 3 feet in the beam and about 2 feet in the hold. this canoe is common to all the nations below the grand rappids. it is here made deeper and shorter in her structure than they really are. ⟨sketch⟩ this is the most common form of the canoe in use among the Indians from the Chilluckkitequaws inclusive to the Ocean. and is usually about 30 or 35 feet long, and will carry from ten to twelve persons. 4 men are competent to carry them a considerable distance say a mile without resting. A is the end which they use as the bow but which on first sight I took to be the stern co is a comb cut of the solid stick with the canoe and projects from the center of the end of the canoe being about 1 inch thick it's sides parallel and edge at c is sharp. this is from 9 to 11 Inches ... the underpart of the bowsprit at A

루이스의 일지에 실린 카누 3척과 노의 스케치(미국 철학회 소장)

지점이었다.* 다음날, 원정대는 오늘날의 워싱턴주 밴쿠버Vancouver에 도달했고 윌러미트강Wilamette River 하구 맞은편에서 캠핑했다(그들은 이런 강이 있는 줄도 몰랐다. 그 하구 앞에 섬이 하나 가로막고 있었고 원정대 캠프는 건너편 강변에 있었기 때문이다). 1805년 4월 이후 원정대는 처음으로 일찍이 백인이 탐사하고 지도를 작성한 적 있는 지역에 발을 들여놓게 된 것이었다. 서쪽으로부터 그려나간 지도와 동쪽으로부터 그려나간 지도가 바로 그 지점에서 만나게 된 셈이다.

원정대는 어느 섬에 캠프를 만들었다. 루이스는 그 지역의 인디언들로부터 작은 카누를 1척 빌려 대원 4명과 함께 사냥을 나갔다. 그 호수에는 백조, 흑기러기, 기러기, 오리 등이 가득했다. 일행은 백조 3마리, 흑기러기 8마리, 오리 5마리를 잡았다.

11월 4일 밤, 상류에 있는 마을에서 인디언들이 카누 몇 척을 타고 원정대를 방문했다. 주홍색과 푸른색 이불, 선원용 재킷, 셔츠, 그리고 모자를 뒤집어 쓴 그들은 말 그대로 형형색색이었지만 원정대에게 꽤나 호의적이었다. 하지만 그들은 도끼, 창, 활, 소총은 물론 권총도 몇 자루 들고 왔다. 그야말로 위험천만한 상황이었다. 두 집단은 무장한 젊은이들로 구성되어 있었고 문화가 천양지차인 데다 말이 전혀 통하지 않는 상태로 마주한 셈이었기 때문이다. 두 지휘관에게 이것은 큰 도전이었다. 처음에 이들은 함께 담배를 피우며 우호적인 분위기를 연출했다.

하지만 클라크의 담뱃대 겸용 토마호크가 사라지면서 상황은 갑자

---

*1792년의 조지 밴쿠버 탐험대의 일원인 윌리엄 브로턴William Broughton 중위가 컬럼비아강을 거슬러 그 지점까지 도달했다(원주).

기 돌변했다. 모든 인디언과 심지어 그들의 카누까지 뒤졌지만 담뱃대는 나오지 않았다. 설상가상으로 담뱃대를 찾느라 어수선한 통에 이번에는 어느 인디언이 드뤼야르의 외투(후드가 달린 긴 코트로 캐나다인 모피 교역상 사이에 오랫동안 유행했던)를 훔쳤다. 이전보다 격분한 말이 오가고 일행은 또 한 번 이 물건을 찾느라 부산을 떨었다. 외투는 찾았지만 클라크의 토마호크는 끝내 찾지 못했다. 두 지휘관은 모욕감과 분노를 숨기지 않았고 그들은 서둘러 물러갔다.

이때쯤 원정대는 컬럼비아강 하류를 매일 30마일씩 나아갔다. 11월 5일, 원정대는 처음으로 해안용 카누와 마주쳤다. 크기가 다른 카누 4척의 선단과 마주친 것이다. 클라크는 그 배의 디자인에 깊은 인상을 받아 그 모습을 스케치했다. 6일에는 어느 마을에서 또 다른 선단이 다가와 뿌리채소며 송어, 모피를 싸게 팔았다. 클라크는 작은 낚싯바늘 5개를 주고 비버가죽 2장을 샀다. 인디언들은 좀더 하류에 백인 1명이 살고 있으며 자신들은 그와 거래한다고 말했다. 반가운 소식이었다.

그런데 그날 밤은 캠프 장소가 영 마땅치 않았다. 대원들은 커다란 돌멩이를 치우고 작은 돌멩이 위에 잠자리를 마련한 뒤에 누웠지만 바닥이 온통 젖어 있어 불편하기만 했다. 다음날에는 안개가 잔뜩 끼었고 오후가 한참 지난 다음에야 하늘이 맑아졌다. 갑자기 누군가가 함성을 질렀다. 윌리엄 클라크는 자신의 현장노트에 그 유명한 문장을 남겼다.

"바다가 보인다! 오, 이 기쁨."

대원들은 더욱 힘을 냈고 바다를 향해 속도를 냈다. 이들은 그날 하루 34마일을 운항했다. 이번에도 캠핑 장소가 마땅치 않았고 비까지 내렸지만 클라크는 "바다, 우리가 그토록 보기를 열망하던 이 거대한 태평양이 보이는 곳에서 캠핑을 하니 크나큰 기쁨이 솟아났다"라고 적었다. 그는 첫 번째 폭포(190마일 상류의 첼릴로)로부터 그곳까지의 거리를 합산했다. 그런 뒤에 이렇게 적었다.

"미주리강 하구로부터 바다까지 총 4,142마일."

비가 너무 많이 왔던 터라 축하행사는 없었다. 하지만 거의 넝마가 되어 버린 옷을 입은, 그야말로 행색이 초라했던 대원들의 가슴속에는 뭉클거리는 만족감이 가득 차올랐을 것이다.

대륙 횡단이라는 위업 앞에서 루이스는 과연 어떤 반응을 보였을까? 1803년 봄에 워싱턴 D.C.를 떠난 이래, 그는 무려 2년 반을 이 일에 전념했다. 어쩌면 클라크의 말처럼 크나큰 기쁨이 솟아났을 수도 있지만, 루이스는 한 번도 그런 표현을 한 적이 없었다. 그는 네즈퍼스족을 만난 9월 이후로 한 번도 일지를 쓰지 않았고, 몇 가지 사소한 예외를 제외하면 새해가 될 때까지도 계속 쓰지 않았다.

전기 작가의 입장에서 루이스의 침묵은 영 불만족스럽고 감질나는 수수께끼가 아닐 수 없다. 설마 그가 그것을 잊었을 리는 없다. 클라크가 일지를 쓰는 모습을 매일 옆에서 지켜보았을 테니 말이다. 하지만 그는 끝내 펜을 들지 않았다.

네즈퍼스족을 처음 만났을 때 심한 병을 앓았던 것을 제외하면, 루이스는 줄곧 활발하게 움직였다. 클라크의 일지나 다른 대원들의 일지를 보아도 루이스가 우울했다거나 낙담했다는 언급은 전혀 없다. 모든 것이 새롭기만 한 그 낯선 환경에 대해 평소 같으면 긴 기록을 남겼겠지만, 어쩐 일인지 그는 끝내 쓰지 않았다. 그가 과연 우울증에 시달렸던 것일까? 그것이 심각해 하루의 사건을 기록하는 것조차 하지 않았던 것일까?

적어도 1805년 가을만큼은 그런 상황이 아니었을 것이다. 그는 자신이 하는 일의 중요성을 알고 있었고 가장 효율적으로 움직이기 위해 에너지를 모을 수 있는 의지력을 지니고 있었다. 제퍼슨은 훗날 그 여정이 그에게서 우울증을 일소하는 데 도움이 되었으리라 믿는다고 말했다. 두뇌와 신체 모두의 활동을 향상시키는 데 있어 매일의 의사결정만큼 좋은 것도 없다. 하지만 글쓰기는 또 다른 문제였다. 루이스는 하루 일을 숙고할 만큼의 에너지를 모으지는 못했던 것이다.

물론 그에게는 몇 가지 고민거리가 있었다. 그중에서도 가장 씁쓸한 것은 대륙을 가로지르는 완전수로나 하다못해 그와 유사한 것도 없다는 사실, 그리고 컬럼비아강의 그 끔찍스러운 폭포들을 통해 확인된 사실을 제퍼슨에게 전해야 한다는 점이었다. 아니면 비터루트산맥을 또다시 넘어야 한다는 생각이 벌써부터 고민거리로 자리 잡았던 것일까?

그의 걱정거리는 그것 말고도 많았다. 그는 원정대가 들소 떼가 노니는 대평원으로 돌아갈 때까지 오로지 소총에 의지해 식량을 해결할 수 없으면 어쩌나 걱정했다. 달랑달랑한 지금의 교역품만으로는 필요한 만큼의 식량을 구입하기에 부족했기 때문이다. 바다에 도달하긴 했지만 두 지휘관이 일지를 가지고 문명세계로 돌아가기 전까지는 원정을 아직 성공이라 부를 수 없었다. 바다에 도달하니 갑자기 그 임무를 완수할 수 있을지 의구심이 들었던 것일까?

어쨌든 그는 일지를 작성하지 않음으로써 최고통수권자의 직접적인 명령을 거역한 셈이 되고 말았다. 이에 관해 우리는 단지 추측만

할 수 있을 뿐이다. 내가 생각하기에 그는 조울증에 시달렸던 것 같다. 이 질환은 그의 집안 내력이었다. 만약 그것이 사실이라면 그가 2년 반 동안 그러한 감정상태에 압도된 적이 드물었다는 것은 그의 개인적 위업이라고 할 수 있다.

루이스의 감정상태는 그의 음주 습관에서 큰 영향을 받았을지도 모른다. 그즈음 루이스는 술을 마신 지 꽤 오래된 상황이었다. 그리고 또다시 술을 마시려면 앞으로도 상당 기간 지나야만 했다. 사실 그는 술고래였다. 그런데 그는 자신이 마시는 위스키의 양을 대원들이 배급받는 정도로 국한시켰고, 그나마 1805년 7월 5일 이후에는 어쩔 수 없이 술을 끊어야 했다.

이유가 무엇이었든 클라크가 바다의 광경에 감동한 나머지 그 감정을 고스란히 드러내며 유명한 구절을 남긴 반면, 루이스는 아무런 기록도 남기지 않았다. 하지만 클라크는 약간 성급했다. 그가 본 것은 진짜 바다가 아니라 컬럼비아강 어귀에 불과했던 것이다.

그 다음주가 지나도록 원정대는 엘리스곶Point Ellice에서 조수와 파도, 바람에 갇혀 꼼짝 못하고 있었다. 비는 11일간이나 줄기차게 내렸다. 높은 파도로 인해 물 위에 떠 있던 삼나무, 전나무, 가문비나무 같은 거대한 유목이 캠프를 덮쳤는데, 그중 어떤 것은 길이가 200피트에 직경이 7피트나 되었다. 불은 피우기도 힘들었지만 꺼트리지 않고 유지하기도 어려웠다.

두 지휘관과 대원들의 모습은 자랑스러운 탐사부대의 일원이라기보다 구조되기를 기다리는 난파자의 모습에 더 가까웠다. 그래도 한동안은 사기가 여전히 높았으나 그런 상태가 지속되진 못했다. 클라크는 11월 12일자 일지에 이렇게 적었다.

"모든 것이 흠뻑 젖었다. 대원 전체가 간신히 들어갈 만한 크기의 동굴 안에서 카누는 파도와 유목에 제멋대로 부딪히게 놔두고 (…) 망토와 가죽옷은 썩어 들어가는 실정이다."

바람의 위력에 관해서는 훨씬 나중의 일지에도 잘 나와 있다.

11월 22일: 바람이 강해지면서 폭풍이 되어 (…) 거대한 파도를 강둑으로 보내는 바람에 자칫하면 우리 모두가 수장될 뻔했다. 오! 얼마나 섬뜩한 하루였는지.

11월 27일: 바람이 어찌나 거세던지 이러다 나무가 뿌리째 뽑혀 날아가는 장면을 볼 수 있지 않을까 싶어 연신 두리번거렸는데 실제로 그렇게 되었다! 오, 얼마나 끔찍한 하루였는지.

마침내 이들은 클랫숩족Clatsop에 의해 구출되는 신세가 되었다. 그들은 컬럼비아강 하구의 남쪽 강변에 사는 치누크족으로 해안용 카누를 타고 쉽게 강 하구를 가로질러 왔다. 백인들은 아무리 애를 써도 그 위험한 위치에서 벗어나지 못했는데 말이다.* 클랫숩족은 원정대에게 뿌리채소와 물고기를 판매함으로써 그들의 목숨을 구해준 셈이었다.

11월 13일, 절망한 두 지휘관은 콜터, 윌러드, 섀넌 이병을 인디언들의 카누(큰 파도 속에서도 잘 견디는) 편으로 내보내 혹시 캠프 자리로 더 나은 곳이 있는지 찾아보게 했다. 다음날, 콜터가 육로로 돌아와 곶 바로 뒤쪽의 만에 모래 해변이 있는데 거기에는 내륙으로 가는 길이 있고 사냥감도 있다고 전했다. 그곳을 살펴본 두 지휘관은 날씨가 좋아지는 대로 캠프를 옮기기로 했다.

---

*클라크는 "그들은 최고의 카누몰이꾼이었다"라고 했다(원주).

다른 한편으로 루이스는 그 해안에 정말로 백인이 살고 있는지 확인하고 싶었다. 만약 그들의 교역소가 있다면 제퍼슨의 신용장을 이용해 원정대의 귀환여행을 위한 교역품을 넉넉히 구입할 수 있을 터였다. 나아가 그곳을 방문하는 선박 편으로 일지 한 권을 워싱턴까지 보낼 수도 있을 것이었다.

다음날 아침, 탐사를 떠난 루이스는 섀넌과 윌러드 이병이 위기 상황에 놓였음을 알게 되었다. 두 사람은 콜터와 떨어져 사냥 겸 탐사를 떠났다. 그들은 북쪽 강변에 사는 치누크족 5명과 함께 밤을 보냈는데 두 사람이 잠든 사이에 인디언들이 소총을 훔쳐가버렸다. 다음날 아침, 이 사실을 알게 된 두 사람은 백인의 대부대가 곧 자신들을 뒤따라와 총을 훔쳐간 도둑을 쏴 죽일 거라고 인디언들에게 경고했다.

바로 그 순간에 루이스와 선발대가 그 장소에 나타났다. 기가 죽은 인디언들은 사죄를 했고 소총도 돌려주었다. 섀넌은 질책을 당한 인디언들과 함께 클라크에게로 갔고 사정 얘기를 들은 클라크는 노발대발했다.

"나는 그 인디언들에게 (…) 우리가 있는 근처에 오지도 말고, 만약 그 부족 가운데 1명이라도 우리한테서 뭘 훔치기만 하면 그대로 쏴 죽이겠다고 말했다. 그들은 이 말뜻을 잘 이해했고 (…) 자기네 여자나 아이들이 뭐라도 훔쳐간 경우에는 오히려 자기들이 곧바로 찾아와 돌려주면서 사죄했다."

그 사이에 루이스는 탐사를 계속해 케이프 디스어포인트먼트Cape Disappointment(좌절곶)를 돌아 해안을 따라 7마일쯤 갔다. 하지만 교역소나 배는 없었고 그는 일지도 적지 않았다. 케이프 디스어포인트먼트의 말단 지점에 있는 어느 나무에 자기 이름을 새겨놓은 그는 나중에 자신이 거기에 왔다 갔음을 기록했다고 클라크에게 이야기했다.

11월 17일 오후 1시 30분, 루이스는 모래 해변에서 클라크와 다시 만났고, 원정대는 다음 주 내내 그 장소에 머물렀다(오늘날의 매켄지 헤드McKenzie Head 인근 포트캔디 주립공원Fort Candy State Park에 해당한다). 그곳에서는 사냥꾼들을 내보내 고기를 좀 잡아올 수도 있었다.

11월 18일, 이번에는 클라크가 산책을 나갈 차례였다. 그는 요크와 대원 10명을 데리고 케이프 디스어포인트먼트로 향했고 루이스가 나무에 새겨놓은 이름을 확인했다. 클라크 역시 루이스처럼 이름을 새긴 다음 날짜와 함께 멋진 문구를 덧붙였다.

"1804년부터 1805년까지, 미국에서 육로로 도착함."

클라크가 정찰에서 돌아와 보니 루이스는 추장 2명을 비롯한 치누크족 여러 명을 맞이하고 있었다. 이들은 모두 자리에 앉아 담배를 피웠다. 추장 중 1명은 해달피로 만든 망토를 입고 있었는데, 클라크는 "내가 본 모피 중에서 가장 아름다운 것"이었다고 기록했다. 루이스 역시 그 의견에 동감했다. 두 지휘관은 번갈아가며 그 망토를 사기 위해 흥정을 벌였으며 서로 다른 물건을 대가로 제안했다.

추장은 안 된다고 말했다. 대신 그는 사카가위아가 차고 있는 푸른색 구슬 허리띠를 가리켰다. 두 지휘관은 괜찮겠느냐는 표정으로 그녀를 바라보았다. 그녀는 자기 허리띠를 꼭 내놓아야 한다면 그 대가로 뭔가를 받아야 한다고 대답했다. 두 지휘관 중 1명이 그녀에게 푸른 천으로 된 외투를 하나 주자, 그녀는 자기 허리띠를 내놓았다. 클라크는 일지에 그 모피 망토를 누가 가졌는지 언급하지 않았지만, 아마도 사카가위아의 차지가 되진 않았을 것이다.

그 서쪽 끝의 캠프 장소에서 두 지휘관은 또다시 자신들의 존재를 표시하려는 열망에 사로잡혔다. 루이스는 자신의 낙인용 쇠도장을 나무에 찍었다. 클라크와 다른 대원들은 주위의 다른 나무에 자신들의 이름을 새겼다. 그 사이에 클랫솝족 사이에서는 두 지휘관이 가격을 불문하고 해달피를 사려 한다는 소문이 퍼졌다. 그날 밤, 한 무리의 인디언이 찾아와 망토 2벌을 팔겠다고 했다. 두 지휘관은 사고 싶었지만 너무 비쌌다. 클라크는 그중 1벌을 가진 사람이 시계 하나, 손수건 하나, 붉은색 구슬 한 움큼, 그리고 미국 동전으로 1달러를 주겠다는 제안조차 물리치는 걸 보고 놀랐다. 인디언들은 푸른색 구슬을 원했지만 원정대는 그 구슬을 거의 다 써버린 상태였다. 그럼에도 두 지휘관은 클랫솝족이 친척 관계인 치누크족보다 훨씬 낫다고 생각했다. 클랫솝족은 최소한 도둑질은 하지 않았기 때문이다.

이제 겨울을 어디서 날 것인지를 결정해야 했다. 무엇보다 중요한 것은 좋은 식수, 풍부한 사냥감, 그리고 은신처였다. 클랫솝족은 남쪽 강변에 엘크가 많다고 알려주었다. 두 지휘관은 구슬과 잡동사니의 재고가 부족하고 치누크족이 비싼 값을 요구했기 때문에, 식량을 구입에만 의존해서는 겨울을 날 수 없겠다고 판단했다. 지속적으로 고기를 얻으려면 사냥을 해야 했다.

루이스는 소금을 염두에 두고 바다 쪽에 더 가까이 가고 싶어 했다. 물론 대원들도 모두 소금을 간절히 원하고 있었다. 클라크는 정색을 하고 반대하면서 소금은 건강에 좋지 않다고 했다. 루이스가 해안 가까이에 머물고 싶어 했던 또 다른 이유는 혹시 겨울 동안 찾아올 무역선을 만날 수 있지 않을까 해서였다.

만약 그렇게 된다면 보급이라는 중대한 문제는 일거에 해결될 것이었다. 클라크도 여기에는 동의했다. 또한 인디언이 남쪽 강변에 엘크가 많고 북쪽 강변에 사슴이 많다고 했으니 선택은 간단하지 않느냐는 것이 루이스의 말이었다. 이때 두 지휘관은 대원들을 결정 과정에 참여시켰다. 제시된 안은 첫째로 현재 장소에 그냥 머무르는 것, 둘째로 폭포가 있는 데까지 거슬러 올라가는 것, 셋째로 강을 건너 반대편을 조사해본 다음에 결정하는 것이었다. 당연한 일이지만 세 번째 안이 압도적 다수로(존 실즈 이병만 반대했다) 채택되었다.

남쪽 강변의 캠프 장소가 마땅치 않은 경우, 찬성자의 절반가량은 다시 폭포가 있는 데까지 거슬러 가자고 했고 나머지 절반은 그래도 그냥 하구에 머물자고 했다. 노예인 요크도 한 표를 당당히 행사한 것으로 기록되어 있다. 클라크는 사카가위아의 별명을 언급하며 "제이니*는 포타**가 많은 곳에 머물렀으면 좋겠다고 했다"고 적었다. 이것은 태평양 북서연안에서 이뤄진 사상 최초의 투표인 동시에 흑인 노예와 여성이 투표에 참여한 것으로도 미국 역사상 최초였다.

11월 26일, 이틀이나 강을 거슬러 올라간 끝에 비교적 강폭이 좁은 곳을 발견한 원정대는 그곳에서 남쪽 강변으로 건너갔다. 그들은 존 데이강John Day River의 동쪽 강변에 캠프를 마련했는데, 거기서 또다시 악천후로 인해 꼼짝달싹 못하는 신세가 되었다. 29일이 되자 루이스는 더 이상 참지 못했다. 그는 인디언 카누를 타고 텅곶Tongue Point을 돌아가 클랫솝족이 엘크가 많다고 한 곳을 조사하고 오겠다고 했다. 그는 함께 갈 대원을 직접 골랐다. 평소처럼 드뤼야르가 1순위였

---

*클라크가 사카가위아를 제이니Janey로 지칭한 것은 본문에 인용된 1805년 11월 24일 일지와 훗날 원정에서 돌아와 샤르보노에게 보낸 편지의 두 군데뿐이다. 이것은 아마도 당시 군인들이 젊은 여자를 가리킬 때 쓰던 '제인'이라는 속어에서 비롯된 것이 아닐까 하는 해석이 있다(역주).
**뿌리채소를 말하는 듯하다(원주).

고 그 다음으로 루빈 필드, 섀넌, 콜터, 그리고 라비셰 이병이었다.

이들은 아침 일찍 출발해 그날 밤 오늘날 오리건주 애스토리아 인근 지역에서 캠핑했다. 루이스는 사냥꾼들을 내보냈고 이들은 사슴 4마리, 거위와 오리 몇 마리를 잡아왔다. 루이스는 이날 일지 항목을 짧게 기입함으로써 자신의 하루 일과를 대강이나마 보여주었고 이틀이나 더 그렇게 했다. 클라크는 루이스의 기록 말미에 "루이스 대장이 컬럼비아강 하구 인근에 있던 클라크 대장을 떠나 며칠 동안 남서쪽 강변을 탐사할 때 기록한 내용"이라고 적었다.4

루이스는 이튿날 아침 일찍 출발해 영스만Youngs Bay(밴쿠버 탐험대의 브로턴 중위가 명명한 것)을 탐사했다. 영스강Youngs River의 하구를 영 탐탁치 않게 생각한 루이스는 오늘날의 루이스 앤드 클라크강Lewis and Clark River을 1마일가량 거슬러 올라갔지만 역시나 낙담하고 말았다. 루이스는 만으로 돌아와 혹시 근처에 클랫솝족이 없는지 찾아보았다. 사냥감이 많다고 말해서 호기심을 자극한 당사자들을 만나, 대체 그 사냥감이 어디에 있느냐고 물어볼 작정이었다. 어쩌면 클랫솝족은 그 근처에 흑기러기, 기러기, 캐나다 두루미, 푸른왜가리, 그리고 온갖 종류의 오리가 수없이 많다고 말한 것인지도 모른다. 하지만 루이스가 바라던 사냥감은 엘크였다.

탐사는 이틀이나 더 지속되었다. 이번에는 루이스 앤드 클라크강을 멀리까지 거슬러 올라갔는데, 마침 딱 좋은 장소를 발견했다. 그가 클라크에게 말한 바에 따르면, 작은 절벽이 만조 때의 물높이 표시보다 30피트가량 더 높이 솟아 있으며 강변에서 200피트쯤 떨어져 있고 강하구에서 3마일가량 거슬러 올라간 자리라고 했다. 근처에 샘도 하나 있고 커다란 나무가 많아 은신처와 요새를 만드는 데 사용할 수도 있었다. 바다에서 몇 마일밖에 안 되었기 때문에 소금을 만들기에도 용이했다. 다른 무엇보다 사냥감이 많았다. 드뤼야르와 또 1명의 사냥꾼은 그날 하루만 해도 엘크 6마리와 사슴 5마리를 잡아왔다.

원정대는 바람이 가라앉는 대로 곶을 돌아 만으로 들어간 다음, 거기서 다시 강을 거슬러 올라가 겨울 캠프 장소로 옮길 준비를 했다. 12월 6일은 바람이 거셌지만 다음날에는 루이스의 인도로 캠프 장소까지 무사히 갈 수 있었다. 두 지휘관은 그곳을 포트클랫숍Fort Clatsop이라고 불렀다.

포트클랫솝

1805년 12월 8일~1806년 3월 23일

12월 8일 아침, 클라크는 바다까지 가는 가장 좋은 경로를 찾기 위해 나섰다가 소금 제조용 캠프를 위한 장소를 찾아냈다.* 루이스는 사냥꾼들을 내보낸 다음, 나머지 대원에게는 오두막과 울타리를 만드는 데 사용할 나무(아마도 화이트전나무였으리라)를 베도록 했다. 사흘 뒤, 클라크가 정찰을 성공적으로 마치고 돌아올 때까지도 루이스 일행은 여전히 나무 베는 일을 하고 있었다.

12월 14일이 되어서야 대원들은 베어낸 나무를 켜기 시작했다. 나무 중에는 직경이 2피트나 되는 것도 있었지만 비교적 쉽게 켤 수 있었다. 맨 처음 세운 오두막은 훈제소였다. 비가 많이 오는 기후에서 고

---

*소금은 바닷물을 5개의 커다란 냄비에 넣고 끓여 물을 증발시키고 그 가장자리에 묻은 소금을 긁어내 얻었다. 따라서 바닷물과 땔감이 있는, 나아가 식량 보급을 위해 사냥감이 충분한 지역이 이상적이었다(원주).

기를 보관하려면 특별한 방법이 필요하다는 것을 깨달았던 까닭이다.

매일같이 비가 오는 바람에 일은 천천히 진행되었다. 12월 16일, 클라크는 이렇게 적었다.

"바람이 거세다. 나무가 사방으로 넘어지고 돌풍이 몰아쳤다. 비와 함께 우박과 벼락이 쏟아졌고, 그런 날씨가 온종일 계속되었다. 지금껏 겪은 중에서 최악의 하루였다!"

대원 중 상당수가 질병이나 부상으로 고생했다. 일부는 종기가 났다. 윌리엄 워너William Werner 이병은 무릎을 삐었고 조셉 필드 이병은 화상을 입었으며 조지 깁슨 이병은 이질에 걸렸다. 너새니얼 프라이어 하사는 어깨가 탈골되었다. 요크는 배앓이로 고생했다. 여기에 인디언들로부터 옮아온 벼룩이 밤마다 대원들을 괴롭히며 단잠을 방해했다.

또한 찾아오는 인디언들을 접대하고 그들과 교역하느라 시간이 허비되곤 했다. 12월 12일, 인근의 클랫솝족 마을의 추장인 코보웨이Coboway가 찾아왔다. 두 지휘관은 평소처럼 메달을 선물하고 뿌리채소를 구입했다. 루이스는 스라소니가죽 2장을, 클라크는 수달피 2장을 구입했다. 가격은 어느 날은 적절했다가 그 다음날은 천정부지로 치솟았다.

12월 23일, 클라크는 거의 8피트나 되는 퓨마가죽 1장을 작은 낚싯바늘 6개, 낡은 줄칼 하나, 그리고 상한 물고기 몇 마리를 주고 구입했다. 다음날에는 쿠스칼라Cuscalah라는 젊은 추장이 자기 동생과 2명의 여자를 데리고 나타났다. 이들은 뿌리채소를 한 꾸러미 팔러 와서는 줄칼 2개를 달라고 했고 두 지휘관은 너무 비싸다며 거절했다.

12월 17일, 오두막의 벽이 충분히 세워지자 대원 몇 사람이 통나무

사이의 틈새를 메우는 일에 착수했다. 일주일 뒤에는 지붕을 올렸다. 12월 23일, 두 지휘관은 아직 완성되지 않은 오두막으로 들어갔다. 다음날, 조셉 필드 이병이 그들을 위해 책상을 만들어주었고 대원들 역시 아직 지붕을 올리지도 않은 오두막으로 들어갔다.

포트클랫숍은 50평방피트의 규모로 2개의 긴 건물이 서로 마주보고 서 있었고 한쪽 벽은 울타리로 서로 이어져 있었다. 정면에는 정문이 있고 뒤쪽에는 더 작은 문이 있어서 30야드쯤 떨어진 곳에 있는 샘으로 쉽게 오갈 수 있었다. 건물 사이에는 가로 50피트, 세로 20피트 가량의 연병장이 있었다. 건물 중 하나는 방이 3개로 이루어졌으며 대원들의 숙소로 사용되었다. 또 하나는 방이 4개로 각각 두 지휘관의 숙소, 샤르보노와 사카가위아 그리고 아기인 장 밥티스트의 숙소, 중대 사무실, 나머지 하나는 훈제실로 사용되었다.*

1805년의 크리스마스에 아침 해가 떠오르자, 대원들은 축포를 쏘고 소리를 지르며 노래를 불러 두 지휘관을 깨웠다. 이들은 서로 선물을 교환했다. 클라크 대장은 화이트하우스 이병으로부터 모카신 한 켤레, 사일러스 굿리치로부터 나무 바구니 하나, 사카가위아로부터 흰족제비 꼬리 20개, 루이스 대장으로부터 속옷 위아래 1벌과 양말을 받았다. 두 지휘관은 남아 있던 담배를 두 뭉치로 나눠 한 뭉치는 인디언들이 방문했을 때를 대비해 남겨두고, 나머지 한 뭉치는 대원들 중 흡연자들에게 나눠주었다. 대신 비흡연자인 대원들은 손수건을 하나씩 받았다. 축하행사는 오래 지속되지 못했다. 습하고 꾸물꾸물한 날씨 탓에 음식이라고 해야 상한 고기와 생선, 뿌리채소 몇 개뿐이었

---

*국립공원관리청에서는 오늘날 그 자리에 요새를 재건해두었다(원주).

기 때문이다.

사흘 뒤, 두 지휘관은 소금 제조를 위해 소부대를 파견하기로 했다. 소부대는 캠프를 출발해 오늘날 오리건주 시사이드Seaside의 남쪽으로 가서 임무를 시작했다.* 12월 29일, 클랫숍족이 두 지휘관을 찾아와 틸라무크곶Tillamook Head에 고래 1마리가 떠밀려 왔다고 전했다. 루이스는 즉시 배를 타고 그곳으로 가서 기름과 지방을 얻어오기로 했다. 그는 카누를 타고 가서 고래를 끌고 올 소부대를 선발했지만, 다음주 내내 바람이 너무 거세어 감히 출발할 수가 없었다.

12월 30일, 요새가 완성되었다. 일몰 무렵, 두 지휘관은 클랫숍족에게 이제부터는 해가 지고 나면 요새의 정문을 닫을 것이고 인디언은 모두 요새에서 나가야 한다고 통보했다. 한껏 건방지게 행동했던 인디언들은 내키지 않아 하며 오두막에서 나갔다.

1806년 새해 첫날의 일출 무렵, 대원들은 축포를 쏘고 "새해 복 많이 받으세요!"라고 외치며 두 지휘관을 깨웠다. 별다른 축하행사나 잔치는 없었다. 루이스는 "우리는 끓인 엘크 고기와 와파투를 먹고 맹물을 마셔 갈증을 다스리는 선에서 만족할 수밖에 없었다"고 기록했다.

원정대는 포트클랫숍을 만드는 데 3주일 이상 투자했는데, 루이스는 그 사이에 현장노트를 두 항목밖에 작성하지 않았다. 하지만 1월 1일부터 그는 다시 일지를 매일 작성하기 시작했다. 그는 우선 "대원들이 새해를 축하하기 위해 발사한 축포가 이 경축일에 우리가 바칠 수 있는 유일한 존경의 표시였으며, 이날 우리의 식사량은 크리스마

---

*오늘날 이 장소에는 작은 표시판과 함께 당시 사용된 냄비, 난로의 모형이 전시되어 있다. 3명으로 구성된 이 소부대는 겨울 동안 3~4부셸의 소금을 생산했다(원주).

스보다 조금도 나을 것이 없었다"는 불평을 했다. 하지만 이제 1806년이고 집에 돌아갈 날이 머지않았다는 희망도 적었다.

집에 돌아가는 것에 관해 글을 쓰기 전까지만 해도, 루이스는 자신이 문명을 얼마나 그리워하는지 미처 깨닫지 못했던 것이 분명하다. 그는 1801년부터 1803년까지 대통령 관저에서 토머스 제퍼슨과 함께 살았다. 당시 그는 미국에서도 첨단을 달리던 문화, 지식, 과학, 정치 분야의 인사들을 만났고 최고의 음악, 최고의 식사, 최고의 와인을 만끽했다.

그러나 1804년부터 1805년까지 그는 문명 너머에 있었다. 그가 매일 나눈 대화 주제는 긴급하고도 현실적인 문제였고 대개는 정규 교육을 받은 적 없는 병사들을 상대로 한 대화였다. 클라크 역시 대통령의 말쑥한 측근보다 변경에 주둔하는 군인에 가까웠다.

이제 새해가 다가오면서 루이스는 워싱턴, 샬럿츠빌, 필라델피아, 그리고 문명으로 돌아가는 날을 꿈꾸게 되었다. 이 생각으로 그는 무기력상태에서 깨어났다. 그는 자신이 그날을 얼마나 고대하고 있었는지 열성적으로 적었다.

"1807년 1월 1일, 우리는 친구들과 굳게 포옹하며 그날의 기쁨과 웃음에 동참했으면 하고 바란다. (…) 문명의 손이 우리를 위해 만들어준 만찬을 우리는 정신적, 신체적으로 만끽할 것이다."

그의 이런 기대가 더욱 열렬해진 이유는 훗날 자기가 '지금의 일에 대한 회고'로 사람들의 이목을 집중시킬 수 있으리라는 생각 때문이었다. 생각만 해도 기분 좋은 장면이었다. 1806년 1월 1일, 겨울 캠프가 완성됨과 동시에 그의 고개와 마음은 이미 동쪽을 향해 있었던 셈이다.

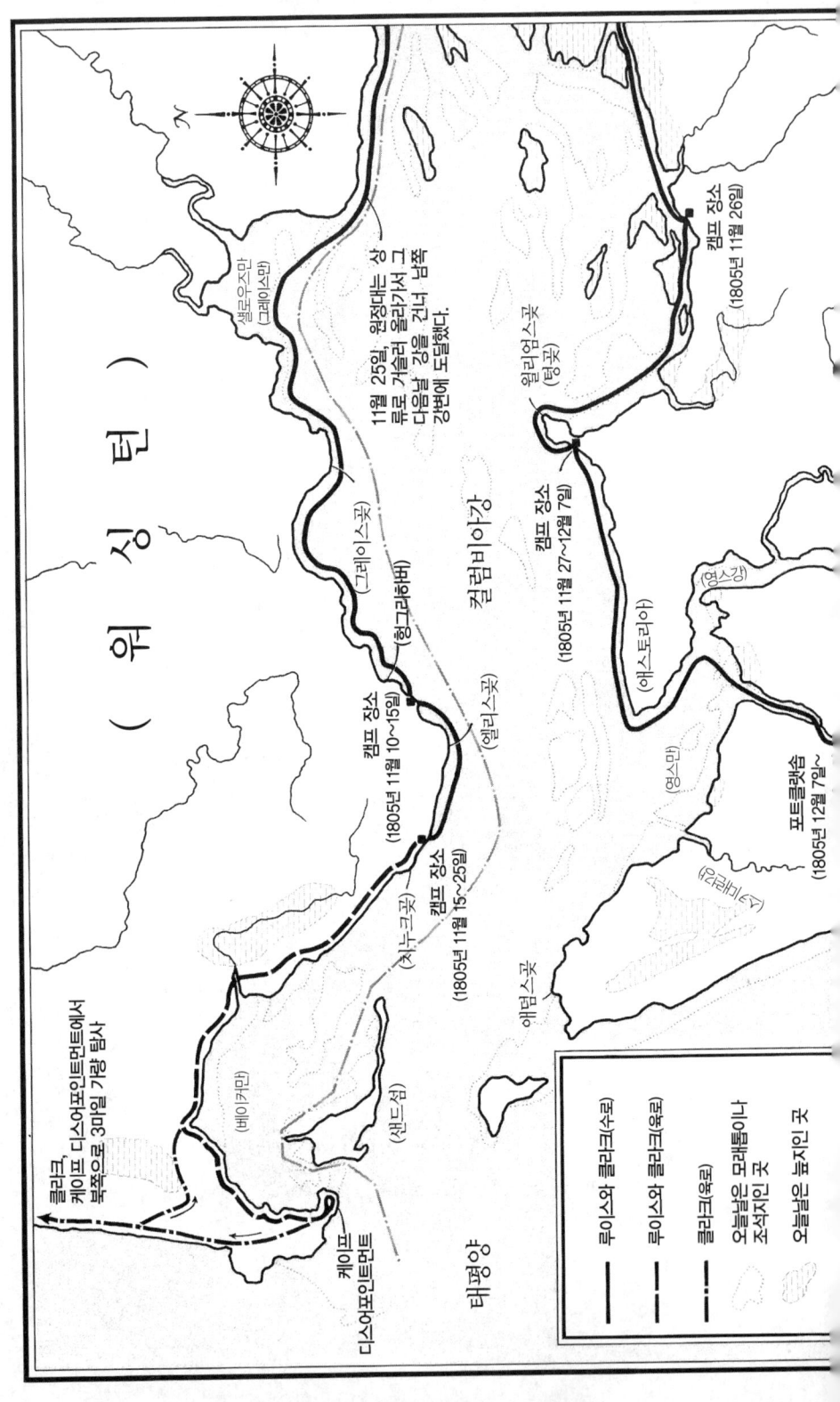

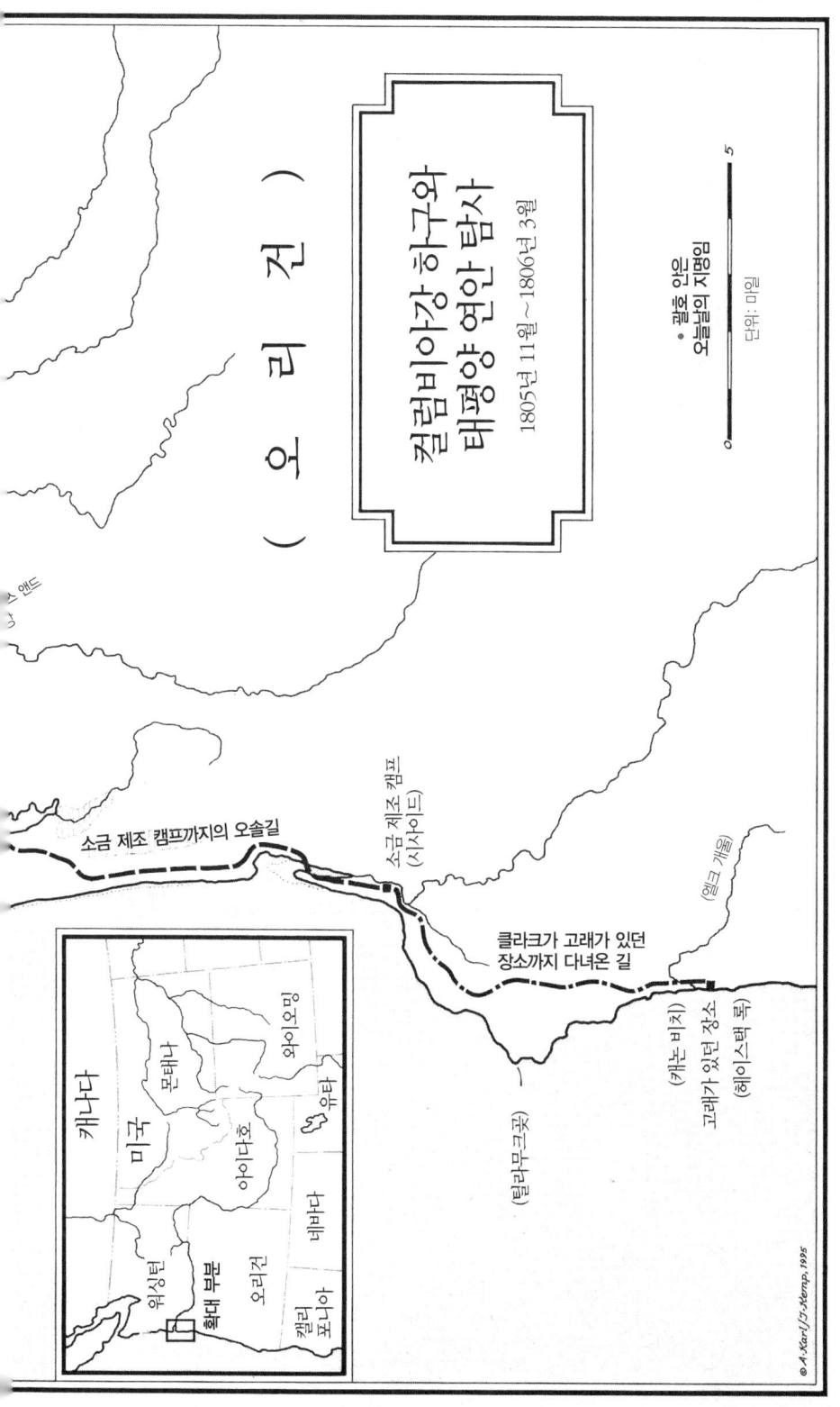

하지만 그러기 위해서는 우선 그 겨울을 잘 넘겨야 했다. 1월 11일 아침, 당직하사가 인디언 카누가 사라졌다고 보고했다. 조사 결과, 전날 저녁 그 배를 사용한 대원들이 카누를 묶어두는 것을 소홀히 하는 바람에 썰물에 떠내려간 것이었다. 루이스는 이틀에 걸쳐 수색조를 내보냈지만 모두 빈손으로 돌아오고 말았다. 그러다가 2월 5일, 만조를 틈타 어느 후미를 탐사하던 개스 하사가 운 좋게도 카누를 찾아냈다.

일상에서는 경계가 느슨해져 있었다. 거의 매일 클랫숩족이 드나들었고 가끔은 치누크족도 찾아왔기 때문에 요새 내에서 인디언을 보는 것은 친숙한 광경이 되었다. 두 지휘관 역시 종종 추장 1명과 소부대로 구성된 인디언이 요새 내에서 하룻밤을 보낼 수 있게 허락해주었다. 그런데 2월 20일 치누크족 추장 1명이 25명이나 되는 전사를 이끌고 찾아오자 루이스는 바짝 정신을 차렸다. 루이스는 추장에게 담배와 메달을 선물했다.

일몰 무렵, 루이스는 치누크족에게 그만 가달라고 했지만 인디언은 그 말에 순순히 따르지 않을 태세였다. 그도 그럴 것이 이들은 강 하구를 건너온 터라 당장 그날 밤 안으로 돌아갈 수 없었다. 그럼에도 루이스는 기어코 손님들을 내보냈다. 나중에 그가 자신의 행위를 정당화하기 위해 쓴 글에는 치누크족에 대한(사실은 모든 인디언에 대한) 깊은 두려움과 의심이 드러나 있다. 제퍼슨은 궁극적으로 인디언이 미국의 일원이 되기를 바랐던 반면, 루이스는 인디언을 문명화시키거나 위협해 미국 정부에 의존하게끔 만들기 전까지는 그들과 함께 살아가는 것이 불가능하리라고 확고하게 믿고 있었다.1

"겉보기에는 우호적이었지만 그들은 언제든 탐욕과 뭔가를 훔치려는 열망에 사로잡힐 수 있다. 우리는 만일의 사태에 대비해 늘 경계했고 (…) 그 어떤 야만인도 우리를 함부로 대하지 못하게 했다. 우리는 원주민의 배반 행위를 잘 알고 있으며, 우리 동포가 이들에게 지나친 신뢰를 베풂으로써 결국 수백 명도 넘는 사람이 파멸했던 것도 잘 알고 있었다."

제임스 론다는 루이스의 이런 태도는 지나치게 극단적이라고 말했다. 그는 인디언의 배반 행위와 포악성에 관한 이야기는 1806년의 해안 인디언 부족보다 오히려 1790년대 켄터키와 오하이오 변경의 내륙 인디언 부족의 이야기에 더 잘 어울린다고 지적했다.2 어쩌면 두 지휘관은 론다의 제안처럼 치누크족과 좋은 관계를 수립할 수 있었을지도 모른다. 하지만 루이스가 그런 비판을 들었다면, 자신들이 아무런 문제도 겪지 않은 까닭은 인디언에 대한 방비를 게을리 하지 않은 덕분이라고 대답했을 것이다.

대부분의 변경 요새와 마찬가지로 포트클랫솝에서의 생활도 견딜 수 없을 만큼 무료했다. 주먹다짐이나 그와 유사한 말썽이 일상의 활력소가 되는 일조차 없었다. 루이스도 어지간히 기록할 것이 없었던 듯 사냥꾼들이 나갔다 온 것, 사냥꾼들이 성공하거나 실패한 것, 대원들의 건강, 식단, 클랫솝족과의 거래 내역 등을 적었을 뿐이다. 위도와 경도를 측정하는 일을 했다면 그나마 기분전환과 성취감이라도 얻었을 텐데 흐린 날씨 관계로 그것도 쉽지 않았다. 요새에서의 첫 달 내내, 루이스는 단 한차례의 관측도 수행할 수 없었다.

대원들은 섹스를 기분전환 수단으로 삼았지만, 모든 증거로 미뤄보건대 두 지휘관은 그렇지 않았던 것 같다. 대원들은 그 대가를 톡톡히 치렀다. 구슬이나 잡동사니를 건네주는 것은 물론 성병까지 옮아왔던 것이다. 대원들의 치료는 루이스의 몫이었다. 1월 27일자 일지에서 루이스는 이렇게 적었다.

"굿리치가 루에스베네라에서 완쾌되었다. 어느 치누크족 아가씨와의 애정 행위로부터 얻은 병이었다. 나는 작년 겨울에 깁슨에게 했던 것처럼 수은을 이용해 그를 치료했다."*

루이스는 의사로서 매우 세심했다. 깁슨 이병이 격렬한 오한으로 움직일 수조차 없게 되자 루이스는 첫째로 병의 원인을 적고(계속 내린 비, 개울과 늪을 헤매고 돌아다닌 것, 항상 몸이 젖어 있었던 것) 둘째로 환자의 상태를 적었으며("거의 고통에서 벗어났다"), 셋째로 환자의 외양을 기록하고("상당히 야위었고 기력이 없다") 넷째로 약과 물리요법을 처방했다("칠레초석 희석액을 불규칙적으로 복용시키고 세이지 차를 많이 마시게 했으며 발을 따뜻한 물에 담그고 오후 9시에 아편제 35방울을 투여했다").

포트만단에 있을 때만 해도 대원들의 건강은 신경 쓰이게 할 만큼 나쁘지 않았다. 반면 포트클랫숍에서는 대원들의 건강이 큰 걱정거리가 되었다. 항상 누군가 하나쯤은 감기나 독감, 성병, 접질림으로 앓아누웠다. 2월 22일, 루이스는 의무실에 환자가 5명(총 전력의 17퍼센트)이나 있다고 적고 "우드강을 벗어난 이후 환자 수가 가장 많다. 다들 심한 감기와 열을 호소하는데 내가 보기에는 독감인 것 같다"라고

---

*게리 몰턴은 루이스의 치료법이 일시적인 것에 불과했다고 지적했다. 그로부터 6개월 뒤, 굿리치와 맥닐은 매독의 제2기 증상을 보였던 것이다. 두 사람 모두 젊은 나이에 죽었고 원정에 참여했던 다른 대원들 역시 마찬가지였다. 어쩌면 성병의 첫 징후가 보이자마자 수은을 잔뜩 사용했던 것이 대원들의 때 이른 죽음에 기여하거나 원인을 제공했을 수도 있다. 물론 몰턴은 그런 결론을 내리는 것이 '현명하진 않다'고 잘라 말했지만(『일지』, 제6권, 242쪽)(원주).

덧붙였다. 3월 20일, 부대가 떠날 준비를 하는 중에 루이스는 이렇게 썼다.

"대원 중 상당수는 여전히 상태가 좋지 않다고 호소한다. 대원들은 대부분 몸이 약한데 아마도 좋은 음식이 부족해서 그런 모양이다."

클랫솝족과 치누크족은 그곳의 음식과 기후 모두를 좋아했고 그곳에 완벽히 적응해 있었으며, 태평양 북서 연안을 풍요로운 지역으로 인식하고 있었다. 그러나 두 지휘관과 대원들에게 그곳은 끔찍한 장소였고 하루라도 빨리 벗어나고픈 곳이었다. 사실 포트클랫솝은 요새라기보다 감옥에 가까웠다. 사냥에 나가지 않는 대원들은 낮 동안 엘크가죽을 무두질하고 모카신을 만들었으며(귀환할 때 대원 1인당 10켤레씩 필요할 것이기 때문에), 훈제실에 계속 불을 때고(그 지역 목재는 하나같이 젖어 있어서 제대로 연기가 나지 않았다) 그밖에 자질구레한 일을 하느라 중노동을 했다. 기록으로 미뤄보건대 루이스는 거의 요새 밖으로 나가지 않았던 것 같다. 일지 가운데 일부에는 그의 지루함이 그대로 드러나 있다.

2월 2일: 오늘은 특별히 기록할 만한 사건이 없었다. 하지만 우리를 포트클랫솝에 붙들어 두고 있는 시간이 이제 한 달이나 지나갔다는 사실에 모두들 기뻐했다.

3월 3일: 우리는 4월 1일(출발 예정일)로부터 우리를 갈라놓고 있는 시간, 우리를 포트클랫솝에 붙잡아 놓고 있는 시간이 흐르는 것을 손꼽아 세고 있다.

포트클랫솝에서 먹은 음식 역시 지루함을 한층 더해주었다. 루이스의 입장에서는 형편없는 음식이나마 많이 얻을 수 있다면 다행이었으므로 식단을 다양화한다는 것은 불가능한 일이었다. 원정대는 엘크를 주식으로 삼았다. 3개월 넘게 해안에 머무는 동안 사냥꾼은 엘크 131마리, 사슴 20마리, 비버와 수달 몇 마리, 너구리 1마리를 잡았다.3 드뤼야르가 가장 실적이 좋았고 가끔은 하루에도 5~6마리가 넘는 엘크를 잡았다. 1월 12일, 루이스는 드뤼야르가 그날 하루에만 엘크를 7마리나 잡았다며 "이 뛰어난 사냥꾼이 나서지 않았다면 과연 우리가 어떻게 먹고살 수 있었을지 모르겠다"고 덧붙였다.

하지만 드뤼야르의 활약에도 불구하고 부대 전체가 넉넉히 먹고살 만큼 사냥감이 많지는 않았다. 두 지휘관은 고기 외에도 클랫솝족에게서 구입한 말린 생선과 뿌리채소로 모자란 식단을 채웠다. 그런데 미주리강에서만 해도 그렇게 낚시를 잘했던 대원들이 왜 그곳에서는 직접 낚시할 생각을 하지 않았는지 이해할 수가 없다. 또한 인디언이 비싼 가격을 부르는 바람에 교역품조차 거의 떨어질 지경이면서도 사카가위아를 제외한 나머지 대원은 왜 뿌리채소를 캐러 다니지 않았는지 이해하기가 힘들다.

1월 5일, 소금 제조 파견대가 최종 완성품의 샘플을 가져오자 루이스와 대원들은 무척 반가워했다. 포트클랫솝에서는 매일 아침저녁으로 삶은 엘크 고기, 말려서 포를 뜬 엘크 고기, 먼젓번 식사 때 먹다 남은 엘크 고기를 먹었다. 구워 먹어도 될 만큼 신선한 엘크 고기가 있을 때면 대원들은 양껏 먹었지만 그런 경우는 드물었다. 겨우내 사냥 범위가 넓어진 까닭에 1월 중순이 되자 사냥꾼들은 요새에서 몇 마일 떨어진 곳까지 나가야 했기 때문이다. 사냥에 성공하면 대원들이 가서 고기를 날라 와야 했는데 때로는 운반에만 며칠이 걸리기도 했다.

고기가 부족한 날도 많았다. 신선한 고기가 있으면 대원들은 게걸스레 먹어치웠기 때문에 루이스는 지속적인 공급을 고민할 수밖에 없었다. 그래서 앞으로 모든 고기는 일단 포를 뜨도록 했지만, 그러고 나서도 대원들이 육포를 게걸스레 먹어치우자 깜짝 놀랐다.

식단에서 한 가지 반가운 변화는 1월 10일에 일어났다. 그로부터 나흘 전, 클라크는 11명의 대원과 함께 카누에 나눠 타고 소금 제조장 남쪽 해안에 떠 밀려온 고래를 찾으러 갔다(본래 루이스가 이 소부대를 지휘하겠다고 했는데 왜 클라크가 가게 된 것인지 그 이유에 대한 기록이 없다). 일행 중에는 사카가위아도 있었다. 루이스는 그녀가 어떻게 행동했는지 멋진 문장으로 표현하고 있다.

"인디언 여자는 따라가게 해달라고 유난히 고집을 부렸고 결국 허락을 받았다. 그녀가 우리를 따라 이렇게 멀리까지 온 것은 바다를 보기 위해서였는데, 이제 거대한 물고기가 있다고 하니 그것도 봐야겠다는 생각이 들었던 모양이다."

클라크는 약 300파운드의 지방과 몇 갤런의 짜낸 기름을 갖고 돌아왔다. 그는 더 많이 얻고 싶었지만, 그가 도착했을 즈음 고래는 이미 껍질이 벗겨진 상태였고 그나마 가져온 지방과 기름도 거기 있던 인디언들에게 구입한 것이었다. 고래 지방과 기름은 금세 떨어졌고 식단은 다시 엘크 위주가 되었다. 2월 7일, 루이스는 식단을 적고 있다.

"오늘 저녁에는 정강이뼈 하나와 엘크 가슴살 삶은 것이 나와서 모두들 훌륭한 저녁을 즐겼다. 포트클랫숍에서 이 정도면 꽤나 호화판이다."

2월 말이 되면서 울라촌 혹은 바다빙어가 무수히 몰려왔다. 클랫숍족은 그물로 잡은 그 생선을 원정대에게 팔고 생선 손질하는 법도 가르쳐주었다(루이스는 이 생선을 앤초비라고 불렀다). 울라촌은 길이가 7인치가량 되었고 클랫숍족은 나무꼬치에 이 생선을 죽 꽂아서 구워 먹었다. 살이 어찌나 통통하게 올랐던지 별도로 소스가 필요 없을 정도였다. 그때부터 출발 직전까지, 두 지휘관은 울라촌을 최대한 많이 사들였다.

대원들이 하는 일이나 인디언과의 교역을 감독하는 것은 루이스의 일과 중 일부에 불과했다. 그는 매일 습하고 춥고 연기 자욱한 자기 숙소의 책상 앞에 붙어 앉아 촛불 하나 켜놓고 일지를 작성했다. 그의 생활은 수도사나 다를 바 없었다. 그는 학문에만 전념했으며 주제는 식물학, 동물학, 지리학, 민족학 등이었다. 포트클랫숍에 머무는 동안

루이스가 일지에 남긴 스케치(미국 철학회 소장).

루이스가 일지에 남긴 단풍잎 스케치(미국 철학회 소장).

루이스는 당시의 학계에 큰 기여를 하고 있던 셈이었다.

포트클랫숍에서 그는 10종의 새로운 식물과 나무를 매우 상세하게 (가끔은 수백 단어가 되도록) 기록했는데, 그중에는 가문비나무도 있었다. 그는 제퍼슨에게 가져갈 열댓 종류의 식물과 잎사귀, 종자를 수집 분류하고 표본으로 만들었다. 또한 그는 서부 연안에서 발견한 새로운 식물을 자신이 기억하는 동부 연안의 식물들과 계속 비교함으로써, 자신이 동부의 식물에 대해서도 잘 알고 있음을 보여주었다.4

그해 겨울 내내 그는 모두 100여 종의 동물에 관해 기록을 남겼다. 포유류 35종, 조류 50종, 파충류와 어류 10종, 무척추동물 5종 등이었다. 그중 학계에 생소했던 것은 조류 11종, 어류 2종, 포유류 11종이었다. 이 분야의 고전적 저서인 『루이스와 클라크: 선구적 박물학자 Lewis and Clark: Pioneering Naturalists』에서 폴 러셀 커트라이트는 루이스가 새로운 조류를 묘사할 때 전문용어를 최소한도로 사용했음에도 "그는 새의 색깔, 날개 형태, 꼬리깃털의 개수와 길이, 눈 색깔,

울음소리 등에 대해 충분한 자료를 제공하고 있다"고 썼다.5

루이스는 또한 인디언의 생선 및 뿌리채소 손질법에서 카누 제작법에 이르기까지 온갖 기술에 관해 상세히 묘사했다. 1월 7일, 드뤼야르가 살진 비버(매우 인기 높은 식량이던)를 1마리 잡아오자, 루이스는 그에게 덫으로 비버를 잡는 방법을 묻기도 했다. 이때 그는 드뤼야르가 설명한 덫 놓는 과정을 500단어가 넘도록 기록해두었다. 루이스의 설명을 그대로 따라할 경우 지금도 비버를 덫으로 잡을 수 있을 만큼 정확한 묘사였다.

어떤 사람들은 제퍼슨이 이 원정에 숙련된 박물학자를 1명도 파견하지 않았다는 점을 비판한다. 하지만 도널드 잭슨은 그런 비판이 천부당만부당하다고 생각했다.

"식물학자라니? 아예 동물학자나 지리학자까지 딸려 보내자고 하지! 물론 나중에는 그런 전문가를 파견할 수 있었을 것이다. 하지만 당시에는 태평양까지 갔다 올 소수의 대원을 구하는 것조차 큰 문제였고 장비도 일일이 갖출 수 없는 상황이었다. 그 지역의 자연 자원을 파악하고 수집하는(평가할 필요는 없는) 정도의 지적 능력만으로도 충분했던 것이다."6

커트라이트의 평가는 여기서 한 발 더 나아간다.

"루이스는 천부적인 관찰 능력, 포괄적인 관심, 그리고 자연계를 이해하기 위한 객관적이고 체계적이며 철학적인 접근방식 능력을 지녔다. 식물학자로서 루이스의 자기평가와 다른 사람들의 폄하를 가장 확실하게 일축해버릴 수 있는 것은 바로 루이스의 풍성한 글이다. (…) 루이스는 유능한 박물학자였으며 20세기의 과학자들이 아닌 당시의 과학자들과 더욱 잘 어울리는 태도를 지닌 인물이었다."7

루이스가 일지에 남긴 스케치들. 왼쪽 위에서부터 시계 방향으로 각각 송어, 독수리, 흑기러기, 갈매기를 묘사하고 있다(미국 철학회 소장).

루이스가 조류와 식물, 동물, 기술 등을 낱낱이 기록하는 동안 클라크는 포트만단에서 포트클랫솝에 이르는 지역을 망라한 지도 작성에 매달렸다. 2월 11일, 그는 마침내 지도 작성을 완료함으로써 세계의 지식에 큰 공헌을 했다. 이는 미주리강 하류에 관한 그의 이전 지도와 함께 미국 서부를 사상 최초로 하나로 이어준 지도였다.

　지도는 클라크 혼자의 작품이지만 그 제작 과정에 두 지휘관 활발한 토론이 있었음을 보여주는 암시가 있다. 두 지휘관은 2개월 동안 자신들이 직접 본 것과 인디언들로부터 들은 이야기를 서로 논의했다. 그 결과물인 이 지도는 지리학자 존 로건 앨런의 말처럼 "태평양에서 보낸 겨울 동안에 나온 가장 중요한 산물"이었다.8 완성된 지도를 클라크와 함께 검토한 지 사흘 만인 2월 14일, 루이스는 이렇게 적었다.

　"이제 우리는 북아메리카 대륙을 가로지르는 가장 실용적이고 선박 운행이 가능한 경로를 발견했다는 사실을 깨달았다."

　얼핏 의기양양해 보이는 그 말은 사실 큰 실망을 슬쩍 감춘 것이었다. 루이스와 클라크의 원정 결과로 알아낸 가장 충격적인 소식은 바로 대륙을 가로지르는 완전수로는 전혀 없다는 사실이었다. 미주리강에서 컬럼비아강 사이의 짧은 연수육로는 존재하지 않았다. 인도로 가는 길에 대한 부정, 즉 마퀘트Jacques Marquette* 이후 미국 북서부에 관해 생겨난 온갖 이미지 중에서도 대표적인 것에 관한 부정은 루이스와 클라크의 여정에서 비롯된 지리적 민간전승의 변화에서 가장 막

---

*자크 마퀘트 신부(1637~1675)는 17세기에 북아메리카에서 활동한 프랑스인 가톨릭 신부 겸 선교사로, 유럽인 중에서는 최초로 미시시피강 북부를 탐험하고 지도를 만든 인물이다(역주).

대한 것이었다.9

이들이 발견한 최상의 경로조차 제퍼슨의 기대에 전혀 미치지 못했다. 개인적인 감정은 둘째치고라도 제퍼슨은 이 결과에 대한 정치적 대가를 지불해야만 할 터였다. 수족이 미주리강을 봉쇄하고 있고 대륙을 가로지르는 완전수로마저 없다고 한다면 루이지애나 매입에 대한 연방당원 측의 공격이 빗발칠 것이기 때문이다. 루이스는 이 소식을 어떻게 전해야 할지 포트클랫솝에서부터 궁리하기 시작했다.

그는 제퍼슨이 예견한 것처럼 최상의 경로는 미주리강을 거슬러 올라갔다가 컬럼비아강을 따라 내려오는 것이며, 원정대도 그 경로를 따라 다녀왔다고 기록했다. 비터루트산맥을 넘은 것에 관해서는 당시 인디언들로부터 얻은 정보를 고려한 결과 그 북쪽이나 남쪽으로 더 가본다고 해도 네즈퍼스 오솔길보다 나은 길을 찾기는 불가능하리라 생각되었기 때문이라고 설명했다. 그는 다른 언급 없이 그냥 그 오솔길이 184마일에 달한다고 썼다.

따지고 보면 그다지 최상이라 할 수도 없는 경로였지만, 지리적인 현실을 깡그리 무시할 수는 없는 실정이었다. 상대적으로 덜 주목받은 1806년 9월 29일자 편지에서* 루이스는 포트클랫솝에서 적은 항목 내용보다 훨씬 더 현실에 근접한 말을 하고 있다. 그는 원정대가 "가장 실용 가능한 경로"를 발견하는 데 "완벽하게 성공했다"고 했지만, 그 직후 "자연이 허락하는 한에서는 말이다"라고 중대한 수식어를 덧

---

*이 편지는 루이스가 직접 존 헤이(John Hay)에게 주면서 복사해 배포하도록 했다. 헤이는 세인트루이스의 사업가 겸 말단 공무원으로, 원정대가 짐을 꾸리는 과정에서 많은 도움을 준 인물이다. 루이스는 그를 좋아하고 또 존경해서, 나중에 그를 연방 공무원 직위에 추천하기도 했다. 헤이는 이 긴 문서의 사본을 여러 장 만들어 널리 배포한 것 같다. 자세한 내용은 다음을 보라. 잭슨, 『서한집』, 제1권, 156~57; 343쪽(원주).

붙이고 있다.10

계몽주의 시대 사람들로선 자연 앞에 아무런 이의 제기가 있을 수 없었다. 물론 제퍼슨은 자신의 꿈이 그렇게 끝나버리는 것이 못마땅했을지 모르지만, 그래도 진실을 알게 되어 기뻐했을 것이다. 여기서 진실이란 제퍼슨이 로키산맥을 애팔래치아산맥과 감히 비교하려는 생각을 앞으로 영영 지워버려야 한다는 것을 말한다.

포트클랫숍의 숙소에서 루이스는 자신이 대통령 관저의 객실에 앉아 제퍼슨에게 보고하는 광경을 상상했을 것이다. 루이스는 제퍼슨이 몇 가지 세부사항을 듣고 난 다음, 그곳의 상업적 가능성에 관해 자신에게 물어볼 것이라고 상상했다. 미국인이 컬럼비아강 하구에 교역소를 설치하고, 무척 수지맞는 동방과의 모피 교역을 영국인의 손에서 빼앗아 올 수 있을까? 루이스는 이를 관철시키기 위한 계획을 구상하는 중이었지만 아직 무르익은 상태는 아니었다. 하지만 그는 그중 일부를 무심코 누설해 버린 상태였다. 산 양편에 사는 원주민 모두가 말을 많이 기르고 그 값도 싸다는 점에 착안해 "향후 컬럼비아강과 태평양을 통해 동인도회사와 모피 무역을 시도하는 사람은 극도로 이득을 볼 것"이라고 했다. 구체적으로 그는 쇼쇼니, 네즈퍼스, 그리고 다른 부족들이 기르는 말의 수치를 제시하며 "그들 모두는 유순하고 점잖고 귀중한 동물인 말을 통해 큰 유익을 누리고 있다"고 했다.

영국인은 모피를 구입해 세인트로렌스강St. Lawrence River을 경유한 다음 런던으로 보냈고 거기서 다시 동인도회사로 보내는 방식을 취했다. 따라서 컬럼비아강에 교역소를 설치할 방법과 캐나다나 미국의 대평원지대로부터 생산되는 모피를 그 교역소까지 운반할 방법만 찾아낸다면, 미국인은 영국인보다 최소한 1년은 물품운송 기간을 단축

할 수 있었다. 루이스는 더 큰 문제를 계속해서 생각해보았다.

하지만 원정대가 무사귀환하지 못한다면 일대일 보고는 불가능할 것이었다. 본래 루이스는 4월 1일까지 포트클랫솝에 머물 생각이었지만, 3월 5일에 이르자 출발일을 앞당기려는 의향을 내보였다. 한편으로는 한시바삐 그곳을 떠나고 싶었고, 또 한편으로는 인근에 엘크가 점점 드물어져 식량 조달이 힘들어졌기 때문이다.

3월 중순에 접어들자, 루이스는 3월 20일을 출발일로 잡았다. 드디어 그날이 왔지만 바람이 어찌나 거센지 미국인은 감히 카누를 타고 강으로 나갈 엄두를 내지 못했다. 출발 준비를 하는 중에 루이스는 그 지역 인디언의 카누를 2척 구입해, 맨 처음 폭포가 나오는 곳까지 강을 거슬러 올라가는 데 사용하려 했다. 3월 14일, 그는 클랫솝족 1명과 평범한 카누 1척을 놓고 흥정을 벌였지만, 루이스는 그 가격이 "우리에게 남아 있는 교역품 전부보다 비쌌다"고 적었다. 원정대는 거의 파산지경에 이른 상황이었다. 3월 16일자 일지에서 루이스는 한탄했다.

"우리가 가진 교역품 중에서 작은 물건들은 손수건 2개면 모두 담을 수 있는 양에 불과하다."

남아 있는 물건이라곤 푸른 망토 6장, 포병 외투와 모자, 깃발로 만든 망토 5개, 그리고 리본 몇 개가 전부였다. 그야말로 앞으로 남은 먼 여정에 비해 빈약하기 짝이 없는 재산이었다. 우선 원정대는 컬럼비아강의 폭포까지 가는 것이 급선무였다. 거기까지 가려면 인디언의 카누가 절실히 필요했다. 3월 17일, 루이스는 드뤼야르를 시켜 자신이 애지중지하던 외투를 인디언에게 갖다 주고 카누를 사오도록 했다.

하지만 가난한 데다 또 1척의 카누를 절실히 필요로 하는 입장에 놓이자 그는 야비하고도 자포자기적인 심정이 되었다. 3월 18일, 이들은 결국 카누를 훔치고 말았다. 루이스는 이를 기록하지 않았지만 오드웨이 하사는 자기 일지에 대원 4명이 "해안 근처의 평원을 가로질러 가서" 카누를 끌고 왔는데, "우리는 그 물건이 필요했기 때문"이라고 했다. 제임스 론다는 이를 가리켜 다음과 같이 지적했다.

"나쁘게 말하면 범죄이고 아무리 좋게 말해야 치명적인 판단상의 실수였다. (…) 에르난도 드소토Hernando DeSoto나 프란치스코 피사로Francisco Pizarro 같은 탐험가에 비해 루이스와 클라크를 유난히 긍정적으로 부각시켰던 본질적인 정직이 이 대목에서 그만 손상되고 말았다."11

루이스에게는 선택의 여지가 없었다. 물론 소총과 탄환, 화약을 내줬다면 클랫숩족도 기꺼이 카누와 맞바꿨겠지만, 소총을 원주민에게 주는 것은 원정대의 절대적인 원칙을 위반하는 행위였다. 물론 카누를 훔치는 것 역시 그 원칙을 위반하는 행위인 것은 마찬가지였다.

3월 18일 코보웨이가 방문하자, 루이스는 그에게 원정대 전원의 명단을 건네주었다(함께 방문한 다른 추장들에게도 그 사본을 건네주었다). 그는 또한 1장의 사본을 자기 숙소에 붙여 두고 그 전문에 이렇게 기록했다.

"명단을 작성한 목적은 이 명단을 보게 될 그 어떤 문명인이 지닌 것과 똑같은 수단을 통해 여기 적힌 사람들로 구성된 부대, 즉 1804년 5월에 미국 정부가 북아메리카 대륙 내륙을 탐사하기 위해 파견한 부대가 이 지역을 통과해 (…) 태평양에 도달했음을 세계에 고지하고자 함이다."

그 명단의 뒤에 클라크는 미주리강과 컬럼비아강의 대략적인 지도를 그렸다.

3월 22일, 폭풍이 잦아들자 원정대는 해가 뜨는 대로 출발하기로 했다. 그날도 코보웨이는 작별인사차 원정대를 방문했다. 루이스는 그에게 자신들이 쓰던 집과 가구를 주며 너그러움을 과시했다. 물론 요새를 들고 갈 수야 없으니 그럴 수밖에 없는 일이긴 했다. 그는 곧 그들이 타고 갈 카누의 주인이었던 코보웨이에 대해 "그는 이 근처의 어떤 인디언보다 우리에게 친절하고 우호적이었다"고 썼다.

그 다음에 포트클랫솝에서 보낸 그 길고 습한 겨울 동안 그가 쓴 일지 가운데 마지막 문장이 등장한다. 딱 어울리게도 그것은 식물에 관한 내용이었다.

"허클베리 잎사귀가 돋아나는 것이 봄을 연상시켰다."

여기서 봄이란 버지니아의 봄, 즉 1807년에 그처럼 잎사귀가 돋기 시작할 때 있고 싶어 하던 고향의 봄을 말했다.

루이스가 바라본
클랫솝족과 치누크족

포트클랫솝에서 작성한 문서 중, 루이스의 생물학 관련 기록과 클라크의 지리학 관련 기록도 중요하지만, 그보다 훨씬 더한 가치를 지닌 것은 루이스의 민족학 연구다. 두 사람이 온갖 고생 끝에 그토록 자세히 묘사한 동식물이나 산, 강은 아직도 대부분 우리 곁에 남아 있지만, 해안에 거주하던 그 인디언들은 이제 없기 때문이다.

클랫솝족과 치누크족, 그리고 이들의 친척인 다른 부족들은 루이스와 클라크가 도착하기 수십 년 전쯤 2번에 걸친 천연두의 기습으로 이미 인구가 많이 줄어 있었고, 1825~1826년에는 말라리아가 퍼지면서 열에 아홉이 죽어나갔다. 그리고 그 참화에서 살아남은 소수의 인디언은 백인들과 섞여 살면서 고유의 문화를 잃어버렸다. 1805~1806년 겨울로부터 한 세대가 지난 뒤, 한때 번성했던 치누크족은 더 이상 존재하지 않게 되었다. 따라서 오늘날 이 부족에 관한 최초이자 가장 완

벽한 묘사를 제공하는 것은 바로 루이스의 기록뿐이다.1

그는 매일 이 부족의 어휘를 수집했고 자신이 본 것을 기록했으며 여러 시간에 걸쳐 클랫솝과 치누크족 사람들의 생활방식에 관해 이야기를 나누었다.

대화는 쉽지 않았다. 평원 인디언들의 수화는 태평양 연안에서는 그다지 쓸모가 없었고 미국인들은 치누크어를 거의 배우지 못했다. 또한 원주민들은 영어를 파편적으로밖에 알지 못했다. 1806년 1월 9일자 일지에서 루이스는 인디언들이 모기, 화약, 탄환, 칼, 줄칼, 망할 자식, 개새끼 등의 단어를 말하더라고 적었다. 그리 많은 단어는 아니었다. 치누크족에는 이들을 위해 통역을 맡아줄 사카가위아 같은 사람이 없었다.

그런 상황에서도 루이스는 최선을 다했고 비록 종교나 정치 같은 주제를 깊이 있게 다룰 수 없었던 것을 불평하긴 했어도, 그 해안 인디언들에 관해 풍부하게 묘사했다.

이들은 미국인(물론 선장과 선원들은 제외하고)이 이제껏 만난 그 어떤 인디언과도 달랐다. 루이스의 1월 4일자 일지에 수록된 최초의 관찰 내용은 "그들은 온화하고 악의가 없긴 하지만 물건을 훔치기도 한다"는 것이었다. 그들은 거래에서 뛰어난 흥정꾼이었는데, 이는 일찍이 교역선과 정기적으로 접촉한 경험이 있기 때문이다. 하지만 일단 구매자가 등을 돌리면 인디언 판매자는 다음날 찾아와 어제보다 훨씬 낮은 가격을 제시했다. 간혹 그들은 매우 값진 물건을 '자신의 구미에 맞는 장난감'과 기꺼이 맞바꾸기도 했다.

루이스는 이런 관습을 전혀 좋아하지 않았지만, 어쨌든 상황이 좋지 않았기 때문에 견디는 도리밖에 없었다. 그가 보기에 이것은 "탐욕스럽게 모든 것을 장악하려는 성향"(1월 6일)으로 인해 생긴 습관인 것 같았다. 하지만 이를 벌충하는 특징도 있었다. 같은 날인 1월 6일자 일지에서 루이스는 인디언들이 "매우 수다스럽고 호기심이 많다. 그들은 기억력이 좋아 지금까지 거기에 왔던 무역선 선장이나 무역상의 이름을 우리에게 읊어 주었다"라고 적었다. 두 지휘관에게 이는 매우 유용한 정보였다. 그들은 컬럼비아강 하구에서 정기적으로 무역을 하는 각 선박과 그 선장의 명단을 작성해두기까지 했다.*

루이스는 원주민들의 신체에 관해 이렇게 적었다.

"일반적으로 키가 작고 (…) 미주리족 인디언들에 비해 못생겼다. 그들은 두껍고 넓고 평평한 발에 굵은 발목, 안짱다리, 커다란 입, 두꺼운 입술을 지녔으며 코는 크고 살이 많은 양 끝에 커다란 콧구멍이 나 있다. 검은 눈에 검고 거친 머리카락을 지녔다."(3월 19일)

이들은 여자의 발목을 끈으로 묶어 가느다란 다리로 만들었고, 그들 사이에서는 이것이 미의 상징으로 여겨졌다. 여자들에게는 털썩 주저앉는 습관이 있었는데, 이는 그래야만 다리가 굵어지지 않는다고 여겼기 때문이다. 또한 이들은 아이의 머리를 2장의 판자 사이에 끼우고 눌러서 납작하게 만드는 관습이 있었다.**

이들은 항상 맨발이었고 남자나 여자 모두 허리 밑으로 아무것도 걸치지 않고 있었다. 그도 그럴 것이(루이스의 기록에 따르면) 그들은

---

*이 명단은 오늘날 모피 무역을 연구하는 역사학자들이 활용하고 있다(원주).
**이런 관습 때문에 이른바 플랫헤드(납작한 머리)라는 별칭이 생겼다. 하지만 이는 어디까지나 치누크 등 북서 해안 종족들의 관습이며, 오늘날 플랫헤드족으로 지칭되는 로키산맥 서부 평원 인디언 종족들(가령 샐리시족)은 이런 관습을 갖고 있지 않았다(역주).

습하지만 따뜻한 기후 속에서 살고 있었으며, 카누를 타거나 타지 않은 채로 거의 대부분 허리 정도 깊이의 물에 들어가 있었다. 루이스는 심지어 자신의 요새에 찾아오는 모든 남자의 성병 감염 여부를 육안으로 관찰할 수 있을 정도였다고 했다. 그는 이들의 망토, 모피, 모자, 그리고 장신구를 자세히 기록한 다음 가차 없이 비판을 가했다.

"이 지저분하고 벌거벗은 계집들이야말로 내가 이제껏 본 사람들 중에서 가장 혐오스러운 모습이었다."(3월 19일)

완전히 벌거벗은 남녀가 자기 앞에서 털썩 주저앉는 모습을 바라보는 것은 버지니아 신사로선 괴로운 일이었겠지만, 루이스는 자신의 혐오스러움을 극복하고 클랫숍과 치누크족의 여러 가지 긍정적인 기여를 지적했다. 이들은 견고한 목조주택을 지었는데 폭은 20피트에 길이는 무려 60피트에 달했고, 여러 개의 방을 만들어 방계가족이 함께 살았다. 집 한가운데에는 불을 피워놓고 잠은 땅 위에 펼쳐놓은 판자 위에서 잤으며 생선과 고기를 훈제시켰다. 나무로 만든 그릇과 숟가락을 사용하는 한편 음식은 나무로 엮은 바구니에 보관했다.

이들의 활은 길이가 2피트 반에 불과했으며 매우 아담하고 유연했다. 그 활은 작은 동물과 생선을 잡는 데는 좋았지만 엘크를 잡는 데는 효과가 없었다. 루이스의 1월 15일자 일지에는 "우리가 그곳에서 잡은 엘크의 상당수는 그 화살에 맞아 상처가 나 있었고, 짧은 화살촉이 짐승의 살 속에 파묻혀 있는 경우도 있었다"고 기록되어 있다.

이들은 소총이 없었고 유일한 총포는 "오래 되어 버리게 된 머스킷 총을 교역상이 대강 수리해서 팔아넘긴 것이라 (…) 상태가 무척 나빴다."(1월 30일) 따라서 인디언들이 엘크를 잡으려면 벼락틀이나 함정을 이용하는 수밖에 없었다.

이들의 모자는 디자인이 걸작이라 할 만했다. 원뿔형으로 삼나무 껍질과 실유카(강 상류 인디언과의 교역으로 얻은)를 서로 단단히 엮고 턱 끈을 묶어 고정시키는 형태였다. 루이스는 "덕분에 비를 효과적으로 피할 수 있다"고 1월 30일자 일지에 썼다. 그와 클라크는 어느 클랫솝족 여인에게 그 매력적이고 실용적인 모자를 2개 주문 제작했다. 모자가 완성되자 만족스러웠던 루이스는 대원들 모두에게 하나씩 사주었다. 그는 이 모자의 스타일이 "1800년과 1801년에 미국과 영국에서 크게 유행했던 것"과 유사하다고 했다.

이들의 카누는 루이스와 클라크가 이제껏 본 어떤 카누보다 탁월했다. 루이스는 2월 1일자 일지에서 "해안 근처의 원주민들이 카누를 타고 안전하고도 태평스럽게 파도를 가르는 모습을 보았는데, 나 같으면 그 정도 크기의 배로는 그런 상황에서 잠시도 버티지 못하리라 생각했을 것"이라고 썼다. 그중 커다란 것은 길이가 약 50피트에 달했으며 짐은 5톤까지 싣고 사람은 50명까지 탈 수 있었다. 카누에는 광택제가 발라져 있었고 이물과 고물에는 흥미로운 문양이 장식되어 있었다. 노 역시 디자인이 매우 탁월했다. 이들은 나무 자루가 달린 낡아빠진 줄칼만으로 나무를 깎아 카누를 만들었다. 루이스는 "고작 그런 연장으로 그토록 큰 카누를 만들려면 여러 해가 걸릴 것이라고 생각할지도 모르지만, 이들은 겨우 몇 주일 만에 만들어낸다"며 감탄했다.

루이스는 그 카누에 어찌나 감탄했던지 그가 남긴 기록 중에서는 유일무이하게 클랫솝과 치누크족을 칭찬하고 있다. 2월 22일자 일지에서 그는 "이들의 카누는 모자나 방수 바구니와 함께 미국의 그 어떤 원주민에게서도 찾아볼 수 없는 정교함을 보여준다"고 썼다.

루이스는 "이들은 대개 쾌활하지만 결코 방탕하지는 않다"고 관찰 결과를 기록했다. 그는 이들의 놀이와 도박 성향을 언급했지만 춤이나 축하행사는 보지 못했다. 또한 그는 이들이 재미삼아 담배 피우기를 무척 좋아한다는 사실을 발견했다. 이들은 연기를 깊이 들이마시고도 여러 모금이나 빨았기 때문에 나중에는 그 기체가 어찌나 과도하게 쌓였는지 콧구멍과 입으로 뿜어내면 저 멀리까지 도달할 정도였다. 루이스는 이런 식의 흡연이 담배에 더욱 취하게 만든다고 믿었다.

루이스로선 다행스럽게도 그들은 독주의 사용에 관해 전혀 모르는 모양인지, 원정대에게 한 번도 그것을 달라고 요구하지 않았다. 그는 무역선의 선장들이 위스키와 모피를 맞바꾼 적은 없었으리라고 추측했다.

"이는 원주민들 자신을 위해서나 그들을 방문하는 백인들의 평온과 안전을 위해 매우 다행스러운 일이 아닐 수 없다."

이들은 워낙 평화로워 자기들끼리는 물론 다른 부족과도 결코 싸우는 법이 없었다. 루이스는 1월 19일자 일지에서 "그들 사이에는 무엇보다 완벽한 조화가 존재하는 듯하다"라고 적었다. 추장 직은 세습되지 않았다. 추장에게 부여된 권위와 존경은 그가 자기 일족 사이에서 얻은 인기나 자발적 존경에서 비롯된 것이었다. 그리고 그의 권력은 어떤 개인의 부적절한 행동에 대한 견책 이상으로 확대되지 않았다. 법률은 이들의 지역적 상황에서 비롯된 일련의 관습들로 구성되어 있었다.

컬럼비아강 하구의 치누크족 인디언은 로키산맥에서 하와이 제도를 거쳐 동방에 이르는 거대한 무역 제국의 중심이었다. 루이스는 그 과정이 어떻게 이루어지는지에 대해 큰 관심을 가졌고, 그것에 관해 다양한 질문을 던졌다.

"이 강의 원주민에 의해 지속적으로 교역이 이뤄지고 있으며, 그들은 이런저런 물건을 강 상류 및 하류에 있는 이웃 부족과 거래하고 있다. 결국 이 강의 어귀에서 백인들이 판매한 물품이 거기서 매우 먼 곳에 거주하는 부족에게까지 전달되는 셈이다."(1월 11일)

무역선은 매년 4월에 컬럼비아강에 나타나 10월까지 머물렀다. 백인들은 육지에 올라와 교역소를 설치하지는 않았다. 대신 원주민이 물물교환용 모피와 다른 물건들을 갖고 카누를 타고 백인들을 찾아갔다.

"배는 오늘날의 베이커만Baker Bay에 닻을 내렸는데 그곳은 넓고 편리하며 남풍과 남동풍 외에는 모든 바람을 완벽히 차단해주었다. (…) 덕분에 신선한 물과 장작을 쉽게 구할 수 있었고 배를 수선하는 데 필요한 훌륭한 목재도 있었다."(1월 13일)

당시에는 그 어떤 선박도 1년 사이에 영국이나 보스턴에서 태평양 북서부까지 올 수 없었기에, 루이스는 그곳 해안을 따라 남서쪽으로 또는 태평양의 어느 섬이라도 상설 교역소가 있을 것이라고 추측했다. 해안의 교역소에 관한 그의 추측은 틀렸지만 섬의 교역소에 관한 부분은 맞았다. 그가 평생 그 존재를 알지 못했던 당시의 교역 기지는 바로 하와이였다.

루이스는 항상 인디언 부족이 여자를 어떻게 대하는지에 관심을 갖고 있었다. 물론 그는 한 부족과 다른 부족의 여자들을 비교했지, 한 부족의 남자와 여자를 비교한다거나 버지니아의 농장주 남자와 여자 혹은 노예 소유주와 여자 노예를 비교한 것은 아니었다.

우선 그는 인디언 남자들이 당사자가 앞에 있을 때도 각자의 여자에 대해 그리고 그들의 신체 부위에 대해, 심지어 가장 은밀한 관계에 대해서조차 거리낌 없이 이야기한다는 사실을 알아냈다. 그들은 정조를 높이 평가하지 않았고 "낚싯바늘이나 구슬 한 꿰미를 얻기 위해서라면 자기 마누라나 딸조차 매음을 시킬 것"이라고 했다. 이 부족 역시 여자가 온갖 집안일을 맡아 한다는 점은 다른 부족과 같았지만, 그래도 치누크족 남자는 허드렛일을 많이 도와주었다. 무엇보다 놀라웠던 일은 남자들이 다른 대부분의 인디언 부족에 비해 여자들의 판단과 의견을 훨씬 존중한다는 점이었다. 여자들은 남자들 앞에서 자유롭게 이야기했으며 가끔은 권위 있는 투로 명령을 내리는 것 같기도 했다.

루이스가 보기에는 노인들도 평원 인디언 부족에 비해 훨씬 더 큰 존경과 경의를 누렸다. 왜냐하면 치누크족 노인들은 일찍이 생계를 유지하는 데 기여한 바가 있기 때문이다. 이러한 관찰로 루이스는 철학적인 지점에 도달하게 됐다.

"내가 보기에 자연은 유독 효심이라는 것을 인간의 마음속에 있는 다른 강력한 애정에 비해 불충분하게 부여해준 것 같다."

그가 보기에 노인들을 편안하게 모시는 것은 문명의 산물이지 인간의 본성에서 비롯된 것은 아니었다.

"평원 인디언의 경우, 남녀가 나이가 들어 사냥이나 여행을 떠날 수 없게 되면 그 자녀는 아무런 가책이나 후회도 없이 부모를 두고 떠났다. 그럴 때 그들은 작은 고깃덩어리와 물 사발 하나를 남겨두고 그 불쌍한 노쇠자에게 당신은 오래 살았으니 이제는 죽어서 자기들보다 더 잘 돌봐 줄 수 있는 친척들에게 돌아가야 한다고 말했다."(1월 6일)

클라크는 이 대목을 베껴 쓰면서 문득 자신이 이전 해에 만단족 마을에서 겪은 경험을 떠올렸다. 한 노인이 그에게 찾아와 아픈 등의 고통을 덜어달라고 부탁했다. 그런데 그 손자인 듯한 젊은이가 노인을 나무라며 이제 노인은 죽을 때가 되었으니 치료해줄 만한 가치가 없다고 말했다.

치누크족은 죽은 사람을 카누에 넣어 매장했다. 우선 카누를 비계 위에 올려놓은 다음 노와 모피, 식기, 그리고 다른 물건들을 집어넣는다. 그리고 좀더 큰 카누를 뒤집어 아래쪽 카누에 뚜껑처럼 씌우고 밧줄로 묶어 고정시킨다. "나로선 그들의 종교적 견해에 관해 질문을 던질 만큼 그들을 충분히 이해하지 못했다" 루이스는 이렇게 적었다.

"하지만 그들이 죽은 사람을 여러 가지 물건과 함께 매장하는 것을 보고, 그들이 사후세계를 믿는다는 것을 추측할 수 있었다."

루이스는 결코 언급하지 않았지만 만약 클랫솝과 치누크족이 없었다면 탐사부대는 그 해안에서 겨울을 날 수 없었을 것이다. 인디언은 이들에게 중대한 정보를 제공해주었고(가령 엘크가 있는 장소나 죽은 고래가 떠 밀려온 장소, 그곳에 찾아오는 무역선 선장의 이름과 찾아오는 시기 등), 무엇보다 중요한 식량을 공급해주었다. 미국인이 살아남을 수 있었던 것은 오로지 원주민의 고기 낚고 뿌리채소 캐는 기술 덕분이었다.

루이스는 이들을 야만인이라 불렀지만, 이들은 이재에 밝았을망정 결코 백인에게 난폭한 행위를 하며 위협한 적은 없었다(그런 시도조차 하지 않았다). 루이스는 이들의 좀도둑질과 성도덕, 그리고 냉정한 거래 습관을 비난했다. 카누나 모자 제작자, 목수로서의 기술을 제외하면 루이스는 겨우내 이웃으로 지낸 이들에게서 아무런 존경할 만한 점을 찾지 못했다.

그러나 클랫솝과 치누크족은 소총조차 갖지 못했음에도 태평양 북서부의 해안에서 미국인보다 훨씬 잘 살아갔다. 이들은 원정대 대원들보다 그 환경에 잘 적응했다. 그들이 사용하는 자원은 얼마든지 지속가능한 것이었던 반면, 미국인은 불과 3개월 만에 엘크의 씨를 말려 버렸다.

봄이 오자 탐사부대는 출발할 도리밖에 없었다. 반면 뒤에 남은 원주민들은 태평양 북서부의 풍요 속에서 여전히 번영하며 살아갔다. 백인들이 퍼트린 질병이 그들을 습격해오기 전까지는 말이다.

제퍼슨과 미국 서부

1804~1806년

1804년 봄부터 이듬해 여름까지, 제퍼슨은 루이스와 직접적인 교신을 할 수 없었다. 원정대의 안전과 진전, 발견에 대해 알고 싶은 마음이 굴뚝같았지만 당시의 통신체계로는 그것이 불가능했다. 그는 명령이나 경고를 내리는 것은 물론 어떤 결정도 상의할 수 없었다.

1804년 7월, 제퍼슨은 탐사부대에 대한 투자가 거둔 첫 번째 수확을 전달받았다. 그해 4월에 14명의 오세이지족 인디언 대표단이 워싱턴으로 찾아온 것이다. 이 준비는 스토더드 대위가 담당했다. 말과 식량, 천막, 그리고 안전을 위해 병사들까지 대동하다 보니 비용이 많이 들긴 했지만 간혹 지나치게 검약한 대통령조차 그 정도면 훌륭한 투자라고 생각했다. 제퍼슨은 육군성 장관 디어본에게 쓴 편지에서 이렇게 말했다.

"오세이지족은 미주리 남부에서 가장 큰 부족으로 이들의 영토는 레드강까지 미친다네. 그 강 북쪽에서는 수족이 가장 큰 부족이지. 이 두 부족만 있으면 우린 군건할 수 있네. 그들의 영토에서 우리가 끔찍하리만치 약하기 때문일세."

오세이지족 대표단은 7월 11일에 도착했는데, 그때 마침 위호큰 Weehawken에서 버와 해밀턴간의 결투가 벌어졌다.* 제퍼슨은 인디언들의 덩치가 매우 컸다면서 이들이 독주에 익숙하지 않은 것을 매우 바람직하게 생각했다. 그는 뇌물과 위협을 동시에 사용했고 이는 미국의 전형적인 인디언 정책이었다.

"우리는 이들이 강렬한 인상을 받도록 노력할 걸세. 우리의 정의와 자유뿐 아니라, 우리의 힘에 대해서도 말일세."1

세인트루이스의 사업가이자 루이스의 친구인 피에르 쇼토는 오세이지족의 통역자 겸 여행 전반의 관리자 격으로 동행했다. 이때 재무장관 앨버트 갤러틴을 만난 쇼토는 미시시피 서부에서 인디언과의 교역에 대한 독점권을 요구했다.

"나는 허가해줄 수 없다고 했고 그는 마지막으로 오세이지족과의 배타적 교역권을 요구했다. (…) 그가 과연 쓸모가 있을지 아니면 위험할지, 나로서는 한마디로 단언할 수가 없다."2

결과적으로 인디언과의 교역을 둘러싼 변경 사업가들간의 치열한 경쟁은 새로운 정권 아래서도 계속되었다. 쇼토 가문을 비롯해 마누

---

*1804년 7월 11일, 연방당 소속 전직 재무장관 알렉산더 해밀턴과 공화당 소속 현직 부통령 애런 버가 벌인 미국 역사상 가장 유명한 결투를 말한다. 이는 두 사람의 개인적 원한에다 연방당과 공화당간의 당파적 갈등이 겹쳐져 빚어진 것으로 결투에서 해밀턴이 치명적 총상을 입고 다음날 사망했다. 이후 버는 살인죄로 기소됐지만 실제로 재판이나 처벌을 받지는 않았고 부통령 임기를 마친 뒤 루이지애나 변경지대로 이주했다. 그는 그곳에서 에스파냐의 첩자이던 제임스 윌킨슨 장군과 또 다른 독립국가의 설립을 도모하다 반역 혐의를 받았으나 물증이 부족하다는 이유로 기소되진 않았다. 버의 말년 행각에 동조한 세력은 훗날 원정에서 돌아온 루이스가 루이지애나 주지사로 재직하는 과정에서 반대파로 작용해 그의 몰락에 일조하기도 했다(역주).

엘 리사나 조셉 로비두Joseph Robidoux 같은 사람은 부패한 에스파냐 관료에게 비위를 맞춘 끝에 인디언 부족과의 귀중한 교역 허가를 얻은 경험이 있었기 때문이다. 이는 인디언과의 교역이 미시시피 너머 서부에서 가장 직접적이고 수지맞는 부의 원천이었음을 의미한다.

인디언 일행은 여러 도시(필라델피아, 뉴욕, 보스턴)를 돌아보았고 축포 발사와 군인들의 행진을 거쳐 마침내 대통령 앞으로 인도되었다.

대통령 관저에서 제퍼슨은 우선 자신이 그들의 새로운 아버지라고 선언한 다음 이렇게 말했다.

"당신들은 우리가 원하는 모피를 갖고 있고 우리는 당신들이 원하는 유용한 것들을 갖고 있소. (…) 우리는 당신들에 대해 좀더 알아볼 필요가 있었으며, 이를 위해 루이스 대위를 보내 그곳 상황을 알아보고 우리가 친구임을 알리도록 했소. 나아가 당신들이 이곳에 와서 우리를 만나고 우리가 당신들에게 어떻게 도움이 될 수 있을지 이야기하도록 초대하게 했소. (…) 루이스가 돌아오면 그가 지금까지 보고 배운 것을 보고받은 다음, 당신들이 생각하기에 최적이라 생각하는 지점에 교역소를 설치하고 상품을 거래할 것이오."

제퍼슨의 연설은 계속되었고 이제는 거의 시적인 문장이 등장하기까지 했다.

"우리는 이제 한 가족이며 같은 땅에서 태어났고 형제처럼 살아갈 운명으로 정해져 있소. 바다 건너에서 온 이방인들은 이제 우리를 떠났소. 위대한 영great Spirit은 당신들에게 힘을 주었고, 우리에게도 힘을 주었소. 그것으로 우리가 서로를 다치게 하려는 것이 아니라, 우리의 능력으로 모든 선을 행하게 하려는 것이오. (…) 우리 국가는 당신들에게 장차 아무런 해도 끼치지 않을 것이오."3

1804년 가을, 오세이지족은 세인트루이스를 거쳐 오세이지 강변에 위치한 자신들의 고향으로 돌아갔다. 스토더드 대위의 후임으로 새로 창설된 북부 루이지애나부를 총괄하게 된 제임스 브러프James Bruff 소령에 따르면, 인디언 대표단은 여행 중에 받은 선물과 사람들의 주목을 통해 "자기네 부족이 다른 부족보다 훨씬 우월해졌다는 생각에 우쭐해하며 돌아갔다"고 한다.4

그해 가을, 제퍼슨은 루이스의 행적에 관해 황당한 보고를 받기 시작했다. 11월 6일, 루벤 루이스에게 보낸 편지에서 그는 이렇게 말했다.

"믿을 만한 소식통을 통해 최근에 우리가 얻은 소식을 전해주게 되어 기쁘네.* 8월 4일 그(루이스)가 미주리강 상류 600마일 지점에 위치한 플래트강 하구에 있었으며 (…) 대원 중 2명이 탈영했다고 하네."

그 소식통에 따르면 루이스는 보트 1척과 대원 중 절반을 겨울이 오기 전에 세인트루이스로 돌려보낼 것이라고 했다. 이듬해 봄이 되면 나머지 대원 중에서 또 절반을 만단족 곁에 두어 귀환에 대비해 옥수수 농사를 짓게 하고 나머지 절반을 이끌고 산맥을 넘어 태평양으로 향할 것이라고 했다. 이 소식은 개략적인 데다 절반밖에 맞지 않지만 그래도 대단한 소식이었다. 유난히 사려 깊은 제퍼슨조차 이 소식을 루이스의 동생에게 전했을 정도니 루벤은 십중팔구 어머니에게 달려가 형님이 아직까지 무사하다고 알리고도 남았을 것이다.5

11월 5일, 브러프 소령은 이보다 훨씬 더 황당한 내용을 보고했다.

---

*그 소식통이 누구였는지는 수수께끼다. 도널드 잭슨은 루이스가 오토족과의 회담 때 만났던 프랑스인 통역자가 나중에 세인트루이스로 내려가 그 소식을 전한 것이 아닐까 추측했다(원주).

그는 그해 여름 미주리강에 있다가 세인트루이스로 돌아온 프랑스인 덫 사냥꾼들로부터 들은 소식이라고 했다.

"루이스의 뱃사람 가운데 2명이 탈영했고 (…) 나머지 대원도 규율이 너무 엄격하다며 불평불만을 늘어놓는다고 합니다. 하지만 저는 그들의 이야기를 완전히 신뢰할 수 없습니다. 왜냐하면 이들이 결코 사실일 수 없는 다른 반갑지 않은 상황도 전달했기 때문입니다. 가령 두 지휘관 사이의 의견 차이 등에 관해서 말입니다."6

내용이 빈약해 제퍼슨도 브러프와 마찬가지로 두 지휘관 사이의 불화 가능성에 의구심을 품을 수밖에 없었겠지만, 이듬해인 1805년 여름이 될 때까지 제퍼슨이 원정대에 관해 들은 소식은 이것이 전부였다. 워핑턴 상병이 평저선을 이끌고 세인트루이스로 돌아온 다음, 거기서 보낸 두 지휘관의 보고서와 지도 표본이 워싱턴에 도달하기까지는 1년 가까운 시간이 소요되었던 것이다.

일찍이 콜럼버스가 그랬던 것처럼 루이스와 클라크는 사실상 문명세계로부터 완전히 격리된 상태였다. 심지어 숙련된 군인들로 구성된 여러 부대가 이들을 찾아 나섰지만, 결국 찾아내지 못했을 정도였다. 루이스에 대한 탐색이 실시된 것은 당시 미국 육군의 총사령관이 사실은 에스파냐의 스파이인 '13호 요원'이었기 때문이다.

제임스 윌킨슨 장군(1757년생)은 본래 성격이 야비했고 독립혁명 당시 콘웨이 도당Conway Cabal(워싱턴 장군을 밀어내려던 무리)의 일원이었다. 그는 1825년에 사망할 때까지 온갖 음모에 한몫을 담당한 인물이다. 처세의 달인이었던 그는 한마디로 이중스파이였다. 도널드 잭슨의 말처럼 "특정 시기에 윌킨슨이 미국이나 에스파냐를 위해 일했는지, 아니면 권력과 돈을 향한 자신의 탐욕을 위해 일했는지는 아무도 알 수 없다."7

그는 워싱턴과 자신의 상사인 앤서니 웨인 장군을 배신하고 음모 끝에 상사의 자리를 차지했다. 또한 그는 서부에서 인기가 높았던 조지 로저스 클라크를 배신했고 심지어 조국까지 배신했다. 1787년에 에스파냐 측으로 돌아서서 서부 여러 주를 연방에서 탈퇴하게 만들기로 했던 것이다. 나아가 그는 1804년에 마드리드로 메시지를 보냄으로써 자신의 조국을 또 한 번 배신했다. 당시 뉴올리언스에 있었던 그는 루이스의 원정대가 곧 세인트루이스를 출발해 미주리강을 거슬러 올라갈 것이며, 그 목표는 대륙을 지나 태평양에 도달하는 것이라고 알렸다. 뉴올리언스에서는 미국이 태평양에 항구를 건설하기까지 얼마나 오랜 시일이 걸릴지를 두고 기존에 머물던 프랑스인과 새롭게 도착한 미국인사이에 내기가 벌어지고 있었다. 윌킨슨은 사람들이 5년 쪽에 가장 많은 금액을 걸었다고 마드리드에 보고했다.*

미국인이 무더기로 미시시피강을 건너와 과거 자국의 소유였던 금광과 은광으로 내려온다는 사실에 에스파냐는 두려움을 품고 있었다. 루이스의 원정에 관한 윌킨슨의 보고는 에스파냐의 아픈 데를 쿡 찌른 셈이었고 그의 제안에 즉시 답변이 나왔다. 일찍이 윌킨슨이 제안한 것은 이랬다.

"곧바로 샌타페이 지사, 치와가Chihuaga 주둔 총사령관에게 명령해 미주리강에 있는 루이스 대위와 그의 부대를 가로막아 물러서게 하고 그들을 포로로 잡아두어야 합니다."8

---

*이는 꽤나 정확한 추측이었다. 실제로 1811년 4월 중순에 이르러 존 제이콥 애스터의 교역소가 오리건주 해안의 애스토리아에 설립되었다(원주).

525

멕시코의 치와와Chihuahua에 본부를 둔 뉴스페인 내륙 지방의 총사령관 네메시오 살체도는 윌킨슨의 조언을 듣고 곧바로 실행에 옮겼다. 그는 메리 대위*가 뭔가를 발견하고 관측하려는 임무를 안고 미주리강에 침투한 것이 아닐까 하고 우려했다. 그가 말하는 뭔가는 바로 에스파냐 영토에 위치한 금광과 은광이었다. 이것만으로도 메리 웨더라는 대위와 그 부대를 체포할 충분한 이유가 됐다.9

뉴멕시코 지사는 이후 2년간 최소한 4회에 걸쳐 무장부대를 파견해 루이스를 수색하게 했다. 하지만 지극히 현실적이었던 그는 그 일의 어려움을 솔직히 고백했다.

"결코 쉬운 일이 아니다. 만약 그 일이 성공한다면 그건 어디까지나 운이 좋아서일 것이다."10

그의 파견은 단 한차례도 성공하지 못했다. 심지어 인디언 부족간의 풍문을 통해 에스파냐인이 쫓아온다는 사실이 루이스 일행에게 전해질 정도로 가까이 다가가지도 못했다. 결국 에스파냐인 역시 제퍼슨과 마찬가지로 루이스가 세인트루이스로 돌아올 때까지 기다리는 도리밖에 없었다.

1805년 봄, 오토족 추장들과 전사들, 그리고 미주리강 연안에 사는 다른 인디언 부족이 세인트루이스로 내려오기 시작했다. 그들은 루이스가 약속했던 것처럼 미국 정부의 돈으로 근사한 여행을 할 수 있으리라 기대하고 있었다. 윌킨슨 장군(당시 세인트루이스에서 루이지애나 준주의 지사 업무를 인계받을 참이던)은 디어본 장관에게 불평을 늘어놓

---

*뒤의 '메리 웨더'와 마찬가지로 메리웨더 루이스의 이름을 잘못 말한 것이다(역주).

았다. 인디언이 너무 많아 그들을 모두 워싱턴으로 보내려면 비용이 많이 들고 권한체계도 불분명하다는 것이었다.

윌킨슨은 루이스와 스토더드, 브러프, 쇼토 사이에 알력이 있었다고 비난했다. 루이스가 인디언 대표단을 워싱턴으로 보내기 위한 모든 준비를 스토더드에게 일임하면서, 육군성 앞으로 된 백지수표를 건네주었다는 것이다. 하지만 브러프는 여권을 발급하는 권한이 오로지 자신에게만 있다고 주장했고 쇼토는 인디언 관련 문제에 대한 전적인 통제권이 자신에게 있다고 주장했다. 윌킨슨은 디어본에게 단 1명에게만 책임을 부여해달라고 요청했다.11

스토더드는 인디언들의 워싱턴 여행을 총괄하는 책임을 맡았다. 윌킨슨은 인디언의 안전과 편의를 최대한 도모하도록 명령하면서도 그 비용은 가급적 절제하도록 지시했다. 훗날 스토더드에 따르면 이 먹성 좋은 손님들은 여행 내내 하루에 쇠고기를 거의 12파운드씩 먹어치웠다고 한다. 그것도 한 사람당 12파운드씩 말이다.12

제퍼슨은 인디언을 대접하는 데 드는 비용은 전혀 개의치 않았다. 훗날 의회에서 설명한 것처럼 미주리강 연안의 부족들과 좋은 관계를 유지하는 것은 "무력이 아니라 통상으로 그 인디언들을 다스리려는 정책에 꼭 필요"하며, 이는 무력에 드는 비용보다 통상에 드는 비용이 훨씬 저렴하기 때문이었다.13

루이스는 제퍼슨의 인디언 정책의 선발대나 다름없었다. 그는 미국 정부를 대표해 미주리강 연안의 부족들과 협상하고 있었다. 만약 제퍼슨의 정책이 성공을 거둔다면, 북부 루이지애나 전역에 걸쳐 통상이 활발히 이루어질 것이었다. 더불어 총과 다른 상품들이 미주리강을 거슬러 올라가고 대신 양질의 모피가 세인트루이스로 내려올 터였다.

하지만 제퍼슨의 입장에서 이러한 정책은 오로지 제1단계에 불과했다. 제퍼슨은 그러한 통상체계가 영원히 지속될 수 없음을 알고 있었다. 가령 로키산맥 동쪽의 비버는 지속가능한 자원이 아니었고 동쪽의 비버를 남획해 씨가 마르면 사람들은 이제 서쪽으로 향할 것이었다.* 미국 시민이든 아니면 최근에 이민 온 사람이든 미국인은 곧 루이지애나로 향할 것이고, 그것은 지상의 그 어떤 힘도 막지 못할 대세였다.

인디애나, 일리노이, 테네시, 켄터키주로 유입되는 이주민이 원주민을 서쪽으로 밀어붙일 것은 뻔한 일이었다. 1803년 인디애나 준주 지사인 윌리엄 헨리 해리슨William Henry Harrison에게 보낸 지령에서 제퍼슨은 이 문제를 해결할 방법을 세 가지로 제시했다. 첫째, 북부 루이지애나로의 이주를 금지하고 현재 그곳에 거주하는 백인들을 모두 미시시피강 동부로 옮긴다(그들에게 기존과 동일하거나 더 큰 토지를 분배함으로써). 둘째, 강 동부에 살고 있는 인디언들 가운데 최소한 일부라도 문명화한다. 셋째, 문명화되지 않고 남아 있는 인디언은 강의 서쪽으로 보내 그곳에 방대한 넓이의 보호구역을 만든다. 제퍼슨의 소망은 인디언을 미국 시민으로 만드는 것이며, 만약 그것에 실패한다면 미시시피강 너머로 옮겨가게 하는 것이었다.14

정부의 관점에서 이는 완벽히 이치에 맞았다. 변경지역의 변화를 위해서는 우선 인디언을 문명화하거나 이주시켜야 했다. 개척민은 땅

---

*이는 버지니아주의 농장주들이 자기 땅에서 3년간 담배를 재배한 다음, 그 땅을 버리고 서쪽으로 향했던 것과 마찬가지다(원주).

에 대한 정식 권리증 및 허가증을 구입해야 했다. 그러면 변경지역에서 일어나는 인디언과 백인간의 충돌은 근절될 수는 없어도 상당히 줄어들 거라는 계산이었다. 이로써 법과 질서, 관료적 체계화, 과세 등이 이루어짐과 동시에 군대의 필요성은 줄어들게 된다.

하지만 이는 공상에 불과했다. 당장 변경으로 향하는 이주민을 규제하겠다는 발상부터가 그랬다. 이주민은 자기 몫의 땅, 공짜 땅, 가족의 농장을 원했으며 이것은 유럽 농부들이 수백년 넘게 이루고자 한 꿈인 동시에, 신세계가 구세계에 준 가장 큰 선물이었다. 이러한 추세에 편승해 서부로 간 사람들 중에는 행상인, 변호사, 상인 등도 있어서 이들은 토지권리증 정도는 얼마든지 만들어낼 수 있었다.

일찍이 버지니아주에서 그랬고 또한 루이스와 클라크가 미주리강을 거슬러 원정을 시작한 지 1년도 못 되어 북부 루이지애나에서도 그랬다. 윌킨슨은 북부 루이지애나로의 이주를 금지하는 명령을 내렸지만, 그가 디어본에게 했던 말처럼 "미시시피강을 건너는 이민자들은 하나같이 진짜든 가짜든 토지권리증을 갖고 있어서 관청에서도 그 증서의 진위 여부가 확실해지기 전까지는 함부로 나가라고 할 수 없는 실정"이었다.15

더욱이 말이 좋아서 관청이지 당장 그런 증서에 대한 검사를 수행할 만한 공무원이나 직원조차 없었다. 윌킨슨의 지위는 그야말로 허울뿐이었다. 이는 미국 역사상 변경지역 지사라면 누구나 경험할 수밖에 없는 일이었다.

이처럼 서부행 열풍이 불어 닥친 데는 제퍼슨에게도 책임이 있었다. 루이지애나를 구입한 사람은 바로 제퍼슨이었기 때문이다. 더욱이 그는 루이스를 보내 그 지역을 탐사하도록 했고, 두 지휘관이 서술한 내용을 인쇄해 널리 배포함으로써 자신이 규제하려던 행위를 도리어 조장하는 입장에 섰다.

그 전임자나 후임자의 정책에서와 마찬가지로 제퍼슨의 인디언 정책에는 위선이 자리 잡고 있었다. 미국인의 주장은 우리와 함께 어울리거나 아니면 당장 비키라는 것이었지만, 인디언의 입장에서 이는 둘 다 수용하기 힘든 것이었다. 결국 미국인은 인디언을 계속해서 서쪽으로 몰아냈고 꾸역꾸역 밀려드는 변경 개척민들 때문에 인디언은 더 이상 비킬 곳도 없어졌다.

제퍼슨은 인디언에게도 유럽인처럼 미국 시민이 될 역량이 있다고 보았고 지금 당장은 불가능해도 머지않아 그렇게 되리라고 믿었다(반면 흑인은 그렇게 되리라고 보지 않았다). 이런 점에서 그는 다른 어떤 미국 대통령과도 달랐다. 물론 제퍼슨도 어디까지나 이론상으로만 달랐을 뿐이다. 실제로 그는 미시시피강 동부의 인디언들로부터 가능한 한 모든 땅을 빼앗았으며 동부에서 비버의 씨가 마르는 대로 강 서부에 대해서도 똑같은 운명을 준비하고 있었다.

미국 역사상 인권에 대해 가장 탁월한 인식을 지녔던 인물이 대체 어떻게 그럴 수 있었을까? 제퍼슨이나 그의 동시대인들은 누구도 이런 질문을 타당하다고 여기지 않을 것이다. 그들이 보기에 토지 소유권에 대한 인디언의 생각은 그야말로 어리석기 짝이 없었다. 어느 역사가의 지적처럼 동부 여러 주보다 두 배는 더 큰 땅을 소유한 소크족 Sauks의 한 일족이 그 땅을 1년에 겨우 한두 번 지나갈까 말까 했다.16 그러나 백인들이 보기에 그 정도 땅이면 수천 개의 농장을 세우고 수만 명의 주민이 살 수 있었다.

어쨌든 이 문제를 좌우한 것은 정부가 아니라 국민이었다. 미국인에게 인디언 정책은 몰아내거나 아니면 죽이거나 하는 것이었고 다른 방법은 생각조차 할 수 없었다. 제퍼슨과 대다수 미국인간의 유일한 차이는 인디언으로부터 권리를 사들이느냐 아니면 인디언을 몰아내느냐 하는 것뿐이었다.

제퍼슨은 자신의 정책이 "인디언이 사용하지 않지만 우리에게 필요한 땅과 우리는 사용하지 않지만 그들에게 필요한 것을 맞바꾸자는 것"이라고 썼다. 이에 따라 인디언과의 사이에 교역소가 설치되고 대리인들이 외상거래를 할 것이었다. 그러면 인디언은 금세 빚더미에 앉게 되고 결국에는 "그들이 기꺼이 땅을 양도함으로써 빚을 갚으려 할 것"이라는 계산이었다. 제퍼슨은 이렇게 결론지었다.

"이 과정에서 그들이 우리를 두려워하도록 위력을 보여주어 우리가 손을 꽉 쥐기만 해도 그들을 박살낼 수 있다는 사실을 똑똑히 알게 해야 한다."17

평화를 유지하되 인디언을 문명화시키고 그들과 교역해서 결국 인디언의 땅에 대한 소유권을 차지하자는 얘기였다. 도널드 잭슨은 제퍼슨이 전쟁보다 통상을 선택한 이유를 밝히고 있다.

"이러한 목표를 성취하는 데는 공정한 수단과 비열한 수단을 모두 사용할 수 있지만 그중에서도 공정한 수단을 선택하려 한 것은 비용이 더 적게 들었기 때문이다. 제퍼슨은 '인디언에게 질서를 부여하는 방법은 통상 아니면 전쟁이다. 그중에서 전자가 훨씬 싸게 먹힌다'라고 말했다."18

제퍼슨의 장기 정책이 아무리 비현실적이었을지라도 미주리강을 따라 미국의 교역 제국을 수립하려는 그의 단기적 결정은 매우 현실적인 것이었다. 디어본에게 보낸 편지의 내용이 그의 생각을 잘 보여준다.

"루이지애나 매입의 직접적인 보상은 우리가 그 땅에 대해 완벽한 소유권을 갖게 됐고 덕분에 미시시피강 서부의 인디언과 독점적 통상 관계를 유지할 수 있게 된 것이오."19

다시 말해 매우 수익성 높은 시장에서 영국을 쫓아낼 수 있다는 얘기다. 이는 제퍼슨에게 상당히 만족스런 결과인 동시에 미국과 미국인에게도 유익한 것이었다. 나아가 미국의 힘을 태평양까지 넓혀나가는 과정의 시작이나 마찬가지였다.

루이스와 클라크가 우드강에 위치한 캠프에서 출발 준비에 한창이던 1804년 봄, 제퍼슨은 또 다른 원정대를 파견하려 준비했다. 그중 하나는 아칸소강Arkansas River을 따라 산맥에 도달한 다음, 레드강의 원류를 따라 행군해 미시시피강 쪽으로 내려올 예정이었다. 또 하나는 미시시피강의 발원지를 찾는 것이었고, 나머지 하나는 워셔토강 Ouachita River을 탐사하는 것이었다.

하지만 어느 것도 성공을 거두지 못했다. 레드강을 거슬러 올라간 원정대는 에스파냐인의 간섭으로 후퇴할 수밖에 없었다. 미시시피강이나 워셔토강을 거슬러 올라간 원정대 역시 발원지를 찾지 못했다. 루이스와 클라크가 태평양에 도착한 직후인 1806년에 출발한 다른 원정대의 실패는 역으로 루이스 일행이 얼마나 운이 좋았고 얼마나 훌륭한 지휘관을 두었는지, 그리고 그들의 실력이 얼마나 뛰어났는지를 분명히 보여준다.

제퍼슨의 첫 번째 목표는 정확한 지도를 작성하는 것이었다. 자기가 산 땅이 어떻게 생겼는지 알고 싶었던 것이다. 그는 박물학자 윌리엄 던바William Dunbar에게 쓴 편지에서 자신의 목적을 설명했다.

"지금 우리가 하고 있는 일은 후세를 위한 것, 즉 후세가 두 번 다시 그런 일을 할 필요가 없도록 하려는 것입니다. (…) 우리는 이 광대한 영토의 대동맥인 강의 윤곽을 정확히 묘사할 것입니다. 우리의 후손은 그 강에 딸린 지류를 알아내 그려나갈 것이며, 결국 우리가 그리기 시작한 화폭을 완전히 채울 것입니다."20

그렇게 해서 지도가 제작 배포되면 더 많은 사람이 서부로 향하겠지만, 제퍼슨은 그런 위험을 기꺼이 감수할 의향이 있었다. 나아가 언젠가 미국인 정착민이 태평양 연안까지 진출하는 것 역시 그가 기꺼이 감수한 또 하나의 위험이었다. 사실 그것은 그가 원하는 정책이기도 했다. 1805~1806년 겨울 동안, 루이스가 고민한 것 역시 그 정책을 실현할 수 있는 방법이었다.

1805년 5월, 윌킨슨이 인디언 대표단의 워싱턴 방문을 준비하느라 한창일 때 워핑턴 상병이 원정대의 평저선을 끌고 세인트루이스에 도착했다. 이 소식은 신문 보도(서로의 기사를 베끼고 또 베낀)를 통해 삽시간에 퍼져나갔다. 6월 24일, 제퍼슨도 신문 보도를 통해 평저선의 도착과 원정대에 관한 몇 가지 정보를 알게 되었다. 제퍼슨은 조만간 보고서와 지도의 표본이 도착할 것이라고 예상했다. 일단 원정대의 소식은 그게 전부였다. 제퍼슨은 딸에게 보낸 편지에서 "6개 부족 추장 45명이 루이스의 설득으로 세인트루이스를 거쳐 이리로 오고 있는 중"이라고 썼다.21

느려터진 우편 체계로 인해 제퍼슨이 원정대의 문서와 상자가 세인트루이스에서 워싱턴으로 발송됐다는(문서는 육로로, 상자는 뉴올리언스를 거쳐 배편으로) 소식은 무려 3주일 뒤에야 도착했다. 대통령은 다음 우편물 중에 루이스가 쓴 편지도 포함되어 있을 것이라는 통보를 받았지만, 문제의 우편물이 도착한 것은 2주일이 더 지나서였다.

제퍼슨은 서부에서 보낸 편지를 기다리느라 7월 15일부터 17일까지로 예정됐던 몬티첼로 방문 행사까지도 연기했다.22 그는 그 지연에 대해 철학자다운 태도를 보였다. 1805년 7월 10일에 루벤 루이스에게 쓴 편지에서 그는 "아마도 그 편지들은 '특송'으로, 그러니까 '특별히 속도가 느린 배송'으로 오는 모양"이라고 썼다. 아울러 그는 원정대가 만단족 마을에 도착할 때까지의 과정을 보도한 신문기사도 동봉했다.23

그로부터 사흘 뒤, 제퍼슨은 드디어 원정대가 보낸 문서를 받았다. 거기에는 1805년 4월 7일자 루이스의 편지, 1804년 5월부터 1805년 5월까지에 해당하는 클라크의 일지 사본, 미주리강 하류를 묘사한 클라크의 지도, 그리고 뉴올리언스를 통해 운송 중인 상자에 들어 있는 물품 목록 등이 포함되어 있었다. 제퍼슨의 전기 작가인 듀머스 맬런은 "루이스가 보낸 물품 목록은 제퍼슨 같은 박물학 애호가의 열렬한 기대를 더욱 부추겼음이 분명하다"고 적었다.

표본 상자가 마침내 워싱턴에 도착한 것은 8월의 일이었다. 당시 제퍼슨은 몬티첼로에 가 있었다. 그는 상자가 도착하는 대로 모피는 잘 말려서 손질을 하고 질긴 리넨에 잘 싸두도록 미리 지시해두었다. 산 채로 보낸 뇌조와 검은부리까치 3마리는 죽어 있었다. 제퍼슨은 자기가 수도로 돌아간 다음에 직접 볼 수 있도록 남은 까치 1마리와 프레리도그를 특별히 잘 돌보도록 지시했다.24

10월 4일, 대통령 관저로 돌아온 제퍼슨은 미시시피강 건너에서 입수된 표본을 보고 기뻐 어쩔 줄 몰랐다. 그는 그 가운데 일부를 미국 철학회에 보냈고 또 일부는 필라델피아에 있는 찰스 윌슨 필에게 보내 그의 박물관에 전시하도록 했다. 종자는 식물학자인 자기 친구들에게 나눠주었으며 그중 몇 가지 물품은 몬티첼로의 자기 저택에 있는 인디언 홀Indian Hall에 두었다. 그 가운데 몇 가지 짐승 뿔과 인디언 수공예품은 아직도 전시되어 있다. 그는 이 발견에 관해 동료 박물학자들과 긴 서신 교환을 했는데, 맬런의 말처럼 이는 그가 정치에서 얻은 것보다 훨씬 큰 만족을 주었다.25

하지만 그의 본업은 정치였고 이 원정으로부터 얻은 정치적 대가는 흥미로운 동물 표본이 아니라 지도와 미시시피 건너편에 사는 인디언 부족에 관한 충실한 정보였다. 이 두 가지는 클라크의 미주리강 지도와 루이스의 인디언 부족 관련 통계 보고서에 포함되어 있었다. 이 지도는 훗날 클라크가 포트클랫솝에서 작성한 것보다 정확한 지도에 자리를 내주게 되지만, 사실 그것만으로도 지리학적 지식에 대단한 진보를 이룬 셈이었다. 평원 인디언 부족에 대한 루이스의 통계 보고서는 인쇄용지로 60여 장에 달하며 거기에는 각 부족에 관한 묘사를 비롯해 각각의 위치, 인구, 생활, 그리고 모피 교역 및 다른 통상 가능성에 관한 루이스의 열렬한 설명이 담겨 있었다.

이 지도와 보고서는 그 범위와 신빙성에 있어 당시 미국 정부가 서부에 관해 갖고 있는 그 어떤 정보보다 탁월한 것이었다. 그것만으로도 원정 비용을 상쇄하고도 남을 만했다. 제퍼슨은 큰 자부심을 품고 그때까지의 성과를 의회에 보고하는 동시에, 그 지도와 통계 보고서를 인쇄해 자신의 연두 교서의 일부로 함께 배포하도록 지시했다.26 원정대의 성과 중에서 최초로 출판된 이 자료는 독자들의 열렬한 기대 속에 워싱턴, 뉴욕, 나체즈, 런던에서 단행본 형태로 출간되기도

했다.27

루이스와 클라크의 문서를 의회에 전할 때, 제퍼슨은 원정대의 지휘구조를 단 한 번 언급했다.

"미주리강을 탐사하고 고지대에서 가장 짧은 연수육로를 횡단해 거기서부터 태평양까지 최상의 수상 연결망을 물색하는 부대의 지휘관으로 제1보병연대의 메리웨더 루이스 대위를 임명했습니다. 그리고 클라크* 중위는 부지휘관으로 임명했습니다."28

대통령이 알기로 그 원정대는 어디까지나 루이스 혼자만의 원정대였던 것이다.

1805년 10월, 11개 부족 출신 45명으로 구성된 인디언 대표단이 스토더드의 인솔 아래 세인트루이스에서 출발했다. 이들은 1806년 1월에 워싱턴에 도착했고 제퍼슨은 의례적인 큰아버지Great Father로서의 연설을 했다.

"우리는 어떤 부족도 두렵지 않소. (…) 우리는 그 누구보다 강하오. 우리는 하늘의 별처럼 수가 많으며 우리는 모두 총을 지니고 있소."

이러한 위협 뒤에는 당근이 따라왔다. 만약 인디언이 부족끼리 평화롭게 지내고 미국인과 교역을 한다면 행복해질 수 있으리라는 것이었다(이에 대한 답변으로 추장 가운데 한 사람은 미국인이 하늘의 별처럼 수가 많고 강하기까지 하다니 자기는 무척이나 기쁘다고 말했다. 아울러 그래야만 인디언의 땅에 백인 정착민이 침범하는 것을 미국 정부가 막을 수 있을 것이기 때문이라고 꼬집었다).29

---

*여기서 제퍼슨은 클라크의 이름 철자를 Clark가 아니라 Clarke로 계속 잘못 적고 있다(원주).

대표단과의 회견이 제퍼슨의 인디언 정책에 어떤 좋은 영향을 끼쳤는지는 알 수 없다. 대표단에 포함된 인디언은 미국의 모습에 깊은 인상을 받긴 했지만, 고향에 남아 있던 동족들은 워싱턴에서 돌아온 전사들이 미국의 힘에 대해 아무리 강조해도 이들의 말을 액면 그대로 받아들이지 않았다. 더욱이 인디언 대표단이 워싱턴을 여행하고 돌아올 때마다 도중에 상당수의 추장이 병으로 사망했고 이는 도리어 각 부족에게 원한과 불신을 심어 주는 결과로 나타났다.

인디언 대표단은 루이스의 행적에 관한 소문을 워싱턴에 전해주었다. 1806년 1월 12일자 편지에서 제퍼슨은 윌리엄 던바에게 이렇게 썼다.

"루이스 대위가 포트만단을 떠난 이후 확실한 정보가 아무것도 없다네. 하지만 오늘 인디언들을 통해 들으니 그가 미주리강과 태평양을 나누는 고지대를 횡단하는 구간에 접어들었다고 하네."

다음날, 그는 루벤 루이스에게 쓴 편지에서 세인트루이스의 피에르 쇼토에게 받은 편지의 내용을 전했다. 그것은 "루이스 대위와 그의 부대가 미주리강 상류의 산맥 근처에 도착했는데, 그 산맥에서부터 컬럼비아강까지(8일이면 행군할 수 있는) 인디언의 영토가 시작되며, 그는 거기서 말을 확보해 부대 전체를 이끌고 그 영토로 들어섰다"고 오토족 2명이 알려주었다는 것이었다. 그는 루이스가 세인트루이스로 귀환할 때까지는 더 이상의 소식을 듣지 못할 것이라 예상했지만, "모친께서 얼마나 걱정하실지 잘 알기에 이 소식을 전하니, 부디 모친께 내가 안부를 여쭙더라고 전해주게" 하고 덧붙였다.30

제퍼슨은 본래 가능하다면 그리고 그게 최선이라면 해로를 통해 귀환하도록 지시했지만, 원정대가 결국 육로로 귀환할 것을 예견했던 모양이다. 1805년, 그는 케이프혼을 돌아 컬럼비아강 하구로 향하는 선박의 선장들에게 어쩌면 거기에 루이스 일행이 있을지도 모른다고 알렸다.31 루이스와 클라크는 보급품 마련을 위해 교역선을 만날 수 있기를 고대했지만 결국 만나지 못했다. 버나드 드 소토나 데이비드 라벤더 같은 역사학자, 그리고 일지의 편집자인 엘리엇 쿠스Elliott Coues는 제퍼슨이 미국 해군 소속 함정을 보내 원정대를 데려올 생각을 하지 못했다며 비판한 적이 있다.

하지만 이러한 비판은 몇 가지 기본적인 사실을 도외시한 처사이다. 1805년 당시, 미국 해군은 트리폴리의 해적을 소탕하기 위해 지중해에서 작전을 벌이고 있었다.* 그 작전을 수행하기 위해서는 해군 전체 전력의 절반(프리깃함 2척, 브릭 4척, 스쿠너 2척, 슬루프 1척, 포격선 2척)이 현지에 머물거나 출동 대비를 하고 있어야 했다. 그리고 나머지 배들은 모두 보수 및 수선 중이었다.

비록 남는 함선이 있었을지라도 제퍼슨으로선 과연 원정대가 의도한 대로 컬럼비아강 하구에 도착했는지, 그리고 배가 그 장소에 도착한 때에 맞춰 도착할 수 있을지 확신할 수 없었다(당시의 선박으로는 케이프혼을 지나가는 데만 바람의 상황에 따라 최소 1주일에서 최대 3주일이 걸렸다). 결국 알린 라지의 다음과 같은 결론은 불가피한 것이었다.

"그토록 많은 '만약'이 있었으니, 제퍼슨이 속수무책이었던 것도

---

*오늘날 레바논의 영토인 트리폴리는 19세기 초 지중해를 주름잡는 해적의 본거지였다. 미국은 이 지역을 지나는 자국 선박의 안전을 보장하는 대가로 1796년부터 트리폴리의 파샤(오토만제국의 지사)에게 일종의 상납금을 지불했는데, 그 인상 문제를 놓고 대립한 끝에 1801년에 미국 정부와 트리폴리의 해적 간에 이른바 제1차 바르바리 전쟁First Barbary War이 벌어졌다. 미국은 프리깃함 필라델피아호를 나포당하는 등 고전하다 1805년에 합의금을 지불하는 것으로 전쟁을 마무리했다. 10년 뒤, 미국은 제2차 바르바리 전쟁으로 더 이상 상납금 없이 자국 선박의 안전을 보장받게 되었다(역주).

당연지사이다."32

   1806년 2월, 그는 한 편지에서 자기 생각에는 루이스가 "이미 태평양에 도착했고 지금쯤 미주리강 상류에서 겨울을 나고 있으며 내년 가을에는 돌아올 것 같다"고 썼다.33 첫 번째 추측은 옳았지만 두 번째는 틀렸다. 그리고 세 번째 추측이 옳을지, 틀릴지는 아직 결정되지 않은 참이었다. 그것은 어디까지나 두 지휘관에게 달려 있었다.

네즈퍼스족 인디언과의 재회

1806년 3월 23일~6월 9일

원정대가 포트클랫숍을 떠나는 광경은 일찍이 포트만단을 떠나던 모습과는 대조적으로 몹시 초라했다. 1805년 4월 7일, 카누에는 온갖 상자, 통, 솥, 교역품이 담긴 자루, 이불, 담배, 위스키, 밀가루, 소금에 절인 돼지고기, 옥수수, 말린 호박과 콩, 책상, 천막, 과학 장비, 각종 연장, 칼, 소총이 잔뜩 실려 있었다. 반면 1806년 3월 23일에는 화약통 몇 개, 과학 장비, 솥, 말린 생선과 뿌리채소, 등에 짊어진 옷 꾸러미, 소총이 전부였다. 여정은 절반밖에 지나지 않았건만 원정대는 이미 보급품의 95퍼센트를 써버렸다.

그래도 1805년과 달리 1806년에는 앞으로 무엇이 나올지 알고 있었다. 또한 네즈퍼스족 영토에서 그레이트폴스에 이르는 지역에는 군데군데 물품을 은닉해둔 터라 동쪽으로 가는 여정에서는 중간 보급도 가능할 것이었다. 장차 어떤 지역을 지나갈 것인지를 안다는 것은 축복인 동시에 저주이기도 했다. 그중 일부가 비터루트산맥이었기 때문이다. 포트클랫솝을 떠나는 순간부터 대원들의 머릿속에는 그 산맥의 혹독함이 떠올랐다. 루이스조차 6월 2일자 일지에서 이렇게 적고 있을 정도이다.

"우리 여정의 그 비참한 구간인 로키산맥에서는 굶주림과 추위가 가장 혹독한 형태로 이 딱한 여행자들을 공격했다. 작년 9월에 그 산맥에서 겪은 고생을 잊은 대원은 1명도 없었고 내 생각에는 아마 평생 잊지 못할 것 같다."

컬럼비아강을 거슬러 올라가는 것은 힘겨운 일이었다. 급류에서는 카누를 밧줄로 묶어 끌어올리고 폭포에서는 육로로 운반해야 했다. 식량은 항상 골칫거리였으며 호기심에 가득 차 모여드는 인디언들 역시 마찬가지였다. 4월 1일, 루이스는 몇몇 원주민으로부터 컬럼비아강 인근에 식량이 크게 부족하며, 상류의 부족들이 굶주리고 있고 연어 철이 되려면 한 달은 기다려야 한다는 사실을 알게 되었다. 그 소식에 루이스는 불안해졌다. 댈즈 폭포 위쪽에서부터 평원을 지나 네즈퍼스족의 캠프가 있는 산맥 밑에 도착할 때까지는 사슴이나 가지뿔영양, 엘크가 전혀 없었기 때문이다.

루이스는 이 문제를 클라크와 상의했다. 연어가 올 때까지 기다리다가는 미주리강이 얼기 전에 강을 따라 내려갈 수 없으리라는 것이 두 지휘관의 결론이었다. 더구나 더 이상 지체하면 트위스티드 헤어가 맡아두고 있는 말 떼까지 잃을 수 있었다. 루이스는 네즈퍼스족에게 자신들이 그해 5월 초에 산맥을 넘을 것이라고 말해두었던 것이다. 네즈퍼스족의 도움이 없다면 과연 대원들의 힘만으로 자신들의 말을 모아들일 수 있을지도 의문이었다.

4월 2일, 두 지휘관은 초푸니시Chopunnish* 마을에 도착할 때까지 가급적 시간을 허비하지 말자고 결정했다. 원정대는 댈즈 폭포 하류에 머무는 동안 사냥꾼들을 내보냈고, 거기서 잡은 고기로 육포를 만들어 네즈퍼스족 마을에 도착할 때까지 식량으로 쓰기로 했다. 루이스는 원정대가 비터루트산맥을 넘는 과정에서는 말고기로 연명할 수 있을 것이라고 했다. 하지만 댈즈 폭포 밑에는 말조차 없어서 원정대는 개를 구입해 모두들 맛있게 먹어치웠다.

4월 3일, 식량을 찾아 하류로 내려온 인디언들이 원정대를 찾아왔다. 루이스는 "그들은 어찌나 굶주렸는지 뼈다귀는 물론 우리 대원들이 먹지 않고 내버린 작은 고기 조각까지 집어들 지경이었다"라고 적었다. 클라크는 윌러미트강 상류로 10마일쯤 올라가 오늘날 포틀랜드시가 위치한 지점까지 다녀왔다. 루이스는 평원을 지나가는 여정을 대비한 육포 만들기를 감독했다. 대원들이 저민 엘크와 사슴 고기 밑에 계속 불을 지피는 동안, 루이스는 새로운 식물과 동물을 찾아 기록했다. 4월 8일자 일지를 보자.

"오늘은 3마일을 산책했고 그러던 중에 어느 관목에 관해 이제껏 저지른 실수를 정정할 기회를 찾았다. 지금부터는 그 관목을 넓은 잎 가시나무라고 부를 것이다."

그가 말한 것은 새먼베리salmonberry로 이전까지만 해도 심블베리thimbleberry와 혼동했던 것이다. 그는 자신의 실수를 만회하는 뜻에서 새먼베리에 관해 자세하게 기록했으며,** 심지어 그 식물을 린네식 체

---

*초푸니시는 두 지휘관이 네즈퍼스족을 가리켜 쓴 말이다(원주).
**가령 이런 식이다. "수술의 경우 꽃실이 송곳 모양이고 꽃받침 속으로 삽입되며, 비대칭이고 안쪽으로 구부러져 암술을 숨기고 있다." 그의 묘사는 인쇄용지로 거의 1장을 차지하고 있다(원주).

계에 맞춰 분류하려고까지 했다.

또한 그는 인디언들을 상대해야 했다. 상류든 하류든 백인들을 찾아와 뭐라도 훔쳐가려는 인디언이 한둘이 아니었다. 4월 6일자 일지에서 루이스는 "이들은 계속해서 우리 주위를 맴돌고 있다"고 불평했다. 다음날에는 "그중 하나가 탄알 하나를 훔쳐가는 것이 발각됐다"고 썼다.

4월 8일 저녁, 보초가 원정대의 캠프 주위를 엿보는 한 인디언 노인을 발견했다. 보초는 소총으로 침입자를 위협하면서 나뭇가지로 그를 몇 대 때려 쫓아 보냈다. 루이스와 마찬가지로 대원들도 상당히 신경이 곤두서 있었다. 이전까지만 해도 대원들은 결코 인디언을 때린 적이 없었다.

한번은 인디언 전사 여러 명이 존 콜터 이병으로부터 토마호크를 빼앗으려다 실패했다. 원정대가 상류로 향하는 동안, 급류에서 카누를 밧줄로 잡아끌거나 운송할 때마다 인디언들은 근처를 서성이며 조금이라도 틈이 보이면 뭐든 훔칠 태세였다.

4월 11일 저녁, 인디언 3명이 애견 시먼을 훔쳐가자 루이스는 격노했다. 그는 대원 3명을 급파하면서 도둑을 쫓아가 찾아낸 다음, "개를 순순히 내놓지 않고 반항할 경우 발포해도 좋다"는 명령을 내렸다. 대원들은 곧바로 추적에 나섰다. 추적당하고 있음을 알게 된 인디언들은 시먼을 놓아주고 도망쳐버렸다.

그 와중에 캠프에서는 인디언 하나가 도끼를 훔치다가 붙잡혀 몸싸움 끝에 결국 물건을 버리고 달아나는 일이 벌어졌다. 루이스는 캠프 주위를 얼쩡거리는 인디언들을 향해 "더 이상 우리 물건을 훔치거나 대원들을 건드리면 죽여 버리겠다"고 경고했다.

루이스와 대원들은 여차 하다가는 심각한 폭력을 휘두를 일촉즉발의 상태에 놓여 있었다. 이제는 인내심도 바닥을 드러냈고 총을 쏘고 싶은 유혹이 무척 강렬했으니 그 이유는 무엇보다 자신들이 인디언들에게 포위되었다는 느낌이 들었기 때문이다. 루이스는 계속해서 성질을 죽이려 노력하는 동시에, 인디언이 원정대의 식량이나 개를 훔쳐 가지 못하게 경계를 강화했다. 결국 그는 숨을 고른 뒤에 수화를 통해 그 무리의 추장과 대화를 나누었다.

추장은 인디언의 행실에 관한 루이스의 비난에 대해, 그 모두가 자기 부족 중에서 행실이 나쁜 두 사람 탓이라고 했다. 마을 전체는 원정대와의 좋은 관계를 원한다고 했다. 루이스는 다음과 같이 일지를 마무리하고 있다.

"나는 추장의 호의적인 개입으로 우리가 이들에 대해 폭력을 사용할 수밖에 없는 상황을 모면하기를 바란다. 우리 대원들은 그중 몇 명이라도 걸리기만 하면 죽여 버리고 말 듯한 기세다."

물론 인디언 측 젊은 전사 중 몇 명도 백인을 몇 명쯤은 죽여 버리고 말 듯한 기세였을 것이다. 이를 잘 인식했기에 루이스는 보초를 완벽하게 세웠다.

두 지휘관은 일단 댈즈 폭포 상류의 평원지대에 들어서면, 그때부터는 육로를 통해 산맥까지 가기로 결정했다. 그러려면 가급적 많은 말을 구입해야 했다. 클라크는 선발대를 이끌고 댈즈 폭포 상류로 먼저 가서 말을 구입하고, 루이스는 뒤에 남아 화물의 운송을 감독했다. 첫날의 홍정 직후 클라크는 루이스에게 대원 1명을 보내 자신이 제안한 가격에는 인디언들이 말을 팔지 않는다고 전했다. 루이스는 클라크에게 가격을 두 배로 올려주라는 쪽지를 보냈다. 루이스는 말이 최소한 5마리는 있어야 한다고 보았고, 무슨 수를 쓰더라도 말을 구하고 싶어 했다. 그는 한시바삐 거기서 벗어나 자기 발목을 붙잡고 늘어지는 인디언들을 뿌리치고 싶었기 때문이다.

영악한 인디언들은 클라크의 제안을 한사코 거절했는데, 사실 그 제안이라는 것도 그리 후한 것은 아니었다. 원정대의 입장에서 무엇보다 환장할 일은 댈즈 폭포 상류의 원주민이 말을 엄청나게 갖고 있으면서도 결코 내놓으려 들지 않는 것이었다. 4월 18일과 19일, 루이스는 마침내 커다란 솥 2개를 말 4마리와 맞바꾸었다. 이전까지만 해도 원정대는 결코 솥을 내놓은 적이 없었다. 원정대는 이제 작은 솥 4개로 요리를 하고 나머지 1개로 배식을 해야 했다.

루이스와 대원들이 컬럼비아강을 거슬러 올라가는 내내 인디언들은 그들을 괴롭혔다. 밤마다 토마호크와 칼이 사라지곤 했다. 4월 20일, 루이스는 다시 한 번 그 지역 주민들을 향해 "우리에게서 뭐 하나라도 훔치다가 붙잡히면 엄하게 매질하겠다"고 경고했다. 이후 원정대는 가는 마을마다 이 경고를 반복해야만 했다.

댈즈 위에 도착한 루이스는 카누를 버리고 폭포 위에 머물던 클라크와 합류해 최대한 여러 마리의 짐말을 구해 산맥까지 육로로 가기로 했다. 4월 21일, 루이스는 모든 삿대와 노를 카누 안에 남겨두라고 지시한 다음 카누에 불을 질렀다. 한 조각도 인디언들이 이득을 보게 남겨 두지 않겠다는 것을 확실히 보여준 셈이었다.

카누가 불타오르는 도중, 루이스는 한 인디언이 삿대 옆에 놓여 있던 철제 소켓 하나를 훔치려는 것을 보고 격분했다. 그는 인디언을 붙잡아 욕을 퍼부으며 두들겨 팬 다음 주위에 둘러선 인디언들에게 "우리에게서 뭐 하나라도 훔치려는 녀석에게는 발포하겠다. 우리는 너희와 싸우는 걸 두려워하지 않으며, 내 힘이면 너희들은 순식간에 모두 죽을 것이고 너희 집들은 모두 불탈 것"이라고 경고했다.

위협의 소리를 질러댄 다음 루이스의 감정은 어느 정도 누그러졌다. 그는 인디언들에게 내 물건을 가만 놔두면 나 역시 이토록 험악하게 다룰 생각은 없다고 말했다. 자기들로선 토마호크와 칼을 훔쳐간 인디언이 소유한 말을 그 대가로 빼앗아야 마땅하지만, 지금으로선 누가 도둑인지 알 수 없으므로 무고한 사람의 말을 빼앗기보다는 차라리 물건을 잃는 편을 택하겠다고 했다. 인디언들은 고개를 숙이며 아무 말도 하지 못했다.

그날 오후, 루이스는 말 9마리에 짐을 싣고 또 1마리에는 등을 다쳐 걸을 수 없는 윌리엄 브래턴 이병을 태운 다음 출발했다. 그는 어서 치누크족의 영토를 벗어나 네즈퍼스족의 영토로 들어설 때만을 고대했다. 앞으로 만날 부족이 지금 곁에 있는 자들보다 훨씬 호의적으로 대해 줄 것이라 여겼기 때문이다. 하지만 다음날인 4월 22일, 인근의 치누크족이 안장과 망토를 훔쳤다.

루이스는 대원들에게 마을 전체를 샅샅이 뒤지도록 지시했고, 만약 잃어버린 안장과 망토를 찾아내지 못하면 마을을 모조리 태워버리겠다고 다짐하며 직접 그 마을로 향했다. 다행히 대원들은 루이스가 마을에 도착하기 전에 어느 집에서 잃어버린 물건을 찾았다.

루이스로서는 억세게 운이 좋았던 셈이다. 만약 그 마을을 불태웠다면 컬럼비아강 하류에 사는 치누크족은 모조리 미국인을 적대시하게 됐을 것이다. 그는 인종차별주의자는 아니었지만 종종 자신의 분노로 인해 판단을 그르칠 뻔했다. 그는 일부 인디언을 진심으로 좋아했으며 또 어떤 인디언은 지나치게 존경했고 일부는 딱하게 여기는 한편 또 일부는 멸시했다. 한마디로 인디언에 대한 그의 반응은 자신의 경험에 근거한 것이지만 다행히도 1806년 봄에 컬럼비아 강을 거슬러 올라오는 중에는 무력 충돌이 없었다.

4월 27일, 원정대는 옐레프트 추장, 즉 네즈퍼스족의 친척인 왈라왈라족의 영토에 들어섰다. 추장은 말을 타고 6명의 부하와 함께 나타났으며 백인들을 다시 만나게 되어 무척이나 기뻐했다. 물론 원정대 역시 그를 만난 것이 무척 기뻤다. 옐레프트는 15개가량의 움막으로 구성된 한 마을의 추장으로, 그곳에는 남자만 150명에 말 떼가 상당히 많았다. 오늘날 컬럼비아강과 스네이크강의 합류지점에서 12마일 하류의 북쪽 강변에 해당하는 위치였다.

작년 10월, 두 지휘관은 귀환길에 꼭 하루 이틀 정도 묵고 가겠다고 옐레프트에게 약속했다. 추장은 이제 두 지휘관과 원정대를 자기 마을로 초청하며 식량과 말을 제공하겠다고 했다. 원정대는 그 마을에서 사흘간 묵었다. 옐레프트는 직접 나무와 생선을 가져다 백인에게 건네줌으로써 자기 부족 앞에서 시범을 보였다. 두 번째 날 아침, 그는 클라크에게 매우 우아한 흰색 말 1필을 선물했는데 옐레프트가 그 대가로 솥 하나를 받고 싶다는 표시를 함으로써 그 너그러운 행동은 약간 빛이 바랬다. 두 지휘관은 솥이 모자라서 줄 수 없다고 했다. 그러자 옐레프트는 뭐든 그에 상응하는 것이면 된다고 했다. 결국 클라크는 추장에게 칼 1자루와 탄환 100발, 그리고 화약을 건네주었다. 옐레프트는 만족했다.

옐레프트가 진정 무료로 제공한 것은 바로 정보였다. 쇼쇼니족과 헤어진 이래 처음으로 두 지휘관은 수화 말고 통역을 이용해 의사소통을 할 수 있었다. 왈라왈라족에 포로로 잡혀 온 쇼쇼니족 여자가 1명 있어서 사카가위아와 이야기가 가능했고, 거기서 다시 샤르보노, 드뤼야르, 라비셰를 거쳐 두 지휘관에게 영어로 이야기가 전달되었다. 루이스는 "우리는 그들과 몇 시간을 이야기했고, 우리 자신과 목표에 관한 그들의 모든 질문에 만족스런 답변을 해주었다"라고 적었다. 옐레프트는 루이스에게 롤로 오솔길의 서쪽 끝까지 가는 지름길을 알려주었다.

4월 29일, 2명의 소추장이 두 지휘관에게 말을 1마리씩 선물했다. 선물은 고마웠지만, 그 대가도 만만치 않았다. 루이스는 "우리는 온갖 물건을 건네주었는데, 그중에는 내 총집 달린 권총 하나와 탄환 수백 발이 포함되어 있었다"고 했다. 그 권총은 고성능의 주문제작 무기로 장신구가 달린 총집이 딸려 있었고, 무엇보다 이는 정부 재산이 아니라 루이스의 개인 재산이었다.1

다음날 오전 11시, 원정대는 왈라왈라족과 헤어졌다. 옐레프트가 말해준 지름길은 스네이크강의 북쪽 강굽이 하단을 가로지르는 것으로 그렇게 하면 약 80마일이 단축되었다. 왈라왈라족 덕분에 원정대는 이제 23마리의 말을 보유하게 됐다.

두 번째 날 밤이 저물었을 때, 왈라왈라족 10대 3명이 말을 타고 캠프로 찾아왔다. 원정대가 방심한 나머지 그만 놓고 온 강철 덫을 돌려주러 온 것이었다. 루이스는 이 행동을 "인디언들 사이에서는 거의 찾아볼 수 없는 성실한 행위"라고 부르면서(그런 행위가 백인들 사이에서도 거의 찾아볼 수 없는 것이라는 말은 덧붙이지 않았다) 왈라왈라족을 칭찬했다.

이후 이틀간의 행군은 그야말로 최악이었다. 비에 우박, 눈, 돌풍까지 몰려온 날씨는 정말이지 끔찍스러웠다. 5월 3일, 두 지휘관은 육포와 남은 개고기를 모두 대원들에게 배급했다.

"저녁식사가 부족했던 것은 물론, 내일 먹을 것이 하나도 없는 상태였다."

하지만 이들은 운이 좋았다. 바로 다음날, 원정대는 이동 중인 네즈퍼스족과 마주쳤던 것이다. 그 일족을 이끌던 테토하르스키 추장은 작년 가을 트위스티드 헤어와 함께 원정대를 위해 안내인 노릇을 해준 인물이었다. 테토하르스키는 원정대를 트위스티드 헤어의 마을까지 데려다주기로 했고, 뿌리채소와 연료를 판매하기도 했다. 중도에 한 마을에 들른 원정대는 식량을 구입하려 했지만 성공하지 못했다. 하지만 다행히도 클라크 대장이 이 부족들 사이에 의사로 명성이 자자했다.

이는 아마도 작년 가을에 클라크가 어느 인디언 노인의 다친 무릎과 허벅지를 씻고 물약을 좀 발라주면서 '대단한 격식'을 차려 진찰을 했기 때문일 것이다. 몇 달간 제대로 걷지 못했던 그 노인은 클라크에게 치료를 받은 후 멀쩡히 회복되었다. 루이스는 "이후 그 일족은 기회가 있을 때마다 우리 의술의 탁월함을 널리 선전해주었다"라고 적었다. 안약의 효능과 더불어 네즈퍼스족은 백인의 의약품을 높이 평가했다. 클라크는 그들 사이에서 의사로 인기가 높았고 항상 환자들을 맞이했다.

두 지휘관은 내친 김에 그곳에서 아예 병원을 차려 식량을 모을 수도 있었을 것이다. 하지만 루이스는 얄팍한 의술로 인디언을 속인다는 생각 때문에 마음이 적잖이 불편했다. 그는 식량을 위해 어쩔 수 없이 진료를 했지만 그들에게 해가 될 만한 것을 주지 않도록 조심했다. 사실 클라크는 네즈퍼스족을 위해 많은 선행을 한 셈이었다. 인디언이 계속 찾아온 이유는 실제로 그의 치료로 효과를 보았기 때문이다. 인디언들은 치료를 받고 뿌리채소와 개로 요금을 지불했다.

오히려 부끄러움을 느낄 만한 요인은 바로 개고기였다. 네즈퍼스족은 기근이 들면 말고기를 먹긴 했지만 개고기는 결코 먹지 않았다. 5월 3일, 루이스는 개고기에 얽힌 한 가지 일화를 짧게 적었다.

"저녁을 먹는데 어느 인디언 친구가 건방지게도 비쩍 마른 강아지 1마리를 집어던져 거의 내 머리를 맞힐 뻔했다. 이는 개를 먹는 우리의 행동을 비웃기 위함이었다. 나는 그의 무례에 화가 나 그 강아지를 집어 들고 힘껏 던져 그의 가슴과 얼굴을 맞힌 다음, 내 토마호크를 움켜쥐고 위협했다. 그 친구는 매우 굴욕감을 느끼며 돌아갔고, 나는 더 이상 아무런 방해 없이 먹던 개고기를 계속 먹었다."

네즈퍼스족과 원정대의 관계는 전반적으로 좋은 편이었다. 5월 7일, 한 인디언이 화약통 2개를 들고 찾아왔다. 작년 10월 원정대가 남겨 놓은 은닉처의 물건 중에서 자기네 개가 모르고 파낸 것이라고 했다. 두 지휘관은 그의 정직에 대한 보상으로 부시를 하나 줬다.

바로 그날, 비터루트산맥이 모습을 드러냈다. 완전히 눈으로 뒤덮인 모습이었다. 네즈퍼스족은 두 지휘관에게 좋지 않은 소식을 전했다. 지난 겨울내 눈이 많이 와서 산 위에 잔뜩 쌓였기 때문에 6월 초까지는 통행이 불가능하리라는 것이었다. 대원들은 한시도 더 머물고 싶어 하지 않았다. 겨울 캠프에 있을 때와 달리 매일 조금이라도 더 전진하고 싶어 안달이었다. 더욱이 저 산맥만 넘으면 담배와 장비, 솥을 구할 수 있었다. 미주리 평야에는 들소가 있으니 연한 들소 고기가 무한히 공급될 것이고, 들소 혹과 혀는 물론 샤르보노가 만든 소시지도 있을 것이었다. 그런데 무려 3주일이나 더, 어쩌면 그보다 오래 기다니면서 말린 생선과 뿌리채소를 먹어야 한다는 얘기가 나온 것이다. 사기가 떨어지는 것은 당연지사였다.

5월 8일, 그들은 컷 노즈$^{Cut\ Nose}$(잘린 코) 추장과 그의 부하 6명을 만났다. 컷 노즈는 작년 가을에 다른 부족을 기습하러 나가 있던 통에 만나지 못했지만, 루이스는 그가 트위스티드 헤어보다 훨씬 세력이 막강한 추장이라는 사실을 알고 있었다. 인디언들과 백인들은 말머리를 나란히 했고, 결국 5~6명의 전사와 함께 오던 트위스티드 헤어를 만날 수 있었다.

트위스티드 헤어는 지난 겨우내 미국인의 말 떼를 맡아주기로 약속했고(대신 그는 소총 2정과 탄환을 대가로 요구했다) 스네이크강과 컬럼비아강을 따라 댈즈 폭포까지 그들을 안내해준 적이 있었다. 두 지휘관은 그를 다시 만나 무척 반가웠다. 하지만 트위스티드 헤어는 백인들에게 매우 쌀쌀맞은 인사를 건넸다. 루이스로서는 미처 생각지도 못했고 이해할 수도 없는 일이었다.

트위스티드 헤어는 컷 노즈를 향해 막 뭐라고 소리를 지르며 화난 듯한 몸짓을 해보였다. 컷 노즈는 태연하게 뭐라고 답변했다. 이런 광경이 20여 분이나 지속되었다. 두 지휘관으로선 무슨 일이 벌어지는지 알 도리가 없었지만, 일단 싸움을 말릴 필요는 있었다. 이들로선 양쪽 추장 모두의 호의가 있어야 앞으로 3주일을 버틸 수 있었으며, 산을 넘으려면 트위스티드 헤어가 맡아두고 있는 말 떼를 되찾아야 했기 때문이다. 원정대는 두 추장에게 자신들이 앞서 가겠다고 전했다.

인디언들은 원정대의 뒤를 따라왔고 서로 어느 정도 거리를 두었다. 원정대가 캠프를 만들자 두 추장은 각자의 일행과 함께 가까운 곳에 따로 캠프를 차렸고 서로 감정이 매우 나쁜 것 같았다. 두 지휘관은 양쪽 추장과의 회담을 요청했다. 이들은 쇼쇼니족 출신의 한 소년을 통해 컷 노즈와 이야기를 하려 했지만, 소년은 이는 양쪽 추장간의 다툼이므로 자신은 전혀 상관할 바가 아니라고 거절했다. 두 지휘관은 쇼쇼니족 소년에게 사정했지만 그는 완강하게 침묵을 지켰다.

1시간 뒤, 드뤼야르가 사냥에서 돌아오자 지휘관들은 트위스티드 헤어에게 담배를 피우러 오라고 초대했다. 추장은 초대에 응낙했고 드뤼야르의 통역을 통해 이렇게 설명했다. 자신이 작년 가을에 댈즈 폭포에서 돌아온 다음 원정대의 말 떼를 모아 돌봐주고 있었는데, 마침 그때 원정을 마치고 돌아온 컷 노즈가 네즈퍼스족에서 자신의 우위를 주장하며 백인들의 말 떼를 돌보는 책임을 맡은 것을 놓고 시비를 걸더라는 것이다. 트위스티드 헤어는 그런 헛소리를 듣고 있기가 짜증스러워 더 이상 백인들의 일에 관심을 두지 않았고, 결국 말 떼는 뿔뿔이 흩어졌으며 그중 상당수를 강 상류에 사는 브로큰 암Broken Arm(부러진 팔) 추장이 돌보고 있다고 했다.

두 지휘관은 곧이어 컷 노즈를 모닥불 옆으로 초대했다. 컷 노즈도 초대를 받아들였고 트위스티드 헤어의 면전에서 "저 사람은 나쁜 노인에다 두 얼굴을 한 작자"라고 했다. 컷 노즈는 트위스티드 헤어가 말 떼를 전혀 돌보지 않았으며 도리어 청년들이 그 말 떼를 타고 다니며 혹사시키게 방치했고, 불화의 원인도 사실은 컷 노즈와 브로큰 암이 나서서 백인들의 말 떼를 돌봐주겠다던 책임을 다하라고 질책했기 때문이라고 설명했다.

두 지휘관은 다음날 아침에 브로큰 암의 캠프로 가서 과연 말 떼와 안장이 얼마나 남아 있는지 확인해보자고 했다. 이 제안에 두 추장 모두가 만족스러워 했고 각자의 입장을 설명한 다음에는 상당히 안정을 찾았다.

다음날 일행은 모두 브로큰 암의 움막(길이가 약 150피트에 나뭇가지와 멍석, 풀로 지은)으로 찾아갔다. 그곳에서 원정대는 말 21마리와 안장의 절반, 그리고 은닉해두었던 탄약 중 일부를 되찾았다. 루이스는 트위스티드 헤어에게 우선 소총 1자루와 총알 100발, 그리고 2파운드의 화약을 대가로 지불했고, 나머지 총 1자루는 그가 나머지 말 떼를 모두 붙잡아오면 주겠다고 했다. 트위스티드 헤어에게 준 총은 낡아빠진 영국제 교역품 소총으로 루이스가 엘크가죽 2장을 주고 치누크족에게 산 것이었다.

두 지휘관이 자신들의 보급 상황을 설명하고 그들의 마른 말과 인디언의 살지고 어린 말을 맞바꾸겠느냐고(망아지를 잡아 식량으로 사용할 생각으로) 묻자, 브로큰 암은 "맞바꾸자는 생각 자체가 불쾌하다"고 대답했다. 자기 부족에는 망아지가 엄청 많으니 원하는 만큼 가져가도 된다면서 곧바로 살진 망아지 2마리를 내주며 그 대가로 아무것도 요구하지 않았다. 루이스는 이를 가리켜 "이 지역에서 우리가 목격한 사건 가운데 호의라고 일컬을 수 있는 유일한 행동"이었다고 했다.*

그 후 이틀 동안 컷 노즈, 트위스티드 헤어 외에 다른 추장들도 브로큰 암의 움막에 찾아왔다. 네즈퍼스족은 모두 합쳐 4,000명쯤 되는 막강한 부족이었고 거주지는 일족별로 나뉘어 있었으며 그때까지만 해도 미국 내에서 말을 가장 많이 기르고 있었다. 두 지휘관은 이 기

---

*나중에 클라크는 그 인디언들이 원정대와 만나기 전까지만 해도 백인과는 아무런 접촉이 없었기 때문에, 가령 치누크족처럼 백인과 접촉한 경험이 있던 인디언들보다 훨씬 호의적이었다고 언급했다(몰턴편,「일지」, 제7권, 241쪽)(원주).

회를 이용해 네즈퍼스족의 모든 지도자와 동시 회담을 개최했다. 그런데 프랑스어, 히다차어, 쇼쇼니어, 네즈퍼스어로 연이어 통역을 하느라 요점을 전달하는 데만 반나절 가까이 걸렸다. 요점은 로키산맥 양편 원주민간의 평화와 조화, 미국의 힘 및 위력, 장차 세워질 교역소에 관한 것이었다. 두 지휘관은 네즈퍼스족을 미국의 자녀들, 제퍼슨을 그 인디언들의 새로운 아버지라고 지칭하진 않았지만 제임스 론다의 지적처럼 "미국인의 마음속에서 (그곳의 자국) 주권에 관한 생각이 아주 떠난 것은 아니었다."2

루이스와 클라크에게는 또 다른 목표도 있었다. 그중 하나는 네즈퍼스족을 설득해 원정대를 블랙푸트족 영토까지 안내할 길잡이와 외교관을 제공토록 하는 것이었다. 두 지휘관은 자신들이 두 부족간의 평화를 도모하고 네즈퍼스족도 말 떼를 몰고 대륙분수계를 넘어 들소 서식지에 가서 살 수 있도록 해주겠다고 제안했다. 또한 두 지휘관은 1~2명, 혹은 3명의 추장이 자신들과 함께 워싱턴까지 가서 대통령을 만나 보았으면 좋겠다고 했다. 추장들은 그 제안에 기뻐하는 듯했지만 우선 자기들끼리 상의한 다음 답변을 내놓겠다고 했다.

다음날인 5월 12일 아침, 추장들은 두 지휘관의 조언을 따르기로 결심했다고 알려왔다. 이 결정에 대한 주민들의 지지를 이끌어내기 위해 브로큰 암은 일종의 주민투표를 실시했다. 그는 찧은 뿌리채소와 죽을 담은 그릇을 앞에 놓고 연설을 했다. 그는 미국인이 바라는 대로 해주자는 결정을 지지하는 사람은 앞으로 나와 음식을 먹으라고 했다. 반대하는 사람은 음식을 먹지 않음으로써 자신의 의견을 나타내라는 얘기였다.

"부족 전체에 대한 중대한 질문 앞에서 반대의 목소리는 하나도 없었고 모두들 죽을 먹었다."

네즈퍼스족은 주민들이 기꺼이 산맥 동편으로 이주할 것이지만, 그것은 어디까지나 미국이 미주리강에 요새를 건설하고 자기 부족의 자위에 필요한 무기와 탄약을 제공한 다음에나 가능한 일이라고 단서를 내걸었다. 블랙푸트족에게 가는 대표단은 거절했으며 대통령에게 가는 대표단도 나중에나 가능한 일이라고 했다. 네즈퍼스족은 아직 산맥을 넘을 수 없을 것이라고 경고했지만 루이스는 포기하지 않았다.

"우리는 트래블러스 레스트에서부터 가기로 했던 다른 경로로 우리와 동행할 길잡이를 얻어 보려고 애를 썼다."*

추장들과 담배를 피우며 이야기를 나누는 것은 거의 루이스가 도맡았고 환자들은 클라크가 돌봐주었다. 아침마다 안질, 연주창(림프관의 결핵), 종기, 류머티즘, 그리고 다른 가벼운 병을 앓는 환자가 줄지어 늘어섰다. 그중 한 가지 사례는 특히 힘이 들었다. 나이 많은 어느 추장이 3년이나 중풍으로 고생하고 있었는데, 그는 사지를 전혀 쓰지 못했지만 소화도 완벽하게 해냈고 의사소통도 분명했으며 맥박도 뚜렷했다. 근육도 거의 완벽했음에도 아무런 치료 효과가 없었다.

원정대 중에서는 브래턴이 여전히 등 부상으로 고생했고 사카가위아의 아들 장 밥티스트 역시 젖니가 나기 시작하면서 고열과 함께 목과 목구멍이 부어올랐다. 두 지휘관은 아기에게 토주석과 유황을 먹이고 끓인 양파로 만든 습포를 뜨겁게 해서 붙였다.** 이 치료법은 아

---

*루이스와 클라크가 이전에 내렸던 결정에 관해 언급한 것은 여기가 처음이었다. 아마도 포트클랫솝에서 내린 결정이었을 것이다(원주).

**당시 아기가 걸린 병은 이하선염이거나 편도선염이었을 것으로 추측된다. 스위너드 박사는 목 외부에 종기가 생겨 그랬을 것이라고 추측했다(『사망자 단 1명』, 370~375쪽)(원주).

무런 효과가 없었다.

브래턴은 클라크의 치료 덕을 보았다. 존 실즈 이병의 제안에 따라 클라크는 브래턴에게 열탕을 시켰다. 열탕막을 만들고 돌을 달궈 그 안에 넣자, 브래턴은 돌에 끼얹어 증기를 만들어낼 물을 담은 그릇을 들고 벌거벗은 채 그 안으로 들어갔고, 20분 뒤에 나와 찬물에 뛰어들었다. 그런 뒤에 다시 열탕막으로 들어갔다. 그러자 하루도 지나지 않아 브래턴은 다시 걸을 수 있었고 몇 달 만에 처음으로 고통에서 해방되었다.

사카가위아의 아기는 느리게나마 회복되었지만, 중풍으로 쓰러진 추장 쪽은 아무런 진전이 없었다. 두 지휘관은 열 요법을 쓰기로 했다. 이들은 그 추장을 위한 열탕막을 만들고 그 안에 들어가게 한 뒤, 이완을 위해 아편제를 30방울 투여했다. 치료는 효과가 있었고 추장은 손과 팔, 곧이어 다리와 발을 쓸 수 있었다.

의술은 원정대의 식량 보급에 중대한 역할을 했지만 그것만으로는 부족했다. 결국 이들은 등에 짊어진 옷을 팔고 외투와 바지의 단추를 떼어내 팔아치웠다. 대원들은 놋쇠 단추가 그들이 좋아하는 물건임을 알아채고 단추를 모두 떼어내 뿌리채소와 바꿔 먹었다. 두 지휘관 역시 외투 단추를 떼어내 뿌리채소 3부셸과 맞바꾸었다.

5월 21일, 두 지휘관은 과감한 결정을 내렸다. 비터루트산맥을 넘는 데 필요한 만큼 넉넉한 양의 뿌리채소를 대원들 각자가 알아서 흥정해 구매하도록 허락한 것이다. 각 대원은 송곳 1개, 재봉핀 1개, 주홍색 염료 반 온스, 바늘 2개, 실 몇 뭉치, 그리고 리본 약 1야드씩을 나눠가졌다. 루이스는 이를 "그 황량한 벌판에서 식량을 구입하기에는 너무도 빈약한 재산"이라고 불렀다. 그는 여차 하면 말고기에 의존할 수 있으리라는 생각으로 마음을 달랬다. 원정대의 말 떼는 클라크의 관리 덕분에 점차 늘어나 6월 초가 되자 65마리가 되었다.

네즈퍼스족과 오래 머무는 동안 루이스는 그들을 좀더 관찰할 기회를 얻었다. 그는 네즈퍼스족이 쾌활하지만 방탕하지는 않다고 판단했다. 이 부족의 청년들은 도박과 게임을 좋아했는데, 이것은 원정대의 청년들도 마찬가지였다. 빈둥거리는 병력 때문에 골치를 앓던 루이스는 사기와 체력 유지 및 원주민과의 접촉 수단으로 운동을 선택했다.

그 결과 대회가 열렸다. 사격 부문에서 루이스는 220야드 떨어진 곳에 있는 표적을 두 번이나 맞춤으로써 우승했는데, 인디언들은 공기총 시범보다 이 사실에 더욱 깊은 인상을 받았다. 승마 부문에서는 네즈퍼스족이 미국인 병사를 훨씬 능가했다. 루이스는 인디언의 화살이 백발백중이며, 심지어 달리는 말 위에서 구르는 표적을 향해 쏜 경우에도 마찬가지임을 보고 감탄했다. 인디언들이 재주를 부리면 백인들은 놀라움에 입이 떡 벌어졌다.

"그들이 가파른 언덕을 전속력으로 달려 내려오는 모습은 그야말로 놀라움 자체였다."

말을 돌보고 말을 맞바꾸고 말에 올라타 경주를 벌이는 과정에서 백인과 인디언은 서로 가까워졌다. 5월 13일 저녁, 그들은 말 떼 가운데 몇 마리의 속도를 재보았다. 방법은 1마리씩 인디언의 말과 경주를 시켜보는 것이었다. 눈 덮인 산맥 아래 아름다운 계곡의 한 지점에서 또 한 지점까지 인디언과 백인 측 청년 전사들이 말을 달리며 소리를 지르고 채찍을 가하는 것은 물론, 그걸 지켜보는 인디언과 백인 측의 구경꾼들 역시 각자 말에 올라타 환호성을 지르는 광경은 그야말로 특별한 것이 아닐 수 없었다.

"말 떼는 무수히 많았는데(이 표현은 루이스가 들소 서식지를 떠난 이후 짐승 떼를 가리켜 한 번도 쓰지 않던 말이다) 한 사람이 50~60마리 심지어 100마리나 갖고 있는 경우도 드물지 않았다."

그 말 떼야말로 네즈퍼스족의 가장 큰 자산이었다. 또한 이것은 장차 세인트루이스에서 컬럼비아강 하구에 걸쳐 수립될 미국의 교역 제국에게 필요한 운송 수단이었다. 루이스는 인디언의 짐말 행렬이 평원 한가운데에서 두 줄로 서로 스쳐 지나가는 광경을 머릿속에 그려 보았다. 동쪽으로 향하는 행렬에는 인도에서 들어온 향료와 각종 멋진 물건이 실려 있고, 서쪽으로 향하는 행렬에는 미주리강 유역의 모피와 유럽산 교역품이 실려 있는 모습을 말이다. 네즈퍼스족의 말 떼는 대륙을 가로지르는 완전수로의 부재를 메워줄 수단이었다.

이것은 루이스가 포트클랫숍에서부터 발전시켜 온 생각이지만 그것을 현실화하려던 첫 번째 시도는 실패했다. 네즈퍼스족 대표단과 동행해 블랙푸트족을 만나러 갈 수도, 워싱턴까지 귀환할 수도 없던 것이다.

종종 달리기 경주도 펼쳤다. 루이스는 한 인디언이 원정대에서도 가장 발이 빠른 드뤼야르나 루빈 필드보다 잘 달린다는 것에 깊은 인상을 받았다. 그런가 하면 포로 잡기 게임(양편으로 갈라 각자의 영토 밖으로 나온 사람을 포로로 끌고 가는 인디언의 게임)과 고리 던지기 게임(납작한 고리를 핀에 던져 걸어 넣는 백인들의 게임)도 했다.3 루이스는 운동도 시킬 겸해서 대원들에게 게임을 하도록 독려했다.

5월 27일, 대원 중 1명이 검은딱따구리를 1마리 잡아왔는데, 이 새는 루이스도 이전에 보고 기록하긴 했지만 직접 만져보지는 못한 것이었다. 루이스가 500단어 정도로 묘사한 새는 오늘날 루이스딱따구리로 불린다. 루이스는 그 새의 박제를 보존했고 지금은 하버드 대학에 소장되어 있다. 이것은 그가 만든 동물 표본 중에서 유일하게 남아 있는 것이다.4

6월 6일, 풍금조를 만난 그는 그 새에 관해서도 자세히 묘사했다. 또한 루이스는 50여 종에 가까운 새로운 식물을 수집, 묘사, 보존했고 그중에는 카마시아, 테코마스탠스, 루이스라일락, 연령초, 전추라, 나비나리 등이 있다. 폴 커트라이트는 이때가 루이스에게는 식물학자로서 가장 생산적인 시기였다고 평가했다.5

네즈퍼스족은 매일 두 지휘관에게 좀더 기다려야 한다고 말했다. 5월이 지나가고 6월이 되자 기다림은 더욱 힘들어졌다. 6월 3일, 루이스는 인디언들이 산맥 너머 트래블러스 레스트까지 특사를 보냈다는 사실을 알고 깜짝 놀라면서도 기뻐했다. 여기서 말한 특사란 플랫헤드족을 찾아가 지난겨울 동안 산맥 동편에서 벌어진 사건들에 관해 알아오라고 보낸 10대 소년이었다.

루이스가 산맥을 넘겠다고 하자 인디언들은 하나같이 그 소년은 가능하지만 백인들은 할 수 없을 거라고 일축했다. 강물이 많이 불어났고 풀이 없으며 길에는 눈이 깊이 쌓여 미끄럽기 때문이라는 것이었다. 6월 4일, 루이스는 추장 가운데 몇 사람을 만나 블랙푸트족 영토까지 동행할 길잡이를 요청했다. 추장들은 이런저런 핑계를 대며 거절했다.

루이스는 대원들의 짐을 확인한 뒤, 부대 전체가 여정을 위한 빵과 뿌리채소를 넉넉히 확보했음을 알고 기뻐했다. 캠프 주위에서 대원들은 각자의 식량을 꾸린 짐에 맞게 안장을 준비하며 출발 준비에 여념이 없었다.

두 지휘관은 캠프를 클리어워터 강변에서 롤로 오솔길의 서쪽 끝, 다시 말해 와이프 평원 남쪽 끝이자 작년 9월에 처음으로 네즈퍼스족과 만난 곳으로 옮기기로 했다. 그곳에 캠프를 만든 뒤, 산맥 공략을 위한 최종 준비를 마칠 계획이었다.

6월 9일, 정오 무렵 원정대는 와이프 평원으로 옮길 준비를 모두 끝냈다. 앞길에 난관이 있음을 알았지만 오랜 정체에서 벗어나 행군을 한다는 것만으로도 대원들의 사기는 하늘을 찌를 듯했다.

롤로 오솔길

1806년 6월 10일~7월 2일

6월 10일 아침, 원정대가 와이프 평원을 향해 출발하려 할 때 컷 노즈 추장이 반가운 소식을 보내왔다. 자기네 부족 청년 2명이 하루쯤 뒤에 원정대를 뒤따라갈 것이며, 산맥을 넘도록 도와주는 것은 물론 미주리강의 폭포(그레이트폴스)가 있는 곳까지 안내해줄 것이라는 전갈이었다. 원정대는 의기양양한 채 행군에 나섰다. 대원 각자는(아마 사카가위아조차도) 말에 올라탄 채 짐말을 하나씩 끌고 갔다. 아울러 예비용 말도 몇 마리 있었다.

루이스는 쾨마시 평원에 캠프를 세웠다. 쾨마시는 카마시아, 즉 작년 9월에 대원들을 굶주림에서 구해준 동시에 자칫 죽일 뻔했던 그 뿌리채소였다. 하지만 이제는 대원들의 뱃속도 어느 정도 적응한 모양인지 많이 먹어도 그다지 큰 탈은 없었다. 루이스는 네즈퍼스족의 삶에 중요한 역할을 하는 이 식물을 식량으로 가공하는 인디언 방식에 관해 무려 1,500단어에 걸쳐 기록했다. 그는 이 뿌리채소의 외형을 재미있어 했다.

"콰마시의 꽃 색깔 때문에 멀리서 보면 마치 평원 한가운데 맑은 물이 가득 찬 호수가 펼쳐진 것만 같다. 어찌나 감쪽같은지 나도 처음에는 그게 정말 물인 줄 알았다."

6월 13일, 두 지휘관은 떠나고 싶은 마음이 굴뚝같았지만 컷 노즈가 보낸다던 청년들이 나타나지 않았다. 루이스는 하루만 더 기다려 보기로 했다. 그 사이에 그는 사냥꾼 2명을 8마일 동쪽에 있는 평원으로 미리 보내 고기를 마련해 놓도록 했다. 인디언들은 그 다음날도 나타나지 않았고 루이스는 길잡이를 대동할 생각을 포기했다. 6월 14일 저녁, 그는 다음날 일찍 출발하기 위해 말들을 잘 모아두라고 지시했다.

길잡이 없이 출발한다는 결정을 내림과 동시에, 루이스는 조급한 마음으로 인해 그만 판단이 흐려져 실수를 범하고 말았다. 그는 자신에게 주어진 최우선의 목표를 수행하기 위해 항상 신중하라고 했던 제퍼슨의 명령을 위반하고 있었던 것이다. 최우선의 목표란 태평양까지 갔다가 무사히 돌아오되, 그동안 지나간 지역의 특징을 기록한 보고서도 함께 가져가는 것이었다. 한마디로 조급히 굴 필요가 없었다는 얘기다.

만약 원정대가 8월 초까지만 트래블러스 레스트에 도착할 수 있고 또한 거기서 네즈퍼스족의 오솔길을 거쳐 들소 서식지로 간다면, 8월 중순에는 그레이트폴스에 넉넉히 도착할 것이었다. 그런 다음에 거기 은닉해 놓은 장비를 챙겨 강을 따라 내려가기만 하면, 2개월간의 수월한 여정 끝에 세인트루이스에 도달할 것이었다.

하지만 탐사를 더 하고 싶은 마음이 앞섰던 루이스는 전진에 대한 강박관념에 사로잡혔다. 루이스와 클라크는 트래블러스 레스트에 도착하는 대로 원정대를 둘로 나누기로 결정한 상태였다. 클라크는 거기서 제퍼슨강을 따라 스리 포크스까지 간 다음, 다시 거기서 옐로스톤 계곡을 지나고 옐로스톤강을 따라 내려가 미주리강까지 가면서 도중에 마주치는 새로운 땅의 지도 작성과 특징 기록을 맡을 예정이었다. 루이스는 네즈퍼스족의 들소 사냥 경로를 따라 그레이트폴스까지 간 다음, 거기서부터 마리아스강을 거슬러 그 발원지를 탐사할 작정이었다. 만약 그 강의 발원지가 북위 49도선 위에 있다면 대통령에게는 무엇보다도 반가운 소식일 것이기 때문이다.

이 곁다리 탐사를 수행하려면 늦어도 7월 초까지는 산맥을 넘어가야 했다. 루이스가 시간적 압박을 느낀 이유는 바로 그 때문이었다. 하지만 마리아스강과 옐로스톤강 탐사가 아무리 흥미롭고 중요한 것이라고 해도, 그때까지의 모든 업적을 수포로 돌려버릴 위험까지 감수해야 할 만큼 중대한 것은 아니었다.

이전까지만 해도 그는 성숙하고 책임감 있으며 노련한 장교였지만 (물론 수족과의 일촉즉발 상황에서는 그렇지 못했다) 이제는 판단보다 충동에 따라 행동하는 미숙한 장교가 되어 있었다. 자신감이 넘치는 것은 좋지만 이번에는 정도가 지나쳐 자만심이 넘쳤던 셈이다. 1805년에 렘히 고개에서도 그는 인디언이 할 수 있는 일이라면 자신과 대원들도 충분히 할 수 있다고 단언한 적이 있다. 클랫숍족과 치누크족의 카누 타는 기술과 네즈퍼스족의 말 타는 기술을 본 다음에도 그는 여전히 백인의 우월성을 확신하고 있었다. 심지어 2주일 전에 산맥 너머로 파송된 인디언 소년조차 결국 다시 돌아와 눈이 너무 많이 쌓여 지나갈 수 없었다고 전했건만, 그럼에도 루이스는 출발하려 했던 것이다.

네즈퍼스족은 그에게 불가능할 것이라고 말했다. 처음에 그는 인디언들의 경고를 깎아내렸고 나중에는 아예 무시해버렸다. 그는 1806년 들어 처음으로 그것도 길잡이도 없이 롤로 오솔길을 지나간 최초의 인물이 되고 싶어 했던 것이다.

6월 15일 아침, 쌀쌀하고 비가 내리는 날씨 속에서 원정대는 결국 출발했다. 8마일쯤 간 곳에서 이들은 사냥꾼들이 잡아 매달아 놓은 사슴 2마리를 발견했다. 정오에는 어느 개울가에 멈춰 서서 말 떼에게 풀을 뜯기고 대원들도 식사를 했다. 원정대는 오후 내내 행군했다. 길은 험난했다. 쓰러진 통나무가 길 한복판을 가로막았고 비로 인해 길이 유난히 미끄러웠다. 그래도 그날 22마일이나 행군했다. 루이스는 조류 관찰에 나섰고 벌새의 둥지를 발견했다. 거기까지는 좋았다. 아직 눈 쌓인 곳은 나타나지 않았고 오솔길 역시 비교적 가기 쉬운 편이었다.

6월 16일, 원정대는 일찌감치 출발했다. 부대는 어느 능선 위로 올라가 마침 말들이 먹을 풀도 나 있는 작은 빈터에서 점심을 먹었다. 그 빈터에서 루이스는 얼레지, 블루벨, 노란꽃콩, 매발톱꽃 등이 꽃을 피운 것은 물론 인동초, 허클베리, 은단풍 등이 첫 잎사귀를 내미는 등 그 산맥에 찾아온 봄의 흔적을 발견했다.

하지만 행군을 재개한 지 약 2시간 만에 원정대는 아직 한겨울 상태인 지역에 들어서게 되었다. 눈이 무려 8~10피트나 쌓여 있었다. 워낙 단단히 굳어 발이 빠지지 않는 것은 다행이었지만 문제는 오솔길의 자취까지도 눈에 덮여 보이지 않았다는 점이었다. 그날 원정대는 15마일을 행군하고 나서 작은 빈터에 캠프를 차렸다. 그곳은 작년 9월에 선발대로 나선 클라크 대장이 말 1마리를 잡아 루이스와 대원들에게 남겨 두었던 지점이었다. 그곳에는 말 떼가 먹을 풀이 충분치 않았고 앞으로 일행이 점점 높은 지역으로 올라갈수록 풀은 더욱 줄어들 것이 분명했다.

다음날 아침, 행군은 힘들고도 위험했다. 능선을 향해 가파른 길이 이어졌고 그 높이는 아찔할 지경이었다. 3마일가량 산을 오른 뒤, 그들은 눈더미에 포위되었는데 그 언덕에서 가장 햇빛을 잘 받는 남쪽만 해도 눈이 무려 12~15피트나 쌓여 있었다.

루이스는 최악의 상황을 맞이할 준비가 충분히 되어 있다고 생각했지만, 막상 그런 상황을 맞이하고 보니 영 아니었다. 그곳은 아주 혹독한 한겨울이었다. 그날 밤, 그는 일지에 이렇게 적었다.

"트래블러스 레스트까지는 앞으로 6~7일을 더 가야 했고 그나마 도중에 길을 잃지 않아야만 가능하다. 그 점에 관해서는 우리의 유일한 의지이자 길잡이인 드뤼야르조차 자신하지 못하고 있다."

그러한 분석을 닷새쯤 전에 했다면 얼마나 좋았을까? 때늦은 분석에서 루이스는 자신의 실수를 깨달았다.

"만약 우리가 계속 나아가다가 이 산맥 한가운데서 길을 잃어버리면 말을 몽땅 잃는 것은 물론 우리의 짐, 장비, 어쩌면 일지까지 잃을지도 모른다. 그렇다면 만약 우리가 운 좋게 목숨을 부지할지라도 지금까지 이룬 발견을 중대한 위험에 빠트리는 셈이 될 것이다."

그는 클라크와 이 문제를 상의한 끝에 분명한 결론에 도달했다.

"우리는 길잡이 없이 더 전진한다는 것은 미친 짓이라고 생각했다."

마침내 결단이 내려졌고 두 지휘관은 대원들에게 그곳에 은닉처를 만들어 당장 쓸모가 없는 짐들을 모두 넣어두라고 했다. 대원들은 그 은닉처에 자신들이 구입한 뿌리채소를 넣어두었고, 앞으로 며칠 동안은 사냥꾼들이 잡아오는 고기로만 연명하기로 했다. 루이스는 장비와 함께 일지도 은닉처에 넣어두었다. 그때까지만 해도 원정대의 재산 중 가장 귀중한 것은 그 일지였다.

오후 1시, 원정대는 하산을 시작했다. 루이스도 대원들도 크게 낙심했다. 루이스는 "그 긴 여정 중에서 우리가 후퇴 혹은 역행할 수밖에 없었던 경우는 이때가 처음이었다"라고 적었다. 개스 하사는 대원들이 대부분 "울적하고 실망하는" 상태였다고 덧붙였다.1

6월 18일, 드뤼야르와 섀넌이 길잡이를 고용하기 위해 네즈퍼스족 마을로 향했다. 루이스는 이를 위해 이전에 없던 후한 대가를 제시했다. 드뤼야르에게 군용 소총 1자루를 건네며 원정대를 트래블러스 레스트까지 안내할 사람에게는 그 총을 줄 것이며, 나아가 미주리강의 폭포까지 안내할 사람에게는 그 총을 2자루 더 주고 말 10마리를 줄 것이라고 선전하게 했다.

다음날 저녁, 원정대는 산 아래에 위치한 목초지에 캠프를 차렸다. 풀이 많은 곳이라 길잡이가 오기를 기다리는 동안 말들은 그곳에서 실컷 풀을 뜯을 수 있었다. 대원 중 1명이 검은까마종이버섯을 발견했는데, 루이스는 "그걸 구운 다음 난생 처음 까마종이의 진정한 맛을 보기 위해 소금이나 기름을 치지 않고 먹어 보았더니 정말 싱겁고 맛없는 음식이었다"고 적었다.

드뤼야르와 섀넌은 이틀이나 지나도록 아무런 소식이 없었다. 두 지휘관은 걱정에 사로잡혔고, 결국 길잡이를 얻지 못하면 어떻게 할지를 의논했다. 이들이 세운 계획은 당시 두 지휘관의 절망이 어느 정도였는지 잘 보여준다.

"클라크 대장과 나는 가장 뛰어난 산사람 4명과 가장 좋은 말 3~4

필을 골라, 이틀 먼저 선발대로 내보내 식량을 충분히 마련해두도록 할 것이다."

롤로 오솔길이 어디인지는 그곳의 소나무 둥치에 난 자국, 그러니까 지난 수십 년에 걸쳐 인디언들이 탄 말이며 거기 실린 짐들이 스쳐서 난 자국이나 인디언들이 토마호크로 일부러 낸 자국을 보면 알 수 있을 것이었다. 그런 다음 선발대 가운데 2명은 이틀째 되는 날 저녁까지 본대로 돌아와 지금 출발해도 되는지, 아니면 좀더 시간이 필요한지 이야기해줄 것이었다. 오솔길만 찾아낸다면 루이스는 무사히 지나갈 수 있다고 확신했다. 만약 오솔길을 찾지 못한다면, 루이스는 비터루트산맥을 넘을 다른 경로를 찾기 위해 더 남쪽으로 가자고 제안할 생각이었다.

6월 21일, 원정대는 사냥하기가 더 좋은 콰마시 평원으로 다시 내려왔다. 그곳으로 내려오는 도중에 일행은 10대인 듯한 인디언 청년 둘을 만났다. 두 청년은 지금 산맥 건너편에 사는 친구를 만나러 가고 있다고 말했다. 루이스는 이 말에 눈이 번쩍 뜨였지만, 드뤼야르가 없었기 때문에 두 전사의 빠른 손놀림을 잘 이해할 수 없었다. 두 인디언의 말은 드뤼야르와 섀넌이 앞으로 이틀이나 더 있어야 돌아오리라는 것이었지만, 루이스로선 대체 두 대원이 왜 그렇게 지체하고 있는지 이해할 수 없었다. 루이스는 두 인디언에게 드뤼야르와 섀넌이 돌아올 때까지 자기들과 함께 있어 달라고, 그리고 나중에 산맥을 넘는 길잡이 노릇을 해달라고 부탁했다. 두 사람은 딱 이틀만 더 머물되, 산맥에 더 가까운 자기네들의 별도 캠프에 있겠다고 대답했다.

이틀 뒤에도 드뤼야르와 섀넌은 나타나지 않았다. 루이스는 두 인디언 청년이 그날 아침에 그냥 떠나버릴까 걱정한 나머지, 개스 하사의 지휘 아래 대원 4명을 보내 그들을 붙잡아 두도록 했다. 만약 인디언들이 기필코 가겠다고 한다면, 개스 하사와 그 분대가 선발대가 되어 인디언들과 함께 트래블러스 레스트까지 가면서 그들이 콜로 오솔길을 지나간 곳에 나무껍질을 벗겨 표시해 놓도록 했다.

다행히 그날 오후에 드뤼야르와 섀넌이 돌아왔다. 지체된 원인은 흥정 때문이었지만 그것은 그만한 가치가 있었다. 결국 길잡이를 3명이나 데려올 수 있었기 때문이다. 그중 1명은 컷 노즈 추장의 동생이었고, 나머지 둘은 전에 두 지휘관에게 말을 1필씩 선물했던 사람들이었다. 루이스는 소총을 2정이나 더 내주어야 했지만 이들을 길잡이로 삼게 되어 무척이나 기뻐했다.

다음날 아침, 원정대는 해가 뜨자마자 출발했다. 일행은 6월 19~20일에 머물렀던 캠프 장소로 돌아갔고 거기서 개스 하사와 그의 분대 그리고 2명의 인디언을 만났다. 다음날 오전 6시에 출발한 이들은 오전 늦게 9일 전에 마련해 놓은 은닉처에 도달했다. 물건들은 모두 멀쩡했고 쌓인 눈은 11피트에서 7피트로 줄어 있었다. 대원 중 몇 사람이 짐을 다시 챙기는 동안, 다른 대원들은 사슴 고기를 끓여 식사를 준비했다.

인디언들은 계속해서 일행을 재촉했다. 어두워지기 전에 반드시 도착해야 하는 지점까지는 아직 한참 남았고, 그곳이야말로 말에게 먹일 풀이 있는 유일한 곳이라고 했다. 2시간 뒤에는 모두 떠날 준비가 되었다. 루이스의 묘사를 살펴보자.

"길잡이들은 완전히 눈으로 뒤덮인 그 엄청난 산맥의 가파른 비탈을 따라 올라가도록 인도했다. (…) 우리는 높고 가파른 봉우리를 몇 개나 오르내렸다. (…) 그날 저녁 늦게 다행히 목표로 하던 지점에 도착해 어느 훌륭한 샘 근처의 가파른 산비탈에 캠프를 차렸다. 여기엔 우리 말 떼에게 먹일 좋은 풀이 풍성했다."

6월 27일, 일행은 또다시 일찌감치 출발했다. 8마일을 간 뒤, 길잡이는 어느 높은 지점에 도달했는데 거기에는 원뿔 모양으로 쌓은 8피트 높이의 돌무더기가 있었다.* 인디언들은 잠시 거기 멈춰 의례 삼아 담배를 피웠다. 그 장소에서는 그 거대한 산의 전체적인 모습이 눈에 들어왔고 루이스는 그 광경에 경외와 두려움 그리고 인디언 길잡이들에 대한 큰 존경심을 느꼈다.

"우리는 산에 완전히 둘러싸인 상태였고 그곳에 익숙하지 않은 사람은 거기서 벗어나기가 불가능할 것처럼 보였다. 길잡이들의 도움이 없었다면 우리로서도 과연 우리가 트래블러스 레스트까지 갈 수 있을지 의심스러울 정도였다."

그는 나무에 난 자국만 찾아내면 길잡이 없이도 산맥을 넘을 수 있을 거라고 확신했지만 알고 보니 그런 자국은 극히 드문 데다 띄엄띄엄 있어서 전혀 도움이 되지 않았다. 그날 일행은 28마일을 행군했고 스프링산Spring Mountain의 산비탈에 캠프를 마련했다. 전날 볼드산의 고도는 6,000피트였고, 스프링산은 그보다 500피트 더 높았다. 그곳에는 말 떼가 먹을 풀이 없었고 대원들은 남은 고기도 전부 먹어치웠다.

다음날 아침, 루이스는 말 떼가 몹시 수척한 것을 보고 걱정이 되었다. 길잡이들은 정오에는 좋은 풀밭에 도착할 것이라고 그를 안심시켰다. 실제로 13마일을 더 가서 오전 11시경에 그들은 무성한 풀밭

---

*이 돌무더기는 지금도 있지만 1806년에 비해 크기는 절반으로 줄어들었다. 인디언 그레이브봉Indian Grave Peak에서 서쪽으로 500번 산림도로를 약간 벗어난 지점이다(원주).

을 발견했다. 말들이 풀을 뜯는 동안, 루이스는 길잡이에게 다음번 풀밭까지 얼마나 멀리 떨어져 있는지 물었다. 인디언들은 원정대가 오후 동안 행군할 수 있는 것보다 더 먼 거리라고 대답했다. 말들이 너무 굶주리고 피곤했기 때문에 루이스는 그날 거기서 캠프를 차리도록 했다.*

다음날 아침, 일행은 5마일쯤 가서 로키봉Rocky Point에 도달했고 거기서 길잡이는 일행을 산 아래로 이끌어 로크사강으로 내려갔다. 그리고 다시 오솔길을 따라 콰마시 평원(오늘날의 패커 목초지Packer Meadows로 롤로 고개에서 몇 마일 아래쪽이다)까지 가서 클리어워터강과 비터루트강 사이의 분수계에 올라섰다. 그곳은 고도 5,200피트였고 풀이 무성하게 자라 있었다. 말들은 풀을 뜯고 일행은 식사를 했다.

아직 날이 저물지 않았기 때문에 일행은 저녁을 챙겨먹고 계곡을 따라 비터루트강으로 내려갔다. 7마일쯤 더 가서 이들은 오늘날 롤로 핫스프링스에 도달해 캠프를 마련했다. 곧바로 일행은 네즈퍼스족이 지난 수십 년간 돌멩이를 이용해 만든 목욕탕으로 너나 할 것 없이 뛰어들었다. 인디언들은 뜨거운 온천물에 들어가 최대한 버티다가 뛰어나와 얼음처럼 차가운 개울로 뛰어들곤 했다. 그러다가 추워지면 다시 온천물에 들어갔다.

6월 30일, 일행은 계곡을 따라 행군했다. 이제 눈은 거의 없었지만 오솔길은 종종 힘겨웠고 때로는 위험하기까지 했다. 어느 가파른 언덕 비탈에서 루이스의 말이 미끄러지는 바람에 양쪽 뒷다리부터 길

---

*이 장소는 오늘날 500번 삼림도로에서 도보나 자동차로 갈 수 있는데, 보통은 롤로 고개Lolo Pass 근처에서 와이프 평원까지 가는 롤로 오솔길을 따라가면 된다. 미국 산림청에서는 이 캠프 장소를 기념하는 표시물을 멋지게 설치해두었다(원주).

밖으로 떨어져버렸다. 루이스도 뒤로 굴러 떨어져 40피트쯤 미끄러져 내려가다가 간신히 나뭇가지를 붙잡아 살 수 있었다.

해가 지기 직전, 일행은 트래블러스 레스트에 도착했다. 6일간 156마일을 주파한 것이었다. 작년 겨울에는 토비 영감이 길을 잃은 데다 쓰러진 통나무가 많아 똑같은 거리를 무려 11일이나 가야 했다. 이번에는 산맥을 넘으면서 말 떼도 단 하루를 빼고는 매일 풀을 뜯을 수 있었다. 다행히 말 떼는 대부분 상태가 좋았고 며칠만 쉬면 체력을 완벽히 회복할 것 같았다.

이는 물론 길잡이들의 실력 때문이기도 했다. 거리와 방향 감각, 타이밍은 물론 10피트 밑에 파묻힌 오솔길을 찾아낼 수 있는 능력은 산사람의 놀라운 특징이 아닐 수 없었다. 오솔길의 대부분은 울창한 숲 한가운데에 있었고 길잡이는 겨우 스무 살도 안 된 청년들이었다. 루이스가 운 좋게 살아난 것처럼, 원정대는 훌륭한 길잡이를 운 좋게 구한 것이었다. 드뤼야르조차 이 산에서는 길을 제대로 찾지 못할 것이라는 루이스의 말은 곧 원정대를 안내한 길잡이를 격찬한 것이나 마찬가지였다.

원정대는 트래블러스 레스트에서 사흘간 머물렀다. 두 지휘관은 지난겨울 포트클랫솝에서 논의했던 탐사의 세부계획을 최종적으로 확정했다. 최종계획은 다음과 같았다.

우선 루이스는 대원 9명과 말 11마리를 이끌고 네즈퍼스 경로를 따라 미주리강의 폭포까지 간다. 폭포에 도착하면 대원 3명을 남겨두어 은닉물을 파내고 육로운송을 준비하게 한다. 나머지 대원 6명은 루이스와 함께 마리아스강을 거슬러 올라가 그 강의 지류 가운데 북위 50도 위쪽에 있는 것이 하나라도 있는지 확인한다. 이 임무가 완료되면 다시 마리아스강 하구로 내려와 미주리강을 타고 내려오는 대원들과 합류한다. 이때 미주리강을 타고 내려오는 대원들은 오드웨이 하사가 지휘한다.

오드웨이는 우선 클라크 대위와 함께 제퍼슨강 상류로 가는데, 거기에는 원정대가 작년에 쇼쇼니족과 함께 램히 고개를 지나기 직전에 은닉해둔 카누가 있었다. 오드웨이와 대원 9명은 그 카누를 타고 제퍼슨강과 미주리강을 따라 내려올 것이었다. 폭포에 도달하면 이들은 루이스의 지시에 따라 거기 머물러 있던 대원 3명의 도움을 받아 카누를 육로로 운송하고, 일단 폭포를 통과하면 그 14명은 마리아스강 하구로 와서 루이스 일행과 합류할 터였다. 그런 다음 미주리강을 따라 옐로스톤강 하구까지 와서 그곳에서 클라크 일행을 만난다는 계획이었다.

오드웨이 하사 일행과 헤어진 클라크와 나머지 대원 9명, 그리고 사카가위아와 아기까지 포함된 일행은 미주리강과 옐로스톤강 사이의 분수계를 넘는다. 옐로스톤강에 도착하면 일행은 카누를 제작한다. 일행 가운데 클라크와 대원 5명, 그리고 샤르보노 가족과 요크는 카누를 타고 옐로스톤강을 따라 내려가 미주리강과의 합류지점까지 간다. 그러면 합류지점에서 원정대는 거의 모두 모이게 되는 것이었다.

프라이어 하사와 대원 2명에게는 또 다른 개별 임무가 주어졌다. 클라크가 카누를 만들어 타고 출발하면 이들은 말 떼를 몰고 육로로 만단족 마을까지 가서 말 떼를 선물로 줄 계획이었다. 이들에게는 또 한 가지 임무가 있었으니, 그것은 루이스의 편지를 노스웨스트 컴퍼니의 대리인 휴 헤니Hugh Heney에게 전달하는 것이었다. 헤니가 만단족 마을에 있으면 거기서 전달하고 필요한 경우에는 캐나다에 있는 헤니의 교역소까지 가서 전달해야 했다.

이것은 매우 야심만만한 동시에 극도로 복잡한 계획이었다. 또한 시일이 매우 촉박했고 상당히 위험한 계획이기도 했다. 두 지휘관으로서는 오히려 회피해야 하는 일을 감행하는 셈이었기 때문이다. 크로, 블랙푸트, 히다차, 그리고 다른 인디언 부족의 전쟁부대가 정기적으로 출몰하는 지역 한가운데서 두 지휘관은 소대를 무려 5개분대로 나눌 뿐 아니라, 서로를 지원할 수 없을 만큼의 거리에 뿔뿔이 흩어놓는 것이었기 때문이다.

루이스가 지휘권을 나누는 위험조차 기꺼이 감수한 까닭은, 이번 원정을 최대한 성공적인 것으로 만들고 싶은 열망 때문이었다. 물론 이것은 중요한 목표이긴 했지만 그렇다고 작게는 3명, 많아야 10명을 넘지 않는 소규모 분대를 조직해 개별적으로 움직이게 했다는 것은 정당화될 수 없는 일이다.

두 지휘관은 인디언을 너무 얕잡아보고 있었다. 어쩌면 비교적 순박한 기질이었던 클랫솝족이나 치누크족, 또는 항상 친절했던 네즈퍼스족과 너무 오래 함께 있었기 때문인지도 모른다. 모든 인디언이 두려워했던 블랙푸트족을 원정대가 두려워하지 않았던 것은 단순히 그 부족을 잘 몰랐기 때문이었다. 루이스가 분대원과 함께 블랙푸트족의 영토로 들어간 것은 그들의 임무 중에서도 가장 위험한 것이었다. 그럼에도 7월 1일에 함께 갈 지원자를 뽑을 때 "상당수가 자원했으며 그 중에서 나는 드뤼야르와 필드 형제, 워너, 프레이저와 개스 하사를 뽑았다"고 루이스는 전한다.

그날 오후, 루이스는 프라이어 하사 편에 헤니에게 보내는 1,500단어가량의 편지를 썼다. 그 편지는 세인트루이스에서 컬럼비아강 하구까지 펼쳐질 미국의 무역 제국을 건설하기 위한 첫 번째 발걸음을 상징한다. 그 내용은 만약 헤니가 수족의 영향력 있는 추장들을 설득해 워싱턴에 있는 큰아버지를 방문하게 하고, 나아가 그 대표단의 통역자로 일해주면 루이스는 헤니가 그 편지를 받는 그날부터 계산해 일당 1달러씩 지불하고 경비는 별도로 계산해주리라는 것이었다. 또한 루이스는 향후 수족을 담당할 미국 대리인의 직위에 헤니를 1순위로 천거하겠으며, 그렇게 되면 월급 75달러에 매일 급식비 6인분이 지불될 것이라고 약속했다.

 루이스는 수족을 설득해 여행을 떠나게 만들 수 있는 논거를 직접 제공하기도 했는데, 핵심 논거는 수족에게 미주리강을 따라 주둔지와 요새를 건설하는 미국의 계획에 저항할 수 있는 방법이 없으며, 수족이 묵인하면 그들이 기대하는 낙관적인 희망보다 훨씬 더 큰 이득을 얻게 되리라는 것이었다. 루이스는 헤니를 통해 수족에게(나아가 영국에게도) 일종의 포고를 하려는 것이었다. 즉, 탐사부대가 미주리강과 컬럼비아강을 통해 태평양까지 다녀왔으며 이제부터는 마리아스강을 탐사할 예정이라고 말하려는 것이었다. 그는 헤니가 이 정보를 자기 회사의 상사에게 전할 것이며, 회사에서는 이 정보를 몬트리올에 전할 것이라 믿었다. 이에 따라 캐나다 정부는 루이스의 탐사를 알게 되고 나아가 장차 미국이 오리건지역에 대해 어쩌면 앨버타, 서스캐처원, 매니토바주 남부에 대해서도 영유권을 주장할 수 있으리라는 것을 알게 될 것이라고 생각했다.

 루이스는 원정대가 9월 초쯤이면 만단족 마을에 도착할 수 있을 것으로 예상한다고 말했다. 아울러 그곳에서 헤니와 만나길 바라며 동반자는 12명을 넘지 않았으면 좋겠다고 했다. 원정대가 편의를 제공

할 수 있는 인원은 그 정도가 최대이기 때문이었다.2

훌륭한 생각이기는 했다. 제대로만 먹혀든다면 수족 추장들은 영국에 대한 충성심을 버리고 미주리강에 건설될 미국의 교역소를 환영할 것이며, 미국의 교역 제국 건설이라는 대사업에 전적으로 헌신하는 동반자가 될 터였다. 또한 루이스가 블랙푸트족을 설득해 이 사업에 동참하게 한다면, 불과 몇 년 만에 미국은 미시시피강에서부터 컬럼비아강 하구에 이르는 지역의 모피 교역을 장악할 수 있었다.

루이스는 그 세기에 있었던 것 중에서 가장 어마어마한 규모의 사업 이전 계획을 세우고 수행하려는 것이었으며, 아울러 북서제국을 헐값에 미국에 추가하려는 계획이었다.

롤로 개울이 비터루트강으로 흘러들어 가는 지점 근처에 펼쳐진 넓고 아름답고 광대한 계곡에 앉아, 가장 가까운 백인의 전초기지에서 최소한 1,000마일은 떨어진 상황에서, 인디언의 전쟁부대가 종종 출몰하는 지역 한가운데서 기껏해야 소대 규모의 병력을 지휘하고 장비도 변변치 않은 주제에(가진 것이라고는 소총과 솥, 칼 몇 자루뿐이었으면서) 메리웨더 루이스는 헤니에게 편지를 씀으로써 자신의 꿈을 현실로 만드는 데 착수했던 것이다.

루이스는 그날 하루만 해도 개별 탐사를 위한 계획을 손질하고 자신과 클라크의 의도를 대원들에게 설명했으며, 헤니에게 긴 편지를 쓰는 와중에도 시간을 쪼개 조류 관찰과 프레리도그에 관해 500단어 가량의 글을 썼다.

다음날인 7월 2일, 그는 대부분의 시간을 수화를 통해 인디언과 이야기를 나누는 데 보냈으며, 자신들의 앞에 놓인 지역을 보다 확실히 알기 위해 노력했다. 그는 롤로 오솔길을 지나오도록 길잡이를 해줌으로써 결국 원정대를 구해준 5명의 인디언 청년을 향한 멋진 헌사로써 일지를 마무리했다.

"이들이야말로 굳세고 강인하며 체력이 좋고 활동적인 혈통의 사람들이었다."

마리아스강 탐사

1806년 7월 3일~28일

7월 3일 아침, 루이스는 이렇게 적었다.

"내 소중한 친구이자 동료인 클라크 대장 및 그의 일행과 헤어졌다."

두 지휘관과 대원들은 악수를 하면서 작별인사를 나누는 동안 '어쩌면 이게 마지막일지도 모르겠군'이라는 생각을 했을지도 모른다. 그들은 이제껏 한 번도 본 적 없는 지역으로 들어갈 예정이었고 날씨나 지형, 원주민으로 인한 온갖 위험에 직면할지도 모를 일이었다. 소총과 과학 장비, 일지를 제외하면 이들로선 인디언보다 나은 장비도 없는 셈이었고 규모면에서도 비교가 되지 않았다.

루이스와 대원 9명, 네즈퍼스족 길잡이 5명, 그리고 말 17마리는 북쪽으로 출발해 비터루트강을 따라 내려갔다. 10마일쯤 가서 이들은 뗏목을 만들어 강을 건넜고 오늘날의 클라크포크강을 따라 동쪽으로 행군해 오늘날 몬태나주 미줄라에서 1~2마일 근처에 도달했다.

일몰 무렵, 이들은 캠프를 마련했다. 사냥꾼들이 사슴을 3마리 잡아오자 루이스는 이를 인디언들과 나눠먹었다. 그는 자기 일행이 대륙분수계를 넘어 미주리강의 폭포에 도달할 때까지 함께 있어 달라고 인디언들을 설득했지만, 길잡이들은 이제 자기들이 없어도 루이스 일행이 잘 해낼 수 있을 거라고 말했다. 그곳의 길은 워낙 뚜렷하게 나 있어서 아무리 백인이라 해도 길을 잃지는 않을 것이었다. 더욱이 이들은 히다차족 침략부대를 만날까봐 두려워하고 있었다.

엘크가죽을 덮고 잠자리에 들기 전, 루이스는 사냥꾼들에게 내일 아침 일찍 나가서 길잡이들이 먹을 고기를 좀 마련해오라고 지시했다. 그 무시무시한 산맥을 넘도록 그토록 순순히 도와주었는데, 그들에게 식량조차 넉넉히 마련해주지 못하고 그냥 보내고 싶지가 않아서였다.

이들은 다음날인 7월 4일 정오에 헤어졌다. 원정대가 무려 2개월이나 함께 지냈던 네즈퍼스족과 드디어 작별한 셈이다. 네즈퍼스족은 굶주린 백인에게 먹을 것과 연료를 주었고 백인들이 혼란스러워할 때 적절한 충고를 해주었다. 백인들이 10피트나 눈이 쌓인 산맥을 넘는 무모한 짓을 감행하려 할 때도 비웃지 않았고, 백인들이 길을 잃자 길잡이를 해주었다. 루이스는 "그 정 많은 친구들은 우리와 헤어진다는 것에 대해 아쉬움을 꾸밈없이 드러냈다"고 말했다. 네즈퍼스족은 친구에 대한 자신들의 걱정도 숨기지 않았다. 그들은 파키들*이 백인들을 도륙할 것이 확실하다고 말했다.

인디언들이 북쪽으로 떠나자 루이스와 분대는 동쪽으로 향했다. 이들은 오늘날의 미줄라 시내를 가로질러 브로드웨이가를 따라 올라가

---

*이 말은 본래 특정 부족이 아니라 그냥 적(敵)을 가리키는 것이었다(몰턴편, 「일지」 제7권, 90쪽)(원주).

몬태나 대학 근처에서 강을 건넜다. 거기서 5마일쯤 가자 오늘날의 블랙푸트강이 나왔는데, 네즈퍼스족이 '들소에게 가는 길의 강'River of the Road to Buffalo이라고 부른 그 강은 동쪽에서부터 흘러오고 있었다. 일행은 그 강을 거슬러 올라가 높고 바위투성이인 산맥의 나무가 빽빽한 지역을 통과했다.

다음날 이들은 31마일을 행군했다. 그날 밤 이들의 캠핑 장소는 그로부터 2개월 전에 히다차족 전쟁부대의 캠핑 장소였다. 7월 6일, 오솔길에 새로 생긴 발자국을 비롯해 인디언의 흔적이 나타났다. 걱정이 된 루이스는 히다차족이나 다른 부족의 사냥부대와 조만간 마주칠지도 모른다는 생각에 밤낮으로 경계를 강화했다.

하지만 이들은 운이 좋았다. 호의적인 편이든 적대적인 편이든 인디언과는 전혀 마주치지 않았기 때문이다. 몬태나주에서도 가장 아름다운 계곡 가운데 하나인 블랙푸트강 유역을 따라 올라가는 여행에서는 다행히 아무런 사고가 없었다.

7월 7일, 분대는 거기서 약간 더 북쪽으로 돌아서서 네즈퍼스족의 오솔길을 따라 오늘날의 앨리스 개울Alice Creek에 도달했다. 그곳에는 비버와 사슴이 많았다. 11마일쯤 가자 개울은 실개울 정도로 줄어들었고 곧이어 그 발원지인 어느 낮고 나무가 없는 산비탈에 위치한 샘이 나타났다. 오솔길이 구부러지면서 그 개울의 북쪽 강변으로 나 있었으며 거기서 두어 번 더 휘어진 다음 어느 고개 너머로 사라졌다.*

---

*이 오솔길은 지금도 뚜렷이 남아 있으며 그 길을 오간 수많은 네즈퍼스족 인디언이 사용하던 트라보이travois의 흔적도 남아 있다. 이곳에 가려면 몬태나주 링컨에서 200번 몬태나 고속도로를 타고 동쪽으로 10마일쯤 가다가 거기서 앨리스 개울 길로 들어서면 된다. 이 고개의 정식 명칭은 루이스 앤드 클라크 고개(해발 6,284피트)지만, 실상 클라크는 이 고개를 본 적이 없었기 때문에 잘못된 이름이라 할 수 있다(원주)(인디언의 운반 도구인 트라보이는 우리나라의 지게처럼 생겼는데, 다만 사람이 아니라 말이나 개에게 묶어 땅 위로 끌고 가게 했던 점이 다르다(역주)).

일행은 오솔길을 따라 완만한 오르막길로 올라갔다. 꼭대기에 도달해 보니 그 길은 컬럼비아강과 미주리강을 갈라놓은 능선까지 뻗어 있었다. 동쪽으로 미주리강의 폭포 인근에 위치한 스퀘어 뷰트가 보였는데 실제로 루이스가 선 곳에서 그리 멀지 않았다. 그의 눈앞에는 북아메리카 대평원이 그야말로 끝없이 펼쳐져 있었다. 그는 한 발짝을 내딛었다. 이로써 그는 다시 미국의 영토로 돌아온 셈이었다.

언덕과 분지를 지나 내려가는 길은 비교적 쉬웠다. 대원들은 내내 들소에 관해 이야기했지만, 사람을 감질나게 만드는 들소 흔적은 있었어도 실제로 나타나지는 않았다. 다음날 분대는 디어본강을 건너 메디신강(오늘날의 선강)에 근접한 곳에서 캠핑을 했다.

7월 9일, 조셉 필드가 드디어 살진 들소 1마리를 잡았다. 고기를 굽는 중에 부슬부슬 비가 내리는 바람에 결국 더는 갈 수가 없었다. 이들은 오랜만에 들소 고기로 잔치를 벌이며 기뻐했다. 7월 10일에는 하루만 해도 사슴 5마리, 엘크 3마리, 곰 1마리를 잡았다. 강 아래쪽에서는 들소 떼가 여러 번 목격되었다. 루이스와 대원들은 그동안 평원을 그리워하긴 했지만 자신들의 그리움이 어느 정도인지는 미처 모르고 있었다. 갓 구운 들소 혹과 혀는 이들이 기억했던 것보다 훨씬 맛이 좋았다.

루이스는 이제 대단한 발견과 함께, 그리고 계속해서 발견을 하며 드디어 고향으로 향하는 중이었다. 작년 7월에 들소 서식지를 떠난 이래 처음으로 제대로 된 식사를 하는 것 같았다. 그의 기분도 좋아졌는지 다음날 아침에 쓴 일지는 몬태나주의 대평원을 향한 멋진 찬사로 시작되었다.

"날씨가 맑고 평원은 아름답기만 하다. 지난밤에 비가 내려 풀들은 더욱 자랐고 공기는 상쾌하며 강변의 숲에는 작은 새들이 잔뜩 모여들어 아름답게 노래하고 있다."

그날의 행군은 선(메디신)강을 따라 내려가 미주리강으로 가는 것이었다. 일행은 어마어마한 들소 떼로 뒤덮인 아름답고 광대한 고원을 지났고, 루이스는 "반경 2마일 내에 최소한 1만 마리의 들소가 있는 것 같다"고 적었다. 들소는 고기뿐 아니라 가죽도 카누를 만드는 데 유용했다. 루이스는 들소 11마리를 잡은 다음 버드나무 가지를 이용해 가죽 보트를 만들었는데, 1척은 만단족식으로 만들었고 또 1척은 그들 나름대로 만들었다(그 이상의 설명은 없었다). 그것은 미주리강을 건너 동쪽 강변에 있는 은닉처까지 가는 데 사용할 것이었다.

다음날 아침, 끔찍한 소식이 전해졌다. 말 떼를 데리러 간 대원들이 돌아와 17마리 가운데 7마리가 사라졌다고 했다. 루이스는 곧바로 어떤 인디언 사냥부대가 훔쳐간 것이 아닐까 의심했다. 그는 드뤼야르에게 수색을 지시했는데 만약 드뤼야르가 도둑을 붙잡을 경우 뭘 어떻게 해야 하는지에 관해서는 별다른 생각을 해두지 않은 것 같다. 사실 이 명령은 실수였다. 아무리 드뤼야르라 해도 20~30명이나 되는 인디언 전사 앞에서는 속수무책일 수밖에 없고, 또한 드뤼야르가 가버리면 루이스가 다른 인디언과 마주칠 경우 의사소통의 유일한 수단이 없어진 상태일 것이었다.

드뤼야르가 말을 타고 떠나자 일행은 1805년의 육로운송 당시에 머물렀던 자리에 캠프를 차렸다. 은닉처는 파헤쳐져 있었다. 봄 사이에 높아진 강물이 그곳을 덮쳤기 때문이다. 루이스가 모은 식물 표본은 모두 사라졌지만 다행히 문서와 지도는 멀쩡했다.

무척 고생스럽게 수집 분류해 조심스레 건조한 표본이 사라진 것은

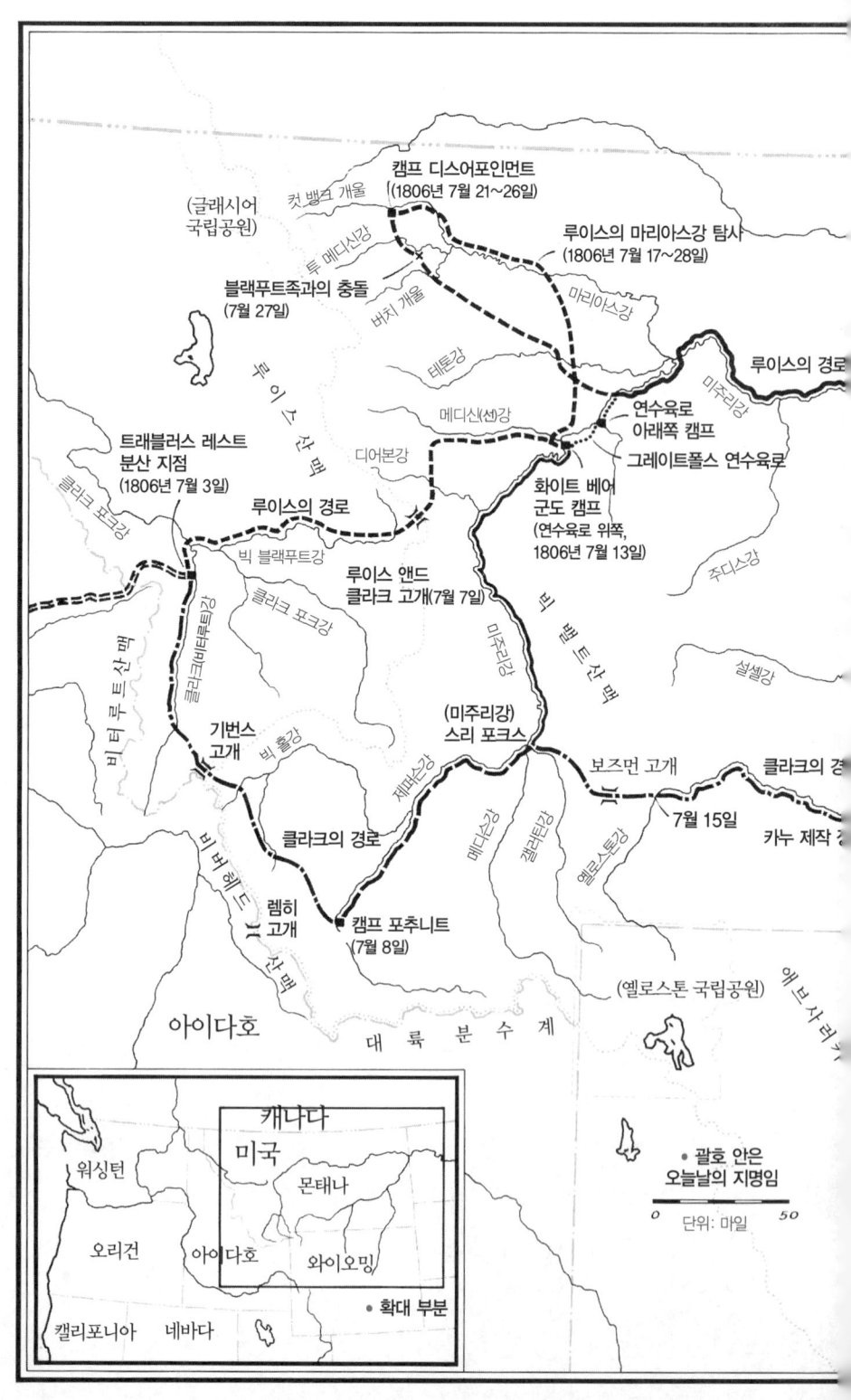

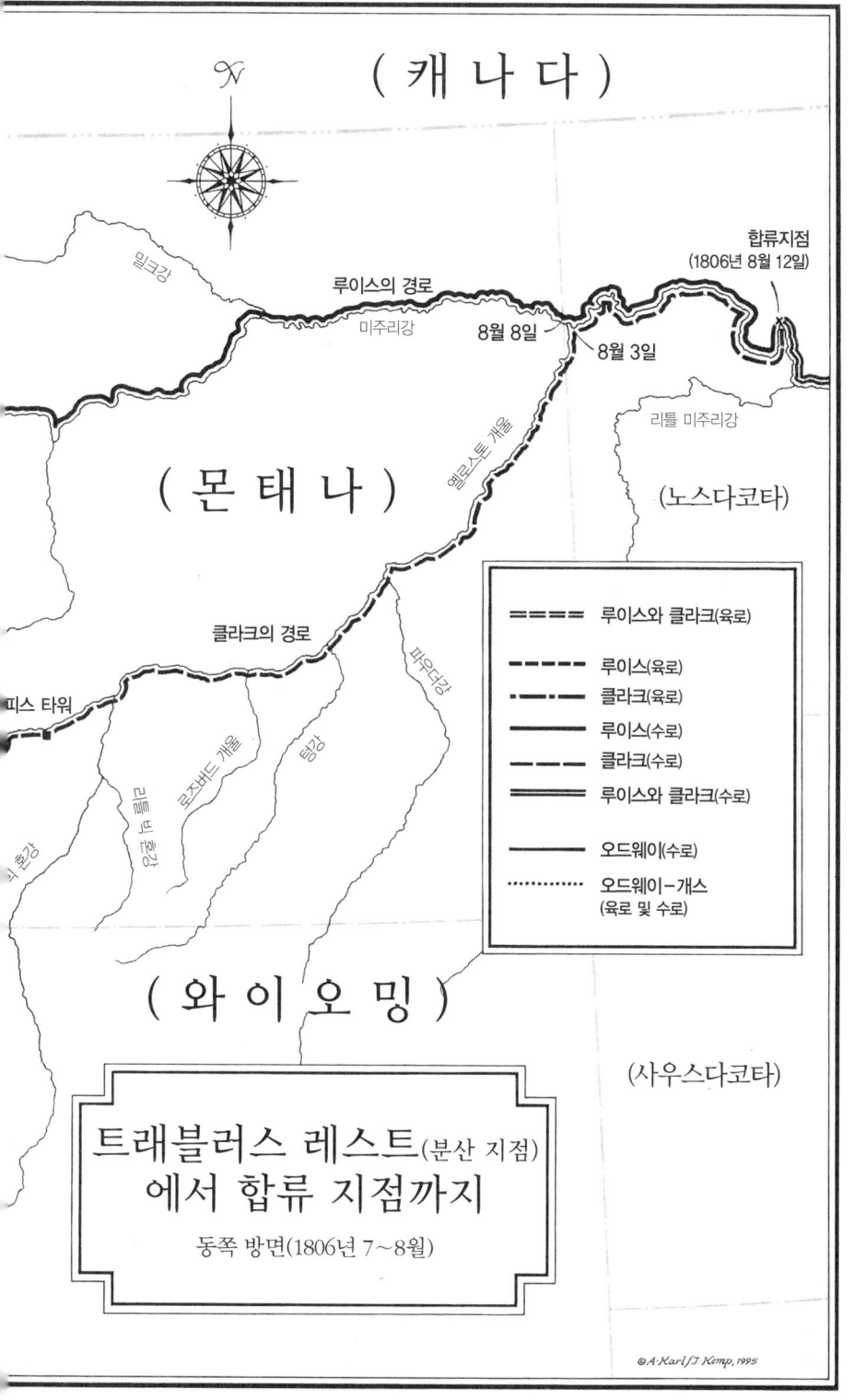

그에게 치명적인 사건이었다. 폴 러셀 커트라이트는 "이런 손실은 결코 사소한 것이라 할 수 없다. 왜냐하면 이들의 중차대한 과학적 목표가 손상된 것은 물론, 수주일과 수개월에 걸친 헌신적인 노력 및 탐구가 무효로 돌아갔기 때문이다"라고 말했다.1

7월 14일, 루이스는 앞으로 있을 육로운송을 위해 짐을 꾸리도록 지시했다. 그는 문서와 일지를 담은 가방을 강에 있는 섬 중 한곳에 보내 나뭇가지로 두텁게 쌓은 받침대 위에 올려놓은 다음, 가죽으로 잘 덮어두었다. 루이스는 이렇게 설명했다.

"내가 이런 예방책을 취한 것은 혹시 본대가 미처 도착하기 전에 여기 남겨두고 가는 대원들이 인디언과 마주칠 수도 있기 때문이다."

말 떼 가운데 거의 절반가량을 인근에 떠돌던 인디언 전사들에게 잃고 나서야, 그는 비로소 탐사부대를 너무 작게 쪼개놓은 것은 아닌지 두려워하기 시작했던 것이다. 하지만 그의 두려움은 마리아스강 탐사를 취소할 정도까지 크지는 않았다. 말 떼를 잃어버림으로써 탐사에 동행할 대원의 숫자가 6명에서 3명으로 줄어들 수밖에 없었는데도 말이다. 결국 그는 대원을 6명이나 폭포에 남겨놓기로 했는데, 그래야만 스스로 방어가 가능할 것이기 때문이었다.

드뤼야르는 그날도 다음날도 돌아오지 않았다. 루이스는 혹시 회색곰에게 습격당해 죽은 것은 아닐까 하고 두려워하기 시작했다. 7월 15일 오후 1시, 드뤼야르가 돌아왔다. 그는 이틀 동안 수색한 끝에 도둑들이 훔친 말 떼를 끌고 디어본강을 건너간 것을 확인했다. 그는 발자국을 뒤쫓았지만 도둑들이 벌써 이틀이나 앞서 갔음을 깨닫고 추적을 포기했다. 그는 도둑들의 규모가 움막 15개 정도라고 했다.

루이스는 아마도 들소를 잡으러 온 어느 부족의 사냥부대일 것이라고 추측했다. 그날 루이스는 사냥꾼이 들소 떼를 찾아내려면 얼마나 돌아다녀야 하는지 실감했다. 어제까지만 해도 들소 떼가 온 땅을 뒤덮었지만, 오늘은 들소가 1마리도 없었기 때문이다. 그렇게 많은 짐승 떼는 풀을 찾아 계속 움직여야 했고 이에 따라 그 짐승 떼를 사냥하는 쪽에서도 계속 움직일 수밖에 없었다. 다시 말해 작년에 탐사부대가 쇼쇼니족 마을에 도달하기까지 그 지역에서 원주민을 전혀 만나지 못했던 것은 그야말로 운이 좋았던 것이다.

드뤼야르가 돌아오자 루이스는 다음날 아침에 마리아스강 탐사를 떠나기로 했다. 드뤼야르와 필드 형제만 동행할 것이었다. 그는 말 떼 가운데 6마리를 가져가는 대신, 가장 좋은 말 2마리와 가장 못한 말 2마리를 남겨두어 육로운송에 사용하게 했다.

7월 16일, 루이스 일행은 강 계곡에서 벗어나 고원으로 접어들었다. 그는 나무 한 그루, 관목 한 그루조차 없는 그 평원을 바라보며 환상에 사로잡혔다.

"이 지역의 표면은 눈 닿는 데까지 마치 말쑥하게 깎은 잔디볼링장 같았고 그 위에서 들소 떼가 풀을 뜯고 있었다. 그 옆에는 그에 못지 않게 수많은 늑대가 마치 목자처럼 지키고 서 있었다."

그 지역의 매력적인 모습에도 불구하고 루이스는 마음속에는 불안감이 도사렸다. 한시바삐 블랙푸트족을 만나겠다던 이전까지의 열망은 이제 두려움에 자리를 내주고 말았다. 탐사를 계획할 때만 해도 그는 네즈퍼스족을 대동함으로써 두 부족 간에 평화를 중재할 생각이었다. 하지만 그런 동기는 이제 사라져버렸다. 더욱이 애초의 계획과 달리 일행이 7명에서 4명으로 줄어 버렸다.

마지막으로 네즈퍼스족이 블랙푸트족에 관해 했던 말, 즉 "그들은 어찌나 악독하고 무자비한지 부족이라기보다 오히려 방탕한 도적 떼에 가깝다"는 말은 루이스에게 큰 영향을 미쳤다. 루이스는 가급적 그들을 피하고 싶었다.

7월 18일, 그들은 인근 12마일 정도를 온통 뒤덮고 있는 거대한 들소 떼 옆을 지나갔다. 그날 밤, 마리아스 강변의 캠프에서 그는 이렇게 적었다.

"매일 밤 엄중한 경계를 지시했고 나 역시 대원들과 번갈아가며 보초를 섰다."

마리아스강을 거슬러 올라가는 행군은 사흘이나 계속되었다. 7월 21일 오후, 강은 2개의 지류로 갈라졌다. 하나는 북쪽에서 흘러오는 오늘날의 컷뱅크 개울Cut Bank Creek이었고, 또 하나는 남쪽에서 흘러오는 투메디신강이었다. 루이스의 목적은 마리아스강의 최북단 지류를 발견하는 것이었으므로 그는 서슴지 않고 컷뱅크 개울을 따라 올라갔다. 그런데 마리아스강은 거의 정서쪽 방향에서 흘러오고 있었고 그는 "이 강의 가장 북쪽 지점이 (…) 내가 원하고 기대했던 것만큼 북쪽 멀리 있지는 않을 것 같다는 두려움이 생겼다"고 고백했다.

7월 22일 화요일, 루이스는 로키산맥에서 20마일 떨어진 지점에 도달했는데, 그곳은 오늘날의 글래시어 국립공원에 위치한 대륙분수계가 보이는 곳이었다. 오늘날의 컷뱅크 마을에서 북서쪽으로 20마일쯤 떨어진 지점에 도착한 루이스는 "아름답고도 널찍한 강기슭에" 있는 넓은 사시나무 덤불에 캠프를 차렸다. 강기슭 위로 나 있는 절벽에 오른 루이스는 그 개울이 산의 어느 쪽에서 흘러나오는지 확인했다. 개울은 그가 있는 위치에서 북서쪽이 아니라 남서쪽에서 흘러나오고 있었다. 결국 그는 컷뱅크 개울의 최북단에 도달한 것이었다.

그는 거기서 이틀 정도 머물며 대원들과 말 떼를 쉬게 하고 천문 관측을 하기로 결심했다. 그 강의 발원지가 북위 50도까지 이어져 있으리라는 희망을 모두 잃고 말았지만 그는 결코 쉽게 물러서는 사람이 아니었다. 그는 여전히 화이트어스강과 밀크강이 북위 50도까지 북쪽으로 이어져 있으리라는 희망을 갖고 있었다. 알린 라지는 그의 측정 방법과 그 결과를 이렇게 설명했다.

루이스는 7월 23일 태양의 정오 고도를 측정해 62도 00분 00초라는 팔분의자리 측정 수치를 얻었다. 수상할 정도로 딱 맞아떨어지는 이 위도 숫자에 관해 그는 아무런 환산법도 적어 놓지 않았다. 1806년의 항해력과 루이스의 평소 계산법을 이용하면 그 팔분의자리 수치로부터 북위 48도에서 10~30분 더 남쪽인 것으로 산출됐을 것이다.

내 생각에는 그가 그 장소에서 위도를 계산하지 않았을 가능성이 크고 이는 아마도 1806년판 항해력을 갖고 있지 않았기 때문이었을 것이다. 당시 원정대는 1803년, 1804년, 1805년판 항해력만 갖고 있었던 것으로 보인다. 컷뱅크 개울이 북위 50도까지 도달하지 않을 것이라는 그의 결론은 추측항법에 근거한 것이었으리라. 작년에 한 47도 계산, 즉 마리아스강과 미주리강의 합류지점을 25분 17초로 계산한 결과를 일종의 척도로 사용해, 그는 자신의 나침반으로 컷뱅크 개울의 경로와 거리가 북위 50도에 도달하기 위해 필요한 170마일에서 훨씬 모자란다고 판단했던 것이다.2

다음날, 드뤼야르가 정찰 임무를 마치고 돌아와 그 지역에 인디언의 흔적이 매우 많다고 보고했다. 루이스의 관측 시도는 구름이 끼어 실패했다. 그날뿐 아니라 다음날, 그 다음날까지도 계속 실패했다. 대원들은 사냥을 나갔지만 성과가 없었다. 이것 역시 그 지역에 인디언이 상당히 많다는 또 다른 증거였다. 그는 다음날 아침에도 태양이 나타나지 않아 관찰이 불가능할 경우에는 그냥 출발하기로 결정했다.

7월 26일 토요일, 아침부터 구름이 잔뜩 끼어 있었다. 루이스는 오전 9시까지 기다리다가 결국 포기했다. 그는 말들을 붙잡아오게 한 다음 그가 캠프 디스어포인트먼트Camp Disappointment(좌절의 캠프)라고 부르는 곳에 영영 작별을 고했다. 일행은 남쪽으로 향했고 정오쯤 투메디신강에 도달했다. 식사를 하고 말 떼에게 풀을 뜯긴 다음, 일행은 행군을 재개했고 드뤼야르는 강기슭을 따라 먼저 가서 사냥을 했다. 강의 남쪽 강변에 언덕이 나타나자 루이스는 필드 형제와 함께 그곳을 따라 고원으로 올라갔고 드뤼야르는 계속 계곡을 따라갔다.

언덕 꼭대기에 올라선 루이스는 주위를 둘러보다 놀랍게도 1마일 전방에 30마리가량의 말이 있는 것을 발견했다. 망원경을 꺼내 바라보니 인디언 몇 명이 말을 탄 채 계곡을 유심히 살펴보는 모습이 보였다. 이들이 드뤼야르를 바라보고 있을 것이라는 데 생각이 미치자 루이스는 걱정이 됐다. 말 떼의 숫자만큼이나 많은 인디언이 있다면 일단 수적으로 압도당하고 남을 것이기 때문이다. 루이스는 그 인디언들은 아마도 아치나족이나 블랙푸트족일 것이라고 생각했다. 그는 도망칠까 하다가 곧 그 생각을 포기했다. 도망친다는 것은 상대방에게 추적을 권하는 것이나 마찬가지였고, 인디언들의 말이 자기네 말보다 더 나아보였기 때문이다. 또한 자신과 필드 형제야 그렇다 쳐도 드뤼야르가 꼼짝없이 희생당할 가능성이 컸다.

루이스는 이런 경우에 대비해 준비한 깃발을 조셉 필드에게 들어올리도록 했다. 바람이 없어 깃발이 펄럭이지 않았기 때문에 일행은 천천히 인디언들에게 향했고 인디언들은 크게 놀란 듯했다. 갑자기 한 인디언이 무리 중에서 튀어나오더니 자기 말을 채찍질해서 전속력으로 루이스 일행을 향해 달려왔다. 대담하게 선제공격을 의도했던 모양이다. 루이스는 말에서 내려선 채로 자기를 향해 달려오는 말과 기수를 향했다. 그 인디언은 루이스의 반응으로 경계심을 풀었다. 결국 인디언은 루이스 일행으로부터 수백 미터쯤 떨어진 지점에 멈춰 섰다. 루이스는 한손을 그쪽으로 내밀었다. 인디언은 말을 돌려 채찍질을 한 다음 자기 동료들에게 돌아갔다.

루이스는 이제 인디언의 숫자를 셀 수 있었다. 10대 소년과 청년이 모두 8명이었다. 어쩌면 절벽 뒤에 몇 명이 더 숨어 있을지도 몰랐다. 안장을 올린 말이 몇 마리 더 있었기 때문이다. 그는 필드 형제에게 자기를 따라 천천히 전진하도록 지시했다.

그의 가슴은 쿵쾅거렸다. 자신의 생명은 물론 다른 대원들의 생명도 위험한 지경이었다. 또한 루이스가 자기 생명보다 더 귀중하게 생각하는 일지의 운명 역시 마찬가지였다. 그는 아무리 인디언이 많더라도 "문서와 장비, 총을 빼앗기느니 차라리 죽음을 달게 받겠다"고 필드 형제에게 말했다. 두 대원이 굳은 표정으로 고개를 끄덕이자 루이스는 두 사람에게 방어 준비를 하라고 지시했다.

제임스 론다는 루이스의 이런 표현을 "지혜롭다기보다 오히려 자만심에 가득 차 있다"고 꼬집었다.3 마지막까지 싸우자는 이런 공동의 맹세에는 어딘가 멜로드라마를 연상시키는 면이 있다. 만약 인디언 측에서 싸우고 싶어 한다면 루이스 일행이야 싸우는 수밖에 다른 도리가 없었을 것이니 말이다.

이것은 루이스의 실수였다. 이 탐사계획을 고안한 사람도 루이스였고 블랙푸트지역에서 한시라도 얼쩡거리다가는 인디언과의 반갑잖은 만남이 벌어질 위험이 있음을 알고 있으면서도 캠프 디스어포인트먼트에서 무려 이틀이나 지체한 사람도 루이스였다. 하지만 이 상황에는 긍정적인 가능성도 있었다. 첫 접촉이 호의적으로(최소한 비폭력적으로) 이뤄질 수 있다면, 루이스는 이 인디언들을 미국의 교역 제국으로 끌어들일 기회를 얻을 수 있을 것이었다.

인디언들에게서 100야드 내로 들어서자, 루이스는 인디언 측에서 말을 타고 달려오는 1명을 자기가 만나볼 때까지 그 자리에 멈춰 서 있으라고 필드 형제에게 지시했다. 루이스와 인디언은 서로 마주보고 조심스레 악수를 했다. 그런 뒤에 각자의 일행과도 서로 악수를 교환했다. 루이스는 말에서 내려 있었다. 인디언들도 말에서 내리더니 담뱃대를 꺼내 함께 담배를 피우자고 요청했다. 어설픈 수화 실력으로나마 루이스는 자신이 지닌 담뱃대를 마침 자기네 사냥꾼이 갖고 갔다고 전했다. 그는 인디언 한 사람에게 루빈 필드와 함께 드뤼야르를 찾아 데려와 달라고 요청했다. 양측은 그렇게 했다.

루이스는 그들이 누군지 물었다. 그는 상대방이 "북부의 미니타리(히다차)족이라고 알려진 아치나족이라고 대답했다"고 생각했지만 이들은 사실 피간족Piegans으로, 블랙푸트족의 세 가지 주요 분파 가운데 하나였다. 루이스는 누가 추장이냐고 물었다. 3명이 앞으로 나섰다. 루이스가 생각하기에는 그 셋이 모두 추장이 되기엔 너무 젊고 숫자도 많지만, 일단 상대방을 기쁘게 할 필요가 있었다. 그는 그 각각에게 메달과 국기, 손수건을 하나씩 선물했다.

루이스는 그곳에 그들 8명밖에 없다고 결론지었고, 만약 그들이 어떤 적대적인 방법을 사용할지라도 충분히 상대할 수 있다는 확신을 갖게 되었다. 루이스는 그날 밤에 함께 캠핑을 하자고 제안했다. 인디언 측도 동의했다. 가파른 절벽을 따라 내려가다 이들은 드뤼야르와 필드, 인디언 동행자와 합류했다. 이들은 강굽이에 위치한 멋진 장소에 도착했는데, 사발 모양의 지형 한가운데에 3그루의 커다란 사시나무가 서 있었다. 블랙푸트족은 버드나무 가지로 얼키설키 원형지붕을 만들고 그 위에 들소가죽을 얹은 다음, 그 은신처 안으로 들어오라고 백인들을 초청했다. 드뤼야르와 루이스는 그러기로 했고 필드 형제는 그 은신처 앞에 피운 모닥불 앞에 누웠다.

루이스는 업무를 시작했다. 드뤼야르의 수화를 통해 그는 질문에 질문을 거듭했다. 블랙푸트족은 자신들이 거기서 하루쯤 행군해야 하는 거리에 사는 큰 일족의 일부라고 말했다. 그러면서 자기네 일족 중에 백인이 1명 있다고 했다. 또한 자기네 부족의 또 다른 일족 하나가 들소를 사냥하고 있으며 며칠 안에 마리아스강 하구에 도착할 것이라고 말했다.

루이스로선 이들의 말이 진짜인지 판단할 방법이 없었다. 만약 이들의 말이 사실이라면 결국 루이스는 지금 블랙푸트족 영토의 한가운데에 있는 것이고, 만약 이들의 일족 중에 캐나다인 교역상이 있다면 이들은 당연히 총을 많이 갖고 있을 터였다. 당장 8명으로 구성된 이들만 해도 소총을 2자루나 갖고 있었다.

루이스는 블랙푸트족의 교역 방식에 관해 물었다. 소년들은 보통 6일 동안 말을 타고 서서히 행군해 노스서스캐처원강 North Saskatchewan River 에 위치한 영국 교역소까지 가고, 거기서 "무기와 탄약, 독주, 이불 등을 늑대가죽이나 비버가죽 등과 맞바꾼다"고 했다. 이는 반갑지 않은 소식이었다. 허드슨즈 베이 컴퍼니와 노스웨스트 컴퍼니 측의 대리인이 북부 평원지대에 이미 거래망을 구축하고 빠른 속도로 자신들의 독점권을 확장하고 있다는 얘기였기 때문이다.

이것이 일종의 기회일 수 있음을 간파한 루이스는 역시 그답게 얼른 그 기회를 붙잡았다. 그는 일단 미국인이 고평원에 진출하게 되면, 똑같은 물건을 미국인으로부터 얻는 것이 블랙푸트족에게 얼마나 큰 이득이 되는지 자세히 설명했다. 그런 다음 그는 평화 연설을 했다. 그는 자신이 해뜨는 곳에서 와서 해지는 곳에 다녀왔으며, 산맥 양편의 전쟁 중인 부족 간에 평화를 수립했다고 말했다. 그러면서 자신은 블랙푸트족에게 미국 교역 제국으로의 합류를 권유하기 위해 찾아왔다고 말했다. 루이스가 이해하기로는 인디언들이 그 모든 것에 기꺼이 동의했다.

담배를 계속 피울 수만 있다면 인디언 전사들은 언제까지라도 수화로 이야기를 나눌 의향이 있었다. 이들은 담배를 무척 좋아했고 루이스는 밤늦게까지 이들과 담뱃대를 주고받았다. 그는 자신도 이 근처에 병사들로 구성된 지원부대가 있으며 마리아스강 하구에서 합류할 예정이라고 말했다. 그는 이들에게 전령 2명을 가까운 블랙푸트 일족에게 보내 평화와 교역을 위한 회담을 벌이도록 전해달라고 요청했다. 어쩌면 추장 가운데 몇 사람은 원정대를 따라 세인트루이스까지, 혹은 새로운 아버지를 보러 워싱턴까지 갈 수도 있을 것이었다.

루이스는 나머지 6명의 전사에게 자신들과 함께 마리아스강 하구까지 가자고 했으며, 만약 그렇게 한다면 말 10마리와 담배를 선물로 주겠다고 제안했다. 하지만 그들은 아무런 답변도 하지 않았다.

이 대목에서 루이스는 중대한 정치적 실수를 저지른 셈이었다. 하필이면 그 애송이들에게 그들의 오랜 적인 네즈퍼스족, 쇼쇼니족 등을 미국이 주도하는 동맹에 끌어들였다고 말했기 때문이다. 한 술 더 떠 그는 미국이 블랙푸트족의 적들에게 소총을 제공할 의향이 있음을 암시했다. 이는 영국 교역상과의 독점 거래로 인한 블랙푸트족의 총기 독점이 조만간 끝날 것이라는 뜻이었다.

제임스 론다의 말처럼 블랙푸트족으로선 자신들의 제국이 무너질 판이었다. 무려 20년 넘게 고평원의 골목대장으로 으스대던 그들이 영국인 친구들과 마찬가지로 도전에 직면한 셈이었다.4

루이스는 그날 밤 첫 번째 불침번을 섰다. 그날의 일에 관해 그는 2,000단어가량 일지를 작성했다. 이야기 도중에 그는 종종 본래의 줄거리에서 벗어난 여담을 가미했다. 한 문장에서는 컷뱅크 개울과 투메디신강의 물의 특징을 비교했다. 그는 예리한 생태학적 관찰도 가미해 로키산맥 동쪽 산기슭이야말로 3종의 주요 사시나무가 함께 자라는 유일한 곳이라고 적었다.

하지만 그날 밤에 일어난 일에 관한 묘사는 사후 보고서에 등장한다. 11시 반에 그는 루빈 필드를 깨웠고 인디언들의 움직임을 잘 감시해 만약 1명이라도 캠프에서 떠나거나 말을 훔치려고 하면 곧바로 자신들을 깨우도록 지시했다. 그런 다음 루이스는 자리에 눕자마자 깊은 잠에 빠졌다.

"망할 놈! 내 총 가만두지 못해!"

드뤼야르의 외침과 함께 루이스는 잠에서 깨어났다. 동이 튼 지 얼마 되지 않아 벌어진 일이었다. 루이스는 화들짝 놀라 자리에서 일어났다. 드뤼야르가 인디언 1명과 소총을 붙들고 실랑이를 벌이고 있었다. 루이스는 자기 소총으로 손을 뻗었지만 그것도 이미 사라지고 없었다. 그는 가죽 케이스에서 마상단총을 꺼내 주위를 둘러보았고 자기 총을 들고 달아나는 또 다른 인디언을 보았다. 루이스는 인디언을 쫓아갔고 상대방이 뒤를 돌아보자 소총을 내려놓으라고 그렇지 않으면 발포하겠다고 몸짓을 해보였다.

그 인디언이 소총을 내려놓는 동안 필드 형제가 잔뜩 흥분한 채 달려왔다. 두 사람은 곧장 그 인디언에게 소총을 겨눴지만, 루이스는 총을 쏘기 전에 두 사람을 제지했다. 그 인디언이 자기 명령을 따랐기 때문이다. 드뤼야르가 숨을 헐떡이고 흥분한 채로 달려와 인디언들을 죽이게 해달라고 요청했다. 루이스는 허락하지 않았다. 소총은 되찾았고 인디언들은 도망쳤던 것이다.

대체 어찌된 일인가? 새벽녘에 조셉 필드가 부주의하게도 자기 소총을 잠자고 있던 루빈의 옆에 내려놓은 것이 화근이었다. 역시 불침번을 서던 인디언 1명이 이 기회를 틈타 그의 소총에다 루빈 필드의 소총까지 함께 들고 달아났던 것이다.

드뤼야르에 따르면 자기가 잠에서 깨어나 보니 인디언 2명이 자기 소총과 루이스의 소총을 훔치고 있더라는 것이었다. 그는 자기 소총을 훔친 인디언을 뒤쫓아 붙잡은 다음 소총을 빼앗았다. 그리고 루이스 역시 그 사이에 소총을 되찾았다.

그 와중에 필드 형제는 각자의 총을 훔쳐간 인디언을 쫓고 있었다. 50야드쯤 갔을 때, 두 사람은 상대방을 잡아 몸싸움을 벌였다. 루빈 필드는 칼을 꺼내 청년 전사의 가슴을 찔러 죽였다. 하지만 루이스로선 미처 이 보고를 들을 시간조차 없었다. 필드 형제가 그간의 사정을 다 설명하기도 전에 인디언들이 말 떼를 훔치려 한다는 것을 알았기 때문이다.

루이스는 지시를 내렸다. 인디언들이 우리 말 떼를 훔치려 하면 발포해도 좋다! 필드 형제는 말 4마리를 훔쳐 강 상류 쪽으로 향하는 인디언 본대를 뒤쫓았다. 루이스는 자기 말을 비롯해 나머지 말 떼를 끌고 가는 2명의 인디언을 쫓았다.

300미터쯤 달려가 보니 인디언들은 거의 수직으로 뻗은 절벽에 가로막혀 더 이상 못 가고 일종의 벽감, 우묵하게 파인 곳에 숨어 버렸다. 숨이 찼던 루이스는 더 이상 쫓을 수가 없었다. 그는 아까부터 몇 번이나 그랬던 대로 이들을 향해 말을 냉큼 돌려주지 않으면 쏴 버리겠다고 소리소리 질렀다.

블랙푸트족이 과연 그의 말을 제대로 알아들었는지는 아무도 모를 일이다. 확실한 사실은 인디언 가운데 1명이 바위 뒤로 뛰어오르더니 자기 동료에게 뭐라고 말했다는 것이다. 영국제 머스킷총으로 무장한 그 인디언은 루이스를 향했다. 루이스는 소총을 어깨에 대고 조준한 다음 발사해 전사의 배를 관통시켰다. 하지만 블랙푸트족 전사는 그걸로 끝난 게 아니었다. 그는 무릎을 꿇고 앉은 채 재빨리 겨냥해 루이스를 향해 총을 발사했다. 다행히 총알은 빗나갔다.

인디언은 2명이었고(물론 1명은 큰 부상을 입었지만) 무장한 데다 훌륭한 은신처 뒤에 숨어 있었다. 루이스는 그들을 거기서 끌어내고 싶었지만, 탄주머니를 캠프에 두고 왔기 때문에 총을 재장전할 수가 없었다. 그는 후퇴하기로 결정했다.

캠프에 도착한 루이스는 드뤼야르에게 달려가 필드 형제를 불러오게 했다. 일단 말은 남아 있는 것만으로 충분했기 때문이다. 드뤼야르는 애를 썼지만 필드 형제는 너무 멀리까지 가서 소리를 들을 수가 없었다. 루이스와 드뤼야르는 말에 안장을 채웠다. 필드 형제는 일행의 원래 말 떼 가운데 4마리를 끌고 돌아왔다. 루이스는 나머지 말 떼를 살펴보고 인디언 소유의 말 떼 가운데 4마리와 일행의 말 떼 가운데 3마리를 골라냈다.

대원들이 안장을 준비하고 짐을 짐말에 싣는 동안, 루이스는 인디언들이 뒤에 남겨 놓은 물건들을 불태우기 시작했다. 방패 4개와 활 2개, 화살통 2개, 그 외의 잡다한 물건이었다. 그가 불태우지 않은 물건은 인디언 전사들이 버리고 간 머스킷총 1정과 전날 루이스가 선물한 깃발뿐이었다. 루이스는 이 물건을 챙겨갔다.

인디언들의 배반에 분격한 그는 어젯밤 모닥불 옆에서 선물한 메달을 죽은 인디언의 목에 걸어두었다. 그렇게 흥분하긴 했어도 루이스는 인디언의 머리가죽을 벗기지는 않았고, 다만 인디언의 방패를 불태우기 전에 거기 붙어 있는 호부를 떼어내 일종의 전쟁 기념품으로 짐에 꾸려 넣었다.

사후 분석을 통해 최초로 벌어진 인디언과의 전투에서 루이스와 대원들이 수많은 실수를 저질렀음이 드러났다. 처음이자 가장 중대한 실수를 저지른 사람은 바로 조셉 필드였다. 보초가 감히 자기 소총을 땅에 내려놓는다는 것, 더욱이 인디언 청년들이 보는 앞에서 그러했다는 것은 결코 용서받을 수 없는 행동이었다. 또한 동이 트자마자 자신과 다른 대원들을 모두 깨우라고 미리 지시하지 않은 루이스의 행동 역시 중대한 실수였다. 하루 중에서도 가장 위험한 그 시각에 자리에서 일어나, 경계태세를 취하고 대원들을 지휘하는 것이야말로 그의 중요한 임무였다.

그가 인디언 전사를 진짜로 쏴 죽였는지 아닌지는 확실하지 않다.

이 전투에 관한 루이스의 설명은 그가 쓴 글 중에서도 가장 극적이고 세부적인 묘사가 가득하다. 하지만 유독 한 가지만큼은 나와 있지 않다. 그것은 루이스가 발포하기 전에 그 인디언이 무엇을 하고 있었느냐 하는 점이다. 루이스는 이에 관해 아무 말도 하지 않았다. 만약 그 인디언이 루이스를 향해 총을 겨냥하고 있었다면 루이스로서는 당연히 먼저 발포하는 것이 맞다. 그러나 만약 그렇지 않았다면, 루이스로선 굳이 발포할 필요가 없는 일이었다.

빠져버린 것은 또 한 가지 있다. 소총을 발포하기 직전 루이스는 자기 권총을 먼저 발포했지만, 그게 정확히 언제인지 언급하지 않았다. 어쩌면 두 인디언이 말 떼를 끌고 절벽으로 향할 때, 루이스가 상대방의 등 뒤에 대고 총을 쏘았을지도 모른다.

특히 메달을 남겨 놓고 온 것은 루이스가 구상한 미국의 교역 제국 전체에 심각한 위협을 가하는 조롱과 허세였다. 미주리강 상류에서 가장 막강한 부족을 졸지에 미국의 적으로 돌린 것이야말로, 루이스가 저지른 것 가운데 가장 큰 실수였다.

인디언 가운데 소년 1명이 죽었고, 또 1명이 치명적인 부상을 입었다. 이 소식을 듣자마자 수백 명의 블랙푸트족 전사가 몰려올 것이 뻔한데 백인 4명은 적의 영토 한가운데에 있었다. 루이스 일행은 즉시 말에 올라타고 절벽 위의 평원으로 올라간 다음 마리아스강 하구를 향해 내달렸다. 인디언들이 가장 가까운 곳에 있는 블랙푸트족 무리에게 달려가 이 사실을 알릴 것이 분명했기 때문이다. 그러면 자신들뿐 아니라 그들과 떨어져 있는 나머지 대원들의 생명까지도 위험했다. 백인이라면 눈에 띄는 대로 죽일 것이 분명했기 때문이다.

루이스 일행은 시속 8마일의 속도로 후퇴했다. 다행히 최근에 내린 비로 인해 여기저기 작은 저수지가 남아 있었고 앞길을 가로막는 부채선인장이나 바위, 돌이 많지 않았다. 일행은 한낮까지 계속 달린 후에야 멈춰 서서 말들에게 풀을 뜯기고 조금 휴식을 취했다. 그때까지 그들은 63마일을 주파했다. 1시간 반가량의 휴식 후, 이들은 다시 말에 올라 해질 때까지 17마일을 더 달렸다. 그런 다음 들소를 1마리 잡아먹고, 다시 말에 올라 이번에는 말을 천천히 걷게 했다. 그야말로 잊지 못할 하룻밤이었다.

7월 28일 오전 2시, 루이스는 정지 명령을 내렸다. 그 긴 하루는 7월 27일 오전 3시 30분에 동이 트면서부터 시작된 것이었다. 루이스 일행은 인디언과의 전투로 그날 하루를 시작해 나중에는 말을 타고 1백여 마일을 달렸던 것이다.

이때 루이스는 보초를 세우지도 않았고 일행은 짧게나마 곤한 잠을 잤다. 동이 트자마자 잠에서 깨어난 루이스는 대원들을 깨워 얼른 안장을 올리고 떠나자고 했다. 대원들은 몸이 뻐근하다며 좀더 자게 해달라고 했다.

"나는 우리 자신의 목숨뿐 아니라 동료들의 목숨 역시 우리의 행동에 달려 있다고 말했다."

이 설득은 효과가 있었다. 모두들 다시 경계심을 회복했고 곧바로 행군이 재개되었다. 말을 타고 가는 동안 루이스는 대원들을 타일렀다.

"만약 우리가 평원에서 공격을 당한다면 말고삐를 한데 묶어두고 우리는 나란히 서서 방어를 하자고 했다. 결코 호락호락 우리의 목숨을 넘겨주지 말자고 말이다."

하지만 그럴 필요는 없는 것으로 판명됐다. 12마일쯤 더 내려간 뒤 미주리강이 나왔고 거기서 8마일을 따라 내려가자 몇 발의 소총 쏘는 소리가 똑똑히 들려 왔다.

"우리는 그 반가운 소리에 금세 힘을 되찾았고 강변에 도달해 우리의 카누들이 내려오는 것을 보자 이루 말할 수 없는 만족감을 느꼈다."

루이스 일행은 오드웨이 하사 일행과 합류했다. 그렇게 해서 병력은 모두 16명이 되었다. 기쁨도 잠시, 루이스는 서둘러야 하는 이유를 설명했고 대원들은 급히 카누에 짐을 실은 다음 말 떼를 풀어주고 그곳을 떠났다.

마리아스강 하구로 향한 이들은 그곳에서 작년 여름에 만들어둔 은닉처를 파헤쳤다. 가죽과 모피 가운데 일부는 심각하게 손상되었지만 화약과 옥수수, 밀가루, 돼지고기, 소금은 상태가 좋았다. 카누(흰색 통나무배 1척과 작은 카누 5척)로 돌아온 대원들은 최대한 빨리 하류로 향했다. 15마일쯤 더 가서 루이스는 이쯤이면 블랙푸트족을 완전히 따돌렸다고 생각하고 캠프를 차리기로 했다. 그날 밤, 뇌우가 몰려와 몇 시간이나 지속되었지만 루이스에겐 비를 피할 만한 은신처가 없었다. 결국 그는 밤새 쏟아지는 비를 맞았다.

루이스의 마리아스강 탐사는 이렇게 끝났다. 결과적으로 보자면 그 탐사는 시작부터 큰 실수투성이였다. 많은 것이 잘못됐고 아무것도 성취된 것이 없었다.

마지막 구간

1806년 7월 29일~9월 22일

이제 남은 일은 클라크 일행과 합류해 만단족 마을로 향하는 것이었다. 다음날 아침, 루이스는 일찌감치 출발을 지시했다.

"물살이 빠르고 대원들이 노를 힘차게 저었기 때문에 우리는 시속 약 7마일로 전진했다."

이후 5일간 일행의 행로는 순조로웠다. 사냥감이 어찌나 풍족한지 한번은 대원들이 사슴을 무려 29마리나 잡았을 정도였다. 루이스는 다음날까지도 먹을 수 있도록 고기를 충분히 삶아 놓으라고 했다. 그래야만 점심 식사를 만들기 위해 멈춰 설 필요가 없을 것이기 때문이다.

"이런 방법으로 우리는 하루에 최소한 12~15마일을 여행했다."

8월 7일, 이들은 옐로스톤강의 어귀에 도달했다. 클라크의 모습은 찾을 수 없었지만 그곳에 남아 있는 캠프의 흔적으로 미뤄 일주일 전쯤 거기 머물렀던 것으로 추측되었다. 루이스는 막대 위에 꽂아 놓은 종잇조각을 발견했다. 클라크 대장의 필적으로 그의 이름이 적혀 있었다. 일부분만 해독이 가능했지만, 루이스는 그 장소에 사냥감이 거의 없고 모기가 워낙 극성이라 클라크가 강 아래쪽으로 자리를 옮겨 거기서 기다린다는 사실을 알아냈다.

"나는 곧바로 대원들에게 승선을 명했고 해가 지기 전에 클라크 대장의 캠프에 도달하려는 생각으로 강을 따라 내려갔다."

일행과 합류하고픈 열망이 워낙 강했기에 그는 두 강 합류지점의 경도를 측정하고자 하룻밤을 머물지도 않았다. 작년에 그곳을 지날 때 구름이 끼는 바람에 관측이 불가능해지자, 귀환길에 반드시 측정하겠다고 맹세했음에도 말이다. 하지만 루이스 일행은 그날 안에 클라크를 따라잡지 못했다. 클라크도 계속 전진하고 있었기 때문이다. 루이스는 다음날 아침부터 여정을 재개했으나 그날도 그 다음날도 여전히 클라크를 따라잡지 못했다.

8월 11일 아침, 버드나무가 무성한 어느 큰 모래톱 위에 엘크 몇 마리가 돌아다니는 것을 본 루이스는 크루자트 이병과 함께 상륙해 사냥에 나섰다. 루이스가 먼저 1마리를 잡고 크루자트가 또 1마리에게 부상을 입힌 다음, 이들은 총을 재장전해 또 다른 엘크를 찾아 버드나무 숲 속으로 들어갔다. 루이스의 몇 미터 앞에 엘크가 1마리 나타났다. 소총을 들어 어깨에 갖다대고 조준해서 방아쇠를 당길 즈음, 갑자기 그의 엉덩이에 소총 탄환이 날아와 박혔다. 갑작스런 총상을 입고 그는 그만 고꾸라지고 말았다.

총알은 고관절 왼쪽으로 들어가 엉덩이를 뚫고 오른쪽으로 나오면서, 총알 너비만한 3인치가량의 베인 상처를 만들어냈다. 다행히 뼈는 다치지 않았다. 엉덩이를 관통한 총알은 루이스의 가죽바지 속에 들어 있었다. 애꾸였던 크루자트는 그나마 좋은 한쪽 눈마저 근시였던 탓에 갈색 가죽옷을 입은 루이스를 엘크인 것으로 착각했을지도 모른다.

"망할 자식! 왜 나를 쏴!"

하지만 아무런 답변도 없었다. 루이스는 몇 번이나 크루자트를 불렀지만 여전히 아무 대답도 없었다. 그 총알은 최소한 40야드는 넘는 곳에서 쏜 것이었다. 그러니 크루자트가 루이스의 고함소리를 들을 수 없었다면, 그 총알은 크루자트가 쏜 것일 리가 없었다. 어쩌면 인디언이 쏜 것일 수도 있었다. 무성한 버드나무 숲이었으니 과연 인디언이 1명인지 아니면 전쟁부대인지는 알 도리가 없었다.

루이스는 크루자트에게 후퇴하라고 외친 다음, 자기도 후퇴했다. 그는 100걸음쯤 달려갔지만 상처로 인해 속도가 느려졌다. 카누가 보이는 곳까지 오자 그는 대원들에게 무장하라고 소리쳤고 방금 벌어진 일을 설명했다. 자신은 다시 돌아가 크루자트를 구출할 생각이라며 대원들에게 자기를 따라 오도록 했다. 대원들은 루이스의 뒤를 따랐지만 100야드쯤 가서 그가 갑자기 쓰러졌다. 상처가 너무 아프고 허벅지가 굳어지는 바람에 발을 내딛을 수 없었던 것이다. 그는 대원들에게 자기를 두고 계속 가라고 했다. 적이 막강하면 그때는 발포하면서 퇴각하라고 했다.

루이스는 가까스로 카누가 있는 곳까지 돌아왔다. 그는 권총과 소총 심지어 공기총까지도 곁에 놓아두고 20분이나 혼자서 불안과 긴장 상태에 놓여 있었다. 마침내 대원들이 크루자트와 함께 돌아왔다. 크루자트는 자기가 루이스를 쏘지 않았으며 심지어 루이스가 부르는 것도 전혀 못 들었다고 극구 부인했다.

루이스는 크루자트가 고의로 그랬다고 생각하지는 않았지만 그렇다고 그가 완전히 결백하다고 믿지도 않았다. 총알이 자기 손에 있었기 때문이다. 54구경 탄환을 사용하는 미국 육군 모델 1803은 아직까지 그 어떤 인디언도 입수한 적이 없을 것이었기 때문이다(사고 당시 오드웨이와 개스 하사가 각자의 일지에 쓴 내용에 따르면, 자신들이 크루자트를 찾아냈을 때 그는 멀리까지 나가 있었으며 자신이 루이스를 맞췄다는 사실은 전혀 모르고 있었다고 한다).

개스 하사의 도움으로 루이스는 옷을 벗었다. 그런 다음 엉덩이 양쪽으로 난 구멍에 린트 천을 말아 집어넣는 등(그래야만 상처가 계속 벌어진 채로 있으면서 그 안의 조직이 자라날 것이기 때문이다) 최대한 혼자서 치료를 했다.1

일행이 다시 강을 따라 내려가는 동안, 루이스는 통나무배에 길게 엎드려 있었다. 오후 4시, 이들은 바로 전날 클라크 일행이 머물렀던 캠프장을 지나갔다. 한 대원이 그곳에 가서 클라크가 막대기 위에 남겨둔 편지를 가져왔다.

좋지 않은 소식이었다. 클라크는 루이스가 옐로스톤강 하구에서 클라크의 편지를 일부분밖에 발견하지 못한 이유를 설명하고 있었는데, 그것은 프라이어 하사 일행이 루이스보다 한 발 앞서 그곳을 지나갔고 그때 루이스에게 전하는 편지를 찢어가지고 들고 갔기 때문이었다. 프라이어와 대원 3명은 도중에 인디언 도둑들을 만나 말 떼를 모두 빼앗기고 가죽 보트를 만들어 가까스로 여행 중이었다.

말 떼를 잃어버린 것이야 별 문제가 아니었지만 그로 인해 프라이어가 노스웨스트 컴퍼니의 헤니에게 전달하기로 되어 있던 편지(수족 추장 몇 사람을 워싱턴까지 데려갈 수 있도록 협조해 달라는 내용의)를 전달할 수 없었다는 사실은 큰 타격이었다. 헤니야말로 수족과의 평화 협상과 미국 체제 안으로의 편입에서 루이스가 지닌 유일한 희망이었기 때문이다.

루이스의 인디언 정책 전체가 뿔뿔이 흩어질 위기에 처한 것이다. 뒤에는 적대적인 블랙푸트족이, 앞에는 역시 적대적인 수족이 있었다. 이렇게 된 이상 미주리강의 한가운데 지역이 두 부족에 의해 완전히 봉쇄될 상황이었다.

나아가 루이스의 상처도 더욱 깊어졌다. 심지어 대원들이 캠프를 마련했을 무렵에는 아예 꼼짝달싹 못하는 지경이 되고 말았다. 그는 기나피로 만든 습포를 상처에 갖다 대고 밤새 통나무배 바닥에 엎드려 있었다. 고열이 엄습하면서 그는 밤새 뒤척였다.

다음날 아침, 기나피 덕분인지 열은 물러갔지만 고통은 여전히 남아 있었다. 일행은 다시 출발했다. 오전 8시, 이들은 강을 거슬러 올라오는 백인 2명과 마주쳤다. 일리노이주 출신의 조셉 딕슨Josep Dickson과 미주리 강변에 위치한 분즈 세틀먼트 출신의 포리스트 행콕Forrest Hancock으로 이들은 개인 모피 사냥꾼이었다. 1804년에 출발해 아이오와주에서 겨울을 보내다가 인디언들에게 짐을 도둑맞고 행콕은 부상까지 입었지만, 그럼에도 옐로스톤강에 가서 비버 사냥을 하러 미주리강을 거슬러 여행 중이었다.

루이스와 클라크의 원정대는 겨우 3개월이라는 아슬아슬한 차이로 이들 개인 덫 사냥꾼들을 앞질러 루이지애나를 탐사한 셈이었다. 딕슨과 행콕은 조만간 불어 닥칠 모피 열풍의 선두에 선 인물이었다. 이들의 뒤를 이어 수많은 사람이 따라올 것은 당연지사였다. 제퍼슨이 아무리 북부 루이지애나를 미시시피강 동부에서 쫓겨난 인디언들을 위한 보호구역으로 삼고 싶어 할지라도, 미국 변경 개척민들을 막을 방법이란 이 세상에 없었다.

루이스는 딕슨과 핸콕에게 저 앞에 놓인 것에 관해 설명해주었고, 개략적인 지도를 그려 선물하면서 비버가 특히 많은 곳이 어딘지 알려주었다. 또한 쇠줄 하나를 비롯해 탄환과 화약도 선물했다.

루이스 일행은 다시 출발했다. 오후 1시, 이들은 드디어 클라크의 일행을 따라잡았다. 재회의 기쁨도 루이스의 건강상태로 인해 약간은 꺾였다. 클라크는 친구가 엎드려 있는 것을 보고 크게 놀랐지만, 루이스는 고개를 들어 부상은 비교적 가벼우며 앞으로 3~4주일 안에 다 나을 거라고 도리어 안심시켰다.

무엇보다 그들은 루이스를 제외하면 다들 무사하다는 것에 기뻐했다. 클라크는 오늘날의 보즈먼 고개에서 옐로스톤강까지의 길을 묘사했는데, 거기서는 사카가위아가 그의 길잡이 노릇을 해주었다. 일행의 말 떼 50마리 가운데 24마리는 도중에 크로우족 무리가 훔쳐가버렸다. 클라크는 각각 길이 28피트나 되는 통나무배 카누를 2척이나 만들었고, 옐로스톤강을 따라 내려오는 동안에는 별다른 일이 없었다.

그날 오후 늦게 딕슨과 핸콕이 캠프로 찾아왔다. 이유는 모르겠지만 이들은 옐로스톤강까지의 여행을 한동안 미루고 거기서 만단족 마을까지 앞으로 이틀간 원정대와 함께 가기로 했다. 그날 저녁, 클라크는 루이스의 상처를 씻어주었다.* 클라크가 치료를 마치자 루이스는 일지를 썼다. 그날 하루의 일을 기록한 다음 그는 이렇게 적었다.

---

*클라크는 물을 한번 끓였다 식혀서 쓴 것이 아니라 그냥 미주리강 물을 퍼서 상처를 씻었을 것이다. 그러니 루이스의 상처가 병균에 감염되지 않은 것은 그야말로 천우신조가 아닐 수 없었다(원주).

"현재의 자세로 글을 쓰는 것은 극도로 고통스러운 일이기 때문에, 이제부터 회복될 때까지는 클라크 대장이 우리의 일지를 계속 이어 쓸 것이다."

이것은 루이스와 클라크의 원정 일지에서 루이스가 작성한 마지막 항목이다. 루이스는 마지막으로 한 가지 식물학적 묘사를 더 남겨두었다.

"나는 한 가지 특이한 벚나무를 발견했다."

그가 말한 벚나무는 귀룽나무였다. 상처에서 비롯된 고통과 불편한 자세에도 불구하고 그는 이 식물을 철저히 조사했다.

"잎사귀에는 잎꼭지가 있는데 타원형이며 양 끝은 날카롭다. 길이는 대략 1과 1/4인치에서 1과 1/2인치, 폭은 대략 1/2인치에서 3/4인치, 미세하게 또는 작게 톱니가 나 있고 옅은 초록색이며 솜털은 없다."

다음날 아침, 원정대는 출발했고 이틀 뒤인 8월 14일 만단족 마을에 들어섰다. 클라크는 "그 사람들은 우리를 보고 무척 기뻐했다"라고 적었다. 옛 친구인 만단족 추장 블랙 캣과 셰헤케Sheheke(빅 화이트), 그리고 히다차족의 추장 르 보르뉴(원 아이) 등과의 만남이 이어졌다. 이들은 서로를 끌어안고 작은 선물을 교환한 다음 담배를 피웠다. 그런 뒤에 회담이 열렸는데 이번에는 르네 제솜이 통역을 맡았다. 이때 루이스가 어떤 역할을 했는지는 불분명하다(루이스는 그날 클라크가 붕대를 갈아주는 동안 고통으로 그만 실신하기까지 했다).

추장들이 전해준 소식은 하나같이 나쁜 것뿐이었다. 아리카라족과 만단족은 전쟁 중이었다. 히다차족은 또다시 로키산맥으로 전쟁부대를 내보내 쇼쇼니족(아마도 카메아웨이트의 일족이었을 것이다)을 몇 명

죽이고 돌아왔다. 수족은 만단족을 공격했고 만단족은 내부 알력으로 분열되어 있었다.

그야말로 끔찍스러운 상황이었다. 미국의 평화 정책은 루이스와 클라크가 그곳을 떠난 지 겨우 며칠 만에 실패하고 말았던 것이다. 미주리강 중류와 상류가 모두 전쟁의 소용돌이 속에 있었다. 마치 루이스와 클라크가 그곳에 온 적도, 인디언이 착하게 굴겠다는 맹세를 한 적도 전혀 없었던 것 같았다.

만단족 추장들이 워싱턴까지 함께 가자는 클라크의 초대를 거절함으로써 상황은 더욱 악화되었다. 블랙 캣은 미국을 방문해 큰아버지를 만나고 싶다고 하면서도, 강 아래쪽의 수족이 무서워 갈 수 없다고 말했다. 클라크는 보호와 함께 많은 선물을 약속했고 만약 추장들이 워싱턴까지 함께 간다면, 만단족 마을에 미국의 교역소를 좀더 빨리 열어주겠다고 제안했다. 하지만 추장들은 요지부동이었다.

통역자로 여행에 따라감으로써 보수를 받을 생각이었던 제솜이 애써 설득한 끝에, 빅 화이트는 마침내 원정대를 따라 세인트루이스까지 갔다가 나중에 워싱턴까지 가겠다고 약속했다. 다만 추장의 아내와 아들, 제솜, 그리고 제솜의 가족까지 함께 가야 한다는 조건이 붙었다. 그렇게 되면 카누에는 위험할 정도로 정원이 초과되는 셈이었지만 추장들을 워싱턴으로 데려가고 싶어 안달하던 두 지휘관은 마뜩찮아 하면서도 결국 승낙했다.

출발 전날인 8월 17일, 클라크는 샤르보노와 계산을 끝냈다. 샤르보노는 그때까지 제공한 말, 티피, 그리고 용역의 대가로 500달러하고도 33과 1/3센트를 받았다. 사카가위아는 한 푼도 받지 못했다.* 샤르보노 부부는 더 이상 가지 않고 만단족 마을에 남기로 했다.

그날 원정대의 또 1명이 그곳에 남기로 작정했다. 딕슨과 핸콕이 존 콜터 이병에게 자신들과 함께 옐로스톤강으로 가자고 권유했던 것이다. 콜터는 두 지휘관으로부터 승낙을 받는다는 조건으로 이들의 제안을 수락했다. 두 지휘관은 다른 대원 중 누구도 각자의 복무 조건에 관해 그와 유사한 변경을 더 이상 요구하지 않는 경우에 한해 그의 제안을 수락하겠다고 대답했다(콜터의 복무기간은 1806년 10월 10일까지였다). 다른 대원은 아무도 그런 요구를 하지 않았기 때문에 원정대가 하류로 출발함과 동시에 콜터는 다시 상류로 향했고, 훗날 역사책에 미국 최초의 등산가이자 옐로스톤 국립공원의 발견자로 기록됐다.

이제 원정대는 세인트루이스까지의 마지막 구간에 접어들었지만, 루이스 대장은 여전히 배를 깔고 엎드려 지내야 했다. 출발한 지 나흘째 되던 날, 미국인은 옐로스톤지역으로 향하던 3명의 프랑스인 덫 사냥꾼과 마주쳤다. 이들로부터 전해 들은 소식은 루이스와 클라크의 인디언 정책에 가해진 또 한 번의 타격이었다. 1805년 4월에 워핑턴 상병과 함께 워싱턴까지 갔던 아리카라족 추장이 그만 사망했다는 것이다. 아리카라족에게는 아직 그 사실이 전해지지 않았다고 했다.

그날 오후, 원정대는 아리카라족 마을에 도착했다. 클라크는 그곳 추장들에게 워싱턴으로 대표단을 파견해 달라고 요청했다. 그중 몇 사람은 "자신들의 큰아버지를 만나고 싶지만, 우선 작년 여름에 내려갔던 추장이 돌아오기를 바란다"고 대답했다.

---

*클라크는 사카가위아의 아들인 장 밥티스트(클라크와 대원들이 폼프라고 불렀던)를 세인트루이스로 데려가 자기 아들과 마찬가지로 잘 키우겠다고 제안했다. 하지만 사카가위아는 아이가 일단 젖을 떼고 난 다음에 내년 여름에나 그렇게 하겠다고 대답했다. 클라크는 1806년 8월 20일에 샤르보노에게 보낸 편지에서 사카가위아를 칭찬하며 "당신과 함께 그 길고 위험하고 고단한 길을 따라 태평양까지 갔다 돌아온 당신의 아내야말로 우리 힘으로 감히 줄 수 있는 것보다 훨씬 많은 보상을 받아 마땅한 사람"이라고 적었다(잭슨, 『서한집』, 제1장, 315쪽)(원주).

8월 22일, 클라크는 간호일지를 적었다.

"기쁘게도 이제는 루이스 대장이 빠른 속도로 회복되고 있다. 오늘은 부상 후 처음으로 직접 일어나 조금 걷기도 했다. 이제는 총알이 빠져나온 구멍에 있던 거즈(린트)를 빼버렸다."

8월 27일, 오늘날의 사우스다코타주에 위치한 미주리강의 빅벤드 Big Bend(큰 강굽이)*에서 클라크는 들소 사냥에 나섰다. 그 사이에 루이스는 모래톱에서 무리하게 오래 걷다가 넘어지는 바람에 크게 다쳐 밤새 앓았다.

그로부터 나흘 뒤, 원정대는 오늘날의 나이어브래러강Niobrara River 어귀를 지나갔다. 이곳은 수족의 영토였기 때문에 최대한 경계해야 했다. 나이어브래러강에서 2마일 하류 지점에 이르자, 강변에 인디언 전사 9명이 나타났다. 이들은 배를 강변에 대라고 원정대에게 신호를 했다. 클라크는 그들이 1804년 가을에 그토록 말썽을 부렸던 테톤 수족이라고 생각했다. 따라서 클라크는 이들과 얽히기 싫어 일부러 못 본 척했다. 하지만 뒤에 처진 원정대의 카누 1척이 강굽이 너머에서 나타나지 않자, 루이스는 다음 번 강굽이를 돌자마자 배를 잠시 강변에 대고 맨 뒤의 카누가 나타날 때까지 기다리기로 했다.

25분쯤 뒤에 원정대가 배를 강변에 대려는 순간, 몇 발의 총성이 울렸다. 클라크는 수족이 맨 뒤에 따라오는 카누에 탄 대원 3명을 향해 총을 쏘고 있다고 판단했다. 그는 인디언의 숫자가 얼마나 많든 공격받고 있는 대원들을 엄호하기로 작정했다.

---

*미주리강이 오늘날 사우스다코타주 한가운데에서 S자 모양으로 크게 굽이치는 지형을 이룬 까닭에 이런 이름이 붙었다. 오늘날은 그 하류에 빅벤드댐이 있다(역주).

클라크가 출발하자 루이스는 절뚝거리며 통나무배에서 내려 강변으로 다가갔고, 나머지 대원들에게 방어선을 구축하게 했다. 클라크가 250야드쯤 달려가 강굽이를 돌아보니, 카누는 여전히 1마일쯤 상류에서 내려오고 있었다. 그의 바로 위쪽에는 인디언들이 다른 표적을 놓고 사격 연습을 하는 중이었다. 결국 클라크가 오해한 셈이다. 인디언들은 2년 전에 원정대를 환대해주었던 양크턴 수족이었고, 그 부족의 추장 가운데 1명이 이미 워싱턴으로 떠난 것으로 밝혀졌다. 네즈퍼스족과 헤어진 이래 두 지휘관이 들은 인디언 관련 소식 가운데 처음으로 반가운 것이 아닐 수 없었다.

1806년 9월, 두 지휘관과 대원들의 모습은 립 밴 윙클이 따로 없을 지경이었다. 물론 20년간 도끼자루 썩는 줄 모르고 자다가 돌아온 소설 속 주인공과 달리, 원정대는 죽도록 고생을 하고 2년 5개월 만에 돌아왔지만 말이다.

두 지휘관은 무엇보다 세상 소식이 궁금했다. 그들이 궁금한 것을 처음으로 물어볼 수 있는 기회는 9월 3일 오후 4시가 되어서야 찾아왔다. 마침 2척의 카누에 나눠 타고 상류로 올라오는 몇 사람의 교역상 일행과 마주친 것이다. 그들의 대표인 제임스 에어드James Aird는 오늘날의 위스콘신주 프레리더신Prairie du Chien 출신의 스코틀랜드인으로 수족과의 교역 허가증을 갖고 있었다. 덩치가 크고 친절한 그는 두 지휘관을 따뜻이 맞이하며 뇌우가 몰아치는 동안 자기 천막 안으로 불러 이야기를 나눴다.

"우리의 첫 질문은 이 나라의 대통령(여전히 잘 지내고 문제없이 재선에 성공한)에 관한 것이었고, 그 다음으로 우리의 친구들과 정치 상황, 인디언 문제에 관한 것을 물어보았다."

물론 에어드는 두 지휘관의 가족에 관해서는 알 도리가 없었지만, 그밖에 다른 문제에 대해서는 조금씩이나마 아는 것을 들려주었다. 우선 일찍이 세인트루이스에서 이들을 환대했던 친구 장 피에르 쇼토의 집에 화재가 있었다고 했다.

루이지애나 준주의 지사로는 윌킨슨 장군이 부임했으며 그 사령부는 세인트루이스에 있었다. 그는 300명의 미군을 루이지애나 서부와 텍사스 동부 사이의 분쟁지역으로 보내 에스파냐의 영유권 주장에 대항했다. 에스파냐 측은 1804년 가을, 에스파냐의 알헤시라스Algeciras 인근 해상에서 미국의 프리깃함 프레지던트호President를 향해 포격을 가했다. 1806년 4월에는 영국의 전함 리앤더호Leander가 뉴욕을 출발한 미국의 상선 리처드호Richard를 향해 발포하는 사건이 벌어졌다.

다른 이야기도 있었다. 세인트루이스에서는 인디언 2명이 살인죄로 교수형에 처해졌고 다른 몇 사람은 투옥되었다. 애런 버와 알렉산더 해밀턴이 1804년 7월 14일에 결투를 벌였으며 그 결과 해밀턴이 사망했다. 일종의 전채요리 격으로 이런 소식을 듣고 난 뒤, 두 지휘관은 자신들이 새로운 소식에 얼마나 목말라했는지 깨달았다. 그로 인해 앞으로 나아가고자 하는 이들의 열망은 더욱 커졌다.

다음날 아침, 에어드는 대원 모두에게 세인트루이스에 도달할 때까지 넉넉히 피울 만큼의 담배를 나눠주었고, 사양하는 두 지휘관에게 밀가루 한 통을 억지로 건네주었다. 오전 8시에 에어드는 상류로, 원정대는 하류로 출발했다. 3시간 뒤, 일행은 플로이드 절벽에 배를 멈추고 언덕을 올라가 플로이드 하사의 무덤을 참배했다. 무덤이 그 지역 원주민들에 의해 훼손된 것을 본 대원들은 봉분을 다시 만들었다.

9월 6일, 원정대는 또 다른 교역선과 마주쳤는데 이 배는 다름 아닌 세인트루이스의 오귀스트 쇼토의 소유였다. 두 지휘관은 위스키 1갤런을 구입해 대원들 모두에게 1드램씩 나눠주었다.

"이것이야말로 1805년 7월 이후 처음으로 맛보는 독주였다."

대원 중 몇 사람은 개인 소유의 가죽 튜닉과 비버 모자를 교역상에게 주고 대신 리넨 셔츠와 천 모자를 얻었다. 두 지휘관이 무엇보다 바랐던 것은 문명세계로부터의 새로운 소식이었다. 아쉽게도 그 배의 승무원들은 별다른 소식을 알지 못했다. 다만 윌킨슨 장군이 조만간 세인트루이스를 떠나 분견대와 함께 텍사스 국경으로 향할 것이라는 소식만 알게 되었을 뿐이다.

9월 9일, 원정대는 플래트강 하구를 지났다. 마음이 급했던 이들은 하루에 70~80마일씩 나아갔다. 플래트강을 지남으로써 대평원도 작별을 고했고 이제는 고향을 향해 나아가는 일만 남았다.

"부대 전체가 애타게 전진을 바랐고 매일 각자의 고향에 도달하고픈 간절한 마음을 새로이 만들어내는 것 같다. 루이스 대장은 상처가 나으면서 완전히 회복됐다."

9월 10일, 원정대는 4명으로 구성된 교역상 일행을 만났다. 덕분에 윌킨슨 장군이 부대를 이끌고 텍사스로 떠났으며, 제벌런 파이크 Zebulon Pike 대위가 레드강과 아칸소강 탐사를 위해 세인트루이스를 떠났다는 새로운 소식을 들을 수 있었다.

이틀 뒤에는 쇼토 가문의 또 다른 카누 2척과 마주쳤는데, 그 일행의 대표는 클라크의 오랜 친구인 예비역 육군 대위 로버트 맥클렐런 Robert McClellan 이었다. 일행 중에는 아리카라족 추장과 함께 통역자로 워싱턴까지 다녀온 조셉 그레이브라인스와 피에르 도리옹도 있었다. 마침 이들은 제퍼슨에게 특별 지시를 받고 돌아오던 중이었다.

제퍼슨의 지시 가운데 첫 번째는 루이스와 클라크의 소식을 탐문하는 것이었다. 또한 그레이브라인스는 아리카라족을 찾아가 추장의 예기치 못한 사망 사실을 알리고 제퍼슨의 애도를 전달하는 어려운 임무를 맡고 있었다. 도리옹은 그레이브라인스가 테톤 수족의 영토를 무사히 지나도록 안내하고, 나아가 그 부족의 추장 몇 사람에게 워싱턴행을 설득하는 임무를 안고 있었다.

다음날 아침, 맥클렐런은 원정대의 전 대원에게 1드램씩의 위스키를 대접했다. 이들은 날이 밝자마자 기분 좋게 각자의 길로 떠났다. 다음날에도 원정대는 쇼토 가문의 또 다른 카누 일행과 만났다. 그 교역상 역시 대원들에게 위스키와 비스킷, 돼지고기, 양파 등을 대접했고 무척 반겨주었다.

이제는 거의 매일 교역상 일행과 마주쳤다. 9월 17일에는 루이스의 오랜 군 동료였던 존 맥클렐런John McClallen이 커다란 보트를 타고 나타나 새로운 소식을 전해주었다. 그가 전한 소식 중 가장 흥미로운 것은 미국 국민이 원정대를 크게 걱정하고 있다는 점이었으리라. 맥클렐런이 들은 풍문 중에는 두 지휘관과 대원 모두가 이미 피살당했다는 것도 있었고, 심지어 에스파냐 측에서 원정대를 체포해 어느 광산에서 노예로 부려먹고 있다는 것도 있었다. 클라크는 맥클렐런의 말을 이렇게 적었다.

"우리는 이미 오래 전에 미국 국민의 관심 밖으로 밀려났고 이제 거의 잊혀진 상태였다. 하지만 대통령께서는 우리에 대한 기대를 여전히 놓지 않으셨다."

이 마지막 소식이야말로 두 지휘관의 마음을 무엇보다 기쁘게 해주었을 것이다. 맥클렐런은 자신도 원정대가 최악의 상황을 맞이했으리라 믿어 의심치 않았다고 고백했다.

9월 18일, 원정대는 백인들의 정착지에서 150마일 떨어진 곳에 접어들었다. 이제는 식량과 교역품이 완전히 떨어졌다. 요리용 솥과 과학 장비, 몇 가지 도구(그리고 소총)를 제외하면 공산품은 하나도 없었다. 화약과 총알은 충분히 남아 있었고 인근에는 사냥감도 풍부했지만, 거의 매일 교역상의 보트가 오가다 보니 사슴과 곰 같은 짐승은 점점 강에서 멀어졌고 사냥을 하려면 내륙으로 한참 들어가야 했다. 그로 인해 일행의 전진 속도는 크게 늦춰졌다.

마침 잘 익은 자두가 천지로 널려 있었다. 대원들은 그 과일을 포포pawpaws라고 불렀다. 몇 분이면 몇 부셸을 딸 수 있었다. 대원들은 포포만 갖고도 충분히 연명할 수 있다고 두 지휘관에게 말했다. 두 지휘관 역시 대원들 못지않게 전진하려는 열망이 강했으므로, 일행은 사냥을 하느라 멈춰 서지 않고 그저 전진하기만 했다. 클라크는 9월 20일자 일지에 이렇게 적었다.

"목적지에 도착하려는 대원들의 열망이 어찌나 강한지 노를 어느 때보다 열심히 저었다."

그날 오후, 대원들은 강둑에서 암소들의 모습을 보고는 동시다발적으로 기쁨의 함성을 내질렀다. 두 지휘관이 라샤레트 마을에 들렀을 때, 대원들은 축포를 쏘게 해달라고 부탁했다. 두 지휘관이 허락하자 대원들은 모두 3발을 발사했다. 그러자 강둑에 있던 5척의 교역상 보트에서 3발의 축포로 응답했다. 마을 사람들이 원정대에게 몰려들었다.

"프랑스인이든 미국인이든 모든 사람이 우리의 귀환에 큰 기쁨을 표시했고, 우리가 귀환한 것을 보고 무척 놀랐다고 말했다. 그들은 우리가 행방불명된 줄 알았다고 했다."

다음날, 원정대가 세인트찰스에 도착했을 때도 똑같은 광경이 펼쳐졌다. 9월 22일, 원정대는 1805년에 윌킨슨 장군이 건립한 미시시피강 서부 최초의 미국 육군 요새인 포트 벨폰테인Fort Bellefontaine에 도착했다. 두 지휘관은 빅 화이트 추장과 그의 가족을 요새의 군수창고로 데려가 그들에게 옷을 선물했다.

다음날 아침, 원정대는 마지막 여정에 올랐다. 출발한 지 1시간도 못 되어 미시시피강이 나타나면서 원정대는 우드 강변의 옛 캠프 장소를 지나갔다. 28개월 만에 8,000마일을 지나 다시 돌아온 것이었다.

세인트루이스까지의 몇 마일을 앞두고 대원들이 열심히 노를 젓는 동안, 루이스는 깊은 만족감이나 일종의 자만심을 느낄 만도 했으리라. 그는 전설적인 여정을 마친 것이었다. 그 자체만으로도 그와 클라크는 탐험 분야에서 명예의 전당에 오를 만한 업적을 세운 셈이었다.

루이스는 이 원정을 계획하고 준비했으며, 클라크의 도움을 받아 평생에 걸친 꿈이던 탐사 여행을 성공적으로 완수했다. 사실 그는 이 모험을 위해 태어난 사람이나 마찬가지였다. 그의 오랜 훈련과 성격이 잘 맞아떨어진 덕분에 탐험이 성공할 수 있었던 것이다.

그중에서도 그의 지도력은 상당히 돋보였다. 그와 클라크는 30여 명의 미처 다듬어지지 않은 병사를 선발해 강하고도 규율을 잘 지키는 정예 소대로 만들었다. 나아가 대원들은 두 지휘관을 절대적으로 신임했다. 제퍼슨이 그에게 맡긴 임무 중에는 군사 분야와 무관한 것도 많았다. 그렇지만 루이스는 그런 임무도 충실하게 수행했다.

그는 자신이 원정의 최우선적 목표인 대륙을 가로지르는 가장 직접

적이고 편리한 수로를 발견하는 임무를 완수했다고 확신했다. 더불어 그는 온갖 학술적 정보를 수집했고 동물학과 식물학, 민족학, 지리학 분야에서 그의 발견은 전무후무한 가치를 지닌 것이었다.* 그는 탐사의 새로운 방법을 도입했으며, 날씨부터 사람에 이르기까지 자신이 목격한 것에 근거해 방대한 자료를 체계적으로 정리함으로써 미래의 모든 탐사에 있어 모델을 제공했다.

개인적인 측면에서 보자면, 그는 일찍이 어떤 미국인도 본 적 없던 사냥꾼의 낙원 한가운데를 여행했다. 한마디로 멋진 신세계를 보고 돌아온 것이다.

하지만 그 모든 위업에도 불구하고 루이스에게는 몇 가지 크게 실망스러운 결과도 없지 않았다. 세인트루이스가 눈앞에 나타나자 그는 걱정이 되기 시작했다. 그의 인디언 외교는 그때까지 완전한 실패로 판명되었기 때문이다. 더욱이 북부 루이지애나에서 가장 막강한 수족과 블랙푸트족을 미국의 적으로 돌려버렸다는 것도 문제였다. 그렇지만 루이스는 수족과 블랙푸트족, 다른 평원 부족들에게 미국의 주권을 인식시킬 몇 가지 방안을 대통령에게 추천할 생각이었다. 그는 세인트루이스에서 태평양에 이르는 미국의 통상 제국을 향한 전망에 열광적이었고, 이를 성취하기 위한 몇 가지 구체적인 계획을 마음에 품고 있었다.

이제 그의 또 다른 과업은 일지를 출간하는 것, 북부 루이지애나와 오리건지역의 경이로운 모습과 풍부한 비버 서식지에 관한 소식을 널

---

*그는 모두 178가지의 새로운 식물종을 발견, 기록했는데 그중 3분의 2 이상이 대륙분수계 너머 서쪽에 있는 것이었다. 또한 그는 모두 122가지의 새로운 동물종 및 아종을 발견했다(커트라이트, 『루이스와 클라크: 선구적 박물학자』, 423, 447쪽)(원주).

리 전하는 것, 그리고 자신의 발견을 학계에 전하는 것이었다.

하지만 그는 슬픈 소식도 전해야 했다. 이른바 완전수로라는 것, 혹은 그와 유사한 것은 전혀 없다는 사실과 미주리강의 발원지는 북위 49도 너머로까지 거슬러 올라가지 않는다는 사실을 말이다.

루이스는 제퍼슨이 이 소식을 최대한 빨리 듣고 싶어 할 것이라고 생각했다. 따라서 카누가 세인트루이스에 닿자마자, 그는 누구보다 대통령을 생각하고 있었다. 주민 1,000여 명이 강둑에 나와 이들을 기다리는 가운데 대원들은 축포를 발사했다. 주민들은 이들을 향해 3번 만세를 부르고 따뜻하게 환영해주었다. 어느 주민의 말에 따르면 그들의 모습은 정말이지 로빈슨 크루소나 마찬가지였다고 한다. 온통 가죽옷만 걸치고 있었으니 그도 그럴 만했다.2

카누에서 내리자마자 루이스는 맨 처음 이렇게 물었다.

"우편물이 언제 출발하죠?"

안타깝게도 방금 전에 출발했다는 대답이 돌아왔다. 루이스는 일리노이 준주 카호키아의 교역소 책임자에게 서한을 한 통 적어 인편에 전달하게 했다. 우편물 발송을 내일까지만 기다려 달라는 것이었다. 그는 피에르 쇼토의 집에 방을 한 칸 빌려 대통령에게 편지를 쓰기 시작했다.

undaunted courage

대통령께 드리는 보고

1806년 9월 23일~12월 31일

1806년 9월 23일, 메리웨더 루이스는 자신의 대담한 계획 가운데 첫 번째 부분을 완성했다. 그는 지난 4년 내내 이 계획에 열성적으로 집중해오고 있었다. 자신의 탐사 결과를 대통령에게(나아가 미국 국민과 전 세계에) 보고하는 이 거대한 작업의 두 번째 부분 역시 그와 유사한 정도의 헌신을 요구할 것이었다. 그가 아는 사실과 더불어 두 지휘관이 일지와 문서, 지도에 기록한 내용은 엄청난 가치를 지닌 것이었다. 동시에 이는 널리 배포하기 전까지는 아무런 가치도 지니지 못할 것이기도 했다.

루이스는 1804~1805년 자신이 포트만단에 머물고 있을 때 알게 된 것을 대통령과 대중에게 알리기 위한 작업에 착수했다. 시작은 여정의 첫 구간 동안 발견한 것에 관해 제퍼슨에게 보고서를 쓰는 것이었다. 대통령은 이 보고서와 클라크의 지도를 출간하도록 지시했고 그 자료는 널리 복제 및 배포되었다. 그것은 미국 전역은 물론 영국과 유럽에서도 출간되었고 모험을 좋아하는 청년과 사업가들은 서부로 향할 계획을 세웠다. 실제로 그중 일부는 이미 서부로 향하고 있었다. 그러나 진짜 소식은 아직 나오지도 않은 상태였다.

여정을 끝마치기 전부터 루이스는 대중과 학계에 자신의 발견을 알리는 작업을 시작했다. 세인트루이스까지의 마지막 몇 마일 동안 그는 카누에 앉은 채 대통령에게 보낼 보고서의 초안을 작성했다.

루이스는 우선 문서와 짐을 가지고 무사히 세인트루이스에 도착했음을 알리는 것으로 보고서를 시작했다. 두 번째 단락은 문제의 핵심을 건드리고 있었다.

"우리는 북아메리카 대륙을 관통해 태평양까지 갔으며 그 내륙 영토를 충분히 탐사해 미주리강과 컬럼비아강의 운항 가능한 지류를 통해 대륙을 가로지르는 가장 실용적인 경로를 발견했다는 확신을 갖게 되었습니다."

이후에 이어지는 긴 문장에서 루이스는 자신이 발견한 것을 최대한 사실적으로 설명했다. 그는 미주리강에서의 선박 운항이 안전하고도 좋았으며 클리어워터-스네이크-컬럼비아강으로 이어지는 수로도(델즈 폭포 직전까지는) 마찬가지라고 말했다. 하지만 미주리강에서 컬럼비아강까지의 육로는 전혀 다른 문제라고 했다.

대서양과 태평양을 연결하는 완전수로를 향한 대통령의 희망을 산산조각 내는 이야기를 전하는 것은 루이스로선 매우 유쾌하지 않은 임무였다. 그런 까닭에 세인트루이스로 개선하면서도 루이스는 이번 원정으로부터 생겨날 뉴스의 헤드라인이 부정적일 수밖에 없으리라는 부담을 지고 있었다.

어쨌든 루이스는 미주리강에서 컬럼비아강까지의 연수육로에 관해 솔직하게 털어놓았다. 거리는 340마일이고 그중 200마일은 길의 상태가 좋지만, 나머지 140마일은 만만찮으며 더욱이 그중 60마일은 만년설에 덮인 어마어마한 산맥을 넘어야 한다는 것이었다. 이 말과 함께 루이스는 북서통로 탐색에 종지부를 찍어 버렸다.

"이 경로는 대륙을 가로지르는 것이며 모피 무역에서 충분한 이득을 가져다주리라고 봅니다."

그는 북부 루이지애나와 오리건에서 미국의 모피 무역 제국을 수립하는 것에 관한 계획을 자세히 서술했다. 로키산맥을 넘을 때부터 마음속으로 내내 구상해오던 계획을 말이다. 이것은 대륙 전체를 망라하는 놀랄 만한 제안이었다. 미시시피강 북부에서 태평양 연안에 이르는 북서지역 전체로부터 모피를 수집해 컬럼비아강 하구까지 운송한 다음, 거기서 선박에 실어 광둥廣東의 시장까지 보내 동방의 상품과 교역하자는 것이었다. 이 계획에서 기반이 되는 것 중 하나는 쇼쇼니족과 네즈퍼스족이 보유한 풍부한 말 떼였다.

루이스는 매년 6월 말부터 9월 말까지는 산맥을 통과할 수 있고, 저렴한 가격에 그 말들을 빌릴 수 있으므로 그 연수육로로 화물을 운반하는 비용은 미미한 정도로까지 절감될 것이라고 말했다. 아울러 미국의 모피가 광둥으로 직접 수출되면 교역에서 영국의 세력을 완전히 배제시킬 수 있을 것이라고 했다. 영국의 상법은 대영제국에서 생산되는 모든 모피를 먼저 런던으로 운송했다가 거기서 나중에 각 시장으로 보내도록 규정하고 있기 때문이다.1 만약 미국이 끼어들면 거리와 비용을 크게 줄일 수 있고 미국산 모피가 훨씬 좋은 상태로 빨리 도착할 경우 오히려 웃돈을 받을 수 있을 터였다. 나아가 영국에 수출입 관세를 내거나 동인도회사에 중간이득을 가져다주는 일도 없을 것이다.*

루이스가 제안한 경로는 기존의 경로, 즉 캐나다 서부에서 몬트리올로 갔다가 거기서 세인트로렌스강을 따라 내려가 대서양을 지나 런던까지 가고, 그곳에서 또다시 아프리카 남단을 돌아 동방으로 향하는 것보다 훨씬 훌륭했다. 심지어 노스웨스트 컴퍼니에서도 자기네 모피를 컬럼비아강을 통해 운송하고 싶어 할 수도 있다는 것이 그의 생각이었다.

루이스는 서슴지 않고 태평양 연안의 모피를 미주리강을 통해 세인트루이스까지 가져온다는 제퍼슨의 본래 생각에 일종의 역발상을 제안했다. 즉 상품이 광둥에서 컬럼비아강 하구까지 와서 산맥을 넘고 미주리강을 따라 세인트루이스까지 내려왔다가, 다시 오하이오강을 거슬러 올라가고 애팔래치아산맥을 넘어 포토맥강을 따라 시장에 도달하는 계획이었다.

"상당수의 물품은 비교적 부피가 크지도 잘 깨지지도 썩지도 않는 것이어서 희망봉을 돌아오는 것보다 이 경로를 통해 더욱 용이하고 값싸게 미국으로 들여올 수 있습니다."

모피와 동방 상품간의 교역은 매년 7월 네즈퍼스족 캠프에서 열리는 대규모 시장을 통해 이루어질 것이었다. 그러기 위해서는 컬럼비아강 하구에 상주하는 교역시설이 설립되어야 했다.

루이스는 모피 교역의 복잡한 상황은 물론 그 사업의 실제와 비용,

---

*심지어 캐나다산 모피를 뉴욕으로 수출할 때도 영국은 물건을 일단 런던으로 갖고 갔다가 다시 보내는 방식으로 관세를 매겼다(원주).

수익, 요구사항 등을 잘 알고 있었다. 또한 그는 자기 동포들도 잘 알았다. 그는 보고서의 세 번째 문단을 다음과 같은 문장으로 시작했다.

"샤이엔강Cheyenne River 어귀에서 상류에 있는 미주리강과 그 모든 지류에는 비버와 수달이 지구상의 그 어떤 하천보다 많으며, 특히 로키산맥 인근에 상당수가 서식합니다."2

이 소식을 접한 사람들이 그 산맥으로 홍수처럼 밀려들었음은 두말할 나위가 없다. 곧이어 그는 장래를 전망하는 데까지 나아갔다.

"자국민의 사업에 대해 제한적이나마 정부가 지원을 해준다면 우리는 머지않아 이 원천으로부터 무척 유리한 교역의 이익을 산출할 수 있을 것입니다. 또한 앞으로 10~12년 안에 위의 경로를 통해 개인들도 현재 대서양 횡단 항해를 하는 것과 마찬가지로 미국 대륙 횡단 여행을 다닐 수 있으리라고 확신하는 바입니다."

그러기 위해서는 군대를 증강해야 했고 미주리강 인근의 적대적인 인디언에 대해 단호히 대처해야 했다. 이러한 제안들은 하나같이 정부의 역할에 관한 제퍼슨의 전반적인 철학적 입장과 불일치했다. 하지만 따지고 보면 루이지애나 매입도 제퍼슨이 본래부터 의도하고 있던 것은 아니었다. 어떠한 철학적 숙고를 하든 제퍼슨은 서부인이었고 그가 속한 공화당 역시 서부 정당이었다. 즉 헌법이 미처 규정하지 못한 부분이 있을 경우, 제퍼슨은 서부 팽창을 촉진하기 위해서라면 문서의 엄밀한 해석조차 포기할 의향이 있었다. 대서양에서 태평양까지 뻗어 있는 미국이야말로 그가 품은 비전이었다. 이를 현실화한 공로는 다른 누구보다 제퍼슨에게 돌려야 마땅하리라.

세인트루이스로 돌아온 첫날부터 루이스 대위는 제국 설립을 위한 로비스트 겸 선전가로서, 나아가 그 참여자로서 새로운 경력을 시작한 셈이나 다름없었다. 그는 대통령에게 보내는 보고서를 손보는 한편, 신문사에 보낼 긴 편지를 한 통 썼다. 이 두 가지 모두에서 그는 정부의 신속한 인식을 촉구했다. 아울러 수족과 블랙푸트족, 그리고 미주리강 인근의 다른 부족들의 '우호적이지 않은 성향'을 처리하는 것이 무엇보다 급선무라고 제퍼슨에게 말했다.

보고서의 다음 단락에서 루이스는 미주리강의 폭포에 도달했을 때, 애초의 약속과 달리 중간 보고서를 보내지 못했던 것에 대해 제퍼슨에게 사과했다. 그는 제퍼슨이 자신과 원정대를 크게 걱정했음을 알았고(그는 대부분의 미국인이 원정대를 거의 포기하다시피 했음을 알고 있었다) 따라서 해명의 필요성을 강하게 느꼈다.

"그곳에서 대원 2명을 선발해 보고서를 들고 돌아가게 함으로써 병력을 줄이는 것이 적절치 않다고 생각했습니다. 만약 그럴 경우 남은 대원의 사기가 줄어들어 결국 원정의 운명을 위협할 우려가 있었습니다. 그토록 큰 위험을 무릅쓰는 것보다는 차라리 정부와 친구들이 우리의 운명을 걱정하도록 하는 편이 낫다고 판단했습니다."

나아가 그는 자신이 가져온 모피를 비롯해 방대한 식물 컬렉션과 아홉 군데나 되는 새로운 인디언 부족의 어휘 등의 목록을 열거했다. 아울러 그는 빅 화이트를 함께 데려왔으며 그 만단족 추장은 여행에 대한 기대감이 크다고 했다.

루이스는 제퍼슨의 성격을 잘 알고 있었다. 따라서 내용을 더 자세히 적지도 않았고 문장을 정성들여 손보지도 않았다. 꾸밈없는 문장에 제퍼슨이 매우 기뻐할 것이라고 믿었던 까닭이다. 하지만 이는 큰 실수였다. 그는 자신의 발견에 대해 두세 쪽쯤 더 설명하는 재치를 발휘했어야 했다. 솔직히 그의 보고서는 미국 최초의 과학 탐사에 대해 독자에게 말해주는 것이 거의 없었기 때문이다. 동시대인들이 보기에 그 원정이 지식에 기여한 것이 있다면 오로지 지리학 분야뿐으로 여겨질 만했다.

루이스는 자신이 발견한 것의 가치를 잘 알았지만, 그 내용에 대한 이야기를 단행본 형태로 출간할 때까지 기다리는 게 더 낫다고 생각한 모양이다(그는 전3권으로 된 책을 펴내고 특히 세 번째 책에 과학 자료를 포함시킬 생각이었다). 그는 학술적 연구를 위해 자료를 공개하기 전에 우선 필라델피아로 가고 싶어 했다. 그곳에서 자신이 가져온 자료를 전문가들에게 건네주고 그들이 각각의 내용을 출간하도록 할 계획이었다.

그는 필라델피아에서 자신이 환대를 받으리라 확신하고 있었다. 그곳에는 일찍이 원정을 준비하도록 도와준, 그리고 알약이나 육분의 등이 어떤 효과가 있었는지 궁금해하는 뛰어난 학자가 많았던 것이다. 또한 루이스는 제퍼슨 덕분에 미국 철학회의 정회원으로 선임되는 대단한 영예를 안기도 했다.* 루이스에 대한 자부심으로 가득했던 제퍼슨은 그를 가리켜 '우리 클럽의 소중한 일원이며 유례없이 길고 위험했던 여행으로부터 방금 돌아온 인물'이라고 지칭했다. 대통령은 루이스가 조만간 미국 철학회 회원들과 만나 '미시시피강에서 태평양에 이르는 영토의 지리 및 박물학에 관해' 강연하는 자리를 만들겠다고 약속했다.3

이 소식은 필라델피아의 과학자들에게 무엇보다 반가운 강연 예고였다. 대륙의 3분의 2를 차지하는 그 지역이 이제 그들 앞에 모습을

---

*루이스는 원정을 떠나기 직전인 1804년 1월에 세인트루이스에 머무는 동안 자신의 정회원 선임 소식을 알았다 (원주).

드러낼 참이었기 때문이다. 이들은 발견에 관한 최초의 설명을 듣는 것은 물론 앞으로 추구할 새로운 연구 방향들을 갖게 될 것이었다. 그때까지만 해도 이들은 서부의 산과 강의 윤곽을 묘사할 때 부득이 추측에 의거할 수밖에 없었다. 이제는 배우고 연구할 것이 많이 생긴 셈이었다. 콜롬비아와 쿡 이래 어느 모험가도 그토록 새로운 것을 그처럼 많이 갖고 귀환한 적은 없었다.

하지만 일지를 일반에 공개하는 데 시간이 걸리는 바람에 그 원정이 그냥 일반적인 모험에 불과했다는 세간의 비웃음을 사기도 했다. 연방당원인 존 퀸시 애덤스도 그런 입장을 견지하며 코웃음을 쳤다. 애덤스는 그 원정으로 중대한 발견이 이루어졌다는 대통령의 주장을 곧이곧대로 받아들이지 않았다.

"그분의 학식은 매우 뛰어나지만 동시에 사람들을 놀래 주기를 좋아한다."4

원정을 향해 비웃음을 날리는 것은 연방당원과 그 후손들의 전통이 되다시피 했다. 그로부터 90년 뒤, 애덤스의 손자인 헨리 애덤스는 제퍼슨 행정부의 역사에 관해 고전적인 저서를 썼는데 거기에서도 그는 원정에 대해 거의 언급하지 않았다. 오히려 "대륙 횡단은 대단한 위업이지만 그 이상은 결코 아니었다"고 덧붙임으로써 그 의의를 깎아내렸다. 애덤스는 1804~1806년에 진짜로 주목해야 할 사건은 루이스가 급류에서 벌인 사투가 아니라, 로버트 풀턴이 신식 증기선의 선체를 제작한 것이라고 했다.*5

---

*애덤스를 위해 한마디 변호하자면 그가 이런 글을 쓴 것은 스웨이츠판 일지가 출간되기 이전의 일이며, 그로선 원정을 통해 그토록 많은 것이 발견되었다는 것을 알 길이 없었다(원주).

동과 서, 기술과 인간의 노력, 그리고 당파심과 애국심 사이의 대립은 미국의 정치에서 영구적인 테마나 다름없다. 루이스는 워싱턴의 내부 인사였으므로 그는 최소한 사람들의 기대를 형성하고 원정비용을 정당화할 수 있을 만큼 정보를 제공함으로써 제퍼슨과 자신의 원정을 옹호했어야만 했다.

루이스는 자신이 조만간 워싱턴으로 갈 것이며 자기 계획의 추가적인 세부사항은 제퍼슨에게 직접 이야기하겠다고 적었다. 더불어 제퍼슨이 완성된 지도를 직접 보면 자신이 머릿속에 구상하고 있는 인디언 대처방안을 더욱 잘 이해할 수 있을 것이지만, 지금은 클라크의 지도가 1장뿐이므로 우편으로 발송하는 위험을 감히 무릅쓸 수가 없다고 했다.

편지를 봉하기 전, 루이스는 클라크에 대한 격찬으로 시작하는 한 단락을 추가했다.

"윌리엄 클라크 대위가 지난 여행 중에 보여준 능력과 봉사에 관해서는 이루 말할 수조차 없을 지경입니다. 만약 각하께서 우리 두 사람의 이 힘겨운 성공을 누군가의 덕분으로 돌리실 의향이 있으시다면, 각하와 조국으로부터 치하를 받음에 있어 그는 저와 동등한 자격을 누려야 마땅할 것입니다."

육군성의 임명장에 클라크의 계급이 어떻게 나와 있든 루이스는 클라크가 대위이자 공동지휘관으로서 대우를 받았으면 한다는 뜻을 피력한 것이었다. 그것은 루이스가 이미 약속한 것이었고 또한 클라크가 받아 마땅한 것이었다. 루이스의 입장에서 이러한 선언은 정치적으로도 필요하고 현명한 처사였다. 루이스는 제퍼슨이 이 단락을 공개적으로 거론할 것을 염두에 두었던 것이며(제퍼슨은 실제로 그렇게 했다) 그로 인해 혹시 의회 측에서 자기보다 클라크에게 더 적은 보상을 하려고 시도할 가능성 자체를 분쇄하려는 것이었다.6

그는 서명을 하고 잠시 뭔가를 생각하다가 한 가지 추신을 적었는데, 그 내용은 그가 얼마나 뛰어난 장교이자 훌륭한 인물인지 보여준다.

"만단족 마을부터 저와 동행한 대원들은 모두 건강히 귀환했습니다. 저로서는 이것이 이 여정의 대가 중에서도 결코 적지 않은 것이라고 감히 말씀드리는 바입니다."7

요약하자면 무려 1년 반 만에 제퍼슨에게 보낸 루이스의 첫 편지는 대통령이 가장 궁금해하던 질문에 답변하는 한편, 대서양에서 태평양까지 뻗어 있는 미국 제국을 향한 자신의 희망을 피력한 것이었다. 비록 중요한 내용이 빠져 있긴 했지만, 이것은 나쁜 소식을 먼저 전하고 그 다음으로 좋은 소식에 관심을 집중시켰다는 점에서 보고서 작성의 모범이 될 만하다.

클라크를 칭찬한 것 말고도 루이스는 대원 한 사람 한 사람에게 일일이 추천서를 써주었다. 가령 개스 하사의 추천서에서는 그의 훌륭한 보좌 역할, 남자다운 굳건함, 피로와 힘겨운 고통을 감내하는 용기를 칭찬하면서 이로써 큰 신임을 얻었다고 적었다. 아울러 개스는 그의 모든 동료에게 존경과 경의를 받아 마땅하다고 썼다.8

훗날 디어본 장관에게 보내는 추천서에서 루이스는 전 대원에게 정부가 넉넉한 보상을 해주었으면 한다는 희망을 피력했다.9 훌륭한 지휘관은 자기 부하를 돌볼 줄 아는 법이다.

루이스와 클라크는 당시 미국에서 새로운 소식을 전하는 가장 빠른 방법은 신문이라는 사실을 알았다. 신문사끼리 서로 기사를 베끼고 또 베껴대는 식이었기 때문이다. 당시 거기서 가장 가까운 신문사는 켄터키주 프랭크포트Frankfort에 있었다. 두 지휘관은 각자의 가족에게 보내는 편지가 신문에 발표된 다음 서로 기사를 베끼는 과정을 통해 전달될 것이며, 버지니아에 있는 루이스의 가족보다 조지 로저스 클라크 쪽이 그 소식을 2주일가량 먼저 받아보리라는 것을 알고 있었다. 루이스의 글재주가 더 낫다고 생각한 클라크의 제안으로 루이스가 클라크의 편지 초안을 대신 써주었고, 클라크는 그 편지를 베낀 다음 서명을 해서 켄터키로 부쳤다.* 두 지휘관은 조르주 드뤼야르에게 그 보고서와 편지를 갖고 미시시피강을 건너 일리노이에 위치한 교역소에 전하도록 했다.

도널드 잭슨에 따르면 원정대가 얻은 최초의 명성은 그 편지에서 기인했다고 한다. 그 내용은 당시 기준으로 눈부실 만큼 빠른 속도로 전국에 퍼져 나갔다. 프랭크포트의 《웨스턴월드Western World》는 10월 11일자에, 피츠버그의 《가제트Gazette》는 10월 28일에, 워싱턴의 《내셔널인텔리전서》는 11월 3일에 이 소식을 기사로 실었다. 각 신문은 발매와 동시에 매진되었고 평소보다 수십 쇄를 더 찍었다.10

신문사에 보낸 편지는 제퍼슨에게 보낸 보고서에 수록된 내용 중 여러 가지를 다루고 있으며, 특히 원정 도중의 어려움과 위험에 관해 자세히 다루고 있었다. 루이스로선 아마 경제적인 차원에서의 의도가 있었을 것이다. 자신과 클라크를 위해, 그리고 대원 모두를 위해서 말이다. 그는 정치가와 그 지지자들이 어떤지 성향의 사람들인지 잘 알

---

*루이스가 클라크의 편지를 대신 써준 것에는 또 다른 의도가 있었을지도 모른다. 즉 클라크를 대중 앞에 부각시키려는 것으로 이 역시 정부의 보상을 염두에 둔 행동이었을 것이다(원주).

고 있었다. 또한 그는 높은 산, 험난한 행군, 무시무시한 급류, 굶어죽을 뻔한 위기, 온갖 인디언 부족과의 만남 등이 대중의 마음을 어떻게 사로잡을지 알고 있었다. 나아가 그는 원정의 성공에 감사해하는 국가로부터 원정대 모두가 받게 될 보상의 크기를 결정하는 곳이 다름 아닌 의회라는 사실도 알고 있었다. 그는 원정대가 직면했던 위험을 결코 과장하지 않았지만, 그렇다고 축소하지도 않았다(물론 제퍼슨에게 쓴 편지에는 그런 내용을 거의 언급하지 않았다).

보고서와 편지를 작성해 부치고 나자 이제는 축하할 시간이었다. 두 지휘관은 장 피에르 쇼토로부터 자기 집에 머물러 달라는 초대를 받았다. 두 사람은 이를 승낙하고 쇼토 가문의 다른 사람들과 그 지역 유지들을 방문했다.

이후 직접 강을 거슬러 올라갔던 미주리 출신의 토머스 제임스Thomas James는 원정대의 귀환으로 당시 서부의 청년들 사이에 모험을 떠나려는 열의가 강해졌다고 했다. 마찬가지로 그 지역의 연대기에는 이렇게 나와 있다.

"그 대담한 모험은 이 마을의 공통 화제가 되었다."11

알린 라지는 원정대의 입에서 흘러나온 이야기와 그 영향의 핵심을 정확히 간파했다.

"모닥불 가에서의 잡담, 술집에서의 이야기, 저녁 식사 후에 코냑과 시가를 즐기며 나눈 대화로부터 (…) 원정대의 발견에 대한 최초의 활용이 시작되었다. 서부 전역에 퍼져 나갔던 모피 사업 탐사의 첫 번째 속행 물결은 그 어떤 문서보다 원정 이후의 소문과 잡담에서 더 큰 영향을 받았다."12

세인트루이스의 일반 시민들이 동부로 보낸 서신에 기초한 초기의 신문 보도 역시 이 점을 분명히하고 있다. 켄터키에서 처음으로 신문에 수록돼 결국 전국으로 퍼져간 한 편지에는 이렇게 나와 있다.

"내가 지적인 한 참가자로부터 들은 말에 따르면, 컬럼비아강 인근에 사는 인디언의 숫자는 미국 전역에 사는 백인의 숫자만큼 많은데, 그들은 무장하지도 않았고 매우 온순하다고 한다. 또 어떤 사람은 인디언이 셀 수 없을 만큼 많은 말을 키우지만 철제 연장은 전혀 갖고 있지 않더라고 전했다."

이 문장을 읽은 젊은 사업가의 머릿속은 재빨리 돌아갔을 것이다. 모든 신문이 그 지역 전체가 값진 모피로 가득했다고 쓰고 있었기 때문이다.13

두 지휘관과 대원들은 회색곰과 블랙푸트족, 그밖에 다른 위험에 관해 이야기를 과장하지 않았지만 그렇다고 극도로 겸손하지도 않았다. 그간의 여정이 얼마나 힘들었는지 똑똑히 알리고 싶었기 때문이다. 이들이 최소한 세인트루이스에서만큼은 그렇게 하는 데 성공했다는 사실은 그곳에 상주하던 연방 측량사 사일러스 벤트Silas Bent의 다음과 같은 언급에 분명히 드러나 있다.

"모든 사람이 이 신사들의 커다란 공훈을 높이 평가하고 있다."14

최초의 공식 축하행사는 9월 25일 오후와 저녁에 열렸고, 그 도시의 인사들이 후원한 저녁만찬 및 무도회가 크리스티 여관에서 열렸다. 그날 루이스와 클라크는 17번이나 건배를 받았고 15개월이나 술을 한 모금도 마시지 못한 그들에게는 그야말로 과음이 아닐 수 없었다. 이쯤 되자 두 지휘관은 파티장을 떠나버렸다. 두 사람이 떠난 다음 '루이스와 클라크 대장을 위해, 모든 미국인으로부터 사랑받게 된

이들의 환상적인 임무 수행을 기리기 위해' 마지막 건배가 이루어졌다.15

다음날 두 지휘관은 다시 집필을 시작했다. 루이스는 출간을 의도한 편지를 한 통 썼는데 이것을 작성하는 데 무려 나흘이 걸렸고 3,200단어로 완성됐다.

"나는 대륙을 가로지르는 이 경로가 모피 무역에 막대한 부를 제공할 것이라고 믿는다."

이 말은 루이스가 의회로부터 바라는 적절한 보상에 관한 가장 직접적인 언급이었다. 지난 28개월간 그는 자신이 받게 될 돈에 대해 전혀 생각하지 않았지만, 세인트루이스로 돌아온 뒤 사람들이 온통 돈에 대해 이야기하자 결국 그것은 그의 머릿속에서 상당한 자리를 차지하게 됐다. 다양한 계획에 직접 참여하려면 투자 자본이 필요했고, 그것을 가장 빨리 얻는 방법은 정치가들이 베풀어주는 너그러운 보상뿐이었다. 따라서 비록 과장하지는 않았지만 원정대가 조국을 위해 생명의 위협도 무릅썼음을 분명히 알렸다.

특히 원정대가 카메아웨이트 마을에서 겪었던 불안했던 상황, 네즈퍼스족이 있는 곳에 도착한 후 10~12일간 질병으로 고생한 것, 포트클랫숍에서의 생활과 롤로 오솔길을 지나는 귀환 여정을 설명했다. 그리고 마리아스강에서의 그 위험했던 곁다리 탐사에 관해 긴 설명을 늘어놓았다.

"나는 어떤 위험이 있든 그 일을 수행하기로 결심했다. 그 지역에 블랙푸트족이 큰 무리를 지어 이동 중이라는 사실을 익히 알고 있었음에도 말이다."

이어 투메디신강에서 블랙푸트족과 만났던 사건에 관한 설명이 뒤따랐다.16 루이스의 이야기는 만족스럽다기보다 오히려 감질나는 쪽이었다. 사람들은 항상 좀더 알고 싶어 했다. 그의 일지가 루이스에게 또한 국가에 어떤 가치를 지니고 있는지는 어느 이름을 알 수 없는 세인트루이스 주민이 9월 23일에 쓴 내용에 잘 암시되어 있다.

"그 일지가 우리 모두에게 매우 중요하고 흥미로운 것일 뿐 아니라, 그 탁월하고 기특한 모험가들에게도 소중한 재산이라는 점은 의심의 여지가 없다."17

이 말은 루이스가 일지의 출간으로부터 부를 얻게 되리라는 것을 기대했음을 암시한다. 그런데 그는 왜 그 일지가 자신과 클라크의 개인 자산이라는 생각을 했던 것일까? 원정에 들어간 비용은 정부에서 댄 것이고 일지를 작성할 당시 루이스와 클라크는 현역 군인으로서 임무 수행 중이었다. 그렇다면 이들이 작성한 지도와 일지는 정부 재산에 속하는 것이 아닌가?(제퍼슨은 훗날 막대한 자금을 동원해 이루어진 원정의 성과물은 정부의 재산이라고 말한 바 있다.)

아마도 루이스는 워싱턴을 떠나기 전에 이 문제를 제퍼슨과 논의한 듯하며 제퍼슨은 루이스에게 그 일지를 출판해 수익을 갖도록 권한을 부여한 것 같다. 이러한 가정은 두 지휘관이 일지로부터 얻게 될 재산에 관한 동시대인의 언급과 그로부터 10년 뒤에 제퍼슨이 한 말에 근거한 것이다.

"일지의 출판으로부터 비롯될 금전적 이득이 있다면 무엇이든 루이스와 클라크에게 주고자 한다. 그렇게 해야만 그들이 더욱 관심을 기울여 신속한 출간이 가능할 것이기 때문이다. 그런 조건 아래 일이 이뤄지는 것이 더 낫다고 본다."18

일지를 작성한 사람은 루이스와 클라크뿐이 아니었다. 하사들은 모두, 그리고 이병들 중 몇 사람도 두 지휘관의 지시에 따라 일지를 작성했다. 루이스는 그런 일지들도 자신의 관리 아래 놓인 것으로 간주했다. 로버트 프래지어 이병은 세인트루이스에 도착한 직후 자신의 일지를 출간할 수 있게 해달라고 루이스에게 허락을 구했다. 루이스는 기꺼이 허락하면서 프래지어에게 향후 출간될 책의 내용 소개서를 보내 승인을 받아야 한다는 조건을 내걸었다. 프래지어는 실제로 그렇게 했다. 그 소개서에 따르면 이 책은 400쪽의 단행본으로 출간될 예정이며 미주리강, 컬럼비아강, 그 지역의 전반적인 풍경, 여러 인디언 부족, 새로이 발견된 식물·동물·광물 등에 관한 정확한 묘사와 아울러 가장 주목할 만한 지역의 위도와 경도가 수록될 것이라고 선전했다. 그러면서 이 책이 메리웨더 루이스 대위의 승인 아래 출간될 것이라며 예약 구매자를 모집했다.19

원고를 읽어 본 루이스는 대경실색했다. 그는 그 지역의 박물학에 관련된 정보가 수록될 것이라고 했던 선전 문구를 삭제하도록 출판사 측에 요구했다. 왜냐하면 프래지어는 천문 관측, 광물학, 식물학, 동물학에 대해 완전 무지하기 때문에 그런 주제는 물론 지리학에 대해 정확한 정보를 제공할 수 없을 것이라는 이유에서였다.

내용 소개서에 관한 루이스의 항의는 온당한 것이었다. 동시에 이는 훗날 자기가 펴낼 책의 경쟁자를 억압하려는 의도로 이루어진 것이기도 했다. 또한 이 항의는 루이스가 자신의 과학적 발견을 일지에서 가장 가치가 높은 부분으로 간주했음을 보여준다(출판사 측에서는 루이스의 항의를 무시했지만 프래지어의 책은 결국 출간되지 않았다. 심지어 그 일지의 원본조차 소실되었다).20

루이스는 최대한 빨리 워싱턴으로 가고 싶어 했지만, 원정과 관련한 회계 업무를 마무리하는 데만 해도 무려 한 달이 걸렸다. 그는 장차 받을 보수에 대한 선금을 원하는 대원들을 위해 경화를 모으러 다니느라 바빴다. 보수의 총액은 많은 경우(가령 존 포츠 이병) 400달러에 달했다.

하지만 변경지대에는 현금이 부족했고 루이스는 대원 1인당 최대 300달러에서 최소 19달러 50센트까지의 선금을 지불하기 위해, 무려 16명의 상인을 찾아가 사정을 설명하고 현금을 빌려야 했다. 대신 그는 이들에게 육군성 명의로 된 어음을 주었다.21 또한 자신과 클라크, 빅 화이트, 그리고 나머지 대원이 워싱턴까지 갈 때 사용할 보급품과 의복, 식량도 구입했다. 그는 이를 모두 어음으로 지불했다.

루이지애나에서 곧바로 사용 가능한 부는 전적으로 모피와 토지에 한정되어 있었다. 이에 따라 세인트루이스의 사업가 사이에서 이 두 가지에 대한 투기가 만연하고 있었다. 루이스의 대원들 역시 서둘러 이 대열에 끼어들었다. 루이스는 일찍이 대원들에게 혁명군 소속 병사 각자에게 주어진 것에 상응하는 토지 보상이 주어질 것이라고 약속했다. 루이스가 보증하는 이 구두 약속으로 대원들은 마치 이미 토지를 받기라도 한 듯 간주했다. 가령 조셉 화이트하우스 이병은 자기가 받게 될 토지권리증을 280달러에 드뤼야르에게 팔았고, 존 콜린스 이병도 자기 몫의 권리증을 드뤼야르에게 팔았다. 6개월 뒤, 드뤼야르는 이 두 가지에 자기 몫의 권리증까지 얹어 1,300달러에 되팔아 제법 이득을 보았다. 하지만 이걸 산 쪽은 오히려 손해를 보았다. 1년 뒤, 다시 1,100달러에 권리증을 되팔아야 했던 것이다.22

두 지휘관은 공개 경매를 열어 원정에 사용하고 남은 물품을 모두 팔아치웠다. 물품은 소총과 뿔 화약통, 탄주머니, 솥, 도끼 같은 것으로 판매 수익은 408달러 62센트였다.23 이는 매우 부끄러운 일이 아닐 수 없다. 원정에 사용된 물품이라면 그렇게 헐값에 팔아치울 것이 아니라 오히려 공공 재산으로 보존했어야 마땅하다.

특히 세인트루이스의 사업가들은 루이스에게 옐로스톤지역으로 떠날 원정대의 적절한 규모, 미주리강 상류의 인디언이 가장 많이 찾는 교역품, 필요한 장비, 그리고 비버가 얼마나 많이 있는지 등에 관해 질문을 퍼부었다. 전기 작가 리처드 오글스에 따르면 마누엘 리사도 1806년에 루이스와 클라크로부터 들은 이야기에 "마치 감전된 듯한" 기분이었다고 한다. 그는 이듬해 봄 평저선 2척으로 구성된 원정대를 미주리강 상류로 보내기 위해 자금을 모으기 시작했다.24 루이스도 거기에 자금을 보탰을 수도 있다.

10월 24일, 루이스의 9월 23일자 편지가 마침내 워싱턴에 도착했다. 제퍼슨은 곧바로 답장을 썼다. 그 편지를 받고 무척 기뻤다고 하면서 대통령은 그 젊은 친구와 그가 이끌었던 원정대를 보고 싶어 하는 크나큰 열망도 내비쳤다.

"자네가 들어간 그 미지의 풍경과 자네로부터 아무런 소식도 듣지 못한 시간의 길이가 내게는 끔찍하게 느껴지기 시작했다네."

대통령은 이 답장을 조만간 그가 도착할 샬럿츠빌로 부치겠다며 "내 유일한 목표는 자네가 익히 알고 있는 사실, 즉 자네를 향한 내 지속적인 애정과 여기 있는 친구들 모두가 자네를 다시 만나게 될 기쁨을 자네에게 다시 한 번 상기시키는 것"이라고 덧붙였다.

그는 루이스에게 워싱턴에 오기 전에 몬티첼로에 먼저 들러 빅 화이트 추장과 함께 그 저택에 만들고 있는 인디언 홀을 구경하게 하라고 제안했다. 그곳에는 루이스가 1805년 봄에 포트만단에서 수집해 보낸 인디언 물건들을 비롯해 엘크와 무스 뿔 등이 소장되어 있었다(몬티첼로 입구의 안쪽에 위치한 이곳에는 지금도 만단족 물건 중 일부와 빅 화이트의 초상화가 남아 있다).25

그런 다음 제퍼슨은 루이스에게 어떤 지위를 부여해야 좋을지를 놓고 재무장관 앨버트 갤러틴과 상의했다(물론 두 사람 모두 루이스가 어떤 강에 갤러틴의 이름을 붙여 놓았다는 사실은 미처 몰랐다). 대통령은 루이스를 루이지애나 준주의 지사로 임명할 생각을 하고 있었다. 갤러틴도 좋은 생각이라고 동의했지만, 일단 루이스가 동부에 왔다가 다시 세인트루이스로 돌아갈 때까지 다른 사람을 임명해두는 것이 좋겠다고 말했다. 왜냐하면 루이스는 일지의 출간을 감독하기 위해 한동안 바쁠 것이니 말이다.26

이것은 크나큰 실수인 동시에 미리 회피할 수 있던 실수였다. 차라리 루이스를 더 높은 계급으로 승진시키고 육군성으로 발령한 다음, 다른 임무를 면제하고 오로지 서기나 특별 고문들과 함께 일지의 신속한 출간을 준비하는 임무만 담당하게 하는 편이 훨씬 나았을 것이다.27 물론 그랬다면 루이스는 인세를 한 푼도 받지 못하는 것은 물론 세인트루이스에 머물 수도, 미국 모피 교역 제국 설립에 관여할 수도 없었을 것이다. 혹시 제퍼슨은 일지의 출간이 순조로울 것이라고 지나치게 낙관한 것이 아닐까?

1806년 11월 초, 루이스와 클라크는 다시 여정에 올랐다. 이번에는 빅 화이트 추장과 그의 가족, 통역자, 피에르 쇼토가 이끄는 오세이지족 대표단, 개스와 오드웨이 하사, 라비셰와 프래지어 이병, 그리고 요크가 동행했다. 9일에는 루이빌에 도착해 조지 로저스 클라크를 방문했다. 13일에 프랭크포트에 도착한 일행은 뿔뿔이 헤어졌다. 쇼토는 오세이지족 인디언들을 데리고 워싱턴으로 향했고, 클라크는 친구들을 만나기 위해 버지니아주 핀캐슬Fincastle로 떠났다. 루이스는 빅화이트 추장 일행과 함께 샬럿츠빌로 향했다.

12월 2일, 제퍼슨은 원정대의 귀환에 관해 최초로 공식 언급을 했다. 비록 의회에 대한 연례교서에 포함된 한 문단에 불과한 데다 그나마 매우 변명조였지만 말이다.

"미주리강과 그곳에서 태평양까지 최상의 통행로를 탐사하기 위해 떠났던 루이스 씨와 클라크 씨의 원정대는 일찍이 기대하지 못했던 갖가지 성과를 거두었습니다."

여기서 '일찍이 기대하지 못했던'이라는 구절은 어쩌면 북서통로가 존재하지 않는다는 사실에 대한 제퍼슨의 실망을 표현한 것일 수도 있다. 그는 원정을 한 문장으로 요약한 다음, 이미 그때까지 지출된 비용과 향후 두 지휘관 및 대원들에 대한 보상 형태로 지출될 비용을 정당화하는 대목으로 접어들었다.

"그 여정을 통해 이들은 지금까지 전혀 알려지지 않았던 수많은 인디언 부족에 대한 정보를 얻었습니다. 또한 그 인디언과의 사이에서 벌일 수 있는 교역과 그 사업을 위한 최상의 경로 및 위치 등을 알려왔으며, 그들이 지나간 지역의 지리를 정확히 기록할 수 있게 되었습니다."

이렇게 얻은 정보는 무척 귀중한 것이라고 대통령은 의회에 단언했다.

"루이스 씨와 클라크 씨, 그리고 그 용감한 대원들이 수행한 노고야말로 조국으로부터 값진 보상을 받아 마땅할 것입니다."28

루이스의 입장에서는 실망스러울 정도로 짧은 언급이었지만, 그래도 맨 마지막 줄은 나쁘지 않았을 것이다. 세인트루이스가 아닌 다른 지역의 주요 인사들은 루이스가 인디언과 모피에 관해 알아낸 내용에 특히 관심을 가졌다. 동부에서는 미국 철학회 회원들이 루이스의 식물학 및 동물학적 발견에 열광했다.

루이스가 워싱턴에 가까워지면서 흥분은 점차 배가되었다. 필라델피아박물관(훗날 필즈박물관 Peal's Museum)의 설립자이자 당시 저명한 초상화가(조지 워싱턴의 초상화를 최초로 그린 인물)였던 찰스 윌슨 필은 제퍼슨에게 다음과 같은 편지를 보냈다.

"루이스 씨는 우리 박물관의 초상화관에 들어갈 자격을 충분히 갖추었으므로, 그가 이곳에 도착하는 대로 저를 위해 포즈를 취해 줄 수 있으면 좋겠습니다."29

12월 13일, 루이스는 드디어 어머니와 가족을 만나기 위해 고향집 로커스트힐에 도착했다. 바로 그날 샬럿츠빌에도 그 소식이 도달했다. 15일쯤 그곳을 방문할 예정이던 루이스를 위해 시민들은 환영행사를 준비했다. 리치먼드의 《인콰이어러 Enquirer》에 수록된 그 지역 통신원의 말에 따르면, 행사 당일에는 궂은 날씨와 나쁜 도로 상황에도 불구하고 그 지역에서 가장 존경받는 주민 50명가량이 그를 환영하기 위해 모여들었다고 한다.

식사를 하기 직전, 이름을 알 수 없는 한 시민이 일어나 환영 연설을 했고, 루이스는 일종의 요약 보고 형태로 답사를 했다. 이것은 오늘날 전해지는 것 가운데 루이스의 실제 말투에 가장 가까운 것이라 할 수 있으므로 여기서 좀 길게 인용할 만한 가치가 있다. 우선 루이스는 앨버말 카운티로 돌아오게 된 것에 그리고 자신에게 주어진 영예에 기쁨을 표시했다.

"여러분의 이처럼 따뜻하고도 꾸밈없는 우정의 표현, 그러니까 제가 사랑하지 않을 수 없도록 만드는 대상인 여러분의 그런 표현은 그 간절한 소망, 아마 오늘 이후로 그렇게 믿어지겠지만, 제가 태평양까지의 원정으로써 우리 조국에 대해 지고 있던 의무를 마침내 모두 이행했다는 그 간절한 소망 못지않게 기쁜 것입니다."

그는 그 공을 다른 사람과 나누기 위해 애써 이렇게 말했다.

"계획하는 것은 그리 대단치 않은 일이었습니다. 과학에 그리고 자유의 세계에 북아메리카의 거대한 미지의 야생을 더해 주었다는 공은 제 친애하고 놀라운 친구 클라크 대장에게, 그리고 그 임무를 수행함에 있어 온갖 노고와 어려움을 마다하지 않은 우리 대원들에게 똑같이 돌려야 마땅할 것입니다."

그는 다음과 같은 소망을 피력해 정치적이고도 경제적인 부분을 언급하는 것으로 답례 연설을 마무리했다.

"우리가 이룬 발견들은 앞으로 오랫동안 향상되지 않은 채로 남아 있지 않을 것입니다. 우리 정부는 자연이 그토록 풍족하게 부여한 자원에 대한 탐사를 통해, 그 자원을 유용하게 만들고 미국의 자유와 영예라는 대의를 촉진하며 고통 받는 인류를 구제하도록 할 것입니다."

그날 모인 사람들은 훌륭한 만찬을 즐겼고 수많은 건배가 이루어졌다. 일행은 유쾌함과 환희의 분위기 속에서 참으로 즐거운 저녁 시간을 보냈다. 그 위험한 원정에서 무사히 그리고 영감까지 얻어 돌아온 친구들과 함께 말이다.30

다시 여로에 나선 일행이 워싱턴에 도착한 것은 12월 28일이었다. 워싱턴의 어느 관측자는 "이제껏 그토록 흥분되는 사건은 없었다"고 말했다. 워싱턴의《내셔널인텔리전서》는 루이스의 도착을 대단히 만족스럽게 보도했다. 그 신문은 그토록 많은 인내와 참을성, 성공을 낳으며 수행된 원정은 인류 역사상 거의 없었다고 말했다. 하지만 이 신문은 그 원정에 관해 더 자세한 내용을 소개하지 않을 것인데, 그 이유는 루이스 자신이 조만간 일지를 단행본 형태로 출간해 대중에게 선보일 것이라고 약속했기 때문이라고 썼다. 향후 출간될 책은 "단순히 문학적 호기심을 만족시키는 데서 그치지 않고, 국가적 유용성이라는 보다 크고 직접적인 목표에 대한 시각도 열어주리라"고 그 신문은 단언했다.31

12월 30일, 제퍼슨은 오세이지족 대표단을 접견했고 그해 말일에는 빅 화이트 추장과 만단족을 접견했다. 양쪽 모두를 맞이해 그는 전형적인 인디언 연설을 했다.

새해 첫날, 루이스는 대통령 관저에 머물고 있었다. 1803년 7월의 원정 출발 이후, 3년 반 만에 이루어진 루이스와 제퍼슨의 만남에 대해서는 아무런 기록도 남아 있지 않다. 수도에서의 정치적 상황에 관해 루이스가 수많은 질문을 했을 것은 당연한 일이다. 어쩌면 루이스가 목격한 자연의 광경과 그가 경험한 모험, 인디언들에 관한 호기심에 제퍼슨이 더 많은 질문을 했을 수도 있다.

더욱이 루이스의 이야기는 경험에서 나온 것으로 회색곰이나 거대한 나무, 엄청난 폭풍, 천국과도 같은 대평원, 미주리강 상류의 황무지, 평원 인디언 부족들의 흉포함, 컬럼비아강 하류 인디언 부족의 숫자, 조류와 동물의 놀라운 생태 등에 관한 것이었다. 제퍼슨이 그 옆에 서기를 한 사람 앉혀 놓지 않았던 것, 또는 본인이 직접 그 내용을 기록하지 않았던 것은 참으로 안타까운 일이다.

두 사람은 서로의 건강과 정신이 여전하다는 것을 보고 기뻐했을 것이다. 물론 두 사람은 북서통로에 관한 사실에 실망했을 수도 있지만, 제퍼슨은 곧 그런 타격을 감내했으리라 추측할 수 있다. 영국의 탐험가인 조지 밴쿠버 대위의 다음과 같은 말이 그 시대의 정신을 잘 보여주고 있다.

"오늘날의 가장 뛰어난 열정은 지구상의 진정한 지리를 발견하고 묘사하려는 데서 나타난다."32

제퍼슨 역시 이 말에 전적으로 동의했으리라. 사실 루이스는 루이지애나의 장래와 미국 모피 교역 제국에 대한 자신의 계획에 대해 할 말이 많았다. 제퍼슨은 그 이야기를 듣고 기뻤을지도 모른다. 제임스 론다의 지적처럼 "여러 세대에 걸친 제국 건설자들은 모피 교역을 통해 인디언 중에서 우방을 확보하고, 장래의 경쟁자들을 앞지르며 영토를 확장해왔다. (…) 제국의 형성 과정은 이처럼 교역에 의존하고 있었으며 제퍼슨은 그 사실을 잘 알고 있었다."33

루이스는 일지를 작성했으며 클라크의 지도는 대륙의 3분의 2에 해당하는 서부지역을 망라하고 있었다. 이들은 십중팔구 그 출간을 논의했을 것으로 보인다. 도널드 잭슨의 지적처럼 말 그대로 전 세계가 이들의 귀환을 고대하고 있었다.34 그리고 제임스 론다는 "계몽주의의 가르침에 따르면 기록되지 않은 관찰은 잃어버린 지식이나 다름없다"라고 말했다.35 제퍼슨은 십중팔구 새로운 식물군과 동물군에 관한, 그리고 지형과 토양상태에 관한 루이스의 묘사에 기뻐했을 것이다. 여러 해 전, 그는 장래의 탐험가에게 "과학에는 우리가 본 것에 대한 정확한 묘사"가 필요하다고 말한 바 있다.36

그 점에서 루이스는 제퍼슨의 명령을 그대로 준수한 셈이다. 실제로 거의 모든 점에서 루이스는 자신의 임무를 완수했다. 최고통수권자에게 한 보고가 얼마나 지속되었는지, 어떤 주제가 언급되었는지 등은 정확히 알 수 없지만 한 가지는 확실하다. 그것은 지도가 워낙 커서 두 사람이 지도를 바닥에 펼쳐 놓고 그 위에 엎드린 채로 살펴보았을 것이라는 점이다.37

워싱턴

1807년 1~3월

1월 2일, 하원은 루이스와 클라크 그리고 그 용감한 동반자들에게 어떤 보상이 주어져야 할지를 조사하기 위한 위원회를 구성했다. 이때 노스캐롤라이나주의 윌리스 앨스턴 2세Willis Alston, Jr.가 의장이 되었다.1 당시 대통령 관저에 묵고 있던 루이스는 자신과 클라크 그리고 대원들을 위해 정치가들과 접촉하기 시작했다.

워싱턴 정계에서는 보다 직접적인 방식으로 두 지휘관을 기리고자, 대규모의 축하만찬과 무도회를 열어 정치가들이 이 젊은 영웅들을 직접 만나 이야기를 나눌 기회를 마련했다. 하지만 클라크는 여전히 버지니아에 머물며 줄리아 행콕과 연애를 하고 있었다(루이스 역시 당시 워싱턴에서 나름대로 연애를 했다는데 자세한 내용은 알려지지 않고 있다). 무도회는 몇 번이나 연기되었다가 마침내 더 이상 미룰 수 없다고 해서 1월 14일로 날짜를 잡았다.

당시 수도에서의 열광적인 반응이 어느 정도였는지를 보여주는 지표로 조엘 발로의 건의를 들 수 있는데, 당대 미국 최고의 시인을 자처하던 그가 서부의 그 거대한 강 이름을 '컬럼비아'에서 '루이스'로 바꾸자고 주장했던 것이다.2

피에르 쇼토와 빅 화이트는 루이스와 함께 무도회에 참석했다. 만찬에 관해 보도한 신문기사에 제퍼슨의 이름이 거명되지 않은 것으로 보아, 그날 참석한 몇몇 정부 요인 가운데 대통령은 포함되지 않았던 것으로 추측된다. 듀머스 맬런은 "제퍼슨이 그런 행사를 싫어하기 때문이기도 했고 어쩌면 자신의 등장으로 귀환한 영웅에 대한 관심이 흩어질지 모른다고 생각했기 때문인지도 모른다"고 했다.3

여러 번 건배가 이어졌다. 발로는 8연으로 구성된 시를 썼는데, 과장된 언사와 엉성한 운율, 뒤죽박죽의 은유로 이루어진 시임에도 만찬 뒤에 낭송되었다. 그중 한 대목을 들자면 이런 식이다.

 온 나라가 한 목소리로 외치는 선포가
  온 시대에 걸쳐 거듭될 포고가 들려오도다.
 그 서부의 강에 이 젊은 영웅의 이름을 붙이세.
 그 강에 바다로의 길을 가르친 그의 이름을.

상원의원 존 퀸시 애덤스는 해도 너무하는 것 같다는 생각에 제퍼슨을 '철학자'이자 터무니없이 잘 속아 넘어가는 인물로 꼬집는 패러디를 썼다. 즉, 루이스가 발견하지 못한 것, 가령 매머드나 매머드 뼈, 웨일스족 인디언, 소금 산 등에 관해 썼던 것이다. 애덤스의 관점에서 루이스의 이야기는 지나치게 과장되었던 것이다.

그는 자기가 발견한 경이들을 말씀드릴 겁니다.

내키기만 한다면요, 각하―

애덤스에게 무엇보다 우스꽝스럽게 여겨졌던 것은 컬럼비아강을 루이스강으로 바꾸자는 발로의 제안이었다.

콜럼버스 노인네야 또 한 번
명예가 깎여나가게 내버려둡시다.
그 어떤 강도 그의 이름을
역사 속에 기억토록 하지 맙시다.
이미 낡을 대로 낡은 발견을
어찌 감히 새로운 발견에 견주리오.
몰아냅시다. 컬럼비아강을 몰아내고,
만듭시다. 루이스강으로! 4

루이스가 컬럼비아강에게 바다까지의 길을 가르쳐주었다는 발로의 시 가운데 한 구절에 관해, 애덤스는 다음과 같은 각주를 남겼다.
"여기서 그 젊은 영웅의 놀라운 능력이 돋보이니, 그는 심지어 강에게조차도 선생노릇을 했다."
말론은 이 우스꽝스러운 시를 가리켜 "매사추세츠 출신의 버젓한 상원의원이라는 외양에 비해 훨씬 많은 위트가, 아울러 그의 공직 활동상에서 드러난 것보다 훨씬 당파적인 기질이 드러난다"고 평가했다.5 제퍼슨은 현명하게도 발로의 제안을 받아들이지 않았다.

루이스는 겨우내 대통령 관저에 머물렀다. 2월 중순, 디어본 장관에게 보낸 편지에서 제퍼슨은 루이스와의 대화 중에 나온, 이른바 '앞으로 루이지애나로 떠나는 탐사대'가 반드시 가져가야 할 물품의 내역을 언급했다. 목록의 상위를 차지한 것은 푸른색 구슬이었는데, 이는 인디언이 다른 구슬보다 그 색깔을 더 좋아한다는 이유에서였다. 루이스는 만약 자기가 원정을 다시 한 번 떠난다면 짐의 절반 또는 3분의 2가량은 푸른색 구슬, 놋쇠 단추, 칼, 전투용 도끼, 토마호크(소총은 말고), 송곳, 가죽용 바늘,* 쇠빗, 캠핑용 솥 세트, 화살촉 등으로 채우겠다고 말했다.6

또한 루이스는 원정으로 발생한 회계장부를 정리하고 보상에 대해 정치가들과 이야기를 나누었으며, 대원들에게 더 많은 금전과 토지를 얻어주려 애쓰는 동시에 클라크를 옹호했다. 디어본 장관과의 대화 도중에 그는 의회가 자신에게 어느 정도의 토지를 하사하든 클라크 역시 자신과 똑같이 얻어야 한다고 주장했다. 나아가 계급에 따른 차별이 있어서는 안 된다고 강조했다.

디어본은 당연히 이런 요구를 거부했다. 보상에 관한 육군성 측의 공식 권고를 보내 달라는 앨스턴 의원의 요청에 디어본은 대원 각자에게는 320에이커(이는 독립전쟁 참전용사의 표준 상여금이었다), 클라크에게는 토지 1,000에이커, 그리고 루이스에게는 1,500에이커의 토지 권리증을 지급하라고 제안했다.7

루이스도 직접 공식 권고를 작성했는데 이는 자신이나 클라크를 위

---

*단면이 둥근 일반 바늘과 달리 단면이 삼각형이고 모서리가 날카롭기 때문에 두꺼운 가죽을 꿰맬 때 주로 사용한다(역주).

한 것이 아니라 대원들을 위한 것이었다. 우선 그는 포트만단까지 갔다 돌아온 퇴출 대원 2명(리처드 워핑턴 상병과 존 뉴먼 이병)을 위해 청원했다. 비록 포트만단에서의 불온한 행동으로 퇴출당하긴 했지만, 뉴먼은 이후 나무랄 데 없이 행동했고 훗날 세인트루이스까지의 여정에서 워핑턴에게 큰 도움이 되었다.

그런 뒤에 루이스는 태평양까지 갔다 돌아온 대원들의 이름을 모두 거명했다(물론 요크는 빠졌다). 그는 특히 라비셰 이병에 대한 추가 보상을 요청했는데, 이는 그가 통상적인 임무 외에도 프랑스어-영어 통역자로서 추가 임무를 수행했다는 이유에서였다. 또한 존 실즈는 총기를 수리하는 데 뛰어난 실력을 발휘했다는 이유로, 필드 형제는 가장 활동적이고 진취적이었다는 이유로, 그리고 조르주 드뤼야르는 여러 가지 공적을 세운 사람이라는 이유로 각각 추가 보상을 요청했다. 특히 드뤼야르의 수화, 사냥, 그리고 산사람으로서의 숙련된 능력은 그야말로 격찬을 받아 마땅할 만큼 뛰어난 것이었다고 했다. 그는 드뤼야르를 고용할 때 월급 25달러를 약속했지만 의회에는 월급 30달러를 지급해 달라고 요청했다.

반면 샤르보노에 관해서는 부정적으로 언급하며 아무런 공적도 세우지 못한 인물이라고 했다. 샤르보노 역시 통역자로 고용할 때 월급 25달러를 약속했지만, 그가 드뤼야르와 똑같은 금액의 보상을 받는 것은 부당하다는 것이 루이스의 생각이었다.

루이스는 대원 모두를 향해 청원하는 것으로 권고를 마무리했다. 대원들의 품행은 자신으로부터 크나큰 추천과 감사를 받아 마땅했다면서, 그렇지 않았다면 자신은 그들의 공헌에 관해 정부 측에서 넉넉한 금액을 보상으로 지급해줄 것이라는 희망을 감히 피력할 수 없을

것이라고 했다.8

  1월 23일, 앨스턴은 보상 법안을 작성 제출했다. 루이스와 클라크 각자에게 1,600에이커씩, 대원들 각자에게 320에이커씩의 토지와 함께 모두에게 봉급을 2배로 지급하는 내용이었다. 워핑턴, 뉴먼, 드뤼야르, 샤르보노도 그 대상에 포함되었다. 반면 라비셰, 실즈, 필드 형제 등에 관한 추가 보상이나 드뤼야르에 대한 월급 5달러 인상 등의 내용은 들어 있지 않았다. 보상을 지불하기 위한 예산은 모두 1만 1,000달러에 달했다.

  앨스턴의 법안은 하원에서 열띤 논란의 대상이 되었다. 일부 의원은 그런 수여는 터무니없고 또 선례가 없는 일이라며 반대했다. 한 의원은 이렇게 주장했다.

  "이는 사실상 국고에서 6만 달러를 지출하는 것이나 마찬가지이며, 어쩌면 그보다 서너 배는 더 많은 금액일 수도 있다. 피수여자들은 모두 서부지역으로 건너가 거기서 제일 좋은 땅에 대해 자신들의 권리증을 사용할 것이기 때문이다."

  그는 제일 좋은 땅은 최소한 에이커당 2달러는 넘을 것이라고 했다. 하원은 이 법안을 한 달 가까이 끌다 마침내 62 대 23으로 통과시켰다. 같은 날인 2월 28일, 이 법안은 수정이나 별다른 논란 없이, 심지어 투표에 관한 기록조차 없이 상원을 무사히 통과했다(애덤스 상원의원으로서는 다행스런 일이었다. 루이스와 제퍼슨을 향한 그의 풍자시 공격이 훗날 그에게 정치적 악재로 작용했기 때문이다).9

  월급은 이병이 5달러, 상병이 7달러, 하사가 8달러, 클라크 중위가 30달러, 루이스 대위가 40달러였다(장교들에게는 자체 부담한 급식비에 대한 상환금이 추가로 지급됐고 특히 클라크에게는 노예인 요크의 몫까지 지급되었다).

　루이스는 1803년 4월 1일부터 1807년 10월까지 계산해 총 3,360달러의 봉급에 급식비 702달러, 그리고 3,200달러 상당의 토지권리증(정부 산하 어느 지역의 국유지 관리국에서든 현물로 바꿀 수 있는)이 지급돼 모두 7,262달러를 받았다. 적어도 일지의 출간 준비에 소요될 비용과 세인트루이스를 기반으로 한 모피 교역에 참가할 만큼의 유동자산은 넉넉히 확보된 셈이었다. 원정대에 대한 최종적인 지급 금액은 루이스가 원하던 혹은 기대하던 만큼에 달했다.

　정부 측에서는 그것 말고도 별도의 비용을 지출해야 했다. 가령 빅화이트 추장을 만단족 마을로 돌려보내는 데 들어가는 비용 같은 것이었다. 최종 결산을 하고 보니, 원정에는 예상했던 것보다 훨씬 많은 비용이 들어간 것으로 나타났다. 제퍼슨은 이에 관해 한 번도 불만을 표시한 적이 없었다. 몬티첼로에서의 건축 공사에 드는 비용과 마찬가지로, 제퍼슨은 원정에 들어간 비용에 관해 입씨름을 한 적이 없었다. 왜냐하면 어느 쪽이든 조국의 미래를 위해 충분히 할 만한 투자라고 생각했기 때문이다.10

　1808년 7월, 대통령은 프랑스의 박물학자 베르나르 라세페데 Bernard Lacépède에게 보낸 편지에서 이렇게 말했다.

　"장담하건대 루이스와 클라크의 이번 여행으로 모든 분야에서 추가된 지식은 그 사업을 준비할 당시에 내가 품었던 기대를 완전히 만족시키는 것이었습니다. 이 여행자들이 그만한 평가를 받아 마땅하다는 것을 앞으로 전 세계도 알게 될 것입니다."11

　두 지휘관에게는 또 다른 보상도 있었으니 그것은 바로 새로운 공직 임용이었다. 1807년 2월 28일, 제퍼슨은 루이스를 루이지애나 준주의 지사로 임명했다.* 상원은 이를 승인했고 루이스는 3월 2일자로 육군에서 퇴역했다.12 동시에 제퍼슨은 클라크를 육군 중령으로 승진시키려 했지만, 막상 육군성을 거쳐 나온 최종 후보 명단에는 클라크의 이름이 빠져 있었다. 대통령의 물음에 육군성 장관은 클라크가 빠진 것은 지시를 잘못 이해한 직원의 실수였다고 해명했다.13

상원은 클라크의 후보 지명을 거부했고 클라크가 자기 형에게 보낸 3월 5일자 편지에서 설명한 바에 따르면, 이는 단순히 '원칙을 깨뜨리는 천거라는 이유로 인해' 거부된 것에 불과했다. 선임자들의 권리를 존중해서 그렇게 되었다는 얘기다. 그럼에도 클라크는 매우 기뻐했는데, 그것은 상원의원 모두가 그것 말고 다른 직위에 대한 지명이 있으면 무조건 승인하겠다고 약속했기 때문이다. 실제로 상원은 제퍼슨이 클라크를 루이지애나 준주의 인디언 업무 감독관 겸 의용군 준장 계급으로 지명하자 두말없이 승인했다.14

워싱턴의 한겨울은 습기 차고 쌀쌀했다. 대통령 관저에서는 제퍼슨의 사위인 토머스 맨 랜돌프Thomas Mann Randolph가 병에 걸렸다. 그의 열은 올랐다 떨어지기를 반복했고 의사는 환자에게 방혈법을 시술했지만 아무런 효과가 없었다. 제퍼슨은 사위의 차도에 관해 딸 마사에게 보낸 편지에서 한번은 "피를 너무 많이 뽑아 체력 회복이 늦어지고 있다"고 불평하기도 했다. 3월 6일, 제퍼슨은 루이스 대위가 계속 랜돌프 곁에서 간호하고 있다고 마사에게 썼다.

---

*1807년 의회는 북위 33도를 기준으로 삼아 루이지애나 매입으로 획득한 영토를 두 지역으로 분할했다. 이 경계는 오늘날 루이지애나주의 북쪽 경계에 해당한다. 이 경계의 남쪽은 올리언스 준주가, 그 북쪽은 루이지애나 준주가 되었다(원주).

랜돌프가 걸린 병이 무엇인지 모르지만 루이스도 결국 그 병에 옮았다. 제퍼슨도 지독한 감기에 걸렸다. 그는 마사에게 "우리 모두 환자들뿐"이라고 썼다.15

그러던 중에 클라크가 워싱턴을 방문했다. 그는 아직 세인트루이스에 머물고 있는 대원들에게 줄 토지권리증과 봉급을 챙기는 대로 서부에 위치한 신규 부임지로 떠날 예정이었다. 루이스는 필라델피아에 가서 일지의 출간을 감독하겠다고 했고 클라크 역시 이에 동의했다.

세인트루이스에 도착하자마자 클라크가 맨 먼저 해야 할 일은 빅 화이트 추장을 무사히 고향으로 돌려보내는 것이었다. 이를 위해 디어본은 만단족에게 보낼 선물 구입을 위한 예산 400달러의 지출을 승인했고, 나아가 여행을 위해 필요하다고 판단되는 비용을 차후에 육군성 앞으로 청구하도록 허락했다. 빅 화이트 일행의 귀환 여정은 소위로 진급한 너새니얼 프라이어 하사가 이끌기로 했다. 여기에 민간인 교역상들로 이뤄진 무장 병력을 딸려 보내려는 의도로 디어본은 세인트루이스의 상인 가운데 미주리강에서의 모피 교역에 관심이 있는 사람들을 찾아내 그들에게 앞으로 2년간 인디언과의 독점 교역권을 부여하는 동시에 그들의 피고용인에게 소총과 탄약도 지급하도록 하는 권한을 클라크에게 부여했다.16

3월 9일자로 이러한 권한을 부여받은 클라크는 다음날 대통령 관저로 루이스를 찾아갔다가 병상에 누운 그를 보고 무척 안타까워했다. 이때 루이스는 토지권리증과 경화 6,896달러를 클라크에게 건네주었다. 이들은 빅 화이트 추장의 귀환에 대해 이야기하고 아직 세인트루이스에 남아 있는 대원 가운데 원하는 사람은 이번 여정에 동행시킬 수 있도록 프라이어에게 재량권을 주기로 했다.

클라크가 떠난 뒤, 루이스는 알약(정확히 어떤 것인지 알 수 없다)을 먹었고 다음날 상당한 차도가 있었다. 그는 세인트루이스로의 장도에 오른 친구에게 앞으로 며칠이면 체력이 완벽하게 회복될 것으로 믿는다고 편지를 썼다.17

그의 건강은 실제로 회복됐던 모양이다. 그로부터 사흘 뒤, 그는 《내셔널인콰이어러》지에 "최근에 있던 태평양까지의 여행을 다룬 몇 권의 다른 책이 출간 준비 중인 것으로 알고 있는데, 이는 공인된 적 없는 것이라며 대중에게 그런 출판물에 조심할 것을 당부하는" 서한을 보냈다. 또한 그는 그 위조 작품이 실제 작품의 가치를 평가절하할 것이며 자신이 출간을 준비하고 있고, 몇 가지 주제를 제대로 기록하려면 상당한 시간과 노력이 필요하므로 대중에게 인내해줄 것을 요구했다.

이 편지에서 그는 자신의 저서 출간 계획을 소개함으로써 관심이 있는 사람들을 예약 구매자 대열에 동참시키려 했다. 그는 우선 지도를 그해 10월경에 출간하고 일지의 제1권(여행기)은 1808년 1월 1일에, 제2권(각 지역의 지리, 인디언과의 만남, 모피 교역에 관한 전망)과 제3권(과학적 발견)은 차후에 속간하겠다고 약속했다.

루이스는 자신이 일지의 출간을 승인한 사람은 로버트 프래지어가 유일하며, 프래지어는 과학적 문제를 알지 못하는 터라 매일의 사건 가운데 극히 일부 내용만 제공할 수 있을 뿐이라고 단서를 달았다. 그는 다음과 같이 편지를 마무리했다.

"공인된 적 없는 출판물의 경우, 장담하건대 거기 포함된 정보의 정확성은 로버트 프래지어의 일지보다 훨씬 못할 수밖에 없을 것이다."18

이 문서에 드러난 그의 태도는 수세적이고 심지어 탐욕스러워 보인다. 그런가 하면 철자가 틀린 부분이 전혀 없는데, 이는 누군가가 초안을 미리 한번 읽어 주었다는 뜻일 수도 있다. 더욱이 평가절하 같은 말은 루이스가 평소에 잘 쓰지 않던 단어다. 여기서 그가 언급한 '다른 책'이란 개스 하사가 자신의 일지에 기초한 책을 펴내기 위해 보낸 내용 소개서를 말한다(개스는 클라크의 조언에 따라 그렇게 한 것이었다). 실제로 개스의 저서 내용 소개서는 그로부터 6일 뒤에 피츠버그의 《가제트》에 실렸다.

이러한 정황으로 미뤄 개스의 일지 출간 소식을 들었을 때, 제퍼슨과 루이스가 혹시 일종의 공황상태에 빠진 것은 아닐지 추측해보게 된다. 어쩌면 제퍼슨이 루이스에게 '위조인 듯한 출판물'에 대해 경고하도록 독려하고 심지어 루이스가 편지 쓰는 것을 거들었을지도 모른다.*

그 편지를 쓰자고 처음 생각한 사람이 누구든 이는 큰 실수였다. 그로 인해 루이스는 매우 인색하고 고마워할 줄 모르며 자기 이익만 추구하는 사람처럼 보이게 됐기 때문이다. 이로써 그는 대중의 비웃음을 살 수도 있었고 심지어 이중의 죄를 저지른 것으로 간주될 수도 있었다. 그는 프래지어에게 출간을 허락해주고 나서 도리어 그 결과물을 (직접 보지도 못한 상황에서) 모독한 셈이었기 때문이다.** 그렇다면 프래지어와 개스가 펴내는 책을 헐뜯으면서, 어떻게 자신은 감히

---

*루이스와 클라크 원정 분야의 권위자인 폴 러셀 커트라이트는 『루이스와 클라크의 일지의 역사History of the Lewis and Clark Journals』의 20~26쪽에서 제퍼슨이 이 일에 직접 관련되어 있다고 단언했다(원주).

**프래지어의 일지는 현재 전해지지 않지만 그로부터 수십 년 뒤 한 독자는 그의 기록이 "여러 면에서 그 지휘관들의 것보다 훨씬 흥미로웠다"고 적었다(잭스, 「서한집」, 제2권, 346쪽). 물론 이 독자는 두 지휘관의 일지를 스웨이드판으로 미처 읽어볼 기회가 없었기에 이런 말을 한 것이리라(원주).

상업적 출판을 감행할 권리를 주장했던 것일까?

누가 먼저 내부자 회고록을 내는지를 놓고 워싱턴에서는 일종의 전투가 벌어지고 있었다. 그리고 이 전투에서 루이스가 패배할 가능성이 거의 확실했다. 그럴 경우 자신의 책의 가치마저 떨어질 위험이 있었기에 루이스는 분노한 나머지 그만 상식조차 잊고 말았다.

루이스는 돈 문제에 관해서라면 자신이 얼마나 상처받기 쉬운지 잘 알고 있었다. 심지어 자신의 저서 내용 소개서에도 "필자는 대중 앞에 단언하는 바, 지난 여정은 오로지 금전적 이득을 위해 수행한 것은 결코 아니었다"면서 자신이 구매 예약자를 찾는 까닭은 과연 몇 부를 찍어야 적절한지 알고 싶어서이기 때문이라고 했다.19

이 지저분한 글에 만약 제퍼슨이 관여했다면(그랬을 가능성이 커 보이지만) 대통령은 그야말로 어마어마한 오판을 한 셈이다. 루이스의 관점에서 개스의 내용 소개서는 최악이라 할 만했다. 우선 매일 단위로 이야기가 진행되며 각 지역과 그 식물군 및 동물군, 토양, 광물 등에 관한 묘사가 나올 예정이었다. 루이스에게 그야말로 굴욕적이었던 것은 대원들이 "밤마다 모닥불 옆에서 여러 권의 일지를 함께 서로 비교 수정하며 빈 곳을 채워 넣었다"는 대목이었다. 이는 그 책의 구매 예약자가 두 지휘관이 직접 수정하고 승인한 내용을 읽게 되리라는 의미였기 때문이다. 또 한 가지 당혹스러운 사실은 문제의 책을 권당 1달러라는 헐값에 향후 2개월 내에 출간하겠다는 출판사 측의 약속이었다.

이 정도의 굴욕으로도 모자랐던지 개스의 일지를 펴내기로 한 출판인은 루이스가 대중에게 보낸 경고에 대한 답변을 신문사 측에 보냈다. 그는 이전에 루이스가 범한 약점을 붙잡아 도리어 그를 조롱하는

데 사용했다. 맥킨지는 루이스 일행의 4분의 1밖에 안 되는 대원들을 동반해 그보다 더 큰 위험과 맞섰으며 그것도 맨 처음으로 그렇게 했다고 꼬집었다. 또한 그는 정부에서 받은 루이스의 보상에 대해서도 공격을 가했다.

"어째서일까요, 선생. 그 하사금이며 보상금이 공화국 정부의 예산에서 나왔다기보다 오히려 어느 왕의 관대하신 희사에 더 가까워 보이는 까닭은 말입니다."

출판인은 "의회의 개회 중에 당신의 일지는 어디에 있었습니까? 아마 어디에다 잘 숨겨 두셨겠죠, 그렇지 않습니까?"라며 루이스의 이중 기준을 꼬집었다.

"생각이 있는 사람이라면 누구나 동의하겠지만 그 일지는 그걸 작성한 개인의 재산인 동시에 공공의 재산이기도 합니다."

그런가 하면 어떤 문장에서는 자신이 공연한 말을 하는 것이 아님을, 아울러 개스의 일지가 루이스의 일지보다 더 가독성이 있을 것임을 암시하고 있다.

"어떤 면에서는 그(개스)가 오히려 더 유리할 수도 있습니다. 왜냐하면 귀하께서 별을 바라보며 천문 관측을 하시는 동안, 그는 그 아래에 있는 것들을 관측했으니 말입니다."[20]

루이스의 저서는 모욕당하고 선수를 빼앗긴 셈이 되었다. 루이스 역시 글 솜씨로는 누구 못지않았다. 그의 머릿속에서는 그 답변에 대한 재답변이 작성되고 또 작성되었을 것이다. 하지만 그는 마침내 건전한 판단력을 회복하고 그냥 입을 다물기로 했다. 공개 답신을 하지 않았던 것이다.

일지를 출간할 대원 중 1명인 로버트 프래지어는 당시 워싱턴에 와 있었다. 그는 버지니아주 핀캐슬에 머물던 클라크와 합류해 다시 세인트루이스로 갈 예정이었는데, 그는 그곳에서 버 음모단 가운데 몇 사람에 관한 재판에 출석하도록 통보를 받았다.* 루이스가 프래지어에 관해 한 악담이 신문에 보도되었음에도 두 사람은 여전히 절친한 관계를 유지했다.

루이스는 프래지어에게 50달러를 빌려주었다. 나중에 클라크가 프래지어의 보상금 가운데 그만큼의 금액을 제해 두었다가 루이스에게 돌려주기로 했기 때문이다. 또한 루이스는 클라크의 의용군 준장 임명장과 프레더릭 베이츠Frederick Bates(제퍼슨이 루이지애나 준주 주무장관에 임명한 인물)에게 보내는 지시서를 프래지어 편에 보내기도 했다.21

클라크는 줄리아의 아버지인 조지 핸콕George Hancock 대령의 집에 머물고 있었다. 3월 중순에 그는 루이스에게 보낸 편지에서 자신을 찾아온 프래지어를 다시 세인트루이스로 보냈으며, 루이스의 편지와 자신의 편지 한 통씩을 갖고 가게 했다고 전했다.

클라크는 기분이 좋았다. 임명장을 받고 서부로 가게 됐으며 자기 지도와 일지를 친구가 대신 출판을 준비하는 데다 연애까지 성공을 거두었기 때문이다. 특히 맨 나중의 일을 언급하면서 그는 평소와 달리 경박한 표현을 쓰기까지 했다.

"나는 매우 박력 있게 공격에 나섰다네. 우리는 서로 친해졌고 날짜는 1월 1일로 잡았네. 그때가 되면 나는 무척이나 즐거운 것을 소유

---

*루이스의 표현을 빌리자면 버의 반역 행위는 그즈음 루이스와 클라크의 귀환 못지않은 센세이션을 일으켰다(원주).

하게 될 걸세.* 내가 이제껏 한 번도 경험해본 적 없는 그것을 소유하고 나면 나도 버지니아로 돌아가겠네."

그는 자신이 세인트루이스의 임지를 비우고 있다는 사실에 루이스 지사가 언짢게 생각하지 않았으면 한다고 바랐다. 사랑에 빠진 사람이 으레 그렇듯 클라크는 루이스 역시 자신과 같은 행복을 맛보게 하고 싶었다. 그는 당시 루이스가 연애하고 있던 'F 아무개'라는 젊은 여성을 간접적으로 언급하면서 이렇게 덧붙였다.

"만약 일이 자네의 뜻대로 되지 않을 경우를 대비해 내가 멋진 여자를, 예쁘고 부자인 데다 남자를 행복하게 만들 수 있을 것으로 보이는 여자를 하나 찾아 두었다네."

한 가지 문제는 그 여자의 아버지가 연방당원이라는 것이었다. 하지만 그 정도의 단점은 쉽게 넘어갈 수 있다고 했다. 핸콕 대령 역시 연방 쪽이었던 것이다.

"어쨌든 나도 1월경에는 그 가문의 일파에게나마 본격적이고 진지한 공화주의를 주입시키고자 하는 소망을 품고 있다네."22

공화당의 수뇌들 역시 기분이 좋은 상태였다. 당시 제퍼슨은 자기가 가장 즐겨 하는 일, 즉 박물학자 친구들에게 새로운 지식을 나눠주는 일에 전념하고 있었기 때문이다. 3월 22일, 그는 루이스가 가져온 씨앗 중 일부를 버너드 맥마혼Bernard McMahon에게 보내면서 자신은 이 씨앗을 심기에 적당할 때 몬티첼로까지 갈 수 없으므로 대신 필라델피아의 땅에 심어 달라고 부탁했다. 제퍼슨은 루이스가 맥마혼을 위해 따로 준비한 씨앗도 있다면서 그건 루이스가 필라델피아에 도착

---

*실제로는 1808년 1월 5일에 윌리엄 클라크와 줄리아 핸콕의 결혼식이 있었다(역주).

657

하는 즉시 직접 건네받게 될 것이라고 덧붙였다. 아울러 그는 맥마혼에게 "동봉된 씨앗을 받았다는 말은 하지 말게. 그러면 그 친구가 자네 몫으로 주려던 씨앗의 개수가 줄어들 수도 있으니" 하고 조언했다.23

고맙다는 답장에서 맥마혼은 "이렇게 보존이 잘된 씨앗은 난생 처음 본다"며 루이스의 실력을 칭찬했다. 2주일 뒤, 그는 아리카 담배, 다년생 아마, 4종의 까치밥나무 등에서 이미 싹이 텄다고 알려왔다. 아울러 그 귀중한 컬렉션의 성장 상황에 관해 정기적으로 알려주겠다고 약속했다.24

이틀 뒤, 제퍼슨은 또 다른 씨앗을 필라델피아의 박물학자인 윌리엄 해밀턴William Hamilton에게 보내며 위와 유사한 편지를 첨부했다. 그 편지에서 제퍼슨은 루이스가 지난 3개월간 대통령 관저에서 보내며 보고한 결과를 요약 소개했다. 그동안 루이스는 거의 매일 자신이 한 일과 발견한 것에 관해 대통령에게 구두 보고를 했다. 대통령의 말은 자신의 젊은 피보호자에 대한 최상의 찬사가 아닐 수 없었다.

"그 결과는 대체로 그 친구가 그런 원정을 담당하기에 세상에서 가장 잘 어울리는 사람이라는 내 최초의 의견을 확증해주는 것이었다네."25

필라델피아

1807년 4~7월

3월 말, 루이스는 폴 러셀 커트라이트의 평가처럼 "발견이나 탐험에 관해 쓴 저술 중 역사상 가장 중요한 것"을 들고 워싱턴을 떠나 필라델피아로 향했다.1 그의 목적은 단 하나, 일지와 문서를 출간함으로써 그 내용을 학계와 일반에 최대한 빨리 알리는 것이었다.

그는 일찍이 로키산맥을 공략할 때처럼 대단한 결단을 품고 이 일에 착수했다. 우선 10번가 인근의 체리가에 위치한 일라이저 우드Eliza Wood 여사의 하숙집에 방을 정하고, 이 일에 도움을 줄 만한 10~12명을 물색해 만나기 시작했다.

먼저 그는 체스넛가 30번지에 위치한 출판사 겸 서점의 대표인 존 콘래드John Conrad를 찾아갔다. 작가로서는 초보였던 루이스는 원고를 인쇄 가능한 단계까지 가공하는 일에 관해 전혀 아는 바가 없었다. 그뿐 아니라 지도와 삽화를 그리는 일과 천문 관측으로 얻은 수치를 계산하고 식물학적 묘사를 완료해야 했다. 더불어 내용 소개서를 쓰고 책을 출간 및 배본하는 일이 있었다. 그중에서도 가장 중요한 일은 일지를 편집하는 것이었다.2

콘래드는 일지 출판에 소요되는 비용을 약 4,500달러로 추산했다.3 여기에 그림, 계산, 편집자 급여(아마도 편집자는 루이스와 함께 세인트루이스까지 가게 될 것이었다), 그리고 다른 비용은 포함돼 있지 않았다. 이 모든 비용은 루이스가 지불해야 할 몫이었다. 콘래드는 통상적인 내용 소개서를 작성했고(최소한 루이스가 직접 작성하는 것을 도와주었고) 루이스의 서명을 받아 1807년 6월 3일자로 출간했다.

루이스는 마케팅 비용도 담당해야 했다. 그는 매사추세츠주의 저명한 정치가의 아들이던 J.B. 바넘 2세J.B. Varnum, Jr.를 고용해 10달러에 그 일을 맡도록 했다. 바넘은 내용 소개서를 작성해 신문사에 보내는 한편, 필라델피아와 워싱턴 등지에도 배포했다.4

그 내용 소개서는 상당히 잘 만들어졌고 향후 모피 교역에 투자하기를 원하는 사업가나 서부 정착을 원하는 사람, 그리고 과학자와 일반 대중에게 큰 관심의 대상이 되었다.

루이스는 두 권으로 구성된 제1부에 여행기가 수록될 것이라고 약속했다. 한 권으로 구성된 제2부에서는 식물학, 광물학, 동물학 등의 표제 아래 과학 연구를 다루고 제3부는 클라크의 지도와 주요 장소의 위도 및 경도 등이 수록될 예정이었다. 책의 가격은 제1부가 10달러, 제2부가 11달러, 지도가 10달러였다.5

상당히 많은 약속을 한 셈이었다. 이제 루이스는 자신의 말을 실천에 옮기는 일에 뛰어들었다. 그는 멀베리가 184번지의 바턴 박사 자택을 찾아가 박물학 관련 부분에 도움을 달라고 요청했다. 바턴은 기꺼이 승낙했다. 압착 식물 표본의 컬렉션 중에는 박사가 무척 흥미로워하는 것이 많았기 때문이다. 루이스는 1803년에 바턴에게 배운 대로 현장에서 직접 식물 표본을 압착했고 그 힘들고 정밀한 작업을 상당히 잘 해냈다. 식물 대부분과 동물 중 상당수가 당시 학계에서는 완전히 새로운 것이었다.

루이스는 일찍이 바턴에게 빌려갔던 앙트완 뒤 프라츠의 『루이지애나의 역사』를 돌려주었다. 그 책의 면지에 루이스는 이렇게 적었다.

"1803년 6월, 벤저민 스미스 바턴 박사님께서는 감사하게도 앙트완 뒤 프라츠의 『루이지애나의 역사』를 빌려주셨고, 나는 지난 여행에서 이 책을 들고 북아메리카 내륙을 거쳐 태평양까지 갔다가 이제 귀환해 이 책을 그 주인께 돌려드리는 바이다. 1807년 5월 9일, 필라델피아에서, 메리웨더 루이스 드림."6

루이스의 헌사가 담긴 이 책은 오늘날 필라델피아의 라이브러리 컴퍼니Library Company에 소장되어 있으며, 아메리카나(미국 관련 문헌) 중에서도 값을 따질 수 없는 보물이다. 이 책을 비롯해 루이스가 원정 내내 가지고 다녔던 다른 책들은 태평양까지 갔다가 무사히 돌아온 물건 중 하나였다. 책과 일지 외에 루이스가 피츠버그에서 태평양까지 가져갔다가 도로 가져온 또 한 가지 물건은 그의 소총이었다.

책과 일지, 소총이야말로 메리웨더 루이스의 핵심이나 마찬가지였다. 그는 이 세 가지 물건을 갖고 자연을 정복하고 또한 기록했던 것이다.

당시 서른세 살이던 프레더릭 퍼시Frederick Pursh는 독일에서 태어나 교육을 받은 식물학자로 바턴 박사와 함께 연구하고 있었다. 4월 5일, 제퍼슨의 친구이자 필라델피아의 종자 상인인 버나드 맥마혼은 루이스에게 편지를 써서 씨앗을 보내준 것에 감사하며, 그 식물들에 대한 과학적 기록을 작성하는 데 적절한 인물로 퍼시를 추천했다.

"식물에 관해서라면 내가 이제껏 이야기해본 어느 누구보다 잘 알고 있습니다. (…) 그는 매우 똑똑하고 현실적인 식물학자이며 자기 힘으로 귀하를 기꺼이 도와드릴 의향이 있을 것입니다."7

루이스는 식물을 그림으로 그리고 적절하게 과학적 기록까지 하는 퍼시의 능력에 깊은 인상을 받았다. 자신은 그 부분에서 능력이 불충분하다고 생각했기 때문이다. 퍼시는 일지의 식물학 부분 출간을 돕는 것은 '완전히 새롭거나 거의 알려지지 않은' 100여 종 이상의 식물을 접할 수 있는 기회임을 알고 몹시 기뻐했다. 5월 10일, 루이스는 저서를 위해 식물의 그림을 준비하고 표본을 정리하는 일을 도와준다는 조건으로 퍼시에게 30달러를 지불했고, 2주일 뒤에는 퍼시에게 40달러를 선금으로 지불했다.*8

제퍼슨과 루이스는 독립기념관 내의 필즈 박물관이야말로 서부에서 가져온 동물 및 민족학 표본들을 보관하기에 논리적으로 가장 적합한 장소라고 생각했다. 그 결과, 제퍼슨이 몬티첼로의 커다란 홀에 갖다 놓은 몇 가지 그리고 루이스와 클라크가 개인적으로 소장한 두어 가지를 제외하고 루이스는 나머지 컬렉션을 모두 필에게 넘겼고 이로써 필즈 박물관의 명성은 말할 수 없을 만큼 높아졌다.9

그 대가로 필은 루이스의 책에 들어갈 동물(자신이 직접 박제로 만들

---

*이 비용은 그만한 가치가 있었다. 1814년, 퍼시는 런던에서 유명한 저서인 『식물군Flora』을 출간했다. 거기에는 루이스가 채집한 식물도 포함되어 있었으며 퍼시는 다음과 같은 설명을 곁들였다. "루이스의 표본을 참고하라." 그는 루이스와 클라크를 기리는 이명식 식물명을 지었는데 가령 쇠비름(Lewisia rediviva), 전추라(Clarkia pulchella), 루이스야생아마(Linum lewisii), 루이스라일락(Philadelphus lewisii) 등이었다(커트라이트, 『루이스와 클라크의 일지의 역사』, 48쪽)(원주).

기도 했던) 그림을 그려주기로 했다.* 또한 그는 루이스의 초상화를 그리기도 했다. 이 초상화는 오늘날 필라델피아의 독립기념국립역사공원에 필이 그린 워싱턴, 제퍼슨의 초상화와 함께 나란히 걸려 있다. 필은 루이스의 밀랍 조각상도 만들었는데, 그는 제퍼슨에게 "훗날 이 박물관을 찾는 인디언들에게 교훈을 주기 위해, 그리고 전쟁에 관한 내 감정을 보여주기 위해"라고 말했다. 이때 그는 루이스에게 140개의 담비가죽으로 만든 우아한 인디언 망토(카메아웨이트가 루이스에게 준 선물)를 입게 했다.10

필은 동물 표본을 보고 극도로 열광했다. 5월 5일, 필라델피아의 음악가 존 호킨스John Hawkins에게 보낸 편지에서 그는 이렇게 말했다.

"태평양 연안에서 가져온 동물들이며 컬럼비아강 원주민의 의복 및 여러 가지 물건, 그리고 이제까지 전혀 알려지지 않았던 동물들을 입수했다네."

1807년, 루이스는 미국 철학회 모임에 세 번 참석했는데(4월 17일, 6월 19일, 7월 17일) 여기서 그는 집중적인 관심의 대상이 되어 당대 최고의 과학자들로부터 질문 세례를 받았을 것으로 추측된다. 다른 무엇보다 이들은 모두 일지의 정확한 출간일이 언제인지 궁금해했다. 필은 호킨스에게 이렇게 말했다.

"이 저서는 대단한 주목을 끌게 될 것이네. 내 생각에는 엄청나게 팔려서 이 대담한 모험가에게 상당한 이득을 줄 것이라 보네."11

루이스는 책의 완성도를 높이고자 다른 화가들도 끌어들였다. 그중에는 당대 60대였던 아일랜드 출신의 동판화가 존 제임스 배럴릿John

---

*이때 필이 그린 그림 가운데 2점이 오늘날까지 전해진다. 그것은 루이스딱따구리와 산메추라기의 그림이다(원주).

James Barralet도 있었다. 7월 14일, 루이스는 폭포 그림 2개를 주문하며 40달러를 지불했다.12 또한 당시 서른일곱 살이던 프랑스 출신의 유명한 초상화가 생 메맹에게 자신을 따라 동부로 왔던 오세이지족과 만단족을 그리게 하고 83달러 50센트를 지불했다. 생 메맹은 루이스의 초상화도 그렸다.*

당시 서른한 살이던 알렉산더 윌슨은 스코틀랜드 출신의 화가 겸 박물학자로, 아름다운 삽화가 들어 있는 여러 권짜리 『미국 조류학 American Ornithology』의 저자로 유명하다. 이 저서에서 윌슨은 "루이스 대위는 특별한 소망으로 나에게 자신이 가져온 새로운 조류를 하나하나 그리게 했다"고 적었다.13 윌슨의 책에는 루이스딱따구리를 비롯해 원정에서 발견된 새들의 그림이 수록되어 있다.

루이스는 일지에 숫자를 잔뜩 채워 넣었다. 그것은 별들을 지나는 달의 경로를 측정한 것으로 여정 내내 기회가 있을 때마다 관측한 것이었다. 스위스 태생의 수학자인 서른일곱 살의 페르디난트 하슬러 Ferdinand Hassler는 그 숫자를 환산해 경도를 측정하는 일의 적임자였다. 그는 마침 웨스트포인트 교관으로 임명된 참이었지만, 필라델피아를 떠나기 전에 루이스와 만나 계산을 해주기로 계약했다. 5월 3일 루이스는 선금으로 그에게 100달러를 지불했다.14

1807년 3월, 클라크는 세인트루이스로 떠나기 직전 일지를 출간하는 데 들어가는 비용을 분담하는 것에 관해 구두로 합의했다. 또한 이들은 오드웨이 하사의 일지를 300달러에 공동 구입하기로 했는데, 이

---

*원본은 오늘날 뉴욕 역사학회에 소장되어 있다. 오늘날 워싱턴의 코코런 미술 갤러리와 세인트루이스의 미주리 역사학회에 소장된 작품들은 그 원본에 기초한 동판화다(원주).

C. B. J. 페브르 드 생 메맹C. B. J. Févret de Saint-Mémin이 그린 루이스 초상화(1807년) (미주리 역사학회 소장)

는 경쟁자의 기선을 제압하는 한편, 오드웨이의 기록을 자신들의 일지에 포함하기 위한 의도였을 것이다. 4월 18일, 루이스는 오드웨이에게 선금 150달러를 지불했다.15

7월에 이르러 루이스는 일지 출간에 도움이 될 만한 식물학자, 조류학자, 박물학자, 화가, 수학자, 동물학자 등과 모두 계약을 끝마쳤다. 그는 이 모든 일을 최대한 빠른 속도로 해치웠다. 하지만 한 가지 문제가 있었다. 편집자를 아직 찾지 못했던 것이다.

그 이유는 알 도리가 없다. 아무리 콘래드라도 일지의 원본 그대로를 조판할 수 없으리라는 것은 루이스도 알고 있었을 텐데 말이다. 다른 무엇보다 일지에 수록된 여행 이야기에서 과학적 내용을 추출하는 것이 우선적이었다. 그런 다음 오드웨이의 일지 내용을 합쳐야 했다. 더욱이 철자와 문법을 손볼 필요도 있었다.

루이스는 그런 일을 직접 할 능력도 시간도 없었다. 콘래드는 벌써부터 원고를 빨리 넘기라고 거의 매일 압박을 가하고 있었다. 미국 철학회로부터 그리고 필라델피아 인근에서 루이스는 종종 다음과 같은 질문을 받곤 했다.

"그 책은 대체 언제 나오는 겁니까?"

루이스는 제퍼슨이 최대한 빨리 일지가 출간되기를 바란다는 것을 알았다. 또한 그는 필요한 일을 할 사람을 고용할 만한 충분한 자금도 있었다. 하지만 지금까지 알려진 것처럼 그는 편집자를 구하려는 노력을 전혀 하지 않았고 단 한 줄도 본인이 직접 편집을 시도한 적도 없었다. 대신 루이스는 상당 시간을 문서 업무에 바쳤다.

필라델피아에 도착하자마자 육군성의 회계담당자인 윌리엄 시먼스William Simmons로부터 루이스가 일찍이 서명했던 온갖 정부 명의 어음에 관한 질문이 쏟아졌던 것이다. 어음에 대한 지불 요청이 들어오자 시먼스는 이에 관해 더 자세한 정보를 알고 싶어 했다. 6월 17일자 편지에서 시먼스는 다음과 같은 가슴 철렁한 글을 전해왔다.

"귀하는 (워싱턴으로 돌아올 때) 원정에서 있었던 귀하의 지출에 관련된 문서나 기록을 함께 가져오셔서, 필요한 경우 특정한 청구액에 관해 해명할 수 있도록 해주시기 바랍니다."

루이스는 대원들의 식량이나 의복을 외상으로 구입하면서 아무런 영수증도 제출하지 않았다.

"제가 보기에는 이 항목이 가장 눈에 띄는 것 같습니다. (…) 하지만 다른 항목도 마찬가지로 근거가 필요합니다."16

어음으로 구입한 항목은 모두 1,989종에 달했다. 정부 측에서 특정 공무원에게 지출내역에 관해 질문하는 경우에는 대개 그렇듯, 루이스에게도 그 모든 영수증을 작성한다는 것은 어려운 일과 불가능한 일 사이에 놓여 있었다. 그는 필라델피아에서는 물론 워싱턴에 돌아가서도 이 일에 매달렸다. 그리하여 8월 초에 최종 합계를 완성할 수 있었다. 거기에는 비용이 총 3만 8,722달러 25센트로 나와 있었다.

어음의 경우 정부 측에서는 그저 루이스의 말을 믿는 도리밖에 없었다. 가령 1806년 3월 루이스는 자기 군용 외투 1벌(별로 낡지도 않은)을 클랫솝족의 카누 1척과 맞바꾼 적이 있었다. 물론 영수증이란 것이 있을 리 없었다. 루이스는 그 내역을 이렇게 적었다.

"레이스 달린 군용 외투 1벌, 은제 견장 1개, 단검 및 혁대 1세트, 군도 및 혁대 1세트, 권총 1정 및 엽총 1정. 이상의 개인 재산을 원정 도중에 공무수행을 위해 카누나 말 등과 교환하는 데 사용함. 총 135달러."17

관료제 특유의 번거로움으로 인해 고생한 루이스를 딱하게 여길 수도 있지만, 사실 정부 측에서 보기에는 루이스가 시종일관 모호한 태도를 보여주고 있었다. 그는 엄연히 루이지애나 주지사로 발령받은 몸이었지만 필라델피아에 머물며 전적으로 개인 사업에 불과한 일을 추진하고 있었다. 그는 베이츠 주무장관에게 세인트루이스의 현재 상황을 묻는 편지를 한 통 보낸 것을 제외하면, 본업에 관해 완전히 손을 놓고 있었다. 그러면서도 6월 28일, 그는 국무장관 제임스 매디슨 앞으로 3월 3일부터 6월 30일까지의 주지사 봉급 666달러 66센트를 지불해 달라는 청구서를 보냈다.

"가급적 빠른 시일 내에 해당 금액을 수표로 보내주시면 대단히 감사하겠습니다."

준주 관련 업무를 담당하던 국무부에서는 초과 청구분 5달러 55센트를 제외한 나머지 금액을 지불했다.18 그때쯤 제퍼슨은 후회막급이었다. 책이 나올 때까지는 루이스를 가만히 내버려두는 것이 상책이었는데, 너무 성급하게 준주 지사로 임명했던 것이다. 더욱이 당시 세인트루이스에서는 대소동이 일어나고 있었다. 매일 미국인이 점점 더 많이 몰려들면서 토지권리증이나 교역허가증, 인디언의 권리, 그밖에 온갖 변경의 다툼거리를 놓고 싸움이 벌어졌다. 따라서 엄격하게 공무를 집행할 사람이 필요했다.

6월 4일, 대통령은 루이스에게 잡담조의 편지를 보내면서 "지속적인 애정과 경의를 담아 우정 어린 인사와 확신을 전한다"고 서명했다.19 하지만 몬티첼로에서 쓴 8월 8일자 편지에서는 루이스가 대체 언제쯤 세인트루이스로 가서 업무를 시작할 것인지 안달하며 물었다. 그는 루이스가 "준주의 화합을 재건하길" 원한다면서 이는 "그 지역의 화평을 위해 필수적이며 나 또한 매우 염원하는 바"라고 적음으로써, 루이스가 새로운 직책을 맡으러 떠나야 할 때임을 암시했다.20

6월에 쓴 편지에서 대통령은 한 가지 가슴 아픈 소식을 전했으니, 그것은 루이스가 서부에서 가져온 물건이 담긴 25개의 상자를 대통령이 배편에 워싱턴에서 리치먼드로 보내는 중에 그만 배가 좌초돼 상자를 모두 잃고 짐승 뿔 몇 개(아마도 오늘날 몬티첼로에 전시된 무스와 엘크 뿔 같다)만 남았다는 것이었다. 루이스는 답장에서 그 손실에 대해 진심으로 안타깝게 생각한다면서, 얼핏 그토록 귀중한 물건에 대한 제퍼슨의 조심성 결여를 비판하는 것처럼 보이는 문장을 적었다.

"일찍이 미국 대륙을 가로지르고 그토록 많은 사고와 위험 앞에 노출되었음에도 무사했던 물건들이, 기껏 체서피크를 지나다 그런 변을 당했다니 정말이지 불운이 아닐 수 없습니다."21

루이스는 그야말로 들뜬 생활을 하고 있었다. 서른세 살의 나이에 전 세계적인 명사가 많기로 유명한 필라델피아에서도 최고의 유명인사가 되었기 때문이다. 어쩌면 너무 이른 나이에 지나치게 큰 명성을 얻은 것인지도 모른다.

19세기 초에는 공공장소에서의 만취가 워낙 흔한 일이라 굳이 언급될 가치조차 없는 것으로 여겨졌다. 더욱이 어느 누구도 이 젊은 영웅이 자신의 위업을 축하하느라 마시는 술을 말리지 않았을 것이다. 그로 인해 루이스는 점점 과음하게 되었다. 4월 20일, 그는 금전출납부에 하숙집 여주인 우드 여사에게 흑맥주 15병을 사다 달라며 5달러를 줬다고 기입했다. 5월 5일, 이번에는 에일 15병에 10달러를 썼다고 기입했다.22 보다 확실한 점은 그가 거의 매일 시내에 나갔다는 점이다.

그는 1802년부터 알고 지낸 말론 디커슨과 함께 다녔다. 당시 서른 일곱 살의 변호사이자 독신자였던 디커슨은 필라델피아의 사교계에서도 최상류층을 드나들었으며 훗날 뉴저지 주지사와 상원의원, 그리고 앤드류 잭슨Andrew Jackson 대통령의 제2기 정부에서 해군성 장관으로 재직했다. 그의 일기에는 1807년 봄부터 초여름까지 루이스와 보낸 수많은 저녁 시간의 이야기가 적혀 있다.

이들은 정기적으로 만나 식사를 했고 그 도시에서도 인기 높은 공원이자 연병장인 중앙광장(오늘날의 펜광장Penn Square) 주위를 함께 산책했다. 7월 2일, 디커슨은 자기 일기에 "루이스 대위와 함께 말을 타고 원수 댁으로 갔다. 하루 종일 즐겁게 먹고 마시며 나무를 향해 사격을 했다"고 적었다. 7월 4일 독립기념일에는 "푸케Fouquets에서 많은 사람과 함께 만찬이 있었다. 이들에게 열띤 연설을 했다. 나는 술을 마시지 않아 정신이 멀쩡했다. 저녁에는 연극을 보러 갔다. 극장 안이 떠들썩했다"고 적었다.

같은 날, 루이스는 스프링가든 여관에서 열린 인민의 친구협회 Society of the Friends of the People 주최 만찬에 참석했다. 160명의 손님 앞에서 그는 정치적인 내용의 건배를 제안했다.

"말로나 행동으로 평화에 대한 자신의 진실한 애착을 보여주신 분께서, 이와 같은 재난 앞에서도 조국의 방향타를 놓으시는 일이 결코 없기를 위하여."

여기서 말하는 재난이란 6월 22일 영국 측이 버지니아곶Virginia Capes에서 프리깃함 체사피크호를 공격해 나포한 것을 말한다. 제퍼슨의 정책은 가능한 한 전쟁을 피하는 한편, 영국에 대해 통상금지를 가하는 것이었다.

7월 7일, 루이스와 디커슨은 밤 11시까지 함께 산책했다. 이런 일이 두 사람 사이에는 습관처럼 되어 있었다. 이들은 단순히 산책만 한 것이 아니라 종종 이런저런 술집을 들렀던 모양이다. 7월 18일, 디커슨은 두 사람이 함께 돌아다니다 어디선가 싸움이 벌어져 칼이 번뜩이고 한 남자가 얼굴을 베이는 것을 목격했다고 했다. 아마도 술집에서 벌어진 싸움을 본 듯하다.23

훗날 제퍼슨은 루이스가 빠져들었던 습관, 그리고 그와 같은 심성의 소유자가 어쩔 수 없이 떠올리게 되는 고통스러운 기억들에 관해 적었다.24 루이스처럼 고결한 심성의 소유자는 매일 잠에서 깨어나면 스스로에 대해 혐오감을 느낄 수밖에 없었을 것이고, 어쩌면 술을

C. B. J. 페브르 드 생 메맹이 그린 인디언 복장 차림의 루이스 초상화. 종이에 수채화(1807년). 루이스가 입고 있는 옷은 아마도 1806년 크리스마스에 사카가위아가 클라크 대장에게 선물한 흰족제비 꼬리일 것이다(미주리 역사학회 소장).

끊겠다고 작정했을지도 모른다. 하지만 그런 맹세에도 불구하고 결국 그날 밤에는 또 다른 무도회에 참석하거나 디커슨과의 산책에 나섰다.

루이스에게는 명성과 음주 외에 또 다른 문제가 있었다. 루이스도 클라크처럼 아내를 얻고 싶었던 것이다. 그해 가을, 그는 디커슨에게 보낸 조롱조의 편지에서 여름 동안 아가씨들과 벌인 자신의 모험 중 일부를 언급했다. 그는 그 매력적인 아가씨들에게 관심을 기울여보려 했지만, "필라델피아의 E_ B_ 양이 (…) 여전히 짜증스럽게도 마음속에 남아 있다"는 사실을 시인했다.

그런 뒤에 그는 사랑에 빠진 사람의 특징을 고스란히 보여주는 온갖 질문을 던졌다.

"그 사람으로부터 무슨 소식 들었나? 그 사람 본 적 있나? 잘 있던가? 결혼했나?"

답변이 무엇이든 그가 이미 한 번 연애에 실패했다는 사실은 분명하다.

"이제 나는 이른바 노총각들에게 흔히 나타난다는 온갖 표현 불가능한 것을 모조리 느끼고 있다네. 친애하는 친구여, 그 공허함으로부터 벗어날 수만 있다면 기분이 좀더 나아질 텐데. 하지만 지금 이 순간 나는 무엇을 어찌해야 할지 모르겠네. 나는 결코 영웅도 뭣도 아닌 기분일세. 다음에 내가 겪을 모험이 무엇인지 알 수 없지만, 한 가지 결심한 게 있는데 그것은 '아내를 얻자'는 것일세."25

메리웨더 루이스는 보통 뭔가를 얻자고 작정하면 마침내 얻고야 마는 인물이었다.

undaunted courage

버지니아

1806년 8월~1807년 3월

 7월 말, 루이스는 다시 워싱턴으로 돌아가 육군성의 시먼스에게 자신의 기록과 영수증을 건네주었다. 그런 뒤 아이비Ivy*의 로커스트 힐에 가서 가족과 함께 지냈다. 물론 그는 일지도 함께 가지고 갔다. 8월에 그는 몬티첼로로 제퍼슨을 방문했고 9월에는 리치먼드로 가서 버의 반역죄 재판에 입회인으로 참석했다. 이는 아마도 제퍼슨의 지시에 따라 보고서 작성의 임무를 띠고 참석한 것이었으리라. 하지만 루이스의 보고서는 오늘날 전해지지 않으며 제퍼슨 역시 자신의 특파원을 보호하려는 뜻에서인지 아무런 흔적도 남기지 않았다.

 아이비로 돌아온 루이스는 집안일을 돌보았다(주로 오하이오강 유역의 토지에 대한 투기였다). 1803년에 태평양으로 떠나기 전, 그는 어머

---

*루이스의 저택 로커스트힐이 위치한 버지니아주 앨버말 카운티의 마을 이름(역주).

니에게 자신의 이부동생인 존 마크스에게 공부를 시키라고 촉구했었다. 1807년에 루이스는 이부동생에게 직업 훈련을 시키려고 했다. 동생을 필라델피아로 보내 의학 강의를 수강하게 하려 했던 것이다. 그는 마크스에게 디커슨을 자주 만나라고 권하는 한편, 디커슨에게는 자기 동생을 잘 돌봐달라고 부탁했다. 루이스는 마크스에게 60달러를 주었고 디커슨에게는 자기 동생에게 200달러를 빌려주라고 부탁했다. 그것은 1년 중 마지막 3개월치 지사 봉급이 나오는 대로(1월 15일) 갚겠다고 했다.1

일지 구매 예약자로부터 적게나마 돈이 들어오기도 했다. 윌리엄 우즈William Woods가 그의 대리인 노릇을 했는데, 그는 아마도 그 지역의 침례교 목사인 우즈였거나 앨버말 카운티의 측량사인 우즈였을 것으로 보인다. 우즈는 그 지역 주민 다수로부터 총 31달러의 선금을 받았다. 다른 곳에서는 우편으로 선금이 도착했다.2

루이스는 자신의 연애 가운데 하나에 관해 클라크에게 편지로 알려주었다. 클라크는 'C양'을 추천하는 답변을 보냈고 루이스는 수수께끼 같은 투로 답장을 보냈다.

"제발 부탁이니 __양에게 내가 사모한다고 귀띔하지 말게. 혹시 그랬다간 나는 파멸하고 말 걸세."3

여기서 말하는 'C양'이나 '__양'이 누구인지 이들 사이에 대체 무슨 일이 벌어졌는지는 알 수 없다. 루이스와 클라크의 전기 작가인 존 베이클리스John Bakeless는 두 여성 모두 루이스의 기준에 미치지 못했던 모양이라고 말했다.

"평범한 여자가 어찌 감히 그의 어머니가 지닌 우아함과 매력, 지성, 엄청난 활력에 근접할 수 있었으랴!"4

얼마 후 필라델피아에 머물 때, 루이스는 디커슨에게 말한 'A_R_양'과 짧게 연애를 했다.

"사실 이 관계는 여자 쪽에서는 시작된 것도 끝난 것도 아니었네. 반대로 내 쪽에서는 양쪽 모두였지. 나는 그 여자가 이전에 한번 약혼했었다는 사실을 알게 되었고, 그로 인해 그 방면에서 내 권리를 요구할 생각은 포기해버리고 말았다네."5

그런 뒤에 루이스는 'E_ B_양'에게 깊은 관심을 보였지만 이 역시 아무런 결실이 없었다.

11월 말, 루이스는 동생 루벤(형을 따라 세인트루이스로 가서 모피 교역을 하려고 했던)과 함께 핀캐슬로 가서 클라크의 장인 조지 핸콕의 집에 머물렀다. 그곳에서 형제는 제임스 브래컨리지James Brackenridge 장군의 딸들인 레티샤 브래컨리지Letitia Breckenridge와 엘리자베스 브래컨리지Elizabeth Breckenridge를 만났다. 루벤이 집에 보낸 편지에는 재미있는 대목이 나온다.

"우리는 (…) 재색을 겸비한 레티샤 브래컨리지 양을 만나는 즐거움을 누렸습니다. 그녀야말로 제가 이제껏 본 여성 중에서 외모로 보나 성품으로 보나 가장 아름다운 여성이었으며 (…) 저런 누이가 있었으면 좋겠다는 생각이 들었습니다."

루이스 역시 그녀를 보자마자 홀딱 반했다. 그는 레티샤의 집을 정식으로 방문하고 싶다는 의향을 내비쳤다. 하지만 그녀는 낌새를 눈치 채고는 아버지를 따라 리치먼드로 가버렸다. 루벤에 따르면 "각하(루이스)께는 안타깝게도 그녀는 우리가 도착한 지 이틀 만에 그곳을 떠났고 각하는 그녀를 방문할 계획이 좌절되어 매우 실망하셨다"고 한다.6

레티샤의 자매인 엘리자베스는 여전히 핀캐슬에 남아 있었지만, 루이스는 레티샤에게 홀딱 반했기 때문에 대신 그 자매에게 접근하기가 쉽지 않았다. 얼마 후에 그는 군 복무 시절의 친구에게 보낸 편지에 이렇게 썼다.

"나는 E. B.(엘리자베스 브래컨리지) 양이 매력적이라고 생각하지만 그녀의 자매를 향한 내 열정이 워낙 대단했던 까닭에, 그녀를 아내로 맞이한다는 것을 생각하기만 해도 내 영혼이 반발을 한다네."

아이비와 핀캐슬에서 그가 또 다른 연애를 했는지는 알 수가 없다. 마찬가지로 1807~1808년의 겨울에 그가 어디서 살았는지도 알 수 없다.

루이스가 필라델피아를 떠난 직후부터 세인트루이스에 도착하기 직전까지의 8개월은 그의 일생에서 일종의 '잃어버린 시기'라고 할 수 있다. 그 기간에 그가 했던 일 중에서 유일하게 생산적이었던 것은 루이지애나를 위한 기본적인 인디언 정책을 권고하는 문서를 작성하기 시작한 것이었다. 그것은 결국 1년이 넘어서야 마무리되었다.

그 시기에 작성된 제퍼슨의 방대한 서한 중에도 그의 모습은 나와 있지 않다. 윌리엄 클라크도 그에 관해 아무런 언급이 없었다. 혹시 술을 지나치게 마셨던 것일까? 우울증이 재발한 것일까? 그는 항상 일지를 갖고 다녔음에도 단 한 줄도 편집해서 출판사에 넘겨주지 않았고, 심지어 편집자를 구하려 하지도 않았다.

그는 1807년 7월 중순에는 세인트루이스로 떠나 자신의 임무를 맡겠다고(그리고 봉급을 받겠다고) 제퍼슨에게 약속했지만, 실제로 그는 1808년 겨울이 다 지나갈 때까지도 실행에 옮기지 않았다. 더욱이 당시 루이지애나 지사 대리를 맡고 있던 베이츠 주무장관에게 세인트루이스의 상황을 물어보지도 않았다.

그의 무기력 상태에 관한 분석은 하나같이 추측에 기인한 것뿐이다. 어쩌면 연애의 실패, 조울증의 재발, 알코올 중독이나 말라리아, 다른 질병으로부터 유래한 결과일 수도 있다. 내 생각에는 특히 처음 세 가지가 조합된 것이 아닐까 싶다. 하지만 우울증과 음주, 심지어 아내를 얻을 수 없는 상황을 더욱 악화시킨 요인은 그것 말고도 또 있을 것이다.

그는 감당할 수 있는 것 이상으로 지나친 성공을 거두었다. 겨우 서른네 살에 불과했음에도 그는 이제껏 받는 데 익숙했던 아첨을 그리워하고 있었다. 물론 샬럿츠빌과 아이비에서도 모두들 그를 존경했지만, 일찍이 워싱턴과 필라델피아에서 그에게 쏟아졌던 것 같은 격찬은 아니었다.

어쩌면 그가 젊은 시절부터 독립적인 지휘관으로 활동한 것이 오히려 악영향을 끼치게 되었는지도 모른다. 그 일에 실패했기 때문이 아니라 오히려 그 반대였기 때문에 말이다. 즉, 그는 군 지휘관으로서 거의 천재적인 재능을 발휘했다. 하지만 그는 오로지 소대 규모의 병력, 그것도 하나같이 미국에서도 최고 실력의 소총수와 산사람, 병사로 구성된 부대로부터 즉각적인 복종을 얻어내는 데 익숙해 있었다. 이젠 더 이상 그런 부대를 지휘할 수 없었다. 그가 부리는 노예들로부터는 어떤 노력을 기울여도 탐사부대 부하들이 했던 것처럼 효율적인 복종을 기대하기 어려웠다. 그런데 이제 그에게는 노예밖에 명령을 내릴 상대가 없었다.

현대 심리학의 입장에서 보면 그는 일종의 산후우울증으로 고생하는 상태였다고 할 수 있다. 말라리아와 알코올, 그리고 우울증 경향이 그런 상태를 더욱 악화시켰을 수도 있다. 물론 실패한 연애도 한몫했는데, 우리로서는 그가 왜 퇴짜를 맞았는지 알 도리가 없다.

그는 젊고 잘 생겼으며 핀캐슬의 기준으로 교양도 높았다. 또한 유명한 데다 정부 요직에 있었고 전도 양양한 인물이었다. 어쩌면 그의 나쁜 버릇 때문인지도 모른다. 가령 술을 너무 많이 마시고 추태를 부리는 바람에 거절당했을 수도 있다. 혹시 브래컨리지 양도 그 모습을 목격하고 충격을 받은 나머지 도망쳐 버린 것이 아니었을까? 어쩌면 그보다 간단한 설명이 핵심에 더 근접하는 것인지도 모른다. 브래컨리지 양이나 다른 아가씨들로선 루이스와 결혼할 경우, 변경 마을에 불과한 오지에 가서 살게 되리라는 불안감을 떨칠 수 없었기 때문이리라.

루이스는 마음속의 빈 부분을 채워줄 사람을 아내로 원했지만 결국 실패했다. 이 시기에 그는 가까운 친구도 없이 혼자 지냈다. 지난 3년간 그의 곁에는 클라크가 있었고 1807년 초에 워싱턴에서 머무는 동안에는 제퍼슨이 있었다. 필라델피아에서는 디커슨이 있었다. 하지만 버지니아에서는 그의 곁에 기껏해야 동생 루벤밖에 없었다.

루이스가 마침내 세인트루이스에 도착했을 때, 그는 여러 방면에서 극도로 활발하게 임무를 수행했다. 그의 정책 보고서는 복잡하고도 과도한 내용이었지만, 그가 피력한 의견은 여러 가지 측면에서 탁월한 데가 있었다.

루이스는 1807년 8월부터 1808년 8월까지 이 보고서를 작성했고, 세인트루이스에 머무르는 동안 그 최종안을 디어본 장관에게 보냈다. 모두 1만 500단어로 된 문서였다. 그는 이 보고서를 가리켜 '북부 루이지애나의 현재 및 미래 상황에 대한 관측과 반성, 특히 정부와 이 지역에 거주하는 인디언 부족간의 관계 및 그 부족과의 교역·교류에 관한 내용'이라고 했다.

그 계획은 두 가지 일을 추진하는 것으로 구성되어 있었는데 하나는 인디언을, 다른 하나는 미국의 모피 교역을 향상시키는 것이었다. 우선 그는 에스파냐 통치 기간에 세인트루이스를 중심으로 시작된 모피 교역의 역사를 개관했다. 또한 에스파냐 정부가 미주리강을 비롯해 미시시피 서부 지류의 여러 인디언 부족과 함께 사는 개인에게 독점적인 교역권을 부여한 것을 비난했다. 에스파냐 정부로부터 독점 교역권을 부여받은 교역상은 인디언에게 터무니없는 바가지를 씌웠으며, 이는 인디언 부족들 사이에 외상거래를 늘리는 '파멸적인 관습'에 의해 심각성이 더해지는 악덕이었다.

에스파냐 측에 관해서는 이 정도로 충분했다. 그 사이에 영국이 이 게임에 끼어들었던 것이다. 미주리강 하구지역은 에스파냐의 통제 아래 있었지만, 상류지역은 몬트리올에서 파견된 여러 영국 회사가 사업을 좌우하고 있었다. 이들은 에스파냐인보다 낮은 가격으로 물건을 판매함으로써 인디언을 자신들의 확고한 친구이자 동맹자로 만들었다.

루이스는 여기서 문제의 핵심으로 들어섰다. 그는 영국인 교역상이 이제 미국의 영토가 된 곳에서 버젓이 활동하고 있는 문제를 꼬집었다.

"미국은 순전히 호의로써 그들이 미시시피강 서부에서 교역을 확장하도록 허가하고 묵인하는 셈이다. 그게 아니라면 그들은 정식 허가를 받은 체류자가 되어야 마땅하다."

영국인은 미래의 미국인 교역상에 비해 부당하다 싶을 정도로 이득을 누리고 있었다. 합병 등으로 대기업이 된 노스웨스트 컴퍼니는 자본과 인력의 여유로 가격 할인을 통해 어떠한 미국 상인조차 분쇄할 수 있는 힘을 지니고 있었다. 나아가 노스웨스트 컴퍼니는 이미 만단족 마을에 요새를 만들 장소를 점찍어 둔 상태였다.

체사피크호의 나포, 공해 및 미국 영해 내에서의 영국의 도발이 이어지며 미국과 영국간의 전쟁이 어디서나 예견되는 상황이었다. 만약 전쟁이 일어나면 캐나다 측 원정부대가 인디언 동맹자들을 이용해 미주리 상류지역으로 침공하지 않으리라는 보장이 있겠는가? 만약 동시에 또 다른 원정대가 뉴올리언스를 장악한다면 어떨까? 그렇게 되면 루이지애나 매입, 즉 미국의 거대한 서부제국 전체가 위험에 빠지는 상황이 초래되지 않을까? 루이스는 자문했다.

"우리로선 영국을 배제하는 작업을 최대한 빨리 시작해야 하지 않을까?"

그는 루이지애나에서 영국을 몰아내기 위해 필요한 권한과 자원을 요청했다. 그곳에서는 루이스 자신이 모피 교역에 일부 가담하려 했기 때문에 자신의 이익과 공공 정책이 일치하는 결과가 나타났다. 정부에서 북부 루이지애나를 효율적으로 장악하기 위한 자원을 제공하면 인디언은 미국에 의존할 수밖에 없을 터였다. 그러면 모피 교역은 활성화될 것이고 이는 세인트루이스의 상인에게 큰 이득을 부여할 것이었다. 루이스는 에스파냐와 영국의 체제 아래서의 여러 가지 악덕을 보여준 다음, 이렇게 적었다.

"우리 정부 측에 다음과 같은 계획의 개요를 숙고해줄 것을 요청한다. 이는 미국의 원주민들에 대한 자선의 감정에서 비롯된 것인 동시에 우리 시민들의 생명과 재산의 보호를 고려한 것이기도 하며, 나아가 미국 국민에게 루이지애나의 획득으로 생겨나는 이득을 독점적으로 확보하도록 하려는 의도다."

루이스는 노스웨스트 컴퍼니를 루이지애나에서 완전히 몰아낼 수 있는 권한을 부여받고 싶어 했다. 나아가 그는 교역자들에게 독점 권한을 부여하고 인디언들 사이에 외상거래를 만연하게 방치하는 유해한 관습을 없애고자 했다. 그는 미국인의 자유교역을 혹은 상인간의 공평한 경쟁을 원했다.

이러한 목표를 실현시키기 위한 그의 계획은 각 강(특히 미주리강)을 따라 여러 편리한 지점에 요새를 건립하고 그 건설과 방비는 미국 병사들이 담당하며 이곳을 인디언과 교역상이 모여 거래를 할 수 있는 교역소로 만들자는 것이었다. 그러면 더 이상 한 개인이 한 부족과 거래를 독점하는 권한이 주어지지 않을 것이고 대신 일반적인 교역소가 생겨나 시장이 거래를 주도할 터였다.

변경의 요새와 교역소는 또 다른 커다란 이득도 가져올 수 있었다.

"인디언을 다스림에 있어 제1원칙은 우선 백인을 다스리라는 것이다."

백인을 다스리라는 것은 곧 정착민을 몰아내야 한다는 것이고, 이를 위해서는 앞서 말한 것 같은 시설이 필요했다. 루이스는 향후 10년이나 20년을 위해 인디언과의 관계를 전적으로 모피 무역에만 근거해 구상했으며, 이는 현재 인디언이 살고 있는 땅을 독점적으로 소유할 수 있게 내버려두자는 뜻이었다. 한마디로 루이스 지사는 상인의 편을 들어주기 위해 장래의 정착민에 반대하게 된 것이다. 미국의 변경 개척민들이 미주리, 오세이지, 디모인Des Moines강 유역의 땅에서 사냥이나 경작을 하게 된다면, 곧이어 정착민이 몰려들어 모피 무역은 커녕 인디언과의 전쟁만 있을 것이기 때문이다.

루이스는 다른 어떤 미국인보다 미시시피강 서부의 인디언을 많이 보고 접한 사람이었다(이 점에서는 클라크조차 상대가 될 수 없었다. 루이스는 심지어 블랙푸트족까지도 직접 만나보았다). 이에 따라 그는 대다수의 미국인과 달리 만사를 인디언의 관점에서 생각했다.

"우리가 문명화시키기를 원하는 인디언들에게 우리는 사냥보다 농업과 예술이 훨씬 더 용이하고 부유하며 편안하다는 사실을 어떤 교훈과 실천의 일관성을 지니고 전할 수 있겠는가? 만약 그들의 눈앞에서 수많은 백인이 그들의 숲에 뿔뿔이 흩어져 우리의 정책이 포기하라고 권하는 행동을 자행하는 모습을 보인다면 말이다."

다시 말해 그는 북부 루이지애나에서 영국인뿐 아니라 사냥꾼도 몰아내고 싶어 했다. 그렇다고 북부 루이지애나 전체에서 그렇게 한다는 것은 아니었다. 루이스는 육군이 건립하고 방어하는 교역소는 오로지 미주리강 하구에서 만단족 마을까지만 적용되어야 한다고 설명했다. 그 마을에서 서쪽으로는 정부가 상인노릇을 대행하거나 회사를 설립하거나, 원정을 원하는 시민에게 아무런 제재도 가하지 말아야 한다는 것이었다. 이들 시민은 비용과 위험을 각자 부담하는 선에서 교역시설을 설립할 수 있게 한다는 얘기다. 이들은 분명 사냥꾼들로부터 지원을 받아야 할 것이다.

루이스는 만단족 마을 서쪽에 대해 영국의 체제를 차용할 것을 제안했다. 단지 노스웨스트 컴퍼니 대신 세인트루이스의 회사가 주도한다는 점이 다를 뿐이었다. 물론 그 자신이 세인트루이스 회사의 일원이 될 것이었다.

그럼에도 그는 매입지역의 제일 먼 곳까지 미국의 존재를 수립하고자 하는 자신의 동기를 이타적인 것이라고 기록하면서, 자신은 "정부가 미주리강의 서부에 위치한 모든 지류의 최상류에 사는 인디언과

로키산맥 인근에 사는 인디언도 보다 용이한 지역에 사는 인디언 못지않게 상품을 원활히 공급받기를 소망할 것"으로 간주한다고 썼다. 그런 다음 이 두 가지의 인디언 정책을 서부지역에 적용하는 문제에 관한 결론적인 논증을 제시했다. 그것은 만약 "우리가 하지 않으면 노스웨스트 컴퍼니에게 선수를 빼앗길 수밖에 없으리라는 것"이었다.

미주리강에서의 교역에서 가장 큰 장해물은 수족이었다. 루이스는 인디언의 성격에 관한 자신의 시각에 근거해 수족을 다스릴 계획을 갖고 있었다.

"인디언의 가장 큰 열망은 바로 소유욕이다."

그는 이것이 온 인류에게 공통된 성품이 아니라 마치 인디언에게만 적용되는 대단히 새로운 통찰인 양 강조하고 있다.

"처벌에 대한 두려움을 교화책으로 삼아야 한다. 그들(수족)에게 무엇보다 끔찍한 것은 그들로부터 교역품을 모조리 빼앗는 것이다."

따라서 그는 수족에 대한 통상금지를 제안했다. 미국은 강을 따라 교역소를 여러 개 설치하되, 수족에게는 교역권을 인정하지 않아야 한다는 것이었다. 이로써 "굳이 피를 흘릴 필요 없이 그들을 우리의 의지에 복종시키는" 이득을 얻게 될 거라고 했다. 루이스는 수족이 금세 무릎을 꿇을 것으로 확신한다고 했는데, 이는 통상을 향한 이들의 갈증이 다른 어떤 것보다 높기 때문이라고 했다.7

요약하자면 우선 영국을 북부 루이지애나에서 몰아내고 미국 군대를 진주시켜 세인트루이스의 모피 교역상을 보호하는 한편 정착민을 쫓아낸다는 것이었다. 이는 땅을 찾아 몰려오는 미국인을 못마땅하게 여기는 세인트루이스의 기존 엘리트를 만족시킬 만한 정책이었다. 다른 한편으로 이 대책은 워싱턴 측에서 지금까지 생각했던 것보다 훨씬 많은 정부 지출이 필요한 것이었다.

　1807~1808년 겨울이 다 지나갈 즈음, 루이스는 이 계획을 실행에 옮길 수 있을지 확인하기 위해 세인트루이스로 향했다.

세인트루이스

1808년 3~12월

세인트루이스는 비록 고립되었지만 활기가 넘치는 도시였다. 워싱턴 어빙Washington Irving은 루이스가 도착한 직후 이곳을 방문한 다음 이렇게 적었다.

"거리를 내다보면 고래고래 소리 지르고 낭비벽이 심하며 허풍이 센 미시시피의 뱃사람들, 쾌활하고 점잖으며 성격 좋은 캐나다인 여행자들이 보인다. 여러 부족 출신의 인디언도 거리에서 빈둥거린다. 간혹 강인한 외모의 켄터키 출신 사냥꾼이 온통 가죽으로 된 사냥복을 입고 어깨에 소총을 메고 혁대에는 칼을 차고 지나간다. 여기저기에 새로이 큰 집과 배가 들어서고 있는데, 이것은 대서양 쪽 주에서 몰려온 바쁘고 정력적인 사람들 때문이다. 또 한쪽에는 오래된 프랑스식 저택이 창문을 활짝 열어놓은 채, 토박이 식민지 주민의 느긋하고도 나태한 분위기를 여전히 간직하고 있다."1

그곳에는 에스파냐인은 물론 흑인 노예도 있었다. 결국 구세계의 두 나라에서 비롯된 세 가지 국적의 사람들과 신세계에서 비롯된 여러 인디언 부족이 한데 뒤섞인 셈이었다. 그렇게 해서 세인트루이스는 국제적인 도시이자 주민 5,000명에 달하는 동부 연안 항구도시로 서쪽에 위치한 미국 도시 중에서도 가장 국제적인 도시가 되어 있었다.

어빙은 그 도시가 매력적이라고 생각했지만, 방문객의 눈을 맨 먼저 사로잡는 한 가지 사실만큼은 미처 파악하지 못한 모양이다. 바로 사람의 발길이 닿는 길마다 말똥이 수북했다는 점이다. 어쩌면 워낙 익숙했던 까닭에 그 진흙투성이(혹은 먼지투성이) 길과 연기가 자욱한 방에 관해 쓰는 것을 잊었을지도 모른다.

어빙은 그 도시의 엘리트와 일반 시민 사이의 극단적인 차이를 보고 충격을 받았다. 에스파냐인과 프랑스인 상인은 그야말로 귀족적인 생활을 했다. 이들은 광대한 토지를 소유하고 독점적 교역을 누렸으며 멋진 서재가 딸린 우아한 집에서 살았다. 또한 훌륭한 와인을 마시고 세련된 옷을 입었으며 뉴욕이나 뉴올리언스 혹은 유럽에서 들여온 최신식 벽지를 발랐다. 그뿐 아니라 인공 연못과 지하냉장실, 벽난로 등의 각종 편의시설을 갖췄다. 어떤 관찰자는 심지어 집집마다 바이올린이 있을 정도라고 했다.

어빙이 '환락과 오락에 유쾌한 프랑스식 성향'이라고 부른 것은 대부분 참회의 화요일Mardi Gras 직전의 카니발 기간에 목격되었다. 밤마다 무도회가 열렸고 코티용, 릴, 미뉴에트 같은 춤이 펼쳐졌다. 이 광경을 보고 깜짝 놀란 어느 미국인은 세인트루이스의 한 무도회장에서 본 드레스보다 더 우아한 것은 어디서도 본 적이 없다고 단언했다. 베이츠 주무장관은 그 지역의 여성들이 춤추는 모습이 우아하다고 인정하면서도, 본인은 춤을 싫어했던 까닭에 그들의 춤이 지나치게 여배우 스타일이라고 말했다.2 미국인의 눈에는 카니발 기간에 무도회와 공식 행사 때마다 주인 노릇을 하는 '왕'과 '여왕'의 모습도 충격적이었다.

하지만 대부분의 인구가 문맹이었고 재산도 없이 판잣집에서 살아갔다. 남자들은 주로 뱃사람이었으며 이들은 세인트루이스의 상업 활동에 꼭 필요한 인력이었다. 상인들이 미주리강 상류, 즉 모피의 산지로 물건을 갖고 올라갈 수 있게 해주는 것은 바로 뱃사람들의 근력이었다. 이들은 항상 고용주에게 빚을 지고 있었고 고용주는 뱃사람들을 마구 부려먹었다(마치 버지니아 농장주들이 흑인 노예를 대하듯).

이들의 충실성은 상호적인 것이었다. 1807년 개인 교역상들로 구성된 원정 도중, 조르주 드뤼야르는 자기 고용주인 마누엘 리사로부터 무단으로 탈주한 선원 앙트완 비손네트Antoine Bissonnette를 살려서든 죽여서든 꼭 찾아오라는 지시를 받았다. 드뤼야르는 결국 그를 죽여서 끌고 왔다. 원정이 끝나고 일행이 세인트루이스로 돌아온 뒤, 드뤼야르는 살인죄로 재판에 회부되었다. 그러나 배심원들은 비손네트의 무단 탈주가 원정에 나섰던 일행 모두에게 심각한 위협이었다며 드뤼야르를 무죄 방면했다.3

미국인은 이 구세계로 물밀 듯 쏟아져 들어오면서 새로운 에너지도 함께 가져왔다. 베이츠 주무장관은 이들의 스타일을 이렇게 대조했다.

"영국인과 미국인은 한낮의 태양 아래서도 땀을 뚝뚝 흘리며 고된 일을 마다하지 않는 반면, 프랑스인과 에스파냐인은 집이나 시원한 그늘에 앉아 담배를 피우며 커피를 마신다."

나아가 그는 옛날 거주민들은 철저한 구두쇠들이라고 했다.4 옛날 거주민의 생활 방식은 새로 들어오는 미국인으로 인해 큰 위협을 받았다. 우선 미국인은 에스파냐와 프랑스 정권 아래에서 비공식적인 토지 분배로 얻은 토지 소유권이나 납 광산, 인디언 교역 독점권이 과연 유효한 것인지에 의문을 제기했다. 그곳에는 이 문제를 판결할 법정이나 판사도 충분치 않았고, 그 판결을 강제 집행할 만한 군인도 부족했다. 또한 미국인의 당파심이 주 정부의 지배를 더욱 어렵게 했다. 무엇보다 나쁜 점은 그중 일부가 '버 지지자Burrites'로 그들이 루이지애나를 미국에서 떼어 놓으려 획책한다는 점이었다.

주무장관 겸 지사 대리였던 베이츠는 이런 지역을 다스리는 책임을 감당하기에 적합지 않았고, 본인 역시 그 사실을 잘 알고 있었다. 1807년 봄에 부임한 그는 곧바로 루이스에게 편지를 보내 공무와 연관된 다툼을 설명하면서, 한시바삐 세인트루이스로 와서 질서를 회복하도록 촉구했다. 1807년 4월 5일자 편지에는 이렇게 썼다.

"이곳 주민간의 불유쾌한 분열을 종식시킨다면 각하께서는 분명 루이지애나에 지속적인 평판을 수립하실 좋은 기회를 잡으신 것이나 다름없다고 감히 말씀드리는 바입니다." 5

루이스의 전임자인 윌킨슨 장군은 (사적인 이익을 위해) 외국인에게든 미국 시민에게든 교역 허가를 무차별적으로 내주었다. 이에 따라 토지 소유권을 놓고 격한 싸움이 벌어졌다. 베이츠는 이것을 바로잡으려 노력했지만 오히려 압도당하는 기분이었다. 그는 동생*에게 말했다.

---

*베이츠의 동생인 에드워드 베이츠Edward Bates는 훗날 에이브러햄 링컨의 행정부에서 법무장관을 역임했고, 막내동생 제임스 우드슨 베이츠James Woodson Bates도 당대의 유력한 정치가였다(역주).

"내가 이 지역에서 해결해야 할 일이 무수히 많은데, 거의 해결이 불가능한 것들이다."

베이츠는 루이스에게 "각하께서 이곳에 계시지 않은 것이 정말이지 한탄스럽습니다"라고 말했다. 또한 그는 주지사에게 경고했다.

"처음의 기대와 달리 각하께도 이곳에서 적이 생길 겁니다. 여기에는 매우 거칠고 다스리기 힘든 사람들이 있는데, 제가 보기에는 그들을 애초에 이 지역으로 이끌어온 사업과 모험에 대한 기질에서 비롯된 성향이 아닐까 싶습니다."6

1807년 말 내내 루이스가 도착하기를 바라는 베이츠의 열망은 더욱 커져가기만 했다. 1808년이 되자 그는 격노할 지경이 되었다. 1월에 그는 루이스에게 이렇게 적었다.

"세상 어느 누구도 지금의 저만큼 각하의 지휘를 바라마지 않는 사람은 없을 것입니다."

2월 초, 그는 다시 한 번 편지를 써서 자신은 "매일 각하의 도착을 열렬히 기다리고 있다"고 했다. 그달 말 그는 "매시간" 루이스를 보게 되길 고대한다고 썼는데, 그것이 26일에는 "매분"으로 바뀌었다.7

베이츠는 경험이 많은 관료였다. 1801년에 그는 메리웨더 루이스가 차지한 자리, 즉 대통령의 개인 비서직을 탐내기도 했다.8 그는 우체국장을 지냈으며 훗날 디트로이트에서 세무국장과 토지국장을 지냈다. 이 직위에 있을 때까지만 해도 그는 연방당원이었지만 1804년에 승진을 바라고 정당을 바꿨고, 동생을 통해 어느 공화당 의원에게 부탁해 미시간 준주의 배석판사로 임명되었다.

"정치에 관해서라면 제가 공화당의 골수지지자임을 당신도 잘 아실 것입니다."

그는 그 직위를 얻기 위해 사실과 정반대의 주장도 서슴지 않았다. 결국 그는 그 직위를 얻었고 그러기에 충분할 만큼 철저한 공화당원이 되었으며, 1807년에 루이지애나 준주의 주무장관으로 임명되었다.9

그토록 기민하고 경험 많은 관료였던 베이츠조차 루이지애나를 다스리기에 역부족임을 느꼈다면, 아예 관료 경험도 없는 루이스로서는 그야말로 위험지대에 들어서는 셈이었다. 그럼에도 루이스는 마침내 버지니아를 떠나 서부로 향했다. 그는 낙관주의와 계획, 에너지로 넘쳐흐르고 있었다. 작년 7월 이래 그를 짓눌러 왔던 무기력증은 사라졌다. 이제 그는 새로운 삶을 시작할 준비가 되어 있었다.

루이스가 마침내 세인트루이스에 도착한 것은 1808년 3월 8일의 일이었다. 그는 또다시 독립적인 지휘권을 얻은 셈이었다. 중앙정부가 일일이 구체적인 지시를 내리거나 정책을 수립해줄 수 없었던 이유는 세인트루이스가 가장 가까운 우체국인 인디애나주 빈센스 Vincennes에서도 도보로 일주일이나 떨어져 있었기 때문이다. 거기서 다음 우체국이 있는 루이빌까지는 또다시 도보로 일주일이 떨어져 있었다. 결국 세인트루이스와 워싱턴 사이에 편지가 한 번 오가려면 날씨나 상황이 최적일지라도 족히 일주일은 걸렸다. 겨울에는 혹독한 날씨로 인해 외부와의 연락이 완전히 두절되는 경우도 있었다. 뉴올리언스에서 미시시피강을 거슬러 세인트루이스까지 가려면 3개월이 걸렸다.

결국 루이스는 정치나 행정에 실제 경험도 없이, 온갖 음모에다 야심 많고 고분고분하지 않은 사람들이 우글대는 주도에, 판사와 법정조차 부족한 채로 남게 된 것이다. 이것은 그에게 새로운 종류의 도전이었다. 그는 공적인 활동에 전념하는 동시에 사적으로 토지와 모피 무역에 투기를 했다. 먼저 그는 1년에 250달러를 내야 하는 집을 빌렸는데, 사우스메인가와 스프루스가 사이에 위치한 제법 큰 집이었다. 그 이유는 나중에 클라크가 아내와 두 조카딸을 데리고 오면 루이스와 같은 집에서 살기로 약속했기 때문이다.

1808년 5월 29일자로 클라크에게 보내는 편지에서 루이스는 마치 자신이 부동산중개인이라도 되는 것처럼 그 집을 자세히 묘사했다.

"훌륭한 지하실에 1층에는 방이 4개고 2층에는 노예들이 쓸 방이 있네. 동쪽과 남쪽으로 베란다가, 부엌에는 아궁이 2개와 오븐 1개가 있다네. 마당과 마구간 그리고 새로 만든 훈제소도 있는데 아쉽게도 화장실이 한곳뿐이라네."

루이스는 기꺼이 친구와 함께 살 계획을 세우면서도 그렇다고 너무 환상을 품지는 않았다.

"일단 내가 살아보고 함께 살기에 충분치 않다고 여겨지면 내가 근처의 다른 사무실로 나가고 식사만 자네와 함께할 수도 있네."

루이스가 살아본 결과 그 집은 충분히 크지 않다는 결론이 내려졌다(십중팔구 줄리아 클라크의 주장 때문일 것이다). 루이스는 메인가에 사무실을 얻고, 피에르 쇼토의 집에서 함께 살았지만, 식사는 항상 클라크와 함께했다.10 클라크는 르네 제솜의 열세 살짜리 아들 투생 Toussaint Jessaume을 맡아 키우며 공부를 시켰다(나중에는 사카가위아의 아들 장 밥티스트와 딸 리제트Lizette도 클라크의 집에 머물며 공부를 했다).11

어쨌든 루이스는 세인트루이스로 오는 클라크를 위해 여러 가지 준비를 해두었다. 먼저 프라이어 소위에게 자신의 5월 29일자 편지를 가지고 클라크를 찾아가게 했다. 루이스는 6월 말이나 7월 초에 클라크가 가족과 함께 오하이오강 하구에 와 있을 테니, 그곳에서 자신의 편지를 전하라고 프라이어에게 지시했다. 프라이어는 이후 클라크 일행을 호위해 미시시피강을 따라 세인트루이스까지 올 예정이었다.

클라크는 평저선 2척에 가구와 인디언들에게 줄 무거운 장비(그중에는 마력으로 작동시키는 제분기와 대장간 연장 등이 있었다)를 실었다. 물론 그의 아내와 조카딸도 함께 갔다. 그는 물건과 상품을 싣고 간다고 루이스에게 편지했다. 클라크에게 보낸 답장에서 루이스는 기분 좋은 기색을 드러내며 농담조로 이렇게 적었다.

"자네에게 한 가지 묻겠네. 대체 자네 부부의 사전에는 그 소중하고도 사랑스러운 반쪽에 대해 '물건'이니 '상품' 말고는 적절한 말이 나와 있지 않더란 말인가? 내가 부인께 자네의 신사도 부족에 대해 한 말씀드리지. 이런 꼬투리를 잡아 얼마나 기쁜지 모르겠네. 내가 얼마나 케케묵고 좌절한 노총각인지 생각해보면 그 이유는 충분히 알 걸세."

루이스는 계속 적었다.

"자네의 조카딸들을 데려오겠다는 약속이 단지 우리를 감질나게 만들려고 한 말이 아니었기를 바라네. 내가 이미 세인트루이스 사교계에 조만간 보물이 굴러 들어올 거라고 소문을 내고 다녔거든."12

하지만 클라크는 조카딸 가운데 누나의 딸인 예쁘고 재능 많은 앤더슨Anderson만 데려갔다. 앤더슨의 출현은 세인트루이스 전체를 들썩이게 만들었다. 베이츠 주무장관이 한 친구로부터 받은 편지에는 이렇게 나와 있다.

"세인트루이스의 총각들 사이에 어찌나 큰 동요가 있었는지, 비극적인 결과를 방지하기 위해 그녀를 누구에게 줄지 마을회의에서 투표로 결정하자는 이야기까지 나왔을 정도라네."13

원정에서와 마찬가지로 루이스는 광범위한 글을 쓴 다음 한동안 거의 글을 쓰지 않는 시기를 보냈다.* 1808년 여름, 그는 자신의 기분을 드러내는 개인적인 잡담조의 편지는 물론 공문서에 이르기까지 상당히 많은 글을 썼다. 옛 전우 윌리엄 프레스턴William Preston 소위에게 보낸 7월 25일자의 긴 편지에서 루이스는 자신의 삶과 감정을 살짝 드러내고 있다(프레스턴은 당시 줄리아 핸콕의 언니와 결혼했다).

"자네 같은 기혼자들은 왜 자신이 다루고 있는 일을 그처럼 어설프게 처리하는지 모르겠군."

루이스가 이렇게 말한 까닭은 단순히 "자네는 내가 아직 얻지 못한 것, 즉 아내를 얻었기 때문"이었다. 루이스는 편지 1장에 걸쳐 토지 투기와 프레스턴의 장사에 관해 그리고 돈이 모자라 자신을 보러 오지 못한다는 얄팍한 핑계에 대해 맹공을 펼친 다음 본론으로 들어갔다.

여기서 본론이란 "그녀가 떠났다"는 것이었다. '그녀'는 바로 레티샤 브래컨리지였고, 그녀는 지난 6월 2일 리치먼드의 로버트 갬블Robert Gamble과 결혼했다. 루이스는 실망감을 드러냈지만 자기가 사모하던 여성을 차지한 남자에 대해 관대한 태도를 취했다.

"갬블은 성격이 좋고 매우 정직한 친구로 나하고는 어려서부터 잘 알고 지내던 사이지."

---

*이런 습관의 유래는 훨씬 이전으로 거슬러 올라간다. 1801년, 루이스의 친구 탈턴 베이츠Tarleton Bates는 자기 동생 프레더릭에게 "메리웨더 루이스는 주말에 편지를 써 보내겠다고 약속해놓고 소식이 없다"며 불평했다. 1807년, 에이머스 스토더드 대위는 자신이 '몇 통의 우호적인 서한'을 루이스에게 보냈지만 아무런 답변도 받지 못했다고 불평했다(잭슨, 『서한집』, 제2권, 445쪽)(원주).

루이스는 자기 친구에게 세인트루이스로 와서 그곳의 열풍에 한몫 끼도록 권했다.

"내 생각에 루이지애나, 특히 세인트루이스지역은 지금 미국의 다른 어떤 지역보다 큰 이득을 제공하고 있네. (…) 돈과 검둥이가 있는 정직한 모험가라면 누구에게나 말일세."

그는 옥수수(위스키 통의 형태로 뉴올리언스까지 실어 보내는), 밀, 납, 모피 등에 기초한 그곳의 경제 상황을 기록했다.

"자네가 만약 다른 선택을 한다면 머지않아 반드시 후회할 날이 올 거라고 장담하네. 지체할 시간이 없네. 땅값이 빠른 속도로 오르고 있지만 아직은 낮은 편이라네."

사실 땅값은 1년 사이에 두 배로 뛰었다. 그렇다고 해도 루이스는 프레스턴에게 켄터키에 있는 그의 집을 매각하고 그 대금의 절반만 갖고 세인트루이스로 오면 그야말로 광대한 땅을 구입할 수 있을 거라고 말했다. 루이스는 자신의 투자 내역을 설명하며 이런 장담을 뒷받침했다.

"나는 7,400하고도 40아르팡Arpents*의 토지를 5,500하고도 30달러에 구입했다네."

그 땅은 모두 세인트루이스시 근교에 있었고 샘과 방앗간이 있는 데다 훌륭한 토질과 충분한 강수량을 자랑하는 곳이었다. 인디언에 관해 루이스는 미시시피강 인근의 인디언을 다스리는 데는 성공했지만 미주리강 인근의 오세이지족과 다른 부족은 여전히 위협적이라고

---

*프랑스의 토지 측정 단위. 1아르팡은 약 0.85에이커에 해당한다(원주)(길이로는 약 58미터, 면적으로는 약 3,400제곱미터대(역주)).

말했다. 그럼에도 그는 자신이 조만간 취할 조치로 "그들을 복종시킬 수 있을 것"이라고 자신했다.14

루이스가 실천에 옮긴 정책이 다양한 인디언 부족을 어느 정도까지 복종시킬 수 있을지는 앞으로 두고 봐야 할 문제였다. 그는 노련한 인디언 대리인이던 니콜라스 부아뱅Nicholas Boilvin에게 27명의 호위병을 딸려 보내 살인 혐의를 받고 있는 소크족과 폭스족Foxes의 인디언 2명을 데려오게 했다.15 그리고 오세이지족의 일파인 일명 그레이트 오세이지족에 대해 과감한 조치를 취하기도 했다.

그는 디어본 장관에게 보내는 7월 1일자 편지에서 자신의 조치를 해명했는데, 이것은 그가 준주 지사로서 중앙정부에 보낸 최초의 보고서였다. 그레이트 오세이지족은 미국에 대한 충성을 완전히 내버린 상황이고, 이제 그들의 전체 지도자인 화이트 헤어 추장의 권한을 인정하지 않고 있다는 것이었다. 화이트 헤어 추장과 다른 정보원은 그레이트 오세이지족이 (자기 부족 출신의) 죄수를 몇 명 빼내고 말을 여러 마리 훔쳤으며 가축을 죽였다고 주장했다. 또한 이들은 변경 개척민을 습격해 옷과 가구를 빼앗고 집을 불태웠다.

그레이트 오세이지족이 전쟁을 원한다면 루이스는 얼마든지 응할 준비가 되어 있었다. 그는 쇼니족, 델라웨어족Delawares, 키카푸족, 아이오와족Iowas을 비롯한 여러 부족과 회담을 열고, 그레이트 오세이지족을 상대로라면 마음껏 전쟁을 벌여도 좋다고 통보했다. 문제는 그레이트 오세이지족이 에스파냐인 교역상 한 사람과 살고 있음을 이유로 자신들은 미국 정부로부터 독립적이라고 생각한다는 데 있었다. 이에 따라 루이스는 영구적인 교역소를 설립하기 위해 파견할 충분한 병력이 생길 때까지 교역 허가를 모두 정지시켰다(그 영향으로 세인트루이스의 교역상 사이에 원성이 자자해졌다).

그는 클라크 장군에게 80명의 호위병을 이끌고 미주리강을 거슬러 올라가 오세이지강에 요새 겸 교역소를 건설하도록 했다. 이는 그레이트 오세이지족에 대한 원정에 상응하는 것이었다. 더 많은 병사가 필요했던 루이스는 중앙정부에 의용군 모집을 위한 지출 권한을 요청했다. 또한 디어본에게 머스킷총 500정, 소총 300정, 총검 120자루, 권총 60정, 화약 1톤 등을 요청했다. 이 정도면 아직까지 에스파냐의 영향력이 남아 있는 남부지역을 다스릴 수 있을 것이었다.

진짜 위험은 북부 전선, 그러니까 만단족 마을 너머 미주리강의 영국인으로부터 오고 있었다. 루이스는 이들을 미국 영토 밖으로 추방한다는 명령을 내렸지만, 그 조치를 강제 집행할 힘을 갖고 있지는 못했다. 더욱이 과연 육군성이 이 조치를 승인할지 자신하지 못했다.16

디어본은 이 젊은 영웅의 주제넘은 행동을 더 이상 참을 수가 없었다. 그가 보기에는 루이스가 만사를 꼬아놓고 있었던 것이다. 자칫하면 영국과 전쟁을 벌여야 할지도 모를 당시의 외교 상황에서 육군성은 그 문제에 관해 심각할 정도로 준비가 부족한 상황이었다. 그런데 루이스는 이제 또 다른 곳에서 전선을 만들며 무기와 병사를 요구했다. 얼핏 리틀 오세이지족과 그레이트 오세이지족 사이에 벌어진 다툼에 불과한 듯한 문제를, 다시 말해 사소한 인디언 문제를 다스리기 위해 정규군을 동원하겠다는 얘기였다.*

루이스는 빅 화이트 추장을 고향으로 돌려보내는 문제에 관해 아무런 언급도 하지 않았다. 일찍이 제퍼슨이 그 문제를 최우선으로 처리

---

*당시 오세이지강의 하류에는 그레이트 오세이지족이, 상류에는 리틀 오세이지족이 살고 있었다(역주).

하도록 지시했음에도 말이다. 더욱이 그는 중요한 문제를 적절한 보고도 없이 임의대로 처리했다. 디어본이 인디언 살인범을 체포한 부아뱅의 원정(그 자체만 하더라도 인디언 정책에서 의문의 여지가 많은 조치였는데)에 관해 들은 것도 (루이스의 정식 보고가 아니라) 어느 육군 장교가 병사 및 보급품 요청서를 보내옴으로써 알게 된 것이었다.

루이스가 보낸 편지와 엇갈려 발송된 7월 2일자 편지에서 디어본은 몇 가지 기본 정책을 지시했다.

"급박한 위기 상황이 아닌 이상, 기존 병력에서 분견대를 운용하지 말 것."

그리고 만약 운용하더라도 대통령의 사전 승인을 받도록 하라고 했다. 장관은 다음과 같은 불평으로 편지를 끝맺었다.

"어음 몇 장을 제외하면 루이지애나 주지사로부터 수개월째 아무런 보고도 없었음."17

루이스는 이 대목을 읽고 무척이나 놀랐을 것이다. 그는 지금까지 어떤 결정을 내릴 때 클라크와 함께 상의하는 것을 제외하면 누군가의 승인을 얻는 데 익숙하지 않았기 때문이다. 이어 이보다 심한 질책이 뒤따랐다. 7월 17일자로 제퍼슨이 루이스에게 보낸 편지에서였다. 대통령은 다음과 같은 불평으로 편지를 시작했다.

"지난 9월 앨버말에서 자네와 헤어진 이후, 이제껏 단 한 줄도 소식을 듣지 못했군."

그러면서 자기가 먼저 편지를 보낼까 했지만, "자네가 보낸 소식이 분명 지금 오는 중일 것이라고" 확신한 나머지 내내 기다려왔다고 했다. 이 정도면 제퍼슨에게는 매우 엄한 질책에 해당하는 표현이었다. 곧이어 대통령은 말투를 누그러뜨렸다. 어쩌면 통상적인 우편 지연이 문제의 원인일 수 있다고 생각했던 것이다. 대통령은 지난 2월에야 빅 화이트 추장이 프라이어 소위의 호위 아래 고향으로 돌아가던 중에 아리카라족의 공격을 받았고, 부상자가 발생했으며(조지 섀넌이 한쪽 다리를 잃었다) 일행이 다시 돌아올 수밖에 없었다는 일을 전해 들었다고 썼다. 이것은 일찍이 빅 화이트 추장에게 무사히 고향으로 보내주겠다고 약속했던 대통령에게 치명적인 일격이었다. 결국 제퍼슨은 빅 화이트 추장의 귀환 문제에 관해 루이스가 어떤 생각을 품고 있는지 보고서를 요청했다.

"우리에 대한 신뢰와 평판을 위해서라도 이 문제를 약속대로 완수해야만 하네."

곧이어 외국과의 관계가 지금처럼 불확실한 상황에서는 상당 규모의 원정부대를 상류로 올려 보내는 조치까지는 원치 않는다고 덧붙였다. 하지만 그것 외에 다른 방법이 없고, 또한 적당한 비용 내에서 해결이 가능하다면 그런 조치라도 실시하도록 루이스에게 권한을 부여했다. 제퍼슨은 몇 가지 반가운 소식도 전했다.

"인디언과의 통상을 대규모로 담당할 강력한 회사를 조직 중이라네."

존 제이콥 애스터John Jacob Astor가 이끄는 이 회사는 자본금만 100만 달러에 달할 것이었다. 제퍼슨은 애스터에 대해 "(모피) 사업에 오래 관여해 그 문제에 해박하고 매우 탁월한 인물"이라고 썼다.

반갑지 않은 소식도 있었다. 영국과의 관계가 그 어느 때보다 악화되었으며, 의회는 통상금지를 지속할 것인지 아니면 전쟁을 벌일 것인지를 놓고 논의 중이라고 했다. 무엇보다 제퍼슨의 다음과 같은 마지막 문장은 루이스의 가슴을 저미는 것이었다.

"자네의 출판사 쪽으로부터 아직 진행 상황에 관해 아무런 소식이 없더군. 그래도 제1부만큼은 너무 늦지 않았으면 하는 바람일세."18

일지는 세인트루이스에 있었지만, 루이스는 아직도 필라델피아에 있는 출판사에 넘길 원고를 한 줄도 완성하지 못하고 있었다. 제퍼슨의 이 말은 루이스에게 지금까지의 실책을 깨달을 기회를 부여한 셈이었지만, 애석하게도 루이스는 미처 깨닫지 못했다. 심지어 그는 제퍼슨의 편지에 답장도 하지 않았다. 그것은 다른 누구에게든 마찬가지였다. 8월에 이르러 제퍼슨은 디어본에게 이렇게 말했다.

"그에게서 단 한마디도 들을 수 없다니 정말 놀라운 일이로군."19

루이스는 일지의 출간이 제퍼슨에게 어떤 의미를 지니고 있는지 잘 알았다. 나아가 그 일이 자신의 향후 재정은 물론 평판에 어떤 의미를 지니고 있는지도 알고 있었다. 그럼에도 그는 완전히 손을 놓고 있었다. 하다못해 루이스는 루이지애나 주지사의 일을 맡다 보니 직접 원고 작업을 할 시간이 없다고 제퍼슨에게 속 시원히 털어놓았어야 했다. 그때까지 단 한 줄도 못썼다고 솔직히 고백했다면 대통령이 나서서 도와줄 수 있었을 것이다. 가령 일지를 워싱턴으로 가져와 육군성 소속 직원에게 원고 작업을 전담하게 할 수도 있었다.

결국 일지 출간이 지연된 것에 대해 제퍼슨도 일부나마 책임을 시인할 수밖에 없을 것이다. 그는 루이스를 좀더 세차게 몰아세울 수도 있었다. 듀머스 맬런은 이 문제에 관해 다음과 같이 지적했다.

"자신이 신뢰하는 사람에게 대단한 관용을 베풀었던 제퍼슨이 어쩌면 지나치게 인내하는 잘못을 했는지도 모른다."20

루이스는 온갖 핑계를 대며 사무실을 벗어나기 일쑤였고 땅 투기를 하거나 벨폰테인에 있는 옛 전우를 찾아가기도 했다. 또한 세인트루이스의 다른 메이슨 회원과 함께 메이슨 지부를 설립하고 초대 마스터를 맡았다.21 그는 미시시피강 서부에서 최초의 신문사를 설립하는 데도 일조해 1808년 7월 22일자로 첫 호를 발간한 조셉 찰스Joseph Charles의 미주리 《가제트》에 자금을 지원하기도 했다. 주지사는 이 신문을 통해 종종 자신의 견해를 발표하곤 했다. 8월 2일자 신문에는 루이스가 디어본에게 보낸 장문의 정책 선언문 중 전반부가 수록되었다. 그는 이때 '클랫솝'이라는 필명을 사용했다. 그는 또한 종종 이 신문에 기고를 했는데, 1808년 11월 16일자에는 '정직한 마음의 진정한 야심'The True Ambitions of an Honest Mind이라는 에세이를 기고했다.

"내가 평생 바란 축복은 몇 명의 진실한 친구를 얻으면 족하리라는 것이다. 내 재능을 직접 고를 수 있다면 학식보다 선을 택하겠다. 내 집을 고르라면 상태보다 편안함 여부를 따지겠다. 내 상황에 맞춰 많지는 않아도 일하지 않고 살아갈 만큼은 재산을 바란다. 나태해지지 않을 만큼 사업을 할 수 있고 늘 한 시간은 남아돌 만큼 여가가 있으면 좋겠다. (…) 야심에 이끌리지 않고 논쟁으로 인해 당혹스러운 일이 없으면 한다. 건강의 축복을 즐기되 (…) 규칙적인 생활과 느긋한 마음으로 그런 결과를 목도하고 싶다. (…) 오로지 얄밉게 구는 사람만 미워하고 내가 마땅히 그래야 하는 사람들만 사랑할 것이다. (…) 영원할 수 없는 내 삶을 즐기고 더불어 그것을 위해 체념도 감수할 것이다."22

이는 젊은 주지사가 종종 자기감정을 표현하려 할 때 사용하던 과장된 글투에 불과하다. 그는 자신이 기록한 축복 중 일부를 이미 누리고 있었다. 그중 최고는 제퍼슨과 클라크가 그의 진실한 친구였다는 점이다. 1808년 12월 1일자로 어머니께 보낸 편지에서 루이스는 이렇게 말했다.

"제 생활이 계속해서 사업에 집중되다 보니 어머니께 편지를 쓸 여유조차 없었습니다."

물론 그는 바쁘긴 했지만 젊은 사람이 무려 1년이 넘도록 어머니를 찾아뵙기는커녕 편지 한 통 보내지 않은 다음에 쓰는 편지의 서두로는 어딘가 어울리지 않는다. 루이스는 어머니의 건강을 염려하면서도 곧이어 불평을 표시했다.

"어머니께서 늘 건강하시기를 바라지만, 솔직히 이래서야 어머니를 다시 뵙기 전까지 살아 계신지 돌아가셨는지도 모르겠군요."

가족에게 1년에 편지 한 통 써 보내지 않은 아들이 하는 말로는 그야말로 불효막심하고 뻔뻔스러운 표현이 아닐 수 없다. 이어 그는 어머니에게 "앞으로 몇 년 안에 어머니와 가족 모두를 불러올 수 있는 여력을 갖는" 것이 자신의 바람이라고 말했다. 그는 겨울에 버지니아를 방문하겠다는 약속과 함께 편지를 끝맺었다.23

1808년 하반기에 루이스는 세인트루이스 미주리강 모피 회사 설립에 관여했다. 그의 동업자 중에는 윌리엄 클라크, 마누엘 리사, 피에르 쇼토, 오귀스트 쇼토, 벤저민 윌킨슨(제임스 윌킨슨 장군의 형제), 루벤 루이스 등이 포함되어 있었다. 루이스는 비밀 동업자로 되어 있었다. 구체적인 사항은 그리 많이 알려지지 않았지만, 본래 이들의 계획은 사적으로 조직하고 공적으로 자금을 지원받은 대규모 원정대를 1809년에 미주리강으로 보냄으로써 빅 화이트 추장을 고향으로 돌려보낸다는 것이었다. 원정대가 만단족 마을에 도착하면 모피 교역상은 거기서 다시 옐로스톤강 하구로 갈 수 있었고, 그곳에서 루이스 주지사에게 부여된 독점권을 향유할 것이었다.

이 계획을 찬찬히 뜯어보면 친지 등용에다 공과 사의 이해 충돌 등 온갖 문제가 내포되어 있지만, 루이스와 그 동업자들에게는 완벽한 계획인 것으로 여겨졌다. 정부는 아리카라족이나 수족을 능가할 만한 병력을 제공할 수 없었다. 그리고 동업자들은 이런 원정에 필요한 병력을 후원할 자본이 부족했다. 제퍼슨 대통령은 루이스가 판단하기에 최선이라 여겨지고, 적절한 비용이 드는 한도 내에서 무슨 방법을 쓰더라도 빅 화이트 추장을 고향으로 돌려보내라고 지시했다. 결국 회사 설립은 일사천리로 진행되었다.

7월 말, 부아뱅이 4명의 아이오와족 인디언과 함께 돌아왔다. 소크족과 폭스족의 주장에 따르면 이들이 바로 살인범이었다. 루이스는 재판을 거쳐 그중 3명에게 교수형을 집행할 것이라고 공표했다. 이 재판은 7월 23일에 열렸다. 세인트루이스의 거리마다 인디언 전사들이 가득 들어찼다. 이들은 루이스 주지사와 클라크 장군에게 선처를 호소하며 사면을 요구했다. 아이오와족 전사들은 유죄를 선고받았지만, 루이스 주지사는 그 재판이 뭔가 온당치 않다고 여겼는지 다시 한 번 재판을 열도록 지시했다.

8월 3일에 다시 열린 재판에서도 인디언들은 유죄를 선고받았다. 하지만 루이스는 교수형을 집행하는 대신 이들을 모두 감옥에 넣었다. 중앙정부의 지시를 기다리는 것이 분명했다.24

7월 2일자로 디어본이 보낸 질책의 편지를 루이스가 받아본 것은 8월 중순경의 일이었다. 마찬가지로 디어본은 루이스가 7월 1일자로 보낸 보고서를 그때까지도 받아보지 못한 상황이었다. 보고서가 워싱턴에 도착했을 때 디어본은 마침 메인주에 가 있었기 때문에, 보고서는 다시 몬티첼로에 있던 제퍼슨에게 향했다. 지독하게 느려터진 우편으로 인해 가뜩이나 어려운 상황은 더욱 악화되고 말았다.

8월 20일, 루이스는 디어본에게 답장을 보냈다. 그는 핵심을 즉시 간파했다.

"차후로는 (…) 장관님께서 제게 바라시는 대로 정규군의 요청에 관해 최대한 조심하도록 하겠습니다."

물론 그 다음에 곧바로 '하지만'이라는 말이 등장했다.

"장관님께서 고려해주셨으면 하는 바는 제가 중앙정부로부터 매우 멀리 떨어져 있으며, 제 주위에는 신뢰할 수 없고 야만적인 인디언 부족이 무수히 둘러싸고 있음으로 인해, 제가 어떤 의논에 앞서 우선 행동을 취해야 할 필요가 있는 일이 수없이 벌어진다는 것입니다."

그는 말을 빙빙 돌려가며 다음과 같이 해명했다.

"저는 항상 잘못 행동하는 것보다는 차라리 행동하지 않는 것이 더 낫다고 생각해왔으며, 따라서 차후로는 그런 생각을 지니신 장관님의 질책을 받을 위험에 스스로를 노출시키지 않도록 하겠습니다. 저로선 제가 생각하기에 확실하다고 여겨지는 대로 자유재량권을 사용하는 것이 항상 좋게 느껴졌지만 말입니다."

그는 자신이 지금까지 취한 행동에 대해 한참을 변호했다. 그 문제에 관해 1,000단어가량 기록한 다음 편지를 끝맺었다.

"이것은 제게 극도로 혼란스럽고 고생스러우며 탐탁찮은 업무였고, 솔직히 다시 생각해도 그렇게 할 수밖에 다른 도리는 없었던 것 같습니다. 물론 장관님께서는 제가 취한 방법을 승인하시지 않을 것 같지만 말입니다."25

그 와중에 제퍼슨은 루이스가 디어본에게 보낸 7월 1일자 보고서에 대해 8월 21일자로 답장을 보냈다. 루이스가 오세이지족과의 관계에서 지나치게 서두르는 것이 아니냐는 걱정을 사적으로 표시하긴 했지만, 대통령은 루이스에게 다음과 같이 말했을 뿐이었다.

"오세이지족과의 불화가 초래된 것은 안타까운 일이네. 물론 나는 자네가 다른 부족들에게 그들이 불평하는 잘못에 대해 직접 보복할 수 있도록 허락하는 방법을 취한 것을 승인하는 바일세."

결국 최고통수권자 제퍼슨도 필요하다면 오세이지족을 공격하는 다른 인디언 부족에게 총과 탄환을 공급할 의사가 있었던 셈인데, 루이지애나의 모든 주민들 간에 평화가 깃들기를 바랐던 사람의 입장에서는 오히려 별난 행동이 아닐 수 없었다. 하지만 제퍼슨은 부아뱅의 원정대를 파견해 소크족과 폭스족의 살인범을 체포하게 하는 방안에 대해서는 반대하며 그 일이 아직 벌어지지 않았으면 하고 바랐다. 만약 부아뱅이 인디언 살인범을 체포해왔다면, "양쪽 모두에게 유예가 있는 것이 정당하고도 필요하다"고 여겨지므로 "시간을 끌라"고 지시했다.

다른 모든 19세기의 대통령들과 마찬가지로 제퍼슨도 일관적인 인디언 정책을 수립하거나 유지하지는 못했다. 이는 그가 처한 압력을 암시한다. 한편으로는 도덕과 법률, 질서의 문제가 있었는데 백인 변경 개척민은 십중팔구 먼저 인디언의 성미를 건드리고 나서 보복을 받으면 그제야 아우성을 치며 정부에 도움을 요청하기 일쑤였다. 또 한편으로 정부는 미국 시민을 보호해야 했던 터라 좋은 의도만 갖고는 인디언을 제어할 수가 없었다. 제퍼슨은 유혈사태까지 가지 않고 해결하는 방법을 원하는 동시에 인디언을 제어하고 싶어 했다. 그는 루이스에게 자신의 생각을 강조했다.

"우리가 그들에게 강제할 수 있는 가장 큰 무기는 전쟁이 아니라 통상일세."

여기서 핵심은 '강제'라는 단어였다. 부아뱅의 문제에서 제퍼슨은 루이스의 무기 및 의용군 비용 요청을 승인한 것이나 다름없었지만, 그 문제를 다시 디어본에게 넘겨주면서 루이스가 인디언과 화해를 했으면 좋겠다는 희망을 피력했다. 덧붙여 "그(루이스)가 이 문제에 너무 신경 쓰는 것 같다"고 말했다.26

준주 주지사의 시각에서 보자면 이것은 훌륭한 생각이긴 했지만 지나치게 감상적이었다. 디어본에게 보낸 보고서에서 말했듯, 루이스는 인디언에 대한 중앙정부의 박애적인 감정으로 방어 능력이 없고 광범위한 변경의 안전이 도외시되어서는 안 된다는 생각이었던 것이다.27

그로부터 사흘 뒤, 제퍼슨은 다시 루이스에게 편지를 썼다. 아이오와족 인디언 3명을 사형에 처하려 한다는 7월 초의 루이스의 보고를 그제야 접했던 것이다. 대통령은 그러지 않았으면 하는 의견을 피력하며, "비록 살인범을 체포했더라도 그 처벌을 우리 손으로 직접 시행해서는 안 되네. 우리의 배심은 아직까지 인디언 살인범에게 유죄 선고를 내린 바 없네" 하고 조언했다. 교수형이 불가피하다면 그중 가장 죄가 많고 악질적인 성품의 인디언 1명에 대해서만 집행하도록 지시했는데, 그 이유는 그 사건으로 사망한 백인 역시 1명이었기 때문이다 (루이스는 계속 인디언을 감옥에 가둬두었고, 이들은 결국 1809년 여름에 모두 탈옥하고 말았다).

다음으로 제퍼슨은 더 중요한 문제를 언급했다. 그것은 루이스가 용서할 수 없을 정도로 느슨해져 있다는 것이었다.

"그 만단족 추장에 관해, 또는 그 사람을 자기 고향으로 돌려보내는 문제에 관해 자네로부터 아무런 소식도 듣지 못하니 솔직히 좀 언짧군."
 또한 꼭 필요하다면 어떤 방법을 써도 좋다는 권한을 미리 부여하면서 빅 화이트 추장의 귀환에 관해 이렇게 말했다.
 "(이것은) 우리의 정의와 명예에 부담으로 작용하는 문제일세. 내 생각과 달리 아리카라족에 대한 가혹한 처벌이 불가피한 경우, 자네가 생각하기에 적절한 시간과 형편을 따라 실시하도록 하게."
 대통령은 다음과 같은 말로 편지를 끝맺었다.
 "다시 한 번 애정과 존경을 보내며."28

 루이스는 하루의 대부분을 관청 업무를 하며 보냈다. 업무를 수행하는 과정에서 그는 유명한, 또는 앞으로 유명해질 수많은 사람을 만났는데 그중 대표적인 인물이 대니얼 분과 모제스 오스틴Moses Austin이다. 그는 분을 펨 오세이지Femme Osage 지역의 치안판사로 임명했다. 오스틴은 루이스에 대한 신뢰를 표현하면서도 준주 내의 불만세력이 루이스 주지사와 베이츠 주무장관 사이에 불화를 일으키려 시도하고 있음을 경고하기도 했다. 그는 훗날 "이 두 관료 사이에는 이미 불화가 있었고 루이스 주지사는 주무장관의 행실에 불만을 표현한 바 있다"고 적었다.29
 루이스는 수많은 공무원을 해임했는데, 그중 일부는 윌킨슨이 임명한 버 지지자였고 또 일부는 베이츠의 친구들이었다.30 그 과정에서 루이스는 많은 적을 만들고 말았다. 또한 주지사는 이른바 인디언 구역Indian territory을 설정하고 앞으로 그 지역에 접근하는 백인은 자신의 통제를 받도록 했다. 그렇게 한 목적은 토지 횡령자와 불법 거주자가 그 땅을 함부로 차지하지 못하게 하려는 데 있었다. 여기에 관해서도 원성이 높았다. 나아가 그레이트 오세이지족과의 교역을 전면 금지하는 명령을 선포함으로써 그의 적은 더욱 늘어나고 말았다.

클라크는 오세이지강 인근에 포트 오세이지Fort Osage를 설립하고 경계선을 설정하고자 조약을 맺으려 했다. 그레이트 오세이지족은 조약을 맺을 경우 자신들이 그 경계선을 넘어 동쪽으로 갈 수 없다는 것을 알고 대체 그런 조약이 왜 필요한지 모르겠다며 불평했고, 결국 리틀 오세이지족만 조약에 응했다. 이후 루이스는 피에르 쇼토에게 부탁해 포트 오세이지로 가서 새로운 조약을 맺도록 했다.

쇼토에게 내린 루이스의 지시는 인디언과의 조약에서 전형적인 것이었다. 즉 경계선을 하나 긋는 다음, 그 경계선에서 서쪽 토지는 전적으로 그들만 사용할 수 있다고 납득시키는 것이었다. 바꿔 말해 그 경계선 동쪽에 있는 땅은 백인에게 팔려나간다는 얘기였다. 이 조약에 응하지 않는 오세이지족이 있으면 그들에게는 장차 아무런 희망이 없을 것이라고 엄포를 놓았다. 나아가 이것은 대체 불가능한 결정이니 백인의 친구이자 동맹으로 간주되고 싶다면 그 문서에 반드시 서명하고 그 규정에 순응해야 한다고 했다. 순종하는 자에게는 교역품은 물론 대장간과 마력 제분기를 제공할 것이지만 반대하는 자에게는 교역품 공급을 모조리 끊겠다고 위협했다.31

오세이지족은 백인들이 시키는 대로 했고 결국 1808년 11월 10일자로 조약에 서명했다. 1810년 4월 28일, 미국 상원은 이 조약을 만장일치로 비준했다. 주지사는 여러 마을을 통합해 보다 규모가 큰 마을로 만들게 했고 세인트루이스에서 세인트제너비브St Genevieve, 케이프지라도, 뉴 마드리드New Madrid로 통하는 도로를 건설하는 법안을 내놓았다. 또한 그는 탄환 제조탑을 만들고 인근의 칠레초석 탄광에

대한 탐사를 실시했다.32

루이스와 클라크의 관계는 언제나 최상이었다. 루이스는 정기적으로 클라크에게 돈을 빌렸다. 한번은 자기 금전출납부에 "클라크 장군에게 이만큼(1달러) 빌림. 내 방에서의 카드 파티에서"라고 적기도 했다. 또 한번은 6달러를 빌려 자기 동생 루벤에게 다시 빌려주기도 했다. 10월 7일에는 50달러를 빌렸지만, 무슨 용도인지는 적지 않았다. 10월 28일에는 클라크에게 49달러 50센트를 빌려 위스키 2통을 샀다.33

8월에 클라크의 노예들 가운데 1명이 도망치자, 루이스는 노예를 찾으러 나가는 요크에게 4달러를 주면서 여비로 쓰게 했다. 이는 요크가 어느 정도로 신뢰를 받았는지 보여주지만, 그럼에도 클라크는 요크와 불화를 빚었다. 요크는 일찍이 원정에 따라가 봉사한 대가로 자기를 해방시켜 달라고 요구했다. 그의 아내는 켄터키주 루이빌에 있는 다른 사람의 소유였다. 클라크가 그의 요구를 거절하자, 요크는 그러면 루이빌로 보내달라고 간청했다. 클라크는 이 역시 거절하고 딱 한 번 방문하는 것만을 허락해주었다. 자기 형 조너선Jonathan Clark에게 보낸 1808년 11월 9일자 편지에서 클라크는 이렇게 적었다.

"요크를 보내 아내하고 몇 주간 함께 있게 할 생각입니다. 그 녀석은 거기 계속 머물면서 일하고 싶어 하지만 내가 거절했습니다(이것은 매우 흔한 관습이었다. 요크는 남에게 고용되어 일하고 그 대가로 받은 돈을 클라크에게 보내주겠다고 한 것이다). 그 녀석은 자기가 팔려서 다시 그쪽으로 갔으면 하고 바라지만, 그 녀석은 내게 쓸모가 있으니 나는 그 녀석을 팔지 않을 것이고 (…) 올 가을에 이리로 돌아오라고 지시했습니다. 혹시 요크가 도망치려 하거나 노예로서의 임무를 수행하지 않으면, 나는 차라리 그 녀석을 뉴올리언스로 보내 팔아버리거나 다른 혹독한 주인한테 팔아 행실을 고칠 생각입니다. 물론 그 녀석이 행실을 좋게 한다면 이런 내 생각을 굳이 알릴 필요는 없겠지요."

요크는 계속해서 자기는 해방되어야 마땅하다고 우겼다. 클라크는 자기 형에게 한탄했다.

"나는 정말이지 그 녀석(요크)에게 잘 해주고 싶지만, 그 녀석이 자꾸 자유니, 원정 당시의 봉사니 하는 말을 늘어놓는 통에 나로선 솔직히 그 녀석이 내 밑에서 얼마나 봉사를 할지 잘 모르겠습니다."

클라크는 이 문제 때문에 속을 끓였다. 루이스와 상의한 그는 1808년 말에 형에게 보낸 편지에서 이렇게 썼다.

"나는 이제 요크가 이 동네로 오든 말든 상관하지 않을랍니다. 솔직히 그 녀석에게 언짢은 생각이 들어 벌을 주려고 했지만, 루이스 주지사가 나보고 차라리 그 녀석을 켄터키에 보내 다른 사람 밑에서 일하게 하는 것이 나을 것이이라고 하더군요."

클라크는 요크가 혹독한 주인 밑에서 교훈을 배웠으면 했고, 그래서 제 마누라를 포기하고 세인트루이스로 돌아오길 바랐다. 클라크에게 골칫거리였던 노예는 요크뿐이 아니었다. 조너선에게 쓴 편지에서 그는 종종 "내가 부리는 검둥이 녀석들 때문에 엄청나게 짜증이 나고 당혹스럽습니다"라고 했다. 한번은 4명 모두에게 처벌을 내린 뒤 싹 팔아버릴까 했다고도 털어놓았다. 물론 노예를 다루느라 짜증이 나기도 했지만, 다른 한편으로는 돈이 필요하기도 했다.

1809년 5월, 요크는 세인트루이스로 돌아왔다.

"요크는 내 말馬을 도로 가져왔더군요. 여기 있기는 하지만 나한테는 거의 봉사하지 않고 무례하게 굴어서 하루는 호되게 때려 주었더니 그제야 정신을 차리더군요."34

여기에는 굳이 주석을 달 필요도 없으리라. 노예제의 악덕 가운데 상당수가 이 짧은 이야기 속에 이미 드러나 있기 때문이다. 원정 과정을 통해 요크는 어려서부터 자기 주인이던 클라크를 위해 목숨도 희생할 준비가 되어 있음을 여러 번 보여주었다. 그럼에도 그는 무례하게 군다는 이유로 매를 맞았고, 자신은 물론 아내와 십중팔구 자기 아이들의 자유까지도 인정받지 못했다.

그에 비해 루이스의 태도는 훨씬 온화하지만 그렇다고 그가 요크를 해방시키라고 클라크에게 요구했을 가능성은 희박하다. 루이스도 클라크와 마찬가지로 흑인 노예에 대해서는 주인으로서의 태도를 결코 벗어나지 못했다. 그런 면에서는 제퍼슨 역시 두 사람과 마찬가지였다(제퍼슨은 노예를 팔아 가족을 생이별시키기도 했다). 그러니 제퍼슨이 이렇게 쓴 것도 어찌 보면 당연한 귀결이었다.

"나는 이 나라를 보면 문득 오싹해진다. 신은 정의롭다는 생각이 떠오르기 때문이다."*35

1808년 늦가을, 미국과 영국 사이에 긴장이 고조되어 금방이라도 전쟁이 터질 것 같았다. 이에 대비해 제퍼슨 대통령은 1만 명의 징병을 지시했다. 루이지애나의 징병 할당 수는 377명이었다. 루이스는 미

---

*이 문장은 제퍼슨의 『버지니아주에 대한 비망록』에 나오는 노예제 반대 주장으로 유명하다. 제퍼슨은 이신론자로 기독교에 반대하는 입장이었지만, 이 대목에서는 "자유란 하나님이 주신 것이라면서 왜 우리는 흑인 노예의 자유를 빼앗고 있느냐?"고 역설적으로 노예제의 폐해를 지적했다. 원문은 이렇다. "모두의 마음에 들어 있는 다음과 같은 확신이 제거된 뒤에도 과연 한 나라의 자유가 유지될 수 있을까? 그런 자유에서 유일하고도 확고한 기반, 즉 그런 자유야말로 다름 아닌 하나님의 선물임에 분명하다는 확신이 제거된 다음에도? 그런 자유란 하나님의 분노에 의해서가 아니라면 결코 침해될 수 없는 것이라는 확신이 제거된 다음에도? 나는 이 나라를 보면 문득 오싹해진다. 하나님은 정의롭다는 생각이 떠오르기 때문이다. 하나님의 정의는 영원히 잠들어 있진 않을 거라 생각한다. 자연이나 자연적 수단만 고려하더라도 운명의 수레바퀴가 뒤집힐 가능성, 상황이 뒤바뀔 가능성은 얼마든지 있다. 어쩌면 초자연적 섭리에 의해 그럴 수 있다."(역주)

주리의 《가제트》지를 통해 준주 내 청년들의 애국심에 호소했고, 특히 프랑스인과 미국인 거주자가 지닌 반영감정에 호소해 반응을 이끌어내려 했다.

"우리의 자유와 조국을 저 유럽의 현대판 야만인의 더러운 손아귀에서 구해내는 데 동참합시다. 동방에서의 끔찍한 살육에 만족하지 못하는 그들이 이제 방향을 돌려 우리의 평화롭고 행복한 해안으로 향하고 있습니다. (…) 그들에게는 힘이 곧 법이요, 정의는 비웃음의 대상일 뿐입니다. (…) 그들에게는 아량도 미덕도 없습니다."

루이스는 자원자들에게 12개월간의 군 복무에 참여하라고 호소했다.

"그렇게 함으로써 76년에 우리 선조들이 당신들의 피로 사서 우리에게 남겨준 유산이, 우리가 지금 누리는 권리이며 마땅히 존중해야 하는 것임을 그들에게 보여주도록 합시다. 어떤 대가를 치르든 그것을 보호하고 지킴으로써 그 유산이 손상되지 않은 채 다음 세대에게 넘어갈 수 있게 합시다."36

하지만 아쉽게도 15명 정도의 미국인만 징병에 지원했고 프랑스인은 전혀 없었다. 그때까지 루이스가 이룬 업적은 가까스로 인디언과의 전쟁을 피한 것, 몇 가지 법률과 질서를 수립한 것, 관청에 자기 사람들을 심어놓은 것, 도로를 닦고 다른 개선책을 실시한 것 등이었다. 그러나 미처 처리하지 못한 일이 산더미였다.

특히 제퍼슨은 빅 화이트 추장이 여전히 세인트루이스에 머문다는 점과 일지가 그대로 방치되고 있다는 것을 걱정했다. 루이스는 주지사로 부임한 이래 단 한 번도 일지를 펼쳐본 적이 없었던 것 같다.

세인트루이스

1809년 1~8월

클라크의 집에서는 대단한 경사가 벌어졌다. 줄리아 클라크가 아들을 낳았던 것이다. 윌리엄 클라크는 이 아이에게 메리웨더 루이스 클라크Meriwether Lewis Clark라는 이름을 지어주었다. 클라크는 아직 10대였던 아기 엄마에게 셰익스피어 전집을 선물했다.

세인트루이스시에도 경사가 있었다. 세인트루이스 미주리강 모피회사가 상류로 향할 준비를 하고 있었던 것이다. 이는 뱃사람들에게는 물론 의용군에 입대하고자 하는 사람들 심지어 인디언에게도 일자리를 얻을 기회인 동시에, 아리카라족과 수족에 대한 복수전을 펼칠 기회였다. 마치 1803~1804년 겨울에 루이스와 클라크가 원정 준비를 하느라 떠들썩했던 시절을 연상시켰다.

루이스는 1804년과 마찬가지로 바쁜 나날을 보냈다. 그가 미주리강 모피 회사와 작성한 계약서 내용이나 피에르 쇼토에게 내린 지시는 그가 1809년 초의 겨울과 봄에 얼마나 활발하고 생산적이었는지, 미주리강을 거슬러 올라가는 것에 관해 자신이 배운 것을 얼마나 재활용했는지, 세부사항에 얼마나 신경을 많이 썼는지, 얼마나 상상력을 발휘했는지, 이 과업을 얼마나 깊이 생각했는지, 그리고 그가 얼마나 가차 없어질 수 있는지를 보여준다.

하지만 그의 삶에는 어두운 측면도 있었다. 오늘날 전해지는 당시의 문서에는 그저 어렴풋이 암시되어 있을 뿐이지만, 뭔가가 그를 괴롭히고 있었음이 분명하다. 그는 술도 많이 마셨고 정기적으로 약을 먹었는데, 아마도 아편이나 모르핀 성분이 들어간 약이었을 것이다. 그는 매일 밤 잠들기 직전에 아편 1그램이 함유된 알약을 먹었고 고열이 날 경우에는 3알을 먹었다. 그래도 약이 듣지 않으면 다음날 아침 2알을 더 먹었다.1

그는 계속해서 동부로 돌아갈 생각이라고 말했지만 정작 실행에 옮기지는 않았다. 그는 쇼토 가문으로부터 적은 액수의 돈을 정기적으로 빌렸고, 5월 17일에는 베이츠로부터도 20달러를 빌렸다. 이렇게 돈을 빌린 이유에 대해서는 적지 않았다. 어쩌면 술을 마시는 데 써 버렸을 수도 있다. 그의 재정 상황은 처참한 지경이었는데, 금전출납부의 11월 9일자 항목은 그런 상황을 여실히 보여준다.

"클라크로부터 49달러 빌림. 패로Farrow 의사가 내 하인 퍼니어를 진찰한 요금. 터무니없는 요금이라 생각하지만 지불하지 않을 수 없었음."

빅 화이트 추장을 데리고 떠날 원정대에게 아리카라족을 어떻게 다룰지에 관해 내린 지시에서, 그는 놀라울 정도로 잔인한 언사를 통해 위험할 만큼 상식이 결여된 모습을 보여주었다. 그 와중에 베이츠 주무장관과 루이스 장관은 어느 공식 석상에 함께 모습을 드러낸, 이후 서로의 관계는 영영 틀어지고 말았다. 루이스의 행동이 갈수록 상궤를 벗어났기 때문이다.

2월 24일, 루이스는 미국 정부를 대표해 루이지애나 준주 주지사의 권한으로 세인트루이스 미주리강 모피 회사와의 계약서에 서명했다. 계약 조건에는 회사 측이 125명의 의용군을 양성하되 그중 최소한 40명은 미국인인 동시에 뛰어난 소총수로 하고, 빅 화이트 추장 일행을 만단족 마을까지 돌려보내는 것이 들어 있었다. 회사 측은 의용군에게 성능이 뛰어나고 적절한 총포를(그중 50정은 소총으로) 제공하고 구체적인 숫자와 성능은 루이스의 승인을 얻어야 했다. 다른 모든 비용, 즉 식량, 주방기구, 보트, 인디언에게 줄 선물 등은 회사 측의 동업자들이 나눠 제공하기로 했다. 루이스 주지사는 보급품을 충당하기 위해 어음을 발행하고 이는 선금으로 간주돼 최종 지불 금액에서 제하기로 했다.

회사 측은 빅 화이트 추장과 그 일행을 무사히 돌려보내기로 했고 또한 그들의 생명을 위협하는 모든 전쟁과 유사한 공격으로부터 그들을 보호하기로 약속했다. 그 일이 완수되면 미국은 회사 측에 7,000달러를 지불하기로 했다. 만단족 마을에 도달해 빅 화이트를 무사 귀환시킬 때까지는 피에르 쇼토가 원정대의 지휘를 맡을 예정이었다. 그 일이 완수되면 군사적 기능은 끝나고 지휘권은 또 다른 동업자인 마누엘 리사에게 이전될 것이었다.

이후 리사는 회사 측 일행과 옐로스톤강 너머로 가서 통상 작업에 임하기로 했다. 그러면 회사는 독점권을 갖게 된다. 루이스는 플래트강 하구에서 시작해 미주리강 상류지역에 대해서는 이들 외에 어떤 교역상에게도 교역 허가를 내주지 않기로 약속했다.

회사 측은 다음 5월 10일 이전까지는 무슨 일이 있어도 출발할 것이며, 이를 이행치 못할 경우에는 위약금조로 3,000달러를 내기로 약정했다. 원정대가 완전히 구성되고 장비를 갖추는 대로, 미국 정부는 회사 측에 3,500달러를 지불할 것이었다. 다른 한편으로 루이스는 자신이 세인트루이스를 비우는 동안 클라크 장군이 임무를 대신하게 했다.2

양측 모두 계약 내용에 만족스러워했다. 루이스와 회사 측 동업자들로서는 군사적 원정과 상업적 모험을 결합시킨다는 것에서 매우 이치에 맞았다. 1807년에 프라이어 소위가 이끄는 일행에게도 병력이 동원되긴 했지만 그때는 3명의 목숨과 조지 섀넌의 다리, 그리고 다른 7명의 부상이라는 손실만 입었을 뿐이다. 동업자들로서는 군대의 호위 없이 아리카라족 영토를 지날 방법이 없었고 육군에서는 이 일을 위해 125명이나 되는 정규군을 파견할 여력이 없었다. 결국 변경의 정부 측 장교와 관료들이 정기적으로 이 모험적 사업에 관여했고, 미주리강을 미국인 모피 교역상에게 개방하는 것은 회사 측과 동시에 미국 정부에게도 이득이 되는 일이었다.

그러나 루이스는 이 계약으로 인해 격렬한 비판에 노출되고 말았다. 사기업의 운영에 관여하고 그 기업에 정부 자금을 제공했다는 이유에서였다. 그 통상적 모험사업에서 나오는 이득은 윌리엄 클라크와 동생인 루벤이 나눌 것이고 루이스도 한몫 차지할 것이었다. 하지만 이는 19세기 초 변경에서 흔히 벌어지는 일이었다. 실제로 디어본 역시 일찍이 프라이어의 원정대에 동행할 의사가 있는 개인 교역상에게 배타적 교역 허가를 제공하는 권한을 클라크에게 부여했었다.

루이스는 제퍼슨으로부터 그런 비용 지출에 대해 분명한 권한을 부여받았지만 앞으로 한 달 뒤면 제퍼슨의 임기가 끝날 예정이었고, 신임 대통령인 제임스 매디슨이나 신임 육군성 장관 윌리엄 유스티스 William Eustis는 가급적 돈을 아끼려 할 것이었다. 두 사람은 루이스와 그리 가깝지 않았고 제퍼슨만큼 서부에 대해 관심도 갖고 있지 않았으며, 루이스의 자유롭고 손쉬운 어음 발행을 승인하지도 않았다. 이들의 입장은 훗날 어느 인디언 부족의 (백인) 대리인이 매디슨 대통령에게 편지를 써서 그 계약서에 관해 항의한 내용과 똑같았다.

"미국의 관청에서 주지사로 혹은 인디언 업무 감독관으로 일하는 공무원이 장사와 사익에 가담하는 것이 과연 적절한 일입니까?"3

여기에 대해 베이츠 주무장관도 같은 의견이었고 또한 그는 루이스가 부재중에 자기 대신 클라크를 주지사 대리로 지명했다는 사실에 분노했다. 그뿐 아니라 베이츠는 정책 문제를 놓고 번번이 주지사와 의견 대립을 빚었다. 루이스는 모피 교역을 촉진시키는 데 관심이 있었던 반면, 베이츠는 백인의 정착을 늘리는 데 관심이 있었다. 루이스는 인디언 영토 내에서 사냥 허가를 불허한 반면, 베이츠는 미국인이 사냥을 하는 것은 정당하다고 여겼다.

화가 난 베이츠는 4월 중순에 자신의 불만사항을 적어 대통령에게 보내겠다고 공공연하게 이야기했다. 그 전에 그는 루이스와 언쟁을 벌였다. 그는 루이스를 찾아가 다짜고짜 지금껏 주지사가 자신에게 범한 잘못을 하나하나 따졌다. 4월 15일자로 동생에게 보낸 편지에서 베이츠는 루이스가 "내게 모욕을 당하고 흥분해서 격앙된 분노"를 나타냈다고 말했다.

"우리는 서로를 훨씬 잘 이해하게 되었지. 우리는 매사에 입장이 달랐지만 서로의 관계에 있어서는 앞으로 솔직하게 굴기로 했다."4

하지만 베이츠도 평범한 사람은 아니었고 오히려 평생 남의 입장에서 뭔가를 생각할 줄 모르는 전형적인 관료에 불과했다. 그는 동생에게 보낸 편지에서 "내 태도는 평화적이었다. 하지만 이상하게도 이제껏 내가 공무를 함께한 사람들은 거의 모두 나와 극심하게 다퉜다"라고 고백했다. 그는 그런 사실이 언짢았고 덕분에 자기 행동을 되돌아보게 되었다고 하면서도 "맹세코 나는 단 한순간도 비난받을 만한 짓을 했다고 생각하지 않는다"라고 고집했다.5

루이스를 향한 그의 질투는 명백했다. 동생에게 보낸 편지에서 그는 루이스가 과학자와 시인으로부터 "우아한 찬사를 받아 버릇이 나빠졌다"고 했다. 더불어 "높고 유력한 양반들로부터 어찌나 쓰다듬을 받았던지 마치 덩치 큰 아기처럼 관저에 있는 모든 사람이 자신의 변덕에 맞춰주어야 하는 것으로 생각한다"고 꼬집었다.6

세인트루이스에서는 베이츠가 루이스의 자리를 넘보고 있다는 소문이 공공연하게 나돌았다. 4월 15일자 편지에서 베이츠는 루이스가 대중의 신뢰를 잃었다고 말했다.

"주지사가 어찌나 인기가 없는지 정말 탄식이 나올 지경이다. 그는 가혹하고도 잘못된 조처를 내놓곤 하지. 실수에도 유연하지 못해서 거부할 수 없는 국민의 명령Fiat of the People이 이미 그에게 유죄 선고를 내린 것이나 다름없다. 이 편지는 읽고 불태워라."7

늦겨울부터 1809년 봄에 접어들 때까지, 미주리강 모피 회사는 인원을 모집하고 물품을 마련했다. 수족이 아리카라족과 합세했다는 소문이 하류로 전해지면서 결국 모든 배의 상류행이 중단되었다. 루이스는 인디언에게 줄 선물의 재고를 확인하고 그것만으로는 부족하다고 판단해 추가 선물 구입을 위해 피에르 쇼토 앞으로 1,500달러의 어음을 발행했다. 5월 13일에는 500달러짜리, 그리고 이틀 뒤에는 450달러짜리(화약 500파운드와 탄환 1,250파운드를 구입했다)를 발행했다.8

루이스는 쇼토에게 건네줄 일련의 명령서도 작성했다. 그는 쇼토의 주 목적은 빅 화이트 추장과 그의 가족을 무사히 귀환시키는 것이라고 명시했다. 이때 그는 구체적인 내용은 피했지만 몇 가지 제안을 건넸다. 첫 번째는 아리카라족 영토에서 하류 쪽에 사는 인디언을 300명 정도 고용하라는 것이었다.

"그들에게는 용역의 대가로 아리카라족으로부터 무엇이든 약탈해도 좋다는 약속을 하십시오."

나아가 그는 쇼토에게 100명의 백인 사냥꾼과 덫 사냥꾼을 모아 백인 250명과 인디언 300명의 인원을 만들라고 했다. 다시 말해 아리카라족이 여전히 적대적인 것으로 드러난다면, 루이스는 이들을 상대로 전면전을 선포하려는 셈이었다. 그는 이 점을 명확히했다. 즉, 쇼토가 아리카라족과 맞서는 것은 물론 필요하다면 그 파렴치한 부족을 일소할 수 있을 만큼 충분한 병력을 확보하길 바랐다. 이는 만약 아리카라족이 빅 화이트 일행을 가로막을 경우 '처벌'하라고 했던 제퍼슨의 제안보다 훨씬 지나친 것이었다. 이는 결국 종족 학살이나 다름없었다.

만약 아리카라족이 평화를 원하는 것으로 드러나면 쇼토는 그들 가운데 프라이어 소위의 부대원을 죽인 전사들에게 '무조건적 항복'을 요구해야 할 것이었다. 만약 아리카라족이 누구의 소행인지 정확히 판별할 수 없다고 주장하면, 쇼토는 적대감을 가장 많이 드러내는 인디언 전사 가운데 3명을 골라 인도하라고 그들에게 요구해야 했다(백인 3명이 사망했기 때문이다).

"그 살인자들을 인도받으면 온 부족이 보는 앞에서 총살형에 처해야 합니다."

그리고 아리카라족은 자기네 말 떼를 쇼토의 동맹인 다른 인디언 부족에게 넘겨야 했다. 만약 아리카라족이 자기네 전사를 인도하길 거절하면, 쇼토가 판단하기에 최선이라 생각되는 수단을 통해 그들을 기습해서 전멸시키도록 했다. 또한 포로를 잡으면 만단족이나 미니타리(히다차)족에게 주라고 했다.

원정대가 전투를 벌였음에도 아리카라족을 전멸시키지 못하고 지나가야 할 경우, 쇼토는 만단족과 동맹을 맺어 아리카라족을 박멸하기에 충분한 화력을 제공해주어야 했다. 루이스는 또한 쇼토에게 미주리강에서의 교역 허가가 이미 소멸된 미국 시민들을 만나게 될 것이라고 말했다. 만약 그들이 신의 있게 행동하면 허가를 갱신해주도록 했다. 그러나 그들의 행실이 부적합하면 쇼토는 그들을 체포해 세인트루이스로 끌고 와야 했다.

북쪽으로부터의 경쟁에서는 "어떤 구실 아래 그 지역에서의 교역이나 사냥을 허가받았다는 영국 측 대리인, 판매원, 또는 고용인이라 하더라도 그 범위가 미주리강이 흐르는 전 지역까지 포함하는 것으로 간주할 수 없다"고 했다. 루이스는 다음과 같이 말한 다음 서명했다.

"즐거운 운항과 함께, 당신의 가족 및 친구가 무사히 돌아오기를 기원하며."9

5월 중순, 원정대는 출발했다. 모두 13척의 평저선과 바지선으로 구성된 원정대는 이제껏 강을 거슬러 올라갔던 선단 가운데 가장 큰 규모였다.

7월로 접어들면서 세인트루이스 전역에는 베이츠에 관한 소문이 무성했다. 그는 루이스를 탄핵하는 편지를 대통령에게 보낼 것이라고 공공연히 말했으며, 모두들 그가 "루이스의 파면을 목표로 하는 도당의 대표를 맡고 있다"고 했다. 그 소문이 어찌나 널리 퍼졌던지 결국 루이스가 베이츠를 불러 해명을 요구했다.

"주지사께서 뭔가 크게 오해하신 모양입니다." 그가 발뺌했다.

"그래? 앞으로는 나와 여론을 이간질하려 자네가 굳이 애쓸 필요 없네. 다만 공식 석상에서 만날 경우에는 최소한 서로를 공손하게 호칭하는 게 어떻겠나." 루이스의 말이었다.

베이츠는 이에 동의하면서도 나중에 동생에게 쓴 편지에서는 루이스가 "나를 이용해 먹었다"고 했다. 그런 뒤에 베이츠는 클라크까지도 이 대화에 끌어들이려 했다. 루이스가 자기 대신 클라크를 주지사 대리로 지명한 문제를 매듭짓기 위해서였다. 클라크가 도착하자 베이츠는 두 사람을 향해 법률에 나와 있는 것처럼 주지사가 출장 중일 때는 주무장관이 주지사 대리가 되어야 한다고 설명했다.

자기 동생에게 베이츠는 이렇게 말했다.

"이 사람(루이스)으로선 군대를 그만둔 것이 큰 불운이었지. 그의 습관은 완전히 군대식이라 다른 직업에서는 성공을 거두기 힘들 거다."10

7월 16일, 베이츠는 재무장관에게 루이스의 행동에 불평하는 편지를 보냈다. 당시에 루이스가 베이츠에게 준주의 법률을 인쇄하고 그 비용을 주무부에 청구하도록 지시했던 모양이다. 베이츠는 이 명령을 거부했지만 루이스의 거듭된 명령에 결국 누그러질 수밖에 없었다. 그래서 그는 재무부에서 그 비용을 벌충해주기를 바랐던 것이다.11

7월 25일, 베이츠는 어느 동맹자에게 이렇게 호언장담했다.

"세상에서 가장 선량하신 우리의 루이스 주지사가 후퇴하지 않을까 생각되네. (…) 그는 지난 12개월 내내 이곳을 떠날 것에 관한 이야기만 하고 있었지. 이제는 모두들 그가 몇 주 안에 진짜로 떠나지 않을까 생각한다네."12

8월 초, 루이스는 R. S. 스미스R.S. Smith라는 국무부의 한 직원으로부터 짧은 편지를 한 통 받았다. 거기에는 루이스가 준주의 법률을 프랑스어로 번역해 출간하는 과정에서 피터 브로벤셔Peter Provenchere에게 번역비로 발행한 18달러 50센트의 어음에 관한 언급이 나와 있었다. 비록 그런 용역에 대해 지불할 권한을 갖고 있지 않았지만 루이스는 "중죄 재판을 위해 이 법률을 인쇄 배포하는 것을 지체할 수 없었다. 내가 취할 수 있는 방법을 취하거나 그렇지 않으면 범죄자가 처벌을 피해 달아나도록 내버려 둘 수밖에 없었다"고 해명했다. 하지만 그 어음은 그에게 다시 돌아왔으며 거기에는 스미스의 다음과 같은 편지가 딸려 있었다.

"이 편지에 언급된 어음은 적절한 권한에 의해 발행된 것이 아니므로 저희 부서에서는 지불이 불가합니다."13

이 거절로 루이스는 동요할 수밖에 없었다.

"이것은 대중의 마음속에 십중팔구 나에 대한 부정적 인상을 심어 줄 것이다. 그에 못지않게 고통스러운 사실은 행정부 측에서 내가 아무런 권한도 없이 공금을 함부로 사용한 것을 견책하도록 만들리라는 점이다. 만약 어음이 지불 거절될 경우 내 개인 자금으로는 결코 충당할 수가 없다."14

베이츠 주무장관은 스스로를 국고를 수호한 인물로 간주하고 있었다. 그는 루이스의 어음과 명령에 관한 일련의 불만사항을 적은 편지를 워싱턴에 보냈다. 그해 여름의 어느 시점에 루이스가 그에게 반격을 가했다. 베이츠의 말처럼 주지사는 주무장관이 그의 명령에 따라 주무부에서 발표한 특정한 성명서를 부인하려 한 모양이었다. 베이츠는 루이스를 찾아가 그 부당성을 말했다.

"이건 너무 하는 조치입니다. 저를 이런 식으로 대하는 것은 묵과할 수 없습니다."

"그럼 마음대로 하시오."

"그러죠, 주지사님. 이젠 제 쪽에서 용무가 있을 때만 주지사실로 찾아뵙도록 하겠습니다."

얼마 후, 세인트루이스에서 무도회가 열렸다. 베이츠가 이미 와 있는 상황에서 루이스가 나타나자 베이츠는 자리를 떠 버렸다. 루이스는 옆방으로 가서 하인에게 클라크를 불러오라고 했다. 그는 베이츠가 "자신에게 경멸과 모욕을 가했으며 이번에는 절대 그냥 넘어갈 수 없다"고 클라크에게 말했다. 그러면서 베이츠를 그 방으로 불러 달라고 클라크에게 부탁했다. 클라크는 이 부탁을 거절했는데, 베이츠에 따르면 자칫 격투가 벌어질 수도 있었기 때문이라고 했다.

며칠 뒤, 클라크가 베이츠를 찾아와 루이스와의 불화를 수습하도록 요청했다.

"싫습니다! 지사께서는 저더러 마음대로 하라고 하셨고, 그러니 저는 고고하고도 오만한 길로 가겠습니다. 그분이 먼저 제게 상처를 입혔으니 우선 그 상처를 원상태로 돌려놓으셔야 할 겁니다."

베이츠는 클라크에게 말했다.

"굳이 여기서 당신과 루이스 주지사 사이를 이간질하지 않겠습니다. 당신은 그분과 인생의 고락을 함께하셨고, 지금 이렇게 하시는 것도 오로지 '그분의' 낯을 보아서 그러시는 것 같으니까요."15

이러한 언쟁이 루이스의 기분을 좋게 만들었을 리 없지만, 이것조차 8월 18일에 벌어진 또 다른 사건에 비하면 사소한 일에 불과했다. 바로 그날, 그는 육군성 장관 유스티스로부터 심장이 철렁 하는 편지를 받았던 것이다. 7월 19일자 편지는 특유의 관료적 냄새를 풍기며 딱딱한 어조로 쓰여 있었다. 유스티스는 일찍이 루이스가 미주리강 모피 회사와 체결한 7,000달러짜리 계약을 자기 부서가 부득이하게 승인했다면서, "정부는 향후 어떤 선불금이나 대리인도 승인하지 않을 것"임을 분명히 하고 있었다. 따라서 루이스는 인디언에게 줄 선물을 구입하기 위해 지출한 자신의 5월 13일자 어음 500달러짜리가 '인수불가능하다'는 사실을 당연하게 여겨야 하리라는 것이었다. 한마디로 루이스가 그 금액을 개인적으로 갚아야 한다는 얘기였다.

유스티스의 편지는 계속되었다.

"125명의 대원을 징집해 목적지와 목표가 정해지지도 않은 군사적 원정에 보내며, 그 원정을 통상적인 목적과 군사적 목적 모두를 결합시킨 것으로 기록하고 있는데 (…) 이는 공익에 손상을 끼침과 상관없이, 정부와 사전에 상의해야 했을 것으로 사료된다."

사실 루이스는 원정의 목적에 대해 분명히 이야기했으며, 다만 그 통상적인 측면에 관해서만 워싱턴에 명확히 밝히지 않았을 뿐이다. 유스티스는 이 점을 꼬집었다.

"이 부대의 목표와 목적지(즉 만단족 마을 너머)가 명시되지 않았고, 특히 통상적인 목적을 결합하고 있다. 따라서 이는 미국 정부의 인가를 얻은 것으로 간주될 수 없으며 또한 미국 정부가 그 결과에 책임이

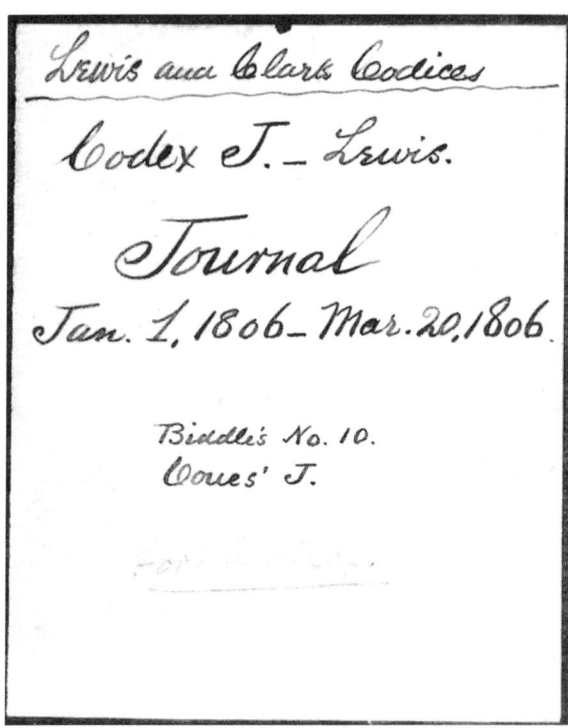

메리웨더 루이스의 일지(미국 철학회 소장).

있다고 간주될 수도 없다."

유스티스는 다음과 같은 섬뜩한 말로 편지를 끝맺었다.

"이에 관해서는 대통령 각하께도 의논했고 여기 담긴 고찰은 각하의 승인을 담고 있다."

여기서 말하는 대통령이란 제퍼슨이 아니라 매디슨이었다. 제퍼슨은 이미 퇴임해 몬티첼로에 있었고 더 이상 루이스를 보호해줄 수 없었다.16

제퍼슨도 루이스를 탐탁찮게 생각하긴 마찬가지였다. 그는 성급하게 질책하는 사람이 아니었고, 루이스의 행동을 선의로 해석할 의사도 있었지만, 그의 인내심도 점점 엷어지고 있었다. 8월 16일, 그는 루이스에게 식물학 채집 여행 중인 영국의 어느 식물학자가 세인트루이스를 방문할 것을 대비해 루이스에게 소개장을 보냈다. 그런 뒤에 제퍼슨은 이렇게 적었다.

"자네의 저서가 언제쯤 출간될 것인지에 대해 자주 문의를 받곤 한다네. 더욱이 프랑스에 있는 내 서신 교환 상대들에게도 책이 나올 거라고 오래 전부터 이야기해둔 터라 그들의 눈에는 내가 신의 없는 사람으로 보일 것 같네. 그러니 이 책의 출간 문제에 관해 자네의 의견이 어떤지 알려주면 무척 고맙겠네. 모두들 책을 보고 싶어 안달하고 있네."

일격의 강도를 낮추기 위해 제퍼슨은 몇 가지 정치적 한담과 대외 문제에 관한 언급을 덧붙였다. 아울러 버지니아에 있는 루이스의 친구들에 관해서도 언급했다. 그는 클라크에게도 안부를 전해 달라면서 "자네에게 내 지속적이고 변함없는 애정을 보내네" 하는 말로 편지를 마무리했다.17

루이스는 이 편지에 답장하지도 않았고 심지어 이 편지에 관해 언급하지도 않았다. 또한 어느 누구에게도 일지의 출간이 늦어지는 이유를 설명하지 않았다.

루이스는 유스티스의 편지를 받은 당일인 8월 18일자로 답장을 썼다. 그는 자신이 공적 비용으로 지출한 어음에는 하나하나 그 목적에 대한 명세서를 첨부했다면서 "저는 그런 공금을 동전 한 푼도 받은 바 없습니다" 하고 항변했다. 그러면서 "이 명세서의 정확성에 대해서는 하나님 앞에서 진실을 맹세하는 바"라고 덧붙였다.

"저를 비난하는 진정서가 들어갔다고 들었습니다."

여기서 말하는 진정서가 정확히 무엇인지 알려져 있지 않지만, 루이스의 항변을 통해 대략이나마 짐작해볼 수는 있다. 그리고 그 출처는 베이츠일 가능성이 크다. 구체적인 내용이 무엇이든 "장관님의 편지로 미뤄 짐작컨대, 정부가 저에 대해 갖고 있는 인상"을 편지로는 바로잡을 수 없을 것이라고 말했다. 따라서 그는 일주일 내에 세인트루이스를 떠나 뉴올리언스를 거쳐 워싱턴으로 가겠다고 했다.

"제 서류도 함께 가져가겠습니다. 그걸 조사해보면 조국에 대한 제 확고하고도 견실한 애정이 증명될 테니까요. 이번 원정에는 빅 화이트 추장을 돌려보내기 위한 목적 하나밖에 없으며, 통상이라는 측면에서 보자면 (…) 회사 측은 오로지 미주리강, 로키산맥 인근의 컬럼비아강 그리고 로키산맥 동부의 평원에서 사냥과 교역을 하려는 것뿐입니다. 그리고 제가 알기로는 타국의 영토에 들어간다거나 타국에 위해를 가할 의도는 전혀 없습니다. 부디 유념해주십시오, 장관님. 제 조국은 결코 저를 '버 지지자'로 만들 수 없습니다. 조국이 저를 알거지로 만들 수는 있겠지만 결코 조국에 대한 제 애정을 없애버리지는 못할 테니까요."

유스티스의 편지가 도착한 지 불과 몇 시간 만에 중앙정부에서 루이스의 어음 결제를 거부했다는 소식이 온 도시로 퍼져나갔다(베이츠의 짓이었을까?).

루이스는 유스티스에게 "지급이 거부당한 어음이 제 신용을 완전히 떨어트렸습니다. 그 모두가 제 개인 빚으로 되어 약 4,000달러에 달합니다" 하고 말했다. 그는 자신이 세인트루이스 인근에 사놓은 땅의 권리증을 채권자에게 담보로 건네주었다면서, "이것은 공금의 사용이나 지출에서 저의 청렴함을 보여주는 가장 뚜렷한 증거입니다. 중앙정부에서도 훗날 확인하게 되겠지만 이번 일로 저는 가난뱅이가 되어 버렸습니다"라고 주장했다.18

이후 루이스는 며칠간 클라크와 함께 지냈다. 이들은 함께 워싱턴으로 가기로 했다. 클라크 역시 미주리강 모피 회사에 깊이 관여했고 더욱이 자기 형인 조지 로저스 클라크가 발행한 어음의 인수가 거부된 것(그로 인해 조지 로저스 클라크는 파산했다) 등을 비롯해 육군성과 해결해야 할 또 다른 문제가 있었기 때문이다. 루이스는 배편으로, 클라크는 육로로 가기로 했다.

두 사람은 루이스의 회계장부를 정리하느라 오랜 시간을 보냈다. 루이스가 진 빚은 대략 2,900달러에 달했는데 이것은 오로지 토지에 대한 채무만 합산한 것이었다.19 루이스는 일찍이 의회로부터 받은 1,600에이커의 토지권리증을 먼저 뉴올리언스로 보내 에이커당 2달러에 판매할 수 있기를 바랐다. 그 돈을 뉴올리언스의 한 은행에 예치해 채권자들이 가져갈 수 있도록 하고 싶었기 때문이다. 또한 그는 자신이 오귀스트 쇼토에게 외상으로 구입한 토지 중 상당수를 돌려주었다. 더불어 자기 소유의 땅 중에서 매각 가능한 것을 찾아보기 시작했다. 클라크의 비망록에 루이스는 이렇게 적었다.

"검둥이 꼬마 톰은 우리 어머니의 것이니 내 마음대로 팔 수 없다."20

그가 지닌 물건 중에서 그때까지 가장 가치 있게 여겨진 것은 일지로, 그가 이전에 받은 토지권리증으로 나올 이득보다 1,000배는 더 값진 것으로 여겨졌다. 하지만 그것만큼은 결코 팔지 않았다.

루이스는 일주일 안에 떠나겠다고 유스티스에게 말했지만, 실제로 그가 출발한 것은 3주일이 지난 다음의 일이었다. 그는 자기 짐을 꾸리고 원정 이후 계속 그가 지니고 있던 일지도 함께 챙겨 넣었다. 그는 일단 필라델피아로 가서 출간 작업을 시작하겠다고 클라크에게 말했다.

그의 짐에는 해달 모피 1장, 붉은색 슬리퍼 1켤레, 은제 컵 1개, 토마호크 1개, 조끼 5벌, 바지 2벌, 검은색 비단 바지 1벌, 면 셔츠 2벌, 플란넬 셔츠 1벌, 면양말 2켤레, 비단양말 3켤레, 약 꾸러미 하나, 포플린 외투 1벌, 권총집 1개, 단검 3개, 장검 1개, 창날 달린 부러진 창자루 1개(그의 단창이었을까?), 그리고 공문서 등이 포함되어 있었다.21 그는 9월 4일에 출발했다.22

루이스가 세인트루이스를 떠난 뒤, 준주의 토지국장인 클레멘트 펜로즈Clement Penrose는 주지사의 정신적 혼란에 대한 책임이 베이츠 주무장관의 야만스러운 행실에 있다며 비난을 가했다. 베이츠는 국장단 회의가 끝난 뒤 펜로즈와 언쟁을 벌였다. 그는 펜로즈가 자신에 대한 중상을 퍼트린다며 "맹세하건대, 당신이 또다시 내 발꿈치에 대고 짖어대는 날에는 강아지 걷어차듯 해 버리겠다"고 폭언을 했다. 그날 늦게 그는 펜로즈에게 낮에 있었던 대화와 관련하여 편지를 보냈다.

"당신은 내가 이전부터 그리고 지금도 주지사의 적이라고 말했소. 그리고 내가 그의 자리를 차지하고 싶어 안달이 났다고 했소. 나는 오늘 아침 그건 거짓말이라고 했소. 그런 주장을 고수하는 당신이야말로 뻔뻔스럽고도 멍청하다고 말했소. (…) 당신이 내게 베풀어준 개인적인 비아냥거림에 대한 보답으로, 나 역시 당신에게 열렬한 경멸을 선사하는 바이오."23

그 주에 보낸 또 다른 편지에서 베이츠는 "나름대로 차이는 있겠지만 모두들 루이스 주지사의 불운한 상황으로부터 영향을 받았고, 저마다 그의 굴욕에 기여하면서 마지못해 고통을 느꼈을 것이오"라고 적었다.24

루이스는 다시 돈을 빌렸고 이번에는 의약품을 상당히 많이 구입할 정도의 액수였다. 그는 자신의 금전출납부에 불쾌한 열에 먹는 알약이며 아편과 토주석 알약 등을 구입했다고 적었다. 미주리의 《가제트》는 루이스 주지사가 "연방 수도로 가기 위해 건강한 상태로 뉴올리언스를 향해 떠났다"고 보도했다. 그의 건강을 특히 강조한 것은 안심시킨다기보다 오히려 뭔가 불운한 느낌을 전해준다.

루이스가 떠난 다음날, 클라크는 형 조너선에게 보낸 편지에서 세인트루이스에서 보낸 마지막 한 주 동안 루이스의 상황과 기분을 다음과 같이 기록했다.

루이스 주지사는 법률 인쇄에 들어간 돈과 만단족 추장을 고향으로 데려다주는 데 들어간 비용 등 자신이 보증한 상당한 금액을 어음으로 지급했는데, 그중 일부가 지급 거부당해 파산하고 말았습니다. (…) 나는 루이스 주지사가 우리 책을 쓰기 위해 필라델피아로 떠나는 것을 배웅했습니다(그보다는 그와 정부간의 몇 가지 문제를 해결하기 위해 가는 것이었죠). 그의 어음 가운데 일부는 지급을 거부당했고, 그가 출발할 즈음에 그의 모든 채권자가 몰려와 괴롭히는 바람에 마음이 좋지 않았습니다. 나로선 루이지애나에 그보다 정직한 사람이 있다거나, 루이스 주지사보다 더 순수한 의도를 지닌 사람이 있다고는 믿지 않으니까요. 그의 마음이 좀더 편했다면 나 역시 훨씬 유쾌하게 그와 헤어질 수 있었을 텐데. (…) 나는 모든 일이 잘 풀릴 것이고 그가 성공을 거두고 이곳으로 돌아올 것이라 생각합니다. 혹시 그에 대해 뭔가 부정적이거나 부당한 이야기가 나오기 전까지는 이 말을 절대로 어디 가서 하지 마십시오. 내가 장담하건대 그는 불명예스러운 행동을 전혀 하지 않았고, 그가 지금까지 한 일은 그의 신용을 더해주는 결과로 드러날 것임을 확신하고 있습니다.25

마지막 여정

1809년 9월 3일~10월 11일

1809년 9월 초, 미시시피강 유역은 무덥고 다습하고 벌레도 많았다. 루이스가 탄 배는 천천히 나아갔는데 이는 한낮에 승무원들이 휴식을 취할 필요가 있었기 때문이다. 루이스의 상태는 아주 나빴다. 말라리아가 재발한 데다 깊은 우울증에 빠져 있었던 까닭에 이만저만한 고통이 아니었을 것이다. 그는 두 번이나 자살을 시도했지만(갑판에서 뛰어내리려 했는지, 권총을 쏘려고 했는지는 알 수 없다) 결국 승무원들에게 강제로 제압당했다.1

9월 11일, 그는 마지막 유언을 남겼다.

"내 모든 재산은 부동산이든 사유물이든 모두 우리 어머니 루시 마크스에게 증여하되, 그 이전에 내 개인 부채를 거기서 청산하며 그 내역은 내 하인 퍼니어가 소지한 작은 메모장에 들어 있다."2

루이스는 치커소 블러프스Chickasaw Bluffs에 도착했고, 9월 15일에는 오늘날 테네시주 멤피스에 해당하는 포트 피커링Fort Pickering에 도달했다. 그 요새에는 길버트 러셀Gilbert Russell 대위가 지휘관으로 있었다. 루이스의 자살 시도에 관한 이야기를 전해 들은 러셀은 "그가 회복될 때까지 혹은 그를 무사히 데려갈 수 있는 친구가 도착할 때까지 그와 그의 문서를 그곳에 구류하기로 했다."3

루이스는 술을 많이 마셨고 코담배를 상용했으며 계속 약을 먹고 폭언과 거짓말을 일삼았다.(1809년 11월 15일자 워싱턴의 《애드버타이저》에 보도된 내용에 따르면) 그는 러셀에게 일지의 원고 작업이 완료돼 인쇄 준비가 끝났다고 말했다. 아마도 그 작업의 진척 상황에 관한 부끄러운 질문을 모면하고 싶었던 모양이다. 러셀은 그에게서 술을 빼앗고 오로지 클라레와 화이트와인 조금만 허락했다.4

그가 도착한 다음날, 루이스는 매디슨 대통령 앞으로 편지를 썼다. 뭔가 전하고 싶은 얘기는 많았던 모양이지만 그 편지는 정말이지 뒤죽박죽이다. 그래도 전문을 인용할 필요가 있으리라 본다.*

저는 {어제} 오후 {2시}에 여기 도착했습니다. {어제는} 너무 더워서 많이 피곤했지만 약을 {먹고} 나니 오늘 아침에는 한결 기분이 좋습니다. 남부 지방의 열기에 대한 제 걱정과 태평양까지의 제 여정에 관한 원래의 문서가 영국인의 손에 떨어지지 않을까 하는 제 두려움으로 인해, 저는 경로를 바꿔 육로로 테네시주를 거쳐 워싱턴까지 가기로 했습니다. 저는 공금 지출에 관한 영수증 등의 사본

---

*인용문에서 { } 안에 넣은 단어는 원문에 없었지만 문맥상 집어넣은 것이며, { } 안에 이탤릭체로 표현한 단어는 썼다가 지운 것이다(원주).

을 함께 가져갑니다만 완전히 해명되고 나면, 또한 그런 지출이 이뤄진 상황에 대한 전반적인 이해가 있고 나면, 그 양쪽 모두에 대해 {재가 및} 허가 {그리고} 재가가 이루어지게 {될} {것이라고} 장담하는 바입니다.

제 건강이 허락되는 대로 한시도 허비하지 않고 워싱턴으로 가겠습니다. 루이지애나 준주 정부의 내부 업무에 대한 {그런} 임무들을 추구하고 수행하느라 애쓰다 보니, 각하께 {더} 자주 편지를 못하게 되었습니다. {베이츠 씨가 뒤에 남아 업무를 대행하고 있습니다.} 루이지애나 준주의 법률 사본을 1장 동봉합니다. 각하의 충성스러운 {그리고 매우 미천한} 종이 될 수 있어 영광입니다."5

이후 닷새 동안 루이스는 조금도 나아지는 기미를 보이지 않았다 (러셀은 루이스에게서 약까지 빼앗지는 않았다). 러셀은 루이스를 24시간 감시해서 자살을 방지했다. 러셀은 "6일인가 7일쯤 되자 발광의 증상이 사라지고 그는 온전한 정신을 회복했다"고 했다. 물론 그는 "상당히 위축되고 쇠약해졌다."6 그는 또한 부끄러움에 어쩔 줄 몰라 했다. 러셀에 따르면 루이스는 자신이 그동안 지나치게 술을 많이 마셨음을 솔직하게 인정했다고 한다. 루이스는 다시는 독주를 마시거나 코담배를 사용하지 않겠다고 맹세했다.7

그는 자기 일을 정리하기 시작했다. 9월 22일, 그는 그곳에서 훨씬 하류에 위치한 포트 애덤스의 지휘관이자 오랜 친구인 에이머스 스토더드 소위에게 편지를 보냈다.

"태평양에서 돌아온 이후, 자네가 보낸 여러 통의 친절한 서한을 받고도 미처 답장하지 못하고 태만했던 것에 사과하네. 나는 지금 세인트루이스에서의 일을 해명하기 위해 워싱턴으로 향하는 중이라네. (…) 만사를 바로잡기 위해 필요한 모든 것을 할 생각이네. 이미 채권자들이 나에게 압력을 가하고 내게 극도로 부끄러움을 주었네. 그러니 자네가 이전에 나한테 빌려줄 수 있다고 했던 대로, 200달러를 가급적 빨리 보내줄 수 있으면 고맙겠네. (…) 나는 12월 말까지 워싱턴시에 있다가 이후에 다시 세인트루이스로 돌아갈 예정일세."8

루이스는 러셀에게 워싱턴까지 동행해 달라고 부탁했고 러셀도 동의했다. 그 역시 인수 거부당한 어음이 몇 건 있어서 이에 관해 새 정부에 해명할 필요가 있었기 때문이다. 하지만 그의 휴가 신청은 반려되고 말았다.9

9월 18일, 치커소족Chickasaws의 미국 대리인인 제임스 닐리James Neelly 소령이 포트 피커링에 도착했다. 그는 훗날 제퍼슨에게 편지하기를 당시 "주지사는 건강이 좋지 않은" 상태였지만, 한 주 사이에 "어느 정도 건강을 회복했다"고 썼다.10

9월 29일, 러셀과 닐리는(만약 닐리와 퍼니어, 닐리의 하인이 동행한다면) 루이스가 육로로 워싱턴까지 여행할 수 있을 것으로 보았다. 루이스도 여행을 떠날 준비가 되었다고 말했다. 러셀은 그에게 100달러를 빌려주었고 여행을 위해 말 2필을 외상으로 넘겨주었다. 루이스는 자신이 빌린 돈과 말에 대해 1810년 1월 1일 이전에 379달러 58센트를 지불하겠다는 내용의 어음을 발행했다.11

루이스는 일지를 트렁크에 넣어 짐말에 실었다. 그는 뉴올리언스를 거쳐 워싱턴으로 가는 것보다 나체즈 도로를 거쳐 가는 것을 더 안전하게 생각했는데, 이는 당시 영국 전함이 대서양을 돌면서 미국 배를 멈춰 세우고는 미국 뱃사람들에게 영국 편을 들도록 강요했기 때문이다. 만약 영국 측이 일지를 손에 넣게 되면 어떻게 되겠는가! 하지만 구남서부에서도 가장 통행량이 많은 도로 쪽으로 가면 그럴 위험은 없었다. 그곳에서는 우편도 정기적으로 오갔고 수년간 강도 출몰 소식도 없었다. 길을 따라 여관도 여럿 있었다.12

일행은 3일간 100마일을 여행했다. 도중에 루이스는 지불이 거부된 어음에 관해 계속해서 불평했다. 클라크는 훗날 퍼니어의 증언을 인용해 이렇게 말했다.

"루이스는 내가 오는 소리를 들었다고 생각한 나머지, 내가 곧 자기를 따라잡을 것이라고 말했다고 한다. 내가 자기 상황에 대한 소식을 듣고 자기를 구해주러 오고 있다고 말이다."13

루이스는 또다시 술을 마셨다. 러셀이 안타까워하며 말했듯 결코 다시는 술을 마시지 않겠다던 그의 결심은 무너지고 말았던 것이다.14 훗날 닐리가 제퍼슨에게 한 말에 따르면, 일행이 치커소 대리점 (오늘날 미시시피주 휴스턴Houston에서 북쪽으로 6마일가량 떨어진)에 도착했을 때부터 루이스는 때로 발광상태를 보였다고 한다.

닐리의 강권에 따라 일행은 이틀간 대리점에서 머물며 휴식했다. 루이스는 혹시 자신에게 무슨 일이 생기면 자신의 트렁크와 일지를 대통령에게 보내달라고 닐리에게 부탁했고, 닐리는 여기서 말하는 대통령이 매디슨이 아닌 제퍼슨임을 추측할 수 있었다.

10월 6일, 루이스와 닐리 그리고 두 하인은 다시 출발했다. 10월 9일 아침, 이들은 테네시강Tennessee River을 건너 오늘날 테네시주 콜린우드Collinwood 마을 근처에서 캠핑했다. 그날 밤, 말들 중 2마리가 도망쳤다. 다음날 아침, 닐리는 말을 찾으러 뒤에 남기로 했다. 루이스는 먼저 출발하기로 했고, 닐리에 따르면 앞으로 맨 처음 나오는 백인이 사

는 집에서 그를 기다리기로 약속했다고 한다.15

그날 오후 늦게 루이스는 내슈빌에서 72마일쯤 떨어진 그라인더 여관에 도착했다. 길손들이 하룻밤 묵어가는 투박하게 지은 통나무 오두막이었다. 주인인 그라인더Grinder 씨는 출타 중이었다. 루이스는 그날 하룻밤 묵어가기를 청했다.

"혼자이신가요?"

그라인더 부인이 물었다.

"아닙니다. 하인 둘이 있는데 금방 따라올 겁니다."

그라인더 부인은 좋다고 말했다. 루이스는 말에서 내려 안장을 푼 다음 집안으로 갖고 들어갔다. 그는 흰색 바탕에 푸른색 줄이 쳐진 헐렁한 가운을 입고 있었고 위스키를 주문해 조금 마셨다. 퍼니어와 다른 하인이 뒤따라오자, 루이스는 통에 화약이 조금 들어 있으니 달라고 했다. 퍼니어는 선뜻 대답하지 않았다. 닐리가 하인들에게 절대 화약을 루이스에게 주지 말라고 신신당부했기 때문이다.

식사를 마친 뒤, 루이스는 담뱃대에 불을 붙이고 의자를 문간으로 끌고 가 앉은 다음 그라인더 부인에게 부드러운 말투로 말했다.

"부인, 정말이지 즐거운 저녁이었습니다."

담배를 다 피운 그는 자리에서 일어나 마당을 걸어 다녔다. 그는 다시 자리에 앉아 담배를 한 대 더 피웠고 그제야 마음이 가라앉은 모양이었다. 그는 서쪽을 하염없이 바라보았다. 그리고는 다시 한 번 '멋진 저녁'이라고 말했다.

그라인더 부인의 집 현관에 앉아 저물어가는 태양을 응시하는 동안, 그는 과연 무슨 생각을 하고 있었을까? 혹시 미주리강이나 컬럼비아강, 그밖에 다른 강을 생각했을까? 아리카라족, 수족, 또는 만단족을 생각했을까? 사카가위아를 처음 봤을 때를 생각했을까? 1805년 4월, 그러니까 자신의 이름을 콜럼버스나 쿡 선장과 나란히 놓게 만들 대담한 계획을 위해 만단족 마을에서 출발하던 때를 생각했을까? 아니면 마리아스강에서의 결정을 생각했을까?

그것도 아니면 그가 지나갔던 에덴동산의 식물과 동물, 새들, 풍경이 그의 머릿속을 사로잡고 있었을까? 만약 그렇다면 그는 아마도 사시나무와 부채선인장, 태평양 연안의 거대한 나무를 떠올렸으리라. 뇌조와 딱따구리, 콘도르를 떠올렸으리라. 회색곰과 믿을 수 없을 만큼 많은 들소, 가지뿔영양, 양, 코요테, 프레리도그, 그 외에 자신이 발견하고 묘사한 동물을 떠올렸으리라. 미주리강을 따라 늘어선 그 놀라운 흰색 절벽과 게이트 오브 더 로키 마운틴스, 컬럼비아강 계곡을 떠올렸으리라.

스리 포크스, 즉 서부 지리의 핵심 지점도 그의 머릿속에 떠올랐을까? 카메아웨이트와 쇼쇼니족은? 혹시 토비 영감, 비터루트산맥의 끔찍했던 여정이 떠올랐을까? 네즈퍼스족과 그들의 멋진 말들, 그리고 너그러움이 생각났을까? 아니면 로키산맥 서부의 강을 따라 태평양까지 간 여정이 떠올랐을까? 포트클랫솝에서의 맹물과 약간의 엘크 고기로 맞이하던 크리스마스, 새해의 만찬이 생각났을까?

어쩌면 그는 네즈퍼스족과 함께 생활하던 오랜 기다림의 시절을, 그리고 1806년 봄에 비터루트산맥을 공략하다 첫 시도에서 돌아설 수밖에 없었던 때의 일을 생각했을지도 모른다. 아니면 블랙푸트족과 평생 단 한 번뿐이던 인디언과의 싸움을 생각했을 수도 있다. 혹시 엉덩이에 총을 맞았을 때의 일을 떠올렸을까? 어쩌면 머릿속으로 대원들을 일일이 불러보았을지도 모른다. 만약 그랬다면 드뤼야르는 그의 머릿속에서도 각별한 위치를 차지했으리라.

대원들까지 생각했다면 그가 공동지휘관이자 이 세상 누구보다 훌륭한 친구를 생각하지 않았을 리 없다. 그날 일찍 루이스는 퍼니어에게 클라크 장군이 자신의 어려운 사정을 전해 듣고 지금 오고 있다고 말했다. 날이 저물어 가는 동안 그가 도로를 따라 서쪽을 하염없이 바라보고 있었던 것도, 어쩌면 클라크가 달려와 만사를 바로잡아주기를 바랐기 때문은 아니었을까? 그라인더 부인이 키우는 개가 다람쥐를 쫓는 모습이 문득 시먼을 연상시켰던 것일까? 1806년 9월, 카누를 타고 세인트루이스에 도착하던 그 순간의 벅찬 기쁨을 생각하고 있었을까?

어쩌면 해결 불가능한 자신의 문제를 생각하고 있었을지도 모른다. 자신의 투기와 그로 인한 재정적 파국을 생각하며 고통스러워하고 있었을까? 누구보다 먼저 그 불쾌한 베이츠 주무장관이 생각났을까? 왜 자기가 평생 연애에 실패하고 아내를 얻지 못했는지 궁금해했을까? 술을 마시는 것에 대해 자책했을까? 그의 생각이 토머스 제퍼슨에게도 미쳤을까? 자신이 그토록 존경하는 분을 실망시킨 것에 부끄러움을 느꼈을까? 자신의 안장주머니에 들어 있는 일지에 관해 생각했을까?

아니면 그의 머릿속은 과거를 애써 외면했을까? 혹시 유스티스 장관과 매디슨 대통령에게 무슨 말을 할지 머릿속으로 다시 한 번 연습해보고 있었을까? 약이나 위스키를 좀더 먹어야겠다고 생각했을까?

우리로선 알 도리가 없다. 다만 그가 고통스러워하고 있었다는 것, 그리고 그 고통이 참을 수 없는 지경에 이르렀다는 것밖에는.

그라인더 부인이 그를 위해 침대를 준비하려 하자 그는 여주인을 제지하며 그냥 바닥에서 자겠다고 했다. 그러면서 태평양까지의 여정 이후 자신은 푹신한 침대에서는 잠을 이루지 못한다고 설명했다. 그는 퍼니어에게 곰가죽과 들소 망토를 가져와 바닥에 깔게 했다. 퍼니어가 잠자리를 마련하는 동안 루이스는 몰래 화약을 찾아냈다. 그라인더 부인은 부엌으로 가서 잤고 하인들은 거기서 200야드쯤 떨어진 마구간에 가서 잤다.

루이스는 방안을 이리저리 걸어 다니기 시작했다. 몇 시간이나 그렇게 서성였다. 그라인더 부인은 겁이 나서 잠을 이룰 수가 없었다. 그가 혼자 큰소리로 떠드는 소리가 들려왔기 때문이다.

루이스는 권총을 꺼냈다. 그는 총알을 쟀고 10월 11일 이른 아침의 한 순간, 결국 자신의 머리를 겨냥해 방아쇠를 당겼다. 하지만 총알은 그의 두개골을 스쳤을 뿐이었다. 그는 바닥에 쿵 쓰러졌다. 그라인더 부인은 그가 외치는 소리를 들었다.

"오, 주여!"

루이스는 다시 자리에서 일어나 다른 권총을 꺼내들고 이번에는 가슴을 쏘았다. 총알은 그의 몸을 뚫고 아래로, 그의 척추 밑으로 빠져나왔다. 그는 두 번째에도 죽지 않고 살아남았다. 비틀거리며 방문 쪽으로 다가간 그는 이렇게 소리쳤다.

"오, 아주머니! 물 좀 주세요. 상처도 봐주시고요."

루이스는 비틀거리며 밖으로 걸어 나갔고 쓰러져서 한참을 기어간 다음 어느 나무를 붙들고 간신히 몸을 일으켜 세웠다. 그리고는 다시 자기 방으로 비틀거리며 걸어 들어왔다. 그는 물을 마시려고 호리병 바가지가 달린 양동이를 움켜쥐었지만 안은 텅 비어 있었다. 그는 망토 차림으로 쓰러졌다.

동이 트자 놀란 그라인더 부인은 아이들을 내보내 하인들을 불러오게 했다. 루이스의 방에 가 보니 그는 면도칼로 머리부터 발끝까지 자기 몸을 난자하느라 정신이 없었다. 루이스는 퍼니어를 보고 말했다.

"내 할 일은 다 끝났어. 물이나 좀 갖고 와라."

퍼니어는 시키는 대로 했다. 루이스는 옆구리를 헤치고 두 번째 총을 쏴서 생긴 상처를 보여주었다.

"내가 겁쟁이라서가 아니야. 그저 내가 너무 튼튼한 거지. 죽기조차 힘들군."

그는 자기가 자살을 시도한 까닭은 적들이 자기를 죽이며 누릴 즐거움과 영광을 빼앗기 위해서라고 했다. 그는 하인들에게 소총을 가져와 자기 머리를 날려버리라고, 겁낼 것 없다고 말했다. 더불어 그들에게 해가 되지 않을 것이며, 대신 자기 트렁크에 있는 돈을 모두 가지라고 말했다.

동이 튼 지 얼마 지나지 않아 그의 심장은 박동을 멈추고 말았다.16

undaunted courage

후일담

클라크가 루이스의 자살 소식을 듣게 된 것은 10월 28일자 켄터키주 프랭크포트의 신문 《아거스 오브 웨스턴 아메리카*Argus of Western America*》를 통해서였다. 그는 워싱턴으로 향하던 도중, 켄터키주 셀비빌Shelbyville에 머물고 있었다. 마침 조지 섀넌도 함께 있었다. 클라크는 형 조너선에게 보낸 편지에 이렇게 적었다.

그 소식이 정말일지도 모른다는 생각이 들더군요. (…) 어쩌면 그런 일이 벌어질 수도 있으리라는 것을 형님 댁에서 받아 본 그의 편지에서 발견했었습니다. 그의 마음을 짓누른 무게가 결국 그를 압도하고 만 것이 아닌가 하는 걱정이 드는군요. 결과가 어떻게 될까요?1

그로부터 이틀 뒤, 클라크는 다시 편지를 써서 자신이 들은 소식을 전했다.

루이스 주지사가 사망한 것이 확실하다는 이야기를 듣고 우리 모두 무척 근심하고 있습니다. (…) 루이스 주지사가 뉴마드리드에서 보냈던 편지를 내가 지금 무척 보고 싶으니, 형님께서 발견하면 부디 내게 보내주십시오. (…) 형님께서 곁에 계시다면 이야기라도 나눌 수 있으련만.2

클라크에게 보낸 루이스의 그 편지(루이스가 유언장을 쓰던 9월 11일 경에 쓴)는 끝내 발견되지 않았다.

제퍼슨은 11월에 몬티첼로에서 이 소식을 들었다. 어쩌면 신문을 통해 혹은 닐리가 보낸 편지를 보고 알았을지도 모른다. 닐리는 루이스의 사후인 10월 11일에 자신이 그라인더 여관에 도착했으며, 그곳에 있던 그의 시신을 최대한 정중하게 묻어 주었다고 말했다.* 그는 루이스의 자살에 관해 간략히 설명한 뒤, 그의 트렁크를 어떻게 해야 할지 지시를 내려 달라고 부탁했다.3 일주일 또는 그보다 좀더 뒤에, 퍼니어가 제퍼슨을 찾아와 루이스의 마지막을 직접 설명했다.

제퍼슨이 루이스의 죽음에 관해 언급한 글 가운데 이제까지 확인된 최초의 것은 내슈빌의 윌리엄 딕슨William Dickson 박사에게 보낸 1810년

---

*루이스는 나체즈 도로변, 그라인더 여관의 자리였던 곳에 오늘날까지도 묻혀 있다. 알렉산더 윌슨은 그 무덤에 적당한 구획을 만들고 주위에 울타리를 치도록 했다. 루이스가 휴대했던 부러진 창자루는 1849년 테네시주 의회에 의해 "훌륭하고도 영광스러운 경력의 처참하고도 때 이른 죽음"의 상징으로 공식 승인돼 그의 무덤을 가리키는 표지가 되었다(원주).

4월 20일자 편지다. 딕슨은(어떻게 해서 그가 갖고 있었는지 모르겠지만) 루이스의 초상 세밀화와 루이스의 시계 줄을 제퍼슨에게 보내왔다. 답장에서 제퍼슨은 그 물건을 루이스의 어머니에게 보내주었다고 말했다.

"여사를 크나큰 고통으로 몰아넣은 그 통탄할 만한 사건은 또한 전 세계에 큰 손실일세. 아무리 글재주가 뛰어난 사람도 그가 해낸 것처럼 그가 목격한 지역과 부족에 관해 그토록 신뢰할 만하고 생동감 있게 묘사할 수는 없을 것이기 때문일세."4

8일 뒤, 제퍼슨은 러셀 대위에게 편지를 썼는데 이것이 그가 자살의 원인에 관해 최초로 언급한 것이었다.

"루이스는 심기증으로 고통을 받았고 그것도 습관적으로 그러했다네. 어쩌면 그가 빠져들었던 습관에 의해, 그리고 그와 같은 마음을 지닌 사람에게 십중팔구 생겨날 법한 고통스러운 기억에 의해 그런 증상이 더 커졌을지도 모르네."5

3년 뒤, 루이스에 관한 짧은 전기를 쓰면서 제퍼슨은 이를 좀더 자세히 설명했다.

루이스 주지사는 젊은 시절부터 심기증의 영향에 노출되어 있었다. 이것은 그 집안의 가까운 일족 모두에게 들어 있는 체질적 성향이었고 보다 직접적으로는 그의 아버지로부터 물려받은 것이었다. (…) 워싱턴에서 그와 함께 살 때도, 나는 몇 번인가 그가 눈에 띌 정도로 우울해진 것을 목격했지만 거기에 체질적 이유가 있음을 알았기에 그 결과를 어느 정도 예상하고 있었다. 그의 서부 원정 중에는 몸과 마음의 모든 기능을 필요로 하는 지속적인 노력으로 그러한 우울의 영향이 일시적으로나마 정지되었다. 하지만 세인트루이스에서 내근직에 임명된 이후로는 오히려 이전보다 강도가 배가되어 증세가 재발했고, 그의 친구들을 크게 놀라게 만들기 시작했다. (…) (10월 10~11일) 밤 3시경에 그가 저지른 행동은 그의 친구들을 고통으로 빠트린 동시에 그의 조국으로부터 가장 훌륭한 시민 중 한 사람을 앗아가 버리고 말았다.6

루이스가 자살한 것이 아니라 피살되었을 가능성에 관해서도 상당수의 저술이 나오기도 했다. 이러한 주장을 구체적으로 펼친 최초의 인물은 바디스 피셔Vardis Fisher였다.7 스위너드 박사 역시 훨씬 최근에 그와 똑같은 주장을 펼쳤다.8 하지만 이러한 저술은 그다지 설득력이 없다. 이에 관해서는 폴 러셀 커트라이트가 이미 구체적으로 반박을 펼쳤다.9

루이스의 정신적 문제가 제퍼슨의 말처럼 심신증이나 조울증에서 비롯된 것이 아니라, 오히려 매독이 상당히 진전된 단계의 영향에서 비롯되었다는 주장도 있다.10 이것은 훨씬 흥미롭기는 하지만 어디까지나 가설에 불과한 것이므로 설득력은 없다. 오히려 설득력이 있는 것은 루이스를 누구보다 잘 알았고, 또한 누구보다 사랑했던 두 사람의 첫 반응일 것이다.

바로 윌리엄 클라크와 토머스 제퍼슨이다. 그들은 루이스의 자살 소식을 듣자마자 전적으로 있을 법한 이야기라고 여겼다. 클라크는 루이스의 정신상태를 잘 알았고 더욱이 오늘날에 전해지지 않는 9월 중순자 루이스의 편지에 보다 명시적으로 표현된 것을 알고 있었다. 제퍼슨이나 클라크 중 누구도 루이스가 자살했음을 믿어 의심치 않았다.

아직까지도 타살을 주장하는 사람이 있다면, 우선 그 사건에서 '그를 잘 알았던 사람도 침묵했다'는 사실을 어떻게든 설명해야 할 것이다. 가령 윌리엄 클라크만 해도 만약 자기 친구가 누군가에게 피살당했다는 의심을 품었다면 어찌 의구심을 제기하지 않았겠으며, 왜 곧바로 테네시로 달려가 범인을 찾아 목매달지 않았겠는가? 또한 제퍼슨이 그런 의심을 품었다면 그가 어떻게 정부 측에 조사를 촉구하지 않았겠는가?

루이스의 이부동생 존 마크스는 루이스의 채무와 자산에 대한 목록을 작성했다. 루이스의 개인 채무는 4,196달러 12센트였고 지급 거절된 어음이 6,956달러 62센트에 달했다. 그의 예금과 토지는 5,700달러 정도였다. 나아가 그에게는 754달러 50센트의 예금이 더 있던 셈이었으니, 이는 쇼토가 빅 화이트 추장을 만단족 마을까지 무사히 데려다주고 돌아와 인디언에게 줄 선물과 화약을 도로 팔았기 때문이다. 매디슨 정부가 어음 지불을 거절함으로써 루이스에게 그토록 큰 걱정을 유발했던 선물과 화약은 한마디로 불필요했던 것으로 드러났다.11

클라크는 1809년 12월에 워싱턴을 방문했다. 그는 자신의 일지 12월 18일자 항목에 이렇게 적었다.

"우리는 육군성 장관(유스티스)을 만나 루이스 주지사에 관해 장시간 이야기를 했고, 그는 어음의 지급 거절에 관한 자신의 의도와 견해를 설명했다. 그러면서 주지사가 중앙정부의 신뢰를 잃었던 것은 아니라고 했다."12

하지만 이러한 확언은 무려 2개월 하고도 7일이나 너무 늦게 나온 셈이었다.

클라크는 형 조너선에게 보낸 편지에서 "이 책의 출간을 어떻게 다뤄야 할지 모르겠다"고 말했다.13 클라크는 출판사에 넘길 일지의 원고 작성이 어느 정도까지 진척되었는지 전혀 모르고 있었다. 1809년 말, 일지 출간을 위해 해야 할 일이 무엇인지 알아보기 위해 필라델피아로 떠나기에 앞서, 그는 다음과 같이 자기가 물어보아야 할 질문들을 비망록에 적었다.

루이스 주지사가 계산 부분을(그리고 식물학 판화를) 어느 정도까지 마쳤는지 물어볼 것.
나와 함께 세인트루이스로 와서 일지(원고)를 작성해줄 사람이 있는지, 가격은 어느 정도인지 알아볼 것.
동물과 인디언, 지도를 판화로 만드는 가격 그리고 종이 등 다른 가격을 알아볼 것.
과학 및 박물학(식물학, 광물학, 동물학) 부분을 집필해줄 사람을 찾을 것.
대평원. 미주리강의 흙투성이 물.
자연 현상. 23개의 어휘와 도판과 판화.14

이는 클라크가 일찍이 이런 문제에 관해 루이스와 전혀 상의하지 않았음을 보여준다. 루이스는 이미 그중 몇 가지를 의뢰하고 대금까지 지불한 상태였기 때문이다. 놀랍게도 루이스는 클라크에게 일지 출간에 대해 전혀 이야기하지 않았고, 다만 자기가 필라델피아에 또 한 번 다녀오면 그 일이 모두 마무리될 것이라고 약속했을 뿐이었다.

이것은 루이스의 생애에서 가장 큰 수수께끼라고 할 수 있다. 그는 대체 무엇 때문에 원고를 작성하지 않았을까? 누구도 그 이유를 확실히 말할 수 없다. 그의 자살 이유에 대해 확실히 말할 수 없는 것처럼 말이다. 루이스의 자살 소식을 들은 필라델피아의 C.&A.콘래드 출판사는 자신들이 일지의 출간에 관해 계약을 맺은 바 있다면서, 제퍼슨에게 이제 어떻게 하면 좋을지 물어 왔다.

"루이스 주지사께서는 저희에게 원고를 한 줄도 넘겨주지 않았고, 그 문제에 관해 자주 요청을 드렸지만 그분께 아무런 소식도 듣지 못한 바입니다."15

제퍼슨은 일지가 현재 몬티첼로로 오고 있으며 클라크도 오고 있다고 말했다. 출간 문제에 관해서는 클라크와 의논하겠다고 했다. 그리고 클라크가 필라델피아로 가서 앞으로 어떻게 해야 할지 알아볼 것이라고 했다. 클라크가 도착한 직후, 두 사람은 제퍼슨이 직접 일지를 맡아 출판사에 넘길 원고를 편집하는 문제에 관해 어느 정도 상의한 것이 분명하다. 당시만 해도 그 분야에 대한 엄청난 관심과 그 일을 위한 최고의 능력을 지닌 사람은 제퍼슨 외에 없었기 때문이다. 하지만 그는 이미 예순다섯 살이나 되었고 여생을 몬티첼로에서 조용히 보내고 싶어 했다.

1810년 1월, 루이스의 사촌 윌리엄 메리웨더William Meriwether는 클라크에게 보낸 편지에서 "제퍼슨 씨는 그 일을 맡지 않을 것"이라고 전했다.16

클라크는 일지를 갖고 필라델피아로 가서 일찍이 루이스의 원정 준비를 도왔던 사람들이나 루이스가 그림과 계산을 위해 고용한 사람들을 만났다. 찰스 윌슨 필도 그중 1명이었다. 1810년 2월 3일, 필은 자기 동생*에게 이렇게 썼다.

"나는 차라리 클라크가 원고 전체를 다시 쓴 다음, 그걸 다듬을 만한 능력을 지닌 사람의 손에 넘겨주었으면 좋겠다고 생각했는데 알고 보니 그 장군의 능력은 루이스와 또 다르더군."17

몇 번이나 첫 단추를 잘못 꿴 끝에, 클라크는 니콜라스 비들에게 이 일을 맡아 달라고 설득했다. 비들은 겨우 스물여섯 살에 불과했지만 비범한 재능의 소유자였다. 그는 이 일에 혼신을 다했으며 탁월하게 완수했다. 조지 섀넌이 그를 도왔고 클라크도 마찬가지였으며, 나중에는 폴 앨런Paul Allen이라는 청년이 교정교열을 도왔다(앨런은 그 대가로 500달러를 받았다. 비들은 무려 2년 이상이나 편집 일에 전적으로 매달렸으면서도 단 한 푼도 대가를 받지 않았다).

하지만 그 운수 나쁜 일지에 관한 일은 어느 것 하나 쉽게 이루어지지 않았다. 비들은 과학적 내용을 담은 제3권의 집필을 바턴 박사에게 부탁했지만, 박사의 건강이 급속히 악화되면서 결국 집필을 마무리하지 못했다. 또한 비들이 여행기를 담은 제1권의 원고를 출판사에 넘기려 할 무렵인 1812년에 전쟁이 발발했다. 설상가상으로 C.&A.콘래드 출판사가 도산하고 말았다.

비들은 "오랜 지체로 이 저술의 장점 가운데 일부가 손상되지 않을까 싶다"고 두려움을 표시했다. 그가 마침내 다른 출판사를 찾아낸 것은 그로부터 1년이 지나서였다(필라델피아의 브래드퍼드&인스키프 Bradford&Inskeep였다).

1814년, 마침내 『루이스와 클라크 대장의 지휘 아래 수행된 원정의

---

*그의 동생 제임스 필James Peale 역시 유명한 화가였다(역주).

역사*The History of the Expedition Under the Commands of Captains Lewis and Clark*』가 출간되었다. 이 책은 일지의 여행기 부분만 이야 서술체로 바꿔놓은 것으로 최대한 원문에 충실하려 노력했으며 그중 가장 멋진 문장들 중 일부를 고스란히 담았다. 비들은 식물군과 동물군에 관한 이야기는 상대적으로 거의 다루지 않았다.

브래드퍼드&인스키프는 초판을 1,417부 발행하고 정가를 6달러로 매겼다. 이 책은 천천히 팔려나갔다. 개스의 일지를 비롯해 가짜 일지도 여러 가지로 나와 있었기 때문이다. 비들은 인세를 모두 클라크에게 양보하고 자신은 한 푼도 받지 않았다. 이후 약 90년간 비들판은 일지에 의거해 출간된 유일한 저서였다. 그 결과 루이스와 클라크는 자신들의 발견 가운데 상당수에 대해 공적을 인정받지 못하고 말았다. 이들이 처음으로 묘사하고 명명한 식물이나 강, 동물, 새들은 다른 박물학자들에게 재발견되었고 그렇게 재발견한 사람들의 이름이 붙게 되었다.

1893년, 박물학자 엘리엇 쿠스가 비들의 여행기 재판을 출간했다. 그는 조류와 동물, 식물, 그리고 지리학 등 여러 분야에 관한 각주를 달았다.

1904년, 원정 100주년을 맞이해 위스콘신주 역사학회의 루벤 골드 스웨이츠가 일지의 완전판을 전8권(도드 미드 출판사Dodd Meade)으로 간행했다. 이때는 대원 가운데 2명이 쓴 일지도 최초로 수록 공개되었다. 그의 편집 작업은 탁월했다. 이후 여러 번에 걸쳐 재판이 발행되면서 스웨이츠 판은 루이스와 클라크 팬들에게 고전으로 명성을 얻게 되었다.

1962년, 도널드 잭슨이 『루이스와 클라크 원정대의 서한집』을 편집 출간했다(일리노이 대학 출판, 1978년에 전2권으로 증보됨). 잭슨의 주석이 들어 있는 이 판본은 어디에서도 찾아볼 수 없는 탁월한 학문적 성과로 아마도 이를 능가할 역작은 결코 나올 수 없을 것이다.

1980년대 들어 게리 몰턴이 전8권으로 된 두 지휘관의 일지를 네브래스카 대학 출판부에서 출간했다. 그는 1803년에 오하이오강을 따라 내려간 루이스의 여정(일찍이 1916년에 밀로 콰이프Milo Quaife가 출간했던)을 비롯해 새로운 자료를 상당량 추가했고, 수많은 훌륭한 각주를 첨부하는 것은 물론 식물학과 다른 과학적인 주제를 강조했다.

몰턴판은 우리 시대의 결정판이라 할 만하다. 하지만 그 자신은(이전의 잭슨도 그러했듯) 역사에서 결정판이라 할 만한 것이 있을 수 없음을 지적했다. 언제든 새로운 문서가 발굴될 수 있기 때문이다. 어쨌든 비들, 스웨이츠, 잭슨, 그리고 몰턴은 루이스와 클라크 연구에서 초석을 놓은 위대한 학자라 할 수 있다.

비들의 이름은 그가 편집한 책의 어느 곳에도 나와 있지 않는데, 이는 아마도 그가 철저한 익명을 고수했기 때문일 것이다. 본래 그의 이름이 들어 있어야 할 속표지에는 그냥 '향사 폴 앨런이 출간용으로 손질함'이라고만 나와 있다. 그렇다고 앨런을 비난할 수는 없다. 그가 바로 제퍼슨에게 권유해 루이스에 관한 회고 겸 전기를 쓰게 만든 주인공이기 때문이다. 그는 제퍼슨에게 이렇게 편지를 썼다.

"뭔가 대중적으로 놀랍고도 매력적인 것을 통해 일지의 지루함에 활기를 불어넣었으면 하는 마음이 간절합니다."

(엘리엇 쿠스는 앨런의 편지를 두고 "그야말로 뻔뻔함의 극치를 보여주고 있다"고 꼬집었다.)

제퍼슨은 이에 응해 1813년 루이스의 생애에 관해 5,000단어 분량의 편지를 썼다. 이것은 루이스에 관한 최초의 전기로 제퍼슨 특유의 정확성과 세부사항을 잘 구사해 쓴 작품이기도 하다.18

제퍼슨은 일지의 과학적인 내용을 국내외의 동료 계몽주의자들에게 전달할 수 없게 된 것으로 인한 실망감과 루이스의 자살에서 비롯된 상실감에도 불구하고 한때 자신의 피보호자였던 사람에 대해 결코 악감정을 지니지 않았다.

제퍼슨이 루이스에 관한 회고를 쓸 당시까지도 루이지애나 매입은 그다지 매력적인 일로 보이지 않았다. 인디언은 적대 행위를 일삼았고 세인트루이스 미주리강 모피 회사와 존 제이콥 애스터는 서부에 영구 교역소를 개설하는 데 실패했으며, 거대한 북서제국의 궁극적인 운명은 아직 결정되지 않았다. 더욱이 거리가 멀어 루이지애나에서의 본격적인 경제 활동은 불가능한 것처럼 보였다. 존 퀸시 애덤스 같은 연방당원들은 계속해서 매입을 비웃었다. 그럼에도 제퍼슨은 자신이 성취한 일이 어떤 것인지 잘 알고 있었다. 듀머스 맬런의 다음과 같은 말은 이를 잘 보여주고 있다.

"제퍼슨의 비전은 당시에 공직 생활을 하던 어느 누구보다 훨씬 멀리까지 확장되어 있었다. 그는 자신이 후세를 위해 일한다고 생각했고 얼른 일을 마무리 짓는 것보다 일을 잘 시작하는 것에 더 큰 관심이 있었다.(…) 그가 대통령으로서 한 일은 그 성격상 탐사의 후원자였으며 그의 행동에 대한 평가는 충분히 후세에 맡길 만한 것이었다. 솔직히 그의 후임자 가운데 어느 누구도 그런 일을 감당해내지 못했을 것이다."19

루이스는 인생의 중간지점에서 돌연 목숨을 끊고 말았다. 그는 결코 성숙한 시기에까지 도달하지 못했지만 그의 성격에 관해 몇 가지 일반화는 가능할 것이다.

무엇보다 그는 위기 상황에서 탁월한 능력을 발휘했다. 내가 만약 어떤 절망적인 상황에 있다면 가령 대평원에서 초원에 불이 났다거나 바다 한가운데서 내가 타고 있는 작은 보트가 가라앉는다면 나로서는 메리웨더 루이스 같은 사람을 리더로 두고 싶을 것이다. 나 역시 마리아스강 탐사 당시 절벽에서 떨어질 뻔했던 윈저 이병처럼 "억, 대장님! 어떻게 하죠?"라고 외칠 것이다. 또한 나도 루이스라면 뭘 어떻게 해야 할지 알고 있을 것이라고 본능적으로 신뢰할 것이다.

그는 대니얼 분이나 윌리엄 클라크처럼 당시의 어떤 미국인보다 야생을 잘 알았고, 후세에도 그를 능가할 만한 산사람은 존 콜터를 비롯해 겨우 몇 사람에 불과했다. 자기 주위의 온갖 새로운 것에 대한 그의 강렬한 호기심은 전염성이 있었다. 그런 사람이라면 장기간의 캠핑 여행에서 누구라도 동행자로 선택하고 싶을 것이다.

하루 일과를 마치고 모닥불에 둘러앉아 그로부터 하루 동안 본 것에 관해 이야기를 듣는 모습을 상상해보라. 그는 성미가 급했고 종종 그런 성미대로 행동하곤 했다. 마음에 들지 않는 인디언을 두들겨 패는 그의 기질, 여차 하면 인디언의 마을을 불태워 버리려 했던 사례를 보면, 천재가 아닌 이상 노예 소유주로 자라났으면서도 인류애를 지닌 사람은 거의 없을 것이라던 제퍼슨의 지적을 상기시켜 준다. 루이스는 자신의 사나운 격정을 억누를 수 없었던 것이다.

그는 대단한 에너지를 지녔고 때로는 충동적이기도 했지만, 엄청난 자제력으로 그것을 완화시키기도 했다. 또한 그는 지칠 정도로 스스로를 혹사시켰고 그런 다음에는 1시간쯤 들여 그날 하루의 사건들을 정리했으며 또 1시간쯤 들여 천문 관측을 했다.

그의 재능과 실력은 깊고도 넓었다. 그는 보트를 설계하고 제작하는 것에서부터 필수적인 야생의 기술에 이르기까지, 풍부한 실용적 지식을 습득하고 있었다. 자연과학의 여러 분야에 관해서는 그리 많은 지식을 쌓지 못했다. 하지만 그는 동물을 묘사하고 식물을 분류했으며 별을 찾아내고 육분의와 다른 과학 기구를 다뤘다. 나아가 제국을 꿈꾸었다. 물론 그중 어느 것 하나에도 전문가가 되거나 탁월한 재능을 보였던 것은 아니다.

그가 정말로 탁월한 재능을 발휘한 분야는 바로 탐험이다. 그 분야에서만큼은 그의 이런 모든 재능이 필수적이었기 때문이다. 그중에서도 가장 중요한 것은 리더로서의 능력이었다. 그는 타고난 리더였고 그런 능력을 육성했으며 군 경력을 통해 더욱 심화시켰다. 그리고 그것을 원정 과정에서 마음껏 발휘했다.

그렇다고 그의 지휘 방법이 특별했던 것은 아니다. 오히려 전통적인 방법에 지나지 않았다. 그는 부하들을 속속들이 알았고 그들에게 마른 양말과 넉넉한 식량, 충분한 의복을 제공하기 위해 노력했다. 부하들을 독려하긴 했지만 결코 지나치게 몰아세우지는 않았다. 부하들을 향한 그의 배려는 마치 아들을 향한 아버지의 배려와 같았다. 더욱이 그는 부하들로부터 각자가 발휘할 수 있는 것 이상으로 많은 능력을 이끌어냈다.

물론 때로는 부하들을 향해 분노를 터트리기도 했고 그중 1명을 동료들 앞에서 호되게 야단치기도 했다. 심지어 가혹한 처벌을 내리기도 했다. 부하들 가운데 몇 명은 50대씩 채찍질을 당하기도 했다. 하지만 부하들이 생각하기에 그는 항상 공정했다.

그는 실수를 많이 저지르지 않았다. 명령은 항상 분명하고 간결하고 정확했다. 어쩌면 그의 지휘 능력에 관해 대원들이 보여준 가장 큰 찬사는 마리아스강에서의 결정이 아니었을까 싶다. 대원들은 하나같이 북쪽 지류가 미주리강이라고 믿었지만, 두 지휘관이 남쪽 지류를 선택했을 때 기꺼이 따라주었다.

그는 업무를 분담했다. 부하들을 위해 직접 요리를 했고 카누의 삿대를 밀었다. 그는 뛰어난 사냥꾼이자 낚시꾼이었다. 롤로 오솔길을 지날 때부터 컬럼비아강의 급류를 따라 내려갈 때까지, 그는 결코 한 번도 대원들에게 무언가를 하라고 지시하지 않았다. 필요하다고 생각될 때는 의사결정도 분담했다. 항상 클라크와 상의하는 것은 물론, 때로는 대원들까지도 의사결정에 참여시켰다. 가령 1805~1806년 겨울 캠프의 위치를 결정할 때처럼 말이다.

이는 뛰어난 중대장이 되기에 필수적인 재능이라고 할 수 있다. 루이스는 이런 재능을 풍부하게 지녔고 여기에 사랑받는 지휘관이 될 수 있는 몇 가지 특별한 장점도 지니고 있었다. 그는 대원들이 무엇을 해야 하는지에 관한 분별력, 또는 느낌을 지니고 있었다. 그는 언제 휴식을 취해야 하는지, 언제 술을 한 잔씩 나눠줘야 하는지, 언제 더 몰아붙여야 하는지, 언제 격려해야 하는지, 언제 분발시켜야 하는지, 언제 농담을 건네야 하는지, 언제 거칠게 굴어야 하는지 잘 알고 있었다.

나아가 그는 어떻게 해야 자신과 부하들 사이의 거리를 유지할 수 있는지, 그 거리가 어느 정도로 커야 하는지 알고 있었다. 그는 자신의 일이 무엇인지 잘 알았고 그 일에 자부심을 느꼈으며 그 일을 수행할 수 있는 가장 뛰어난 사람이었다.

이처럼 육군 장교로서 완벽에 가까웠던 루이스였지만 정치인으로서는 영 신통치 못했다. 그 일에 전혀 맞지 않았던 것이다. 제퍼슨이 루이스를 주지사로 임명한 것은 끔찍한 오판이었다. 그보다는 차라리 루이스를 워싱턴이나 필라델피아로 보낸 다음, 육군성 직원 몇 사람을 붙여주고 일지의 출간 업무에만 전념하도록 배려하는 편이 더 나았을 것이다.

주지사로서 루이스는 그가 더 높은 지위가 주는 유혹을 뿌리치지도, 여러 파벌을 잘 다스리지도, 또한 타협할 줄도 모른다는 것을 여실히 증명했다. 아무리 악의적인 의도로 한 말일지라도 베이츠 주무장관의 지적 중 몇 가지는 고려할 만한 가치가 있다. 베이츠의 지적처럼 루이스는 오랫동안 군대에 있었고 군대식에 익숙한 탓에 뛰어난 주지사가 될 수 없었다.

한 인간으로서도 루이스는 모순투성이였다. 그는 호기심 많고 활동적인 소년이었다. 술을 많이 마시고 몸을 혹사시키는 육군 장교였다. 대통령에게 절대적으로 충성하는 개인비서였다. 열성적인 탐험가였다. 세부사항에 매우 신경을 쓴 과학자였다. 필라델피아를 주름잡은 바람둥이였다(그럼에도 버지니아의 무위도식하는 지주 로버트 갬블에게 레티샤 브래컨리지를 빼앗기고 말았지만). 그는 의욕만 앞선 주지사이자 땅투기꾼이었다. 또한 마약 복용자에다 알코올중독자이기도 했다.

하지만 그는 뛰어난 중대장이자 미국에서 가장 위대한 탐험가였으며 전 세계 어디에 내놓아도 뒤지지 않을 탐험가였다.

1805년, 그가 렘히 고개에서 서른한 살 생일을 맞아 '후세의 지식을 향상시키는 것'에 대해 결심했던 것은 실제로 성취되었다. 물론 그가 바랐던 것만큼 완벽하게 일지의 단행본 형태로 성취된 것은 아니었다. 그러나 1805년에 포트만단에서 쓴 그의 보고서와 클라크의 지도는 인쇄되어 널리 배포됨으로서 큰 영향력을 행사했다.

그의 성공적인 운항은 그 자체로 하나의 영감이었다. 정보 면에서도 그는 오늘날 미국 북서부지역에 해당하는(이전까지만 해도 빈 칸으로 남아 있던) 지도를 완전히 채워 넣었다.

자살할 당시, 그는 어쩌면 원정 자체를 실패로 여기고 있었을지도 모른다. 교역 제국은 수립되지 않았고 나아가 그의 생전에는 결코 수립될 수 없을 것처럼 보였을 것이다. 미주리강을 장악한 인디언들은 서로 전쟁을 벌이느라 여념이 없었다. 영국인 교역상은 여전히 미국의 영토를 잠식하고 있었다. 오늘날 미주리, 캔자스, 아이오와, 네브래스카주에 해당하는 지역의 토양과 기후에 관한 루이스의 열띤 보고로 인해 수많은 미국인이 땅을 찾아 몰려왔다. 켄터키, 일리노이, 인디애나, 오하이오주에 여전히 넓은 땅이 남아 있었음에도 말이다.

국무부에서는 북위 49도 위쪽에 대한 주권을 주장하려는 노력을 하지 않았다. 중앙정부는 오리건지역에 대한 주권조차 주장하지 않았다. 이런 일이 실현된 것은 증기선과 철도가 도입되기 시작하면서부터였다. 하지만 이전까지만 해도 루이지애나 매입으로 얻은 영토는 뉴올리언스를 빼면 루이스가 자신의 인디언 정책 문서에 적은 것처럼 황무지에 불과했다. 루이스가 좀더 오래 살았다면 그는 아마도 증기선과 철도의 도래를 직접 볼 수 있었을 것이다.*

---

*1808년 8월 31일자 미주리 《가제트》에는 노나 돛 없이 눈에 보이지 않는 장치로 추진돼 시속 4마일의 속도로 강을 거슬러 갈 수 있는 "매우 흥미로운 구경거리"인 증기선에 관한 기사가 실렸다. 이 배는 뉴욕에서 올바니까지의 160마일을 32시간이면 갈 수 있고, 100명 이상의 승객과 수많은 화물을 나를 수 있다고 했다. 만약 루이스가 제 수명을 다했다면 이 기사까지는 읽었을 수도 있다(원주).

루이스의 자살은 그의 평판을 크게 손상시켰다. 차라리 크루자트가 쏜 총에 그가 목숨을 잃었다면 그는 오늘날 훨씬 더 크게 존경받고도 남았으리라. 어쩌면 그의 이름을 딴 강도 하나쯤은 있었으리라. 하지만 19세기 내내 그는 거의 무시당했고 잊혀질 위험에 놓여 있었다. 헨리 애덤스만 해도 1889년부터 1991년까지 제퍼슨 행정부 시대에 관한 여러 권짜리 역사책을 집필하면서, 메리웨더 루이스나 윌리엄 클라크에 대해 거의 언급하지 않았다(클라크는 당시 원정대의 공동지휘관으로서보다 세인트루이스에서 이룬 인디언 업무 감독관으로서의 업적으로 더욱 명성이 높았다).

19세기 말에 이르러 스웨이츠판 일지가 출간된 것은 이들에 관한 재평가의 신호탄이었다. 이후 두 지휘관에 대한 평가는 급상승을 거듭했다. 오늘날 미국 전역에는 메리웨더 루이스와 윌리엄 클라크의 동상이 여러 개 건립되었다. 이들의 이름을 따서 지어진 마을, 카운티, 고등학교, 그리고 수많은 도로도 있다. 그런가 하면 루이스 앤드 클라크 칼리지Lewis and Clark College도 있다.

1805년 7월 28일, 제퍼슨강의 이름을 지으면서 루이스는 일지에다 "우리 사업의 창시자이며 미국 대통령이신 토머스 제퍼슨의 뛰어난 인품을 기리는 뜻에서" 그렇게 했다고 적었다. 같은 맥락에서 이 책 역시 제퍼슨의 말을 인용하는 것으로 마무리하는 것이 가장 적절하리라 생각한다.

1813년에 쓴 편지에서 제퍼슨은 루이스에 관해 언급하며 역대 미국 대통령이 자신의 부하에 관해 쓴 글 가운데 가장 훌륭한 칭찬이라 할 만한 말을 적어놓았다. 루이스에 대해 이보다 더 훌륭한 인물이 이

보다 더 후한 찬사를 베풀 수는 없으리라.

    불굴의 용기를 지니고, 단순히 불가능만 가지고서는 그 방향을 돌리지 않을 만큼 목표에 대한 확고함과 인내심을 소유했으며, 자신이 맡은 부하들에게 아버지만큼 자상하고, 그러면서도 질서와 규율을 유지하는 데 있어 한결같으며, 인디언의 특징이며 풍습이며 원칙에 친숙하고, 사냥꾼으로서의 생활에 익숙하며, 자기가 있는 지방의 식물과 동물에 대한 정확한 관찰을 지침으로 삼는 반면, 이미 아는 대상의 기록에 시간을 허비하지 않으며, 정직하고, 사심 없고, 자유분방하고, 건전한 이해심을 지니고, 진리에 대한 확신이 매우 굳건해서 그가 보고한 내용은 무엇이든지 우리 스스로가 본 것과 마찬가지로 확실하며, 마치 자연에 의해 선택이라도 된 양 이런 모든 자질들을 한 몸 안에 지닌 사람이었기 때문에, 나는 아무런 주저 없이 그 사업을 그에게 맡길 수 있었던 것이다.20

역자후기

1.

영국의 식민지 상태에서 독립선언과 독립전쟁을 통해 자유를 쟁취한 지 20여 년이 지난 뒤인 1803년, 미국은 오늘날의 영토 가운데 대서양 쪽의 3분의 1만을 차지한 신흥국가에 지나지 않았다. 취임 3년째를 맞이한 제3대 대통령 토머스 제퍼슨은 자금 부족에 시달리던 프랑스의 나폴레옹으로부터 루이지애나를 1,500만 달러라는 헐값에 매입한다. 오늘날 미국 영토의 한가운데 3분의 1 가량을 차지하는 이 광대한 땅을 획득함으로써, 제퍼슨은 눈 깜짝할 사이에 국토를 두 배로 늘려 버린다.

하지만 한 가지 문제는 당시 미국이나 프랑스는 물론이고 세계의 어느 누구도 이 루이지애나라는 영토가 어디서부터 어디까지인지, 그리고 그 안에 무엇이 있는지 알지 못하고 있었다는 점이다. 워낙 방대한 영토에, 미국인들에겐 대부분 전인미답의 미개척지였기 때문에, 무엇보다도 그곳에 대한 조사 및 보고가 절실한 실정이었다. 이에 제퍼슨은 자신이 누구보다도 신뢰하는 개인비서 메리웨더 루이스 대위를 지휘관으로 하는 원정대를 조직하고, 의회를 설득해 대대적인 지원에 나선다.

원정대의 일차적인 목표는 미국 대륙을 가로지르는 완전수로를 찾아내는 것이었다. 이를 위해 원정대는 당시 모피 무역의 전진기지 노릇을 하던 세인트루이스에서 출발해 대륙 중부를 관통하는 미주리강을 거슬러 북서쪽으로 올라간 다음, 로키산맥을 넘어 컬럼비아강을 따라 내려가 태평양까지 갔다가 돌아오기로 한다. 만약 미주리강 상류와 컬럼비아강 상류 사이를 연결해주는 가깝고도 편리한 육로가 있을 경우, 미국은 동서를 관통하는 사실상의 완전수로를 얻게 되어, 내륙의 막대한 천연자원을 토대로 한 모피 무역에서 막대한 이득을 챙길 수 있다는 계산이었다.

막중한 책임을 맡은 루이스는 원정 준비에 분주한 와중에도, 한때 군 동료였으며 절친한 친구인 윌리엄 클라크에게 공동 지휘관직을 제안한다. 직관적이고 다혈질인 자신의 능력에 차분하면서 인내심 많은 친구의 능력이 합쳐지면 그 무엇도 두렵지 않다고 자신했기 때문이다. 루이스의 제안에 클라크가 흔쾌히 응낙함으로써, 미국 역사상 가장 굳건한 우정의 예로 손꼽히며, 심지어 두 사람을 한 몸인 양 일컫는 '루이스 앤드 클라크'의 우정이 시작된 것이다.

하지만 원정 준비는 생각만큼 쉽지 않았다. 애초에 10여 명 규모로 잡았던 인원은 금세 수십 명 규모로 늘어났고, 클라크의 지위 결정을 둘러싼 민망한 문제도 있었다. 애초에 루이스는 클라크를 자신과 똑같은 대위 계급의 공동 지휘관으로 천거했음에도 불구하고, 관료주의적 절차상의 문제로 인해 클라크는 결국 루이스보다 아래인 중위 계급의 부지휘관으로 임명장을 받게 된다. 하지만 루이스는 이 사실을 대원 중 누구에게도 밝히지 않고, 처음부터 끝까지 클라크를 자신과 마찬가지로 '캡틴'(군 계급으로는 '대위'이지만, 일반적으로는 '대장'이란 뜻이다)이라고 호칭하도록 한다. 두 사람의 이런 신뢰와 우정이야말로 원정이 거둔 성공의 기폭제가 되었다.

수 개월간의 지체 끝에 마침내 1804년 5월 31일, 세인트루이스를 출발해 원정을 시작했을 때의 인원은 뱃사람을 포함해 모두 54명, 그리고 5개월간의 여정 끝에 만단 족 마을에 도착해서 겨울을 나고 이듬해 4월에 원정을 재개했을 때, 대원들의 숫자는 모두 33명으로 줄어들어 있었다. 각지의 군부대에서 최고의 병사들을 선발하고, 숙련된 사냥꾼을 시기적절하게 특채했으며, 중도에 말썽을 일으킨 대원은 퇴출한 정예 중의 정예였다. 놀라운 사실은 당시 프랑스인 교역상과 함께 살고 있던 인디언 여성 사카가위아가 통역자로 동행했으며, 심지어 그녀가 낳은 2개월 된 아기까지도 원정대에 동반했다는 사실이다. 원정대의 또 다른 특이한 대원으로는 흑인 요크가 있었으니, 그는 클라크의 노예였다.

원정대는 이후 미주리강 상류의 강한 물살이며, 무시무시한 회색곰과의 싸움, 카누가 전복될 뻔한 위기, 그리고 지도에도 나오지 않는 강의 분기점에서 자칫 길을 잘못 들 뻔한 사건 등, 갖가지 곤란을 극복하며 서쪽으로 향한다. 마침내 아메리카 대륙의 등뼈에 해당하는 대륙분수계의 능선에 올랐을 때, 루이스는 자기 눈앞에 펼쳐지는 광경 앞에서 그만 정신이 아득해지고 만다. 일찍이 원정을 떠나기 전에

만 해도, 제퍼슨과 루이스는 대륙분수계를 넘기만 하면 바로 컬럼비아강이 나올 것이라고, 따라서 그 강을 따라서 내려가기만 하면 태평양이 금방 나타날 것이라고 낙관하고 있었다. 하지만 정작 능선에 오른 루이스의 눈앞에 펼쳐진 것은 깎아지른 듯 솟아 있는 거대한 산맥이었던 것이다. 바로 로키산맥이었다.

루이스와 클라크의 원정에 후세 사람들이 감히 '위대한' 원정이라는 말을 붙여줄 수 있는 것은 바로 여기서부터이다. 본래의 계획이나 예상과는 완전히 어긋난 상황을 맞이하여, 대장인 루이스와 클라크는 숙고 끝에 '계속 전진하기로' 결정한다. 앞으로 뭐가 나올지 모르는 상태에서, 온갖 위험을 극복하고 태평양까지 가기로 작정한 것이다. 이들은 갖가지 어려움을 극복하고 로키산맥의 일부분인 비터루트산맥을 넘었고, 그토록 고대하던 컬럼비아강에 도달해서 배를 타고 하류로 향한다. 그리고 1805년 11월 20일, 무려 2년 반만의 여정 끝에 4천 마일을 주파하여 드디어 태평양에 도달한다. 미국 역사상 최초로 대륙 횡단이 이루어진 것이었다.

하지만 원정대의 여정은 거기서 끝난 것이 아니었다. 태평양 연안에서 겨울을 보내고 다시 그 험준한 산맥을 넘어 문명 세계로 돌아가야만 했던 것이다. 루이스와 클라크는 대원 전체의 의견을 수렴하여 (이 대목에서 흑인 노예와 인디언 여자까지 투표에 참가한 것은 미국 역사상 초유의 일이었다) 겨울 숙영지를 건설하지만, 식량과 보급품의 부족으로 인한 힘겨운 나날을 보내게 된다. 심지어 이들은 인디언들에게 개를 사서 잡아먹는가 하면, 필요한 경우에는 장작이나 카누를 도둑질하기까지 한다. 원정용으로 마련한 보급품 가운데 이미 95퍼센트를 써버린 상황에서, 이들은 하루속히 고향으로 돌아갈 날을 꿈꾸며 북서 해안의 춥고 습한 겨울을 보낸다.

드디어 봄이 오자 원정대는 태평양을 떠나 다시 귀로에 오르지만, 여정은 그 어느 때보다도 더욱 힘들었다. 가장 큰 문제는 역시 식량과 보급품의 부족이었다. 원정대로선 선뜻 시인하지 않았을지 몰라도, 사실 이들의 성공에 가장 큰 역할을 했던 것은 바로 인디언들의 호의적인 도움이었다. 물론 때로는 적대적인 행위를 하기도 했고, 곤란에 빠진 원정대의 처지를 이용해 이득을 챙기기도 했지만, 실제로 인디언들이 헐값에 식량과 말을 제공해주지 않았더라면 루이스와 클라크의 원정은 결코 성공할 수 없었을 것이다.

1년 전, 비터루트산맥을 넘으면서 단단히 고생했던 원정대였지만, 이번에는 고향으로 돌아간다는 마음이 너무 앞선 까닭인지 그만 대단한 실책을 범하고 만다. 늦봄이 될 때까지는 눈이 쌓여서 통행할 수 없다는 인디언들의 조언에도 불구하고, 예정보다 며칠이나 일찍 서둘러 출발했다가 결국 얼마 못 가서 다시 돌아올 수밖에 없었던 것이다. 이것이야말로 루이스와 클라크의 원정에서 유일하게 '전진' 아닌 '후퇴'를 감행한 때였다. 자신의 실수를 깨달은 루이스는 후한 대가를 지불하면서까지 인디언 길잡이들을 여럿 고용해서, 1년 전에 비하면 무척이나 수월하게 산맥을 넘는다.

하지만 이 대목에서 루이스는 또 한 가지 중대한 실책을 범하고 만다. 원정의 성과를 조금이라도 더 높이기 위한 욕심이 지나쳤던 나머지, 미처 탐사하지 못한 지역을 돌아보기 위해 원정대를 여러 조로 나누어 운영하기로 결정했던 것이다. 가령 루이스와 9명의 대원들은 루이지애나의 북쪽 경계를 확인하기 위해 마리아스강을 따라 올라가고, 클라크와 10명의 대원들은 옐로스톤강을 타고 내려가고, 그 외에도 두세 개 조가 저마다의 임무를 맡아 흩어지기로 한 것이다. 이들에게 적대적인지 호의적인지도 알 수 없는 인디언들이 횡행하는 지역 한가운데서 병력을 나눈 루이스의 결정이야말로, 자칫하면 원정 전체를 물거품으로 만들 뻔한 위험천만한 오판이었다.

결국 루이스는 지나친 욕심에서 비롯된 판단에 대해 크나큰 대가를 치르게 된다. 즉 루이지애나의 북쪽 경계가 북위 49도 아래에 있다는 낙심천만한 결과를 확인하고 발길을 돌리려던 즈음, 우연히 그 일대를 호령하는 블랙푸트족의 인디언 전사들과 마주쳐 시비가 붙었고, 결국 그중 몇 명을 살상하게 되었던 것이다. 루이스 일행은 다행히도 무사히 본대와 합류하여 원정을 성공으로 이끌지만, 블랙푸트족과 미국인 사이에서 생겨난 숙원은 이후 오랫동안 이어지며, 인디언과 백인 양측 모두에게 수많은 희생자를 내고 말았다.

금의환향한 루이스와 클라크, 그리고 대원들은 대단한 찬사와 함께 막대한 보상을 받게 된다. 하지만 불행히도 이들의 업적이 일반에 제대로 알려지기까지는 이후 8년이라는 세월이 더 흘러야만 했다. 문제의 원인은 바로 이 원정의 가장 큰 수혜자인 루이스였다. 그가 원정 내내 소중히 간직하며 기록한 일지야말로 이들의 업적을 모두의 앞에 증명해줄 산 증거나 다름없었다. 그럼에도 불구하고 그는 어찌된 일인지 일지의 출간을 위한 작업에 소극적이었다. 그리하여 일지가 결국 출간되었을 무렵에는 이들의 발견이 이미 다른 사람에 의해 다시 발견되었거나, 또는 이들이 붙여준 강이나 산의 이름이 누군가에 의해 다시 지어졌던 것이다.

오히려 루이스에게는 크나큰 시련이 기다리고 있었다. 성공의 후광에 도취된 그는 제퍼슨으로부터 루이지애나 준주 지사라는 중요한 관직에 임명되지만, 천생 군인 체질이었던 그에겐 행정가로서의 능력이 결여되어 있었고, 융통성 없는 고지식함 때문에 친구보다는 적을 더 많이 만들어냈다. 나아가 금전관리에 대한 무관심과 서투름이 원인이 되어 무의식중에 남발한 어음이 신용 위기를 초래한 데다, 설상가상으로 집안내력이라 할 수 있는 우울증까지도 가세하여 그만 자살로 생을 마감하고 말았던 것이다. 그야말로 비극이 아닐 수 없었다.

생전에도 루이스의 가장 좋은 친구이며 믿음직스러운 동료였던 클라크는 원정일지의 출간이라는 또 한 가지 남은 임무를 고스란히 떠맡는다. 세상을 떠난 친구만큼의 필력을 지니지는 못했지만, 클라크는 타고난 성실성과 인내를 바탕으로 전문 문필가들의 도움을 받아 1814년에 일지의 초판을 출간한다. 루이스의 사후 5년이 지난 다음의 일이었다. 하지만 이때는 루이스와 클라크의 업적도 세간에서 잊혀지고, 그 일지가 작성되었을 때만 해도 미지의 땅이었던 미국 서부에는 이미 개척자와 사냥꾼들의 발길이 닿지 않은 곳이 없을 정도가 된 다음이었다.

루이스와 클라크의 원정이 새삼스럽게 주목을 받게 된 것은 이후 원정일지의 무삭제 완전판과 서한집 등의 자료가 새로운 편집을 통해 재출간되면서부터였다. 이전에는 단순히 북서지방에 대한 정찰 정도로만 여겨졌던 이들의 원정이야말로 오늘날에 와서는 그 무엇보다도 귀중한 자료의 보고임이 드러났던 것이다. 특히 원정대와 만났던 인디언 부족들이며, 자연 경관 가운데 상당수가 사라진 지금에 와서는 이들의 일지야말로 비록 단편적이라 하더라도 과거를 증언하는 소중한 기록물이 아닐 수 없기 때문이다. 비운의 영웅 루이스로선 무려 100여 년이 지나서야 자신의 업적에 걸맞은 보상을 받은 셈이었다.

2.

그렇다면 우리는 루이스와 클라크의 원정을 어떻게 바라보아야 할까? 이들의 업적이 오늘날 우리에게 갖는 의미는 무엇일까? 이것이야말로 이 책을 번역하는 내내 머릿속에서 떠나지 않는 질문이었다. 왜냐하면 무려 200년 전의 미국사의 한 가지 에피소드가 우리에게 과연 무슨 의미를 주는지에 대해서, 처음에는 나 자신도 솔직히 의아스러웠기 때문이다. 하지만 번역 과정에서 이 책이야말로 예상 외로 흥미진진한 한편, 여러 가지 생각할 거리를 던져준다는 사실을 실감하게 되었다. 이 책은 대략 세 가지 견지에서 주목할 만한 가치가 있어 보인다.

첫째로 뛰어난 모험담이다. 30대 초반의 두 지휘관이 당시 최고의 군인들과 사냥꾼들을 불러 모아, 이제까지는 전혀 알려지지 않았던 야생의 오지를 탐험한다는 이야기는 인듀어런스 호라든지 다른 어떤 모험 실화 못지않은 순수한 재미를 선사해준다. 남극이나 북극이 아니라 오늘날의 미국이 있는 바로 그 땅을 탐사한 것이 무슨 재미가 있을까 싶은 선입견도 없지 않지만, 오로지 루이스와 클라크의 증언을 통해서만 알 수 있는 풍요로운 낙원 같은 루이지애나의 야생은 대단한 매력을 지니고 있기 때문이다. 배를 타고 강을 따라가고, 높은 산맥을 건너며, 갖가지 신기한 야생 동물이며 자연 현상과 만나고, 호전적인 인디언 부족들과의 일전을 각오해야 하는 등, 어지간한 소설 못지않은 흥미진진한 이야기가 펼쳐진다.

둘째로 초창기의 미국사이다. 비록 메리웨더 루이스의 생애와 원정을 중심으로 서술하고 있기는 하지만, 이 책은 미국의 제3대 대통령인 토머스 제퍼슨과 루이지애나 매입이라는 중대한 사건에 관한 책이기도 하다. 루이지애나 매입은 단숨에 미국의 국토를 2배로 늘려놓았으며, 그곳에 포함된 막대한 자원은 이후 서부 개척시대의 열풍을 불러왔고, 급기야는 미국의 영토가 태평양 지역으로까지 확대될 수 있는 기반을 마련해줌으로써, 사실상 오늘날의 초강대국 미국의 기틀을 마련한 중대한 사건이었다. 특히 이 책에 서술된 바, 제퍼슨과 루이스라는 당대 최고의 정치인과 지성인이 지닌 서부관을 보면, 미국의 이른바 프런티어 정신의 실체는 물론이고 이후 인디언을 탄압하면서까지 적극적인 팽창 정책에 나서게 된 배경을 이해할 수 있기 때문이다.

셋째로 탁월한 리더십 지침서이다. 루이스와 클라크의 리더십은 수백 년이 지난 오늘에도 상당히 흥미로운 사례로서 연구 가치가 있다고 생각한다. 직관적이고 다혈질이며 글쓰기와 자연 관찰에 유능했던 루이스와, 차분하고 인내심 많으며 행정 업무와 지도 작성에 유능했던 클라크는 그 성격에 있어서는 물론이고 재능에 있어서도 지극히 상보적이었다. 둘 중 한 사람이 없었더라면 과연 원정이 성공했을지 차마 상상이 되지 않을 정도이다. 물론 두 사람이 항상 의견의 일치를 보았다는 것은 아니다. 하지만 서로의 장점을 인정하고 단점을 이해했기에 항상 최선의 결과를 낳을 수 있었던 것은 아닐까.

두 사람의 탁월한 리더십이 드러난 사례는 마리아스강 하구에서의 일이다. 인디언들조차 몰랐던 또 다른 강의 입구가 나타나자, 원정대는 과연 어느 쪽이 진짜 미주리 강인지를 놓고 갑론을박을 벌인다. 대원들은 오른쪽이라고 생각하지만, 두 지휘관은 직접 답사를 다녀오고, 기존 정보를 토대로 추론을 거듭한 끝에 왼쪽이 진짜 미주리강이라고 정확하게 결론 내린다. 여기서 놀라운 점은 대원들이 여전히 오른쪽이 맞다고 생각했으며, 그럼에도 불구하고 왼쪽으로 가자는 두 지휘관의 지시에 기꺼이 따랐다는 점이다. 차라리 갔다가 잘못되어 되돌아올망정, 두 지휘관의 견해를 최대한 존중하겠다는 결의의 표현이었던 것이다. 대원들이 두 지휘관에게 보낸 신뢰가 어느 정도인지 보여주는 대목이다.

예상과는 전혀 다른 최악의 결과를 앞에 놓고서도 "계속 전진하기로" 한 것이라든지, 험한 산맥을 넘다가 곤경에 부딪치자 더 이상 고집하지 않고 선뜻 "처음이자 마지막"인 후퇴를 지시한 것 역시, 두 지휘관이 지닌 탁월한 리더십의 증거라고 할 수 있다. 물론 두 사람 역시 완벽한 인간까지는 아니어서 종종 실수도 하고 자책도 하며, 부하들에게 가혹한 형벌을 부과하기도 하고, 목적을 이루기 위해서는 인디언들에게 거짓말도 한다. 하지만 그런 지극히 인간적인 면모와 단점에도 불구하고 두 사람은 분명한 목표의식을 갖고 원정을 진행해나갔던 것이다.

그 외에도 이 책은 몇 가지 흥미로운 이야깃거리를 담고 있다. 원정대에서도 가장 특별한 인물이었던 요크와 사카가위아에 대한 것이 대표적이다.

가령 요크에 얽힌 이야기는 이후 60여 년이 더 흘러서야 비로소 종식되는 노예제도의 어두운 측면을 보여주는 사례라고 하겠다. 주인인 클라크를 따라 원정대의 일원이 되어 대륙 횡단에 성공한 것은 개인으로서는 영예인지 몰라도, 솔직히 그 개인으로서는 지극히 힘들고 어려운 일이었으리라. 게다가 다녀온 뒤에 보상을 받기는커녕, 해방시켜 달라고 요구했다가 도리어 주인에게 배은망덕한 놈으로 매도당한 것을 보라. 최초의 흑인 대통령이 탄생한 지금에 와서는 그야말로 격세지감이 느껴지는 이야기지만, 그것이 바로 그 당시의 현실이었던 것이다.

인디언 여성 사카가위아의 이야기는 이 모험담에서도 가장 인상적이며, 또한 가장 안타까움을 자아내는 것이기도 하다. 본래 로키산맥 인근에 사는 쇼쇼니족 출신이었던 그녀는 미주리강 중류의 히다차족에게 사로잡혀 와서 결국 백인 교역상 샤르보노의 소유가 된다. 이후 샤르보노가 원정대에 통역으로 참가하게 되자, 사카가위아는 낳은 지 2개월 밖에 안 되는 아들 폼프를 데리고 함께 원정대에 참여한다. 원정 도중에 그녀는 통역과 안내 말고도 종종 야생 채소를 구해오고, 갖가지 자질구레한 일을 담당하며 원정대의 일원으로서 크게 기여한다.

아울러 이 책에 묘사된 아메리카 인디언들의 생활상 역시 우리에게 생각할 여지를 많이 남겨 주리라 생각한다. 최근 환경이니 생태니 하는 것에 대한 관심이 늘어나면서, 이른바 인디언들의 지혜나 삶의 방식에 대한 관심도 크게 늘어난 것이 사실이다. 하지만 또 한편으로 생각해보면, 우리가 지나치게 그들을 이상화하는 데에까지 나아간 것은 아닌가 하는 생각이 든다. 물론 오늘날의 우리에 비하자면 인디언들이 훨씬 더 자연을 더 존중하고 덜 착취하는 삶을 산 것은 사실이지만, 그렇다고 해서 그들의 삶을 하나부터 열까지 이상화할 수는 없는 노릇이다.

루이스와 클라크가 보고한 인디언들의 삶을 봐도 알 수 있다. 물론 그들이 백인의 우월적인 입장에서 보았을 가능성도 없진 않지만, 이들이 만난 인디언들 사이에서는 수렵이나 채집, 그리고 농경뿐만 아니라 약탈 역시 버젓한 문화로 자리 잡고 있었음을 생각해볼 필요가 있다. 가령 사카가위아만 하더라도 "남자는 몽땅 죽이고, 여자는 몽땅 잡아가는" 다른 인디언 부족에 의해 포로로 붙잡혀 와서 프랑스인의 아내가 되었고, 급기야 반강제로 원정대를 따라서 태평양까지 다녀오게 되었으니 말이다.

인디언들이 백인들과 싸워서 열세를 면치 못했던 것은 역사의 비극이지만, 또한 부정할 수 없는 냉엄한 역사의 현실이기도 했다. 워낙 약육강식의 사고방식에 젖어 있었던 까닭인지, 인디언들은 비교적 규모가 큰 부족들을 중심으로 일종의 연합체를 구성하여 외부 세력의 위협에 맞서는 데까지는 나아가지 못했으며, 초기에는 오히려 영국이나 미국의 농간에 쉽게 넘어가 서로를 견제하는 모습까지 보여주었다. 물론 사고방식이나 문화의 차이가 가장 큰 이유였겠지만, 이후에 인디언들이 맞이할 수밖에 없었던 비극은 어찌 보면 불가피하지 않았나 하는 생각마저 든다.

물론 인디언 부족들이 서로를 적대시하고 심지어 죽이고 약탈하는 것을 당연시하며 살았다 한들, 그들을 죽이고 그들의 문화를 탄압하며 그들의 영토를 빼앗은 미국인들의 죄악이 용서되는 것은 전혀 아니다. 하지만 인디언을 그야말로 '고귀한 야만인'으로만 바라보는 최근의 추세 역시 정확한 인식은 아니라는 점을 지적하고 싶을 뿐이다. 루이스와 클라크의 증언을 통해서 우리는 인디언들 역시 우리와 똑같은 사람이었음을 깨닫게 된다. 즉 그들도 장점과 단점 모두를 갖고 있으며, 자연을 이해하기는 했지만 동족을 학대하기도 했음을 말이다. 어쩌면 그들의 한계를 인정하는 것이야말로, 그들을 올바로 이해하는 첫걸음이 아닐까.

3.

이 책을 번역하게 된 것은 개인적으로도 큰 행운이었다. 이처럼 많은 정보를 담은 책을 옮기는 경우, 루이스와 클라크의 원정에 대해서는 확실한 공부를 하지 않을 도리가 없었기 때문이다. 수시로 위키피디아와 원정일지 수록 사이트를 비롯한 외국 인터넷 자료를 참고하고, 두어 가지나 되는 지도책을 펴놓고 이 책에 언급되는 각각의 지명을 확인하고, 이 책의 저자인 앰브로스가 내놓은 내셔널 지오그래픽의 화보집이며 다큐멘터리, 심지어 만화영화까지도 찾아보았다.

종종 들른 헌책방에서도 루이스와 클라크의 원정을 다룬 책과 화집을 구할 수 있어서 도움이 되었다. 특히 양크턴 수족이 프라이어 하사를 "망토 위에 앉혀서 떠메고 갔다"는 대목과, 탈영자인 리드 이병에 대한 처벌 장면에서 "나란히 서서 채찍질을 했다"는 대목은 헌책방에서 구한 관련서에 나온 삽화를 보고 나서야 비로소 이해가 되었다. 아울러 흰꼬리멧토끼의 이례적인 도약 거리에 관한 대목이라든지, 또는 저자가 미처 설명하지 않고 넘어가거나 착각한 대목 등은 일지 원문이라든지 지도를 직접 찾아봄으로써 온전히 파악할 수 있었다.

게다가 루이스와 클라크는 지금으로부터 2백 년 전 사람이다 보니, 이들이 남긴 글은 오늘날의 표준적인 영어 철자법과는 상당히 다르다. 가령 루이스는 의붓아버지의 성 '마크스Marks'의 철자가 뭔지 평생 모르고 살았으며, 클라크 역시 원정 중 가장 큰 골칫거리 중 하나였던 '모기Mosquito'의 철자를 무려 20가지로 표기했을 정도이다. 따라서 이 책에 종종 인용된 두 사람의 일지며 편지에서도 그런 특이한 철자가 고스란히 남아 있었다. 두 사람의 창의적인 표현을 온전히 옮길 수만 있었으면 좋았겠지만, 우리말로 번역하는 과정에서는 부득이하게 모두 표준어로 바꿀 수밖에 없었음을 밝히며 독자들의 양해를 구하는 바이다.

아쉽게도 우리나라에는 미국 초기 역사에 관해 참고할 만한 책이 많지 않다. 특히 루이스와 클라크에 관한 본격적인 단행본으로는 이 책이 처음이자 마지막이 아닐까 하는 생각이 든다. 따라서 최대한 번역에 있어 오류가 없도록 노력하고, 주석이나 참고문헌도 그대로 수록했으며, 색인도 최대한 살려놓는 것을 원칙으로 했다. 하지만 분량상의 문제로 인해 완역이 아니고 일부분 축약되거나 생략한 부분이 있음을 밝히고, 이것 역시 독자들의 양해를 구하고자 한다.

이 책에서 묘사된 루이스와 클라크의 우정, 그리고 두 사람이 주축이 되어 원정대가 형성되는 과정이며, 결국 커다란 업적을 세우고 무사히 돌아오는 여정을 훑어보면서 문득 뜨인돌 출판사의 모습을 떠올렸다. 너덧 명이 오순도순 모여 일하던 광화문 작은 오피스텔의 아늑한 모습을 기억하는 내게, 이후 뜨인돌의 성장 발전하는 모습은 루이스와 클라크 원정대의 결성과 발전과 모험과 개선의 과정을 지켜보는 것 못지않게 놀랍고도 가슴 뿌듯한 광경이 아닐 수 없었기 때문이다. 늘 좋은 책을 소개해주시는 고영은 사장님과, 편집 실무를 맡아 번역자의 이런저런 무리한 요구를 너그럽게 수용해주신 이재두 팀장님께 특별히 감사드리는 바이다.

후주

제1장

1. Edgar Woods, *Albermarle County in Virginia*(Bridgewater, VA.: Green Bookman, 1932), pp. 22~23.
2. Rochonne Abrams, "The Colonial Childhood of Meriwether Lewis", *Bulletin of the Missouri Historical Society*, vol. XXXIV, no. 4, pt. 1(July 1978), p. 218.
3. 제퍼슨이 쓴 루이스 약전은 다음 책에 수록되어 있다. Donald Jackson, ed., *Letters of the Lewis and Clark Expedition, with Related Documents: 1783~1854*, 2nd ed.(Urbana: University of Illinois Press, 1978), vol. II, p. 586.
4. Dumas Malone, *Jefferson the Virginian*, vol. I of *Jefferson and His Time*(Boston: Little, Brown, 1948), p. 23; Fawn M. Brodie, *Thomas Jefferson: An Intimate History*(New York: W. W. Norton, 1974), p. 36.
5. Abrams, "Colonial Childhood", p. 219.
6. Jackson, *Letters*, vol. II, pp. 591~592.
7. Ibid., p. 587.
8. Ibid.
9. Richard Dillon, Meriwether Lewis: *A Biography*(New York: Coward-McCann, 1965), pp. 8~9; John Bakeless, *Lewis and Clark: Partners in Discovery*(New York: William Morrow, 1947), pp. 8~13.
10. Jackson, *Letters*, vol. II, p. 587.
11. Bakeless, *Lewis and Clark*, p. 13.
12. Jackson, *Letters*, vol. I, p. 225.
13. Bakeless, *Lewis and Clark*, pp. 16~17.
14. Ibid.
15. Malone, *Jefferson the Virginian*, p. 390.
16. Woods, *Albermale County*, p. 26.
17. Jackson, *Letters*, vol. II, p. 587.
18. Abrams, "Colonial Childhood", p. 224.
19. Dillon, *Lewis*, p. 12.
20. Bakeless, *Lewis and Clark*, p. 14.
21. Abrams, "Colonial Childhood", p. 224.
22. Malone, *Jefferson the Virginian*, p. 40.

23. ML to Lucy Markes(sic), May 12, 1789., Lewis Papers.
24. ML to Lucy Marks, n.d., Lewis Papers.
25. ML to Rheubin(sic), May 12, 1789, Lewis Papers.
26. From "The Autobiography of Peachy R. Gilmer", reprinted in Richard Beale Davis, *Francis Walker Gilmer: Life and Learning in Jefferson's Virginia*(Richmond: Dietz Press, 1939), pp. 360~361.
27. Sarah Travrs Lewis Anderson, *Lewises, Meriwethers and Their Kin*(Richmond: Dietz Press, 1938), p. 501.
28. Bakeless, *Lewis and Clark*, p. 24.
29. Dillon, *Lewis*, p. 15.
30. ML to Lucy Marks, Oct. 16, 1791, Lewis Papers.
31. ML to Lucy Marks, April 19, 1792, Lewis Papers.
32. Jackson, *Letters*, vol. I, p. 225.

제2장

1. Dumas Malone, *Jefferson the Virginian*, vol. I of Jefferson and His Time(Boston: Little, Brown, 1948), p. 46.
2. Ibid.
3. Ibid., p. 47.
4. Fawn M. Brodie, *Thomas Jefferson: An Intimate History*(New York: W. W. Norton, 1974), p. 39.
5. Gary Moulton, ed., *The Journals of the Lewis & Clark Expedition*, vol. 5(Lincoln: University of Nebraska Press, 1988), p. 118.
6. Malone, *Jefferson the Virginian*, p. 86.
7. Edgar Woods, *Albermarle County in Virginia*(Bridgewater, VA.: Green Bookman, 1932), pp. 39~40.
8. Richard Dillon, *Meriwether Lewis: A Biography*(New York: Coward-McCann, 1965), p. 16.
9. Woods, *Albermarle County*, p. 40.
10. Thomas P. Slaughter, *The Whisky Rebellion: Frontier Epilogue to the American Revolution*(New York: Oxford University Press, 1986), p. 82.
11. Malone, *Jefferson the Virginian*, pp. 439~441.
12. John Hammond Moore, *Albermarle: Jefferson's County, 1727~1976*(Charlottesville: University Press of Virginia, 1976), pp. 16~19.
13. Thomas Jefferson, *Notes on the State of Virginia*, p. 85.
14. Brodie, *Intimate History*, pp. 27, 192, 340.
15. John Chesteer Miller, *The Wolf by the Ears: Thomas Jefferson and Slavery*(New York: Free Press, 1977), pp. 40~41.

16. Ibid., p. 8.

17. Jefferson, *Notes on Virginia*, p. 162.

18. Miller, *Wolf by the Ears*, p. 90.

19. Ibid., p. 181.

20. Winthrop D. Jordan, *White Over Black: American Attitudes Toward the Negro, 1550~1812*(Chapel Hill: University of North Carolina Press, 1968), vol. II, p. 587.

21. Ibid.

22. Donald Jackson, ed., *Letters of the Lewis and Clark Expedition, with Related Documents: 1783~1854*(Urbana: University of Illinois Press, 1978), vol. II, p. 587.

23. Ibid., p. 589.

24. Ibid., pp. 587~588.

제3장

1. 이에 관한 뛰어난 논의로는 다음을 보라. Thomas p. Slaughter, *The Whisky Rebellion: Frontier Epilogue to the American Revolution*(New York: Oxford University Press, 1986).

2. ML to Lucy Marks, Oct. 13, 1794, Lewis Papers.

3. Slaughter, *Whiskey Rebellion*, p. 213.

4. Ibid., pp. 215~217.

5. ML to Lucy Marks, Oct. 4, 1794, Lewis Papers.

6. ML to Lucy Marks, Oct. 13, 1794, Lewis Papers.

7. ML to Lucy Marks, Nov. 24, 1794, Lewis Papers.

8. ML to Lucy Marks, Dec. 24, 1794, Lewis Papers.

9. ML to Lucy Marks, April 6, 1795, Lewis Papers.

10. ML to Lucy Marks, May 22, 1795, Lewis Papers.

11. William B. Skelton, *An American Profession of Arms: The Army Officer Corps, 1784~1861*(Lawrence: University Press of Kansas, 1992), p. 40.

12. Ibid., p. 41; 또 다음을 보라. Norman Caldwell, "The Enlisted Soldier at the Frontier Post, 1790~1814", *Mid-America: An Historical Review*, vol. 37, no. 4(Oct. 1955), p. 201.

13. Skelton, *American Professional*, pp. 38~39.

14. Ibid., p. 44.

15. Ibid. p. 51.

16. Ibid., pp. 57, 59.

17. Ibid., p. 53.

18. ML to Lucy Marks, Nov. 23, 1795, Lewis Papers; 열병에 관해서는 다음을 보라.

Norman Caldwell, "The Frontier Army Officer, 1794~1814", *Mid-America: An Historical Review*, vol. 38, no. 1(Jan. 1955), p. 121.

19. Eldon G. Chuinard, "The Court-Material of Ensign Meriwether Lewis", *We Proceeded On*, vol. 8, no. 4(Nov. 1982), pp. 12~15.

20. ML to Lucy Marks, Nov. 23, 1795, Lewis Papers.

21. Richard Dillon, *Meriwether Lewis: A Biography*(New York: Coward-McCann, 1965), pp. 21~23; *John Bakeless, Lewis and Clark: Partners in Discovery*(New York: William Morrow, 1947), p. 70.

22. Eldon G. Chuinard, "Lewis and Clark, Master Masons", *We Proceeded On*, vol. 15, no. 1(Feb. 1989), pp. 12~15.

23. 가령 다음을 보라. ML to Lucy Marks, June 14, 1797, Lewis Papers.

24. Dillon, Lewis, P. 23.

25. 정확한 숫자에 관해서는 의견이 분분하다. 다음을 보라. William Murphy, "John Adams: The Politics of the Additional Army, 1798~1800", *New England Quarterly*, vol. 52(June 1979), pp. 234~249.

26. Skelton, *American Profession*, p. 24.

27. Bakeless, *Lewis and Clark*, p. 70.

28. Donald Jackson, ed., *Letters of the Lewis and Clark Expedition, with Related Documents: 1783~1854*(Urbana: University of Illinois Press, 1978), vol. II, p. 588.

29. Dumas Malone, *Jefferson the President: First Term, 1801~1805*, vol. IV of *Jefferson and His Time*(Boston: Little, Brown, 1970), p. 9.

30. Skelton, *American Profession*, pp. 24~25.

제4장

1. Henry Adams, *History of the United States of America During the Administrations of Thomas Jefferson*(New York: Library of America Edition, 1986), p. 6.

2. Ibid., p. 13.

3. Ibid., pp. 43~44.

4. Thomas P. Slaughter, *The Whisky Rebellion: Frontier Epilogue to the American Revolution*(New York: Oxford University Press, 1986), p. 70.

5. John Hammond Moore, *Albermarle: Jefferson's County, 1727~1976*(Charlottesville: University Press of Virginia, 1976), pp. 99.

6. Dumas Malone, *Jefferson the President: First Term, 1801~1805*, vol. IV of Jefferson and His Time(Boston: Little, Brown, 1970), p. 181.

7. Quoted in Fawn M. Brodie, *Thomas Jefferson: An Intimate History*(New York: W. W. Norton, 1974), p. 487.

8. Adams, History, pp. 20, 52.

9. Donald Jackson, *Thomas Jefferson and the Stony Mountains: Exploring the West*

from Monticello(Urbana: University of Illinois Press, 1981), p. xi.

10. Winthrop D. Jordan, *White Over Black: American Attitudes Toward the Negro, 1550~1812*(Chapel Hill: University of North Carolina Press, 1968), pp. 27, 453.

11. John Chesteer Miller, *The Wolf by the Ears: Thomas Jefferson and Slavery*(New York: Free Press, 1977), p. 226.

12. Adams, History, p. 101.

13. Ibid., p. 109.

제5장

1. Donald Jackson, Letters of the *Lewis and Clark Expedition, with Related Documents: 1783~1854*, 2nd ed.(Urbana: University of Illinois Press, 1978), vol. I, p. 3.

2. Ibid., p. 2.

3. Donald Jackson, *Thomas Jefferson and the Stony Mountains: Exploring the West from Monticello*(Urbana: University of Illinois Press, 1981), p. 118.

4. Jackson, *Letters*, vol. I, p. 3.

5. ML to T. Gilmer, June 18, 1801, Lewis Papers.

6. Jackson, Letters, vol. I, p. 1.

7. Donald Jackson, "Jefferson, Meriwether Lewis, and the Reduction of the United States Army", *Proceedings of the American Philosophical Society*, vol. 124, no. 2(April 1980), pp. 91~95. 이 논문은 잭슨 박사의 뛰어난 조사의 산물로 최고의 연구 실력을 보여준다. 이 논문 못지않게 뛰어난, 어쩌면 그보다 앞선 연구로 시오도어 크래클(Theodore Crackel)의 것이 있는데, 크래클은 1987년까지 자신의 연구를 발표하지 않았다.

8. William B. Skelton, *An American Profession of Arms: The Army Officer Corps, 1784~1861*(Lawrence: University Press of Kansas, 1992), p. 73.

9. Jackson, "Reduction of the United States Army", p. 96.

10. Theodore J. Crackel, *Mr. Jefferson's Army: Political and Social Reform of the Military Establishment, 1801~1809*(New York: New York University Press, 1987), p. 38.

11. Jackson, *Jefferson and the Stony Mountains*, p. 121.

12. Dumas Malone, *Jefferson the President: First Term, 1801~1805*, vol. IV of Jefferson and His Time(Boston: Little, Brown, 1970), pp. 40~41.

13. Ibid., pp. 38~39.

14. Edwin Morris Betts and James Adam Bear, eds., *The Family Letters of Thomas Jefferson*(Charlottesville: University Press of Virginia, 1986 reprint of 1960 University of Missouri Press ed.), p. 202.

15. Jackson, *Letters*, vol. II, pp. 590, 592.

16. Marlone, *Jefferson the President: First Term*, p. xiii

17. Jackson, *Letters*, vol. II, p. 677.

18. Ibid., pp. 678~681.

19. Henry Adams, *History of the United States of America During the Administrations of Thomas Jefferson*(New York: Library of America Edition, 1986), p. 130.

20. Jackson, *Letters*, vol. II, pp. 679~681.

21. Richard Dillon, *Meriwether Lewis: A Biography*(New York: Coward-McCann, 1965), p. 30.

22. Fawn M. Brodie, *Thomas Jefferson: An Intimate History*(New York: W. W. Norton, 1974), pp. 321~322.

23. Malone, *Jefferson the President: First Term*, pp. 210~212; Adams, History, pp. 219~221.

24. Dillon, *Lewis*, p. 28.

제6장

1. Donald Jackson, *Thomas Jefferson and the Stony Mountains: Exploring the West from Monticello*(Urbana: University of Illinois Press, 1981), p. 8.

2. Donald Jackson, ed., *Letters of the Lewis and Clark Expedition, with Related Documents: 1783~1854*, 2nd ed.(Urbana: University of Illinois Press, 1978), vol. II, pp. 654~655.

3. Ibid., pp. 655~656.

4. Jackson, *Jefferson and the Stony Mountains*, pp. 48~49.

5. Ibid., pp. 46~50.

6. Jackson, *Letters*, vol. II, pp. 661~665.

7. Ibid., p. 667.

8. Ibid., p. 671.

9. Alexander Deconde, *This Affair of Louisiana*(New York: Charles Scribner's Sons, 1976), pp. 113~114.

10. Ibid., pp. 114~115.

11. 매킨지에 관해서는 다음을 보라. Arlen Large, "North and South of Lewis and Clark", *We Proceeded On*, vol. 10, no. 4(Nov. 1984), pp. 8~12; 육분의에 관해서는 다음을 보라. Arlen Large, "Fort Mandan's Dancing Longutude", *We Proceeded On*, vol. 13, no. 1(Feb. 1987), pp. 12~14.

12. Jackson, *Jefferson and the Stony Mountains*, p. 94.

13. John Logan Allen, *Passage Through the Garden: Lewis and Clark and the Image of American Northwest*(Urbana: University of Illinois Press, 1975), p. 178.

14. Jackson, *Jefferson and the Stony Mountains*, p. 95.

15. Jackson, *Letters*, vol. I, pp. 16~17.

16. Allen, *Passage Through the Garden*, p. 73.

17. Jackson, *Jefferson and the Stony Mountains*, p. 30.

18. Silvio Bedini, "The Scientific Instruments of the Lewis and Clark Expedition", *Great Plains Quarterly*, Winter 1984, pp. 54~69.
19. Jackson, *Letters*, vol. I, p. 5.
20. Ibid., p. 9.
21. Jackson, *Jefferson and the Stony Mountains*, pp. 126~127.
22. Jackson, *Letters*, vol. II, pp. 18~19.

제7장

1. Donald Jackson, ed., *Letters of the Lewis and Clark Expedition, with Related Documents: 1783~1854*, 2nd ed.(Urbana: University of Illinois Press, 1978), vol. I, p. 21.
2. Ibid., p. 44.
3. Ibid., p. 40.
4. Paul Russell Curtright, "Contributions of Philadelphia to Lewis and Clark History", special issue, *We Proceeded On*, July 1982.
5. Carl Russell, "The Guns of Lewis and Clark Expedition", *North Dakota History*, vol. 27(Winter 1960), pp. 25~33.
6. Jackson, *Letters*, vol. I, p. 42.
7. Ibid., p. 43.
8. Ibid., pp. 39~40.
9. ML to William Irvin, April 15, 1803, Lewis Paper.
10. Donald Jackson, *Thomas Jefferson and the Stony Mountains: Exploring the West from Monticello*(Urbana: University of Illinois Press, 1981), pp. 136~137.
11. Jackson, *Letters*, vol. I, p. 40.
12. Curtright, "Contributions of Philadelphia", p. 3.
13. Ibid., p. 51.
14. Jackson, *Letters*, vol. I, p. 48.
15. Ibid., pp. 48~49.
16. Curtright, "Contributions of Philadelphia", pp. 16~17.
17. Jackson, *Letters*, vol. I, p. 55.
18. Ibid., p. 50.
19. Ibid., p. 54.
20. Ibid., vol. II, pp. 680~681.
21. Ibid., p. 52.
22. Elijah Criswell, *Lewis and Clark: Linguistic Pioneers*(Columbia: University of Missouri Press, 1940).
23. Curtright, "Contributions of Philadelphia", pp. 14~15.

24. Ibid., pp. 6, 12~13.
25. Jackson, *Letters*, vol. I, p. 53.
26. John Logan Allen, *Passage Through the Garden: Lewis and Clark and the Image of American Northwest*(Urbana: University of Illinois Press, 1975), pp. 87, 97.
27. Jackson, Letters, vol. I, p. 54.

제8장

1. Donald Jackson, ed., Letters of the Lewis and Clark Expedition, with Related Documents: 1783~1854, 2nd ed.(Urbana: University of Illinois Press, 1978), vol. I, p. 34.
2. Ibid., p. 35.
3. Ibid., pp. 32~33.
4. Ibid., pp. 61~66.
5. Donald Jackson, *Thomas Jefferson and the Stony Mountains: Exploring the West from Monticello*(Urbana: University of Illinois Press, 1981), p. 139.
6. Jackson, Letters, vol. I, pp. 68, 76.
7. Ibid.
8. Ibid., p. 68.
9. Ibid.
10. Jackson, *Jefferson and the Stony Mountains*, p. 138.
11. Jackson, *Letters*, vol. I, pp. 57~60.
12. Ibid., p. 114.
13. Ibid., p. 100.
14. Ibid., pp. 102~103.
15. Ibid., p. 107.
16. Henry Adams, *History of the United States of America During the Administrations of Thomas Jefferson*(New York: Library of America Edition, 1986), pp. 334~335.
17. Quoted in Floyd Shoemaker, "The Louisiana Purchase, 1803", *Missouri Historical Review*, vol. 48(Oct. 1953), p. 9.
18. Jackson, *Letters*, vol. II, p. 591.
19. Alexander Deconde, *This Affair of Louisiana*(New York: Charles Scribner's Sons, 1976), pp. 178~179.
20. Arlen Large, "Trailing Lewis and Clark: 'The Spirit of Party'", *We Proceeded On*, vol. 6, no. 1(Feb. 1990), p. 14.
21. Jackson, *Letters*, vol. I, pp. 108~109.
22. Thomas Maitland Marshall, *A History of the Western Boundaries of the Louisiana Purchase, 1819~1841*(Berkeley: University of California Press, 1914), p. 14.

23. Jackson, Letters, vol. I, pp. 106~107.
24. Ibid., p. 110.
25. Ibid., p. 112.
26. Ibid., pp. 110~111.
27. Ibid., p. 113.
28. Ibid., p. 115~116.
29. Ibid., p. 121~122.
30. 다음을 보라. Richard C. Boss, "Keelboat, Pirogue, and Canoe: Vessels Used by the Lewis and Clark Corps of Discovery", *Nautical Research Journal*, June 1993.
31. Jackson, *Letters*, vol. I, p. 122.

제9장

1. Roy Chatters, "The Not-So-Enigmatic Lewis and Clark Airgun", *We Proceeded On*, vol. 3, no. 2(May 1977), pp. 4~7.
2. Gary Moulton, ed., *The Journals of the Lewis & Clark Expedition*, vol. 5(Lincoln: University of Nebraska Press, 1988), p. 261.
3. Quoted in Paul Russell Curtright, *Lewis and Clark: Pioneering Naturalists*(Urbana: University of Illinois Press, 1986), p. 45.
4. Moulton, ed., *Journals*, vol. 2, p. 35.
5. Paul Russell Curtright, "Meriwether Lewis's 'Coloring of Events'", *We Proceeded On*, vol. 11, no. 1(Feb. 1985), pp. 10~16.
6. Moulton, ed., *Journals*, vol. 2, p. 34. Paul Russell Curtright, "The Journal of Captain Meriwether Lewis", *We Proceeded On*, vol. 10, no. 1(Feb. 1984), pp. 8~10. 여기서는 루이스가 오랫동안 일지를 쓰지 않고 공백상태를 유지했으며, 왜 그렇게 했는지에 관한 설명도 남기지 않았다는 주장을 내세우고 있다.
7. Donald Jackson, ed., *Letters of the Lewis and Clark Expedition, with Related Documents: 1783~1854*, 2nd ed.(Urbana: University of Illinois Press, 1978), vol. I, p. 124.
8. Eldon G. Chuinard, *Only One Man Died: The Medical Aspects of the Lewis and Clark Expedition*(Glendale, Calif.: Arthur Clark Company, 1980), p. 175.
9. Robert Hunt, "The Blood Meal: Mosquitos and Agues on the Lewis and Clark Expedition", *We Proceeded On*, vol. 18, no. 3(May and Aug. 1992), p. 5.
10. Dr. Joseph DiPalma, quoted in Chuinard, *Only One Man Died*, p. 156.
11. Hunt, "Blood Meal", pp. 7~8.
12. Ibid., p. 7.
13. Jackson, *Letters*, vol. I, pp. 117~118.
14. Ibid., p. 125.

15. Ibid., pp. 125~130.
16. Chuinard, *Only One Man Died*, p. 105.
17. Jackson, *Letters*, vol. I, p. 131.
18. Ibid., pp. 136~138.
19. Roy Appleman, *Lewis and Clark*(Washington D.C.: National Park Service, 1975), p. 52.
20. Olin D. Wheeler, *The Trail of Lewis and Clark, 1804~1806*(New York, 1904), vol. I, p.122.
21. Appleman, *Lewis and Clark*, p. 57.
22. Arlen Large, "'Additions to the Party': How an Expedition Grew and Grew", *We Proceeded On*, vol. 16, no. 1(Feb. 1990), pp. 4~7.
23. Arlen Large, "Lewis and Clark: Part Time Astronomers", *We Proceeded On*, vol. 5, no. 1(Feb. 1979), pp. 8~10.

제10장

1. Arlen Large, "'Additions to the Party': How an Expedition Grew and Grew", *We Proceeded On*, vol. 16, no. 1(Feb. 1990), p. 7.
2. Ibid.
3. Donald Jackson, ed., *Letters of the Lewis and Clark Expedition, with Related Documents: 1783~1854*, 2nd ed.(Urbana: University of Illinois Press, 1978), vol. I, p. 142.
4. Ibid., p. 143.
5. Ibid., pp. 148~157.
6. Roy Appleman, *Lewis and Clark*(Washington D.C.: National Park Service, 1975), p. 73.
7. Samuel W. Thomas, "William Clark's 1795 and 1797 Journals and Their Significance", *Missouri Historical Society Bulletin*, July 1969, pp. 277~295.
8. Richard E. Oglesby, *Manuel Lisa and the Opening of the Missouri Fur Trade*(Norman: University of Oklahoma Press, 1963), p. 30.
9. Jackson, *Letters*, vol. I, pp. 217~218. 이 책에 목록이 나와 있다.
10. Ibid., p. 144.
11. Ibid., p. 163.
12. Ibid., pp. 165~166.
13. Paul Russell Curtright, *Lewis and Clark: Pioneering Naturalists*(Urbana: University of Illinois Press, 1986), pp. 41~42.
14. Donald Jackson, *Thomas Jefferson and the Stony Mountains: Exploring the West from Monticello*(Urbana: University of Illinois Press, 1981), p. 161.
15. Michael Brodhead, "The Military Naturalists: A Lewis and Clark Heritage", *We Proceeded On*, vol. 9, no. 4(Nov. 1983), p. 6.

16. Jackson, *Letters*, vol. I, p. 173.
17. Appleman, *Lewis and Clark*, pp. 67~68.
18. Jackson, *Letters*, vol. I, pp. 167~168.
19. Appleman, *Lewis and Clark*, p. 73.
20. Patrick Gass, *A Journal of the Voyages and Travels of a Corps of Discovery Under the Command of Capt. Lewis and Capt. Clark*, ed. David McKeehan(Minneapolis: Ross and Haines, 1958), p. 12.
21. Jackson, *Letters*, vol. I, pp. 176~177.

제11장

1. Donald Jackson, ed., *Letters of the Lewis and Clark Expedition, with Related Documents: 1783~1854*, 2nd ed.(Urbana: University of Illinois Press, 1978), vol. I, p. 179.
2. Ibid., p. 173.
3. Ibid., p. 179.
4. Ibid., vol. II, pp. 571~572.
5. Theodore J. Crackel, *Mr. Jefferson's Army: Political and Social Reform of the Military Establishment, 1801~1809*(New York: New York University Press, 1987), pp. 109~110.
6. Jackson, *Letters*, vol. I, pp. 189~190.
7. Ibid., pp. 192~195.
8. Roy Appleman, *Lewis and Clark*(Washington D.C.: National Park Service, 1975), p. 79.
9. Jackson, *Letters*, vol. I, p. 196.

제12장

1. Donald Jackson, *Thomas Jefferson and the Stony Mountains: Exploring the West from Monticello*(Urbana: University of Illinois Press, 1981), p. 163.
2. Ibid., p. 186.
3. Quoted in Robert Hunt, "Gills and Drams of Consolation: Ardent Spirits on the Lewis and Clark Expedition", *We Proceeded On*, vol. 17, no. 3(Feb. 1991), p. 19.
4. Ibid., pp. 20~22.
5. Jackson, *Jefferson and the Stony Mountains*, p. 182.
6. Paul Russell Curtright, *Lewis and Clark: Pioneering Naturalists*(Urbana: University of Illinois Press, 1986), p. 70.

제13장

1. 이에 관해서는 다음을 보라. Paul Russell Curtright, *Lewis and Clark: Pioneering Naturalists*(Urbana: University of Illinois Press, 1986).

2. James P. Ronda, *Lewis and Clark Among the Indians*(Lincoln: University of Nebraska Press, 1984), p. 3.

3. Ibid., p. 7.

4. Ibid., p. 9.

5. Ibid.

6. Ibid., p. 189.

7. Donald Jackson, ed., *Letters of the Lewis and Clark Expedition, with Related Documents: 1783~1854*, 2nd ed.(Urbana: University of Illinois Press, 1978), vol. I, pp. 203~208.

8. Ronda, *Lewis and Clark Among the Indians*, p. 19.

9. Eldon G. Chuinard, *Only One Man Died: The Medical Aspects of the Lewis and Clark Expedition*(Glendale, Calif.: Arthur Clark Company, 1980), p. 167.

10. Ronda, *Lewis and Clark Among the Indians*, p. 19.

제14장

1. James P. Ronda, *Lewis and Clark Among the Indians*(Lincoln: University of Nebraska Press, 1984), p. 33. 론다의 책에서는 한 장에 걸쳐 이 사건을 훌륭하게 소개하고 있다.

2. Ibid., p. 36.

3. Ibid., pp. 39~40.

제15장

1. Raymond Darwin Burroughs, *The Natural History of the Lewis and Clark Expedition*(East Lansing: Michigan State University Press, 1961), p. 236.

2. James P. Ronda, *Lewis and Clark Among the Indians*(Lincoln: University of Nebraska Press, 1984), chap. 3. 이 장은 아리카라족에 관한 훌륭한 서술을 담고 있다.

3. Ibid., p. 55.

4. Ibid., p. 63.

5. Ibid., chap. 4. 이 장은 만단족과 히다차족에 관한 불가결한 내용을 담고 있다.

6. Donald Jackson, ed., *Letters of the Lewis and Clark Expedition, with Related Documents: 1783~1854*, 2nd ed.(Urbana: University of Illinois Press, 1978), vol. I, pp. 213~214.

7. Gary Moulton, ed., *The Journals of the Lewis & Clark Expedition*, vol. 5(Lincoln: University of Nebraska Press, 1988), p. 241, n. 2. 이 각주에는 라로케에 관한 내용이 들어 있다. 라로케의 일지는 다음 책에 수록되어 있다. L. R. Masson, *Les Bourgeois de la Compagnie du Nord-Quest*(New York: Antiquarian Press, 1960 reprint), p. 304~311.

8. 맥킨지의 일지는 다음 책에 수록되어 있다. Masson, *Bourgeois*, pp. 330~339.

9. Quoted in Ronda, *Lewis and Clark Among the Indians*, p. 88.

10. Reuben Gold Thwaites, ed., *Original Journals of the Lewis and Clark Expedition*(New York: Arno Press reprint, 1969), vol. I, p. 227, n. 1; Masson, *Bourgeois*, p. 310.

11. Mason, *Bourgeois*, pp. 336~337.

12. Ibid., p. 330.

13. Thwaites, ed., *Original Journals*, vol. I, p. 227, n. 1.

14. 루이스의 일지 가운데 1805년 8월 24일 항목을 보라.

15. Ronda, *Lewis and Clark Among the Indians*, p. 93.

16. Masson, *Bourgeois*, p. 331.

제16장

1. Arlen J. Large, " '...It Thundered and Lightened' : The Weather Observations of Lewis and Clark", *We Proceeded On*, vol. 12, no. 2(May 1986), p. 8.

2. James Ronda, "A Most Perfect Harmony: Life at Fort Mandan", *We Proceeded On*, vol. 14, no. 4(Nov. 1988), p. 8.

3. James P. Ronda, *Lewis and Clark Among the Indians*(Lincoln: University of Nebraska Press, 1984), p. 109.

4. Ibid., pp. 100~103.

5. Ibid., p. 107.

6. Eldon G. Chuinard, *Only One Man Died: The Medical Aspects of the Lewis and Clark Expedition*(Glendale, Calif.: Arthur Clark Company, 1980), p. 267.

7. Ibid., p. 268.

8. Ibid., p. 264.

9. 원정대가 처한 상황에서 식량을 구한 것에 관한 논의는 다음을 보라. Jim Smithers, "Food for Mackenzie", *We Proceeded On*, vol. 15, no. 1(Feb. 1989).

10. Ronda, *Lewis and Clark Among the Indians*, p. 103.

11. Donald Jackson, *Thomas Jefferson and the Stony Mountains: Exploring the West from Monticello*(Urbana: University of Illinois Press, 1981), p. 172.

12. Donald Jackson, ed., *Letters of the Lewis and Clark Expedition, with Related Documents: 1783~1854*, 2nd ed.(Urbana: University of Illinois Press, 1978), vol. I, p. 218.

제17장

1. Gary Moulton, ed., *The Journals of the Lewis & Clark Expedition*, vol. 5(Lincoln: University of Nebraska Press, 1988), p. 333.

2. L. R. Masson, *Les Bourgeois de la Compagnie du Nord-Quest*(New York: Antiquarian Press, 1960, reprint), pp. 336~337.

3. James P. Ronda, *Lewis and Clark Among the Indians*(Lincoln: University of Nebraska

Press, 1984), p. 121.

4. 여기서 내가 인용한 본문은 다음과 같다. Moulton, ed., *Journals*, vol. 3, pp. 336~369.

5. Donald Jackson, ed., *Letters of the Lewis and Clark Expedition, with Related Documents: 1783~1854*, 2nd ed.(Urbana: University of Illinois Press, 1978), vol. I, pp. 222~223.

6. Moulton, ed., *Journals*, vol. 3, pp. 386~450.

7. Jackson, *Letters*, vol. I, p. 220.

8. Eldon G. Chuinard, *Only One Man Died: The Medical Aspects of the Lewis and Clark Expedition*(Glendale, Calif.: Arthur Clark Company, 1980), p. 271~272. 스위너드는 그 식물이 변경 사람들 사이에서 뱀에 물렸을 때 치료에 효능이 있는 것으로 널리 알려져 있었음을 지적한다.

9. Jackson, *Letters*, vol. 1, pp. 232~233.

제18장

1. Eldon G. Chuinard, *Only One Man Died: The Medical Aspects of the Lewis and Clark Expedition*(Glendale, Calif.: Arthur Clark Company, 1980), p. 43.

2. Ibid., pp. 158, 279; Gary Moulton, ed., *The Journals of the Lewis & Clark Expedition*, vol. 5(Lincoln: University of Nebraska Press, 1988), n. for April 24, 1805.

3. Chuinard, *Only One Man Died*, 24; 루이스의 일지 가운데 1805년 5월 10일자 항목.

4. 게리 몰턴은 루이스가 과연 무모한 모험가인지에 관해 한 장에 걸쳐 훌륭한 논의를 펼쳤는데, 다른 것보다 이 사건을 토대로 루이스가 충동이 아닌 이성을, 경솔함이 아닌 억제를 발휘했다고 주장했다. 다음을 보라. "Lewis and Clark: Meeting the Challenges of the Trail", in Carlos Schwantee, ed., *Encounters with a Distant Land: Exploration and the Great Northwest*(Moscow: University of Idaho Press, 1994), p. 105.

5. 1805년 5월 30일자 항목.

6. Donald Jackson, *Thomas Jefferson and the Stony Mountains: Exploring the West from Monticello*(Urbana: University of Illinois Press, 1981), pp. 194~195.

7. 몰턴(1805년 5월 31일자 항목의 각주 6)에 따르면, 이것은 루이스의 추측처럼 별도의 종이 아니라 붉은여우의 특성에서 비롯된 일종의 잡종 여우였다.

제20장

1. Eldon G. Chuinard, *Only One Man Died: The Medical Aspects of the Lewis and Clark Expedition*(Glendale, Calif.: Arthur Clark Company, 1980), p. 291.

2. Ibid., p. 290.

3. Ibid., p. 156.

4. Paul Russell Curtright, *Lewis and Clark: Pioneering Naturalists*(Urbana: University of Illinois Press, 1986), p. 332.

제21장

1. Donald Jackson, *Thomas Jefferson and the Stony Mountains: Exploring the West from Monticello*(Urbana: University of Illinois Press, 1981), p. 197.

2. Donald Jackson, *Among the Sleeping Giants*, p. 16.

3. James P. Ronda, *Lewis and Clark Among the Indians*(Lincoln: University of Nebraska Press, 1984), p. 140; Roy Appleman, *Lewis and Clark*(Washington D.C.: National Park Service, 1975), p. 155.

4. James P. Ronda, *Lewis and Clark Among the Indians*, p. 140.

5. John Logan Allen, "Summer of Decision: Lewis and Clark in Montana, 1805", *We Proceeded On*, vol. 8, no. 4(Fall 1976), p. 10.

제22장

1. James P. Ronda, *Lewis and Clark Among the Indians*(Lincoln: University of Nebraska Press, 1984), p. 143.

2. Gary Moulton, ed., *The Journals of the Lewis & Clark Expedition*, vol. 5(Lincoln: University of Nebraska Press, 1988), p. 116.

3. Biddle edition of the *Journals*.

4. Ronda, *Lewis and Clark Among the Indians*, p. 147.

5. Ibid., p. 154.

제24장

1. Harry M. Majors, "Lewis and Clark Enter the Rocky Mountains", *Northwest Discovery*, vol. 7(April and May 1986), pp. 4~120, as quoted in *The Journals of the Lewis & Clark Expedition*, Gary Mouilton, ed.(Lincoln: University of Nebraska Press, 1988), vol. 5, p. 186.

2. Quoted in James P. Ronda, *Lewis and Clark Among the Indians*(Lincoln: University of Nebraska Press, 1984), p. 156.

3. Roy Appleman, *Lewis and Clark*(Washington D.C.: National Park Service, 1975), p. 169. 아무리 굶주릴지라도 쇼쇼니족과 샐리시족은 말고기를 먹지 않았다. 물론 미국인 쪽에서도 꼭 필요하지 않는 한 말고기를 선호하지 않기는 마찬가지였지만.

4. Quoted in Ronda, *Lewis and Clark Among the Indians*, p. 157.

5. 루이스의 이러한 언급은 1806년 9월 29일자 편지에 나온다. Reprinted in Donald Jackson, ed., *Letters of the Lewis and Clark Expedition, with Related Documents: 1783~1854*, 2nd ed.(Urbana: University of Illinois Press, 1978), vol. I, p. 339.

6. Ibid.

7. Eldon G. Chuinard, *Only One Man Died: The Medical Aspects of the Lewis and Clark Expedition*(Glendale, Calif.: Arthur Clark Company, 1980), p. 321.

8. Gary Moulton, ed., *The Journals of the Lewis & Clark Expedition*, vol. 5(Lincoln: University of Nebraska Press, 1988), p. 225; Ronda, Lewis and Clark Among the

Indians, p. 159.

9. Jackson, *Letters*, vol. I, p. 339.

제25장

1. Verne F. Ray, "Lewis and Clark and the Nez Perce Indians", *The Great Western Series*, no. 10(Dec. 1971), pp. 1~2.

2. James P. Ronda, *Lewis and Clark Among the Indians*(Lincoln: University of Nebraska Press, 1984), p. 171~172.

3. Ibid., p. 178.

4. Gary Moulton, ed., *The Journals of the Lewis & Clark Expedition*, vol. 5(Lincoln: University of Nebraska Press, 1988), p. 104.

제26장

1. James P. Ronda, *Lewis and Clark Among the Indians*(Lincoln: University of Nebraska Press, 1984), pp. 202~203. 여기에 이 문제에 관해 보다 자세한 논의가 수록되어 있다. 저자는 두 지휘관의 태도에 나보다 더 비난을 가하고 있다.

2. Ibid.

3. Roy Appleman, *Lewis and Clark*(Washington D.C.: National Park Service, 1975), p. 197.

4. Paul Russell Curtright, *Lewis and Clark: Pioneering Naturalists*(Urbana: University of Illinois Press, 1986), pp. 258~260.

5. Ibid., p. 261.

6. Donald Jackson, ed., *Letters of the Lewis and Clark Expedition, with Related Documents: 1783~1854*, 2nd ed.(Urbana: University of Illinois Press, 1978), vol. I, p. 218.

7. Curtright, *Lewis and Clark*, p. 398.

8. John Logan Allen, *Passage Through the Garden: Lewis and Clark and the Image of American Northwest*(Urbana: University of Illinois Press, 1975), p. 324.

9. Ibid., p. 325.

10. Jackson, *Letters*, vol. I, p. 336.

11. Ronda, *Lewis and Clark Among the Indians*, pp. 210~211.

제27장

1. Curtright, *Lewis and Clark: Pioneering Naturalists*, pp. 272~73; 루이스와 클라크가 치누크족 사이에서 보낸 시기에 관한 논의는 다음을 보라. Chapter six, "Cloth Men Soldiers", in Robert H. Ruby and John A. Brown, *The Chinook Indians: Traders of the Lower Columbia River*(Norman: University of Oklahoma Press, 1976).

제28장

1. Donald Jackson, ed., *Letters of the Lewis and Clark Expedition, with Related Documents: 1783~1854*, 2nd ed.(Urbana: University of Illinois Press, 1978), vol. I, pp. 199~200.
2. Ibid., p. 209.
3. Ibid., pp. 201~202.
4. Ibid., p. 215.
5. Ibid., p. 216.
6. Ibid., vol. II, p. 215.
7. Ibid., p. 687.
8. Donald Jackson, *Thomas Jefferson and the Stony Mountains: Exploring the West from Monticello*(Urbana: University of Illinois Press, 1981), p. 153.
9. Ibid..
10. David J. Weber, *The Spanish Frontier in North America*(New Haven: Yale University Press, 1992), p. 294.
11. Jackson, *Letters*, vol. I, pp. 688~689.
12. Ibid., pp. 259, 264~265.
13. Jackson, *Thomas Jefferson and the Stony Mountains*, p. 214.
14. Jackson, *Letters*, vol. II, p. 155.
15. Ibid., p. 689.
16. Jackson, *Thomas Jefferson and the Stony Mountains*, P. 216.
17. Ibid., pp. 216~217.
18. Ibid., p. 217.
19. Ibid., p. 214.
20. Jackson, *Letters*, vol. I, p. 251.
21. Ibid., vol. II, p. 691.
22. Edwin Morris Betts and James Adam Bear, eds., *The Family Letters of Thomas Jefferson*(Charlottesville: University Press of Virginia, 1986 reprint of 1960 University of Missouri Press ed.), p. 275.
23. Jackson, *Letters*, vol. I, p. 251.
24. Dumas Malone, *Jefferson the President: Second Term*(Boston: Little, Brown, 1974), p. 189.
25. Ibid., p. 189.
26. Ibid., p. 190.
27. Paul Russell Curtright, *A History of the Lewis and Clark Journals*(Norman: University of Oklahoma Press, 1976), pp. 13~14.

28. Malone, *Jefferson the President: Second Term*, p. 190.
29. Jackson, *Letters*, vol. I, pp. 281~282, 286.
30. Ibid., pp. 290~291.
31. Gary Moulton, ed., *The Journals of the Lewis & Clark Expedition*, vol. 6(Lincoln: University of Nebraska Press, 1989), p. 86.
32. Arlen Large, "The Empty Anchorage: Why No Ship Came for Lewis and Clark", *We Proceeded On*, vol. 15, no. 1(Feb. 1989), p. 9.
33. Jackson, *Letters*, vol. II, p. 630.

제29장

1. Gary Moulton, ed., *The Journals of the Lewis & Clark Expedition*, vol. 7(Lincoln: University of Nebraska Press, 1990), p. 186.
2. James P. Ronda, *Lewis and Clark Among the Indians*(Lincoln: University of Nebraska Press, 1984), p. 225.
3. Moulton, ed., *Journals*, vol. 7, p. 348.
4. Ibid., p. 297.
5. Paul Russell Curtright, *Lewis and Clark: Pioneering Naturalists*(Urbana: University of Illinois Press, 1986), pp. 297~299.

제30장

1. James P. Ronda, *Lewis and Clark Among the Indians*(Lincoln: University of Nebraska Press, 1984), p. 236.
2. 이 편지는 본래 7월 1일에 작성했지만, 날짜는 7월 20일로 적혀 있으며 다음 책에 수록되었다. Donald Jackson, ed., *Letters of the Lewis and Clark Expedition, with Related Documents: 1783~1854*, 2nd ed.(Urbana: University of Illinois Press, 1978), vol. I, pp. 309~313.

제31장

1. Paul Russell Curtright, *Lewis and Clark: Pioneering Naturalists*(Urbana: University of Illinois Press, 1986), p. 313.
2. 이 내용은 알린 라지가 본서의 원고를 검토한 뒤 해준 조언이다.
3. James P. Ronda, *Lewis and Clark Among the Indians*(Lincoln: University of Nebraska Press, 1984), p. 239.
4. Ibid., p. 241.

제32장

1. Eldon G. Chuinard, *Only One Man Died: The Medical Aspects of the Lewis and*

Clark Expedition(Glendale, Calif.: Arthur Clark Company, 1980), pp. 392~394.

2. Quoted in Reuben Gold Thwaites, ed., *Original Journals of the Lewis and Clark Expedition*(New York: Arno Press reprint, 1969), vol. VII, p. 347.

제33장

1. Verne F. Ray, "Lewis and Clark and the Nez Perce Indians", *The Great Western Series*, no. 10(Dec. 1971). 여기에는 루이스의 계획에 관한 탁월한 논의가 수록되어 있다.

2. Donald Lavender, *The Way to the Western Sea: Lewis and Clark Across the Continent*(New York: Harper & Row, 1988), p. 374. 라벤더는 루이스의 홍보 프로그램에 관해 탁월한 논의를 전개하고 있다.

3. Donald Jackson, ed., *Letters of the Lewis and Clark Expedition, with Related Documents: 1783~1854*, 2nd ed.(Urbana: University of Illinois Press, 1978), vol. I, p. 361.

4. Allan Nevins, ed., *The Diary of John Quincy Adams, 1794~1845*(New York: Frederick Ungar, 1970), pp. 25, 26.

5. Henry Adams, *History of the United States of America During the Administrations of Thomas Jefferson*(New York: Library of America Edition, 1986), pp. 751~752.

6. Dumas Malone, *Jefferson the President: Second Term*(Boston: Little, Brown, 1974), p. 200.

7. 다음 책에는 루이스 보고서의 초안과 최종안이 모두 수록되어 있다. Jackson, *Letters*, vol. I, pp. 317~325.

8. Ibid., p. 391.

9. Ibid., p. 369.

10. Ibid., p. 330.

11. Quoted in Arlen Large, "Expedition Aftermath: The Jawbone Journals", *We Proceeded On*, vol. 17, no. 1(Feb. 1991), p. 13.

12. Ibid.

13. Quoted in Reuben Gold Thwaites, ed., *Original Journals of the Lewis and Clark Expedition*(New York: Arno Press reprint, 1969), vol. VII, pp. 347~348.

14. Ibid.

15. 1806년 10월 11일자 프랭크포트의 《웨스턴월드》에 수록된 이 기사는 다음 문헌에 최초로 발굴, 수록되었다. James Ronda, "St. Louis Welcomes and Toasts the Lewis and Clark Expedition", *We Proceeded On*, vol. 13, no. 1(Feb. 1987), pp. 19~20.

16. Jackson, *Letters*, vol. I, pp. 336~342.

17. Quoted in Thwaites, ed., *Original Journals*, vol. VII, p. 347.

18. 제퍼슨의 언급은 다음 문헌에 나와 있다. Jackson, *Letters*, vol. II, p. 612.

19. Ibid., vol. I, p. 345.

20. Ibid., vol. II, p. 386; vol. I, p. 346.

21. Ibid., vol. I, pp. 348~349.

22. Ibid., p. 345.
23. Ibid., vol. II, p. 424.
24. Richard E. Oglesby, *Manuel Lisa and the Opening of the Missouri Fur Trade*(Norman: University of Oklahoma Press, 1963), p. 40.
25. Jackson, *Letters*, vol. I, p. 351.
26. Ibid.
27. 다음을 보라. Eldon G. Chuinard, "Thomas Jefferson and the Corps of Discovery: Could He Have Done More?", *American West*, vol. 12, no. 6(1975), pp. 12~13.
28. Jackson, *Letters*, vol. I, p. 352.
29. Ibid., pp. 239, 356~358; vol. II, p. 694.
30. Ibid., vol. II, pp. 692~694.
31. Malone, *Jefferson the President: Second Term*, p. 202.
32. Quoted in James Ronda, "A Knowledge of Distant Parts: The Shaping of the Lewis and Clark Expedition", *Montana: The Magazine of Western History*, vol. 41, no. 4(Autumn 1991), p. 8. 이는 상당히 독창적인 논문이다.
33. Ibid., p. 9.
34. Donald Jackson, "The Public Image of Lewis and Clark", *Pacific Northwest Quarterly*, Jan. 1966, p. 3.
35. Ronda, "Knowledge of Distant Parts", p. 9.
36. Quoted in ibid.
37. 우리가 이 사실을 아는 것은 제퍼슨이 1816년에 쓴 편지 때문이다. Jackson, *Letters*, vol. II, p. 612.

제34장

1. Donald Jackson, ed., *Letters of the Lewis and Clark Expedition, with Related Documents: 1783~1854*, 2nd ed.(Urbana: University of Illinois Press, 1978), vol. I, p. 361.
2. Ibid.
3. Dumas Malone, *Jefferson the President: Second Term*(Boston: Little, Brown, 1974), p. 203.
4. Richard Dillon, *Meriwether Lewis: A Biography*(New York: Coward-McCann, 1965), p. 276.
5. Malone, *Jefferson the President: Second Term*, p. 204.
6. Jackson, *Letters*, vol. I, p. 375.
7. Ibid., p. 362.
8. Ibid., vol. II, pp. 364~369.
9. Ibid., pp. 377~378; 또 다음을 보라. Malone, *Jefferson the President: Second Term*, p. 205.
10. Malone, *Jefferson the President: Second Term*, p. 205.

11. Jackson, *Letters*, vol. II, p. 443.
12. Ibid., vol. I, p. 376.
13. Ibid., p. 375.
14. Ibid.
15. Edwin Morris Betts and James Adam Bear, eds., *The Family Letters of Thomas Jefferson*(Charlottesville: University Press of Virginia, 1986 reprint of 1960 University of Missouri Press ed.), pp. 298, 300.
16. Jackson, *Letters*, vol. II, p. 382.
17. Ibid., p. 385.
18. Ibid., p. 386.
19. Ibid., p. 396.
20. Ibid., pp. 399~407.
21. Ibid., p. 387.
22. Ibid., p. 387~388.
23. Ibid., p. 389.
24. Ibid., pp. 391~392.
25. Ibid., p. 389.

제35장

1. Paul Russell Curtright, "Contributions of Philadelphia to Lewis and Clark History", *We Proceeded On*, supple. no. 6. July 1982, p. 32.
2. Reuben Gold Thwaites, ed., *Original Journals of the Lewis and Clark Expedition*(New York: Arno Press reprint, 1969), vol. VII, p. 363.
3. Donald Jackson, ed., *Letters of the Lewis and Clark Expedition, with Related Documents: 1783~1854*, 2nd ed.(Urbana: University of Illinois Press, 1978), vol. II, pp. 392~393.
4. Ibid., p. 463.
5. Ibid., pp. 394~397; Thwaites, ed., *Original Journals*, vol. VII, p. 366.
6. Jackson, *Letters*, vol. II, p. 695.
7. Ibid., p. 398.
8. Ibid., p. 463.
9. Curtright, "Contributions of Philadelphia", pp. 23~24.
10. Jackson, *Letters*, vol. II, p. 439.
11. Ibid., p. 411.
12. Ibid., p. 463.
13. Alexander Wilson, *American Ornithology*, 9 vols.(Philadelphia: Bradford & Inskeep,

1808~1814), vol. III, pp. 31~32.

14. Jackson, *Letters*, vol. II, p. 463.

15. Ibid., p. 462.

16. Ibid., pp. 408, 417.

17. Ibid., p. 428.

18. Clarence E. Carter, ed., *The Territorial Papers of the United States*, vol. XIV, *The Territory of Louisiana-Missouri* 1806~1814(Washington, D.C.: Government Printing Office, 1949), p. 131.

19. Jackson, *Letters*, vol. II, p. 415.

20. Carter, ed., *Territorial Papers*, vol. XIV, p. 139.

21. Jackson, *Letters*, vol. II, p. 418.

22. Ibid., pp. 393, 463.

23. Ibid., pp. 683~684.

24. Ibid., p. 575.

25. Ibid., p. 720.

제36장

1. Donald Jackson, ed., *Letters of the Lewis and Clark Expedition, with Related Documents: 1783~1854*, 2nd ed.(Urbana: University of Illinois Press, 1978), vol. II, p. 721.

2. Ibid., pp. 431, 439.

3. John Bakeless, *Lewis and Clark: Partners in Discovery*(New York: William Morrow, 1947), p. 384.

4. Ibid., p. 385.

5. Jackson, *Letters*, vol. II, p. 720.

6. Bakeless, *Lewis and Clarlk*, pp. 384~385; Jackson, Letters, vol. II, p. 721.

7. Jackson, *Letters*, vol. II, pp. 725~732.

제37장

1. Washington Irving, *Astoria*(New York, 1868), pp. 154~55, quoted in Harvey Wish, "The French of Old Missouri(1801~1821): A Study in Assimilation", *Mid-America: An Historical Review*, vol. XII, no. 3(July 1941), p. 173. 또 다음을 보라. William Foley, "St. Louis: The First Hundred Years", *Bulletin of the Missouri Historical Society*, July 1978, p. 193.

2. Wish, "The French of Old Missouri", p. 186.

3. Ibid., p. 174.

4. Thomas Maitland Marshall, *The Life and Papers of Frederick Bates*, 2 vols.(St. Louis: Missouri Historical Society, 1926), vol. I, p. 241.

5. Ibid., p. 99.

6. Ibid., pp. 108, 114, 135.

7. Ibid., p. 300.

8. Donald Jackson, ed., *Letters of the Lewis and Clark Expedition, with Related Documents: 1783~1854*, 2nd ed.(Urbana: University of Illinois Press, 1978), vol. I, p. 134.

9. Marshall, *Bates*, vol. I, p. 9.

10. Grace Lewis, "The First Home of Governor Lewis in Louisiana Territory", *Missouri Historical Society Bulletin*, vol. XIV(July 1958), pp. 363~364.

11. 다음 문서 보관소에는 그 내용을 기록한 1809년 5월 13일자 약정서가 보관되어 있다. Grace Lewis Miller Papers, National Park Service, Jefferson National Expansion Memorial Archives, St. Louis.

12. Quoted in John Bakeless, *Lewis and Clark: Partners in Discovery*(New York: William Morrow, 1947), p. 391.

13. Marshall, *Bates*, vol. I, p. 301.

14. James Bentley, ed., "Two Letters from Meriwether Lewis to Major William Preston", *Filson Club History Quarterly*, vol. 44(April 1970), pp. 170~175.

15. Clarence E. Carter, ed., *The Territorial Papers of the United States*, vol. XIV, *The Territory of Louisiana-Missouri 1806~1814*(Washington, D.C.: Government Printing Office, 1949), p. 189.

16. Carter, ed., *Territorial Papers*, vol. XIV, pp. 196~202.

17. Ibid., p. 204.

18. Jackson, *Letters*, vol. II, pp. 444~445.

19. Ibid.

20. Dumas Malone, *Jefferson the President: Second Term*(Boston: Little, Brown, 1974), p. 209.

21. 그의 지원서는 그레이스 루이스 밀러 문서(Grace Lewis Miller Papers)에 보관되어 있다.

22. MIssouri Garzette, Nov. 16, 1808.

23. ML to Lucy Marks, Dec. 1., 1808, 그레이스 루이스 밀러 문서에도 보관되어 있다.

24. Marshall, *Bates*, vol. I, p. 84.

25. Carter, ed., *Territorial Papers*, vol. XIV, pp. 212~216.

26. Ibid., pp. 219~221.

27. Ibid., p. 200.

28. Ibid., p. 222.

29. Richard Dillon, *Meriwether Lewis: A Biography*(New York: Coward-McCann, 1965), p. 298.

30. Carter, ed., *Territorial Papers*, vol. XIV, pp. 34~39.

31. Ibid., pp. 229~330.

32. Dillon, *Lewis*, p. 313.
33. 루이스의 금전출납부는 미주리 주립 역사학회(Missouri State Historical Society)에 보관되어 있다. 또한 그레이스 루이스 밀러 문서에도 보관되어 있다.
34. James J. Holmberg, "'I Wish You to See & Know All'": The Recently Discovered Letters of William Clark to Jonathan Clark", *We Proceeded On*, vol. 18, no. 4(Nov. 1992), pp. 7~9.
35. Jefferson, *Notes on the State of Virginia*, p. 163.
36. Carter, ed., *Territorial Papers*, vol. XIV, pp. 240~241.

제38장

1. 미주리 주립 역사학회에 보관 중인 루이스의 1808년도 금전출납부를 보면, 그가 처방받은 약과 그의 복용 습관을 알 수 있다.
2. Donald Jackson, ed., *Letters of the Lewis and Clark Expedition, with Related Documents: 1783~1854*, 2nd ed.(Urbana: University of Illinois Press, 1978), vol. II, pp. 446~450.
3. Donald Jackson, "A Footnote to the Lewis and Clark Expedition", *Manuscripts*, vol. 24(Winter 1972), p. 9.
4. Thomas Maitland Marshall, *The Life and Papers of Frederick Bates*, 2 vols.(St. Louis: Missouri Historical Society, 1926), p. 64.
5. Ibid., p. 112.
6. Ibid., pp. 108~109.
7. Ibid., p. 64.
8. Jackson, *Letters*, vol. II, pp. 450~451; 피에르 쇼토에게서 받은 영수증이 그레이스 루이스 밀러 문서에 보관되어 있다.
9. Jackson, *Letters*, vol. II, pp. 451~456.
10. Marshall, *Bates*, pp. 68~69.
11. Ibid, p. 73.
12. Ibid., p. 75.
13. Jackson, *Letters*, vol. II, p. 722.
14. Richard Dillon, *Meriwether Lewis: A Biography*(New York: Coward-McCann, 1965), pp. 323~324.
15. Marshall, *Bates*, pp. 108~111.
16. Clarence E. Carter, ed., *The Territorial Papers of the United States*, vol. XIV, *The Territory of Louisiana-Missouri 1806~1814*(Washington, D.C.: Government Printing Office, 1949), pp. 285~286.
17. Jackson, *Letters*, vol. II, p. 458.
18. Ibid., pp. 459~461.

19. Ibid., pp. 723~724.
20. Jackson, "Footnote", pp. 11~12.
21. Jackson, *Letters*, vol. II, pp. 470~473.
22. Marshall, *Bates*, p. 876.
23. Ibid., pp. 101, 111.
24.
25. James J. Holmberg, "'I Wish You to See & Know All' : The Recently Discovered Letters of William Clark to Jonathan Clark", *We Proceeded On*, vol. 18, no. 4(Nov. 1992), p. 10.

제39장

1. 다음 책에 수록된 길버트 러셀 대위의 1811년 11월 26일자 보고서를 보라. Donald Jackson, ed., *Letters of the Lewis and Clark Expedition, with Related Documents: 1783~1854*, 2nd ed.(Urbana: University of Illinois Press, 1978), vol. II, p. 573.
2. Richard Dillon, *Meriwether Lewis: A Biography*(New York: Coward-McCann, 1965), p. 328.
3. Jackson, *Letters*, vol. II, p. 573.
4. Ibid., p. 748.
5. Ibid., p. 464.
6. Ibid., p. 573.
7. Ibid., p. 748.
8. Ibid., p. 466.
9. Dawson A. Phelps, "The Tragic Death of Meriwether Lewis", *William and Mary Quarterly*, vol. XIII, no. 3(1956), p. 317.
10. Clarence E. Carter, ed., *The Territorial Papers of the United States*, vol. XIV, *The Territory of Louisiana-Missouri 1806~1814*(Washington, D.C.: Government Printing Office, 1949), pp. 332~333.
11. Gary Moulton, "New Documents of Meriwether Lewis", *We Proceeded On*, vol. 13, no. 4(Nov. 1987), p. 7.
12. Phelps, "Tragic Death", p. 317.
13. James J. Holmberg, "'I Wish You to See & Know All' : The Recently Discovered Letters of William Clark to Jonathan Clark", *We Proceeded On*, vol. 18, no. 4(Nov. 1992), p. 11.
14. Jackson, *Letters*, vol. II, p. 748.
15. Carter, ed., *Territorial Papers*, vol. XIV, p. 333.
16. 이 내용은 다음 책에 수록된 러셀의 보고서에서 취한 것이다. Jackson, Letters, vol. II, p. 574. 또한 다음에 수록된 알렉산더 윌슨의 그라인더 부인과의 인터뷰 내용에서도 일부를 취했다. Elliott Coues, ed., *The History of the Lewis and Clark Expedition*, 3

vols.(New York: Dover ed., 1987; reprint of 1893 Francis P. Harper 4-vol. ed.), vol. I, pp. xliv~xlvi.

제40장

1. James J. Holmberg, " 'I Wish You to See & Know All' : The Recently Discovered Letters of William Clark to Jonathan Clark", *We Proceeded On*, vol. 18, no. 4(Nov. 1992), p. 10.
2. Ibid.
3. Clarence E. Carter, ed., *The Territorial Papers of the United States*, vol. XIV, *The Territory of Louisiana-Missouri 1806~1814*(Washington, D.C.: Government Printing Office, 1949), p. 333.
4. Donald Jackson, ed., *Letters of the Lewis and Clark Expedition, with Related Documents: 1783~1854*, 2nd ed.(Urbana: University of Illinois Press, 1978), vol. II, p. 474.
5. Ibid., p. 575.
6. Ibid., pp. 591~592.
7. Vardes Fisher, *Suicide or Murder? The Strange Death of Governor Meriwether Lewis*(Chicago: Swallow Press, 1962).
8. Eldon G. Chuinard, "How Did Meriwether Lewis Die? It was Murder", *We Proceeded On*, vol. 18, nos. 1 and 2(Jan. and May 1992).
9. "Rest, Rest, Perturbed Spirit", *We Proceeded On*, vol. 12, no. 1(March 1986).
10. Reimert Thorolf Ravelholt, "Triumph Then Despair: The Tragic Death of Meriwether Lewis", *Epidemiology*, vol. 5, no. 3(May 1994), pp. 366~379.
11. Jackson, *Letters*, vol. II, pp. 730~731.
12. Donald Jackson, "A Footnote to the Lewis and Clark Expedition", *Manuscripts*, vol. 24(Winter 1972), p. 19.
13. Holmberg, " 'I Wish You to See & Know All' ", p. 11.
14. Jackson, *Letters*, vol. II, p. 486.
15. Ibid., p. 469.
16. Paul Russell Curtright, *A History of the Lewis and Clark Journals*(Norman: University of Oklahoma Press, 1976), pp. 55~56.
17. Jackson, *Letters*, vol. II, p. 493.
18. Curtright, *Journals*, p. 63.
19. Dumas Malone, *Jefferson the President: Second Term*(Boston: Little, Brown, 1974), p. 212.
20. Jackson, *Letters*, vol. II, p. 493.

참고문헌

Abrams, Rochonne. "The Colonial Childhood of Meriwether Lewis." *Bulletin of the Missouri Historical Society*, vol. xxxiv(July 1978).

Adams, Henry. *History of the United States of America During the Administrations of Thomas Jefferson*, New York: Library of America Edition, 1986.

Allen, John Logan. *Passage Through the Garden: Lewis and Clark and the Image of American Northwest*. Urbana: University of Illinois Press, 1975.

—. "Summer of Decision: Lewis and Clark in Montana, 1805." *We Proceeded On*, Fall 1976.

Anderson, Sarah Travers Lewis. Lewises, *Meriwethers and Their Kin*. Richmond: Dietz Press, 1938.

Appleman, Roy. *Lewis and Clark*. Washington D.C.: National Park Service, 1975.

Bakeless, John. *Lewis and Clark: Partners in Discovery*. New York: William Morrow, 1947.

Bedini, Silvio. "The Scientific Instruments of the Lewis and Clark Expedition." *Great Plains Quarterly*, Winter 1984.

Bentley, James, ed. "Two Letters from Meriwether Lewis to Major William Preston." *Filson Club History Quarterly*, April 1970.

Betts, Edwin Morris and James Adam Bear, eds. *The Family Letters of Thomas Jefferson*. Charlottesville: University Press of Virginia, 1986 reprint of 1960 University of Missouri Press ed.

Boss, Richard C. "Keelboat, Pirogue, and Canoe: Vessels Used by the Lewis and Clark Corps of Discovery." *Nautical Research Journal*, June 1993.

Botkin, Daniel. *Our Natural History: The Lessons of Lewis and Clark*. New York, G. P. Putnam's Sons, 1995.

Brodhead, Michael. "The Military Naturalists: A Lewis and Clark Heritage." *We Proceeded On*, vol. 9, no. 4(Nov. 1983).

Brodie, Fawn M. *Thomas Jefferson: An Intimate History*. New York: W. W. Norton, 1974.

Burroughs, Raymond Darwin. *The Natural History of the Lewis and Clark Expedition*. East Lansing: Michigan State University Press, 1961.

Caldwell, Norman. "The Frontier Army Officer, 1794~1814." *Mid-America: An Historical Review*, vol. 38, no. 1(Jan. 1955).

Carter, Clarence E., ed. *The Territorial Papers of the United States*, vol. XIV, The Territory of Louisiana-Missouri 1806~1814(Washington, D.C.: Government Printing

Office, 1949).

Chatters, Roy. "The Not-So-Enigmatic Lewis and Clark Airgun." *We Proceeded On*, vol. 3, no. 2(May 1977).

Chuinard, Eldon G. "The Court-Material of Ensign Meriwether Lewis." *We Proceeded On*, vol. 8, no. 4(Nov. 1982).

—. "Lewis and Clark, Master Masons." *We Proceeded On*, vol. 15, no. 1(Feb. 1989).

—. *Only One Man Died: The Medical Aspects of the Lewis and Clark Expedition*. Glendale, Calif.: Arthur Clark Company, 1980.

—. "Thomas Jefferson and the Corps of Discovery: Could He Have Done More?" *American West*, vol. 12, no. 6(1975).

—. "How Did Meriwether Lewis Die? It was Murder." *We Proceeded On*, vol. 18, nos. 1 and 2(Jan. and May 1992).

Coues, Elliott, ed. *The History of the Lewis and Clark Expedition*, 3 vols. New York: Dover ed., 1987; reprint of 1893 Francis P. Harper 4-vol. ed.

Crackel, Theodore J. *Mr. Jefferson's Army: Political and Social Reform of the Military Establishment, 1801~1809*. New York: New York University Press, 1987.

Criswell, Elijah. *Lewis and Clark: Linguistic Pioneers*. Columbia: University of Missouri Press, 1940.

Curtright, Paul Russell. "Contributions of Philadelphia to Lewis and Clark History." *We Proceeded On*, special issue. July 1982.

—. *Lewis and Clark: Pioneering Naturalists*. Urbana: University of Illinois Press, 1986.

—. "Meriwether Lewis's 'Coloring of Events'", *We Proceeded On*, vol. 11, no. 1(Feb. 1985).

—. "The Journal of Captain Meriwether Lewis." *We Proceeded On*, vol. 10, no. 1(Feb. 1984).

—. *A History of the Lewis and Clark Journals*. Norman: University of Oklahoma Press, 1976.

Davis, Richard Beale. *Francis Walker Gilmer: Life and Learning in Jefferson's Virginia*. Richmond: Dietz Press, 1939.

Deconde, Alexander. *This Affair of Louisiana*. New York: Charles Scribner's Sons, 1976.

DeVoto, Bernard. *Journals of Lewis and Clark*. Houghton Mifflin, 1953.

Dillon, Richard. *Meriwether Lewis: A Biography*. New York: Coward-McCann, 1965.

Fanselow, Julie. *The Traveler's Guide to the Lewis and Clark Trail*. Helena, Montana: Falcon Press, 1994.

Fisher, Vardes. *Suicide or Murder? The Strange Death of Governor Meriwether Lewis*. Chicago: Swallow Press, 1962.

Foley, William. "St. Louis: The First Hundred Years." *Bulletin of the Missouri Historical Society*, July 1978.

Gass, Patrick. *A Journal of the Voyages and Travels of a Corps of Discovery Under the Command of Capt. Lewis and Capt. Clark*, ed. David McKeehan. Minneapolis: Ross and Haines, 1958.

Holmberg, James J. " 'I Wish You to See & Know All' : The Recently Discovered Letters of William Clark to Jonathan Clark." *We Proceeded On*, vol. 18, no. 4(Nov. 1992).

Hunt, Robert. "Gills and Drams of Consolation: Ardent Spirits on the Lewis and Clark Expedition." *We Proceeded On*, vol. 17, no. 3(Feb. 1991).

Jackson, Donald ed. *Letters of the Lewis and Clark Expedition, with Related Documents: 1783~1854*, 2nd ed. Urbana: University of Illinois Press, 1978.

—. "Jefferson, Meriwether Lewis, and the Reduction of the United States Army." *Proceedings of the American Philosophical Society*, vol. 124, no. 2(April 1980).

—. "The Public Image of Lewis and Clark." *Pacific Northwest Quarterly*, Jan. 1966.

—. "A Footnote to the Lewis and Clark Expedition." *Manuscripts*, vol. 24(Winter 1972).

Jefferson, Thomas. *Notes on the State of Virginia*. Paris, 1794.

Jordan, Winthrop D. *White Over Black: American Attitudes Toward the Negro, 1550~1812*. Chapel Hill: University of North Carolina Press, 1968.

Large, Arlen. "North and South of Lewis and Clark." *We Proceeded On*, vol. 10, no. 4(Nov. 1984).

—. "Fort Mandan's Dancing Longutude." *We Proceeded On*, vol. 13, no. 1(Feb, 1987).

—. "Trailing Lewis and Clark: 'The Spirit of Party' ", *We Proceeded On*, vol. 6, no. 1(Feb. 1990).

—. " 'Additions to the Party' : How an Expedition Grew and Grew." *We Proceeded On*, vol. 16, no. 1(Feb. 1990).

—. "Lewis and Clark: Part Time Astronomers." *We Proceeded On*, vol. 5, no. 1(Feb. 1979).

—. " '...It Thundered and Lightened' : The Weather Observations of Lewis and Clark." *We Proceeded On*, vol. 12, no. 2(May 1986).

—. "The Empty Anchorage: Why No Ship Came for Lewis and Clark." *We Proceeded On*, vol. 15, no. 1(Feb. 1989).

—. "Expedition Aftermath: The Jawbone Journals." *We Proceeded On*, vol. 17, no. 1(Feb. 1991).

Lavender, Donald. *The Way to the Western Sea: Lewis and Clark Across the Continent*. New York: Harper & Row, 1988.

Lewis, Grace. "The First Home of Governor Lewis in Louisiana Territory." *Missouri Historical Society Bulletin*, vol. XIV(July 1958).

Malone, Dumas. *Jefferson the Virginian*, vol. I of Jefferson and His Time. Boston: Little, Brown, 1948.

—. *Jefferson the President: First Term, 1801~1805*, vol. IV of Jefferson and His

Time. Boston: Little, Brown, 1970.

—. *Jefferson the President: Second Term* vol. V of Jefferson and His Time. Boston: Little, Brown, 1974.

Marshall, Thomas Maitland. *A History of the Western Boundaries of the Louisiana Purchase, 1819~1841.* Berkeley: University of California Press, 1914.

—. *The Life and Papers of Frederick Bates.* St. Louis: Missouri Historical Society, 1926.

Masson, L. R. *Les Bourgeois de la Compagnie du Nord-Quest.* New York: Antiquarian Press, 1960 reprint.

Miller, John Chesteer. *The Wolf by the Ears: Thomas Jefferson and Slavery.* New York: Free Press, 1977.

Moore, John Hammond. *Albermarle: Jefferson's County, 1727~1976.* Charlottesville: University Press of Virginia, 1976.

Moulton, Gary, ed. *The Journals of the Lewis & Clark Expedition.* Lincoln: University of Nebraska Press, 1990.

—. New Documents of Meriwether Lewis." *We Proceeded On,* vol. 13, no. 4(NOv. 1987),

Murphy, William. *John Adams: The Politics of the Additional Army, 1798~1800."* New England Quarterly, vol. 52(June 1979).

Nevins, Allan, ed. *The Diary of John Quincy Adam*s, 1794~1845. New York: Frederick Ungar, 1970.

Oglesby, Richard E. *Manuel Lisa and the Opening of the Missouri Fur Trade.* Norman: University of Oklahoma Press, 1963.

Phelps, Dawson A. "The Tragic Death of Meriwether Lewis." *William and Mary Quarterly,* vol. XIII, no. 3(1956).

Ravenholt, Reimert Thorolf. *Triumph Then Despair: The Tragic Death of Meriwether Lewis. Epidemiology,* vol. 5, no. 3(May 1994).

Ray, Verne F. "Lewis and Clark and the Nez Perce Indians." *The Great Western Series,* no. 10(Dec. 1971).

Ronda, James P. *Lewis and Clark Among the Indians.* Lincoln: University of Nebraska Press, 1984.

—. A Most Perfect Harmony: Life at Fort Mandan." *We Proceeded On,* vol. 14, no. 4(Nov. 1988).

—. St. Louis Welcomes and Toasts the Lewis and Clark Expedition. *We Proceeded On,* vol. 13, no. 1(Feb. 1987).

—. A Knowledge of Distant Parts: The Shaping of the Lewis and Clark Expedition." *Montana: The Magazine of Western History,* vol. 41, no. 4(Autumn 1991).

Ruby, Robert H. and John A. Brown. *The Chinook Indians: Traders of the Lower Columbia River.* Norman: University of Oklahoma Press, 1976.

Russell, Carl. *The Guns of Lewis and Clark Expedition.* North Dakota History, vol. 27(Winter 1960).

Schwantee, Carlos, ed. *Encounters with a Distant Land: Exploration and the Great Northwest.* Moscow: University of Idaho Press, 1994.

Shoemaker, Floyd. The Louisiana Purchase, 1803." *Missouri Historical Review*, vol. 48(Oct. 1953).

Skelton, William B. *An American Profession of Arms: The Army Officer Corps, 1784~1861.* Lawrence: University Press of Kansas, 1992.

Slaughter, Thomas P. *The Whisky Rebellion: Frontier Epilogue to the American Revolution*(New York: Oxford University Press), 1986.

Smithers, Jim. "Food for Mackenzie." *We Proceeded On*, vol. 15, no. 1(Feb. 1989).

Thomas, Samuel W. *William Clarks 1795 and 1797 Journals and Their Significance.* Missouri Historical Society Bulletin, July 1969.

Thwaites, Reuben Gold, ed. *Original Journals of the Lewis and Clark Expedition.* New York: Arno Press reprint, 1969.

Van Wormer, Joe. *The World of the Pronghorn.* Philadelphia: Lippincott, 1969.

Weber, David J. *The Spanish Frontier in North America.* New Haven: Yale University Press, 1992.

Wheeler, Olin D. *The Trail of Lewis and Clark, 1804~1806.* New York, 1904.

Wilson, Alexander. *American Ornithology. Philadelphia: Bradford & Inskeep*, 1808~1814.

Wish, Harvey. "The French of Old Missouri(1801~1821): A Study in Assimilation." *Mid-America: An Historical Review*, vol. XII, no. 3(July 1941).

Woods, Edgar. *Albermarle County in Virginia. Bridgewater*, VA.: Green Bookman, 1932.

원고

Meriwether Lewis Anderson Papers, Missouri State Historical Society.

William Clark Papers, Missouri State Historical Society.

Meriwether Lewis Papers, Missouri State Historical Society.

Grace Lewis Miller Papers, National Park Service, Jefferson National Expansion Memorial Archives, St. Louis.

찾아보기(Index)

ㄱ

개스, 패트릭(Gass, Patrick) 147, 201, 243, 248~249, 280, 356, 372, 396, 498, 445, 494, 566, 567, 568, 573, 603, 627, 636, 653~655, 749

갤러틴, 앨버트(Gallatin, Albert) 91, 113, 116, 134, 137~138, 392~393, 521, 636

갬블, 로버트(Gamble, Robert) 693, 755

고포스, 윌리엄(Goforth, William) 173

공화당(Republican Party) 65~67, 93, 95, 105, 521, 622, 657, 689

굿리치, 사일러스(Goodrich, Silas) 300, 361~362, 364, 489, 496

그라티요, 샤를(Gratiot, Charles) 190, 208, 211

그랜드강(Grand River) 220, 221, 276

그레이, 로버트(Gray, Robert) 47, 75, 101

그레이브라인스, 조셉(Gravelines) 277~278, 283, 285, 308, 324, 612~613

그레이트 오세이지족 인디언(Great Osage Indians) 695~696, 707

그레이트슬레이브 호수(Great Slave Lake) 105

그린, 그리핀(Greene, Griffin) 169

길머, "피치"(Gilmer, "Peachy") 30~32, 91

길머, 손튼(Gilmer, Thornton) 84

길머, 조지 R.(Gilmer, George R.) 21, 25

길머, 토머스(Gilmer, Thomas) 31

깁슨, 조지(Gibson, George) 156, 248, 361~362, 488, 496

ㄴ

나이프 강(Knife River) 220, 284, 289

나체즈 도로(Natchez Trace) 734, 742

나체즈(미시시피)(Natchez, Miss.) 143, 535

나폴레옹 1세(프랑스 황제)(Napoleon I, Emperor of France) 8~9, 103~105, 113, 148~149, 151, 189, 222

네브래스카 준주(Nebraska Territory) 7, 231, 250, 256, 750, 756

내슈빌(테네시)(Nashville) 119, 124, 134, 736, 742

네즈퍼스족 인디언(Nez Percé Indians) 540, 579

노스웨스트 컴퍼니(North West Company) 105~106, 109, 283, 287, 289~290, 322, 342, 572, 592, 603, 621, 679~683

노예제(slavery) 42~45, 49, 79, 710

녹스, 헨리(Knox, Henry) 100

녹스빌(테네시)(Knoxville) 70

뉴 스페인 내륙 지방 (Internal Provinces of New Spain) 526

뉴먼, 존(Newman, John) 282, 300, 324, 647~648

뉴멕시코주(New Mexico) 526

뉴올리언스(루이지애나)(New Orleans) 8, 75, 77~79, 103~105, 113~114, 135, 149, 192, 211, 525, 533~534, 680, 686, 690, 694, 709, 726~727, 729, 734, 756

뉴욕(뉴욕)(New York) 52, 68, 72, 94, 225, 266, 283~284, 302, 335, 522, 535, 611, 621, 664, 686, 756

뉴저지주(New Jersey) 50, 52, 89, 669

닐리, 제임스(Neely, James) 734~736, 742

ㄷ

다코타 준주(Dakota Territory) 218, 249, 261, 273, 275~276, 298, 318, 609

대륙분수계(Continental Divide) 9, 106, 149, 150~151, 182~183, 355, 381, 408, 442, 446, 448, 554, 578, 586

대륙회의(Continental Congress) 18, 91

대서양(Atlantic Ocean) 10, 52, 70, 72, 109, 184, 323, 335, 619, 621~622, 627, 685, 734

대평원(Great Plains) 76, 133, 174, 233~236, 238, 252, 255, 273, 288, 325, 331, 334, 336, 373, 433, 478, 506, 580, 612, 640, 746, 752

댈즈 폭포(Dalles, The) 120, 541~542, 544~545, 551~552, 619

던모어 경(Dunmore, Lord) 18

던모어 경 전쟁(Lord Dunmore's War) 18

던바, 윌리엄(Dunbar, William) 532, 537

델라수스, 카를로스 데하울트(Delassus, Carlos Dehault) 185~186, 198

델라웨어족 인디언(Delaware Indians) 695

도리옹 1세, 피에르(Dorion, Pierre, Sr) 225~226, 249~254, 612~613

독립선언서(Declaration of Independence) 9, 79, 91

드뤼야르, 조르주(Drouillard, George) 179, 191, 200, 209, 223, 244~245, 249, 257, 261~262, 264, 291, 300, 309, 328, 330, 338~339, 340, 343, 352, 356, 361~362, 364, 371, 376~377, 383, 389, 395~397, 401~404, 409~410, 412~414, 419~423, 427~429, 437, 470, 476, 484, 486, 498, 502, 507, 548, 552, 558, 565~568, 571, 573, 581, 584~585, 587~588, 590~591, 593~596, 628, 634, 647~648, 687, 737

드소토, 에르난도(DeSoto, Hernando) 508

디어본강(Dearborn River) 384, 448, 580, 582, 584

디어본, 헨리(Dearborn, Henry) 87, 122, 142, 146, 147, 178, 185, 194, 206~208, 213, 384, 520, 526, 527, 529, 531, 627, 646, 651, 678, 695, 696, 697, 699, 700, 702, 703, 705, 715

디커슨, 말론(Dickerson, Mahlon) 89, 90, 91, 132, 669, 670, 671, 674, 675, 678

디킨슨, 존(Dickinson, John) 91

디트로이트(미시간)(Detroit) 63, 67, 689

딕슨, 윌리엄(Dickson, William) 742

딕슨, 조셉(Dickson, Joseph) 604~605, 608

딜런, 리처드(Dillon, Richard) 13~14, 95

ㄹ

라 페루즈 백작, 장 프랑수아 드 갈로프(La Pérouse, Jean-François de Galaup, Comte de) 99

라로케, 프랑수와 앙트완(Laroque, François-Antoine Larocque) 288~290, 294

라벤더, 데이비드(Lavender, David) 538

라비셰, 프랑수아(Labiche, Francis) 212, 224~245, 423, 485, 548, 636, 647~648

라세페데, 베르나르(Lacépède, Bernard) 649

라이브러리 컴퍼니(Library Company) 661

라지, 알린(Large, Arlen) 14, 183~185, 379, 538, 587, 629

랜돌프, 마사 제퍼슨(Randolph, Martha Jefferson) 73, 88, 650

랜돌프, 토머스 맨(Randolph, Thomas Mann) 650~651

랭카스터(펜실베이니아)(Lancaster) 125~126, 130

러배너강(Rivanna River) 23

러셀, 길버트(Russell, Gilbert) 732~738, 743, 746

러셀, 찰리(Russell, Charley) 219, 274, 383

러시, 벤저민(Rush, Benjamin) 115, 130~133, 170~171, 248~249

러시아(Russia) 77~78, 99, 109, 465

런던(London) 51, 106~107, 110, 133, 335, 506, 535, 620~621, 662

레드강(Red River) 39, 221, 521, 532, 612

레드야드, 존(John Ledyard) 99~100

레이븐 맨(까마귀 인간) 추장(Raven Man, chief) 284

렘히 고개(Lemhi Pass) 120, 333, 406, 413~414, 417, 419, 424, 427, 430, 563, 572, 755

로건, 조지(Logan, George) 90, 132

로비두, 조셉(Robidoux, Joseph) 522

로빈슨, 존(Robinson, John) 197~198

로열 랜드 컴퍼니(Loyal Land Company) 97

로커스트힐(Locust Hill) 20, 25, 32~34, 39, 47~48, 56~57, 64, 91, 638, 673

로키산맥(Rocky Mountains) 78, 96, 108, 117~118, 141, 182, 231, 255, 285, 291, 293, 309, 322, 341, 349, 350, 354, 361, 363, 374~387, 401, 406, 408, 410, 415, 434, 439, 441, 455, 460, 467, 506, 512, 515, 528, 541, 554, 586, 593, 606, 620, 622, 659, 683, 726, 737

록피시강(Rockfish River) 17

론다, 제임스(Ronda, James) 13, 238~239, 252, 277, 311, 316, 424, 432, 473, 495, 508, 554, 589, 593, 641

롤로 오솔길(Lolo Trail) 11, 449, 464, 548, 560, 561, 564, 567~568, 570, 575, 631, 754

롤로 핫스프링스(Lolo Hot Springs) 449, 570

루스벨트, 시오도어(Roosevelt, Theodore) 161

루이 16세(프랑스 왕)(Louis XVI, king of France) 99

루이빌(켄터키)(Louisville) 155, 172, 177, 178, 185, 636, 690, 708

루이스 앤드 클라크강(Lewis and Clark River) 485

루이스 앤드 클라크 고개(Lewis and Clark Pass) 384, 448, 579

루이스, 니콜라스(Lewis, Nicholas) 23, 28

루이스, 로버트(Lewis, Robert) (루이스의 사촌) 29

루이스, 로버트(Lewis, Robert) (루이스의 조상) 19

루이스, 로버트 대령(Lewis, Colonel Robert) (루이스의 조상) 19, 29

루이스, 루벤(Lewis, Reuben) 22, 29~30, 32~33, 56~57, 64, 312, 523, 534, 537, 675, 678, 701, 708, 715

루이스, 메리웨더(Lewis, Meriwether) 8, 11, 17, 19~20, 22, 25, 33, 35, 52, 61, 67, 69, 81, 84~85, 92, 95, 122, 148, 526, 536, 575, 618, 633, 661, 672,

689, 693, 712, 724, 752, 757
—의 총상 601
—의 육군 경력 18, 22, 55~56, 62, 66, 82, 84, 86, 94, 122, 134, 141~142, 178
—의 동식물에 관한 지식 231, 233, 510
—의 천문 관측 126, 180, 181, 231, 345, 383, 394, 428, 471, 587, 655, 659, 754
—의 보상 및 급여 22, 52, 59, 82, 88, 140, 179, 154, 156, 201, 202, 207, 349, 436, 532, 550, 608, 627, 628, 629, 631, 634, 637, 643, 646, 647, 648, 649, 655, 660
—의 용기 11, 22, 23, 25, 348, 376, 416, 627, 758
—의 부채 714, 727~728, 733, 739
—의 우울증 89, 163, 477~478, 676 677, 731
—의 교육과 훈련 17, 28, 30, 33~34, 42, 54, 59, 67, 115~116, 122, 133, 137, 150, 186~187, 193, 199, 240, 300, 455, 491, 615, 674
—의 루이지애나 주지사 재직 667, 697, 669
—의 이상주의 38
—의 질병 23, 53, 89, 131, 139, 169, 170, 171, 344, 372, 437, 488, 519, 631, 677
—의 인디언 외교 466, 616
—의 반성과 자기비판 427
—의 일지 96, 128, 140, 161~164, 166, 171, 197, 207, 211, 217~218, 258~260, 297, 305~306, 309~311, 316, 327~331, 344, 354, 357, 362, 364, 366, 371, 374, 376, 379~380, 388, 399~401, 414, 422, 427, 432, 434, 452, 469, 478, 481, 485, 490, 497, 500, 506, 509, 511~515, 538~539, 542~544, 565~566, 576~577, 580, 584, 589, 593, 605~606, 616, 618, 625, 632, 636, 640~641, 649, 651~652, 655, 659, 660~666, 673~674, 676, 679, 712, 726, 728~729, 733, 735, 736, 739, 747~752, 756~758
—의 리더십 자질 4, 193, 758
—의 의료 시술 305~306, 344, 362, 369~370, 393, 437, 496, 603
—가 수집한 박물학 표본 193, 217~218
—가 발견한 새로운 식물 및 동물 종 217, 218, 232, 233, 235, 255~256, 2274, 314, 316, 319~320, 327, 329, 336, 375, 385, 399, 501, 504, 509~510, 542, 559, 561, 581, 606, 623, 633, 638, 641, 654, 660~662, 725, 749, 753
—의 인내와 냉정 31, 33~34
—의 외모 31
—의 대통령 비서 재직 82~96, 109~115, 123,

491, 626, 689
—의 방랑벽 31, 52, 62
—에게 수여한 제퍼슨의 신용장 469, 481, 698
—가 원정에 가져간 책 133, 349, 661
—가 마주친 야생동물 255
—의 문체 96, 161~163, 258~260, 364
☞ 루이스와 클라크

루이스, 윌리엄(Lewis, William) 19, 21, 22, 23
루이스, 토머스(Lewis, Thomas) 20
루이스, 필딩(Lewis, Fielding) 20
루이스와 클라크의 원정(Lewis and Clark Expedition) 9~10, 13, 108, 161, 166, 177, 264, 273, 442, 444, 504, 604, 606
—에서 사용한 총포와 탄약 119, 122~123, 129~130, 195~197, 223, 237~238, 253, 375, 432, 460, 469, 508
—에서 사용한 카누 324~525, 329~330, 379~381, 382~383, 462
—의 인디언 정책 236~254, 264~265
—의 군법회의와 처벌 198, 200, 227, 228, 230, 245, 282, 299, 300
—에서 사용한 평저선과 통나무배 144, 153~159, 164~165, 178, 199, 209, 213~218, 223~225, 234, 259, 261~262, 298, 314, 327
—에서 작성한 지도 211, 321, 504, 533, 535, 605, 618, 624~626, 641, 659~660
—의 지휘관으로서의 루이스 109~110, 115
—의 유실된 기록 217, 258, 260
—의 기원 97~115
—의 정치적 결과 520~539
—의 준비 109~135
—에서 작성한 지도와 문서의 출간 535, 618~619, 747~749
—의 목적 118, 138~139, 176, 222, 288~289
—의 과학적 관찰 및 노트 231~232, 233~235, 256, 315~326, 349, 499~503, 616, 641
—의 물품 보급 101, 121, 122, 126~129, 131, 134, 142, 152~153, 159, 166, 172~173, 186, 188, 191, 196~197, 199, 204, 227, 238, 269, 306, 324, 361, 370, 386, 397, 417, 467, 469, 516, 534~535, 540, 621, 634, 646, 717
—을 위한 제퍼슨의 지시서 102, 104~105, 109, 118, 123, 127~128, 130, 135~142, 144, 147, 151, 193, 236~238, 249, 324, 341, 386, 444, 449, 534, 535, 537, 612~613, 618, 673,

704~705, 710
—의 공동지휘관으로서의 클라크 142~146
1804~5년 겨울 동안의— 296~131, 473
1805~6년 겨울 동안의— 486~509
☞ 탐사부대

루이스와 클라크(Lewis and Clark) 9, 10, 11, 12, 13, 14, 15, 45, 77, 108, 129, 156, 161, 166, 173, 177, 180, 183, 189, 198, 200, 204, 206, 207, 213, 219, 222, 225, 226, 228, 235, 238, 247, 264, 265, 271, 273, 277, 281, 289, 292, 295, 298, 305, 307, 310, 311, 316, 355, 356, 374, 380, 381, 424, 432, 442, 444, 450, 455, 461, 465, 466, 467, 472, 501, 504, 508, 510, 514, 524, 529, 532, 536, 538, 554, 563, 604, 606, 607, 608, 613, 627, 630, 632, 635, 636, 643, 648, 649, 662, 674, 708, 712, 748, 749, 750

—의 공동 지휘 142~146, 154~156, 194, 205~206

—의 상보적 재능 143

—의 의사 결정 354~363, 372, 374~376, 388~390, 396~399, 482~484, 564~566, 615

—의 의견 차이 380, 388~390, 397, 482~484

—의 육군 시절 교제 62, 143

—의 우정과 신뢰 143~144, 154~155, 173, 204, 455~458, 626~627, 678, 691, 708

—의 영예로운 귀환과 환대 614~615, 628~631, 635~644

—의 원정대 분산 452~459, 466~467, 480~482, 487~488, 544~545, 571~573

루이지애나 매입(Louisiana Purchase) 62, 77, 149, 176, 189, 505, 532, 622, 650, 680, 751, 756

루이지애나 준주(Louisiana Territory) 526, 611, 636, 649, 650, 656, 690, 714, 733

루킨스, 아이자이어(Lukens, Isaiah) 160

르 보르뉴(애꾸) 추장(Le Borgne, chief) 285, 606
= 원 아이 추장

르파주, 밥티스트(Lepage, Baptiste) 331, 356, 454

리드, 모제스 B.(Reed, Moses B.) 244~246, 249, 281~282, 324

리빙스턴, 로버트(Livingston, Robert) 104~105, 114, 341

리사, 마누엘(Lisa, Manuel) 191, 196, 205, 209, 635, 687, 701, 714

리오그란데강(Rio Grande River) 76

리틀 레이븐(작은 까마귀) 추장(Little Raven, chief) 284

리틀 시프(좀도둑) 추장(Little Thief, chief) 240, 243~247

리틀 오세이지족 인디언(Little Osage Indians) 696, 707

링컨, 리바이(Lincoln, Levi) 136, 137

링컨, 에이브러햄(Lincoln, Abraham) 75, 688

ㅁ

마르티네즈 데 이루호, 카를로스(Martínez de Yrujo, Carlos) 111

마리아스강(Marias River) 327, 354, 359, 360, 377, 563, 571~572, 574, 577, 584~587, 591~592, 597, 599, 631, 737, 752, 754

마셜, 토머스 메이틀랜드(Marshall, Thomas Maitland) 151

마퀘트, 자크(Marquette, Jacques) 504

마크스, 루시 메리웨더 루이스(Marks, Lucy Meriwether Lewis) 61, 62, 731

마크스, 메리 갈런드(Marks, Mary Garland) 24

마크스, 존 헤이스팅스(Marks, John Hastings) 24

마크스, 존(Marks, John) 23~24, 26, 32~33, 39, 55~57, 64, 147, 674, 745

만단족 인디언(Mandan Indians) 116~117, 151, 185, 187, 190, 218, 236, 238, 257, 273, 277~278, 281, 283~289, 292~295, 299~301, 303~305, 308, 310, 312, 315, 319, 321, 325, 328~330, 335, 374, 385, 428, 433~434, 473, 517, 523, 534, 572, 574, 581, 600, 605~607, 623, 627, 636, 640, 649, 651, 664, 680, 682, 696, 701, 705, 714, 719, 723, 729, 736~737, 745

맬런, 듀머스(Malone, Dumas) 28, 89, 534~535, 644, 699, 751

매디슨, 제임스(Madison, James) 90, 136, 392, 667, 716

매리에타(오하이오)(Marietta) 121

매사추세츠주(Massachusetts) 660

매튜스, 존(Matthews, John) 26

맥닐, 휴(McNeal, Hugh) 401~402, 404~405, 417, 419, 422, 496

맥마혼, 버너드(McMahon, Bernard) 657~658, 661

맥케이, 알렉산더(Mackay, Alexander) 106

맥케이, 제임스(Mackay, James) 190

맥크래컨, 휴(McCracken, Hugh) 287~288

맥클렐런, 로버트(McClallen, Robert) 612

맥클렐런, 존(McClallen, John) 613

맥킨, 토머스(McKean, Thomas) 91, 111, 132

맥킨지, 알렉산더(Mackenzie, Alexander) 105~106, 109

맥킨지, 찰스(MacKenzie, Charles) 289

먼로, 제임스(Monroe, James) 94, 105, 113~114
메디신강(Medicine River) 322, 365, 366, 371, 448, 580
메리웨더 2세, 니콜라스(Meriwether, Nicholas II) 22
메리웨더 대령, 니콜라스(Meriwether, Colonel Nicholas) 21
메리웨더, 윌리엄 D.(Meriwether, William D.) 747
메릴랜드주(Maryland) 152
메이저스, 해리(Majors, Harry) 442
멕시코만(Gulf of Mexico) 70~71, 121, 151, 234, 400
멤피스(테네시)(Memphis) 196, 732
모건, 대니얼(Morgan, Daniel) 55
모리, 매튜(Maury, Matthew) 29~30, 36
모리, 제임스(Maury, James) 97
모리스, 로버트(Morris, Robert) 47, 101
몬태나 준주(Montana Territory) 9, 13~14, 62, 120, 255, 302, 333, 341, 343, 348, 352, 358, 362, 377, 384~386, 394, 406, 423, 443, 446~447, 456~457, 493, 577, 579~580, 582~583
몬트리올(Montreal) 105, 107, 278, 574, 621, 679
몬티첼로(Monticello) 32, 41, 72~73, 91, 110~111, 325, 534~535, 635~636, 649, 657, 662, 668, 673, 702, 724, 747
몰턴, 게리(Moulton, Gary) 14, 162~163, 314, 344, 750
미국 독립혁명(American Revolution) 524
미국 철학회(American Philosophical Society) 47, 90, 101, 193, 534, 624, 638, 663, 666
미쇼, 앙드레(Michaux, André) 47, 48, 102~103
미시시피강(Mississippi River) 8~9, 48, 70~72, 75~78, 95, 97~98, 100~104, 113, 116, 119, 143~144, 147~148, 149, 151, 176, 179~180, 182~183, 188~189, 196, 200, 203, 209~211, 215, 217, 230~231, 248, 297, 301, 311, 314, 316, 319, 321, 335, 400~401, 440, 460, 462, 525, 528~530, 532, 534, 575, 604, 615, 620, 624, 628, 679, 681, 690, 692, 694, 700, 731
미시시피주(Mississippi) 735
미주리강(Missouri River) 8, 11, 15, 33, 76~78, 96~97, 100, 102, 111~113, 116~117, 118~119, 122, 134, 138~139, 142, 144~145, 147, 151~152, 166, 172, 174~176, 185~187, 190, 195, 200~201, 210, 213~215, 217, 224~225, 227, 231, 238~239, 241, 250, 253, 273, 277, 288~289, 291, 316, 318~322, 325, 327, 330~331, 334~335, 339~342, 345, 348, 350, 352, 354~355, 359~360, 364~365, 366, 371, 375, 378, 380, 385, 392, 394, 399~400, 405, 415, 428, 431, 438, 441, 446, 448, 477, 498, 504~505, 508, 523~527, 529, 531, 534~537,
539, 541, 555, 558, 561, 563, 566, 571~572, 574~575, 578, 580~581, 587, 597, 599, 604, 607, 609, 617, 619, 620~623, 633, 637, 640, 651, 679, 681~683, 687, 694, 696, 701, 712~715, 717, 719, 723, 726~727, 736~737, 746, 751, 754, 756
─의 균열지대 348~349, 355
─과 다른 강들의 합류지점 316, 322, 340~341, 359, 366, 572, 587
─의 그레이트 벤드 116, 134, 330
─의 그레이트폴스 561
─의 연수육로와 육로운송 113~114, 322, 365, 367, 370, 372, 374, 381, 400, 463, 468, 504, 536, 571, 581, 584~585
─의 발원지 144, 176, 341, 354, 378, 428, 617
─의 스리 포크스 지역 291, 322, 341, 388, 391, 393~394, 400, 444~445, 563, 737
─의 화이트클리프스 지역 348, 351
미주리족 인디언(Missouri Indians) 239, 512

ㅂ

바넘 2세, J.B.(Varnum, J. B., Jr.) 660
바턴, 벤저민 스미스(Barton, Benjamin Smith) 132~133, 660~661, 748
발로, 조엘(Barlow, Joel) 644~645
배드랜즈(불모지)(Badlands) 76
배럴릿, 존 제임스(Barralet, John James) 663
배치, 윌리엄(Bache, William) 91
밴 워머, 조(Van Wormer, Joe) 260
밴쿠버, 조지(Vancouver) 101, 134, 475, 485, 641
버, 애런(Burr, Aaron) 68, 79, 521, 611
버로즈, 레이몬드(Burroughs, Raymond) 275
버지니아주(Virginia) 17, 23, 29, 32, 40, 43, 54, 60, 76, 93, 165, 167, 316, 528~529, 637, 656, 673, 710
버크, 에드먼드(Burke, Edmund) 43
버펄로 메디신(들소 주술사) 추장(Buffalo Medicine, chief) 262
베누아, 프랑수아(Benoit, Francis) 205
베이츠, 탈턴(Bates, Tarleton) 693
베이츠, 프레더릭(Bates, Frederick) 656, 667, 676, 686~690, 692, 706, 713~714, 716~717, 720~722, 726, 728, 733, 738, 755

베이클리스, 존(Bakeless, John) 674

벤트, 사일러스(Bent, Silas) 630

보스턴(매사추세츠)(Boston) 18, 72, 150, 516, 522

보타니만(Botany Bay) 100

볼드(민둥)산(Bald Mountain) 569

볼리, 존(Boley, John) 197, 198

부아뱅, 니콜라스(Boilvin, Nicholas) 695, 697, 702, 704~705

북부 루이지애나(Upper Louisiana) 185, 187~188, 190, 198, 211, 288, 314, 316, 523, 527~529, 604, 616, 620, 678, 680, 682~683

북서부 준주(Northwest Territory) 100

북서통로(Northwest Passage) 99, 620, 637, 641

분, 대니얼(Boone, Daniel) 18, 219, 222, 706, 752

분즈 세틀먼트(분의 정착지)(Boone's Settlement) 219, 604

브래독, 에드워드(Braddock, Edward) 21

브래턴, 윌리엄(Bratton, William) 156, 248, 345, 546, 555~556

브러프, 제임스(Bruff, James) 523~524, 527

브로드강(Broad River) 26

브로드헤드, 마이클(Brodhead, Michael) 194

브로벤셔, 피터(Provenchere, Peter) 721

브로큰 암(부러진 팔) 추장(Broken Arm, chief) 552~554

브로턴, 윌리엄(Broughton, William) 475, 485

브래컨리지, 레티샤(Breckenridge, Letitia) 675, 693, 755, 678

브래컨리지, 엘리자베스(Breckenridge, Elizabeth) 675~676

브래컨리지, 제임스(Breckenridge, James) 675

블랙 모카신(검은 모카신) 추장(Black Moccasin, chief) 284, 285

블랙 버펄로(검은 들소) 추장(Black Buffalo, chief) 262, 264~271

블랙 캣(검은 고양이) 추장(Black Cat, chief) 284, 286~288, 292, 310~311, 328~329, 606~607

블랙푸트강(Blackfoot River) 384, 448, 579

블랙푸트족 인디언(Blackfeet Indians) 293, 357, 384, 390, 403, 411~412, 419, 421, 432, 434, 460, 554~555, 558~559, 573, 575, 582, 585, 588, 590~593, 595, 597, 599, 604, 616, 623, 630, 631, 682, 737

블랙힐스(Black Hills) 317

블루리지산맥(Blud Ridge Mountains) 17, 76

비들, 니콜러스(Biddle, Nicholas) 161, 207~208, 380, 748~750

비셀, 러셀(Bissell, Russell) 147, 185

비손네트, 앙트완(Bissonette, Antoine) 687

비스마크(노스다코타)(Bismarc) 275, 283

비터루트강(Bitterroot River) 443, 445~446, 448, 452, 570, 575, 577

비터루트산맥(Bitterroot Mountains) 11, 406, 413, 416, 442, 445, 448~450, 478, 505, 541~542, 550, 556, 567, 737

빅 호스(큰 말) 추장(Big Horse, chief) 246~247

빅 화이트(큰 백인) 추장(Big White, chief) 284~286, 292, 606~607, 615, 623, 634~637, 640, 644, 649, 651, 696, 698, 701~702, 706, 711, 713~714, 718, 726, 745

ㅅ

사우스웨스트 포스트(South West Post) 119, 134, 179

사카가위아(Sacagawea) 291, 306~309, 315, 328~330, 343, 347, 355~356, 368~369, 374, 383, 388~391, 394~395, 398, 401, 413, 422~426, 428~430, 435, 437, 461, 465, 482, 484, 489, 498~499, 511, 548, 555~556, 561, 572, 605~608, 671, 691, 737

산토도밍고(Santo Domingo) 104

살체도, 네메시오(Salcedo, Nemesio) 526

새먼강(Salmon River) 333

샌타페이(뉴멕시코)(Santa Fe) 174~175, 187, 317, 525

샐리시족 인디언(Salish Indians) 443~445

생 메맹, C.B.J. 페브르 드(Saint-Mémin, Charles B. J. Févret de) 438, 664~665, 671

샤르보노, 리제트(Charbonneau, Lizette) 691

샤르보노, 장 밥티스트 "폼프"(Charbonneau, Jean Baptiste "Pomp") 307

샤르보노, 투생(Charbonneau, Toussaint) 290~293, 306, 308~309, 315, 328, 330, 339, 343, 345~347, 352, 369, 371, 388~389, 396, 398, 423, 425, 428~430, 435, 484, 489, 548, 550, 572, 607~608, 647~648

샤이엔족 인디언(Cheyenne Indians) 283

샬럿츠빌(버지니아)(Charlottesville) 20~21, 62, 67, 97, 491, 635, 637~638, 677

섀넌, 조지(Shannon, George) 156, 173, 200, 249~250, 255~257, 336, 371, 397, 399, 402, 480~481, 485, 566~568, 698, 715, 741, 748

세인트 로렌스강(St. Lawrence River) 107, 506, 621
세인트 찰스(미주리)(St. Charles) 221
세인트 클레어, 아서(St. Clair, Arthur) 50, 100
세인트루이스(미주리)(St. Louis) 64, 78, 102, 117, 119, 122, 124, 148, 166, 174, 179, 182, 185~188, 190~191, 193, 195~198, 200, 204~206, 209~211, 225, 231, 246, 249, 257, 283, 287, 290, 312, 314, 319, 321, 323~324, 327, 335, 374, 394, 417, 521, 523~527, 533, 536~537, 558, 562, 573, 592, 607~608, 611~612, 615~617, 619, 621~622, 630~636, 638, 647, 649, 651~652, 656~657, 660, 664, 667~668, 675~676, 678~680, 682~688, 690~692, 694~695, 699, 701~702, 707, 709, 711~712, 714~715, 717, 719~720, 725~726, 728~729, 733~734, 738, 744, 746, 751, 757
세인트루이스 미주리강 모피 회사(St. Louis Missouri River Fur Company) 701, 712, 714, 751
셰프, 헨리(Sheaff, Henry) 91
소크족 인디언(Sauk Indians) 530, 695, 702, 704
쇼니족 인디언(Shawnee Indians) 18, 58, 179, 184
쇼쇼니(스네이크)족 인디언(Shoshone [Snake] Indians) 291, 293, 307, 319, 323, 355, 374, 378, 381~382, 384~385, 388~390, 393~396, 398, 401~403, 407, 409, 411~413, 416~417, 418~419, 422~425, 428~438, 440, 442, 444~445, 447, 454, 460, 547, 552, 572, 585, 593, 606, 620, 737
쇼토 1세, 오귀스트(Chouteau, Auguste, Sr.) 190
쇼토, 로리미에르(Chouteau, Lorimier) 208
쇼토, 피에르(Chouteau, Pierre) 190, 193, 196, 199, 521, 537, 611, 617, 629, 636, 644, 691, 701, 707, 713~714, 718
수족 인디언(Sioux Indians) 195, 210, 225~226, 231, 236, 247~252, 254~255, 263~268, 270~272, 277~279, 287, 291~292, 294~295, 300~301, 311, 316, 318~319, 327, 375, 436, 505, 521, 563, 574~575, 603~604, 607, 609~610, 616, 623, 683, 702, 712, 717, 736 ☞ 테톤 수족 인디언
술라르, 앙트완(Soulard, Antoine) 188, 190
스네이크강(Snake River) 464~466, 547~548, 551
스네이크족 인디언(Snake Indians) 290~291, 325, 389, 393 ☞ 쇼쇼니족 인디언
스미스, R.S.(Smith, R. S.) 721
스미스, 로버트(Smith, Robert) 383
스미스, 애덤(Smith, Adam) 191
스웨이츠, 루벤 골드(Thwaites, Reuben Gold) 161, 625, 749~750, 757

스위너드, 엘던 G. "프렌치"(Chuinard, Eldon G. "Frenchy") 305~306, 344, 369, 744
스켈턴, 윌리엄(Skelton, William) 58, 59
스퀘어 뷰트(Square Butte) 580
스토더드, 에이머스(Stoddard, Amos) 185, 198, 204, 208, 210~211, 213, 225, 520, 523, 527, 536, 693, 733
스프링산(Spring Mountain) 569
슬로터, 토머스(Slaughter, Thomas) 53, 54, 351
시먼(개)(Seaman, dog) 167, 182, 200, 274, 339, 543
시먼스, 윌리엄(Simmons, William) 666, 673
신시내티(오하이오)(Cincinnati) 121, 172, 173
실즈, 존(Shields, John) 156, 197, 199~200, 256~258, 309~310, 356, 372, 401~402, 403, 404, 419~420, 422, 484, 556, 647~648

ㅇ

아라파호족 인디언(Arapaho Indians) 283
아리카라족 인디언(Arikara Indians) 276~282, 285, 287, 292, 294~295, 300~301, 311~316, 606, 608, 612~613, 698, 702, 706, 712~713, 715, 717~719, 736
아메리카 인디언(Indians) 437, 464
—의 문화와 풍습 131, 139, 251~253, 266~268, 276, 283~285, 296, 298~305, 315~316, 410~417, 433~441, 510~519, 557~558
—과의 변경 교역 사업 113~114, 433, 440, 520~522, 527~529, 531, 572~575
—으로부터의 안내와 도움 444~445, 447~448, 455, 458~462, 463~464, 518~519, 567~571, 577~578
—과의 적대적인 접촉 263~271, 300~301, 588~599, 698
—에 대한 제퍼슨의 정책 188~189, 236, 287~268, 440~441, 494~495, 520~522, 527~532, 536~537, 603~605, 703~705
—에 대한 루이스의 외교 276~287, 293~295, 299~312, 318~325, 408~432, 438, 440~441
—의 좀도둑질 471, 475~476, 481, 511, 543~547, 581, 584, 603~605
—간의 전쟁 266~269, 276~281, 293~295, 300~301, 433~436, 606~607
—대표단의 워싱턴 D. C. 방문 210, 235, 238, 240, 243, 245, 278, 520~503, 527, 533, 536~537, 555, 558, 574, 608, 636, 640

아이다호 준주(Idaho Territory) 9, 62, 120, 220, 333, 405, 412, 443, 458, 461, 464~465
아이오와족 인디언(Iowa Indians) 695, 702, 705
아치나족 인디언(Atsina Indians) 418, 588, 590
아칸소강(Arkansas River) 532, 612
알래스카주(Alaska) 109
암스트롱, 존(Armstrong, John) 100
애덤스, 애비게일(Adams, Abigail) 42, 87
애덤스, 존(Adams, John) 51, 65~66
애덤스, 헨리(Adams, Henry) 71, 73~74, 80, 90, 148~149, 625, 757
애서배스카 호수(Lake Athabaska) 105
애스터, 존 제이콥(Astor, John Jacob) 525, 698, 751
애팔래치아산맥(Appalachian Mountains) 19, 40, 49, 58, 70, 78, 85, 97, 108, 119, 166, 189, 401, 506, 621
애플먼, 로이(Appleman, Roy) 190
앤더슨 양(Anderson, Miss) 692
앤더슨, 에드먼드(Anderson, Edmund) 29
앨런, 존 로건(Allen, John Logan) 108, 134, 406, 504
앨런, 폴(Allen, Paul) 748, 750
앨버말 카운티(버지니아)(Albermarle County) 19, 22, 26, 31, 638, 673~674
앨스턴 2세, 윌리스(Alston, Willis, Jr.) 643
야키마족 인디언(Yakima Indians) 465
양크턴 수족(Yankton Sioux Indians) 225, 250, 610 ☞ 수족
어빈, 윌리엄(Irvin, William) 125
어빙, 워싱턴(Irving, Washington) 74, 685, 686
어시너보인강(Assiniboine River) 287
어시너보인족 인디언(Assiniboine Indians) 283
에버릿, 찰스(Everitt, Charles) 30
에번스, 존(Evans, John) 190, 211
에스파냐(Spain) 48, 51, 77~79, 102~104, 111, 136~137, 149, 151, 175, 182, 185~186, 188, 191, 198, 219, 283, 416, 465, 521~522, 524~526, 611, 613, 679~680, 688, 696
에어드, 제임스(Aird, James) 610~611
엘리엇 중위(Eliott, Lieutenant) 61
엘리코트, 앤드류(Ellicott, Andrew) 126~128
연방당(Federalist Party) 10, 66, 93, 150, 521
영국(Great Britain) 18~19, 23, 44, 50~51, 57, 104, 176
옐레프트 추장(Yellept, chief) 547

옐로스톤강(Yellowstone River) 120, 220, 321~322, 340, 563, 572, 603, 608, 701, 714
옐로스톤 국립공원(Yellowstone National Park) 392, 582, 608
오글스비, 리처드(Oglesby, Richard) 191
오듀번, 존 제임스(Audubon, John James) 233
오드웨이, 존(Ordway, John) 196~203, 223, 228, 230, 243, 252, 264, 268, 280, 282, 298, 303, 339, 508, 572, 583, 599, 603, 636~665, 666
오리건강(Oregon River) 144, 175
오리건 준주(Oregon Territory) 9, 62, 78, 96, 120, 152, 222, 332, 360, 456, 465, 471, 485, 490, 493, 525, 574, 582, 616, 620, 756
오마하족 인디언(Omaha Indians) 190, 212, 238, 246, 266~267, 268~269
오세이지강(Osage River) 190, 213, 217, 221, 696, 707
오세이지족 인디언(Osage Indians) 520, 637
 ☞ 그레이트 오세이지족; 리틀 오세이지족
오스틴, 모제스(Austin, Moses) 706
오타와족 인디언(Ottawa Indians) 18
오토족 인디언(Oto Indians) 235, 239, 240~247, 316, 523, 526, 537
오하이오강(Ohio River) 18~19, 63, 103, 119, 121, 144, 147~148, 152~154, 157, 160, 164, 166~167, 171, 177, 179~180, 182, 196, 621, 673, 692, 750
오하이오 준주(Ohio Territory) 9, 50, 58, 60, 76, 78~79, 138, 158, 165, 169, 172, 188, 462, 495, 756
올리언스 준주(Territory of Orleans) 650
와나팜족 인디언(Wanapam Indians) 465
와이언도트족 인디언(Wyandot Indian) 63
와이저, 피터(Weiser, Peter) 197~198
와이프 평원(Weippe Prairie) 456, 458, 560~561, 570
와트, 제임스(Watt, James) 44
와트쿠웨이스(Watkuweis) 460~461
왈라왈라족 인디언(Wallawalla Indians) 465, 547~548
요크(노예)(York, slave) 178, 200, 204, 257, 279~280, 302~303, 309, 328, 425, 482, 484, 488, 572, 636, 647~648, 708~710
우드강(Wood River) 185, 187, 192, 196, 198~99, 204, 206, 209, 220, 231, 279, 298, 496, 532
우드, 마리아(Wood, Maria) 359
우드, 일라이저(Wood, Eliza) 659
우즈 호수(Lake of the Woods) 176
우즈, 에드거(Woods, Edgar) 26

우즈, 에드거(Woods, Edgar) 26
우즈, 윌리엄(Woods, William) 674
워너, 윌리엄(Werner, William) 488, 573
워델, 제임스(Waddell, James) 30, 31
워싱턴 D.C.(Washington D.C.) 8, 72, 75, 283~284, 302, 477
워싱턴 《내셔널인텔리전서(Washington National Intelligencer)》 8, 148, 628, 639
워싱턴 《애드버타이저(Washington Advertiser)》 732
워싱턴, 조지(Washington, George) 18~20, 40, 47, 74, 101, 424, 638
워커, 토머스(Walker, Thomas) 97, 98
워핑턴, 리처드(Warfington, Richard) 200, 209, 216, 290, 324~325, 327~328, 349, 524, 533, 608, 647~648
원 아이(애꾸) 추장(One Eye, chief) 285, 606
=르 보르뉴 추장
웨우체 추장(Weuche, chief) 252, 253
웨인, 앤서니(Wayne, Anthony) 50, 60~62, 240, 525
웨일스족 인디언(Welsh Indians) 292, 444, 644
위스콘신주(Wisconsin) 62, 610, 749
위스키 폭동(Whiskey Rebellion) 48~51, 57
위스타, 캐스파(Wistar, Caspar) 133, 150
윈저 이병(Windsor, Private) 358, 752
윈체스터(버지니아)(Winchester) 54
윌러드, 알렉산더(Willard, Alexander) 177, 230~231, 387, 452, 480~481
윌러미트강(Willamette River) 475, 542
윌리엄스버그(버지니아)(Williamsburg) 34
윌슨, 알렉산더(Wilson, Alexander) 46, 233, 664
윌슨, 우드로(Wilson, Woodrow) 92
윌킨슨, 벤저민(Wilkinson, Benjamin) 701
윌킨슨, 제임스(Wilkinson, James) 85, 87, 521, 524~527, 529, 533, 611~612, 615, 688, 701, 706
유스티스, 윌리엄(Eustis, William) 716, 723~727, 738, 745
인디애나 준주(Indiana Territory) 143, 177, 528
일리노이 준주(Illinois Territory) 617

ㅈ

재로트, 니콜라스(Jarrot, Nicholas) 185, 187
잭슨, 도널드(Jackson, Donald) 13, 76, 141, 143, 211, 215, 349, 386, 502, 523~524, 531, 628, 641, 749
잭슨, 앤드류(Jackson, Andrew) 669
점핑 피시(뛰는 물고기)(Jumping Fish) 423, 427, 426
제솜, 르네(Jessaume, René) 286, 606, 691
제솜, 투생(Jessaume, Toussaint) 691
제이 협약(Jay's Treaty) 57, 65
제이, 존(Jay, John) 51
제임스강(James River) 221, 250
제임스, 토머스(James, Thomas) 629
제퍼슨강(Jefferson River) 220, 393, 395~397, 399, 414, 417, 422, 449, 563, 572, 757
제퍼슨, 마사(Jefferson, Martha) 73, 88, 650~651
☞ 랜돌프, 마사 제퍼슨
제퍼슨, 토머스(Jefferson, Thomas) 8, 9, 11, 19~20, 23, 28, 29, 41, 43, 51, 70~71, 74~5, 78~79, 83, 140, 149, 193, 392, 491, 738, 744, 757
─의 매력과 학식 33, 42, 73~75, 89
─에 대한 동시대인들의 견해 42, 89, 90~91
─과 루이스의 서신 교환 82~85, 174~177, 186, 192, 617, 668, 696~701
─의 원정 후원 47, 97~103, 106, 111~145, 147~154, 352~353
─의 외교 정책 103~105, 113~115, 148~152
─과 루이지애나 매입 103~105, 113~115
─이 쓴 루이스의 회고 겸 전기 750~751
─의 개인비서 시절의 루이스 82~96, 108~115, 123, 491, 689
─과 루이스의 관계 26, 28, 37, 39, 47, 69, 82~96, 102, 108~111, 113, 115~119, 122~128, 130, 132, 134~142, 144~146, 148~149, 151, 153, 173~176, 187~189, 190~194, 206~207, 211, 217, 236~238, 311~312, 314~317, 319~321, 323~326, 336, 341~342, 355, 386~387, 396, 408, 434, 478, 491, 494, 501, 505~506, 520, 527, 617~627, 635~638, 640~641, 644, 646, 649~651, 653~654, 657~658, 662, 666, 668, 670, 673, 676, 696~699, 702~705, 711, 724~725, 735, 738, 742~745, 750~751, 757~758
─에게 보낸 루이스의 보고 134, 168~169, 173~176, 188~189, 192~194, 314~326, 533~536, 617~627, 629, 635
─이 루이스에게 가르친 지식 95~96, 110~111, 180, 193, 232, 387, 401

174~176, 208, 281, 311~312, 610~613, 618~629, 710, 751
—의 은퇴 724, 747
—과 노예제 43~45, 79, 710
—과 인디언 추장들의 만남 193, 196, 199, 204, 226, 240-243, 253, 261, 312, 526, 533, 537, 554~555, 603, 607~608, 610, 612~613, 635, 640, 696~698, 702, 705~706

제퍼슨, 피터(Jefferson, Peter) 20
조던, 윈스롭(Jordan, Winthrop) 46
조셉 추장(Joseph, chief) 461
조지아주(Georgia) 26, 27, 32
존스, 존 폴(Jones, John Paul) 99
존슨, 새뮤얼(Johnson, Samuel) 43
주디스강(Judith River) 351

ㅊ

찰스, 조셉(Charles, Joseph) 700
체로키족 인디언(Cherokee Indians) 23
체이스, 새뮤얼(Chase, Samuel) 93
치누크족 인디언(Chinook Indians) 468~470, 472, 480~483, 494~497, 510~511, 513~515, 517~519, 546, 553, 563, 573
치커소 대리점(Chickasaw Agency) 735

ㅋ

카메아웨이트 추장(Cameahwait, chief) 333, 411~425, 428~436, 439, 444, 464, 506, 631, 663, 737
카이오와족 인디언(Kiowa Indians) 283
카호키아(일리노이)(Cahokia) 121, 185, 187, 190, 203, 221, 617
캐나다(Canada) 19, 77, 98, 106~107, 109, 120, 138, 176, 220, 232, 287~288, 318, 321, 333, 342, 456, 460, 493, 506, 572, 574, 582~583, 621, 680
캐스케이드산맥(Cascade Mountains) 466~467
캔자족 인디언(Kansas Indians) 229
캔자스강(Kansas River) 121, 174, 218, 221, 227, 330
캔자스주(Kansas) 9, 174, 227, 756
캘리포니아주(California) 77, 98, 120, 456, 582
캘린더, 제임스 톰슨(Callender, James Thompson)
92~95
캠프 디스어포인트먼트(Camp Disappointment) 120, 588, 590
캠프 포추니트(Camp Fortunate) 120, 220, 333, 423, 425, 428, 434, 582
커싱, 토머스(Cushing, Thomas) 148
커원, 리처드(Kirwan, Richard) 133
커트라이트, 폴 러셀(Curtright, Paul Russell) 129, 163, 381, 501~502, 559, 584, 616, 653, 659, 662, 744
컬럼비아강(Columbia River) 11, 75~76, 78, 101~102, 108~109, 117~118, 144, 319, 323, 325, 341, 354, 361, 381, 393, 399~400, 406, 413, 445, 458, 460, 463~467, 469, 472~473, 476, 478~480, 485, 504~508, 512, 515~516, 537~538, 541, 545~547, 551, 558, 573, 574~575, 580, 619, 620~621, 630, 633, 640, 645, 663, 726, 736~737, 754
컬럼비아호(Columbia) 75, 101
컴벌랜드강(Cumberland River) 119, 121
컴벌랜드 골짜기(Cumberland Gap) 70
컷 노즈(잘린 코) 추장(Cut Nose, chief) 551~553, 561~562, 568
컷 뱅크 개울(Cut Bank Creek) 582
케이프지라도(Cape Girardeau) 184, 707
켄터키주(Kentucky) 18, 172~173, 177, 528, 628, 708, 741
코보웨이 추장(Coboway, chief) 488, 508~509
콘래드, 존(Conrad, John) 659~660, 665~666
콘웨이 도당(Conway Cabal) 524
콜럼버스, 크리스토퍼(Columbus, Christopher) 213, 329, 331, 444, 524, 645, 737
콜로라도강(Colorado River) 76
콜린스, 존(Collins, John) 228~230, 634
콜터, 존(Colter, John) 156, 173, 197~200, 249, 255, 261, 431, 447, 480~481, 485, 543, 608, 752
콰이프, 밀로(Quaife, Milo) 750
쿠스, 엘리엇(Coues, Elliott) 538, 749~750
쿠스칼라 추장(Cuscalah, chief) 488
쿡, 제임스(Cook, James) 33, 75, 99, 101, 107, 110, 214, 329, 331, 625, 737
쿤, 에노스(Coon, Enos) 63
퀘벡(Quebec) 19, 278
크랙클, 시오도어(Crackel, Theodore) 208

813

크로우 앳 레스트(쉬는 까마귀) 추장(Crow at Rest, chief) 279~280

크로우족 인디언(Crow Indians) 605

크루자트, 피에르(피터)(Cruzatte, Pierre [Peter]) 212, 224, 262, 264, 267~268, 275~276, 303, 347, 356, 360, 601~603, 757

크리스웰, 일라이저(Criswell, Elijah) 133

클라크, 메리웨더 루이스(Clark, Meriwether Lewis) 712

클라크, 윌리엄(Clark, William) 62~64, 77, 142, 190, 286, 476, 626, 657, 676, 701, 712, 715, 744, 752, 757

―의 육군 경력 62, 143, 145, 169, 205~208

―의 대위 임관 문제 205~208, 536, 626

―의 보상 및 급여 646, 648

―를 향한 루이스의 원정 공동지휘 제안 142~146

―의 질병과 부상 196, 388, 393, 398, 462

―의 일지 161~163, 199~200, 209~210, 218~219, 226, 229~230, 248, 265, 270, 313, 368~369, 373, 380, 388~309, 393, 450, 476~477, 479~482, 484, 517, 534, 565, 618

―의 지도 작성 143, 211, 321, 374, 504, 508, 524, 534~535, 618, 626, 632, 641~642, 652, 656, 660, 756

―의 의료 시술 549, 555~556

―와 루이스의 서신 교환 142~145, 674, 691~692

―와 제퍼슨 44, 145, 206

―의 문체 218~219, 388~389

클라크, 조너선(Clark, Jonathan) 708~709, 729, 741, 746

클라크, 조지 로저스(Clark, George Rogers) 80, 98

클라크, 줄리아 행콕(Clark, Julia Hancock) 351, 643, 693

클라크스빌(인디애나)(Clarksville) 143~144, 177~178

클랫솝족 인디언(Clatsop Indians) 480, 483~485, 488, 490, 494~495, 497~499, 507, 508, 510, 514, 563, 573, 667

클레이본, 퍼디넌드(Claiborne, Ferdinand) 64, 67, 83

클로버필즈(Cloverfields) 22~23, 30

클리어워터강(Clearwater River) 458, 461, 570

키카푸족 인디언(Kickapoo Indians) 196, 695

ㅌ

타보, 피에르 앙트완(Tabeau, Pierre-Antoine) 278~279

탈레랑, 샤를 모리스 드(Talleyrand, Charles Maurice de) 65

탈턴, 배너스터(Tarleton, Banastre) 25~26

탐사부대(Corps of Discovery) 178, 196, 207, 286, 314, 381, 398, 464, 479, 518~520, 574, 584~585, 677

―의 보상 및 급여 140, 154, 156, 179, 201~202, 207, 349, 436, 532, 550, 627, 629, 631, 634, 637, 643, 646~649, 655~656

―의 음주 및 규율 문제 182, 197, 227, 237, 281~282, 298, 375, 440, 479, 524, 615

―의 사냥과 식량공급 123, 125, 140, 144, 156, 172, 174, 177, 185, 192, 197, 204, 213, 223~225, 232, 235, 243, 249, 250, 252, 256~252, 259~260, 274, 276, 286, 295~296, 300~301, 305, 309, 325, 327, 329, 331, 334~335, 337, 342~343, 352, 363, 372, 374, 380, 384, 389, 393~394, 397, 414, 416, 419, 420, 425, 430~431, 433, 439, 444~445, 447~450, 452, 454~455, 459, 462, 466, 471, 473, 475, 478, 480~483, 485~487, 495, 497~498, 507, 518, 541, 542, 544, 547, 549, 552, 553, 556, 562, 564, 566~567, 578, 585, 588, 590, 600~601, 604, 609, 614, 634, 647, 666, 685, 716, 718, 753

―의 질병 및 부상 161, 171, 294, 299, 344, 372, 396, 437, 488, 519, 555, 595, 597, 604~605, 609, 631, 698, 715

―대원들의 일지 201, 218, 243, 290, 349, 603, 632~633, 652~655, 664~666, 749

―에 소속된 장교 및 대원 113, 119, 124, 126, 129, 135, 140~142, 145~147, 154~156, 161, 163, 165, 169, 172~173, 175, 177~179, 181~187, 194, 196~197, 199, 201~202, 204, 207, 209~213, 216~217, 223, 226, 228~230, 234~236, 238~240, 245~246, 249~251, 253, 255~256, 259~260, 262~265, 270, 272~273, 275~276, 279, 280~282, 285, 290, 295~296, 298, 300~301, 305~307, 310, 313~314, 324~330, 334~335, 337, 339~341, 34~347, 350~352, 357, 359~361, 363, 369~383, 387, 390~391, 394~395, 397~399, 400~402, 404, 406, 409~410, 412, 416, 420~421, 425, 427~431, 426~437, 449~454, 458~464, 467~472, 474~477, 479~480, 482~484, 487~490, 494~500, 502, 508, 514, 519, 523~524, 541~546, 549~550, 556, 558~561, 563~569, 571~573, 575, 577, 580~581, 584, 586~589, 596~604, 608~616, 623, 626~628, 630, 634, 637, 639, 643, 646~648, 651, 654~655, 666, 697, 718, 723, 737, 738, 749, 754

―의 위스키 배급 129, 161, 182, 197, 199, 201, 204, 224, 227~228, 230, 237, 243, 246~247,

253~254, 262, 272, 279, 351, 378, 388, 479, 515, 540, 612~613, 708, 736, 738

—의 사기와 기강 202, 210, 212~213, 266, 314, 326, 359, 375, 387~388, 397, 398, 452, 455, 479, 482, 551, 557, 560, 623, 625

태평양(Pacific Ocean) 8, 10, 24, 47, 77, 97, 99, 101~102, 105, 107~110, 112, 116~117, 118, 120, 122, 138, 140, 152, 185~186, 190, 193, 222, 228, 237, 289, 312, 323, 325, 333, 350, 374, 400, 414, 417, 428, 435, 441, 449, 453, 462, 464~467, 477, 484, 492, 497, 502, 504, 506, 508, 511, 516, 519, 523, 525, 532~533, 536~537, 539, 562, 574, 608, 616, 619~622, 624, 627, 637, 639, 647, 652, 661, 663, 673, 732~733, 737, 739

테네시주(Tennessee) 70, 76, 119, 124, 179, 732, 735, 742

테토하르스키 추장(Tetoharsky, chief) 465, 469, 470~471, 549

테톤 수족(Teton Sioux Indians) 252, 261, 319, 609, 613 ☞ 수족

텍사스주(Texas) 255

토비 영감(인디언 길잡이)(Old Toby, Indian guide) 445~446, 450, 453, 463~464, 571, 737

톰슨, 데이비드(Thompson, David) 134

톰슨, 제임스(Thompson, James) 92

투 메디신강(Two Medicine River) 361, 586, 588, 593, 631

트래블러스 레스트(Traveler's Rest) 120, 333, 455, 457, 559, 562~563, 565~566, 568~569, 571, 582~583

트랜실베이니아 컴퍼니(Transylvania Company) 18

트위스티드 헤어(얽힌 머리카락) 추장(Twisted Hair, chief) 456, 458~459, 461, 465, 468~471, 541, 549, 551~553

Ⅱ

파르티잔 추장(Partisan, the, chief) 262~264, 268~270

파리(Paris) 42, 45, 99, 104~105, 114

파이크, 제벌런(Pike, Zebulon) 612

파커, 토머스(Parker, Thomas) 127

패터슨, 로버트(Patterson, Robert) 118, 127~128, 134, 165

패터슨, 윌리엄(Patterson, William) 165

퍼니어, 존(Pernier, John) 713, 734~735, 736, 738~740, 742

퍼스, S.(Ffirth, S.) 170

퍼시, 프레더릭(Pursh, Frederick) 661~662

펄런 팀버스 전투(Fallen Timbers, Battle of) 50, 57

펜로즈, 클레멘트(Penrose, Clement) 728

펜실베이니아주(Pennsylvania) 148

포츠, 존(Potts, John) 228, 634

포토맥강(Potomac River) 20, 70, 621

포트만단(Fort Mandan) 24, 33, 289, 291~293, 295, 297~300, 305, 307, 309~311, 313, 316, 321, 323, 325, 327, 331, 374, 441, 473, 496, 504, 537, 540, 618, 635, 647, 756

포트매색(Fort Massac) 179, 221

포트벤턴(Fort Benton) 348, 352, 355, 406

포트 벨폰테인(Fort Bellefontaine) 615

포트 애덤스(Fort Adams) 148, 733

포트 오세이지(Fort Osage) 707

포트 치프위언(Fort Chipewyan) 105, 107

포트 캐스캐스키아(Fort Kaskaskia) 198

포트클랫솝(Fort Clatsop) 486~489, 490, 495~499, 500, 501, 504~507, 509~510, 535, 540~541, 558, 571, 631, 737

포트포크(Fort Fork) 106

포트피커링(Fort Pickering) 732, 734

폭스족 인디언(Fox Indians) 695, 702, 704

폰카족 인디언(Ponca Indians) 238

폴란드(Poland) 100

풀턴, 로버트(Fulton, Robert) 183, 625

프라이어, 너새니얼(Pryor, Nathaniel) 156, 178, 200, 228, 250~251, 356, 488, 572~573, 603, 651, 691~692, 698, 715, 718

프라츠, 앙트완 시모르 르 파즈 뒤(Pratz, Antoine Simor Le Page du) 110, 133, 661

프랑스 혁명(French Revolution) 60, 104

프랑스(France) 21, 37, 42, 45, 47~48, 60, 65, 77~79, 85, 88, 98~99, 102~103, 104~106, 113~114, 136, 149, 151, 186, 198, 212, 649, 664, 685~686, 688, 694, 725

프래지어, 로버트(Frazier, Robert) 300, 388, 633, 636, 652~653, 655~656

프랭클린, 벤저민(Franklin, Benjamin) 91

프레스턴, 윌리엄(Preston, William) 693, 694

프렌치 인디언 전쟁(French and Indian War) 21, 98

플래트강(Platte River) 121, 218, 221, 225, 231, 239,

815

242, 312, 316~317, 523, 612, 714

플랫헤드족 인디언(Flathead Indians) 319, 323~333, 447, 152, 559

플로리다주(Florida) 121, 152, 234

플로이드, 찰스(Floyd, Charles) 121, 156, 178, 200, 248~249, 611

피간족 인디언(Piegan Indians) 590

피사로, 프란시스코(Pizaro, Francisco) 508

피셔, 바디스(Fisher, Vardis) 744

피스강(Peace River) 106

피츠버그(펜실베이니아)(Pittsburgh) 63, 70, 83, 122, 134~136, 144, 152~156, 166, 628, 653, 661

필, 찰스 윌슨(Peale, Chales Wilson) 20, 63, 71, 535, 638, 747

필드, 루빈(Field, Reubin) 156, 197, 257, 371, 455, 485, 558, 590, 593, 594

필드, 조셉(Field, Joseph) 156, 229, 232, 235, 339, 344, 361, 372, 488~489, 580, 589, 594, 596

필라델피아(펜실베이니아)(Philadelphia) 18, 47, 70, 72, 89~91, 101, 115, 118, 122~123, 125~128, 132~134, 141, 144, 150, 152, 160, 165, 171, 180~181, 193~194, 248, 320, 445, 491, 522, 535, 624, 638, 651, 657~660, 661, 663~664, 666~669, 672, 674~699, 728~729, 746~748, 755

ㅎ

하마, 조사이어(Harmar, Josiah) 50, 100

하비, 루이스(Harvie, Lewis) 123

하슬러, 페르디난트(Hassler, Ferdinand) 664

하워드, 토머스(Howard, Thomas) 299

하퍼스 페리(버지니아)(Harpers Ferry) 122~123, 125~126, 129, 131, 142, 144, 152, 153~154, 352, 378, 379

해리슨, 윌리엄 헨리(Harrison, William Henry) 528

해리슨, 존(Harrison, John) 106

해밀턴, 알렉산더(Hamilton, Alexender) 47, 49, 60, 65, 101, 521, 611

해밀턴, 윌리엄(Hamilton, William) 658

핸콕, 조지(Hancock, George) 656~657, 675

핸콕, 줄리아(Hancock, Julia) 351, 643, 657, 693
☞ 클라크, 줄리아 핸콕

핸콕, 포리스트(Hancock, Forest) 604~605, 608

허드슨즈 베이 컴퍼니(Hudson's Bay Company) 283, 592

헤니, 휴(Heney, Hugh) 572~575, 603~604

헤이(건초) 추장(Hay, chief) 281

헤이, 존(Hay, John) 505

헨리, 패트릭(Henry, Patrick) 18, 51

호크스 페더(매의 깃털) 추장(Hawk's Feather, chief) 279, 281

호킨스, 존(Hawkins, John) 663

혼드 위즐(뿔 달린 족제비) 추장(Horned Weasel, chief) 293

홀, 휴(Hall, Hugh) 228~229

화이트베어 군도(White Bear Islands) 372~373, 582

화이트 헤어(흰 머리카락) 추장(White Hair, chief) 695

화이트하우스, 조셉(Whitehouse, Joseph) 290, 349, 444, 489, 634

후크, 모제스(Hooke, Moses) 146, 206

휘트니, 엘리(Whitney, Eli) 44

휠링(버지니아)(Wheeling) 121, 159, 165~168

히다차족 인디언(Hidatsa Indians) 283~285, 291~294, 299~301, 311, 315, 321, 323, 329, 331, 341, 343, 352, 354, 355, 364~365, 381, 395, 400, 416, 417, 423, 434, 441, 578, 579, 606